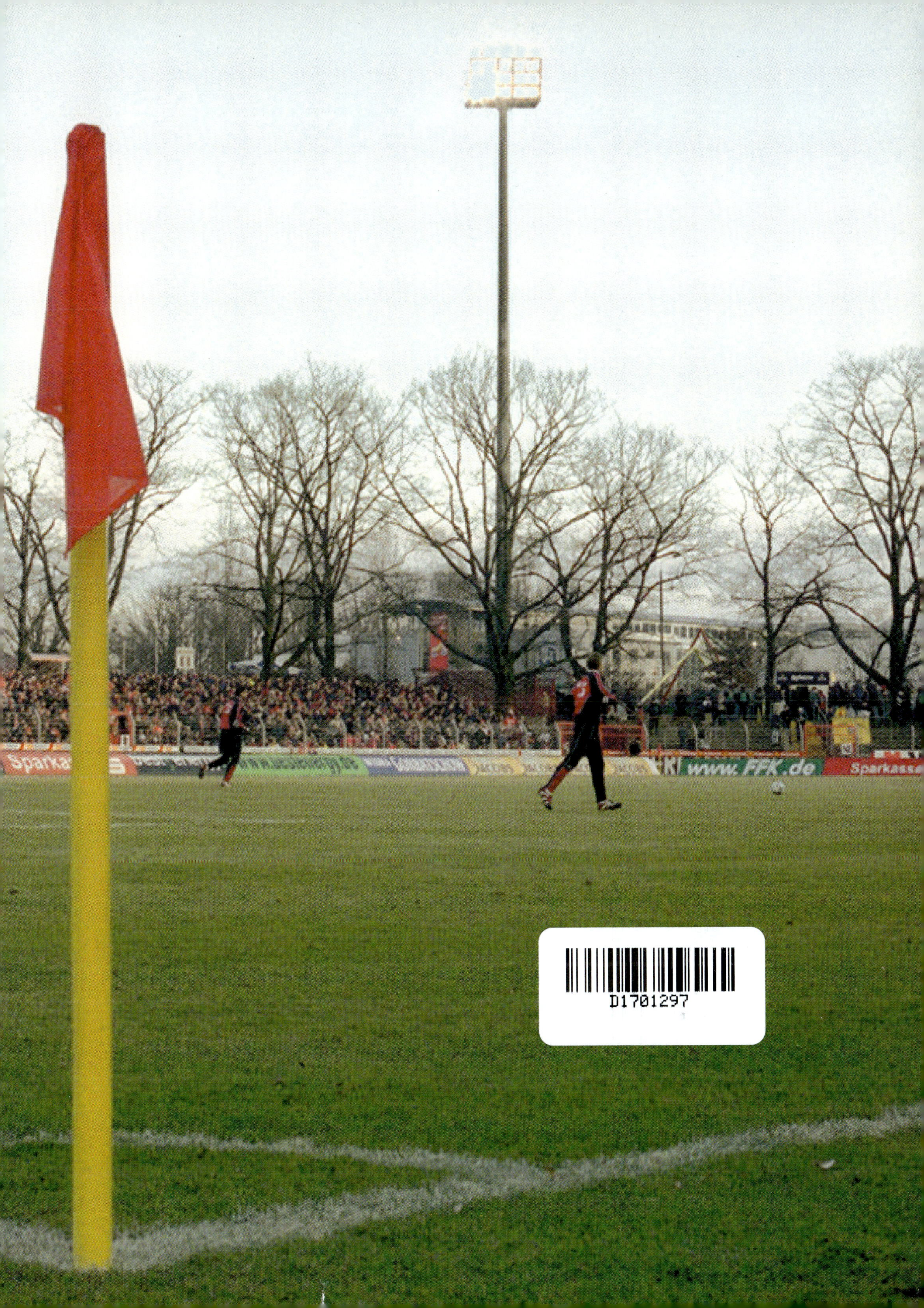
www.FFK.de
Sparkasse

Ihr seid alles,

Was ich habe!

DIE BUNDESLIGA

DAS FUSSBALL-JAHRBUCH 2001

Herausgegeben von Marcel Reif

Textredaktion: Wolfgang Hartwig
Fotos: dpa/Zentralbild

Sportverlag Berlin

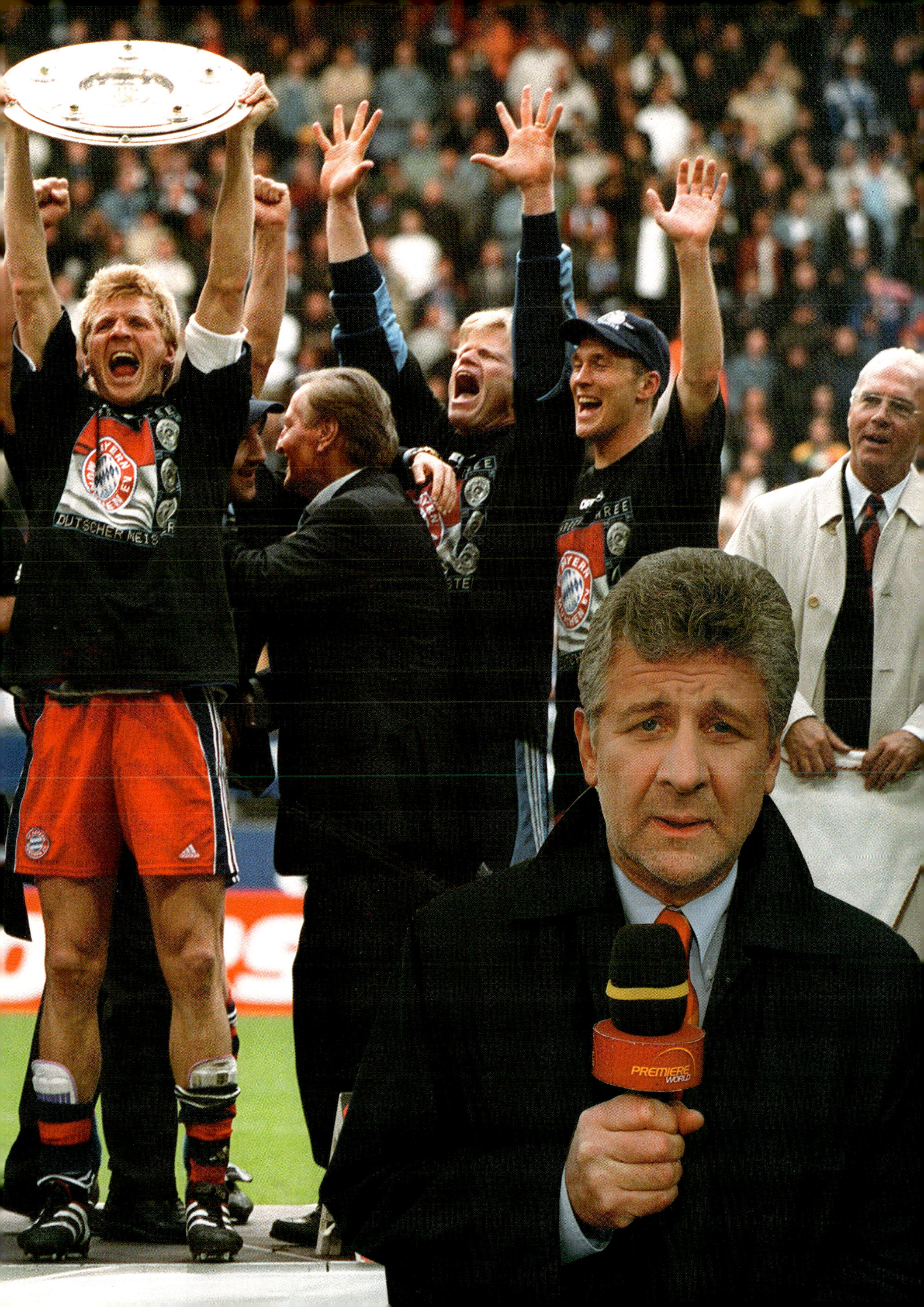
PREMIERE
WORLD

INHALT

THEMEN DER SAISON 2000/01

Wolfgang Hartwig
Nur Christoph Daums Haare logen nicht
Absturz des designierten Bundestrainers ins Kokain-Dilemma ... 10

Matthias Sonnenberg/Raimund Hinko
Der starke Mann und die Hierarchie
Oliver Kahn über sein Image, das Kapitänsamt und Völlers frischen Wind ... 14

Raimund Hinko
Aus der Historie kommt unser Problem
DFB-Trainer Uli Stielike über Taktiken, Talente und das viele Geld ... 16

Jochen Coenen/Michael Schilling
Der baumlange Heros aus Sachsen
Michael Ballack ist der neue Mittelmann in der Nationalelf ... 18

Sepp Maier
Wer kann es noch so gut wie Kahn?
Der Torhüter-Check von Weltmeister Sepp Maier ... 20

Robin Halle
BvB-Abstieg macht 50 Millionen locker
Fast die ganze Liga sucht sich gegen ihre Risiken zu versichern ... 22

Wolfgang Hartwig
Die Kunst des richtigen Drehs
Wie Häßler, Balakov, Scholl ihre Freistöße ins Netz zaubern ... 24

Michael Schilling
Marke Lorant: Harte Schale, weicher Kern
Der Mann, der die Münchner Löwen stark gemacht hat ... 26

Raimund Hinko
Wie Mehmet ein Mann wurde
Ein Jahrzehnt bei Bayern München hat Mehmet Scholl geformt ... 28

Robin Halle
Alter Huub – neuer Schub!
Schalkes Trainer ohne Chance – aber die hat er genutzt ... 30

Günter Netzer
Ein Ausländer-Spaß, der Völler schadet
Deutsche Nationalelf-Kandidaten oft in die Reserve gedrückt ... 32

Wolfgang Hartwig
Berlin war der weiße Fleck in Europa
Der ungebremste Vormarsch in den Kreis der »Millionarios« ... 34

Thorsten Jungholt
Deisler hat viele Erwartungen zu tragen
Hertha und Nationalelf bekamen einen 21-jährigen Regisseur ... 36

Torsten Rumpf
Wenn der Vater für den Sohn spioniert
Der Hamburger Bernd Brehme schaut sich für Sohn Andreas in den Stadien um ... 38

Joachim Schuth, Robin Halle
Feindschaft wie eine Erbkrankheit
Schalke gegen Dortmund – das ist auch Hass, so tief wie ein Schacht ... 40

Wolfgang Hartwig
Alter schützt vor Leistung nicht
Schiedsrichter Bernd Heynemann muss gehen und alle fragen: Warum? ... 42

SAISONBILANZEN DER KLUBS

FC Bayern München ... 44
FC Sachlke 04 ... 46
Borussia Dortmund ... 48
Bayer 04 Leverkusen ... 50
Hertha BSC Berlin ... 52
SC Freiburg ... 54
SV Werder Bremen ... 56
1. FC Kaiserslautern ... 58
VfL Wolfsburg ... 60
1. FC Köln ... 62
TSV 1860 München ... 64
Hansa Rostock ... 66
Hamburg SV ... 68
Energie Cottbus ... 70
VfB Stuttgart ... 72
SpVgg Unterhaching ... 74
Eintracht Frankfurt ... 76
VfL Bochum ... 78

SPIELTAG-BERICHTE 2000/01

1. Spieltag, 11.-13. August ... 80
2. Spieltag, 18.-20. August ... 83
3. Spieltag, 5./6. September ... 86
4. Spieltag, 8.-10. September ... 89
5. Spieltag, 15.-17. September ... 92
6. Spieltag, 22.-24. September ... 95
7. Spieltag, 29. Sep. – 1. Oktober ... 98
8. Spieltag, 13.-15. Oktober ... 101
9. Spieltag, 20.-22. Oktober ... 104
10. Spieltag, 27.-29. Oktober ... 107
11. Spieltag, 3.-5. November ... 110
12. Spieltag, 10.-12. November ... 113
13. Spieltag, 17.-19. November ... 116
14. Spieltag, 24.-26. November ... 119
15. Spieltag, 1./3. Dezember ... 122
16. Spieltag, 8.-10. Dezember ... 125
17. Spieltag, 12./13. Dezember ... 128
18. Spieltag, 15.-17. Dezember ... 131
19. Spieltag, 26.-28. Januar ... 134
20. Spieltag, 2.-4. Februar ... 137
21. Spieltag, 9.-11. Februar ... 140
22. Spieltag, 16.-18. Februar ... 143
23. Spieltag, 23.-25. Februar ... 146
24. Spieltag, 2.-4. März ... 149
25. Spieltag, 9.-11. März ... 152
26. Spieltag, 16.-18. März ... 155
27. Spieltag, 30. März – 1. April ... 158
28. Spieltag, 6.-8. April ... 161
29. Spieltag, 14.-16. April ... 164
30. Spieltag, 20.-22. April ... 167
31. Spieltag, 27.-29. April ... 170
32. Spieltag, 4.-6. Mai ... 173
33. Spieltag, 12. Mai ... 176
34. Spieltag, 19. Mai ... 179

2. LIGA AUFSTEIGER ... 184

Die Aufsteiger aus der Zweiten ... 184
Der Bayer Klaus Augenthaler wird Ehren-Franke ... 184
Hans Meyers neue Fohlen überspringen alle Hürden ... 186
Der Kiez-Klub startet ins siebte Erstliga-Jahr ... 187

CHAMPIONS LEAGUE ... 188

Mailänder Himmelfahrt für die Bayern ... 188
Nach 25 Jahren wieder der Champion aller Meister von Europa ... 189
Auf dem Weg ins Finale – Gegen Manchester und Madrid keine Albträume ... 190
Vorrunden: Erst stolperte 1860, dann Bayer und der HSV ... 191

UEFA-POKAL ... 194

Fünf deutsche Europacup-Eigentore im Dezember ... 194
Lauterns Glanztage gegen Eindhoven und Glasgow ... 195
Stuttgart schlägt Hollands Tabellenführer ... 196

Hertha, die frustrierte Tragödin	196
Echte Löwen-Bisse nur einmal	197
Werders Rache an Gaudino und Kollegen	197
Aussteiger blieben Aussteiger	197

DFB-POKAL 198

Blau und Weiß, wie lieb ich dich!	198
Ex-Regionalligist Union Berlin forderte Schalke 04 heraus	199
Magdeburg avancierte zum Großwildjäger	200
Die Bayern wollten 80 000 Zuschauer sehen	200
Massenauszug der Erstligisten nach der dritten Runde	200
Auch Bochum scheiterte am 1. FC Union Berlin	201
Am Main kicken die besten Frauen	202
Der 1. FFC Frankfurt dominierte alles – Titel und Pokal	203

FRAUEN-FUSSBALL 204

Nach großem Kummer Olympia-Bronze bejubelt	204

DIE NATIONALELF 206

Es gibt noch keinen Grund zur Euphorie	207
Die Hoffnungsträger	208

STATISTIK 210

Alle Daten zu den Spieltagen	212
Zahlen zur Saison	229
Ewige Bundesliga-Tabelle	229
Alle Tabellenführer	229
Saison 2000/01 im Überblick	229
DFB-Hallenpokal 2001	230
Frauen-Bundesliga 2000/01	230
DFB-Pokal 2000/01 – Frauen	231
DFB-Pokal 2000/01 – Männer	231
DFB-Liga-Pokal	232
Länderspiele 2000/01 – Männer	232
Länderspiele 2000/01 – Frauen	232
Champions League 2000/01	232
UEFA-Cup 2000/01	234
Teilnehmer am Europapokal 2001/2002	235
Abschlusstabellen international	236
Personenregister	238
Termine	241

INHALT

INHALT

SPIELTAGE		TORSCHÜTZE DES TAGES		THEMA DES TAGES	
1. Spieltag	80	Ulf Kirsten	80	Bochums respektlose Rückkehr: Kleine machten Riesen klein	82
2. Spieltag	83	Andrzej Juskowiak	83	Neues im Kasperletheater: Haut den Daum!	85
3. Spieltag	86	Paul Agostino	86	Wo das Geld fließt: Der HSV öffnet die Prämienschleuse	87
4. Spieltag	89	Sergej Barbarez	89	Muster eines Schwaben-Streichs: So knackt man die Bayern	91
5. Spieltag	92	Heiko Herrlich	92	Das Bayern-Lazarett: Warten auf Effenberg	93
6. Spieltag	95	Jonathan Akpoborie	95	Brisantes Revier-Derby: Sammers Schalker Lehrstunde	96
7. Spieltag	98	Dariusz Wosz	98	Märchenhafte Ehe zerbrach: Ottos Flucht aus Lautern	99
8. Spieltag	101	Jörg Böhme	101	Brehmes Rückkehr nach München: Alles wie bei Trapattoni	102
9. Spieltag	104	Giovane Elber	104	Reaktionen in Leverkusen: Daum bleibt ein Held	105
10. Spieltag	107	Christian Springer	107	Borussia vor dem Börsengang: Crash durch Brehme und Co.	108
11. Spieltag	110	Michael Preetz	110	Super-Mario am Scheideweg: Ohne Basler das Spiel gedreht	111
12. Spieltag	113	Dirk Lottner	113	Sieg-Abgang in Freiburg: Völlers tolle Bayer-Bilanz	114
13. Spieltag	116	Ebbe Sand	116	Norweger schlägt die Bayern: Humor-Bombe Fjörtoft	118
14. Spieltag	119	Oliver Neuville	119	Hachings erster Derby-Sieg: Endlich das zweite Tor	120
15. Spieltag	122	Miroslav Klose	122	Cottbus packte alles aus: Antreiber Akrapovic	123
16. Spieltag	125	Martin Max	125	Ein Vogts-Wunsch bei Bayer: Haltet den Kirsten!	126
17. Spieltag	128	Marijo Maric	128	Das Wanderungs-Missverhältnis: Nur zwei Wessis im Osten	129
18. Spieltag	131	Carsten Cullmann	131	Das Problem des VfB Stuttgart: »Bala« hat ausgezaubert	132
19. Spieltag	134	Markus Kurth	134	Das droht in Dortmund: Die Rosicky-Rotation	135
20. Spieltag	137	Ioan Viorel Ganea	137	Der HSV trifft nicht mehr: Hamburger funken SOS	138
21 Spieltag	140	Emile Mpenza	140	Das Hachinger »Es war einmal …«: Wo ist der Geist von einst?	142
22. Spieltag	143	Fredi Bobic	143	Die Devise der Freiburger: Heimlich Punkte sammeln	144
23. Spieltag	146	Vasile Miriuta	146	Lauterns Lehren aus Hansas Sieg: Gleich hellwach sein	147
24. Spieltag	149	Claudio Pizarro	149	Hansa versenkt die Bayern: Auch Kahn sieht wieder Rot	150
25. Spieltag	152	Adel Sellimi	152	Frankfurts Norweger urteilt: »Die Linie fehlte immer«	153
26. Spieltag	155	Victor Agali	155	Was ist los auf Schalke? Derzeit gibt's nur Schlacke	156
27. Spieltag	158	Dietmar Kühbauer	158	Bayerns verdorbene Generalprobe: »Vogelwilde« Münchner	159
28. Spieltag	161	Yildiray Bastürk	161	Schalkes Revanche an Lautern: Eine Schwalbe macht mobil	163
29. Spieltag	164	Ebbe Sand	164	Brennende Frage in Leverkusen: Spielen einige gegen Berti?	165
30. Spieltag	167	Giuseppe Reina	167	Löwen-Sieg nach 31 Jahren: Lorant wollte weg von 1860	168
31. Spieltag	170	Alex Alves	170	Stuttgarts Torjammer beendet: Adhemars großes Comeback	171
32. Spieltag	173	Roy Präger	173	Auch Dortmund hat Sand – im Getriebe	174
33. Spieltag	176	Otto Addo	176	Bayern-Geheimnis: Die Kraft des alten Ginkgo-Baums	177
34. Spieltag	179	Patrik Andersson	179	Schalkes Trainer: Bayern hat sich sein Glück erarbeitet	181

INHALT

REPORT		KOMMENTAR VON MARCEL REIF		ALLE DATEN	
Freiburgs Derby-Überraschung: Kurzpässe für die Hitze	81	Die Hertha stand ziemlich nackt da	82	11.-13. August	212
Zwei missratene Starts: Was rettet die Ostklubs?	84	Darum ist Ottos Zeit abgelaufen	85	18.-20. August	212
Schalke für einen Tag vorn	88	Im Osten ticken die Uhren nicht anders	86	5./6. September	213
Ankunft in der Liga: Auch Cottbus kann siegen	91	Bayern-Stolperer zur rechten Zeit?	91	8.-10. September	213
Bochum greift in die Mottenkiste: Siegrezepte von früher	94	Wenn Völler siegt und Daum verliert	94	15.-17. September	214
Hansas erster Heimsieg: In Rostock funkelt Hoffnung	97	Hertha und die Klatsche von Haching	97	22.-24. September	214
Aufatmen in Hamburg: Der HSV kann Schalke stoppen	100	Dieses Niveau ist unerträglich	100	29. Sep.-1. Oktober	215
Der neue Dundee: Er guckt böse und trifft	103	Bayern-Krise nutzt Ruhrpott-Klubs	103	13.-15. Oktober	215
Ewald Lienens Wechsel-Wirtschaft	106	Die »Affäre Daum« ist gespenstisch	106	20.-22. Oktober	216
Das Münchner Torwartspiel: Lorants Zickzack-Taktik	109	Vier Gründe für Herthas Führung	109	27.-29. Oktober	216
Berlins Lenker und Denker: Herthas Zauber-Paule	112	Sammers Lernprozess mit Schmerzen	112	3.-5. November	217
Privilegien beim FC Bayern: »Effe« stellte sich selbst auf	115			10.-12. November	217
Der Motor in Schalke: Assauer widerlegt alle	117	Der Berti von dem anderen Stern	118	17.-19. November	218
Köln besiegte Probleme: Cottbus noch eine Festung?	121	Hitzfelds Wunderwort heißt Respekt	121	24.-26. November	218
Aufsteiger Richtung EC – Kölns Trumpf: das Team	124	Die Ohnmacht der Spitze hilft Bayern	124	2./3. Dezember	219
Kaiserslauterns Nummer 1: Georg kocht sie alle ab	127	Schwache Schalker gewinnen wenigstens	127	8.-10. Dezember	219
Herthas Schicksalsmonat: Dezember bitte streichen!	130	Günter Netzer: Schalker spinnen nicht	130	12./13. Dezember	220
1,5 Millionen für ein Un-Wort: Kölner Selbstvertrauen	133			15.-17. Dezember	220
Wichtig bei Werders Wandel: Ailton und die Kette	136	Herthas Moral vor allem war intakt	136	26.-28. Januar	221
Leverkusens Reise ins Gestern	139	Schäden im Schalker Uhrwerk	139	2.-4. Februar	221
Frankfurt siegt weiter: Lothar Matthäus kniff	141	Daum weg, der Titel ist drin	142	9.-11. Februar	222
Am HSV klebt das Pech: Barbarez' traurige Rückkehr	145	Der Ritterschlag für Rosicky	145	16.-18. Februar	222
Beim VfB: »Quälix« wieder Feuerwehr	148	Die Liga hat die Schlafkrankheit	148	23.-25. Februar	223
HSV weg von der Angstzone	151	Mensch, Berti, sei ein Kerl!	151	2.-4. März	223
Vor dem letzten Spiel: Überleben mit 40 Punkten?	154	Bayern packt's nur, wenn Franz tobt	154	9.-11. März	224
Das Besondere in Lautern: Vieles läuft schief – gut so	157	Hertha und Röber nur Durchschnitt?	157	16.-18. März	224
Bochumer Serie beendet: Sieg nach drei Monaten	160			30. März – 1. April	225
Ausgleichende Gerechtigkeit: Wacks Elfer-Geschenke	163	Das große Kartenspiel bis zuletzt?	163	6.-8. April	225
Das Dortmunder Problem: Gegen »Große« keine Siege	166	Schalke hat kapiert, was wichtig ist	166	14.-16. April	226
Was Cottbus und Haching wünschen	169	Berti Vogts hat sich überschätzt	169	20.-22. April	226
Das große Schalker Flattern beim Schlusslicht	172			27.-29. April	227
Dicke Luft in Haching: Sponsor gegen Trainer	175	Bayern – nicht schön, aber erfolgreich	175	4.-6. Mai	227
Stuttgarter Extreme: Schwabel-Jubel, Schalke-Ärger	178	Was ist in dieser Saison eigentlich normal?	178	12. Mai	228
Die Abstiegs-Klärung: Cottbus brauchte keine Hilfe	180	Nur nicht weinen	183	19. Mai	228

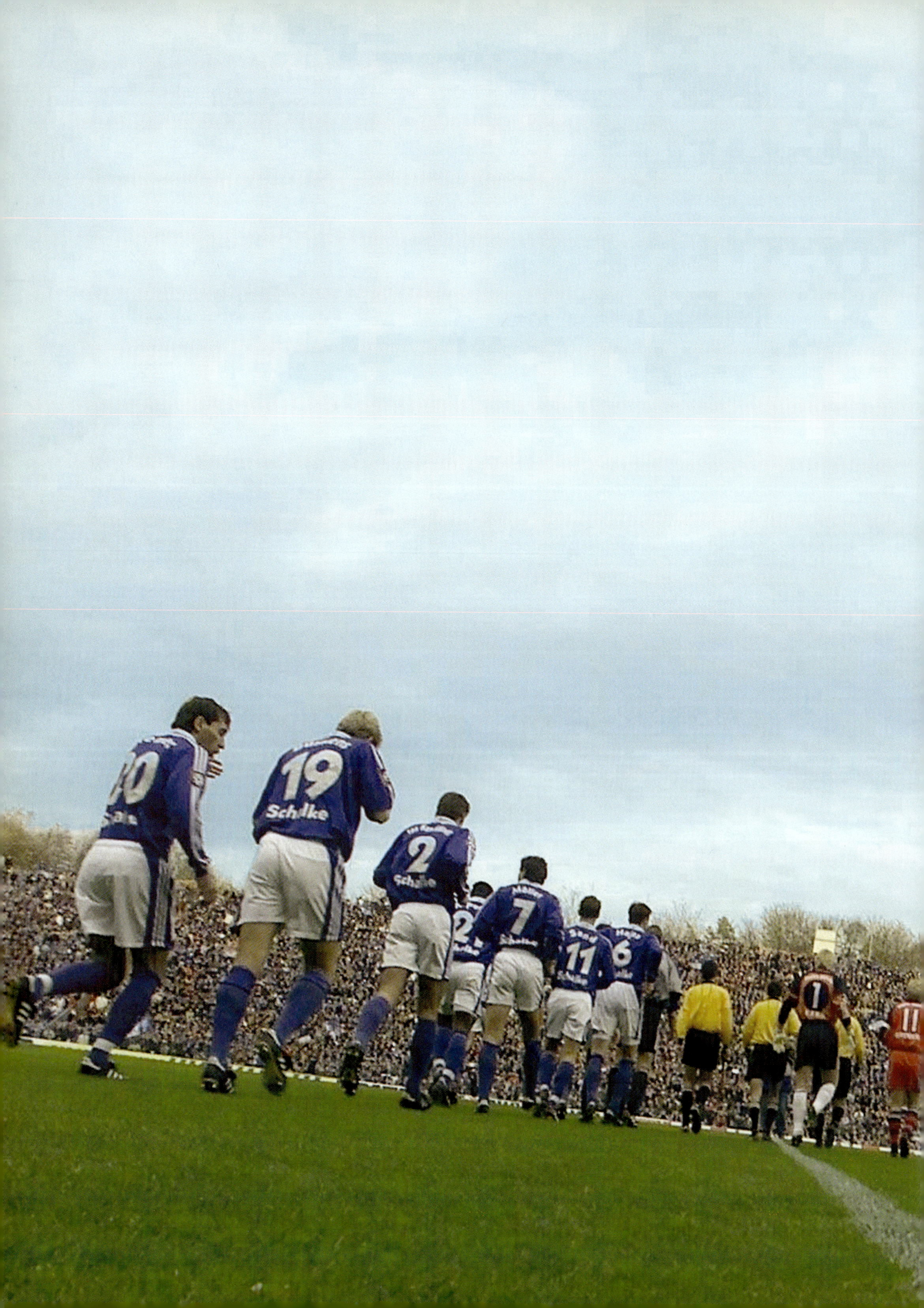
Schalke

Liebe Freunde des Fußballs,

mehr Spannung, mehr Dramatik kann eine Fußballsaison nicht bieten. Noch nie ist eine Bundesliga-Mannschaft erst in der Nachspielzeit Deutscher Meister geworden. Aber getreu dem Motto, dass es nichts gibt, was es nicht gibt, haben wir es diesmal erlebt. Bayern nur hauchdünn vor Schalke 04. Und auch im Abstiegskampf fielen die letzten Entscheidungen erst am 34. Spieltag. In diesem Buch finden Sie die interessantesten und spektakulärsten Geschichten, Momente, Fotos, Statistiken der kompletten Saison 2000/2001. Viel Spaß beim Lesen und Erinnern.

Jörg Oppermann
Stellvertretender Chefredakteur Sport-Bild

Nur Christoph Daums Haare logen nicht

Persönliche Erklärung von Christoph Daum

Das Institut für Rechtsmedizin der Universität zu Köln hat mir am gestrigen Freitag nachmittag die Ergebnisse meiner Haarprobenanalyse zukommen lassen.

Aufgrund der mir übermittelten Daten, die ich anzweifle und mit einer zweiten Probe widerlegen werde, sehe ich mich nicht mehr in der Lage, meine Tätigkeit bei Bayer Leverkusen fortzusetzen. Ich habe die Geschäftsleitung um die sofortige Entbindung von meinen Aufgaben gebeten. Dieser Bitte ist entsprochen worden.

[Unterschrift]

Leverkusen, den 21. Oktober 2000
Christoph Daum

**U 1
Trainer
Kein Zutritt**

Man schrieb den 11. Januar 2001, als es hektisch wurde im Kölner Hotel Hyatt. Der ehemalige Leverkusener Trainer Christoph Daum (46) erschien zur erst tags zuvor angekündigten Pressekonferenz, geschützt von zwölf Bodyguards und erwartet von 250 Journalisten. ARD, ZDF, n-tv und DSF übertrugen live. Es war wie bei einer

Absturz des designierten Bundestrainers ins Kokain-Dilemma

Von Wolfgang Hartwig

Ein halbes Jahr früher, am 2. Juli 2000, schien die Fußballwelt noch einigermaßen im Lot. Die Ära Erich Ribbeck samt dem EM-Debakel waren eilig in der Historie beerdigt worden. Und nun hatte eine hoch karätige Runde mit den Spitzen von DFB, FC Bayern, Bayer Leverkusen beschlossen, dem Leverkusener Trainer Christoph Daum seinen »Lebenstraum« zu erfüllen. Im Juli 2001 sollte er Bundestrainer werden. Gegen eine sofortige Berufung stand die Doppelfunktion bei Bayer 04 und beim DFB. Worauf die Runde den verblüfften Rudi Völler, Weltmeister und Sportdirektor in Leverkusen, für ein Jahr zu Daums DFB-Platzhalter kürte. »Wir alle sind von der Lösung überrascht«, meinte Bayern-Manager Uli Hoeneß, hatte sie aber selbst inszeniert. Daum frohlockte: »Die Bundesliga dokumentiert Verantwortlichkeit. Damit ist die Aufbruchstimmung auf eine solide Basis gesetzt worden.« Welch Trugschluss. Denn bald hatte sich der von den Fans geliebte »Ruuuudi« mit Siegen wie gegen Spanien und in England unentbehrlich gemacht. Warum also später wechseln?

Als Daum Anfang Oktober endlich den Vertrag mit dem DFB unterzeichnen wollte, zerbrach die mühsam gekittete Einheit im deutschen Elite-Fußball. Denn längst war Feuer unter den Gerüchtekesseln. Daum schien in einen Immobilienskandal auf Mallorca verwickelt. Seine Entgegnungen gossen nur Öl ins Feuer. »Wer sich da jetzt alles aus dem Jenseits, dem Knast und dem Milieu melden darf. Unglaublich. Verbrecher, Prostituierte finden Gehör.«

Das war Munition für die entscheidende Attacke aus München. Uli Hoeneß, jahrelanger Daum-Antipode, stellte alles erst »aus sportlichen Gründen« in Frage (»ich habe leider bei der Verpflichtung Erich Ribbecks geschwiegen«), um andertags nachzulegen. »Es geht … um sein privates Umfeld, seine Werbeverträge, um Erpressungsversuche und Prostituierte …« Und weiter: »Wenn das alles Fakt ist, worüber geschrieben wurde, auch unwidersprochen, über den verschnupften Daum, dann kann er nicht Bundestrainer werden.« Damit lag der Vorwurf des Kokain-Missbrauchs auf dem Marktplatz der Sensationen.

Christoph Daum und Bayer 04 antworteten mit einer Verleumdungsklage. Prominentenanwalt Mathias Prinz sollte Schadenersatz fordern. Hoeneß sah sich zudem mit einer hinter Daum stehenden geballten Medienmacht und der in den Stadien wie in allen TV-Debatten gegen ihn losbrechenden Empörung konfrontiert. Seine Familie, seine Kinder wurden bedroht. Denn Daum schwor im Fernsehen: »Da ist nichts, und da war nichts. Das ist ein Tabu-Thema, das im Spitzensport nichts zu suchen hat.« Basta. Basta? Von Hoeneß verlangte er eine »Entschuldigung bei mir und meinen Kindern. Ich bin gesprächsbereit. Im Sinne des Fußballs muss man Größe zeigen …«

Als Hoeneß mit einer Pressekonferenz die Wogen zu glätten versuchte, erntete er nur Hohn. Wie im *Münchner Merkur*: »Hoeneß versucht nun, da er durch das infame Foulspiel am Intimfeind aus Leverkusen selbst zu einem Fragwürdigen wurde, seine Haut zu retten. Recht professionell, recht geschickt. Beckenbauer und Rummenigge spielten das unsaubere Spiel aus der Deckung heraus mit.« *Die Westfälische Rundschau* klagte an: »Arroganter, verlogener und selbstherrlicher geht es kaum. Beim Rekordmeister scheinen viele an Gedächtnisschwund zu leiden.« Die *Rheinische Post* bescheinigte Hoeneß »ein nicht ungeschicktes Rückzugsgefecht. Im Kern ist er nicht zurückgewichen. Die Last der Gerüchte wird seinem Rivalen anhängen.«

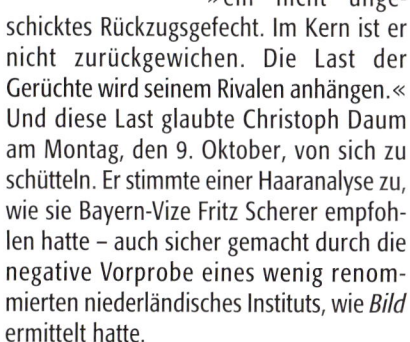

Und diese Last glaubte Christoph Daum am Montag, den 9. Oktober, von sich zu schütteln. Er stimmte einer Haaranalyse zu, wie sie Bayern-Vize Fritz Scherer empfohlen hatte – auch sicher gemacht durch die negative Vorprobe eines wenig renommierten niederländisches Instituts, wie *Bild* ermittelt hatte.

Die Bombe platzte am 20. Oktober, einem Freitag. Bayer-Manager Reiner Calmund selbst hatte das positive Analyse-Ergebnis aus der Kölner Gerichtsmedizin abgeholt und seinem Freund Daum vorgelegt. Der habe das nicht glauben wollen. So erklärte Calmund. Daum sei dann sofort als Bayer-

Reiner Calmund (l.) – von Daum getäuscht

Regierungserklärung des Kanzlers. Dabei beendete Daum nur die monatelange Phase der Täuschungen, Lügen und Ausflüchte mit dem mehr oder weniger überraschenden Eingeständnis: »Ja, ich habe Kokain genommen!«

THEMEN DER SAISON

THEMEN DER SAISON

Trainer zurückgetreten. Schon am Samstagmorgen verschwand er nach Miami. Nachmittags war Rudi Völler Nothelfer auch auf dem Trainerstuhl von Bayer 04. Dortmund unterlag 0:2.

Daum ließ Freund und Feind in einem Tohuwabohu an Stimmungen, Gefühlen und Gerüchten zurück. Er verlor den millionenschweren Werbevertrag mit einem Energie-Riesen. Dem englischen *Guardian* war »Daums Fall für den deutschen Sport das, was die Parteispendenaffäre um die CDU unter dem früheren Bundeskanzler Helmut Kohl für die deutsche Politik ist«. Die *Westdeutsche Allgemeine* nannte die Akteure »Heuchler – zwar nicht alle, aber viele. Die Gerüchte um ihn kannten sie seit Jahren, und sie haben ihn dennoch zum Bundestrainer gemacht.« Die *Stuttgarter Nachrichten* sah einen Hoffnungsstreif: »Ein dunkles Kapitel, doch davon gab es schon viele, und alle hat der Fußball überlebt.«

Die Staatsanwaltschaft Koblenz eröffnete gegen Daum ein Ermittlungsverfahren. Sein Privathaus, sein Büro im Stadion, sieben weitere Wohnungen und eine Computerfirma, an der er beteiligt ist, wurden durchsucht. Oberstaatsanwalt Jung teilte mit, dass man auf Daum schon früher gestoßen sei, als die Fahnder Kokain-Händler im Raum Köln, Aachen und in Rheinland-Pfalz ins Visier genommen hatten. Der Filmemacher Bernd Thränhardt gab zu Protokoll: »Ja, ich habe mit Daum gekokst.« Ein Gegentest, dem sich Daum in Florida unterzog (Ergebnis natürlich negativ) wurde diesseits des großen Teichs nur noch belächelt. Nach 82-tägigem Exil aber wurde für Daum die Flucht nach vorn zwingend, um noch eine berufliche Chance zu retten. »Ich will hier mal ein offenes Wort sprechen. Ich gebe klar und offen zu, dass ich mit Drogen in Kontakt gekommen bin«, sprach er in den Kölner Mikrofon-Wald. »Ja, ich habe Kokain genommen.« Und: »Die Haaranalyse, muss ich sagen, das war ein Fehler. Die Erklärungen, die sich daraus ergeben haben, waren auch Mist. Aber manchmal ist das so: Da ergibt das eine das andere.« Sein verlegen-provokantes Lächeln signalisierte, dass hier nur ein zerbeultes Image ausgebessert werden sollte. Denn seine Antwort auf die Frage, ob er sich noch einmal als Bundestrainer vorstellen könne, verriet ein von keinerlei Bußfertigkeit beschädigtes Ego: »Ich sage nach wie vor: Ich wäre der Richtige gewesen, und ich schließe nicht aus, dass ich es noch mal werde.«

Ibrahim Tanko (23), jetzt SC Freiburg, wurde auch vom DFB-Sportgericht am 14. Februar für vier Monate gesperrt und mit 15 000 Mark Strafe belegt. Ihm war am 29. November nach dem Pokalspiel Schalke – Dortmund die Einnahme von Marihuana nachgewiesen worden. Das hatte er bei einer Hochzeit geraucht. Wer »Keine Macht den Drogen« ernsthaft will, sollte Trainern keine Hinterausgänge öffnen.

Das Arbeitsverhältnis mit Daum hat Bayer 04 am 15. Dezember gelöst und ihm nach unbestätigten Angaben eine Abfindung von zwei Millionen Mark gezahlt. Am 7. März 2001 übernahm Daum bei Besiktas Istanbul das Traineramt vom eilig entlassenen Nevio Scala (früher Dortmund). Dort war Daum von 1994 bis 1996 bereits tätig und auch Meister geworden. Der 15-Monate-Vertrag bis 2002 wird ihm mit 3,7 Millionen Mark entlohnt. 2000 Besiktas-Fans kamen, um den Rückkehrer beim ersten Training enthusiastisch zu feiern.

Auch als Weichensteller für den RWE-Konzern ist Christoph Daum entlassen

Keine Freunde: Heynckes (l.) und Daum

Der Bruch ist schon zwölf Jahre alt

Mai 1989: Der 1. FC Köln und Trainer Christoph Daum (36) streiten mit dem von Jupp Heynckes (44) trainierten FC Bayern um den Titel. Deswegen reitet Daum als »junger Wilder« seine psychologischen Attacken auf den dünnhäutigen Rivalen. Das klingt dann so: »Jeder Wetterbericht ist aussagekräftiger als ein Vier-Augen-Gespräch mit Heynckes.« Oder: »Der Heynckes ist kaputt. Nach dem Inter-Spiel ist bei ihm eine Gehirnwindung nicht mehr durchblutet worden.«

Im ZDF-Sportstudio kommt es zum Eklat zwischen den Kölnern (Daum und Sportdirektor Lattek) und Münchnern (Hoeneß, Heynckes). »Daum hat mich unterhalb der Gürtellinie beleidigt«, empört sich Heynckes. Daum höhnt: »Jetzt maßt sich Bayern sogar an, die Höhe der Gürtellinie festzulegen.« Hoeneß weist Daum zurecht: »Du überschätzt dich maßlos. Das über dir ist ein Ball und kein Heiligenschein.« Worauf jener Hoeneß attackiert: »Um das Maß an Überschätzung zu erreichen wie du, muss ich hundert Jahre alt werden.«

Heynckes nach der Sendung: »Ich habe mal gesagt, dass Daum Bleischuhe braucht, um nicht abzuheben. Aber jetzt braucht er Medikamente gegen den Höhenrausch.« Der FC Bayern gewinnt in Köln 3:1, und Daum muss Heynckes zum Titel gratulieren. Seitdem sind Reibereien an der Tagesordnung. Als 1998 ein Trapattoni-Nachfolger gesucht wird und Franz Beckenbauer auch den Namen Christoph Daum nennt, legt Uli Hoeneß (»Daum ist einfach nicht mein Typ«) sein Veto ein.

Meinungen zur Affäre Christoph Daum

THEMEN DER SAISON

Um den 2./3. Oktober:
Franz Beckenbauer, Bayern-Boss und DFB-Vizepräsident: »Noch vor ein paar Monaten war Daum der Wunschkandidat aller, und wir waren glücklich, dass er zugesagt hat.«
Reiner Calmund, Bayer-Manager: »Es gibt keinen einzigen Anhaltspunkt für eine derartige Diffamierungs- und Rufmordkampagne.«
Paul Breitner: »Am Ende wird's einen Hoeneß oder Daum in der Bundesliga nicht mehr geben. Es wird ein Erdbeben auslösen zu Gunsten von Daum oder gegen ihn.«
Uli Hoeneß: »Mir ist Christoph Daum als Person völlig wurscht. Was sich um ihn abspielt, entspricht nicht meiner Vorstellung von Moral.«

Nach Uli Hoeneß' Pressekonferenz am 10. Oktober:
Süddeutsche Zeitung: »Nun ist die Skandallawine zum Schneebällchen zusammen geschmolzen. Hoeneß hat die Eigendynamik des Falles unterschätzt.«
Kölner Stadtanzeiger: »Hoeneß' Auftritt war nichts anderes als ein geordneter Rückzug. Er hat sich verhoben an den Vorwürfen, deren Autorenschaft er abstreitet.«
Rechtsanwalt Mathias Prinz: »Die Strafanzeige bleibt. Am Sachverhalt hat sich nichts geändert.«
Uli Hoeneß: »Ich habe und hatte nicht vor, Christoph Daum zu diskreditieren. Ich verklage jeden, der behauptet, ich habe Daum in Zusammenhang mit Drogen und Prostitution gebracht.«

Neue Heimat Istanbul. Besiktas-Fans kennen den Trainer schon aus alten Zeiten

Günter Netzer: »Ich schätze Daum als Trainer. Aber … er ist ein Populist, ein Egoist und besessen, sich selbst darzustellen.«

Nach dem positiven Kokain-Befund am 20. Oktober:
Reiner Calmund: »Ich habe ihm gesagt: Christoph, du bist krank, wir werden dir helfen. Aber wir können uns nicht vorstellen, dass einer, der Drogen nimmt, hier Trainer ist. Bei Hoeneß habe ich mich in aller Form entschuldigt.«
Frankfurter Allgemeine: »Wie aus einer Achterbahn geschleudert ist Daum an eine Wand geprallt, die Wirklichkeit heißt.«
Uli Hoeneß: »Es war die schlimmste Zeit meines Lebens. Ich warte ab, bis sich einige Herren entschuldigt haben.«

Hart gingen BVB-Fans mit dem Bayern-Manager ins Gericht

Günter Netzer in *Sport-Bild*: »Man stelle sich vor, Daum wäre Bundestrainer geworden, und man hätte danach festgestellt, dass er drogenabhängig ist. Das Schlimmste ist an uns vorübergegangen.«

Nach Christoph Daums Geständnis am 11. Januar:
Uli Hoeneß: »Ich nehme seine Entschuldigung an. Aber das sollten wir unter vier Augen klären.«
Gerhard Mayer-Vorfelder, amtierender DFB-Präsident: »Richtig war seine Flucht nach vorn. Ich empfand sein Bedauern als ehrlich.«
Rudi Völler: »Er hat reinen Tisch gemacht und nun die Chance zum Neuanfang.«
Lothar Matthäus: »Das Geständnis überrascht mich nicht. Es wäre besser gewesen, den Drogenkonsum drei Monate früher einzugestehen. Aber Daum hat von Anfang an gelogen. Irgendwann sollte das vergessen sein.«

Oberstaatsanwalt Erich Jung: »Unsere Ermittlungen bleiben von Daums Äußerungen unberührt.«
DSB-Präsident Manfred von Richthofen: »Ich verlange, die Vorbildwirkung unserer Trainer zu erkennen. In keinem anderen Bereich lässt sich die Jugend so gut formen. Das nicht zu sehen, wäre verhängnisvoll.«
Friedhelm Beucher (SPD), Vorsitzender des Bundestags-Sportausschusses: »Wie jetzt das Eingeständnis eines nachgewiesenen Drogendelikts auf die Ebene von charakterlicher Stärke gehoben wird, ist abenteuerlich. Daum hat hemmungslos die Nation, den Verein und den Verband belogen. Der DFB muss angemessen bestrafen, darf nicht in Kameraderie verfallen.«

Der starke Mann und die Hierarchie

Die Journalisten wählten Oliver Kahn mit großem Vorsprung zum »Fußballer des Jahres«. Beim Meister FC Bayern München wurde er Kapitän, als Effenberg lange ausfiel. Anfang September beim WM-Spiel gegen Griechenland (2:0) übernahm er das Amt auch in der Nationalelf, weil Oliver Bierhoff nur Ersatzmann war. Alle Auswertungen der vorigen Saison sehen Kahn als »Profi Nummer 1« des deutschen Fußballs. Er ist in jeder Beziehung der starke Mann. Seine Meinung ist gefragt.

Oliver Kahn über sein Image, das Kapitänsamt und Völlers frischen Wind

Ein Interview von Raimund Hinko und Matthias Sonnenberg

Gegen die Griechen waren Sie im 29. Einsatz mit 31 Jahren schon der Älteste.
Glaube ich nicht. Das geht ja rasend schnell.
Viel länger hat es gedauert, bis aus dem verhassten Kahn der beliebte Kahn wurde.
Ich war weniger verhasst, eher polarisierend. Aber irgendwann haben die Leute gemerkt, dass da einer ist, der seinen Job nur ernst nimmt und dabei manchmal übers Ziel hinausschießt.
Sie beißen also Heiko Herrlich nicht mehr in den Hals?
Harald Schmidt hat was Interessantes gesagt, womit er aber falsch liegt: »Wer will schon einen zahmen Oliver Kahn sehen?« Damit drückt er das aus, was typisch ist für die Showbranche: einen Menschen darzustellen, der auf Teufel komm raus ein Image verkörpern soll. Das verkauft sich am besten.
Jetzt hechten Sie auf Werbeflächen nach Mineralwasser, welches Nonnen vertreiben, mit denen Sie auch Fußball spielen. Dabei wird Fußball am meisten mit Bier beworben. Ist das der echte Kahn?
Mineralwasser passt gut. Ich trinke auch gern mein Bier. Das halte ich für relativ harmlos. Problematischer sind harte Sachen wie Whisky. Und mit Schwester Theodolinde unterhalte ich mich auch über Themen abseits des Fußballs. Sie interessiert der Mensch, dafür bin ich dankbar.
Hat Sie Ihnen das Beten beigebracht?
Ich gehe nicht in die Kirche, bete nicht. Trotzdem glaube ich an Gott. Man kann im Glauben sehr viel Kraft finden.

OLIVER KAHNS STATIONEN

Karlsruher SC: Dort hat er mit sieben Jahren begonnen, 128 Liga-Einsätze für den KSC.
FC Bayern München: Beim FCB seit 1994. Bis Saisonende 338 Einsätze. Er wurde viermal Deutscher Meister, zweimal Pokalgewinner. 1996 wurde der UEFA-Cup gewonnen, 1999 das Finale in der Champions League gegen Manchester 1:2 verloren, aber Kahn zum besten Torwart der League gewählt. 1999 wurde er »Welt-Torhüter des Jahres«.
Nationalelf: Debüt 1995 in der Schweiz (2:1). Hinter Köpke aber blieb der ehrgeizige Kahn bei der EM 1996 wie bei der WM 1998 Ersatz ohne Einsatz. Nach dem Aus im Viertelfinale trat Köpke ab. Kahn wurde die Nummer 1.

Bei der EM gab es keine Hackordnung, keinen Boss. Hat sich das geändert?
Mit dem neuen Mannschaftsrat (Bierhoff, Kahn, Nowotny, Scholl, Bode) hat die Führung gezeigt, auf wen sie baut. In Zukunft müssen die Reinigungsprozesse innerhalb funktionieren. Wenn einige meinen, sie können bis halb eins morgens an der Bar sitzen und drei, vier Bier trinken, wird eingeschritten.
Sie haben mal gesagt: »Ich bin froh, dass ich als Torwart mit Taktik nichts zu tun habe.«
Das war während dieser elenden System-Diskussion bei Erich Ribbeck. Ständig wurden an der Tafel irgendwelche Leute hin und hergeschoben. Keiner wusste, was verlangt wird. Das ging mir auf den Geist. Jetzt herrschen klare Verhältnisse.
Wieso hat Rudi Völler, ohne Erfahrung als Trainer, trotzdem den Respekt aller?
Man hat das Gefühl, er sei schon immer Trainer gewesen, und merkt, dass er selbst gespielt hat. Er kennt alle Kniffe, alle Tricks, weiß, was Spieler denken. Er macht uns stark und brachte eine klare Hierarchie ins Team. Diese Lähmung, diese Verkrampfung ist weg.
Damals waren Sie auch skeptisch gegenüber dem Kapitänsamt.
Wegen der Machtlosigkeit. Man dachte: Was soll das? Wenn ich Kapitän sein soll, mache ich das mit Sicherheit, auch wenn ich nicht danach lechze.
Wie beurteilen Sie Ihre Konkurrenz?
Erbhöfe gibt es nicht. Sobald ich eine Schwächephase habe, gerate auch ich ins Kreuzfeuer.
Können Sie sich vorstellen, Deutschland verzichtet auf die WM, um eine neue Elf aufzubauen?
Das Aufbaugerede ist das Schwachsinnigste, was ich gehört habe. Es gibt keine Garantie, dass eine neue Mannschaft stärker ist. Gerade bei einem Turnier kann sie viel lernen. Jeder, der bei der EURO war, bekam so viel auf die Schnauze, dass er beweisen will, dass es nicht nur an den Spielern lag. Eine Frage der Ehre.
Bleiben Sie trotz bester Angebote bei Bayern?
Natürlich denkt man darüber nach, mal was anderes zu machen. Aber meine Ablöse ist, glaube ich, viel zu hoch. Es wäre schön, wenn man sie festschreiben könnte.
Und wenn die EU die Ablösesummen ganz abschafft und jeder halbjährlich kündigen kann?
Das wäre fatal für den Fußball. Für uns Spieler sieht das auf den ersten Blick traumhaft aus. Aber um von Bayern wegzugehen, das muss man sich genau überlegen. Da gibt es nur ein, zwei Vereine, die mithalten können.

Siegessicher, verbissen, aggressiv, mannschaftsdienlich – Oliver Kahn hat sein Image weg

Aus der Historie kommt unser Problem

Wegen seiner Meinungsverschiedenheiten mit Teamchef Erich Ribbeck verabschiedete sich Trainer Uli Stielike (46) im Mai 2000 von der Nationalelf. Nur einen Monat nach ihrem verunglückten EURO-Auftritt hat er im Juli mit der von ihm aufgebauten U18-Auswahl bewiesen, dass der deutsche Fußball durchaus fördernswerte Talente hat. Bei der U18-Europameisterschaft in Bayern und Baden-Württemberg wurde mit Erfolgen gegen Holland, Kroatien und Finnland hinter Frankreich und Ukraine nicht nur EM-Bronze sondern die Teilnahme an der WM 2001 in Argentinien erkämpft. Der unbequeme Uli Stielike, in allen Fußball-Sätteln erprobt, redet hier wie stets Klartext.

Bild oben links: Aktiver Einsatz für die deutsche Nationalmannschaft, obwohl seit sieben Jahren in Spanien bei Real Madrid, hier im Jahr 1984 gegen Belgien in Brüssel. Deutschland gewinnt 1:0.
Oben rechts: Die deutschen U18-Spieler feiern ihren Trainer Stielike nach dem Gewinn der Bronzemedaille im EM-Turnier gegen Tschechien (3:1)

DFB-Trainer Uli Stielike über Taktiken, Talente und das viele Geld

Ein Interview von Raimund Hinko

Bei uns herrscht Glaubenskrieg: Dreier-, Viererkette oder Libero. Wo liegt der Erfolg?

Vor dem System kommt der Mensch. Für mich gilt: ohne Libero. Alles andere hängt von den Spielern, der Stürmerzahl, ab. Aber der deutsche Fußball hat ein Problem, seine Vergangenheit! In den Epochen Beckenbauer/Schwarzenbeck, später Augenthaler/Kohler – also Libero/Vorstopper – wurden wir zweimal Weltmeister. Sie stehen uns im Weg, zu erkennen, dass sich der Fußball geändert hat.

Wie kann eine Umstellung gelingen?

Die Spieler sind ja dafür. Aber in unserer Mentalität muss es immer einen Schuldigen geben, was beim Spiel im Raum nicht einfach auszumachen ist. Da gibt es Schnittpunkte, Geben, Übernehmen. In der Manndeckung ist klar: Wenn die 7 flankt, schimpft man auf die 3, wenn die 9 das Tor schießt, auf die 4. Wo waren sie? Bei der Raumdeckung tun sich Kommentatoren schwer mit dem Schuldigen. Also hacken sie am System rum. Auch die Trainer können sich mit dem anderen leichter rechtfertigen und Schuldige finden.

Bayern und Leverkusen holen fast nur noch Ausländer.

Bei denen, die in der Champions League spielen, muss man beide Augen zudrücken. Unsere Jugend sucht sich einen anderen Weg. Michael Zepek vom KSC, mein Kapitän, will über die Regionalliga nach oben, statt zu einem großen Verein. Denn wenn Ottmar Hitzfeld oder Berti Vogts die Wahl haben, zwischen einem 18- oder 28-Jährigen, nehmen sie den 28-Jährigen. Das halte ich für normal. Er verspricht mehr Garantien.

Müsste der DFB Miroslav Klose vom FCK nicht schnell einsetzen, bevor er für Polen spielt?

Ich könnte mir eine Einladung für die A 2 oder A 1 vorstellen. Auch ich habe mit Teber (Waldhof) einen Türken, mit Gemiti (Eintracht) einen Italiener. Wir müssen uns darauf einstellen, dass in unserer Nationalelf bald ein Schwarzer spielt. (Klose wurde danach Nationalspieler.)

In der Liga gibt es jede Woche ein Spitzenspiel, aber nicht mal Bayern – Bayer war ausverkauft.

Dazu gibt's wochentags internationale Spiele im Dutzend. Wenn selbst wir Trainer sagen: »Mensch ist das schön, heute Abend kein Fußball«, dann ist das ein Alarmzeichen. Nur noch aufs Geld zu gucken, war ein Eigentor. Die Engländer sind keine besseren Fußballer als die Deutschen, aber ihre Spieler erscheinen besser, weil die Atmosphäre in den Stadien eine bessere ist. Das putscht alle auf. Die Kommentatoren, die Zuschauer. Bei uns wird oftmals etwas als gut verkauft, was nicht gut ist. Weil man viel TV-Geld dafür bezahlt. Wenn ich vom Stadion wegfahre und das Radio anmache oder zu Hause den Fernseher, muss ich mich manchmal fragen, ob ich beim gleichen Spiel war.

Die Qualität nimmt ab, die Klagen über den Stress zu.

Das ist wie bei der Mann- oder Raumdeckung eine Erziehungsfrage. Nicht die Spielzahl – die hatten wir früher auch – gibt Anlass zum Wehklagen, sondern der psychische Stress. Der ist weitaus größer als zu meiner Zeit. Ein Effenberg macht heute keinen Schritt ohne Beobachtung, ohne dass einer petzt. Das belastet mehr als die Spiele. Selbst bei Real Madrid konnten wir uns damals besser verstecken.

Sie haben von 1977 bis 1985 dort gespielt. Das ist Spitze für Deutsche. Hat sich's gelohnt? Und wo bleibt heute das Künstlerische?

Heute ist das Zehnfache an Geld unterwegs. Aber was sollen Puskas und Di Stefano sagen, die zwanzig Jahre zuvor dort spielten. Die achte ich noch mehr. Aber in einem Mannschaftssport muss sich auch das Genie oder der Lebenskünstler unterordnen. Man kann kreativ und bis zu einem gewissen Grad Individualist sein. Aber was z. B. ein Figo an Kilometern macht und sich für die Mannschaft einbringt, beeindruckt mich sehr. Ihm hat das viele Geld den Charakter nicht verbogen.

Sie wollten nach der EM weg vom DFB.

Völler und Skibbe wollten gern, dass ich weiterarbeite. Leider wird beim DFB immer nur schrittweise gedacht. Will man etwas erarbeiten, kann man das nicht mit Ein-, Zwei-Jahresverträgen schaffen. Zuvor hatte mich Generalsekretär Horst R. Schmidt angerufen, ob ich ein Jahr als Übergangslösung für Christoph Daum zur Verfügung stehen würde. Ich habe »ja« gesagt, »aber nicht als Marionette für Christoph Daum«. Vielleicht hat das gestört.

Wie ist heute Ihr Verhältnis zu Erich Ribbeck?

Freundschaftlich. Ich bin sehr gerne in seiner Gesellschaft, weil er ein sehr wohl erzogener Mann ist, der einem viel auf der menschlichen Ebene geben kann. Nur empfinde ich den Fußball anders, weil ich ihn anders gespielt und erlebt habe.

Würden Sie auch 60 Millionen Mark für einen Superstar ausgeben?

Wenn man meint, dass der Spieler das einspielt, dann soll man das tun. Aber wenn so viel ausgegeben wird, obwohl die A-Jugend kein Trainingsgelände hat, wenn man – wie sehr oft – nur auf einem Hartplatz Flutlicht hat, dann ist das erschreckend. Auch da ist Freiburg – das für mich in der Liga den schönsten Fußball spielt – mit seinem 20-Millionen-Projekt Vorbild.

Was lässt uns hoffen?

Ich habe nie »Wohlstandsjünglinge« angeprangert, nie disziplinarische Maßnahmen ergreifen müssen. Die jungen Elitespieler wissen sehr wohl, was sie wollen.

DAS IST ULRICH »ULI« STIELIKE

Geboren am 15. November 1954 in Ketsch. Stürmer, Libero, Vorstopper, spielte 1973 – 77 bei Borussia Mönchengladbach (dreimal Meister, u. a. mit Vogts, Heynckes, Bonhof), 1977 – 85 bei Real Madrid (dreimal Meister), 1985 – 88 bei Xamax Neuchâtel (zweimal Schweizer Meister). 42 Länderspiele (3 Tore), Europameister 1980, Vizeweltmeister 1982. 109 Bundesligaspiele (12 Tore), 83 EC-Spiele (8 Tore), zweimal UEFA-Cup-Gewinner, 1981 Spaniens Fußballer des Jahres. Als Trainer betreute er u. a. die Nationalelf der Schweiz (1989/91), Waldhof Mannheim, den DFB-Nachwuchs und die Nationalelf (1998/Mai 2000).

Der baumlange Heros aus Sachsen

Das deutsche Spiel hat in seiner Nationalelf eine neue Mitte, einen schönen jungen Mann, der sich leicht und elegant bewegt: Michael Ballack, 24 Jahre, 1,89 m groß. Eine Hoffnung, von der der Portugiese Luis Figo in Real Madrids Diensten sagt: »Er zählt schon zu den Besten in Deutschland. Das wird einer, garantiert.« Aber ist er nicht schon längst einer? Er hat Mehmet Scholl abgehängt, in der Statistik und in der Gunst der Mädchen sowieso. Mehr Italiener als Sachse mit seinen schwarzen Haaren.

DAS IST MICHAEL BALLACK

Geboren am 26. September 1976 in Görlitz. Bei der BSG Motor Karl-Marx-Stadt begann 1983 seine Ausbildung. Ab 1988 beim FC Karl-Marx-Stadt. 1991 Aufnahme in die Chemnitzer Sportschule (Abitur mit Note 2,5). 1995 Zweitliga-Debüt beim Chemnitzer FC. Otto Rehhagel holte ihn 1997 zum gerade wieder aufgestiegenen 1. FC Kaiserslautern. Im Meisterjahr machte Ballack 16 Ligaspiele (ohne Tor), im folgenden Jahr 30 (4 Tore). Ärger mit Rehhagel veranlasste 1999 den Wechsel nach Leverkusen für fünf Millionen Mark Ablöse. In der Nationalelf debütierte Ballack am 28. April 1999 gegen Schottland (0:1). Zwei Einsätze bei der EM 2000. Seitdem im Stamm der Auswahl.

Michael Ballack ist der neue Mittelmann in der Nationalelf

Von Jochen Coenen und Michael Schilling

THEMEN DER SAISON

Michael Ballack ist immer eine Stufe raufgefallen, hat Hindernisse fast spielerisch übersprungen. Ein Sonntagskind eben. Beim Chemnitzer FC hat ihn der Trainer Christoph Franke reibungslos vom Jugend- zum Stammspieler befördert – und damit vor die Augen der Späher. Reihenweise sprachen Trainer und Manager bei Vater Ballack, einem Bau-Ingenieur, vor. Dann kam Otto Rehhagel und die Ballacks wussten: »Das ist der Richtige!« Der hatte den Ruf, aus Talenten Stars zu formen. Und Ballack ist, das sieht ein Blinder, ein Talent. Er zieht den Ball an, als hätte er Klebstoff am Schuh, passt aus dem Fußgelenk und läuft leichtfüßig davon.

In Kaiserslautern wurde er Meister, Nationalspieler. Doch mit dem ersten Gegenwind 1998/99 knickte der Glücksjunge ein. Rehhagel setzte ihn auf die Bank. Ballack schnaubte: »Vereinswechsel!« Er erzwang den Wechsel nach Leverkusen. Andere hätten sich mit Blumen verabschiedet. Ballack aber, immer auch mit Hang zum Schnöseligen: »Ich muss Herrn Rehhagel ja fast dankbar sein, dass er mich in Lautern auf die Bank setzte und indirekt den Weg nach Leverkusen ebnete.« Aber vielleicht braucht man diesen Schuss Überheblichkeit, um Fehler schnell wegzustecken und aufzutrumpfen. Plötzlich schüttelte er im Bayer-Team die Gegner ab wie Fliegen, grätschte wie ein Erdarbeiter. »Wenn ich heute meine Werte angucke, staune ich immer wieder.« Jeder Ball läuft in Leverkusen über Ballack. Unter Christoph Daum habe er »den größten Sprung gemacht«. Bis in die Champions League, »eine abgewandelte Europaliga. Die zu gewinnen, ist höher anzusiedeln als eine Meisterschaft.« In den Duellen mit Real Madrid klaute er Figo den Ball, als ginge es um einen Job in Spanien. Irgendwann will Ballack auch dorthin. »Wann, weiß ich nicht. Aber manchmal geht das schnell. Wir sind ja auf dem Präsentierteller.« Sein Vertrag bis 2005 hat eine Ausstiegsklausel für 2002, wenn die Ablöse stimmt. Als Markwert hatten Spielervermittler 55 Millionen Mark errechnet. Aber das war vor dem Sieg in England …

Die Monate Mai und Juni des Vorjahres, dieses Eigentor von Haching, das Bayer 04 den Titel stahl, diese elende Europameisterschaft, das alles hat Ballack einfach gestrichen. Betriebsunfälle? »Diese EM hat mir wirklich nichts gebracht«, sagt Ballack, obwohl er gegen England und Portugal nur 63 Minuten kickte. Plötzlich war er »dieser Schnösel«, wie Christian Ziege sagte, »dem man nichts mehr sagen kann, der schon Weltmeister ist«. Dieser aufreizende Laufstil, diese Haltung, aufrecht und mit dem Kopf oben, diese Gesten signalisieren Überlegenheit. Doch nach der EM hat sich Ziege bei ihm für seine Äußerung entschuldigt. »Er hat eingesehen, dass das falsch war. Für mich ist das Thema damit gegessen.« Aber lag Ziege wirklich so falsch? Wenn einem genialen Steilpass der lässige Querpass in die Beine der Gegner folgt, dann heult das Pubikum auf. Dieser Mensch, bei dem alles so ohne Schweiß daherkommt, den man auch mit dem jungen Beckenbauer verglichen hat, der muss einfach polarisieren. Mitspieler meckern schon mal, dass er sie nach einem verpatzten Pass laufen lässt und selbst zuschaut. Aber sie loben auch sein Auge, seine Freistöße und Schüsse, die schon manche Punktprämie erzwungen haben. »Auf dem Platz«, sagt Ballack über Ballack, »werde ich mich nie zurückhalten. Da muss ich mich durchsetzen.«

Es wäre ganz gut, wenn dieser junge Mann beim großen Franz Beckenbauer nachlesen würde. Der gibt zu: »Richtig gut wurde ich erst so mit 30. Vorher habe ich nur geglaubt, dass ich gut bin.« So kann Michael Ballack eigentlich nur von einem aufgehalten werden, von Michael Ballack selbst. Wenn dieser vom Leben nicht genug lernen will.

Träumt von Barcelona: Ballack im Duell mit dem Spanier Etxeberia

Wer kann es noch so gut wie Kahn?

Weltmeister Sepp Maier (56) ist Torwarttrainer der Nationalelf und bei Bayern München. Mitte der ersten Serie checkte er alle Stamm-Torhüter der Bundesliga durch. Aber er schränkt ein. »Torhüter sind sensibel. Ich will keinem wehtun. Mein Urteil ist kein Evangelium, weil ich nicht jede Woche alle sehe. Aber es gibt doch Unterschiede, vor allem seit es Oliver Kahn gibt, Mister 100 Prozent.« Auf diese 100 Prozent ist auch sein »Faktor« bezogen. Mittlerweile hat aber z. B. in Leverkusen Adam Matysek wieder Pascal Zuberbühler verdrängt. Maier fordert: »Seitdem ein Torwart durch die Rückpass- und Sechs-Sekunden-Regel sowie als Libero-Ersatz mehr denn je mitspielen muss, sind auch seine fußballerischen Fertigkeiten gefragt. Das muss trainiert werden!«

Schneller als der Ball – Markus Pröll vom 1. FC Köln. Sepp Maier urteilt über den 21-Jährigen: »Auch wenn dieser reaktionsschnelle Flieger noch zu ruhig ist, wächst da ein Großer heran. Sein Torwarttrainer Rolf Herings brachte einst Bodo Illgner heraus.« Gemessen an den 100 Prozent von Oliver Kahn gibt es für Pröll erst einmal 60 Prozent. Seine Haltungsnote dürfte noch besser liegen

Der Torhüter-Check von Weltmeister Sepp Maier

Oliver Kahn (31, FC Bayern München)
Er war gut, als er vom KSC kam, aber total steif. Mittlerweile sind seine Reflexe unschlagbar. Seine Abschläge leiten Tore ein. Als Kapitän hat er Ausstrahlung. Er muss noch mehr Flanken fangen. **Faktor 100 %**

Jörg Butt (26, Hamburger SV)
Kräftig, sehr gutes Auge, gutes Stellungsspiel, sicherer Elfmeterschütze. Starker Charakter. Nimmt alles an. Müsste beweglicher sein. Hat zudem eine schwache Seite … Braucht noch Reifejahre. **Faktor 80 %**

Jens Lehmann (30, Borussia Dortmund)
Die BvB-Krise nagte an seinen Nerven. Wirkt cool, ist aber sensibel. Will alles perfekt machen, mit dem linken Fuß so gut abschlagen wie mit dem rechten. So passieren Fehler. **Faktor 80 %**

Gerhard Tremmel (21, Unterhaching)
In der Bayern-Jugend habe ich ihn trainiert. In Haching im Blickpunkt zu stehen, ist gut für ihn. Mit Mut zum Rauslaufen, aber oft übermotiviert. Ein sehr Guter. **Faktor 70 %**

Frank Rost (27, Werder Bremen)
Rosts Reflexe sind großartig. Sein einziges Manko ist die lockere Zunge. Wenn er super hält, braucht er keine Kommentare, die unkollegial klingen. **Faktor 70 %**

Pascal Zuberbühler (29, Leverkusen)
Schon beim Schweiz-Länderspiel in Lautern war ich begeistert. Er kam immer raus bei Flanken, war sehr sicher. Da war kein Loch im Schweizer Käse. **Faktor 70 %**

Gabor Kiraly (24, Hertha BSC)
Als ich ihn das erste Mal sah, sagte ich »Super«! Dieser Hang zu Show und Leichtsinn erinnert mich an mich. Wenn Kiraly nach links schaut, spielt er nach rechts. Schielt er? **Faktor 75 %**

Claus Reitmaier (36, Wolfsburg)
Er hält auch Unhaltbare. Ist beim Rauslaufen zu ungestüm, mehr ein Kämpfertyp. Kapitän und Vorbild. **Faktor 65 %**

Georg Koch (28, Kaiserslautern)
War auch schon zum Nationalelf-Lehrgang. Kommt mir vor wie der Kahn vom KSC – direkt aus dem Kraftraum. Könnte geschmeidiger sein. **Faktor 65 %**

Michael Hofmann (27, München 1860)
Ich habe nicht verstanden, dass er vor einem Jahr durch Daniel Hoffmann ersetzt wurde.

DAS IST JOSEF-DIETER »SEPP« MAIER

Geboren am 28. Februar 1944 im bayerischen Metten. Spielte 1958 bis 1979 für FC Bayern. 473 Bundesligaeinsätze, 95 Länderspiele, bei vier WM-Endrunden dabei, 1974 Weltmeister, 1972 Europameister. Mit Bayern München Weltpokalsieger 1976, dreimal Gewinner des EC der Meister, je vier Deutsche Meistertitel und Pokalsiege, »Fußballer des Jahres« 1975, 1976 und 1978. Ein Autounfall beendete 1979 seine Karriere. Seit 1987 arbeitet er als Torhüter-Trainer der Nationalelf und des FC Bayern.

Das hat Punkte gekostet. Stark auf der Linie, schreit, durch gute Schusstechnik sogar für Freistöße geeignet. **Faktor: 65 %, vor einem Jahr 75 %**

Dirk Heinen (29, Frankfurt)
Greift blitzartig zum Ball. Die Reaktion ist sein Kapital. Sein Zuspiel müsste genauer sein. **Faktor 65 %**

Oliver Reck (35, Schalke)
Ein Supertyp, dem der große Sprung leider nicht gelang. Durch Leichtsinn einst der »Pannen-Olli«. Hat Charakter und eine Bierruhe. **Faktor 65 %**

Timo Hildebrand (21, Stuttgart)
Wirkt am Ball sicher. Rangnicks Vertrauen steigerte sein Selbstbewusstsein. Bei 1,84 m mit 70 kg nicht zu leicht, sondern ideal. **Faktor 65 %**

Richard Golz (32, SC Freiburg)
Beim Langen (1,99) wiegt die Routine. Ein Schalk! Es zählt nicht, was er mit dem Fuß macht, sondern was er hält. **Faktor 65 %**

Rein van Duijnhoven (33, Bochum)
Sprunggewaltiger Holländer. Aber ich hätte Sven Scheuer von Bayern genommen. Wir haben viele junge, gute Torhüter. **Faktor 60 %**

Martin Pieckenhagen (28, Rostock)
Ein Guter. Aber im undankbaren Amt hinter Rostocks Abwehr. In einem guten Team sicher mit weniger Patzern. **Faktor 60 %**

Tomislav Piplica (31, Cottbus)
Wird Lehrgeld zahlen, aber viel zu tun bekommen. Gut für ihn. Als ehemaliger Feldspieler gut am Ball. **Faktor 55 %**

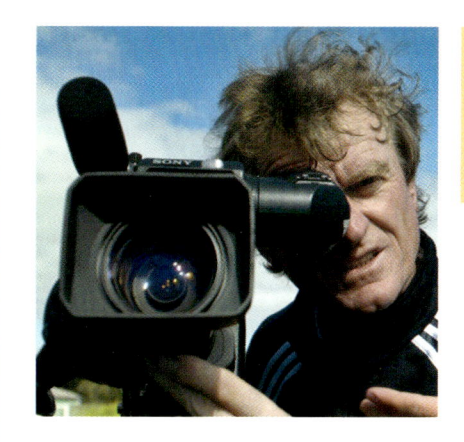

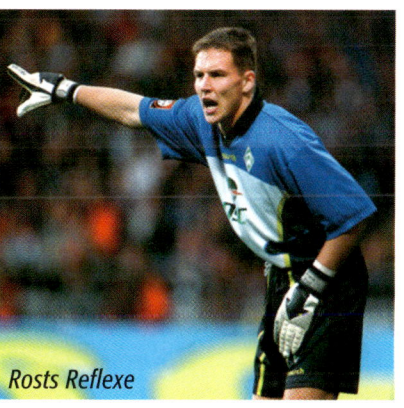

Butts Sprung

Rosts Reflexe

Lehmanns Ball

THEMEN DER SAISON

BvB-Abstieg macht 50 Millionen locker

Als die Bundesliga startete, begann für Dieter Pilz die schlimmste Zeit des Jahres. Der Mann ist Geschäftsführer bei der Münchner Versicherungsagentur SportPROtection. Und er zittert: »Falls einer unserer Klubs absteigt, wird es richtig teuer.« Immer mehr Bundesligisten haben sich in den letzten Jahren bei Pilz versichert – gegen den Abstieg, gegen das Nichterreichen eines internationalen Wettbewerbs, sogar gegen die Zahlung von Millionen-Prämien an ihre Spieler in der Champions League.

2. LIGA: BIELEFELDS RETTUNGSANKER

Auch die 2. Bundesliga geht auf Nummer Sicher. Bei Arminia Bielefeld beklagt Manager Heribert Bruchhagen zwar ständig die finanzielle Schieflage, aber er hat auch Rettungsanker ausgeworfen. Gegen den Nichtaufstieg hat er die Arminia bei SportPROtection mit 10 Millionen Mark versichert. Die Police kostet ihn 2,5 Millionen. Sollte die Arminia aufsteigen, kassiert sie rund 16 Millionen Mark an TV-Geldern, kann also die Versicherungsprämie locker zurückzahlen. Jene 10 Millionen aber decken in der 2. Liga ein Drittel des Etats. Die Profis bekommen also pünktlich ihr Geld. Manager Erich Steer vom SSV Ulm, auch Absteiger neben Bielefeld, hat den Verein mit 8 Millionen Mark gegen den Nichtaufstieg (Prämie 2 Millionen Mark) versichert, der 1. FC Saarbrücken dagegen »nur« gegen den Abstieg aus der 2. Bundesliga.

Fast die ganze Liga sucht sich gegen ihre Risiken zu versichern

Von Robin Halle

Neun Vereine arbeiteten bis Jahreswechsel schon mit SportPROtection zusammen, darunter Schalke, Berlin und Dortmund. Andere verhandelten noch. Immer ging es um die gleiche Frage: Wie können Spielergehälter, Prämien und Marktwert bestmöglich, also preiswert, abgesichert werden?

Der HSV kam 1998 als erster Profiklub auf die Idee, sich gegen den Abstieg zu versichern. Gemeinsam mit dem Vermarktungspartner Ufa wurde eine Police ausgetüftelt, die noch immer gilt. So kassieren die Hanseaten im schlimmsten Fall, also im Abstieg, rund 20 Millionen Mark – bei lediglich 7,5 Prozent (1,5 Millionen) jährlicher Versicherungsprämie. Das ist von Wert auch im Lizensierungsverfahren, wo DFB-Direktor Straub ebenso Wirtschaftspläne für die 2. Liga einfordert.

Borussia Dortmund hatte lange auf solche Absicherung verzichtet. Doch als der Klub im letzten Frühjahr an die Abstiegsplätze schrammte, bekam die Ufa Angst. Sechs Spieltage vor Schluss sicherte sie ihre Millionen-Investitionen bei der Würzburger Versicherung ab, einer Tochter der weltweit operierenden GE Frankona. Fast 50 Millionen Mark wären im Abstiegsfall ausgezahlt worden. Diese hohe Blitzversicherung habe »einen hohen einstelligen Millionenbetrag« (mindestens 8 Millionen) gekostet. So ein Insider. »Unsere Rückversicherer hatten vor jedem Spieltag Schweiß auf der Stirn ...« Borussen-Manager Michael Meier will dagegen von Panik im Hause des BvB heute nichts wissen. »Wenn es Vereinbarungen gegeben hat, ist die Ufa als Partner aufgetreten und nicht Borussia.« Das Geld aber wäre letztlich nach Dortmund gerollt.

Auf der sicheren Seite ist auch Eintracht Frankfurt, der beim Abstieg 15 Millionen aus einer Police zufließen würden. Die mögliche Abfindung von Trainer Felix Magath – angeblich fünf Millionen Mark – aber wollten die Versicherungen nicht übernehmen. Dafür ist Sponsor VIAG Intercom bei SportPROtection gegen Eintrachts Abstieg versichert, wie auch die VIAG-Werbespots mit Mehmet Scholl, falls dieser mal länger ausfallen sollte. VIAG verliert da keine Mark. Wie auch das Unternehmen Siemens, das mit 25 Millionen Mark Lazio Rom sponsert. Falls Lazio absteigt, zahlt SportPROtection.

»Es ist schon kurios, was die Leute alles versichern wollen«, sagt Pilz. Der 1. FC Kaiserslautern hatte im Vorjahr für 800 000 Mark vier Millionen Mark an Champions-League-Prämien versichert. Über solche Summen wird Bayern-Manager Uli Hoeneß nur lächeln. Ihm waren mehrere Angebote gemacht worden: eine Versicherung über 850 000 Mark Champions-League-Prämien pro Kopf in der Saison 1998/99, dann 1,3 Millionen Mark für das mögliche Triple eine Saison später. Hoeneß lehnte ab. »Im Sommer bieten wir Bayern ein neues Konzept an«, so Pilz. Leverkusen verhandelte auch, zögerte aber. »Für 35 Millionen Mark pro Saison eine Risikoversicherung abzuschließen ist uns zu teuer«, sagte Finanzchef Holzhäuser. Doch früher oder später werden Hoeneß und Holzhäuser zusagen, »weil das alle machen«, wie Pilz betont. Er aber sitzt dann mit feuchten Händen vor dem Fernseher: Hoffentlich gewinnt dieser, hoffentlich verliert jener ...

Männer für Millionen: Gerd Niebaum, Ernst Breer, Michael Meier vom BvB (oben, v.l.), Uli Hoeneß von Bayern, Völler, Calmund und Holzhäuser von Bayer

---

60 MILLIONEN MARK FÜR ABSTEIGER ATLETICO

Nach der vorigen Saison hat Atletico Madrid die dickste Fußball-Versicherungsprämie aller Zeiten kassiert: 60 Millionen Mark! Rund 20 Versicherungen mussten zahlen, vor allem Lloyd's (London) und GE Frankona. Weil keiner den Abstieg des spanischen Traditionsklubs erwartet hatte, war die von Atletico zu zahlende Prämie so günstig gewesen: 4,5 Millionen Mark pro Jahr, also 7,5 Prozent der Auszahlung. Wer auch hätte in der Champions League diesmal Juventus Turin nach Runde 1 hinter La Coruna, Panathinaikos Athen und dem HSV auf Rang 4 erwartet? Fürs Ausscheiden kassierte Juve 20 Millionen Mark. Wieder musste u. a. Lloyd's bluten. Real Madrid hatte die Prämien für seinen Champions-League-Triumph 2000 versichert – und bekam zum Cup noch 20 Millionen Mark dazu. Englische Versicherer und Rückversicherer, die binnen zwei Jahren 100 Millionen Mark zahlen mussten, sind vorsichtiger geworden. SportPROtection durfte die EM-Prämien der Holländer, Italiener, Franzosen versichern. Europameister wurde Frankreich. Diesmal blieb die Summe geheim.

THEMEN DER SAISON

Die Kunst des richtigen Drehs

Es sind die ein, zwei Sekunden, in der alle Augen am Ball kleben. In denen die Augen mit aufsteigen und oben, auf dem Scheitelpunkt der Kurve, diesen Wimpernschlag verharren. Bis die Augen magisch mit runtergezogen werden, weil der Ball so steil fällt, oft wie ein Stein. Einschlag! Entzücken da, Entsetzen dort. Wieder war ein Freistoß-Künstler am Werk. Ein schauriges Spiel mit Angst und Abschießen. Wo nicht die Wucht, sondern der Witz gewinnt. Wo die einen ausgeliefert warten, ob der Feinschliff eines Fußes die Mauer und den Mann im Tor wie Hampelmänner erfolglos durch die Lüfte springen lässt.

NEUE KÜNSTLER: MIRIUTA, LOTTNER

Neben »Icke« Häßler hatte der Cottbuser Vasile Miriuta zur Winterpause Platz genommen: auch drei Freistoßtore und damit Spitze! Der 32-Jährige mit rumänischem und ungarischem Pass hat mit seinen Freistoßkünsten dem Neuling etliche Punkte gebracht. Insgesamt sechs Treffer und fünf Torvorlagen machten ihn zu einem der wirkungsvollsten offensiven Mittelfeldspieler. Ein Lohn: der Ruf in Ungarns Nationalelf. Kölns Kapitän Dirk Lottner (29) hat sich in der ersten Serie auch mit zwei Freistoßtreffern herausgehoben. Acht Tore, sechs Vorlagen – Lottner ist der Motor des Auftriebs beim 1. FC. Treffer aus direkten Freistößen gelangen auch Bayer (2), Freiburg, BvB, Bayern, Hertha, HSV und Schalke (je 1). Andere fehlten, wie Kaiserslautern mit Mario Baslers Freistoßkünsten. Auch Balakov (VfB), Herzog (Werder), Breitkreutz (Hansa) nahmen bis zur Pause noch eine Auszeit.

Wie Häßler, Balakov, Scholl ihre Freistöße ins Netz zaubern

THEMEN DER SAISON

Genau in diesen ein, zwei Sekunden klärt sich die Frage für Millionen Zuschauer: Wer hat den Bogen raus? Wer findet den besten Dreh?

Icke Häßler von 1860 München, der mit dem kleinen Fuß (Schuhgröße 39), hat's zur Saisonhalbzeit bei Energie Cottbus wieder vorgezaubert, im Fernduell über 20 Meter. Nicht wie beim Elfmeter. Auge in Auge, entweder »bumm« oder dumm. Beim Freistoß kann einer allein eine ganze Mannschaft vorführen. Der Icke, grundsätzlich mit rechts, lässt den Fuß erst ganz lange unterm und dann am Ball, streichelt ihn nach oben. Deshalb dreht sich das Runde so tückisch und unerwartet. Torwart und Zuschauer denken noch: Der segelt vorbei. Getäuscht! Der Ball schraubt sich unter die Latte. Oder, weil Häßler oft zu genau zielt, auf die Latte. In der ersten Saisonhälfte sechsmal.

Der ebenso begabte Balldreher Balakov vom VfB Stuttgart versendet außer einem besonderen Drall – erst steigt das Ding sehr hoch, dann stürzt es wie erschossen ab – auch eine Prise Geist: »Es gibt keine Grenzen. Es ist alles eine Sache des Kopfes. Es geht alles, wenn man zu 100 Prozent konzentriert ist.«

Berlins Beinlich, der mit dem kurzen Anlauf, lässt uns ein wenig in seine Gedanken ein:
Stufe 1: »Du guckst, wo die Mauer steht.«
Stufe 2: »Du guckst, wo der Torwart steht.«
Stufe 3: »Du entscheidest dich.«
Stufe 4: »Du läufst an und siehst das ganze Bild vor dir.«
Stufe 5: »Du darfst jetzt nicht mehr überlegen, nichts mehr ändern.«
Stufe 6: »Schießen.«
Stufe 7: »Ich weiß jetzt genau, wo der Ball hingeht.«

Mehmet Scholl von den Bayern, der Frechste unter den Freistößlern, findet den Anlauf am wichtigsten: »Eine ruhige, konzentrierte Schrittfolge.« Dann hat er zwei Möglichkeiten: »Entweder über die Mauer oder ins Torwarteck. Aber was ich mache, steht schon vorher fest.« Er rechne sich nichts aus. »Ich verlasse mich immer auf mein Gefühl.« Und noch was aus der Scholl'schen Trickkiste: »Ich schieße mit sehr viel Rücklage.« Das verdreht den Ball noch mehr, sozusagen die rotierende Botschaft an den Torwart.

Der Freistoß als Kunstwerk, wenn der Ball scheinbar gegen die Schwerkraft der Erde schwebt – auch das ist der Preis für den Fleiß. Scholl: »Man kann noch so viel Talent haben. Nur pausenloses Trainieren gibt mir Sicherheit.« Beinlich: »Ich habe noch nie so viel geübt wie zur Zeit.« Balakov: »Man muss jede Woche den Bewegungsablauf auffrischen.«

Und wenn die Herren sich dann wieder den Ball zurechtlegen, verschwörerisch die Köpfe zusammenstecken, verständnisvoll nicken, ein bisschen verwirrend quer und längs kreuzen, dann einer anläuft und den Ball so schaufelt, dass er in ein, zwei Sekunden im Netz zappelt – dann werden unsere Augen wieder am Ball kleben, mit ihm steigen, mit ihm fallen. Mit Entzücken, mit Entsetzen. Fußball kann so schrecklich schön sein.

Kleine Lehrstunde im Ballzauber: Thomas Häßler (Rückennummer 10), der Münchner Löwe aus Berlin, versteht sein großes Handwerk mit dem kleinen Fuß. Erst streichelt er den Ball nach oben (Bild oben), dann dreht sich das Runde tückisch ins Eckige (Bild unten). Die Bremer konnten am zweiten Spieltag seinem Kunstschuss zwar ein paar Mann entgegenstellen, die reichten allerdings nicht aus, den Treffer zu verhindern

Marke Lorant: Harte Schale, weicher Kern

Werner Lorant ist eines der Trainer-Urgesteine in der Liga. Nur Volker Finke begann früher, am 1. Juli 1991 in Freiburg. Am 1. Juli 1994 war für Lorant bei 1860 – wie für Eduard Geyer bei Energie Cottbus – der erste Arbeitstag. Alle drei führten unterklassige Teams in die Erste Liga, Freiburg aus der 2. Bundesliga, 1860 und Energie aus der Regionalliga, also 3. Klasse. Mit ihrem Debüt in der Champions League sahen sich die Löwen jüngst bei den Top-Klubs angekommen. Doch Leeds gewann die Qualifikation – und 1860 fiel in den Liga-Keller. Lorant, der 52-Jährige: »Egal, ob wir 16. oder 8. sind – ich denke nur: Was muss ich tun, um nach oben zu kommen. Dafür werden wir hart arbeiten.« Rücktrittsgerüchte wiesen er und Präsident Wildmoser zurück. So blieb den Löwen und der Liga einer der eigenwilligsten Trainer erhalten.

Der Mann, der die Münchner Löwen stark gemacht hat

Von Michael Schilling

SEIN PFERD HEISST »KING WERNER«

Lorant ohne Fußball – auch das gibt es in Dorfen, 40 km östlich von München. Dort wohnt der Trainer mit Ehefrau Doris und den Söhnen Tobias (11) und Timo (10), für ihn »die Kerle«. Und weil die auf Fußball stehen, geht er an freien Tagen sogar mit ihnen zu Bayern-Spielen. Als prominentester Dorfener hat sich Mercedes-Fahrer Lorant erfolgreich für eine Tempo-30-Zone eingesetzt. Brav fährt er mit nach Frankfurt, wenn Schwiegermutter Erika, eingeschworener Eintracht-Fan, Geburtstag hat. 134-mal hat Lorant selbst für Eintracht gespielt (insgesamt 325-mal auch für Dortmund, RW Essen, Saarbrücken, Schalke, mit 46 Toren). Bei Lorants im Garten steht ein Taubenschlag, ein Geburtstagsgeschenk von Frau Doris »und ein alter Traum von mir«. Auch Dackel Samson und Traber-Hengst »King Werner« gehören zu den Lorants, die auch oft und gern im eigenen Haus an der spanischen Costa del Sol sind. Nicht auszuschließen, dass Lorant, der spanisch spricht, dort sein Trainerleben ausklingen lässt. Gattin und Freundinnen haben ihm zum 50. ein Ständchen gesungen: »Trainer – außen hart und innen ganz weich …« Sie kennen ihn gut.

Und dann gibt es manchmal auch überraschende Siege der Münchner Löwen, wie am 23. Spieltag im Freiburger Dreisamstadion – für die Fans eine ganz besondere Freude, mitgereist zu sein

Münchens Tageszeitungen drucken Aufstellungen von 1860 nicht mehr vorab. Sie stimmen ja doch nie. Wenn Trainer Lorant zwei Tage vor dem Spiel den Bulgaren Borimirov lobte (»er hat hervorragend trainiert«), saß der am folgenden Samstag auf der Bank. Und wenn Lorant wie vor dem Rückspiel gegen Leeds jaulte: »Erik Mykland hat Grippe, ist schlapp, kann nicht spielen«, dann lief der Norweger munter mit der Startelf ein und spielte, als hätte er eine Frischzellenkur hinter sich. Reden und Denken, das ist bei Lorant grundsätzlich verschieden. Und er kultiviert das wie ein Schauspieler, der auf der Bühne den fiesen Schurken gibt, aber in Wirklichkeit ein sensibler Softie ist, sobald die Scheinwerfer ausgehen. Also sprach Lorant, nachdem 1860-Junior Benjamin Lauth bei der U-18-EM groß aufspielte: »Lauth?! Kenne ich nicht, interessiert mich auch nicht.« Worauf die Fachleute, allen voran U-18-Trainer Stielike, Lorant als Ignoranten abkanzelten, der ein Talent im eigenen Stall verkennt. Darüber lacht jener. Denn er kennt Lauth nur zu gut, spricht regelmäßig mit ihm. Aber um den Jungen nicht abheben zu lassen, verleugnete er ihn in der Öffentlichkeit.

Warum auch nicht? Lorant wirbt ja auch für Kaugummis, die das Rauchen abgewöhnen, und qualmt heimlich. Lorant dröhnt, ein Sportler müsse sich stets gesund ernähren, und trinkt nach dem Training im »Löwenstüberl« gern drei bis acht Tassen Espresso. Mit viel Zucker. Wer also soll schlau werden aus Lorant?

Von ihm stammt das Zitat: »Wozu soll ich mit den Spielern quatschen? Bin ich 'n Pfarrer oder was?« Dabei nimmt er sich seiner Sorgenkinder an, als sei er ihr Beichtvater. Dadurch ist Thomas Häßler, den sie in Dortmund klitzeklein zerlegt hatten, bei 1860 wieder zur festen Größe geworden. Häßler: »Lorant gibt mir jedes Vertrauen. Er weiß genau, wie er einen Spieler anzufassen hat, und kitzelt das Beste heraus.« Torwart Daniel Hoffmann aber war platt, als er mit Lorant seinen Wechsel zum türkischen Kocaelispor besprechen wollte. «Wenn Hoffmann weg will, soll er doch abhauen«, bellte der Trainer im »Löwenstüberl« über seinen Torwart Nummer 1 der letzten Saison. Doch dann nahm er sich Zeit für ihn, hörte aufmerksam zu, zeigte Verständnis und sagte: »Wenn es nach mir geht, bleibst du bei uns.« Raue Schale, weicher Kern. Das Schauspielern macht ihm Spaß. »Die junge Generation – alle versaut und verwöhnt«, grantelt er bisweilen. Um danach Sohn Timo (10) ein Eis zu spendieren: »Ein guter Junge.« Oder Lorant verfügt: »Bevor ich einen auswechsle, muss der sich schon das Bein gebrochen haben.« Doch in Bremen holte er Paßlack schon nach einer Viertelstunde mit besorgter Miene vom Feld, weil der mit dem Rücken gegen den Torpfosten gestoßen war.

Offenbar denkt Lorant stets das Gegenteil von dem, was er sagt. Nach der verpassten League-Qualifikation gegen Leeds zuckte das Kinn, der Kopf wackelte, immer wieder wischte seine Hand übers Gesicht, als wolle sie Tränen und Enttäuschung wegschieben. Doch trotzig sagte er genau das, was er aufsagen wollte: »Wir werden in diesem Jahr die beste Runde seit dem Wiederaufstieg spielen. Noch nie war die Mannschaft so stark besetzt wie jetzt.« Der Saisonverlauf ist bekannt: Nach dem 15. Spieltag saßen die müden Löwen auf Platz 16 im Abstiegskeller. Die Dreifach-Belastung mit Champions League, DFB-Pokal und Bundesliga hatte sie überfordert. Da war wieder der beinharte Lorant gefordert.

THEMEN DER SAISON

Wie Mehmet ein Mann wurde

Es fällt schwer, hinter den Namen Mehmet Scholl die Zahl 30 zu schreiben. Dieses Lausbubengesicht zeigt zwar den Ansatz von Ringen unter den Augen. Aber es will nicht in den Kopf, dass dieser hakenschlagende Irrwisch, ein Zwischending von Spielmacher und Torjäger, seine letzten fußballerischen Jahre einläutet. Wo sein Wert für die Nationalelf und den FC Bayern so hell strahlt wie noch nie. Aber Scholl will nicht so lange spielen wie Lothar Matthäus. Leider.

Ein Jahrzehnt bei Bayern München hat Mehmet Scholl geformt

Von Raimund Hinko

Der Scholl, dieser Luftikus. Als der 21-jährige Karlsruher 1992 bei Bayern unterschrieb, prahlte er zu allererst damit, dass sein Körper aus 68 kg stahlharter Erotik bestünde. Der Teenie-Schwarm war geboren. Aber dieser zarte Körper war fast zu zart für die bösen Tritte der Verteidiger. Also musste Scholl oft zum Arzt. Er schwärmte von der Narkose. »Tolle Erfindung.« Wer einen Termin wollte, holte ihn am besten bei Dr. Müller-Wohlfahrt ab.

Scholl war frech. Kleiner mit großer Klappe. Wenn Vorstopper Oliver Kreuzer, ein Eisenfuß, nieste, wünschte ihm Scholl nicht »Gesundheit«, sondern »Technik und Ballgefühl«. Zwei Ex-Karlsruher unter sich. Da der Franzose Jean-Pierre Papin diese Art von deutschem Humor nicht verstand, knallte er Scholl eine. Es kam in der Kabine fast zur Schlägerei. Umgekehrt knallte Scholl dem spuckenden Chapuisat (BvB) eine auf dem Spielfeld. In seinem ersten Jahr ging Scholl mit seinem Idol Lothar Matthäus Ski fahren. Der erste und letzte gemeinsame Urlaub. Das Verhältnis blieb angespannt.

Scholl hat, wie so viele Fußballer, schnell geheiratet, mit 22, seine Jugendliebe Susanne. Die Frage nach seinem Lieblingsberuf beantwortete er ironisch mit »Spielerfrau«. Dafür knallte ihm Susanne keine. Aber als die Ehe nach knapp fünf Jahren scheiterte, lag das auch mit daran, dass Scholl keinen Schritt machen konnte, ohne dass die Girlies kreischten wie bei einem Popstar. Das brachte ihm den Neid der Kollegen ein – und auch, weil man den Scholl selbst in schlechten Monaten oft zum »Spieler des Monats« wählte.

Wen wundert's, dass es ihn gelegentlich vom Boden der Tatsachen abhob. Er überwarf sich mit seinen Trainern, schoss Ribbeck einen Ball nach, fetzte sich mit Berti Vogts, stritt sich mit Franz Beckenbauer, weil der kleine Scholli den Ball lupfte, anstatt einfach nur draufzuhauen, wie der Kaiser befand. Und in der Kabine imitierte er so verblüffend Trapattoni, dass die Spieler meinten, der Maestro stünde in der Tür. Achtung zollte er Cruyff. Beim UEFA-Cup-Halbfinale 1996 hatte Scholl so aufgedreht, dass sich die spanischen Verteidiger noch lange wie im Kreisel fühlten.

Nach dem Tod seiner humor- und temperamentvollen Mutter und dem seines Beraters Mayer-Wölden flüchtete sich Scholl kurzzeitig ins Nachtleben. In dieser wilden Zeit hat er gemerkt, dass er das Leben lernen muss. Sicherlich gut beraten von Hermann Scholl, seinem Stiefvater, einem ehemaligen Sportlehrer. Scholl merkte, dass seine flapsigen Sprüche, seine witzigen Interviews ihn nicht weiterbrachten. Und er sah mit Roque Santa Cruz einen neuen Teenie-Schwarm kommen. Nun spielt nur noch einer die Hauptrolle, Sohn Lucas Julian (4). Zwar ist Mehmet noch immer gut für einen flapsigen Spruch (»Ich habe nur vor zwei Dingen Angst: vor Krieg und vor Oliver Kahn«), aber er ist erwachsen geworden. Und auch nicht mehr so wehleidig. Wo ihm Bösewichte schon den Spitznahmen »Sotomayor« (kubanischer Hochsprung-Weltrekordler) andichteten, weil er bei Fouls des Gegners so hüpft. Als ich Mehmet Scholl wieder mal bei Dr. Müller-Wohlfahrt abholte, hing er am Tropf. Der war aber schon leer. Also zog sich Scholl selbst die Nadel aus der Vene. Ein Mann eben.

SCHOLLS BAYERN-JAHRE

1992/93: Scholl schaffte auf Anhieb 31 Bundesliga-Einsätze und 7 Tore (beim KSC 58/11).
1993/94: Mit Valencia wird er Torschützenkönig (je 11) und unter Beckenbauer Deutscher Meister.
1994/95: Große Fortschritte durch Förderer Trapattoni. Spitze: 31 Einsätze (mit Nerlinger). Dazu 9 Tore. Erstes Länderspiel: 1:1 gegen Wales.
1995/96: Zoff mit Rehhagel, aber als Linksaußen überragend (10 Tore). Mit Beckenbauer UEFA-Cup-Gewinn.
1996/97: Europameister (letzte 3 Spiele), Verletzungen. Nur 23 Spiele (5 Tore). Vater und Meister geworden.
1997/98: Vizemeister mit 32 Spielen, 9 Toren. Verletzt gespielt, deswegen WM verpasst, 232 Tage Zwangspause.
1998/99: Beginn im Februar, mit Schmerzen. Nur 13 Spiele, 4 Tore. Dritter Titel.
1999/2000: Titel Nummer 4 (25 Spiele, 6 Tore) und Pokalsieger. Im Champions-League-Finale (1:2 Manchester). Nun im Stamm beim DFB (in 14 von 16 Spielen dabei).
2000/2001: Teamchef Völler beruft ihn in den Mannschaftsrat. Scholl will 2002 die erste WM erleben.

Eine Lausbuben-Geschichte in vier Akten.

1. Akt: Wie bitte? Schiedsrichter Herbert Fandel hat gepfiffen. Mehmet Scholl schimpft. Was will des Schiris Stopp-Zeichen den Spielern sagen? Werder-Kapitän Frank Baumann scheint zu verstehen und tritt ab.
2. Akt: Wer hat die Pfeife? Fandel, mit angeschwellter Brust, macht dem Kontrahenten den Größenunterschied deutlich. Scholl verzweifelt.
3. Akt: Die friedfertige Umarmung. Scholl nimmt nach Diskussionsende Fandel in den Arm und drückt ihn liebevoll.
4. Akt (nicht mehr im Bild): Gelbe Karte für Scholl. Das Spiel endet 1:1, im Weser-Stadion zu Bremen

THEMEN DER SAISON

Alter Huub – neuer Schub!

An ihre Plakate »Null muss gehen – Stevens raus!« vom Mai 2000 möchten Schalkes Fans nicht mehr erinnert werden. Für den 13. Rang ihrer Königsblauen hatten sie den Kopf des »Schuldigen« gefordert: Trainer Huub Stevens. In dieser Saison aber ist alles ganz anders, Schalke sogar Liga-Spitze, Herbstmeister, Kandidat auf einen EC-Platz und vielleicht sogar den Titel. Und alles mit und durch Huub Stevens. Denn Manager Rudi Assauer hatte zum Holländer gehalten. Und die längst versöhnten Fans reagierten auf ihre Weise. Bei Jahreswechsel hatten sie schon 25 000 Dauerkarten für die neue, 350 Millionen Mark teure Super-Arena gekauft. Getreu der Devise: Alter Huub – neuer Schub!

Schalkes Trainer ohne Chance – aber die hat er genutzt

Von Robin Halle

Als Kind musste Stevens mit drei Brüdern ein Fahrrad teilen. Mit 17 hat er den Vater verloren, wurde Metallarbeiter. »Das«, sagt er, »hat mich im Fußball geformt.« Stevens war zeitlebens Arbeiter, auch als Spieler. Ehrgeizig, fleißig, besessen, kantig, immer geradeaus. Deshalb hasst er heute die Schulterklopfer wie die Besserwisser. Bayern 3:2 geschlagen, in Dortmund 4:0 und in Berlin 4:0 gewonnen. Alles dank taktischer Meisterleistungen des Trainers und seines Teams. Doch so einfach wie der Fußball ist, so einfach sind Stevens' Erklärungen. Warum lief es letzte Saison nicht? »Weil Fußballer keine Computer sind.« Warum läuft es jetzt? »Es gibt kaum Verletzte.«

Seit fünf Jahren sitzt er morgens ab 7.30 Uhr im Büro und guckt Fußballspiele auf Video. Seit fünf Jahren lebt er für den Job auf Schalke, wohnt im Hotel und fährt nur sonntags nach Holland zu Ehefrau Toos und seinen Kindern Maikel (19) und Laura (14). Doch von der Oberliga Westfalen bis Norwegen kennt er jeden halbwegs talentierten Spieler. Seine Lieblingsseite im Internet heißt »www.eurosport.com«.

»Huub hat sich in all den Jahren als Mensch kaum verändert«, behauptet Gerd Voss, Freund und Schalkes Pressechef. Dabei ist so viel passiert. Als Schalke 1997 den UEFA Cup im Finale gegen Inter Mailand mit 4:1 nach Elfmeterschießen gewann, lag das Ruhrgebiet dem Holländer zu Füßen. Europäische Topvereine wollten ihn haben. Mit Stevens stürzte Schalke dann in den Tabellenkeller. Er bekam Morddrohungen, musste seine Handynummer ändern. Heute kandidiert Schalke für die Champions League. All das soll den Mann nicht verändert haben? »Vielleicht ist Stevens gelassener geworden«, sagt Stürmer Ebbe Sand. Nun ist ihm egal, welche T-Shirts unterm Trainingsanzug getragen werden. Stevens ändert auch nicht mehr bei Reisen die Belegung der Doppelzimmer. Und wenn sich Hitzköpfe im Training angiften, steht er daneben, straft nicht mehr, lässt viele Dinge laufen. Ex-Borusse Andy Möller aber schwärmt: »Ein besseres Training habe ich noch nicht gesehen.« Stevens vertraut plötzlich auch anderen. Die Spieler begeistert das Aufwärmprogramm des griechischen Sportlehrers Dr. Christos Papadopoulos. Jetzt sprinten sie mit Fallschirmen am Rücken. Ein Ernährungswissenschaftler kümmert sich ums Essen. Der frühere Skeptiker Stevens lässt nun auch dreitägige Leistungstests durchführen. Und noch etwas änderte sich. Der Holländer nimmt keine Rücksicht mehr – auf niemanden. Den ungemein beliebten Marc Wilmots ließ er ziehen. Für seine Dreierkette Hajto-Waldoch-van Kerkhoven, die bei Halbzeit mit nur 17 Gegentoren wirkungsvollste, opferte er den mächtigen Olaf Thon, einst Schalkes Kapitän. »Bei Stevens zählt nur die Leistung«, sagt Oliver Reck. »Es gibt keine Erbhöfe.« Manche ziehen sowas durch, weil sie sowieso keine Chance für sich sehen. Genau in dieser Situation steckte Stevens. Wettbüros führten ihn vor dem ersten Anpfiff ganz oben auf der Rauswurfliste. Nun aber darf er sogar den Titel »Schalkes Trainer des Jahrhunderts« tragen. 4275 Fans wählten den Holländer vor dem Jugoslawen Ivica Horvat (2409) und Jörg Berger (1168). Auch den Uralt-Rekord von Horvat mit 159 Spielen in Folge (1971-75) auf der Schalker Bank hat er mit 187 Spielen in fünf Jahren gebrochen. Es werden noch etliche dazukommen. Sein Vertrag ist im Januar verlängert worden. Unbefristet!

Huub Stevens – siegesgewiss

THEMEN DER SAISON

DAS IST HUUB STEVENS

Geboren am 29. November 1953 in Sittard, war er als Profi aktiv bei Fortuna Sittard sowie PSV Eindhoven. Dort UEFA-Cup-Gewinner 1978 und dreimal Meister. 292 Einsätze in der Ehrendivision (15 Tore), 18-mal als Abwehrspieler in Hollands Nationalelf (EM-Teilnehmer 1980). Von 1986 bis 1993 arbeitete Stevens als Jugendtrainer bei PSV, danach bis zum 8. Oktober 1996 als Cheftrainer bei Roda JC Kerkrade (Vizemeister 1995). Ab 9. Oktober 1996 als Nachfolger von Jörg Berger bei Schalke 04. Schalkes Platzierungen seitdem: 12./1997, 5./1998, 10./1999, 13./2000. UEFA-Cup-Gewinner 1996/97: Endspiele gegen Inter Mailand 1:0 n.V./0:1, Schalke siegt 4:1 im Elfmeterschießen. 1997/98: Viertelfinale: – Inter Mailand 1:1 n.V./0:1. 1998/99: 1. Runde: – Slavia Prag 1:0/0:1, 4:5 im Elfmeterschießen.

Ein Ausländer-Spaß, der Völler schadet

Früher konnte ich noch drüber lächeln, wenn brasilianische oder argentinische Spieler plötzlich zu waschechten Italienern wurden, weil man auf wundersame Weise eine längst verstorbene Urgroßmutter in der Toskana oder einen Urgroßvater in Andalusien aufspürte.
Mittlerweile ist es nicht mehr zum Lachen. In Frankreich, Italien, Spanien fliegen immer mehr Fälschungen auf. Spieler werden ausgewiesen, müssen wieder nach Hause oder stehen deswegen vor Gericht.

DIE AUSLÄNDER IN DER BUNDESLIGA

Fünf ausländische Fußballer waren im Liga-Startjahr 1963 lizensiert, zu Beginn der abgelaufenen Saison waren es 218! Hier die Entwicklung in den Jahrzehnten:
1963/64 - 1969/70:
5 – 14 – 15 – 24 – 25 – 25 – 28
1970/71 - 1979/80:
22 – 17 – 20 – 25 – 23 – 35 – 38 – 33 – 31 – 34
1980/81 - 1989/90:
34 – 31 – 33 – 39 – 35 – 39 – 45 – 51 – 51 – 85
1990/91 - 2000/01:
82 – 86 – 77 – 96 – 108 – 114 – 141 – 178 – 190 – 199 – 218

(G = gesamt, D = deutsche, E = europäische, N = nichteuropäische, aktuelle Nationalspieler)

Deutsche Nationalelf-Kandidaten oft in die Reserve gedrückt

Von Günter Netzer

Die Europäische Fußball-Union ist aufgeschreckt. Sie hat auch den DFB aufgefordert, Doppelstaatsbürger wie Bremens Pizarro (Peru/Italien), Dortmunds Addo (Ghana/Deutschland), Leverkusens Piacente (Argentinien/Italien), Schalkes Asamoah (Ghana/Deutschland), Bayerns Santa Cruz (Paraguay/Spanien) zu überprüfen. Es ist mühevoll, sich durch das Rechtsgestrüpp zu finden. In Deutschland sind die Regeln einfacher und liberaler. Hier dürfen beliebig viele Europäer, egal ob aus der EU oder nicht, beschäftigt werden. Dazu drei Nicht-Europäer. Voraussetzung ist, dass zwölf deutsche Spieler im Kader sind. Das aber führte auch zu Possen wie in Freiburg, als ein reamateurisierter Co-Trainer den Kader auffüllte. Aber es kommt nicht zu Auswüchsen wie in Frankreich, wo Russen illegal mit griechischen Pässen versorgt werden müssen, wenn sie in Paris spielen wollen. Bei uns sind Russen oder Georgier genauso willkommen wie Schweizer.

Ausländer haben von jeher dazu gedient, Defizite zu beschönigen. Sie haben befruchtend gewirkt, sofern es sich um technisch versierte Spieler handelte. Schöneren Fußball zu spielen und dennoch erfolgreich zu sein - das war die Idealvorstellung. Wir haben nun mal einen Mangel an erstklassigen deutschen Stürmern. In der Liga-Torjägerliste führen Sand, Barbarez, Elber, Pizarro, Agostino, mit dem 33-jährigen Michael Preetz dazwischen. Alles gute Ausländer, aber nicht die Weltspitze.

Bei der Suche nach den ganz Großen wie Rivaldo, Schewtschenko, Figo haben Italien und Spanien Vorteile. Weil dort besser bezahlt wird, weil das Klima besser ist. Aber dort, wo man sich auch keinen Elber, Sergio, Lizarazu leisten kann, wie in Cottbus, holt man sich eben Ungarn, Rumänen, Kroaten. Wenn sie mit ihnen den Klassenerhalt schaffen, ist das eine große Leistung, die eine ganze Region glücklich macht. Schalke holt seine Leute gern aus dem nahen Holland und Belgien, wo sie schnell zu Hause sind. Rostock hat eine Vorliebe fürs nahe Schweden. Bayer Leverkusen hat ein großes Netz über halb Südamerika gezogen. Der Verlust eines Emerson lässt sich schwer mit einem Spieler aus dem eigenen Land ausgleichen. Deshalb wird hier auch akzeptiert, wenn einem Emerson ein Lucio folgt.

Manche haben Ausländerfeindlichkeit befürchtet und eine verlorene Bindung zwischen Fans und Verein. All das ist nicht eingetreten. Auch in England nicht. Wenn Chelsea manchmal mit zehn Ausländern einläuft, ist das Stadion trotzdem voll. In Deutschland ist es nicht anders. Die Leistung muss über allem stehen. Momentan scheint das mit den Tschechen gewährleistet, von denen zwölf in der Bundesliga spielen. Tschechen haben eine gute Ausbildung, sind uns von der Mentalität her verwandt und anpassungsfähig. Nemec oder Latal spielen in Schalke jetzt schon die achte beziehungsweise siebte Saison! Abwehrspieler, Torjäger, Kreativspieler, alles ist gefragt. Dagegen sind jugoslawische oder kroatische Stürmer aus der Mode gekommen. Sie haben meistens nicht gepasst, waren Hasenfüße. Abwehrspieler dagegen waren immer zweikampfstarke Techniker wie Soldo, Zivkovic, die Brüder Kovac. Am besten sind argentinische und brasilianische Abwehrspieler, sofern man sie integrieren kann. Italiener und Spanier werden eine absolute Rarität bleiben, weil sie zu Hause das dreifache

Elber und Sergio im Spiel – Jancker und Zickler auf der Bank?

verdienen und stolz auf ihre eigene Liga sind. Es ist die absolute Ausnahme, dass Bayern mit Lizarazu und Sagnol, Lautern mit Djorkaeff französische Stars bekommen haben.

Nur unserer Nationalmannschaft schaden die Ausländer. Wenn in München Elber und Sergio stürmen und Zickler wie Jancker auf der Bank sitzen, dann ist das bitter für Rudi Völler. Auch wenn das weniger mit der Ausländerschwemme zu tun hat als mit der Ansicht, dass ein Großverein für eine strapaziöse Saison zwei fast ebenbürtige Mannschaften braucht. Doch wenn sich Spieler nicht Woche für Woche in der Bundesliga entwickeln können, sondern der Rotation zum Opfer fallen, wird sich ihre Leistung auch zurückentwickeln. Nur gute und schlechte Erlebnisse auf dem Rasen bringen Nationalspieler voran. Das Training ist kein Ersatz.

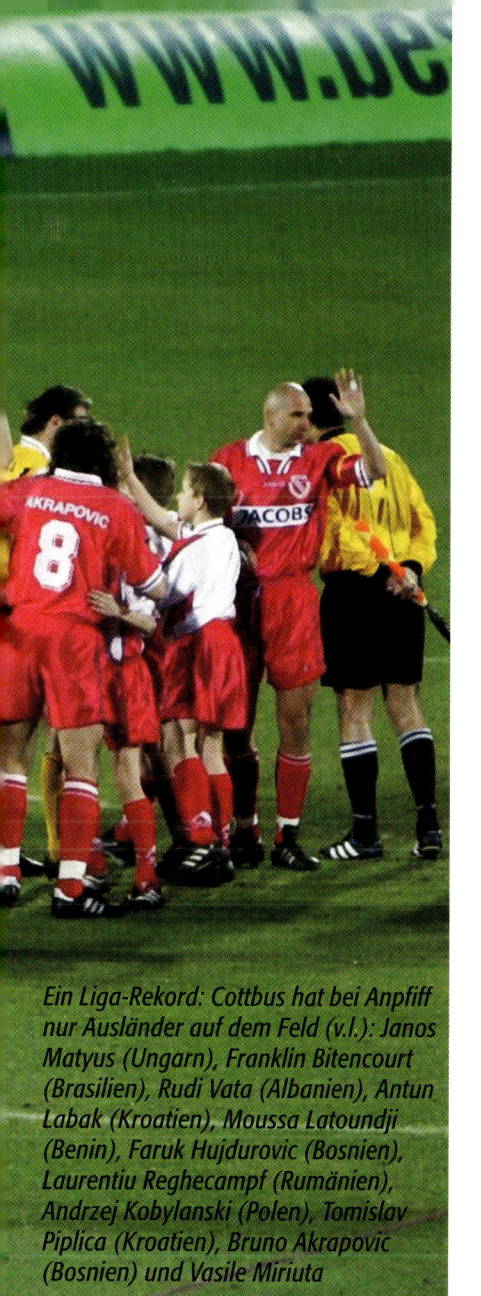

Ein Liga-Rekord: Cottbus hat bei Anpfiff nur Ausländer auf dem Feld (v.l.): Janos Matyus (Ungarn), Franklin Bitencourt (Brasilien), Rudi Vata (Albanien), Antun Labak (Kroatien), Moussa Latoundji (Benin), Faruk Hujdurovic (Bosnien), Laurentiu Reghecampf (Rumänien), Andrzej Kobylanski (Polen), Tomislav Piplica (Kroatien), Bruno Akrapovic (Bosnien) und Vasile Miriuta

NATIONALSPIELER IN DER LIGA

	G	D	E	N
Bayer Leverkusen	20	7	6	7
FC Bayern München	16	7	6	3
Hertha BSC	11	4	5	2
Energie Cottbus	10	–	9	1
1. FC Kaiserslautern	10	–	9	1
Borussia Dortmund	10	3	3	4
Werder Bremen	9	3	3	3
VfB Stuttgart	8	–	5	3
Schalke 04	7	–	7	–
Hamburger SV	7	–	6	1
1. FC Köln	7	–	4	3
1860 München	6	–	5	1
VfL Wolfsburg	6	–	3	3
Eintracht Frankfurt	5	–	3	2
SC Freiburg	5	–	3	2
FC Hansa Rostock	5	–	2	3
SpVgg Unterhaching	4	–	3	1
VfL Bochum	2	–	1	1

THEMEN DER SAISON

Berlin war der weiße Fleck in Europa

»Es war einmal ...« So beginnen die Märchen, die guten wie die bösen. Also: Es war einmal eine einzige Hauptstadt der 48 Mitgliedsverbände in der Europäischen Fußball-Union (UEFA) nicht in der 1. Liga ihres Landes vertreten. Dieses Unikat hieß Berlin. Nach dem Abstieg 1991 sogar sechs Jahre lang. Erst im Mai 1997 konnten die Hertha-Kicker auf der nächtlichen Heimfahrt aus Unterhaching in den Sehnsuchtssong ihrer Fans einstimmen: »Nie mehr zweite Liga ...!« Vergebens hatten jene das über die Jahre hinausgeschrien. Ohne Echo. Nun aber waren alle Qualen überstanden und die Rückkehr in die deutsche Eliteklasse vollzogen. Zu Ende war es mit dem beißenden Spott der Berliner, vorbei mit dem mitleidsvollen Lächeln der anderen Berliner Sportheroen über impotente Kicker mit unerfüllten Ansprüchen. Als Hertha »oben« wieder eintraf, wurden 25 von 48 Metropolen in ihren Ländern gerade Meister – was gleich neue Ansprüche an Hertha laut werden ließ. Für Franz Beckenbauer, ein Bayer mit Ahnungen, war Berlin schon lange ein »schlafender Riese«. Der Titelkampf 2000/01 hinterließ zeitweise einen guten Eindruck.

Als ob es ein Werbeplakat wäre – Herthas Brasilianer Alex Alves köpft vor Planen-Kulisse im Olympiastadion auf des Gegners Tor, sogar mit Torerfolg gegen die Münchner Löwen

Drei Mann im Hertha-Boot – Manager Dieter Hoeneß, Co-Trainer Bernd Storck und Trainer Jürgen Röber

Der ungebremste Vormarsch in den Kreis der »Millionarios«

Von Wolfgang Hartwig

Aufstieg nach einem Skandal

Was sind schon vier Jahre seit dem Comeback? Zu wenig, um schlimme Erinnerungen zu verwischen. Im Gerangel um die Liga-Lizenz hatte Hertha 1996 dem DFB ein Millionendefizit verheimlicht. Dieser strafte mit drei Punkten Abzug. Wieder war Hertha die Skandalnudel von einst. Die ganze trübe Brühe von Zwangsabstiegen, Sperren, Notverkäufen und totaler Verarmung schwappte wieder hoch. Und mit einer Niederlage in Wattenscheid wäre man sogar in die Drittklassigkeit abgestürzt. Die Rettung war ein 0:0, aber Trainer Jürgen Röber, erst ein halbes Jahr im Amt, soll in Wattenscheid um Jahre gealtert sein.

Den Schützenkönig mitgebracht

Doch schon ein Jahr später war man »oben«, u.a. durch neun Tore von Michael Preetz. Wattenscheids Ex-Torjäger hatte in jenem schicksalhaften 0:0 auch versagt und danach vereinslos am türkischen Badestrand gelegen. Da rief Röber an: »Komm zu uns ...« So brachte Hertha der 1. Liga auch einen neuen Schützenkönig mit. Die 14 Tore von 1998 (Rang 3) deuteten es bereits an, die 23 von 1999 krönten ihn – mit 31 Jahren. Ein Spätentwickler an der Spree.
Wie so manche, die von dort in alle Welt zogen, um ihre Berliner Heimat bei Hertha wiederzufinden. So Marko Rehmer und Stefan Beinlich, fast nebeneinander im Szenebezirk Prenzlauer Berg zur Welt gekommen. So Frank Rohde, Hendrik Herzog, Andreas Thom, die Ex-Stars des BFC Dynamo. Sie alle gingen als Könner und wurden für viele Millionen Mark heimgeholt, nachdem sie anderswo ihren Marktwert gesteigert hatten. Wie auch Andreas Neuendorf, wider Willen nach Leverkusen zurückbeordert. Carsten Ramelow und Nico Kovac ließ Hertha laufen. Was man nun bedauert. Martin Pieckenhagen, Sergej Barbarez, Renè Rydlewicz, Robert Kovac und etliche mehr agierten vor Herthas Haustür.

Nicht mehr heimatlos

Hertha, die Heimatlose – auch das ist Geschichte. Nachdem sie 1971 vom Konkurs bedroht das eigene Stadion an der »Plumpe« für sechs Millionen Mark an den Wohnungsbau verkauft hatte, tingelte sie durch Westberlin. Sechs Plätze und mehr wurden bespielt. Eine zweite Anlage im Norden Ostberlins war ebenso verloren und bebaut worden. Als Großbritanniens Soldaten Berlin verließen, räumten sie im »Reichssportfeld« auch die einstige Hochschule für Leibesübungen, an der einst Sepp Herberger tätig war. Die gab Berlins Senat der Hertha als neue Heimat. Ein ideales Trainingsgelände für Klein und Groß, dazu Internat, Verwaltung, Physiologie- und Medizintrakt. Ein Paradies im Grün der Rasenteppiche und mit rotbraunen holländischen Ziegeln. Als jüngst der Winter nicht weichen wollte, ließ man fürs Training einen freien, fußballfeldgroßen Hangar im Flughafen Tempelhof mit Kunstrasen auslegen. So hatte man es beim FC Barcelona gesehen.

Millionenschritt in die Zukunft

Hatte 1994 die Ufa eine völlig marode Hertha noch mit Millionen-Spritzen am Leben erhalten (und sich dafür alle Vermarktungsrechte gesichert), so machte deren Umsatz bald Riesensprünge. Von 13,7 Millionen (1996) auf 107,3 Millionen (2000), also das achtfache. »In einer Zeit, wo es Hertha so gut geht wie nie zuvor, müssen wir den Schritt in die Kapitalgesellschaft wagen«, sagte Hertha-Präsident Bernd Schiphorst den mitlerweile 9000 Mitgliedern im November. Und diese stimmten zu. Für Dieter Hoeneß, Manager und Geschäftsführer dieser »Kommanditgesellschaft auf Aktien« (KGaA), eröffnet es die Möglichkeit, »auch durch andere Geschäftsfelder schneller an Geld für Investitionen in die Mannschaft und ins Vereinszentrum zu kommen. Wenn wir im Konzert der Großen mitspielen wollen, ist das nötig. Den Mitgliedern bleibt die Kontrollmöglichkeit. Ein Gang an die Börse wie von Borussia Dortmund ist derzeit kein Thema.«

Geheimer Zeitplan übertroffen

Die 15,2 Millionen Mark für Herthas Teuersten, den leistungsmäßig noch nicht explodierten Brasilianer Alex Alves, haben sich bislang kaum rentiert, die 4,5 Millionen an Gladbach in Sebastian Deislers Wert jedoch schon verzehnfacht. Für so viel Geld will Bayern ihn an die Isar locken. Deisler: »Ich entscheide mich für den Verein, bei dem ich mich am besten entwickeln kann.« Nun hofft man, mit dem 19-jährigen Verteidiger-Talent Denis Lapaczinski aus Reutlingen zum Deisler-Preis einen ähnlichen Fang gemacht zu haben und das gegen Dortmund als Mitbewerber. Für Trainer Röber, in fünf Jahren bereits zweimal entlassen und von Hoeneß, dem Team und den Fans immer wieder im Amt gestützt, »aber wachsen die Erwartungen in Berlin von Jahr zu Jahr«. Für Präsident Schiphorst, als Ufa-Mann seit 1992 dabei, aber »hat Hertha heute selbst den geheimen Zeitplan ihrer Entwicklung schon weit übertroffen«.

THEMEN DER SAISON

Deisler hat viele Erwartungen zu tragen

In der Nationalelf hat sich der 21-jährige Sebastian Deisler von Hertha BSC für Teamchef Rudi Völler als Spielmacher zur festen Größe entwickelt. Spitzenklubs in ganz Europa interessieren sich für ihn. Aber vor allem der deutsche Serienmeister. Deswegen hagelte es Ende April auch Schlagzeilen wie »Deisler verhandelt mit Bayern!« – »Hoeneß will Deisler sofort.« Der Anlass war sein Mittagessen in München, durch das die fetten »Enten« serviert wurden. Die Bayern-Bosse Rummenigge und Hoeneß wurden auch in jenem Lokal gesichtet, aber abends. Doch ihre Absichten sind klar und unmissverständlich.

MEINUNGEN ÜBER SEBASTIAN DEISLER

»Drei Monate, nachdem Deisler für 7,5 Millionen an Hertha verkauft wurde, sagte mir Uli Hoeneß: Wir hätten 40 Millionen Mark bezahlt.«
**Rolf Rüßmann,
damals Gladbach-Manager**

»Er ist nicht nur technisch erstklassig, sondern auch in der Lage, taktische Vorgaben umzusetzen. Ein heller Kopf.«
Rudi Völler, Teamchef

»Von der Entwicklung her hat er jetzt die Reife für den FC Bayern.«
Karl-Heinz Rummenigge

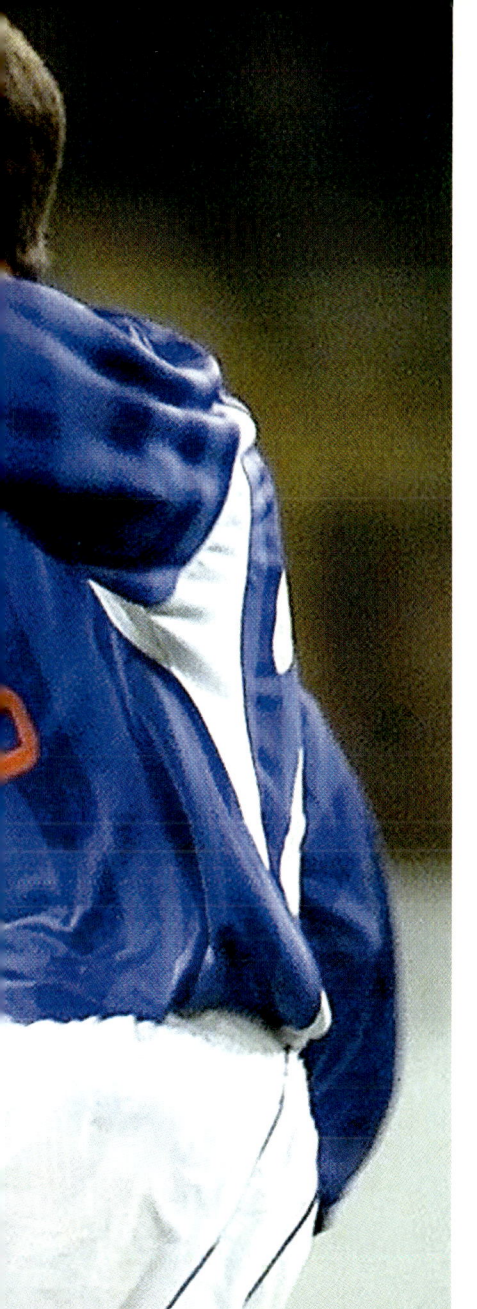

Hertha und Nationalelf bekamen einen 21-jährigen Regisseur

Von Thorsten Jungholt

Ab März war der Berliner Jungstar nach einem langwierigen Muskelriss – dem vierten in einem Jahr – ständig zum Nationalmannschaftsarzt Dr. Müller-Wohlfahrt zu Nachuntersuchungen geflogen. »Fakt ist, dass ich nicht in München war. Wozu sollte ich Basti zu einer Untersuchung begleiten?« sagte Deisler-Berater Jörg Neubauer, gibt aber zu, dass man mit den Bayern spricht. »Uns liegt schon seit längerer Zeit eine Anfrage vor. Wir sind in einer Phase der Entscheidung und setzen uns sowohl mit den Angeboten von Hertha wie Bayern auseinander.« Die Bayern würden 30 Millionen Mark Ablöse zahlen. Sofort! »Von der Entwicklung her hat Deisler jetzt die Reife für den FC Bayern.« So Karl-Heinz Rummenigge. Sollte der Herthaner erst 2002 kommen, dann für die im Vertrag fixierte und von Ex-Berater Norbert Pflippen öffentlich gemachte Ablöse von 18 Millionen Mark. Was aber werden dann die Südländer bieten? Berater Neubauer taxiert Deislers Marktwert dann auf 75 Millionen Mark. Mindestens. Hertha-Präsident Bernd Schiphorst hält gegen: »Sebastian weiß seit langem, dass er in unseren Planungen bis 2004 die zentrale Figur ist. Nur bei uns hat er die Rolle garantiert, die er sich wünscht. Und das Team um ihn herum wird massiv verstärkt.«

Zurückhaltung ist seine Devise

Deislers Saison aber war, wie die von Hertha, nicht nur eitel Freude. Er sei ein zu stiller Mitläufer, warf man ihm vor. Im Gespräch nimmt er sich auch etliche Nachdenkpausen. »Ich habe erkannt, dass nicht alle nur Gutes für mich wollen, und habe mir einen Schutzschild zugelegt.« Im Kreis der Mannschaft ist er fröhlich und offen. Als ihn im Trainingslager eine Oberschenkelzerrung plagte, war er im Spiel auch von der Tribüne mittendrin: »Jolly rechts!« »Grätsche, Hardy!« Und dem jungen Zilic gab er Tipps. »Schließlich habe ich schon einige Spiele auf dem Buckel und kann was weitergeben.« Dieser Vorwurf ist also falsch.
Genauso wie jener, der von Stagnation sprach. In der Hinrunde gewann Deisler 56 Prozent seiner Zweikämpfe, ein guter Wert für Mittelfeldspieler. »Ich bin nicht mehr so ein Spargeltarzan wie früher und viel robuster geworden.« Wenn er an der Seitenlinie in die Zweikämpfe stürmt, mahnt Trainer Röber: »Da musst Du noch cleverer werden.« Was auch zwei Gelb-Rote Karten belegen. »In der Hinrunde habe ich im Offensivspiel abgebaut«, weiß er selbst. »Aber ich kann nicht immer nur Wunderdinge zeigen. Insgesamt habe ich so konstant wie nie gespielt, werde aber nun härter beurteilt. Bei meinen Ansprüchen gehört das dazu.«

Drang in die Führungsrolle

Deisler ist erst 21 Jahre alt, aber als Fußballer schon viel älter. Mit 15 zog er gegen den Willen seiner Mutter Gabriele aus Lörrach nach Gladbach ins Fußball-Internat und mit 18 in die erste eigene Wohnung. Dann in die Hauptstadt, »die ihn prägen, seiner Persönlichkeitsentwicklung Impulse geben wird und schon gegeben hat«, wie es Manager Dieter Hoeneß beurteilt. Aber wie wird man ein Führungsspieler? »Das ist man, wenn man in schlechten Zeiten das Zepter in die Hand nimmt, der verlängerte Arm des Trainers ist«, grübelt Deisler. Deshalb suchte er den Zweikampf mit dem zehn Jahre älteren Dariusz Wosz. Und in der Rückrunde rückte er auch auf dessen Position ins zentrale Mittelfeld – mit Erfolg. Was sein älterer Kollege Dick van Burik gut heißt. »Basti ist

Aushängeschild: mit Deisler beim 37. DFB-Bundestag in Magdeburg

ein außergewöhnliches Talent. Solchen Fußballern wird in Holland schon ganz früh Verantwortung übertragen.«
Wenn prominente Bayern wie Matthäus oder Scholl meinen, Deisler hätte besser zum FC Bayern gepasst, kann der nette Basti auch unwirsch werden. »Ich bin hier Stammspieler geworden, habe internationale Erfahrung sammeln können und bin Nationalspieler geworden. Es war kein Fehler, nach Berlin zu gehen. Einige sehen das anders. Sie können es nicht beurteilen.« Manager Hoeneß würde ihn am liebsten bis 2006 an Hertha binden. Deisler bremst. »Bis 2002 ist eine lange Zeit. Ich will nichts übers Knie brechen, habe immer lange überlegt und mich beraten. Aber eines ist klar: Die Entscheidung, ob ich bleibe oder gehe, wohin auch immer, treffe ich ganz allein.« Das klingt sehr erwachsen.

THEMEN DER SAISON

»Manche Dinge kannst du nicht trainieren. Sein ganzer Bewegungsablauf ist einfach einmalig. Das ist angeboren.«
Jürgen Röber, Hertha-Trainer

»Präzise Flanken, Schnelligkeit, Übersicht, beidfüßig, hart im Schuss: einfach Deutschlands größtes Fußballtalent.«
Franz Beckenbauer, Bayern-Präsident

»Sebastian wird ein ganz Großer. Er hat alles, was ein kompletter Fußballer braucht.«
Ottmar Hitzfeld, Bayern-Trainer (aus Lörrach wie Deisler)

Wenn der Papa für den Sohn spioniert

Am 5. Mai kehrte der gebürtige Hamburger Andreas Brehme zurück in seine Heimatstadt, erstmals aber als Trainer. Mit dem 1. FC Kaiserslautern kämpfte er um einen internationalen Startplatz, der HSV aber gegen den Abstieg. Das 1:1 nützte beiden. In Hamburg hatte Brehme einen zuverlässigen Beobachter des HSV: Vater Bernd Brehme. Jener kann dem HSV noch heute nicht verzeihen, dass dieser das Talent seines Sohnes einst verkannt hatte. In der »Fremde« reifte Andreas Brehme zum Weltmeister.

Der Hamburger Bernd Brehme schaut sich für Sohn Andreas in den Stadien um

Von Torsten Rumpf

Bernd Brehme (63) ist Hamburger. In dieser Stadt arbeitet er seit 40 Jahren als Amateurtrainer. Mit dem HSV hat er allerdings nichts am Hut. Der Klub ist sogar ein rotes Tuch für ihn. Vater Brehme: »Weil man beim HSV die Nase zu hoch trägt. Junge Spieler haben doch kaum eine Chance.« So war es schon bei seinem Sohn Andreas. Der startete anderswo seine Weltkarriere.

Vor dem Gastspiel des FCK im Volkspark setzte Teamchef Andreas Brehme als Spion auf seinen Vater. Natürlich hat sich Papa Brehme HSV-Spiele angeschaut. Aber auch Trainingseinheiten. Er verrät: »Beim Training siehst du einfach mehr. Welcher Spieler wohl in der Stammformation steht, welcher Spieler gut in Form ist.« Zum Abschlusstraining am Freitag ging er natürlich auch.

Spion Brehme – schon einmal hat er den HSV aufs Kreuz gelegt. Das war im März 1990. Der HSV spielte damals im UEFA-Cup-Viertelfinale gegen Juventus Turin. Trainer der Italiener war Dino Zoff. Über Andreas war der Papa mit Zoff gut bekannt. Bernd Brehme erinnert sich: »Eigentlich wollte Zoff im Hinspiel nur mit einem Stürmer spielen. Doch ich sagte ihm: ›Spiel mit zwei, damit rechnet der HSV nicht.‹ Zoff folgte dem Rat. Juventus gewann in Hamburg 2:0 und zog später ins Halbfinale ein. Seit Andreas Teamchef in Lautern ist, arbeitet Papa Brehme für den FCK als Spielbeobachter und Talentsucher. 2500 Kilometer

> **DAS IST ANDREAS BREHME:**
>
> Geboren: 9. November 1960 in Barmbek (Hamburg), 86 Länderspiele (1982-94), 8 Tore, Weltmeister 1990 (Torschütze im 1:0-Finale gegen Argentinien), Vizeweltmeister 1986. Vereine: 1. FC Saarbrücken (1980/81), 1. FC Kaiserslautern (1981-86), FC Bayern München (1986-88), Inter Mailand (1988-92), Real Saragossa (1992/93), 1. FC Kaiserslautern (1993-98). Deutscher Meister mit Bayern und 1. FC Kaiserslautern, UEFA-Cupsieger und Meister mit Inter. Teamchef des 1. FC Kaiserslautern seit September 2000.

im Monat fährt er mit seinem Opel durch Norddeutschland. Hat er einen interessanten Spieler entdeckt, klingelt noch am Abend beim Sohn in der Pfalz das Telefon. Und was rät Bernd Brehme seinem Andreas, damit er ein großer Trainer wird? » Andy muss härter durchgreifen, darf keine Rücksicht auf Namen nehmen. Er muss immer einen geraden Weg gehen, zudem mit Spielern viele Gespräche führen. Damit bin ich immer gut gefahren. Wenn er die angespannte Situation mit Lautern übersteht, hat er für sein ganzes Trainerleben gelernt.«

Oben: Vater Bernd (l.) als Andys C-Jugend-Trainer. Andy: vordere Reihe, 2.v.l.
Unten: Vater schnürt Sohn die Töppen – bei der ersten Männermannschaft

Statt beim HSV wurde Andy Brehme Profi an der Saar

Andreas Brehme über seine Jugend: »Meine Mutter Waltraud und mein Vater Bernd waren und sind eine fußballverrückte Familie. In Barmbek bin ich geboren. Mein Vater war ja selbst ein guter Fußballer und spielte bei Barmbek-Uhlenhorst in der Oberliga und Regionalliga. Er war auch mein erster Trainer, von der F-Jugend bis zur A-Jugend, ja sogar noch in der Regionalliga, in die ich mit 17 kam. Da er meine Schwächen frühzeitig erkannte, absolvierten wir täglich ein entsprechendes Übungs- und Aufbauprogramm. Als kleiner Junge ist mir das jedoch nicht aufgefallen, weil mein Vater es sehr spielerisch gestaltete. Ich musste vor allem mit beiden Füßen schießen. Er hat sehr viel verlangt. Fast täglich habe ich immer länger trainiert als meine Freunde. Aber es hat sich letzten Endes ja ausgezahlt.

Als ich 19 war, wurde auch der HSV auf mich aufmerksam. Manager Günter Netzer hat mich zum Probetraining nach Ochsenzoll eingeladen. Ich war natürlich happy, unter Trainer Branco Zebec mit den großen Stars des HSV trainieren zu dürfen, und strengte mich wahnsinnig an. Nach sieben Wochen Probetraining wurde ich mit meinem Vater und dem Vorsitzenden von Barmbek-Uhlenhorst zu Vertragsverhandlungen zu Günter Netzer bestellt. Dort wurde mir der Vorschlag unterbreitet, bei den Amateuren des HSV zu spielen und mit dem Lizenzspieler-Kader zu trainieren. Mein Vater war sofort dagegen: ›Das ist ja ein sportlicher Abstieg von der Regionalliga in die Landesliga.‹ Damit endeten die Verhandlungen mit dem HSV«

Es war Felix Magath, damals Regisseur des HSV, der Vater Brehme den 1. FC Saarbrücken empfahl. Bis 1976 hatte Magath selbst in Saar-

brücken gespielt und noch gute Kontakte dorthin. Für FC-Trainer Slobodan Cendic reichte ein Probetraining, um Andreas Brehme sofort zu verpflichten. So startete dieser in der 2. Liga Süd seine Profikarriere.

> **ZWEI TREFFEN MIT UWE SEELER**
>
> Andreas Brehme: »Anlässlich der Einweihung eines neuen Rasenplatzes spielte der große HSV bei uns gegen den SV Barmbek-Uhlenhorst. Ich als fünfjähriger Knirps durfte Uwe Seeler die Hand geben. Unvergesslich! Er war es dann auch, der mich nach dem letzten Spiel meiner Karriere am 9. Mai 1998 in Hamburg verabschiedete. Mit dem 1. FC Kaiserslautern waren wir Meister geworden. Auch das ist unvergesslich.«

Feindschaft wie eine Erbkrankheit

"ZECKE" MÖLLER Willkommen in der blau-weißen S.F.N. HÖLLE!!!

Schalke gegen Dortmund – das ist auch Hass, so tief wie ein Schacht

Sie sind sich bislang 117 mal begegnet, die Schalker und Dortmunder Borussen. Aber nur *ein* »Freundschaftsspiel« ist darunter. Wo die Abneigung sich von Generation zu Generation vererbt, haben solche Begegnungen keinen Platz. Stets sind sie eine Frage der »Ehre«, und die wird oft mit Füßen getreten. In dieser Saison geht die Punktwertung an Schalke mit 4:0 in Dortmund, mit 0:0 sowie 2:1 im DFB-Pokal auf Schalke. Womit sich das Gesamtkonto auf 46 Siege von Schalke, 43 von Dortmund und 28 Remis erweitert.

Hilflose Kosmetik: Wenn Politiker kleine Jungs einkleiden, entsteht noch keine Freundschaft

Von Joachim Schuth und Robin Halle

»Schalke« sagt er nie. Niemals! »Für uns existiert höchstens ein unbedeutender Vorortklub bei Gelsenkirchen«, sagt Elmar Heinath, Präsident des Dortmunder Fanklubs »Die Zugereisten«.

»Dortmund« sagt er nie. Bodo Berg, Buchautor und Schalke-Fan, spricht von der »Stadt nahe Lüdenscheid«. Warum er die Borussen nicht mag? »Ganz einfach«, sagt Berg, »mein Vater und mein Opa mochten die auch nicht.« So pflanzt sich das fort, wie eine Erbkrankheit.

Schalke-Manager Rudi Assauer hat die Borussia kürzlich für finanziell klamm erklärt: »Weshalb gehen die sonst an die Börse?« BvB-Manager Michael Meier foulte zurück: »Vielleicht hat Assauer diese Aussage im benebelten Zustand gemacht.« Assauer schäumte. »Eine Frechheit!« Meier zischelte zurück: »Ein Kleingeist.« Dabei ist der Schalker Manager, bis 1970 für Borussia 119 mal aktiv, sogar noch BvB-Mitglied mit Nummer 00060052. Wie jeder Borusse bekam auch er eine schwarz-gelbe Aktie. Assauer dürfte der einzige Aktionär sein, der sich über einen Kurssturz freut.

Die Feindschaft der Vereine ist fast hundert Jahre alt. Der Hass kommt aus dem Schacht, tief aus der Erde. Fans von Schalke malochten in den Zechen »Hugo« und »Consolitation«, die Dortmunder in »Gneisenau«. »Die Identifikation mit dem Job, mit der Stadt und dem Verein war im Ruhrgebiet deutlich größer als anderswo«, erklärt Schalkes Aufsichtsratsmitglied Jürgen W. Möllemann. Die Angst um den Arbeitsplatz habe die Feindseligkeiten geschürt, bis heute.

Um so wichtiger sind für die Arbeiter ihre Helden in kurzen Hosen. Bei jedem Wechsel gab's Zoff - zuletzt bei Andy Möller und Jens Lehmann, früher bei Reinhard Libuda. 1965 wurde »Jockel« Bracht angesetzt, den legendären »Stan« zu verpflichten. Als Schalker Fans Brachts Opel vor Libudas Haus sahen, stürmten sie die Wohnung. Der Vater beruhigte die aufgebrachte Meute. »Geht gucken, der ist nicht da.« Bracht hatte sich hinterm Kleiderschrank versteckt.

Entlang der A 40 werden viele solcher Geschichten erzählt. Noch immer fahnden die Schalker nach jenem Borussen, der ihnen nach einer 2:5-Klatsche den nackten Popo aus dem Bus entgegenstreckte. Als Helmut Kremers auf einer Schalker Jahresversammlung tönte, »früher brauchten wir uns für Borussia gar nicht umzuziehen«, grölte das Volk und wählte ihn zum Präsidenten. Auf solchen Sprüchen wächst die Feindschaft. »Sie wird mit der Muttermilch eingesogen«, sagt Fan-Präsident Heinath.

Für Jürgen W. Möllemann wurde jüngst beim 4:0-Sieg »die Schwelle zum Paradies übertreten. Jetzt weiß jeder, warum wir Schalke 04 heißen.« Für ihn sind Assauer und Meier »Meister der psychologischen Kriegsführung. Man braucht ein Feindbild, um Topleistungen zu bringen. Den Dortmundern würde doch was fehlen, nicht regelmäßig von Schalke ›auffe Mütze‹ zu bekommen.« Was Norbert Dickel, Ex-Schützenkönig des BvB und Stadionsprecher, ganz anders sieht. »Die Blauen wollen nicht kapieren, dass wir besser sind. Als ich vor 14 Jahren nach Dortmund kam, hat mir jeder, vom Präsidenten bis zum Bratwurstverkäufer, eingeimpft, dass Siege über Schalke das Größte sind. Und eine Schalker Niederlage ist schon etwas sehr Schönes. Meine Tore dabei habe ich gleich fünffach gewertet.«

Für Ralf Rojek, Vorsitzender des Schalker Fanklub-Dachverbandes, sind »unsere Fans auch treuer als die aus Lüdenscheid. Wenn es bei uns nicht lief, standen wir immer hinter dem Verein. Nun bauen wir das modernste Stadion in Europa. Dort werden wir die Gelben auch in Zukunft schlagen, im Fußball und im Tischtennis.«

Acht Monate vor der Weihe dieser 358 Millionen Mark teuren »Arena auf Schalke« waren schon 30 000 Plätze auf Dauer verkauft, die Hälfte aller Sitze. Für viele ist es ein Anrecht auf Lebenszeit.

SELTENE, ABER WICHTIGE WECHSEL

Von Schalke zu Borussia:
Reinhard Libuda (1965). Norbert Dörmann (1979), Rüdiger Abramczik, Rolf Rüßmann (1980), Ulrich Bittcher (1983), Gerhard Kleppinger (1987), Steffen Freund (1993), Jens Lehmann (1998, über AC Mailand).

Von Borussia nach Schalke:
Reinhard Libuda (1968), Jürgen Wegmann (1986), Ingo Anderbrügge (1988), Marco Kurz (1995), Andreas Möller (2000).

BILANZ VON SCHALKE – BORUSSIA

	Sp.	S	U	N	Tore
Gauliga 1936-1944	16	14	1	1	84:11
Punktspiele 1925-47	4	3	0	1	15:7
Oberliga West 1947-63	32	7	10	15	46:63
Bundesliga ab 1963	58	18	16	24	83:97
DFB-Pokal	6	3	1	2	10:9
Freundschaftsspiel	1	1	0	0	3:1
Gesamt:	**117**	**46**	**28**	**43**	**241:188**

Alter schützt vor Leistung nicht

Auf dem Betzenberg, im heißen Duell um einen UEFA-Cup-Platz zwischen dem 1. FC Kaiserslautern und Hertha BSC, stand auch das Können von Schiedsrichter Bernd Heynemann im 151. Erstliga-Einsatz noch einmal auf dem Prüfstand. Der beste Mann für eines der problematischsten Schlussspiele - so die Devise des DFB. Das war auch eine Anerkennung zum Abschied. Denn der Magdeburger hatte am 22. Januar mit dem 47. Lebensjahr auch die Grenze erreicht, die für die Bundesliga festgesetzt ist. Das hat das Thema wieder angeheizt: Ist diese Altersgrenze vernünftig und nützlich für den Fußball?

Schiedsrichter Bernd Heynemann muss gehen und alle fragen: Warum?

Von Wolfgang Hartwig

Ewald Lienen, Gerechtigkeitsfanatiker auf dem Kölner Trainerstuhl, hat das alles angestoßen. In Rostock hatte er nach einer 1:2-Niederlage den 31-jährigen Wolfgang Stark aus Ergolding in Bayern heftig attackiert. »Solche jungen Burschen, die erst ein paar Spiele auf dem Buckel haben, sind im Moment total überfordert. Es müsste eine Altersgrenze von unten geben.« Er hatte übersehen, dass Stark nach zwei Jahren in der 2. Bundesliga schon zwei Jahre »erstklassig« pfiff und das fast sechzigmal. Schiedsrichter-Obmann Volker Roth (»Leistung lässt sich nicht auf ein bestimmtes Alter fixieren«) war selbst mit 30 Jahren in die Bundesliga eingezogen. Der Lauterer Dr. Markus Merk hatte sogar mit 26 debütiert, Helmut Krug mit 30, wie die meisten aus der jetzigen Spitzenklasse. Lienens Attacke ging also ins Leere.

Heynemann mit 26 erstklassig

Bernd Heynemann war erst mit 37 Jahren in der Bundesliga erschienen – hatte aber schon eine elfjährige Bewährung in der DDR-Oberliga hinter sich. »Natürlich bedauere ich es, jetzt aufhören zu müssen, denn ich bin voll im Saft«, bekannte der Magdeburger. »Aber ich wurde mit 45 schon von der internationalen Liste gestrichen und wusste, dass nun Schluss sein würde.« Was die betroffene Fußball-Großgemeinde weder verstehen, noch akzeptieren will. Felix Magath, als Aktiver Vizeweltmeister und als Trainer jüngst wieder der Retter des VfB Stuttgart, spricht es aus. »Er ist für mich der beste Bundesliga-Schiedsrichter. Diese Altersgrenze ist schwachsinnig. Gerade die Erfahrung macht einen guten Schiedsrichter aus.«
Heynemann kommt aus einer ostdeutschen Schiedsrichter-Schule, die internationale Anerkennung besaß. Sie stellte mit dem Leipziger Rudi Glöckner auch den bislang einzigen deutschen Referee eines WM-Endspiels, jenes Mexiko-Finales Brasilien – Italien (4:1) von 1970. Fähige Referees, die den Cooper-Test bestanden, ließ der DFV sogar 49-jährig in der Oberliga pfeifen. Heynemann bewährte sich bei der EM 96 und der WM 98. Berlins Sportjournalisten würdigten im Jahr 2000 seine Souveränität mit dem »Goldenen Band«, der seit 1927 vergebenen, ältesten deutschen Sport-Auszeichnung. Dort steht er als erster Referee in einer Reihe mit Max Schmeling, Gottfried von Cramm, Sepp Herberger, Fritz Walter, Franz Beckenbauer etc.

Oben: Wortlos, aber mit Wirkung
Unten: Mit dem ehemaligen DFB-Präsidenten Egidius Braun und dem Vorsitzenden des Schiedsrichter-Ausschusses Volker Roth (r.)

Früh um 6 Uhr wird gekickt

Heynemann unterstützt nicht nur die DFB-Aktion »Ich bin gerne Schiedsrichter«, er verkörpert sie: »Weil jedes Spiel eine neue Herausforderung ist.« Da interessieren weniger die 6000 Mark, die der DFB pro Erstligaspiel anweist und die voll versteuert werden müssen. Als für die CDU gewähltes Mitglied des Magdeburger Stadtrates, als Chef der Öffentlichkeitsabteilung der AOK, als Präsidiumsmitglied des 1. FC Magdeburg hat er Anerkennung und Arbeit genug. Deswegen trifft sich seine Kicker-Truppe Freitags früh schon um 6 Uhr zum Spiel für die Fitness. Und im Winter zählte Heynemann beim Test des DFB auch noch zu den athletisch Besten. Da war er fast 47. Lehrwart Eugen Strigel verweist auf die Begrenzungsgründe: »Bei der WM 1990 in Italien waren noch 50-Jährige im Einsatz, ernteten aber Kritik. Deswegen hat die FIFA die Höchstgrenze auf 45 herabgesetzt. Wir haben noch zwei Jahre draufgelegt.« Dennoch verliert der DFB damit, nämlich einen Wegweiser für die junge Schiedsrichter-Generation in Sachen Konsequenz, Sachverstand, Einfühlungsvermögen. Heynemann (»ich versuche nicht, den Richter zu spielen«) machte das zur Rarität, denn er hat so gut wie keine Feinde. »Er hat mal ein Tor gegen mich gegeben, das keines war. Geschenkt. Er ist trotzdem ein Guter.« So VfB-Torwart Timo Hildebrand.

THEMEN DER SAISON

MEINUNGEN

»Es gibt keine alten oder jungen Schiris, sondern nur gute und schlechte. Gute sollen weiterpfeifen. Heynemann ist ein Guter.«
Friedel Rausch, Trainer von Eintracht Frankfurt

»Diese Altersregel ist totaler Schwachsinn. Heynemann hat so viel Erfahrung, die muss man nutzen.«
Dick van Burik, Hertha BSC

»Er ist für mich der Beste, war stets fair. Außerdem hat er nicht jedes Wort auf die Goldwaage gelegt und ist auf uns Spieler zugegangen. Er sollte weitermachen.«
Christian Beeck, Energie Cottbus

»Wenn deine Spieler heute maulen, sage ich: Ich Deutscher, nix verstehn.«
Bernd Heynemann zu Energie-Trainer Eduard Geyer, der fast nur Ausländer aufbietet.

KLUB-BILANZ

					Spieltag	1	2	3	4	5	6	7	8	9	10	11	12	13	14	15	16	17
	nicht eingesetzt		* Fußball-Deutscher		Tag	12	19	6	9	16	23	30	14	21	28	4	11	18	25	2	9	13
	im Spiel eingesetzt		VA Vertragsamateur		Monat	8	8	9	9	9	9	9	10	10	10	11	11	11	11	12	12	12
	eingesetzt/Gelbe Karte				Gegner																	
	eingesetzt/Gelb-Rote Karte				Heim/Auswärts	H	A	H	A	H	A	H	A	H	A	H	A	A	A	H	A	H
	eingesetzt/Rote Karte				Ergebnis	4:1	0:3	3:1	2:1	3:1	1:1	0:2	1:1	2:0	1:0	1:1	6:2	4:2	1:2	1:1	0:0	2:1
> eingewechselt in Spielminute																						
< ausgewechselt in Spielminute																						

Name	Vorname	geboren	Nat.	Nr.	1	2	3	4	5	6	7	8	9	10	11	12	13	14	15	16	17
Andersson	Patrik	19.08.1975	SWE	5				<77													>76
Backer	Sebastian	06.09.1984	D	29																	
Dreher	Bernd	03.11.1970	D	22																	
Effenberg	Stefan	03.08.1972	D	11													<64				
Elber	Giovane	24.07.1976	BRA	9					<45	<75		<62	<84			<85			<81	<68	<86
Fink	Thorsten	30.10.1971	D	17	<83			>76				<45						<74	>69		
Göktan	Berkant	13.12.1984	TUR	27						>82											
Hargreaves	Owen	21.01.1985	ENG	23	>83			>70		<45											
Jancker	Carsten	29.08.1978	D	19	<83	<71		>46						>84		>73	<64		<66	>68	
Jeremies	Jens	06.03.1978	D	16											<67		<64	>74	<69		
Kahn	Oliver	16.06.1973	D	1																	
Kuffour	Samuel Osei	04.09.1980	GHA	4			<45														<45
Linke	Thomas	27.12.1973	D	25		>46			<45	>75											
Lizarazu	Bixente	10.12.1973	FRA	3		>78												>80			
Mölzl	Patrick (VA)	29.12.1984	D	28																	
Sagnol	Willy	19.03.1981	FRA	2		>67			<82							<78					
Salihamidzic	Hasan	02.01.1981	BIH	20	>83		>45					>46		<84		<73					
di Salvo	Antonio	06.06.1983	ITA	26		>71	>46														
Santa Cruz	Roque	17.08.1985	PAR	24	<67	>11	<60	<45				<62	>84		>85	>85					>46
Scholl	Mehmet	17.10.1974	D	7					<76			<76		<85	<73	>64		>66	<45		
Sergio	Paulo	03.06.1973	BRA	13								>46	<66	<81	<67		<74			<76	
Sforza	Ciriaco	03.03.1974	SUI	10				<70	>46												
Sinkala	Andrew (VA)	06.06.1983	SAM	34																	
Strunz	Thomas	26.04.1972	D	8			<77								>67						
Tarnat	Michael	28.10.1973	D	18	<78												<80				
Wessels	Stefan	01.03.1983	D	12																	
Wiesinger	Michael	28.12.1976	D	6							<45	>76									
Wojciechowski	Slawomir	07.09.1977	POL	15																	
Zickler	Alexander	01.03.1978	D	21	>67	<11	>60<67					>66	>81	<67		>73	>78	>74	>81	>46	>86

44

FC Bayern München

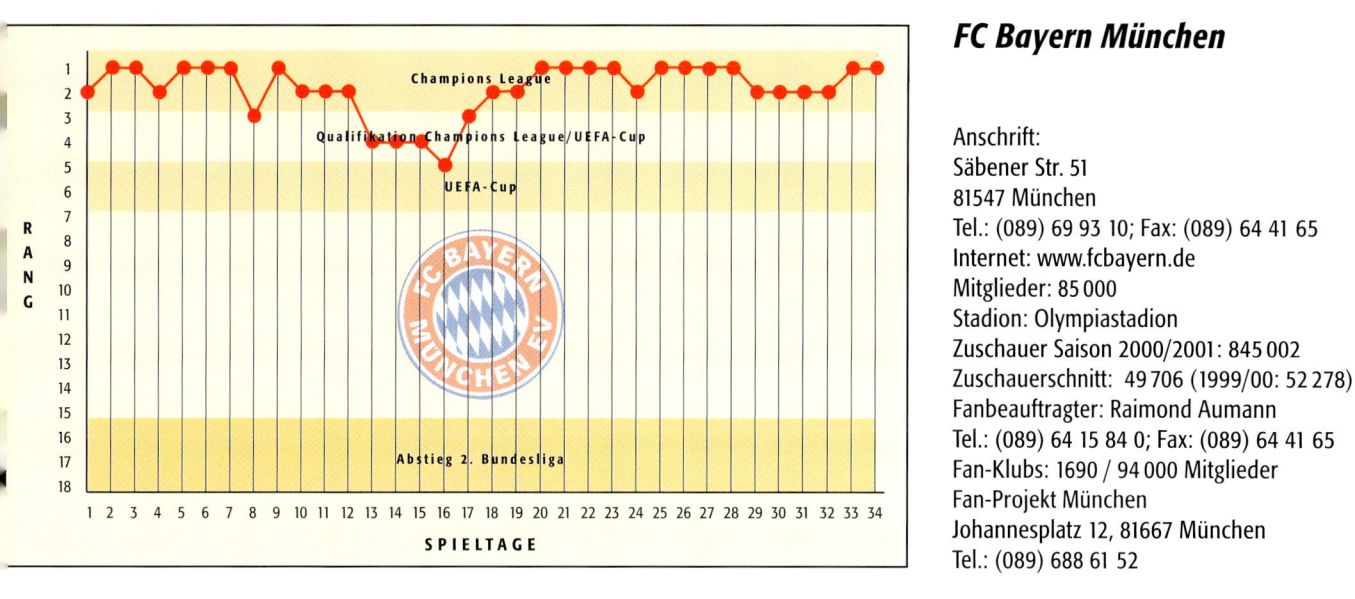

KLUB-BILANZ

Anschrift:
Säbener Str. 51
81547 München
Tel.: (089) 69 93 10; Fax: (089) 64 41 65
Internet: www.fcbayern.de
Mitglieder: 85 000
Stadion: Olympiastadion
Zuschauer Saison 2000/2001: 845 002
Zuschauerschnitt: 49 706 (1999/00: 52 278)
Fanbeauftragter: Raimond Aumann
Tel.: (089) 64 15 84 0; Fax: (089) 64 41 65
Fan-Klubs: 1690 / 94 000 Mitglieder
Fan-Projekt München
Johannesplatz 12, 81667 München
Tel.: (089) 688 61 52

Bayern – cool und clever

»Jetzt hat Bayern den Titel verdient. Es ist cool und einfach cleverer.« So charakterisierte DFB-Präsident Mayer-Vorfelder die Distanz zu Schalke, die das turbulente Finale diktierte. Für Trainer Ottmar Hitzfeld aber waren »diese elf Tage mit der Entscheidung in Champions League und Bundesliga die wichtigsten der Vereinsgeschichte.« Der Serienmeister zeigte sich nervlich, moralisch und athletisch gerüstet. In dieser Saison glichen sich aber nur Start und Endspurt. Bis Runde 9 war man sechsmal Erster. Dann kamen Turbulenzen. Fünf Niederlagen wie in der gesamten Saison davor kassierte man schon bis zur Winterpause. »Gegen 'Kleine'«, so Hitzfeld, »leisten wir uns zu viele Auszeiten.« Zehn-Millionen-Mann Sforza war nicht die erhoffte Libero-Lösung. Als er verletzt wurde, erwies sich Andersson als solide Variante. Mit Mühen und Klagen (Rang 5 in Runde 16!) rettete man sich in die Winterpause. Nach vier Siegen, die auf Platz 1 zurückführten, kam das »Stopp« ausgerechnet in Haching mit 0:1. Schalkes 3:1 in München schien dann alle Weichen weg vom Titel zu stellen. Sperren, aber vor allem Verletzungen (u. a. von Scholl, Effenberg, Elber, Jeremies, Lizarazu) hatten das Team zwar ständig zerrissen, aber nie zerstört. Bayerns Reservebank verdiente sich Bestnoten. Dennoch sind neun Niederlagen eine Bayern-Rarität. Schalke und Borussia kamen mit acht aus. Und 63 Punkte sind deutlich weniger als die 71, 78, 73 bei den Titeln zuvor.

KLUB-BILANZ

					Spieltag	1	2	3	4	5	6	7	8	9	10	11	12	13	14	15	16	17
	nicht eingesetzt		* Fußball-Deutscher		Tag	13	20	5	9	17	23	30	14	22	28	4	11	18	24	2	9	12
	im Spiel eingesetzt		VA Vertragsamateur		Monat	8	8	9	9	9	9	9	10	10	10	11	11	11	11	12	12	12
	eingesetzt/Gelbe Karte				Gegner																	
	eingesetzt/Gelb-Rote Karte				Heim/Auswärts	H	A	H	A	H	A	A	H	A	H	A	H	A	H	A	H	A
	eingesetzt/Rote Karte				Ergebnis	2:1	0:4	3:0	1:1	1:1	0:4	2:0	4:0	3:0	0:1	3:0	3:2	0:4	2:1	2:0	2:1	0:2
>	eingewechselt in Spielminute																					
<	ausgewechselt in Spielminute																					

Name	Vorname	geboren	Nat.	Nr.	1	2	3	4	5	6	7	8	9	10	11	12	13	14	15	16	17
Alpugan	Ünal	04.08.1977	D	17																	
Asamoah	Gerald	04.10.1982	D	14		>63	>72				<64	>55<67	>56		>46	>55	<83		<80		
Böhme	Jörg	23.01.2011	D	8				<89		<85		<79		>79				<85			<84
Büskens	Michael	20.03.1972	D	19									>79				>87	>85			
de Kock	Johan	26.10.1968	NED	25																	
Eigenrauch	Yves	25.04.1975	D	4	>80	>80		>50		>80										>64	>89
Göl	Ali (VA)	14.07.1980	TUR	26																	
Grodas	Frode	25.10.1968	NOR	13																	
Hajnal	Tamas	16.03.1985	HUN	30																	
Hajto	Tomasz	17.10.1976	POL	6															<64		
Happe	Markus	12.02.1976	D	23				>89							>27				>87	>59	
Held	Oliver	11.09.1976	D	16														>90			
Kmetsch	Sven	14.08.1974	D	5																	
Koch	Benjamin (VA)	16.02.1985	D	32																	
Latal	Radoslav	07.01.1974	CZE	3	<80	<80		<50		<80			<56	<79		<55	<88		<68	<76	<89
Legat	Thorsten	08.11.1972	D	31																	
Mikolajczak	Christian	16.05.1985	D	34		>74			>85								<88	>80	>72	>76	>84
Möller	Andreas	03.09.1971	D	7				<83													
Mpenza	Emile	05.07.1982	BEL	21	<67	>63	>72					<55									
Mulder	Youri	24.03.1973	NED	9	>67		>72	>83		>88	>64	>67	>84				>83		>68		>76
Nemec	Jiri	16.05.1970	CZE	20	<67		<76				>33						<87		<87		
Oude Kamphuis	Niels	15.11.1981	NED	18										<84							
Peric	Sladan	15.04.1986	DEN	28																	
Reck	Oliver	28.02.1969	D	1																	
Sand	Ebbe	20.07.1976	DEN	11		<74	<72			<88					<45			<90			<76
Schober	Mathias	09.04.1980	D	22																	
Tapalovic	Toni	11.10.1984	CRO	29																	
Thon	Olaf	02.05.1970	D	10				>76			<33										
van Hoogdalem	Marco	24.05.1976	NED	12	>67												<27		<72		
van Kerckhoven	Nico	15.12.1974	BEL	2															<59		
Waldoch	Tomasz	11.05.1975	POL	15																	
Wingerter	Benjamin (VA)	26.03.1987	D	27																	

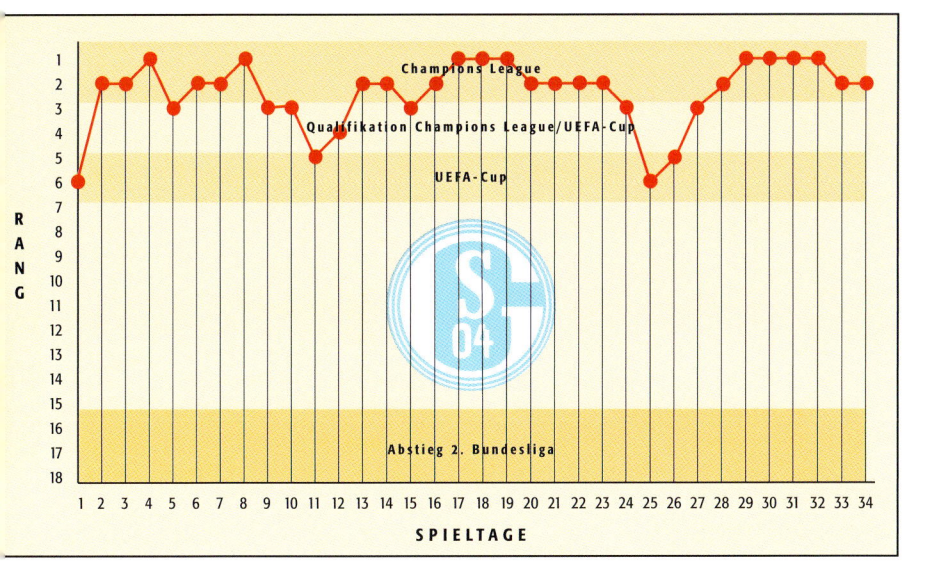

FC Schalke 04

Anschrift:
Kurt-Schumacher-Str. 184a
45891 Gelsenkirchen
Tel.: (0209) 70 08 70; Fax: (0209) 700 87 50
Internet: www.schalke04.de
Mitglieder: 20 096
Stadion: Parkstadion
Zuschauer Saison 2000/2001: 792 285
Zuschauerschnitt: 46 605 (1999/00: 39 470)
Fanbeauftragter: Rolf Rojek
Tel.: (0209) 958 86 11
Fan-Klubs: 456 / 30 000 Mitglieder
Schalker Fan-Projekt
Glückauf-Kampfbahn, 45843 Gelsenkirchen
Tel.: (0209) 46 88 46; Fax: (0209) 958 86 25

KLUB-BILANZ

Tor-Fabrik Sand/Mpenza

Schon vor dem ausgebliebenen »Wunder von Hamburg« dachten viele wie TV-Moderator Dieter Thomas Heck: »Ich hätte es Schalke gegönnt, aber es hat den Titel selbst verspielt.« Ängstlich, mutlos, taktisch verklemmt schlitterte man ins Stuttgarter 0:1, was die verblüfften Bayern wieder mit Rang 1 beschenkte. Und das nach acht Schalker Auftritten ohne Niederlage und Siegen in Leverkusen, in München gegen Bayern, Lautern, Hertha, Wolfsburg. Es war die königsblaue Attacke von Rang 6 auf Rang 1, die das überragende Sturm-Duo Sand/Mpenza mit 22/13 Toren krönte. Nach 43 Jahren war wieder der Titel greifbar. Und dann dieses Debakel am Neckar. Dennoch war es eine Saison wie keine zuvor. Nach dem Wiederaufstieg 1991 war Schalke zu oft nur graue Maus, dem Absturz nahe. Trainer Huub Stevens bastelte eine in allen Reihen stabile Elf, die sich vom Start weg im oberen Drittel bewegte. Vor der Pause war sie viermal, danach sechsmal Spitzenreiter. »Auf Schalke« war man wieder eine Macht. Nur der HSV siegte dort. Stevens schaffte den Libero ab, was Olaf Thon den Platz kostete. Das Deckungstrio Waldoch/Hajto/van Kerckhoven, zwei Polen und ein Holländer, sowie Oldie Oliver Reck (36) im Tor ließen die wenigsten Gegentore (35) zu. Das war die Basis der Offensive, die vor allem der Ex-Dortmunder Andreas Möller und Jörg Böhme, Aufsteiger der Saison, belebten. Stevens kam mit 23 Spielern aus, die wenigsten der Liga. Sie reichten aus, Schalke auch noch ins DFB-Pokalfinale zu bringen.

KLUB-BILANZ

					Spieltag	1	2	3	4	5	6	7	8	9	10	11	12	13	14	15	16	17
☐ nicht eingesetzt		* Fußball-Deutscher			Tag	11	18	6	9	16	23	29	13	21	28	4	10	19	25	2	9	13
🟩 im Spiel eingesetzt		VA Vertragsamateur			Monat	8	8	9	9	9	9	9	10	10	10	11	11	11	11	12	12	12
🟨 eingesetzt/Gelbe Karte					Gegner																	
🟧 eingesetzt/Gelb-Rote Karte					Heim/Auswärts	H	A	H	A	A	H	A	H	A	H	A	H	A	H	A	H	A
🟥 eingesetzt/Rote Karte					Ergebnis	1	1	4	1	2	0	1	1	2	1	6	2	1	2	0	3	0
> eingewechselt in Spielminute						0	4	1	2	3	4	1	0	0	2	2	0	1	1	2	0	0
< ausgewechselt in Spielminute																						
Name	**Vorname**	**geboren**	**Nat.**	**Nr.**																		
Addo	Otto	10.06.1979	D	19		>70	<85	<63										<78	<80	>60	>17	>4
de Beer	Wolfgang	03.01.1968	D	12																		
Bobic	Fredi	31.10.1975	D	9										<90	<15					>59	<60	<72
Bugri	Francis	10.11.1984	D	31																		
But	Vladimir	25.09.1981	RUS	29		in Hinrunde zu SC Freiburg																
Casey	Conor	26.07.1985	USA	40													in Winterpause von Portland Universität					
Dede		19.09.1981	BRA	17			<69		<79													
Evanilson		13.09.1979	BRA	3												<59						
Heinrich	Jörg	07.12.1973	D	6																		
Herrlich	Heiko	04.12.1975	D	11										>79	>63							
Ikpeba	Víctor	13.06.1977	NGA	24		<70	<69				<65				>59	<80		<59				
Kapetanovic	Sead	22.01.1976	BIH	16			>69		>79				<45									
Kohler	Jürgen	07.10.1969	D	5		<73							<75									<4
Krontiris	Emmanuel	12.02.1987	D	31											>57			>83	>80			
Laux	Philipp	26.01.1977	D	20																		
Lehmann	Jens	11.11.1973	D	1																		
Metzelder	Christoph	06.11.1984	D	21								>46										
Nerlinger	Christian	22.03.1977	D	8														>90	<83	<87	>88	>78
Nijhuis	Alfred	24.03.1970	NED	15		>73		>90	>90				>90		>89							
Oliseh	Sunday	15.09.1978	NGA	14			<72				<45										<17	
Reina	Guiseppe	16.04.1976	D	13		<90	>69	>63		>74		>65	>79		<57	<73	<90			<72		
Reuter	Stefan	17.10.1970	D	7																		
Ricken	Lars	11.07.1980	D	18				>72		>74	>46	>65		<63						<88	<78	
Rosicky	Tomas	05.10.1984	CZE	10												in Winterpause von Sparta Prag					
Sörensen	Jan Derek	29.12.1975	NOR	29												in Winterpause von Rosenborg Trondheim					
Stevic	Miroslav	08.01.1974	YUG	4				<90	<90		<64		>75						<87			
Tanko	Ibrahim	26.07.1981	GHA	22		>90	>85						>46	>15		>73	>80	>78		>72	>72	
Wörns	Christian	11.05.1976	D	2						<45					<89							

48

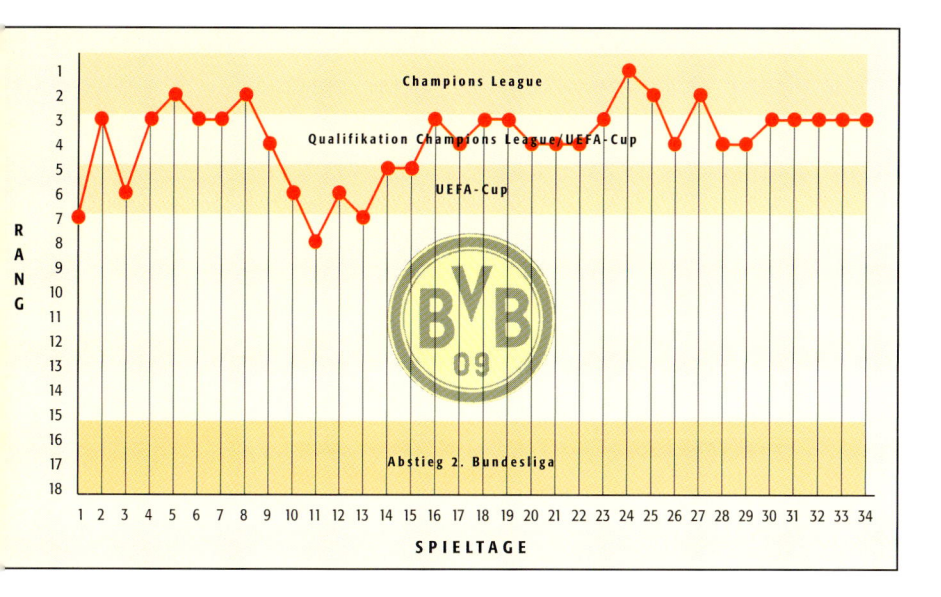

Borussia Dortmund

KLUB-BILANZ

Anschrift: Strobelallee 50
44139 Dortmund
Tel.: (0231) 90 20 0; Fax: (0231) 90 20 105
Internet: www.borussia-dortmund.de
Mitglieder: 11 000
Stadion: Westfalenstadion
Zuschauer Saison 2000/2001: 1 083 393
Zuschauerschnitt: 63 729 (1999/00: 62 616)
Fanbeauftragter: Aki Schmidt
Tel.: (0231) 902 02 03
Fax: (0231) 902 09 35
Fan-Klubs: 450 / 12 000 Mitglieder
Fan-Projekt Dortmund
Dudenstraße 4, 44137 Dortmund
Tel.: (0231) 721 42 92

In Dortmund zu wenig Treffer

Dortmund, der Triumphator von 1997, hat die Qualifikation zur Champions League wieder erreicht. Welch ein Leistungs- und Stimmungsunterschied zum Vorjahr. Da hatten die Nothelfer Matthias Sammer und Udo Lattek eine zerfallene Truppe gerade noch retten können. Für die neue Saison aber haute Borussia auf die Pauke. Als erster deutscher Klub ging man an die Börse! Das sorgte für viele Millionen, »aber für den Titel, wie viele meinen, sind wir längst nicht reif«, wiegelte Neu-Trainer Sammer ab, als der BvB zweimal auf Platz 2 auftauchte. Vor allem das 2:6-Debakel bei Bayern München bestätigte ihn. Danach fand man sich am 11. Spieltag auf Rang 8 wieder, der schlechteste des BvB. Eine schwere Tumoroperation am Kopf hatte Heiko Herrlich, bis dahin gefährlichster Stürmer (sieben Tore in zehn Spielen), zu bewältigen. Danach wurde Borussias schwache Chancenverwertung gravierend. In Dortmund gelangen nur 34 Tore (und 31 Punkte), auf Reisen aber 28 (und 27 Punkte). Bobic (10) und Addo (9) waren die Erfolgreichsten, zu wenig für internationale Ansprüche. - 25-Millionen-Mann Tomas Rosicky sorgte für Belebung, baute aber gegen Saisonende kräftemäßig ab. Nur viermal verlor Borussia auswärts, in Berlin, Leverkusen, bei Bayern und 1860, aber viermal auch zu Hause, durch Lautern, Leverkusen, 1860 und Schalke (mit 0:4!). Ein 0:0 in Gelsenkirchen besänftigte die Fans. Diese konnten in Runde 24 den höchsten Sieg seit 1996 mit 6:1 gegen Frankfurt und Rang 1 feiern. Aber das nur einmal.

KLUB-BILANZ

					Spieltag	1	2	3	4	5	6	7	8	9	10	11	12	13	14	15	16	17
					Tag	12	19	5	9	16	23	30	14	21	28	3	11	18	26	2	10	13
					Monat	8	8	9	9	9	9	9	10	10	10	11	11	11	11	12	12	12
					Gegner	W							BVB									
					Heim/Auswärts	H	A	H	A	H	A	H	A	H	A	H	A	H	A	H	A	A
					Ergebnis	2:0	4:1	1:0	1:1	1:2	1:0	3:0	0:3	2:0	0:0	1:0	0:1	1:3	4:2	2:0	4:0	3:2
Name	Vorname	geboren	Nat.	Nr.																		
Babic	Marko	22.01.1985	CRO	3																>68	>5
Ballack	Michael	21.09.1980	D	13				<85					<81					<27			
Berbatov	Dimitar	31.01.1985	BUL	12										in Winterpause von ZSKA Sofia							
Brdaric	Thomas	24.01.1979	D	23		>85		>80	>81	>22	>53		>75		>65		<74				
Daun	Markus	11.09.1984	D	30																>82	>8
Donovan	Landon (VA)	05.03.1986	USA	26																	
Dzaka	Anel	20.09.1984	BIH	33																	
Gresko	Vratislav	25.07.1981	SK	19			<58					>60									
Hejduk	Frankie (VA)	06.08.1978	USA	18											<45		<81				
Hoffmann	Torben	28.10.1978	D	14						<53				>71		>85					
Juric	Frank (VA)	29.10.1977	CRO	20																	
Kirsten	Ulf	05.12.1969	D	9		<73		<80	<59	<22		<60	<75	<71	<65		>80	<62	<74	<77	
Kovac	Robert	07.04.1978	CRO	2																	
Lucio	Lucimar da Silva	09.05.1982	BRA	19								in Winterpause von Gremio Porto Alegre									
Matysek	Adam	20.07.1972	POL	1																	
Marquinhos	(VA)	30.08.1985	BRA	21																	
Musawi	Seyedall (VA)	23.04.1978	IRN	24																	
Neuendorf	Andreas	10.02.1979	D	16				>69	>81						>75			<73		>68	>8
Neuville	Oliver	02.05.1977	D	27		<79						<60	<84	<84		<67	<85			<82	
Nowotny	Jens	12.01.1978	D	5			<45														
Ojigwe	Pascal	12.12.1980	NGA	17								>75		<75				>75			<5
Placente	Diego Rodolfo	25.04.1981	ARG	35								in Winterpause von River Plate Buenos Aires									
Ponte	Robson	07.11.1980	ITA	7		>79	>58			>68			>84		>67	>74	<85		>27		
Ramelow	Carsten	21.03.1978	D	28				<69		<57											
Reeb	Jörg	07.01.1976	D	4							<60		<71				>81	<75			
Rink	Paulo Roberto	22.02.1977	D	11		<85			<81		>60					<80	<62	>74	<77		>5
Schneider	Bernd	18.11.1977	D	25		>73	>42	>85	>59	>57	>53	>60	>75	>71	>81	>46	>85	>67			<5
Starke	Tom (VA)	19.03.1985	D	31																	
Vranjes	Jurica	31.01.1984	CRO	15			>46			<53			>84				<67	>73			
Zé Roberto	Jose	07.07.1978	BRA	8					<81			<75	<75								
Zivkovic	Boris	16.11.1979	CRO	6			<42		<68												
Zuberbühler	Pascal	09.01.1975	SUI	22																	

nicht eingesetzt — * Fußball-Deutscher
im Spiel eingesetzt — VA Vertragsamateur
eingesetzt/Gelbe Karte
eingesetzt/Gelb-Rote Karte
eingesetzt/Rote Karte
> eingewechselt in Spielminute
< ausgewechselt in Spielminute

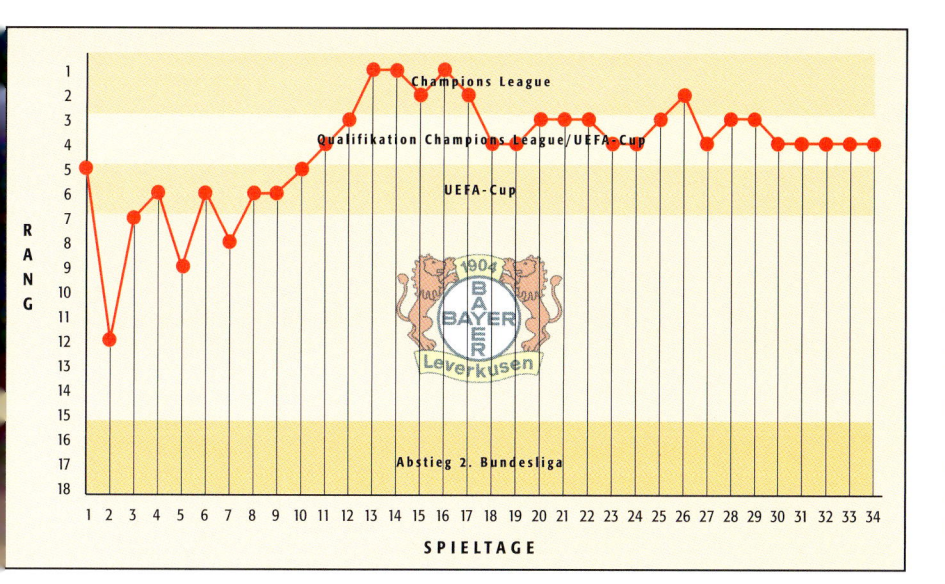

Bayer 04 Leverkusen

KLUB-BILANZ

Anschrift:
Bismarckstr. 122 - 124
51373 Leverkusen
Tel.: (0214) 86 60 0; Fax: (0214) 627 09
Internet: www.bayer.com/sport
Mitglieder: 9500
Stadion: BayArena
Zuschauer Saison 2000/2001: 378 505
Zuschauerschnitt: 22 265 (1999/00: 21 476)
Fanbeauftragter: Andreas Paffrath
Tel.: (0214) 50 35 74; Fax: (0214) 627 09
Fan-Klubs: 240 / 7100 Mitglieder
Fan-Projekt Leverkusen e.V.
Lichstraße 64, 51373 Leverkusen
Tel.: (0214) 442 14

Nicht prima, aber teuer

Bleibt Berti Vogts? Bei Bayer Leverkusen war das neben dem Platz in der Qualifikation für die Champions League das Hauptthema. »Man sollte mich erst nach der von mir gestalteten Vorbereitung nach der Winterpause messen«, hatte Vogts gefordert. Nach 17 Spielen war Leverkusen Dritter mit 31 Punkten, am Ende Vierter mit 57 Punkten. Von Fortschritt war wenig zu sehen. Vogts und seine Crew wurden entlassen. Dabei war Bayer 04 in der ersten Halbserie schon von schwersten Turbulenzen erschüttert worden. Trainer Christoph Daum, des Kokain-Missbrauchs überführt, musste am 21.10. in die USA flüchten. Sportdirektor Rudi Völler übernahm das Bayer-Team und gewann mit ihm anderntags gegen Dortmund 2:0. Nach vier erfolgreichen Völler-Wochen kam Vogts. Bayer marschierte zur Spitze und war dreimal oben. Aber die Bayer-Angreifer machten zu wenig aus ihrer Dominanz. 28 Tore (Ligaschnitt: 26) waren zu wenig für die Klasse der Kirsten und Co. samt ihren Titelansprüchen. Bayer sah die Spitze nie wieder, war noch zehnmal Vierter, fünfmal Dritter, einmal Zweiter. Fünf Heimniederlagen gegen Cottbus, Freiburg, Bayern, Hansa, Schalke nagten am Selbstwertgefühl des Vizemeisters, der im Vorjahr erst auf der Ziellinie von Bayern abgefangen wurde. Diesmal war man sechs Punkte entfernt vom Titel. Auch die Millioneneinkäufe bei Halbzeit, der Brasilianer Lucio und der Argentinier Placente, bewirkten keinen Umschwung. Ein teures Team, das im Jahr 77 Millionen Mark kassiert, spielte unter Wert.

KLUB-BILANZ

					Spieltag	1	2	3	4	5	6	7	8	9	10	11	12	13	14	15	16	17
					Tag	12	19	6	9	17	24	30	15	21	29	4	10	18	25	2	10	13
					Monat	8	8	9	9	9	9	9	10	10	10	11	11	11	11	12	12	12
					Gegner	B	HSV	BOC	WOB									BVB	S04			
					Heim/Auswärts	A	H	H	A	H	A	H	A	H	A	H	A	H	A	H	A	H
					Ergebnis	4:1	4:0	4:0	2:1	2:0	5:2	4:2	0:2	3:1	0:1	4:1	2:0	0:4	0:4	2:2	4:0	2:4
Name	Vorname	geboren	Nat.	Nr.																		
Alves	Alex	31.12.1978	BRA	7			<70	<60	<86		<80			<45			<45			>46	
Beinlich	Stefan	14.01.1976	D	22					<90						<83					>22	
Daei	Ali	22.03.1973	IRN	9		>71		>60	>56		>80		>46	>81	>65	>46		>61	<45	>46	
Dardai	Pal	17.03.1980	HUN	18								>57		>83	>79	>23	<86		>62		
Deisler	Sebastian	06.01.1984	D	26			<71	<63						<69		<84		<88			
Eckhard	Michael	16.09.1982	D	28																	
Fiedler	Christian	28.03.1979	D	12																	
Hartmann	Michael	12.07.1978	D	21			<45										<79				<75
Kiràly	Gabor	02.04.1980	HUN	1																	
Köhler	Benjamin	05.08.1984	D	35														>86			
Konstantinidis	Kostas	01.09.1976	GRE	5			>55					>76									
Maas	Rob	18.12.1973	NED	25																	
Marques	Rui Manuel	04.09.1981	POR	3																	
Marx	Thorben	02.06.1985	D	32														>88			
Michalke	Kai	06.04.1980	D	24			>46	>63													
Preetz	Michael	18.08.1971	D	11												<81					
Rehmer	Marko	30.04.1976	D	33			<36				<45										
Reiss	Piotr	21.06.1976	POL	29			>70					<57	<77								
Roy	Bryan	13.02.1974	NED	15					>60	<56	>63		>46				>84	>57		>82	>75
Sanneh	Anthony	02.06.1975	USA	20		>71			>78				<45			<23					
Schmidt	Andreas	15.09.1977	D	19		<71														<22	
Simunic	Josip	19.02.1982	CRO	14		>85	>71														
Sverrisson	Eyjölfur	04.08.1972	ISL	6		<71		>36		>90		>46		>77							
Thom	Andreas	08.09.1969	D	27																	
Tretschok	René	24.12.1972	D	23		<85			<78		<63			>57	>46	<65					<82
van Burik	Dick	30.11.1977	NED	4			<55							<57				<61		<45	
Veit	Sixten	08.01.1974	D	16						>86		>78			>69		<57		>62		
Wosz	Dariusz	09.06.1973	D	10				<60			<78	<76			<45			<82		>82	
Zilic	Sead	18.09.1986	BIH	17													in Winterpause von AC Florenz				

Legende:
- nicht eingesetzt
- im Spiel eingesetzt
- eingesetzt/Gelbe Karte
- eingesetzt/Gelb-Rote Karte
- eingesetzt/Rote Karte
- \> eingewechselt in Spielminute
- < ausgewechselt in Spielminute
- * Fußball-Deutscher
- VA Vertragsamateur

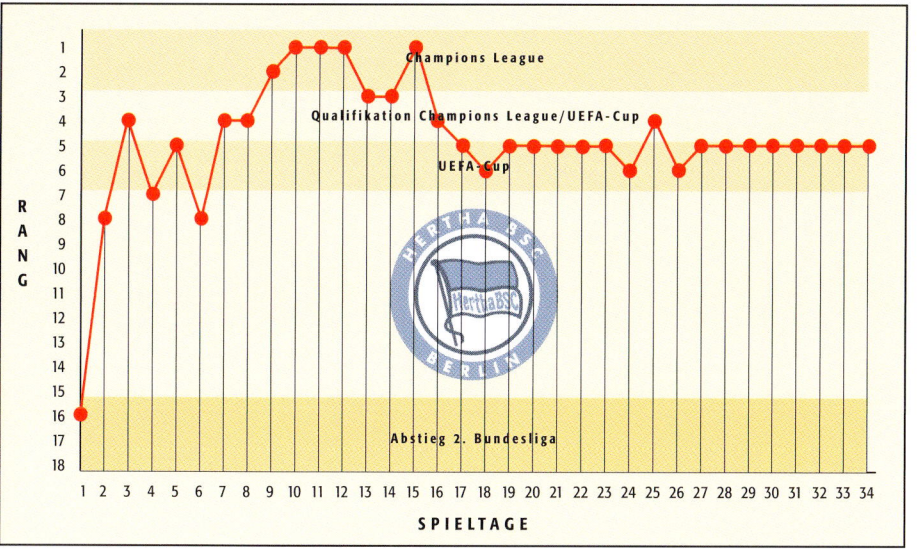

Hertha BSC Berlin

KLUB-BILANZ

Anschrift:
Hanns-Braun-Straße, Friesenhaus 2
14053 Berlin
Tel.: (030) 30 09 28 0; Fax: (030) 30 09 28 99
Internet: www.herthabsc.de
Mitglieder: 8600
Stadion: Berliner Olympiastadion
Zuschauer Saison 2000/2001: 688 262
Zuschauerschnitt: 40 486 (1999/00: 46 845)
Fanbeauftragter: Andreas Blaszyk
Tel.: (030) 30 09 28 55; Fax (030) 30 09 28 99
Fan-Klubs: 437 / 7593 Mitglieder
Fan-Projekt der Sportjugend Berlin
Weißenseer Weg 51-55, 13053 Berlin
Tel.: (030) 97 17 26 50

Knackpunkt war Mailand

Hertha zum dritten Mal im Europacup. Ende gut, alles gut? Über vier Spieltage hinweg schwebten einige in der Hauptstadt sogar auf Titel-Wolken. Hertha Erster! Auf den ernüchternden 1:4-Auftakt beim FC Bayern folgten euphorische Spiele: 4:0 HSV, 4:0 Bochum, 4:2 Köln, 4:1 Bremen. Gegen Köln gelang Alves aus 50 Metern das Tor des Jahres. Schützenkönig Preetz (9/am Ende 16) traf auch, weil vor allem Beinlich da noch glänzende Vorlagen lieferte. Aber der jähe Absturz passierte Anfang Dezember, als Inter Mailand, von Herthas gutem Spiel fast aus dem UEFA Cup gedrängt, in der 88. Minute die Entscheidung erzwang. Diesem Schock folgten drei Liga-Niederlagen und die Überwinterung auf Platz 6. »34 Gegentore in 17 Spielen - wir müssen das Thema Defensive verstärkt angehen«, schlussfolgerte Trainer Jürgen Röber. Ihm fiel zeitweise auch die gesamte Kreativachse mit Beinlich, Deisler und Wosz aus. Beinlichs folgenschwere Zehenverletzung gestattete sogar keinen Rückrundenauftritt mehr, was Deislers Auftrieb, auch durch die Nationalelf, nicht kompensieren konnte. Das Auf und Ab der Rückrunde, mit Fünfer-Serien an Heimsiegen und Auswärtsniederlagen, ließ Hertha nur zwischen Rang 4 und 6 pendeln. So wurde die Chance auf die Champions League verspielt, und auch der UEFA Cup geriet kurzzeitig in Frage. 52 Gegentore waren das Schwächste aller EC-Teilnehmer. Die Baustellen-Atmosphäre im Olympiastadion drosselte deutlich auch die früher stärkere moralische Wirkung der Fan-Kulisse.

KLUB-BILANZ

Legend:
- □ nicht eingesetzt
- ■ im Spiel eingesetzt (grün)
- ■ eingesetzt/Gelbe Karte (gelb)
- ■ eingesetzt/Gelb-Rote Karte
- ■ eingesetzt/Rote Karte
- `>` eingewechselt in Spielminute
- `<` ausgewechselt in Spielminute
- `*` Fußball-Deutscher
- VA Vertragsamateur

Spieltag	1	2	3	4	5	6	7	8	9	10	11	12	13	14	15	16	17
Tag	12	19	5	10	16	22	1	13	22	28	4	11	18	25	2	9	12
Monat	8	8	9	9	9	9	10	10	10	10	11	11	11	11	12	12	12
Gegner	VfB	FB	RO	RS	1860	WB	BVB	S04	FCK	HSV	B04	FCK	FCB	BSC	W		
Heim/Auswärts	H	A	H	A	H	A	H	A	H	A	H	A	H	A	H	H	A
Ergebnis	4:0	1:1	0:0	0:0	4:1	3:1	0:1	1:0	3:1	3:0	5:0	0:1	0:2	1:1	2:2	5:0	1:2

Name	Vorname	geboren	Nat.	Nr.	1	2	3	4	5	6	7	8	9	10	11	12	13	14	15	16	17
Baya	Zoubaier	16.05.1975	TUN	7			<85				<61				>63		<62		>53		<90
Ben Slimane	Mehdi	02.01.1978	TUN	18																	
Borrozzino	Michele (VA)	03.12.1980	D	25																	
Bruns	Florian	22.08.1983	D	23			>46														
But	Vladimir	08.09.1981	RUS	18	in Hinrunde von Borussia Dortmund										>71	<88	<75	<53			
Coulibaly	Ismail (VA)	16.04.1982	MLI	30	>62	>46		>85	>56	<67			<67		<64	<63		>75			>73
Diarra	Boubacar	16.07.1983	MLI	17									<45								
Dorn	Regis	23.02.1983	FRA	22	>57	>71	>85	>80		>60					>76			<45	>69		
Dreyer	Björn (VA)	28.07.1981	D	8	<59	<45															
Golz	Richard	06.06.1972	D	1																	
Hermel	Lars	29.09.1974	D	16							<73			>20			>75	<73			
Hügel	Volker (VA)	21.06.1984	D	15																	
Iaschwili	Alexander	24.10.1981	GEO	9								<45	<77		>64	<76		>46			<81
Kehl	Sebastian	14.02.1984	D	6						<67									<69		
Kiknadse	Georghi	27.04.1980	GEO	34	in Winterpause von Torpedo Kutais																
Kobiaschwili	Levan	11.07.1981	GEO	10		>68	<63												<52		
Kohl	Ralf	29.10.1969	D	12																	
Kondé	Oumar	20.08.1983	FRA	5									>84	>46							
Müller	Stefan	09.03.1978	D	13	>59																
Ramdane	Abder	24.02.1978	FRA	14	<62	>71	<68		<53		>60	>46	>67	>46		<71	<90		>40		
Reus	Timo (VA)	03.05.1978	D	24																	
Schoppel	Manuel (VA)	31.10.1984	D	21																	
Schumann	Daniel	14.02.1981	D	2			<45		>67	>59		>73				>88					>90
Sellimi	Adel (VA)	17.11.1976	TUN	32					<56	>67	<60		>77	>67		>63		<75			<73
Tanko	Ibrahim	26.07.1981	GHA	33	in Winterpause von Borussia Dortmund																
Weißhaupt	Marco	25.06.1976	D	11	<57	<62		>63	<53	>78		>61		<67		>71	>90	>73			>81
Willi	Tobias	15.12.1983	D	29			<80			<60		<84	<45	<20				<40			
Zandi	Ferydoon (VA)	27.04.1983	D	20																	
Zeyer	Andreas	10.06.1972	D	4			<85		<59							<62					
Zkitischwili	Levan	11.10.1980	GEO	3		>62		<78						<63	<71			>52			

SC Freiburg

KLUB-BILANZ

Anschrift:
Schwarzwaldstr. 193
79117 Freiburg
Tel.: (0761) 385 51 0
Fax: (0761) 385 51 50
Internet: www.sc-freiburg.de
Mitglieder: 2200
Stadion: Dreisamstadion
Zuschauer Saison 2000/2001: 418 506
Zuschauerschnitt: 24 618 (1999/00: 23 363)
Fanbeauftragter: Hartmut Wilhelm
Tel.: (07652) 14 72
Fan-Klubs: 40 / 7500 Mitglieder

Schöner Schwarzwald-Kick

Dieser Klub, der zum zweiten Male den UEFA Cup erreichte, ist der personifizierte Spaß am guten Fußball. Doch wenn vorher von Abstiegskandidaten geredet wurde, war er oft dabei. Obwohl die finanziellen Mittel begrenzt sind, wurden 20 Millionen Mark in eine Fußballschule investiert, wodurch sich der SCF langfristig in der Liga etablieren will. Seit zehn Jahren ist Volker Finke dort Trainer. Er hat es verstanden, stets neue, preiswerte Könner zu finden (vor allem in Nordafrika und Georgien), Talente zu entwickeln (wie Willi, Kehl) oder andere neu aufzubauen. Wie But aus Dortmund, wie Tanko aus Dortmund, wie den Ex-Hamburger Riesen Richard Golz, seinen Kapitän. Der Torwart ist hauptverantwortlich dafür, dass nur 37 Gegentore mit zum Besten in der Liga zählen. 510 Minuten lang war er unüberwindbar, bis zu jenem 0:3 bei 1860 München am 23. Tag. Als Tabellenführer mit 4:0 gegen den VfB Stuttgart gestartet, hockte Freiburg nur einmal in der Abstiegszone (16. Platz/12. Tag). Nach der Winterpause wurde Rang 7 (sechsmal) bevorzugt. Wer in Freiburger Mühlen geriet, wurde wie Bochum, Frankfurt, Lautern, Cottbus, Stuttgart und Wolfsburg mit fünf oder vier Toren bedient. Auch den FC Bayern brachte man in München spielerisch in Bedrängnis und unterlag nur durch einen Scholl-Freistoß. Beim HSV aber kam es mal knüppeldick mit 0:5. Finke setzte 24 Spieler ein, die zweitwenigsten in der Liga. 15 Torschützen (!) waren darunter und der Tunesier Sellimi (8) ihr Spitzenmann.

KLUB-BILANZ

					Spieltag	1	2	3	4	5	6	7	8	9	10	11	12	13	14	15	16	17
nicht eingesetzt		* Fußball-Deutscher			Tag	12	19	6	9	17	23	1	14	20	28	4	11	18	25	20	10	13
im Spiel eingesetzt		VA Vertragsamateur			Monat	8	8	9	9	9	9	10	10	10	10	11	11	11	11	12	12	12
eingesetzt/Gelbe Karte					Gegner																	
eingesetzt/Gelb-Rote Karte					Heim/Auswärts	H	A	A	H	A	H	A	H	A	H	A	H	H	A	H	A	A
eingesetzt/Rote Karte					Ergebnis	3:1	2:1	2:1	1:2	1:1	1:1	0:1	3:3	2:0	1:1	4:1	2:0	1:1	1:0	0:0	2:1	5:2
> eingewechselt in Spielminute																						
< ausgewechselt in Spielminute																						

Name	Vorname	geboren	Nat.	Nr.	1	2	3	4	5	6	7	8	9	10	11	12	13	14	15	16	17
Ailton	Goncalves da Silva	20.07.1977	BRA	32			>85	>60		<90				<45	<88	<76			<87		
Banovic	Ivica	03.08.1984	CRO	11								>58	>76	<76		>88		>74			
Barten	Mike	21.11.1977	D	33					<78		>56			>65							
Baumann	Frank	30.10.1979	D	6																	
Bode	Marco	24.07.1973	D	17	<76	<73															
Bogdanovic	Rade	22.05.1974	YUG	9	>81							<45	>85		>60	>90	>76		>71		
Borel	Pascal	27.09.1982	D	16																	
Borowski	Tim (VA)	03.05.1984	D	24																	
Brasas	Stefan	01.09.1971	D	12																	
Dabrowski	Christoph	02.07.1982	D	23														>68			
Eilts	Dieter	14.12.1968	D	5	<72	<80	<85		<83	<67	<56	<58		<65	<66						<58
Ernst	Fabian	31.05.1983	D	2				<60				<90	<76					<71			
Flock	Dirk	23.05.1976	D	4		>67															
Frey	Dieter	01.11.1976	D	15																	
Frings	Torsten	23.11.1980	D	22	>72		<54		>46		<85										
Fütterer	Danny (VA)	29.08.1979	D	39																	
Herzog	Andreas	11.09.1972	AUT	18		<67			>46	<71						<71	<80	<68			
Kern	Enrico	13.03.1983	D	30											in Winterpause von TeBe Berlin						
Krstajic	Mladen	05.03.1978	YUG	20					<45	>90							>46				
Lee	Dong Gook	30.04.1983	KOR	21											in Winterpause von Pohang Steelers						
Maximov	Juri	09.12.1972	UKR	7										>66	>86		>80		>90	>71	
Pizarro	Claudio	04.10.1982	ITA	10			>67			>71	<46	>64		>46	<90			<90	<58		
Rost	Frank	01.07.1977	D	1																	
Schierenbeck	Björn (VA)	13.07.1978	D	38																	
Seidel	Sören	11.10.1976	D	25																	
Skripnik	Victor	20.11.1973	UKR	19					>78									>87			
Stalteri	Paul	09.10.2399	CAN	35	<81	>73	<67	>68				<64	>76	<60	<86	>71					
Tjikuzu	Razundara	13.12.1983	NAM	28				>54		<45											<83
Trares	Bernhard	19.08.1969	D	8	>76	>80			>83												
Verlaat	Frank	06.03.1972	NED	14				<68													
Wicky	Raphael	27.04.1981	SUI	3						>67		>90						<74			<7
Wiedener	Andree	15.03.1974	D	13														<45			>83

56

SV Werder Bremen

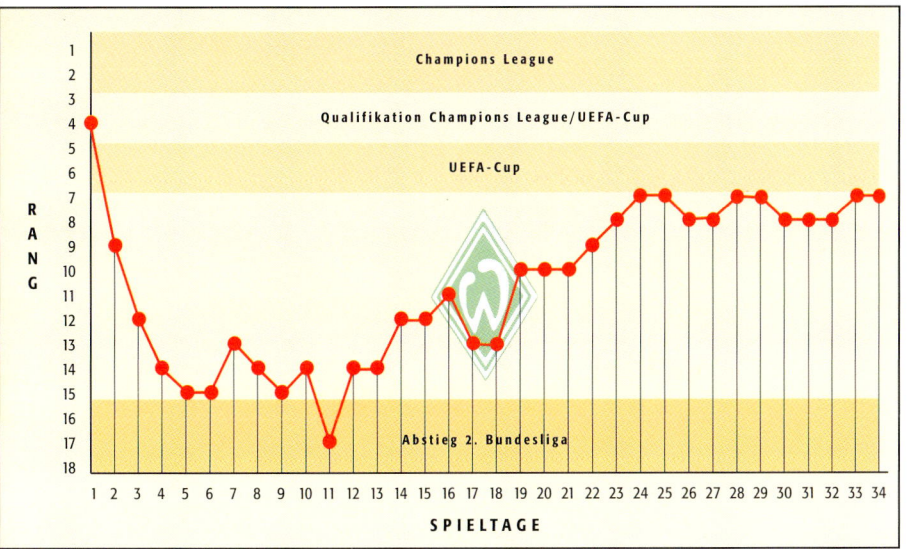

Anschrift:
Am Weserstadion 7
28205 Bremen
Tel.: (01805) 93 73 37; Fax: (0421) 49 35 55
Internet: www.Werder-online.de
Mitglieder: 3038
Stadion: Weserstadion
Zuschauer Saison 2000/2001: 517 531
Zuschauerschnitt: 30 443 (1999/00: 28 988)
Fanbeauftragter: Dieter Zeiffer
Tel.: (0421) 49 80 26; Fax: (0421) 49 80 25
Fan-Klubs: 511 / 8000 Mitglieder
Fan-Projekt Bremen
Am Weserstadion 5, 28205 Bremen
Tel.: (0421) 49 80 24

UEFA Cup knapp verfehlt

»Unser Ziel ist ein Platz im UEFA Cup«, sagte Werder-Sportdirektor Klaus Allofs. Er wusste, dass der Peruaner Claudio Pizarro mit 20 Toren das Interesse vieler Spitzenklubs geweckt hatte und nur mit solchen Bewährungen zu halten sein würde. Erreicht wurde nur der ungeliebte UI-Cup. 15 Millionen Mark, so viel wie nie, waren investiert worden. Doch als Werder im UEFA Cup gegen Bordeaux ausschied und auch im DFB-Pokal früh scheiterte, ging es unaufhaltsam bergab. Nach einem 1:4 in Berlin (Runde 11) war man sogar nur 17. Erst nach der Winterpause sah Werder wieder Land und kam mit Platz 7 (fünfmal erreicht) auch dem Cup-Ziel nahe. Bis zum 25. Tag war nur Bremen im Jahr 2001 ohne Niederlage. Doch der Auftrieb stockte durch ein 0:3 in Leverkusen und ein Heim-1:2 gegen Lautern. Die Siege gegen Bayern in München (3:2) und gegen Hertha (3:1) belebten ihn wieder, bis Wolfsburgs 3:2-Sieg in Bremen erneut die Grenzen zeigte. »Uns fehlte die Konstanz, wir konnten unsere Leistungen nicht stabilisieren«, so Trainer Thomas Schaaf. Bis dahin war man mit 25 Punkten sogar Rückrunden-Bester gewesen! Abwehr-Stabilisator Frank Verlaat hatte vor der Winterpause zu lange verletzt gefehlt, Banovic und Krstajic sich nur mühsam eingewöhnt. Der Kanadier Stalteri (23) aber schlug ein. Verlass war wieder auf Marco Bode, Werders Allrounder. Er behauptete sich im Nationalteam, zu dem auch Torsten Frings (24) und Torwart Frank Rost (26) stießen. Doch Werders Platzierung besserte das nicht.

KLUB-BILANZ

☐ nicht eingesetzt	*	Fußball-Deutscher
☐ im Spiel eingesetzt	VA	Vertragsamateur
☐ eingesetzt/Gelbe Karte		
☐ eingesetzt/Gelb-Rote Karte		
☐ eingesetzt/Rote Karte		
> eingewechselt in Spielminute		
< ausgewechselt in Spielminute		

Spieltag	1	2	3	4	5	6	7	8	9	10	11	12	13	14	15	16	17
Tag	12	19	5	8	15	24	30	14	20	28	4	12	18	26	3	9	13
Monat	8	8	9	9	9	9	9	10	10	10	11	11	11	11	12	12	12
Gegner	(B)	(W)	(S)	(E)	(A)	(C)	(M)	(TSV)	(W)	(BVB)	(S)	(F)	(N)	(L)	(H)	(B)	(H)
Heim/Auswärts	H	A	H	A	H	A	H	A	H	A	H	A	H	A	H	H	A
Ergebnis	0:1	4:0	1:0	0:0	3:1	1:0	1:1	0:4	2:0	1:2	3:2	3:2	0:2	4:2	2:1	0:0	2:4

Name	Vorname	geboren	Nat.	Nr.	1	2	3	4	5	6	7	8	9	10	11	12	13	14	15	16	17
Adzic	Silvio	24.09.1984	D	23								>68	>87		<63						
Basler	Mario	19.12.1972	D	30								<87	<61		<61						>46
Bjelica	Nenad	21.08.1975	CRO	15														in Winterpause von NK Osijek			
Buck	Andreas	30.12.1971	D	22	>39							<29						<16			<55
Djorkaeff	Youri	10.03.1972	FRA	14		<90		<45	<82			>61						<74	<83		
Dominguez	José Manuel	17.02.1978	POR	18														<75	<61		
Gabriel	Petr	18.05.1977	CZE	3																	
Gospodarek	Uwe	07.08.1977	D	16																	
Grammozis	Dimitrios	09.07.1982	GRE	8		>38			>79								<78				
Hauck	Rainer (VA)	17.01.1982	D	29													<59				
Hristov	Marian	30.07.1977	BUL	7	<72	<68	>60	>66		<89	<79		<85								
Klos	Tomasz	08.03.1977	POL	20																	
Klose	Miroslav	10.06.1982	D	25			<60		<45		<87	<50		<89					>59	<74	
Koch	Georg	04.02.1976	D	1																	
Koch	Harry	16.11.1973	D	24	<45													<90			
Komljenovic	Slobodan	03.01.1975	YUG	13		>84		<66		<73				>63	>42						
Lokvenc	Vratislav	28.09.1977	CZE	10								>50	>86	>85	>89		>80		<59	>55	
Marschall	Olaf	20.03.1970	D	11											>61	>78		>75	>74	>83	
Pettersson	Jörgen	30.09.1979	SWE	9	>72	>84	>90					<86									<45
Ramzy	Hany	11.03.1973	EGY	6										<67	<42						
Ratinho	E. Rodrigues	09.06.1975	BRA	17																	
Reich	Marco	31.12.1981	D	12	<39			>9	<46	>76		<79	>29	<67		>59		<16	>61		
Roos	Axel	20.08.1968	D	4	>46		>76				>87										
Samir	Ibrahim	03.04.1976	EGY	28																	
Schjönberg	Michael	20.01.1971	DEN	2		<38													>90		>74
Stark	Marco	10.07.1985	D	27							>82	>89									
Strasser	Jeff	06.10.1978	LUX	21			<76		<79	<76								<80			
Szücs	Lajos	09.08.1977	HUN	29																	
Tare	Igli	26.07.1977	ALB	19		>68			>46	>73	<68										
Toppmöller	Marco	17.01.1982	D	28																	
Weidenfeller	Roman	07.08.1984	D	26																	
Yakin	Murat	16.09.1978	SUI	5				<9													
Ziehl	Rüdiger	27.10.1981	D	31																	

1. FC Kaiserslautern

KLUB-BILANZ

Anschrift:
Stadionstr. 11
67663 Kaiserslautern
Tel.: (0631) 31 88 0; Fax: (0631) 31 88 29 0
Internet: www.FCK.de
Mitglieder: 10 430
Stadion: Fritz-Walter-Stadion
Zuschauer Saison 2000/2001: 668 355
Zuschauerschnitt: 39 315 (1999/00: 39 495)
Fanbeauftragter: Hanns-Günter Neues
Tel.: (0631) 318 82 36; Fax: (0631) 318 82 35
Fan-Klubs: 285 / 10 000 Mitglieder

Keine Hitze, keine Hölle

Rang 8 ist das Schlechteste der letzten vier Jahre. Aber es fing schon mies an. Im Oktober war die Ära von Meistertrainer Otto Rehhagel am Betzenberg zu Ende gegangen. Da war der FCK 15. nach sieben Spielen. Nach üblen Hetzkampagnen hatte Rehhagel aufgegeben. Ein unrühmlicher Abschied. Andreas Brehme als Teamchef und Reinhard Stumpf als Trainer reaktivierten eine ziemlich leblose Elf und führten sie aus den Liga-Niederungen wieder in die EC-Regionen (Dritter am 11. Tag). Im aktuellen UEFA Cup stieß man sogar bis ins Halbfinale vor. Fünf Niederlagen in Serie waren vor der Winterpause noch ein herber Rückschlag, aber Rang 6 sollte zum Erbhof der Pfälzer werden. Dort fand man sich 13-mal wieder. Mario Basler, neuer Chef, blieb den eigenen Ansprüchen einiges schuldig. Auch Djorkaeff hatte Höhen und Tiefen. Von sich reden machte der 22-jährige Miroslav Klose auch mit seinen Nationalelf-Toren. Die Schwachstellen des FCK aber waren der verlorene »Höllen«-Nimbus des Betzenberg, auf dem man sechsmal - gegen Bochum, Dortmund, Freiburg, Leverkusen, Hansa und Hertha verlor - sowie böse Schlappen in der Fremde: 2:5 in Freiburg, 1:5 in Schalke, 1:6 in Stuttgart, 0:4 in Wolfsburg. 54 Gegentore waren eine Quote aus der Abstiegsregion. Basler, Ramzy, Koch hatten als Abwehrchefs zu wenig strategische Ausstrahlung. Die Toremacher Klose (9) und Lokvenc (9) konnten das nicht ausgleichen. Der Abgesang: Nur ein Punkt aus fünf Spielen - so fiel man auf Rang 8.

KLUB-BILANZ

					nicht eingesetzt	* Fußball-Deutscher															
					im Spiel eingesetzt	VA Vertragsamateur															
					eingesetzt/Gelbe Karte																
					eingesetzt/Gelb-Rote Karte																
					eingesetzt/Rote Karte																
				>	eingewechselt in Spielminute																
				<	ausgewechselt in Spielminute																

Spieltag	1	2	3	4	5	6	7	8	9	10	11	12	13	14	15	16	17
Tag	12	19	6	9	16	23	1	15	21	28	5	11	18	25	2	8	12
Monat	8	8	9	9	9	9	10	10	10	10	11	11	11	11	12	12	12
Gegner	Leverkusen	Kaiserslautern	Bayern	Bielefeld	HSV	Stuttgart	Cottbus	Unterhaching	Rostock	Ulm	Mönchengladbach	Werder	Dortmund	Schalke	Frankfurt		
Heim/Auswärts	A	H	A	H	A	H	H	A	H	A	H	A	H	A	H	A	H
Ergebnis	2:0	4:0	3:1	2:1	2:1	4:4	2:2	0:3	6:0	1:1	1:1	2:2	1:1	2:0	2:2	1:2	1:2

Name	Vorname	geboren	Nat.	Nr.	1	2	3	4	5	6	7	8	9	10	11	12	13	14	15	16	17
Akonnor	Charles	13.03.1978	GHA	24	>77			<74													
Akpoborie	Jonathan	21.10.1972	NGR	19				>74					<61	<79							
Biliskov	Marino	18.03.1980	CRO	13		>71	<70	>64				<56				>46	<78		>77		
Busch	Mike	06.04.1985	D	29																	
Fahner	Simon (VA)	22.04.1982	D	27																	
Feldhoff	Markus	30.08.1978	D	20																	
Greiner	Frank	04.07.1970	D	3		>66		>66	>54			72		<82		<62	>78		<84	<45	<45
Hengen	Thomas	23.09.1978	D	4			<73											<71			
Hiemann	Holger	13.01.1972	D	22																	
Ifejiagwa	Emeka	31.10.1981	NGR	5	in Winterpause von CA Osasuna Ausleih																
Juskowiak	Andrzej	04.11.1974	POL	9						>60		<63	<87			<90	<77	<77	>32		
Kennedy	Joshua	21.08.1986	AUS	31					>85												
Kryger	Waldemar	09.11.1972	POL	12			>70		<54							<45					<75
Kühbauer	Dietmar	05.04.1975	AUT	18	<45			<76			<69								<32		
Laboué	Stefan (VA)	24.08.1985	D	30																	
Maltritz	Marcel	03.10.1982	D	33				>76		>60		>56	>69	>82	<45						
Maric	Tomislav	29.01.1977	CRO	11	>46		<80		<45	>72	>84		>61	>79	>46	>62	>46	>62	<84		
Müller	Sven	05.04.1984	D	23																>46	>63
Munteanu	Dorinel	26.06.1972	ROM	14		<65	>73			<60							>71				
Nowak	Krzysztof	28.09.1979	POL	10	<77	>65		<64		<85					<84	>79	<45		<77	<63	
O'Neil	Brian	07.09.1976	SCO	5																	
Reitmaier	Claus	18.03.1968	D	1																	
Rische	Jürgen	31.10.1974	D	17			>80		>46	<72	<60		>63	>87		>79	>90	>77	>84	>75	
Schnoor	Stefan	19.04.1975	D	25	in Winterpause von Derby County																
Sebescen	Zoltan	02.10.1979	D	26		<66		<66		<84	<72										
Siegert	Benjamin (VA)	08.07.1985	D	28																	
Thomsen	Claus	01.06.1974	DEN	6																	
Voss	Andreas	28.02.1983	D	15									>69		>84		<62	>84	>77	>46	
Wagner	Martin	25.02.1972	D	8	<45	<71															
Weiser	Patrick	26.12.1975	D	7	>46							<69									

VfL Wolfsburg

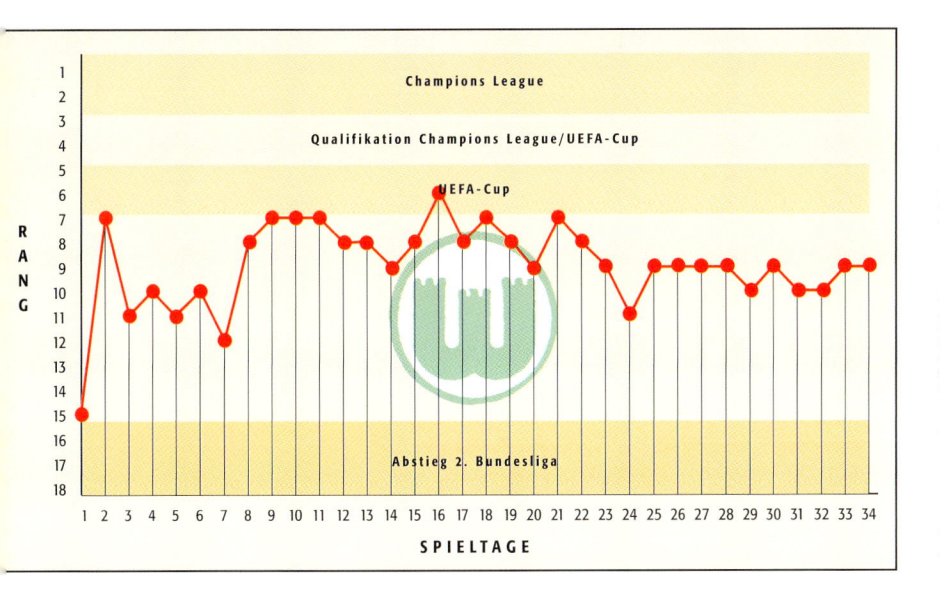

KLUB-BILANZ

Anschrift:
Elsterweg 5
38446 Wolfsburg
Tel.: (05361) 85 17 47; Fax: (05361) 85 17 48
Internet: www.vfl-wolfsburg.de
Mitglieder: 5300
Stadion: VfL-Stadion
Zuschauer 2000/2001: 263 619
Zuschauerschnitt: 15 507 (1999/00: 16 110)
Fanbeauftragter: Lothar Schukowski
Tel.: (05361) 29 20 80; Fax: (05361) 29 20 80
Fan-Klubs: 45 / 1200 Mitglieder
Fan-Projekt: VIF, Very Important Fan
Goethestraße 10 a, 38440 Wolfsburg
Tel.: (05361) 29 20 83/ 28 20 67

Mittelmaß wie im Vorjahr

Beim VfL Wolfsburg hatte man selbst vom stärksten Kader aller Zeiten gesprochen. »Bei Saisonhalbzeit hätten wir auf Platz fünf stehen müssen«, meinte der ehrgeizige Zoltan Sebescen, »aber wir haben zu viele Punkte verschenkt.« Als der Sprung nach vorn möglich war, sind den »Wölfen« immer die Nerven durchgegangen. Der Vorjahrs-Rang 6, der für den UI-Cup reichte, blieb auch in der Saison 2000/01 der Beste. Die diesmal erkämpften 47 Punkte unterbieten aber die 49 vom Vorjahr. Das Torverhältnis von 60:45 gegen 51:58 verrät dagegen eine zumindest gewachsene Abwehrstabilität. Doch Sebescen zieht die größere Perspektive nach Leverkusen. Der VfL zählt zu den Remis-Königen (11), was er aber auch mit vier 0:0-Spielen verband. Darunter war das Heimduell mit Bochum, in dem man trotz 18:1-Torschüssen nicht ins Tor traf. Jonathan Akpoborie, mit acht Toren hinter Juskowiak (12) Zweitbester, wurde kurz vor Saisonende noch intern gesperrt, weil ein seiner Familie gehörendes Schiff in Geschäfte mit Kindersklaven verwickelt gewesen sein soll. Galastunden des VfL waren die Siege in Berlin und Bremen, während die Heimstärke durch sieben Niederlagen statt nur vier im Vorjahr Kratzer bekam. In der Strategenrolle löste der aus San Sebastian geholte Dietmar Kühbauer den Rumänen Dorinel Munteanu ab, hatte aber eine bessere erste Halbserie. Deswegen kam auch Munteanu zu 22 Einsätzen. Ohne Punktgewinn blieb man gegen FC Bayern, Schalke und Freiburg.

KLUB-BILANZ

					Spieltag	1	2	3	4	5	6	7	8	9	10	11	12	13	14	15	16	17
					Tag	13	20	5	9	15	23	30	14	21	29	5	11	18	25	2	10	13
					Monat	8	8	9	9	9	9	9	10	10	10	11	11	11	11	12	12	12
					Gegner	S04	F	L	B	K	B	H	B	W	S	B	H	H	K	M	W	B
					Heim/Auswärts	A	H	A	H	A	H	A	H	A	H	A	H	A	H	A	H	H
					Ergebnis	2:1	4:1	0:0	1:1	3:1	1:2	4:2	2:0	6:0	3:2	0:0	4:2	5:2	0:2	4:0	2:1	0:0
Name	**Vorname**	**geboren**	**Nat.**	**Nr.**																		
Arweladse	Archill	23.02.1977	GEO	11			<75	<78	<76	<84		<8					>75	>66		>58	>7
Bade	Alexander	26.08.1974	D	16																		
Baranek	Miroslaw	11.11.1977	CZE	24				>84		>78						>90	>79	>85		>82		
Bulajic	Spasoje	25.11.1979	SLO	5			<65															
Cichon	Thomas	10.07.1980	D	20			>65		<90	<78			>46				<85		<82			
Cullmann	Carsten	06.03.1980	D	2																		
Donkov	Georgi	03.06.1974	BUL	9	<70	>85	>75	>78	>76	>78					>79		>89	>77	>85	>8	
Dworrak	Markus	24.01.1982	D	25																		
Dziwior	Janosch	20.09.1978	D	13								>59	>75	>46	>79			<73	<85			
Gebhardt	Marcel	16.09.1983	D	17																		
Grilic	Ivica	07.08.1979	D	21										>89								
Hauptmann	Ralf	21.09.1972	D	7				>89		<87			<75		>88	>88		>73				
Keller	Jens	25.11.1974	D	12								<59										
Kreuz	Markus	30.04.1981	D	14	>77	>72	<89					>8<72	<45			>89						
Kurth	Markus	31.07.1977	D	18						>84				<89	<79	<79	<75	<66	<77	<58	<7	
Lottner	Dirk	05.03.1976	D	30	<77	<72	>90	>62	>90	<78				<83		<88						
Ouedraogo	Alassane	08.09.1984	BRA	27																		
Pivaljevic	Darko	19.02.1979	YUG	22								>72										
Pröll	Markus	29.08.1983	D	1																		
Rösele	Michael	08.10.1978	D	19																		
Scherz	Matthias	15.12.1975	D	8	>70	<85		<84														
Sichone	Moses	01.06.1981	ZAM	4										<45								
Sinkala	Andrew	19.06.1983	ZAM	6										in Winterpause von Bayern München								
Springer	Christian	16.07.1975	D	15																		
Timm	Christian	28.02.1983	D	23								<45		<90	<79	<89	<89					
Voigt	Alexander	14.04.1982	D	3				<90					>46		<88					<8		
Vukomanovic	Ivan	20.06.1981	YUG	6				<62	>87													
Wollitz	Claus-Dieter	20.07.1969	D	10										>83								

Legende:
- nicht eingesetzt
- im Spiel eingesetzt
- eingesetzt/Gelbe Karte
- eingesetzt/Gelb-Rote Karte
- eingesetzt/Rote Karte
- \> eingewechselt in Spielminute
- < ausgewechselt in Spielminute
- * Fußball-Deutscher
- VA Vertragsamateur

1. FC Köln

KLUB-BILANZ

Anschrift:
Cluballee 1-3
50896 Köln
Tel.: (0221) 943 64 30
Fax: (0221) 430 18 51
Internet: www.fc-koeln.de
Mitglieder: 5100
Stadion: Müngersdorfer Stadion
Zuschauer 2000/2001: 592 263
Zuschauerschnitt: 34 839
Fanbeauftragter: Rainer Mendel
Tel.: (0221) 943 64 30
Fax: (0221) 430 18 51
Fan-Klubs: 493 / 12 000 Mitglieder

Der beste Aufsteiger

Es dauerte einige Zeit, bis Trainer Ewald Lienen seine Stammelf gefunden hatte. Es war vorwiegend jene aus der Aufstiegssaison. Denn die Neueinkäufe Baranek (3,05 Millionen) und Pivaljevic (3,0 Millionen) mussten sich erst als teure Flops erweisen. In den ersten zehn Spielen änderte Lienen zehnmal die Mannschaft. Was den 1. FC dreimal (7.-9. Tag) in den Abstiegskeller beförderte. Der Trainer stritt sich auch mit seinem Kapitän Dirk Lottner. All das musste beendet werden, damit man klettern konnte. Nach dem 10. Tag wurde Köln unten nie wieder gesehen, ja man wurde sogar zum besten Aufsteiger der Saison, der zeitweise auf Rang 7 schon über den UEFA Cup debattierte. Christian Timm mauserte sich zum von allen Spitzenklubs begehrten Stürmer. Und die Fans standen selbst nach einem 0:6 in Wolfsburg noch hinter ihrer jungen Elf. Vier gebürtige Kölner (Cullmann, Lottner, Pröll, Voigt) stärken das rheinische Element, das auch nach attraktivem Fußball drängt. Vor allem die Siege in Stuttgart, Cottbus, Bochum und Frankfurt (5:1!) bewiesen die leistungsmäßige Distanz zu den Abstiegsgefährdeten. Und ein 1:1 beim FC Bayern war aufsehenerregend. Erst ein 1:2 in Rostock am 30. Tag beendete eine starke Phase von sieben Spielen ohne Niederlage. Aber auf Rang 10 war man nun weit weg vom internationalen Geschäft. Die 55 Treffer verteilen sich auf zwölf Spieler, aus denen sich Lottner (11) und Timm (8) herausheben. In der jungen Elf steckt viel, zumal auch Timm bleibt.

KLUB-BILANZ

☐	nicht eingesetzt		*	Fußball-Deutscher
☐	im Spiel eingesetzt		VA	Vertragsamateur
☐	eingesetzt/Gelbe Karte			
☐	eingesetzt/Gelb-Rote Karte			
☐	eingesetzt/Rote Karte			
>	eingewechselt in Spielminute			
<	ausgewechselt in Spielminute			

Spieltag	1	2	3	4	5	6	7	8	9	10	11	12	13	14	15	16	17
Tag	12	19	6	9	16	22	30	14	21	29	4	11	17	26	2	9	13
Monat	8	8	9	9	9	9	9	10	10	10	11	11	11	11	12	12	12
Gegner	HSV	Wer	BVB	S04	FCE	B04	FCK	FCB	HAN	BIE	WOB	VfB	FCE	HAN	ROS		
Heim/Auswärts	A	H	A	H	A	H	A	H	A	H	A	H	A	H	A	H	A
Ergebnis	2:2	2:1	4:1	1:1	1:0	3:1	0:0	0:4	3:1	0:1	1:1	2:2	2:2	4:0	2:1	2:3	

Name	Vorname	geboren	Nat.	Nr.																	
Agostino	Paul	10.06.1979	AUS	18	<45							<52			<79		>61	<81	<72
Beierle	Markus	03.06.1976	D	19			>57	>68	>54		>64					<62	>55		>81	>72
Bierofka	Daniel	08.02.1983	D	28		<45	<57	<37	<81	<83	<54		>79	>71	<64		<55	<61		
Borimirov	Daniel	16.01.1974	BUL	17	>80	<66	>46	>60		>62	>62				>79	>53	>46	<35		
Cerny	Harald	14.09.1977	AUT	13					<68	<62		<33									
Cizek	Martin	10.06.1978	CZE	20																	
Ehlers	Uwe	09.03.1979	D	24				>45			>10		>5					>19	<28		
Fröhlich	Christian	28.10.1981	D	30																	
Greilich	Holger	13.07.1975	D	15																	
Häßler	Thomas	31.05.1970	D	10	<70		<84			<62			<87								
Hoffmann	Daniel	28.10.1975	D	22			<27					in Hinrunde zu Kocaelispor									
Hoffmann	Torben	28.10.1978	D	44						in Winterpause von Bayer Leverkusen											
Hofmann	Michael	04.11.1976	D	1																	
Jentzsch	Simon	05.05.1980	D	29			>27														
Kurz	Marco	19.05.1973	D	4				<45			<33		<5							<68	
Lacic	Mate	21.09.1984	CRO	26																	
Max	Martin	08.08.1972	D	9		<73						>76			<62	<67					
Mykland	Erik	22.07.1975	NOR	14					<54						<75	<45					
Paßlack	Stephan	25.08.1974	D	2		<17				>83			<68			>35					
Pfuderer	Achim	30.11.1979	D	25				>51							>64			>28	>68		
Prosenik	Christian	08.06.1972	A	8																	
Pürk	Markus	22.09.1978	A	7		>84		>81													
Riedl	Thomas	19.06.1980	D	23		>66		<60	>37			<52	>79	>25 >68						>17
Riseth	Vidar	22.04.1976	NOR	33	Hinrunde von Celtic Glasgow													<32			
Schroth	Markus	26.01.1979	D	21																	
Stranzl	Martin	17.06.1984	AUT	16				<51									<19				
Tapalovic	Filip	23.10.1980	CRO *	12		>17				>33		<25									
Tyce	Roman	08.05.1981	CZE	6					>54	<76		<71		<53			>32				
Votava	Tomas	22.02.1979	CZE	5	>70<80																
Winkler	Bernhard	25.06.1970	D	11	>46	>73					>87				>75	>67					
Zelic	Nedijeljko	05.07.1975	AUS	3					<10									<17			

64

TSV München 1860

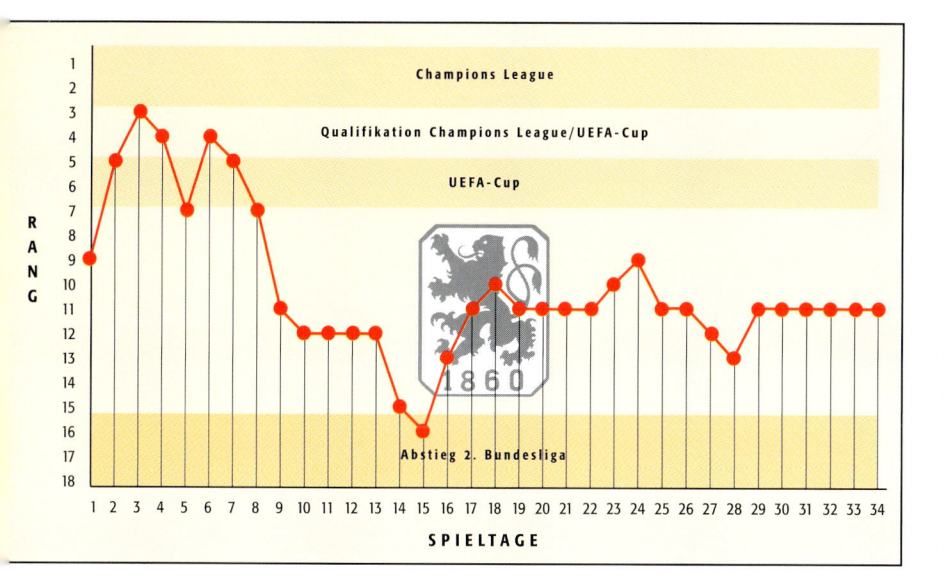

Anschrift:
Grünwalder Straße 114
81547 München
Tel.: (089) 64 27 85 60; Fax: (089) 64 27 85 80
Internet: www.TSV1860.de
Mitglieder: 22 095
Stadion: Olympiastadion
Zuschauer Saison 2000/2001: 474 402
Zuschauerschnitt: 27 906 (1999/00: 30 476)
Fanbeauftragte: Jutta Schnell
Tel.: (089) 64 27 85 21
Fax (089) 64 27 85 81
Fan-Klubs: 490 / 23 000 Mitglieder
Fan-Projekt München
Johannesplatz 12, 81667 München
Tel.: (089) 688 61 52

KLUB-BILANZ

Der Irrtum der Löwen

Nach Platz 4 im Vorjahr sahen sich die Löwen endlich wieder unter den Top-Klubs. Welch ein Irrtum. Von Platz 11 geht es jetzt ab in den UI-Cup! Im Spätsommer 2000 war die Qualifikation zur Champions League gegen den späteren Halbfinalisten Leeds United verloren worden. Im UEFA Cup scheiterte man an Parma. Danach begann eine Talfahrt, in der sogar Trainer Lorant und Präsident Wildmoser laut über ihren Rücktritt nachdachten. Durch ein deftiges 0:4 beim Aufsteiger Köln fiel man sogar bis auf Abstiegsrang 16 hinunter. Das weckte endlich die Löwen. Mit Siegen gegen Rostock, in Cottbus und gegen den HSV sprangen sie dort wieder heraus und meist auf Rang 11, den man elfmal okkupierte. Seiner Vorjahrs-Topform lief vor allem Martin Max (damals Spitze mit 19 Toren) hinterher: nur zwei Tore vor der Saisonpause, sechs danach. Umgekehrt war es bei Paul Agostino: erst zehn, dann zwei Tore. Trainer Lorants Torwart-Karussel war auch wenig nützlich: Daniel Hoffmann, die Vorjahres-Nummer 1, ließ er in die Türkei ziehen. Ihn ersetzte Michael Hofmann. Dann kam der Ex-Karlsruher Simon Jentzsch, danach erneut Hofmann und in der Rückrunde nur noch Jentzsch. Einsame Spitze aber blieb Thomas Häßler, 34-jährige Säule des Teams. In 30 Auftritten traf er siebenmal. Neben ihm spielte sich Daniel Bierofka (21/aus dem Bayern-Nachwuchs) ins Rampenlicht. Genervt von vielen Debatten, kokettierte Lorant im April mit Eintracht Frankfurt. Aber Wildmoser pochte auf den Vertrag.

KLUB-BILANZ

Legende:
- ☐ nicht eingesetzt
- ☐ im Spiel eingesetzt
- ☐ eingesetzt/Gelbe Karte
- ☐ eingesetzt/Gelb-Rote Karte
- ☐ eingesetzt/Rote Karte
- * Fußball-Deutscher
- VA Vertragsamateur
- > eingewechselt in Spielminute
- < ausgewechselt in Spielminute

Spieltag	1	2	3	4	5	6	7	8	9	10	11	12	13	14	15	16	17
Tag	11	20	6	10	16	24	30	15	22	28	4	11	18	25	3	9	13
Monat	8	8	9	9	9	9	9	10	10	10	11	11	11	11	12	12	12
Gegner	BVB	S04	F	W	B04	K	B	H	B	W	N	E	R	H	C	G	1860
Heim/Auswärts	A	H	A	H	A	H	A	H	A	H	A	H	A	H	A	A	H
Ergebnis	1:0	0:4	4:0	0:0	1:2	1:0	0:1	0:2	1:2	1:1	2:0	5:2	1:2	1:0	1:0	2:1	5:2

Name	Vorname	geboren	Nat.	Nr.	1	2	3	4	5	6	7	8	9	10	11	12	13	14	15	16	17
Agali	Victor	30.12.1982	NGA	22							>61			<80					<90		
Ahanfouf	Abdalaziz	15.01.1982	D	19	>73	>54			>87						>81						
Arvidsson	Magnus	13.02.1977	SWE	15	>64	<54	>63		<62	<81	<71	>78						<90		<82	<6
Baumgart	Steffen	06.01.1976	D	27	<64	>36		>60	<87	<76	<61		<61	>65	>80			>77	>74		
Benken	Sven	21.04.1974	D	4	>38								>80			>82				>90	>6
Brand	Christian	24.05.1976	D	23	<73	<36	>71			<72	<88	<64		<69	>59	<85		<77	<74	<85	
Bräutigam	Perry	29.03.1967	D	26																	
Breitkreutz	Matthias	13.05.1975	D	9				<84					>64		>69	>74					
Emara	Mohammed	11.06.1978	EGY	3			<71		<71				<62	>65	<59			<74			
Fuchs	Henri	24.06.1974	D	11																	
Holetschek	Olaf	13.07.1972	D	6	in Hinrunde zu Chemnitzer FC
Jakobsson	Andreas	07.10.1976	SWE	5																	
Klewer	Daniel (VA)	05.03.1981	D	21																	
Kovacec	Kreso	21.07.1973	D	10				<60	>62	>81	>71	>78	>61	<80							
Lange	Timo	20.01.1972	D	2			<63		>71									>75			
Lantz	Marcus	24.10.1979	SWE	17				>75													
Majak	Slawomir	13.01.1973	POL	18				>84		>72	>61		>62					>74	>82	>8	
Oswald	Kai	30.11.1981	D	14							<61				<82	>90	>78			<6	
Pieckenhagen	Martin	16.11.1975	D	1																	
Rydlewicz	René	19.07.1977	D	7											<81						
Salou	Bachirou	16.09.1974	TOG	13									in Winterpause von Eintracht Frankfurt
Schneider	René	02.02.1977	D	20	<38		>46														
Schröder	Rayk	26.12.1978	D	16			<45														
Weilandt	Hilmar	30.09.1970	D	8							>88									>85	
Wibran	Peter	24.03.1973	SWE	38												<74	<68				
Yasser	Radwan	23.04.1976	EGY	12				<75								>68		<75	<78		
Zallmann	Marco	18.11.1971	D	25						>76						>85					64-

66

FC Hansa Rostock

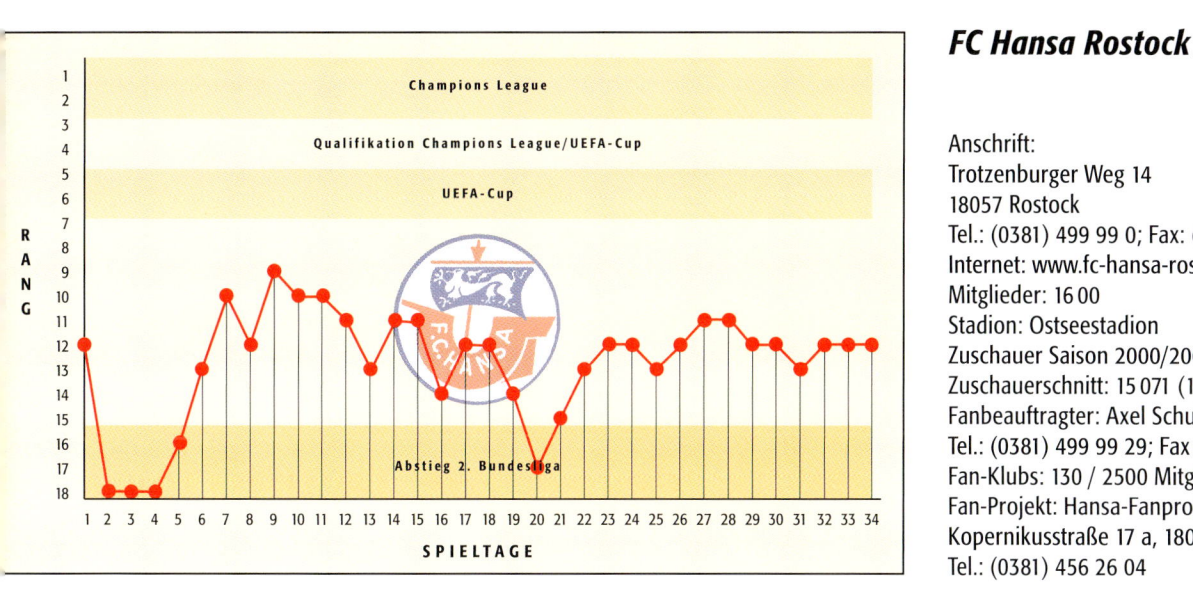

Anschrift:
Trotzenburger Weg 14
18057 Rostock
Tel.: (0381) 499 99 0; Fax: (0381) 499 99 70
Internet: www.fc-hansa-rostock.de
Mitglieder: 1600
Stadion: Ostseestadion
Zuschauer Saison 2000/2001: 256 207
Zuschauerschnitt: 15 071 (1999/00: 16 021)
Fanbeauftragter: Axel Schulz
Tel.: (0381) 499 99 29; Fax (0381) 499 99 71
Fan-Klubs: 130 / 2500 Mitglieder
Fan-Projekt: Hansa-Fanprojekt e.V.
Kopernikusstraße 17 a, 18057 Rostock
Tel.: (0381) 456 26 04

KLUB-BILANZ

Gegen Bayern nur Siege

Von »Aufbauhilfe Ost«, wie von manchem in der Liga befürchtet, wollte keiner was wissen, als Cottbus nach Rostock kam. »Energie? Interessiert mich nicht!« So Hansa-Kapitän Wibran. Und mit einem 1:0-Erfolg wurde dann auch der Klassenerhalt zwei Tage vor Ultimo perfekt gemacht. »Ein völlig neues Gefühl nach den Aufregungen am letzten Tag in den zwei Jahren zuvor«, gestand Torwart Martin Pieckenhagen. Er und Torjäger Victor Agali verlassen den FC Hansa gen HSV und Schalke. Eine triste Fortsetzung des regelmäßigen Ausverkaufs. Mit dem neuen Stadion sollen die finanziellen Sorgen kleiner werden. Der Start aber war katastrophal: drei Niederlagen, 0:9 Tore. Trainer Zachhuber musste gehen. Assistent Juri Schlünz übergab nach 0:0 gegen Freiburg und 2:1 in Leverkusen ein schon stabileres Team an Friedhelm Funkel. Dessen 1:0-Einstand gegen Lautern hob FCK-Kollege Rehhagel aus dem Sitz. Aber die Hansa-Kogge blieb in schwerer See. 34:47 Tore am Tage des Klassenerhalts verweisen auf viel zu geringe Torgefahr. Agali (oft verletzt oder für Nigeria abgestellt) blieb unter Wert (5 Tore), Arvidsson (4), Majak (4) und Baumgart (2) ebenso. Dafür taute Mittelfeldmann Rydlewicz (5) auf. Mit zehn Platzverweisen schadete sich Hansa nur selbst. Nach Runde 20 und einem 0:2 durch Frankfurt in Rostock war Hansa wieder im Keller. Eine Dreier-Siegserie gegen Leverkusen, Lautern und Bayern (zwei Spiele, zwei Siege!) war dann gut gegen Hansas Kopfschmerzen. Seit 1995 ist man erstklassig!

KLUB-BILANZ

Legend:
- ☐ nicht eingesetzt
- 🟩 im Spiel eingesetzt
- 🟨 eingesetzt/Gelbe Karte
- 🟧 eingesetzt/Gelb-Rote Karte
- 🟥 eingesetzt/Rote Karte
- \> eingewechselt in Spielminute
- < ausgewechselt in Spielminute
- * Fußball-Deutscher
- VA Vertragsamateur

Spieltag	1	2	3	4	5	6	7	8	9	10	11	12	13	14	15	16	17
Tag	12	19	6	9	16	23	30	14	21	28	4	11	18	25	3	10	13
Monat	8	8	9	9	9	9	9	10	10	10	11	11	11	11	12	12	12
Heim/Auswärts	H	A	H	A	H	A	H	A	H	A	H	A	H	A	A	H	A
Ergebnis	2:2	4:0	2:1	0:4	2:3	4:4	2:2	3:2	2:0	5:1	4:0	1:2	1:3	2:0	1:1	2:1	2:1

Name	Vorname	geboren	Nat.	Nr.	1	2	3	4	5	6	7	8	9	10	11	12	13	14	15	16	17
Babatz	Christoph	04.09.1978	D	30																	
Barbarez	Sergej	18.09.1975	BIH	14	<60	<45											<65				
Bäron	Karsten	25.04.1977	D	29																	
Bester	Marinus (VA)	17.01.1973	D	26	>66		>67				>90				>74						
Butt	Hans-Jörg	29.05.1978	D	1																	
Cardoso	Rodolfo E. (VA)	18.10.1972	ARG	27				<61	<77	<76									<65		
Dembinski	Jacek	21.12.1973	POL	8																	
Doll	Thomas	10.04.1970	D	10	>75							<85		<65	>80		>75				>82
Fischer	Andreas	21.10.1968	D	13			>88		>46		>78	>21									
Fukal	Milan	17.05.1979	CZE	37					<45												
Groth	Martin	21.10.1973	D	7				<88													
Grubac	Vanja	12.01.1975	YUG	31																	
Hashemian	Vahid	22.07.1980	IRN	16																	
Heinz	Marek	05.08.1981	CZE	9	>60	>46				<78		<53	>46	>55				<45		>46	>66
Hertzsch	Ingo	23.07.1981	D	4																	
Hillenbrand	Thomas (VA)	11.10.1983	D	32																	
Hollerbach	Bernd	09.12.1973	D	20				<45				<21					<62				
Hoogma	Nico-Jan	27.10.1972	NL	5													<74				
Ketelaer	Marcel	04.11.1981	D	28	<75	<71		<79		>76	>61		>53	<45	<55		<62			<88	
Kientz	Jochen	20.09.1976	D	2						>85						<80		>62	>65		
Kovac	Niko	16.10.1975	CRO *	11																	<82
Kruse	Benjamin (VA)	05.05.1982	D	25										>63			>70				
Mahdavikia	Mehdi	25.07.1981	IRN	15		>71	>67		<60		<90						<62	<75			<74
Maul	Ronald	14.02.1977	D	18										>54		<45					
Meijer	Erik	03.08.1973	NED	33										in Winterpause von FC Liverpool							
Panadic	Andrej	10.03.1973	CRO	3										<63					<65		
Präger	Roy	23.09.1975	D	22			<67	>61	>60	<85				<54	<79			<59	<65	<66	
Sandmann	Jan	04.05.1982	D	6						>67							<70		>88		
Schober	Mathias	09.04.1980	D	31																	
Spörl	Harald	01.11.1970	D	21				>79						>79			<59				
Töfting	Stig	15.08.1973	DEN	12		>46		>46		<67											
Ujfalusi	Tomas	25.03.1982	CZE	30																	
Uysal	Soner	25.08.1981	TUR	19																	
Wehlmann	Carsten	28.06.1976	D	23																	
Yeboah	Anthony	07.06.1970	GHA	17	<66	<45	<67		>77		<61		<85			>46					
Yilmaz	Mahmut	07.10.1983	D	24															>46	<45	>74

68

Hamburger SV

KLUB-BILANZ

Anschrift:
Sylvesterallee 7
22525 Hamburg
Tel.: (040) 41 55 01; Fax: (040) 41 55 10 60
Internet: www.hsv.de
Mitglieder: 15 000
Stadion: Neues Volksparkstadion
Zuschauer Saison 2000/2001: 732 615
Zuschauerschnitt: 43 095 (1999/00: 40 826)
Fanbeauftragter: Dirk Mansen
Tel.: (040) 41 55 15 30; Fax: (040) 41 55 15 10
Fan-Klubs: 200 / 8000 Mitglieder
Fan-Projekt: Verein Jugend und Sport e.V.
Stresemannstraße 162, 22769 Hamburg
Tel.: (040) 43 14 94

Nur der Herbst war golden

Als der Hamburger SV sich bei seinem Einstand in der Champions League einen tollen 4:4-Kampf mit Juventus lieferte und danach in Turin sogar 3:1 triumphierte, rückte er bei jedermann unter die Titelkandidaten. Dreimal Rang 5, hautnah zur Spitze, unterstrich das noch. Und das im neuen, stimmungsvollen Volksparkstadion! Aber nach diesem goldenen Herbst folgte das Scheitern in der League und anschließend gleich im UEFA Cup. Der HSV bewegte sich Richtung Keller. Als drei Niederlagen die Rückrunde eröffneten, schaute er von Rang 14 in den Abgrund. Er verlor acht Auswärtsspiele in Folge, was ihm zuletzt mal 1966/67 passiert war. Erst das 1:0 auf Schalke brachte Selbstvertrauen zurück. Doch 58 Gegentore verdeutlichten die Abwehrprobleme, die zeitweise auch Torwart Butt ansteckten. Interne Querelen, u. a. von Sturm-As Anthony Yeboah, der vors Frankfurter Steuergericht musste, kamen hinzu. Die Neueinkäufe für 22 Millionen Mark schlugen auch nicht so ein. Der junge Gladbacher Ketelaer fiel wie Spielmacher Cardoso lange aus. Präger geriet in ein Formtief. In die Torjäger-Lücke sprang Sergej Barbarez, der Mann für alle Fälle, mit 22 Treffern, was die Plusquote mit 58 Toren akzeptabel machte. Heimniederlagen gegen Hertha, Dortmund und Leverkusen machten die Mängel deutlich. Sechs Remis in Serie zwischen der 25. und 30. Runde waren auch eine HSV-Rarität. Doch der tolle Abschluss gegen Bayern (1:1) hätte fast Schalke zum Meister gemacht.

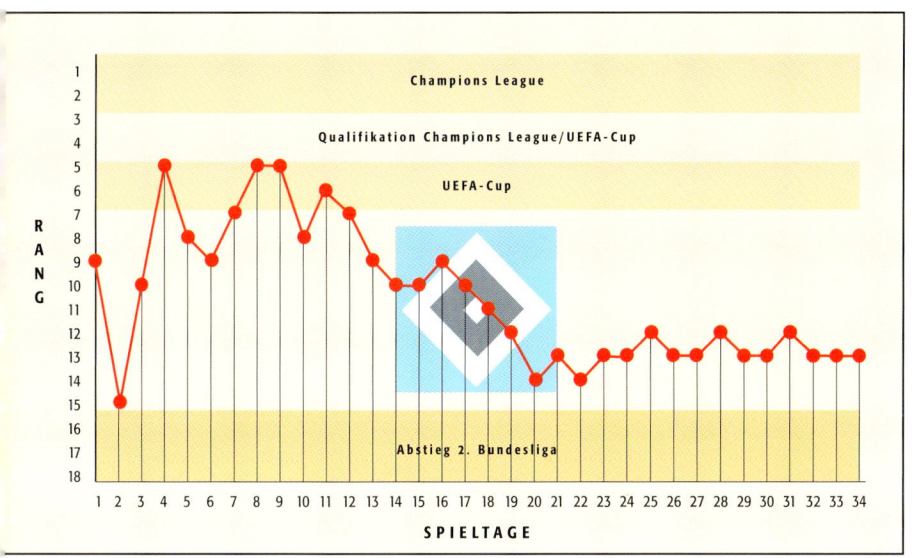

KLUB-BILANZ

Legende

- ⬜ nicht eingesetzt
- 🟩 im Spiel eingesetzt
- 🟨 eingesetzt/Gelbe Karte
- 🟧 eingesetzt/Gelb-Rote Karte
- 🟥 eingesetzt/Rote Karte
- > eingewechselt in Spielminute
- < ausgewechselt in Spielminute
- * Fußball-Deutscher
- VA Vertragsamateur

Spieltage

Spieltag	1	2	3	4	5	6	7	8	9	10	11	12	13	14	15	16	17
Tag	12	18	5	10	16	23	30	14	21	27	5	12	19	25	3	10	13
Monat	8	8	9	9	9	9	9	10	10	10	11	11	11	11	12	12	12
Gegner	Bremen	BVB	S04	Frankfurt	Wolfsburg	Leverkusen	K'lautern	Bayern	Hertha	Bielefeld	Wolfsburg	München	Rostock	Köln	HSV	Hamburg	Stuttgart
Heim/Auswärts	A	H	A	H	A	H	A	H	A	H	A	H	A	H	H	A	H
Ergebnis	3:1	1:4	3:0	2:0	4:1	1:2	1:1	3:0	2:1	1:0	2:1	2:1	0:2	1:0	2:1	1:1	2:3

Spielereinsätze

Name	Vorname	geboren	Nat.	Nr.	1	2	3	4	5	6	7	8	9	10	11	12	13	14	15	16	17
Akrapovic	Bruno	27.09.1971	BIH	8							🟨	🟨	<79			🟨					<80
Beeck	Christian	19.12.1975	D	3	🟨	🟩				>85	🟨	🟩	🟨	🟩	🟩	🟩	🟩	🟩	🟩	🟩	🟩
Franklin Bitencourt		25.02.1973	BRA	21	<67	>61						>72	>79	<69	>90	🟩			<76	>86	
Heidrich	Steffen	20.07.1971	D	10	🟩	<61															>80
Helbig	Sebastian	26.04.1981	D	34	>67	>66	<89		<70					>69	<90	<64	>46				<71
Horvath	Ferenc	07.05.1977	HUN	15	>50	>76	<73	<61	>64	>46<85	>81		>79	>74			>90	🟧			
Hujdurovic	Faruk	15.05.1974	BIH	25																	
Ilie	Sabin	12.05.1979	ROM	15								in Winterpause von National Bukarest									
Kobylanski	Andrzej	01.08.1974	POL	18			>89	>69	>70		<85	>79	>72		>52			>75	<78		
Köhler	Thomas	18.06.1971	D	1	🟩	🟩	🟩	🟩	🟩	🟩	🟩	🟩	🟩	🟩	🟩	🟩	🟩	🟩	🟩	🟩	🟩
Konetzke	Toralf	11.12.1976	D	19																	
Labak	Antun	15.07.1974	CRO	11	<50	<76		<61	>64	<45	<81	<79	<79	<74	<52	<64	<45	<64	<76		
Lakhouil	Mohamed (VA)	07.05.1979	MAR	22								in Winterpause von WAC Casablanca									
Latoundji	Moussa	14.08.1982	BEN	16	🟩	🟨		<64	>85	>78	<72	>72				>80	>75				
Matyus	Janos	21.12.1978	HUN	17	🟩	<52											<75		🟨		<72
McKenna	Kevin	22.01.1984	ENG	31	<76														>88		
Micevski	Toni	21.01.1974	MKD	9	>76	<66		<64		<78	<90		<88		<90	<75	<64		>78	>71	
Miriuta	Vasile	20.09.1972	ROM	24	🟩	🟩	🟩	🟩	🟩	🟥								<90			
Piplica	Tomislav	06.04.1973	CRO	23																	
Rachwal	Patryk	21.01.1985	POL	22																	
Reghecampf	L.-Aurel.	20.09.1979	ROM	7	🟩	🟨	🟩	🟩	🟩	<63											
Rödlund	Jonny	23.12.1975	SWE	30		>73											>75				
Sebök	Vilmos	14.06.1977	HUN	2	🟩	🟩	🟩	🟩	🟩	🟩	🟩	🟨	🟩	🟩	🟩	🟩	🟩	🟩	>90		>72
Scherbe	Jörg	20.10.1981	D	4		>52	>67									<77			<86		
Termina	Hamid (VA)	06.01.1981	MAR	19								in Winterpause von WAC Casablanca									
Thielemann	Ronny	16.11.1977	D	33	🟩	🟨	<67	🟩	>63					<80	<75		<88				
Trehkopf	René	09.04.1984	D	20																	
Tzvetanov	Tzanko	07.01.1974	BUL	5	🟨			<69						>77							
Vata	Rudi	14.02.1974	ALB	14					🟨			>90	>88	🟩							
Wawrzyczek	Witold	23.05.1977	POL	13																	

FC Energie Cottbus

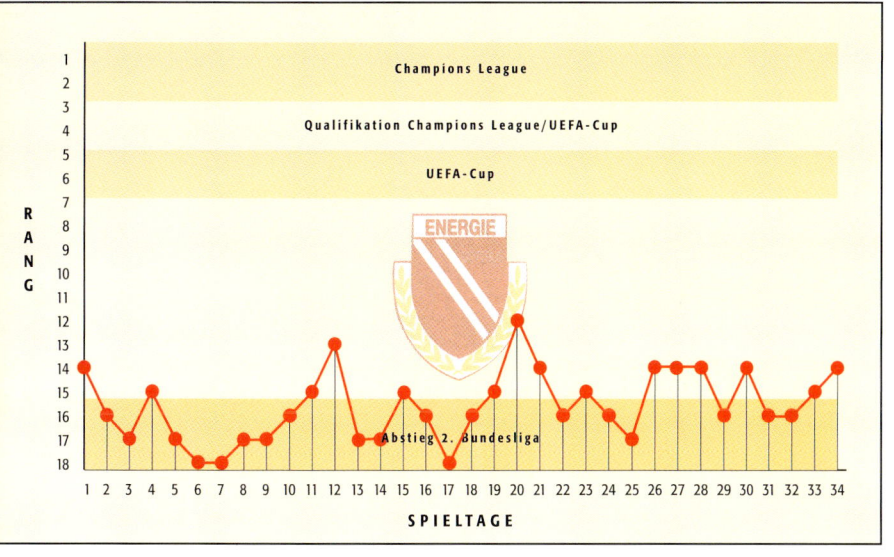

KLUB-BILANZ

Anschrift:
Stadion der Freundschaft
03042 Cottbus
Tel.: (0355) 75 69 5-0
Fax: (0355) 71 30 26
Internet: www.fcenergie.de
Mitglieder: 700
Stadion: Stadion der Freundschaft
Zuschauer Saison 2000/2001: 287 232
Zuschauerschnitt: 16 896
Fanbeauftragter: Gerhard Kaiser
Tel.: (0355) 52 50 03
Fax: (0355) 54 08 91
Fan-Klubs: 42 / 1000

Aussortierte neu aufgebaut

Gegen Saisonende hatte Energie in Cottbus wieder zu jener Heimstärke gefunden, die vor Jahresfrist die Basis des Aufstiegs gewesen war: vier Heimspiele, drei Siege. Vor allem das 3:0 gegen den nahen Rivalen Hertha hatte wieder für Auftrieb gesorgt, der beim Saisonabschied mit 4:2 gegen den HSV in Freudenorgien endete. 31 Heimpunkte, mit 1:0 gegen Bayern und 4:1 gegen Schalke als Glanzpunkte, waren oberes Liga-Niveau, acht Punkte auf Reisen aber untere Schublade. Dort drin liegen nur Siege mit 3:1 in Leverkusen und 1:0 bei 1860. Energie ist das Produkt der siebenjährigen Arbeit von Trainer Eduard Geyer. Der einstige Meistertrainer von Dynamo Dresden und letzte DDR-Nationaltrainer hat ein Regionalliga-Team zur Erstklassigkeit geführt. Weil gute, preiswerte deutsche Kicker nicht nach Cottbus wollen, baute er anderswo Aussortierte wieder auf (Akrapovic, Micevski, Beeck, Labak, Thielemann) oder suchte in Osteuropa übersehene Könner. Wie den ungarisch-rumänischen Freistoß- und Vorlagenkünstler Miriuta (11 Tore, 12 Vorarbeiten), wie Albaniens Abwehr-As Vata, wie den Torwart-Akrobaten Piplica. Als erstes deutsches Team spielte Energie auch ohne Deutsche. Aber für den Ex-Erfurter Sebastian Helbig (4 Tore) interessieren sich nun Spitzenklubs. Cottbus hat 20-mal in der Abstiegszone gesteckt und sich dank Moral und Kameradschaft nie aufgegeben. Sparsam war man auch: nur zwei Feldverweise und nur 24 Akteure.

KLUB-BILANZ

Legend:
- nicht eingesetzt
- im Spiel eingesetzt
- eingesetzt/Gelbe Karte
- eingesetzt/Gelb-Rote Karte
- eingesetzt/Rote Karte
- \> eingewechselt in Spielminute
- < ausgewechselt in Spielminute
- * Fußball-Deutscher
- VA Vertragsamateur

Spieltag	1	2	3	4	5	6	7	8	9	10	11	12	13	14	15	16	17
Tag	12	19	5	9	17	23	1	14	21	29	4	12	17	25	2	9	12
Monat	8	8	9	9	9	9	10	10	10	10	11	11	11	11	12	12	12
Heim/Auswärts	A	H	A	H	A	H	A	H	A	H	A	H	A	H	A	H	H
Ergebnis	4:0	4:1	1:0	2:1	2:0	1:1	2:1	3:2	2:3	3:2	1:0	2:1	2:2	1:0	0:2	2:1	4:1

Name	Vorname	geboren	Nat.	Nr.	
Adhemar	Ferreira de Camargo	25.04.1976	BRA	19	in Winterpause von AD Sao Caetano
Amanatidis	Joannis	04.12.1985	GRE	35	
Balakov	Krasimir	30.03.1970	BUL	10	
Blank	Stefan	11.03.1981	D	3	
Bordon	Marcelo José	08.01.1980	BRA	5	
Carnell	Bradley	23.01.1981	RSA	16	
Catizone	Guiseppe	21.09.1981	ITA	18	
Chvalovsky	Ales (VA)	30.05.1983	CZE	25	
Dangelmayr	Steffen	10.09.1982	D	29	
Djordjevic	Kristijan	07.01.1980	YUG *	7	
Dundee	Sean	08.12.1976	D	36	
Endress	Jochen (VA)	04.11.1976	D	21	
Ernst	Thomas	24.12.1971	D	24	in Winterpause von VfL Bochum
Ganea	Ioan Viorel	20.08.1977	ROM	11	
Gerber	Heiko	12.07.1976	D	12	
Hleb	Aliaksandr	02.05.1985	BLR	30	
Hildebrand	Timo	06.04.1983	D	1	
Hinkel	Andreas (VA)	27.03.1986	D	26	
Hosny	Ahmed Salah (VA)	12.07.1983	EGY	23	
Kauf	Rüdiger (VA)	02.03.1979	D	32	
Kuka	Pavel	20.07.1972	CZE	9	in der Hinrunde zu Slavia Prag
Lisztes	Krisztian	03.07.1980	HUN	22	
Meißner	Silvio	20.01.1977	D	2	
Pinto	Roberto	30.08.1986	POR *	33	
Rui Marques	Manuel	04.09.1981	POR	4	in Winterpause von Hertha BSC
Schmiedel	Jörn	14.09.1982	D	34	
Schneider	Thomas	25.11.1976	D	14	
Seitz	Jochen	12.10.1980	D	17	
Soldo	Zvonimir	03.11.1971	CRO	20	
Spanring	Martin	15.10.1973	D	24	
Thiam	Pablo	04.01.1978	D	6	
Tiffert	Christian	19.02.1986	D	13	in Winterpause von TeBe Berlin
Todt	Jens	06.01.1974	D	8	
Trautner	Eberhard (VA)	08.02.1971	D	28	
Vaccaro	Angelo (VA)	05.10.1985	ITA	44	
Wenzel	Timo	01.12.1981	D	27	

VfB Stuttgart

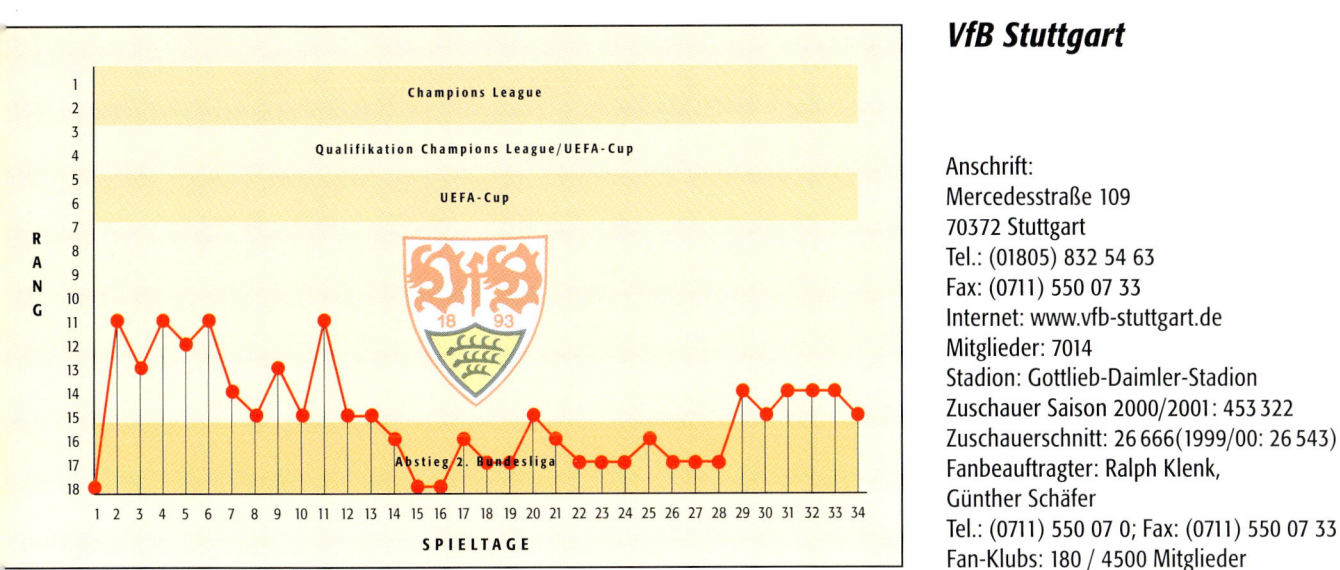

Anschrift:
Mercedesstraße 109
70372 Stuttgart
Tel.: (01805) 832 54 63
Fax: (0711) 550 07 33
Internet: www.vfb-stuttgart.de
Mitglieder: 7014
Stadion: Gottlieb-Daimler-Stadion
Zuschauer Saison 2000/2001: 453 322
Zuschauerschnitt: 26 666 (1999/00: 26 543)
Fanbeauftragter: Ralph Klenk,
Günther Schäfer
Tel.: (0711) 550 07 0; Fax: (0711) 550 07 33
Fan-Klubs: 180 / 4500 Mitglieder

KLUB-BILANZ

Lange war Chaos am Neckar

Als Balakov gegen Schalke zum 1:0 traf, brachte das die turbulenteste Saison des VfB zum guten Ende. Im Herbst hatte Präsident Gerhard Mayer-Vorfelder abgedankt und 29 Millionen Mark Schulden hinterlassen. Der von ihm geholte Trainer Ralf Rangnick geriet in Dauerstreit mit VfB-Star Balakov. Im Training prügelten sich Spieler. Beim VfB brodelte es. Die lange Saison mit dem Start im sommerlichen UI-Cup hatte das Team ausgelaugt. 15-mal saß man im Abstiegskeller, vom 21. bis 28. Tag sogar ständig. Auf dem Manager-Posten hatte Rolf Rüßmann den glücklosen Karlheinz Förster abgelöst. Und als der VfB im UEFA Cup in Vigo ausschied, vollzog sich auch der Trainerwechsel: Felix Magath, in Frankfurt entlassen, kam für Ralf Rangnick. Magaths Einstand: zwei Siege, zwei Remis. Aber unverändert stand der Makel, als einzige Mannschaft auswärts nicht zu gewinnen. Ein geschenkter Elfmeter in Rostock hatte das beim 1:1 verhindert. Doch das folgende 1:0 gegen Cottbus hob den VfB nach der 29. Runde erstmals wieder aus der Abstiegszone. In jener Phase hatten nur zwei Balakov-Elfmeter in fünf Spielen für Punkte gesorgt. Typisch für die Stürmer-Misere. Der im März verpflichtete Brasilianer Adhemar sprang in die Bresche: sieben Tore in zehn Spielen. Von Ganea (8 Tore/31 Spiele) Dundee (5/27) war mehr zu erwarten. Aber Magath stabilisierte auch die Abwehr: In elf Spielen kassierte man kein Gegentor. Eine Kompliment auch für das 21-jährige Torwart-Talent Timo Hildebrand.

KLUB-BILANZ

				Spieltag	1	2	3	4	5	6	7	8	9	10	11	12	13	14	15	16	17
nicht eingesetzt		* Fußball-Deutscher		Tag	13	19	5	8	16	24	30	15	21	28	5	11	19	26	20	9	12
im Spiel eingesetzt		VA Vertragsamateur		Monat	8	8	9	9	9	9	9	10	10	10	11	11	11	11	12	12	12
eingesetzt/Gelbe Karte				Gegner																	
eingesetzt/Gelb-Rote Karte				Heim/Auswärts	A	H	A	H	A	H	A	H	A	H	A	H	A	H	A	H	H
eingesetzt/Rote Karte				Ergebnis	3	1	1	0	3	5	3	0	2	2	0	2	2	0	0	3	0
> eingewechselt in Spielminute					0	1	0	0	1	2	0	3	2	1	0	2	1	2	0	0	2
< ausgewechselt in Spielminute																					

Name	Vorname	geboren	Nat.	Nr.	1	2	3	4	5	6	7	8	9	10	11	12	13	14	15	16	17
Ahanfouf	Abdelaziz	15.01.1982	D	15											in Winterpause von Hansa Rostock						
Bergen	Jörg	28.06.1970	D	6			>84							<37			>80				
Breitenreiter	André	03.10.1977	D	26	>52	<65	>63		<74	<71		>46			<67			<82	<88		
Bucher	Ralf	07.04.1976	D	4									>60	>75							
Bugera	Alexander	09.08.1982	D	11	>57							>63									
Cizek	Martin	10.06.1978	CZE	25											in Winterpause von 1860 München						
Copado	Francisco	20.07.1978	SPA *	24	<57			>52		<86	<61										
Egger	Stefan (VA)	09.12.1983	AUT	32																	
Garcia	Alfonso	25.10.1973	ESP *	14		>75		<52				>65			>80			>88			>79
Glas	Thomas (VA)	15.04.1984	D	34																	
Grassow	Dennis	11.10.1975	D	20															>75		
Haber	Marco	22.09.1975	D	19									<60		<60						<79
Hertl	Björn	11.08.1980	D	21		<75						>75									
Herzog	Hendrik	03.04.1973	D	31												<80					
Hirsch	Dietmar	09.12.1975	D	22		<59			<78	<71	>79	<45					>67		>46		
Hofmann	Dirk	07.06.1973	D	7																	
Iseli	Tobias	18.08.1982	D	33																	
Kögl	Ludwig	08.03.1970	D	18					<73		>61										>53
Koltermann	Guido (VA)	14.08.1978	D	30																	
Novak	Djoni	05.09.1973	SLO	13										>75		>85		>57			
Oberleitner	Markus	17.08.1977	D	10	<52	<59	<63	<71	<73		<65			>76	<67	>82	<61	<82		<45	
Rraklli	Altin	18.07.1974	ALB	9	<83		<45		>34	<79	<63	>75	<76		<45	<67	>73	<57	<27		
Schwarz	Danny	12.05.1979	D	12																	
Seifert	Jan	15.10.1972	D	17	>83											<85			<75		
Spizak	Miroslaw	14.01.1983	POL	16		>46		>78	>86		>63	<85				>67	<73	<56	<27		
Straube	Oliver	14.12.1975	D	3																	
Strehmel	Alexander	21.03.1972	D	2																	
Tremmel	Gerhard	17.11.1982	D	28																	
Wittmann	Jürgen	15.08.1970	D	1																	
Zdrilic	David Allen	14.04.1978	AUS	23		>65		>71	>74	<34		<63	>85	>37	>60	>46	>61	<67	<56		
Zeiler	Peter	09.10.1974	D	8																	
Zimmermann	Matthias	15.09.1974	D	5			<84									<80	<82				<53
Zimmermann	Mark	02.03.1978	D	13																	

SpVgg Unterhaching

KLUB-BILANZ

Anschrift:
Am Sportpark 1
82008 Unterhaching
Tel.: (089) 615 59 16 0; Fax: (089) 615 59 16 88
Internet: www.spvggunterhaching.de
Mitglieder: 1060
Stadion: Stadion am Sportpark
Zuschauer Saison 2000/2001: 183 107
Zuschauerschnitt: 10 771 (1999/00: 8544)
Fanbeauftragter: Michael von Hammerstein
Tel.: (089) 61 55 91 60
Fax: (089) 615 59 16 88
Fan-Klubs: 52 / 1700 Mitglieder

Nur in München Zweiter

Unterhaching hat das zweite Erstligajahr nicht überlebt. Im Vorjahr hatte es mit seinem Sieg gegen Leverkusen die Bayern in letzter Stunde mit dem Titel beschenkt und war selbst Zehnter geworden. Beachtlich. Doch weil nun jeder Haching ernst nahm, rückte die Binsenweisheit, dass das zweite Jahr das schwerere ist, in die Realität. Aber nach dem Daueraufenthalt auf Rang 18 (8.-11. Tag) rappelten sich die Köstner-Schützlinge auf und kletterten sogar auf Platz 12. Mit dem Ex-Herthaner Hendrik Herzog bekam im Oktober die von Verletzungen geplagte Abwehr einen Halt. Und bis zur Saisonpause gab es mit ihm in sieben Spielen nur vier Gegentore, aber vier Siege und drei Remis. Herausragend auch der junge Gerhard Tremmel im Tor. Trainer Köstner: »Wir können uns bei unserem kleinen Kader keine Sperren leisten.« Deswegen war Haching auch lange das fairste Team. Am Ende zählte man vier Feldverweise und 45-mal Gelb. Doch diese im Vorjahr so beeindruckende Kämpfer-Truppe suchte nun mitzuspielen, was die Effektivität schwächte. Die Euphorie und der Zulauf ebbten auch ab. Ausverkauft aber war der Sportpark auf jeden Fall bei den Derbies mit Bayern und 1860, die mit 1:0 und 3:2 gewonnen wurden. Auswärts zählte man mit nur einem Sieg zu den Schwächsten (nur 8 Punkte). Dieser Erfolg gelang bei 1860 mit 2:0, wodurch Haching in Münchens Meisterschaft mit neun Punkten so gut war wie die Bayern (null Punkte: 1860!) und nur nach Toren (7:5/8:3) schlechter. Doch das half nichts.

KLUB-BILANZ

		Spieltag	1	2	3	4	5	6	7	8	9	10	11	12	13	14	15	16	17
☐ nicht eingesetzt	* Fußball-Deutscher	Tag	13	20	6	10	16	23	29	14	21	28	3	12	18	25	2	8	12
☐ im Spiel eingesetzt	VA Vertragsamateur	Monat	8	8	9	9	9	9	9	10	10	10	11	11	11	11	12	12	12
☐ eingesetzt/Gelbe Karte		Gegner																	
☐ eingesetzt/Gelb-Rote Karte		Heim/Auswärts	H	A	H	A	H	A	H	A	H	A	H	A	H	A	H	A	H
☐ eingesetzt/Rote Karte		Ergebnis	3	4	4	2	1	1	4	2	3	1	3	1	0	2	1	1	4
> eingewechselt in Spielminute			0	1	0	0	0	1	1	0	0	0	0	2	4	1	2	2	1
< ausgewechselt in Spielminute																			

Name	Vorname	geboren	Nat.	Nr.	1	2	3	4	5	6	7	8	9	10	11	12	13	14	15	16	17
Berntsen	Tommy	19.12.1977	NOR	40												in Winterpause von Lilleström S					
Bindewald	Uwe	14.08.1972	D	20							>56							>59	<45		
Bulut	Erol	31.01.1979	TUR	13	>78	>46															
Branco	Serge	12.10.1984	CMR	16																	
Ciric	Sasa	12.01.1972	MKD	26			<70		<62	<45	>79	>46	<66								
Deißenberger	Peter	02.11.1980	D	31							>57										
Falk	Patrick	09.02.1984	D	36																	
Fjörtoft	Jan-Age	11.01.1971	NOR	9					>85	>86			>66								
Gebhardt	Marco	08.10.1976	D	3		<45		>46		>46		<56				<45				<76	
Gemiti	Giuseppe (VA)	04.05.1985	D	32															<45		
Gerster	Frank	16.04.1980	D	25																	
Guié-Mien	Rolf-Christel (VA)	29.10.1981	CGO	15		<65									>58	>31	>64		>46	>76	
Heinen	Dirk	04.12.1974	D	12																	
Heldt	Horst	10.12.1973	D	10								<57									
Hrutka	Janos	27.10.1978	HUN	27																	
Hubtchev	Petar (VA)	27.02.1968	BUL	5																<58	
Janßen	Olaf	09.10.1970	D	16																	
Jones	Jermaine (VA)	04.11.1985	D	38																	
Kracht	Torsten	05.10.1971	D	2																	
Kryszalowicz	Pawel	24.06.1978	POL	14																>46	
Kutschera	Alexander	22.03.1972	D	18	>46											<66			<82		
Lösch	Markus	03.09.1975	D	6	<45	<45		<76							<23		>46	<45		<58	
Maljkovic	Vladimir (VA)	15.08.1986	CRO	14										>66							
Menger	Andreas	12.09.1976	D	13												in Winterpause von MSV Duisburg					
Mutzel	Michael (VA)	28.09.1983	D	33			>70		<62	<45	<46										
Ndeki	Jean-Paul	28.10.1986	CMR	39												in Winterpause von ASEC Abidja					
Nikolov	Oka	26.05.1978	MKD	1																	
Preuß	Christoph	05.07.1985	D	34	>65	>65	>72				>81			>23			<59				
Rada	Karel	03.03.1975	CZE	28												in Winterpause von Slavia Prag					
Rasiejewski	Jens	02.01.1979	D	4	<78						>46	<45		>25	>70	>90	>46		>29		
Reichenberger	Thomas	15.10.1978	D	17		>46	<84	<85	<86	<81						<90	<85			<45	
Rosen	Alexander	11.04.1983	D	25			<72	<45	>62												
Salou	Bachirou	16.09.1974	TOG	11			>84	>76													
Schmitt	Ralf (VA)	22.01.1981	D	22																	
Schmitt	Sven	28.12.1980	D	23																	
Schneider	Uwe	29.08.1975	D	14																	
Schur	Alexander	24.07.1975	D	24										<25							
Sobotzik	Thomas	17.10.1978	D	7												<75	<70	<64	>85	>46	
Streit	Albert	29.03.1984	D	41																	
Weber	Ralf	01.06.1973	D	8																	
Wimmer	Gerd	10.01.1981	AUT	19	<65											<58				<29	
Yang	Chen	18.01.1978	CHN	21				>62	>46	<79						<31					
Zampach	Thomas	28.12.1973	D	30																	
Zinnow	Stephan (VA)	29.05.1984	D	29										>75					>82		

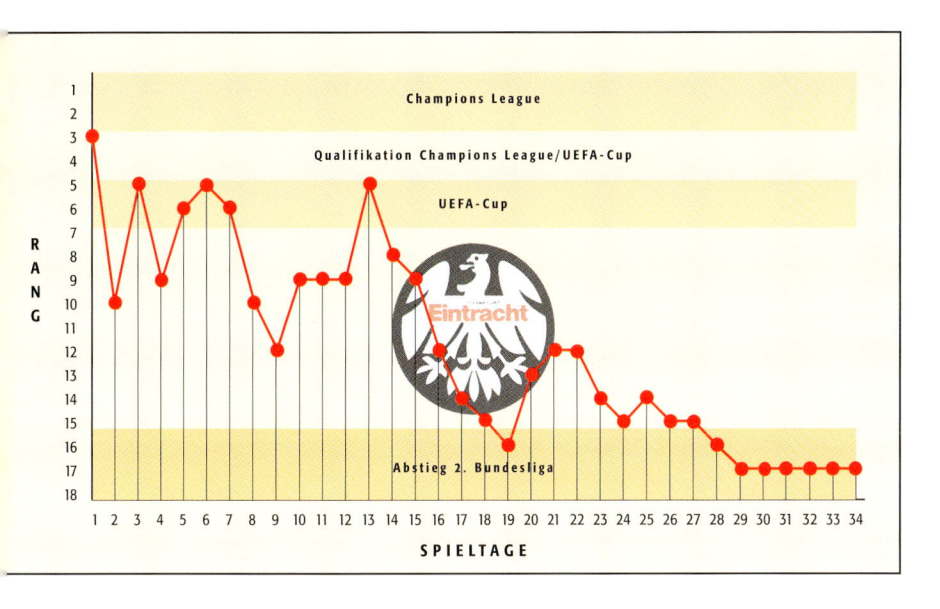

Eintracht Frankfurt

KLUB-BILANZ

Anschrift:
Sportplatz am Riederwald
Am Erlenbruch 25
60386 Frankfurt/Main
Tel.: (01805) 743 18 99; Fax: (069) 42 09 70 43
Internet: www.eintracht.frankfurt.de
Mitglieder: 6600
Stadion: Waldstadion
Zuschauer Saison 2000/2001: 506 804
Zuschauerschnitt: 29 812 (1999/00: 34 721)
Fanbeauftragter: Andreas Hornung
Tel.: (069) 54 73 01; Fax: (069) 54 73 01
Fan-Klubs: 330 / 7500 Mitglieder
Frankfurter Fan-Projekt e.V.
Hanauer Landstr. 18 h, 60314 Frankfurt/Main
Tel.: (069) 494 05 47

Drei Trainer, 35 Spieler

Das dritte »Wunder am Main«, die Rettung in letzter Stunde, fand nicht statt. »Diese Mannschaft hatte nie die Substanz, den Abstieg zu verhindern«, übte Interimstrainer Friedel Rausch harsche Kritik. Nachdem Felix Magath - der dann in Stuttgart zum Heilsbringer wurde - im Januar entlassen war, folgte eine endlose Trainersuche mit Absagen von Klaus Toppmöller, Lothar Matthäus und Hans-Peter Briegel. Bis schließlich Rausch den als »Nothelfer« eingesprungenen Sportdirektor Rolf Dohmen ablöste. Da war die Eintracht 16. Zuvor war sie mit Dohmen sogar zweimal auf Rang 12 (21./22. Tag) aufgestiegen. Doch das war wohl noch mehr das Magath-Erbe. Dabei hatte es mit Magath gut angefangen. Die Heimstärke war beachtlich. Platz 5 wurde dreimal erreicht. Aber dann wurden die Abwehrprobleme gravierend. Schon in der Hinrunde probierte Eintracht mit 29 Spielern die meisten aus. Am Ende waren es 35 - auch Saisonrekord. Mehr als drei Teams! Magaths harsche Methoden führten zum Bruch mit Salou (nach Rostock) und dem Chinesen Chen Yang. Die Heimstärke ging verloren. In der Rückrunde wurde nur gegen Cottbus, Bochum und Stuttgart gewonnen. Bochum wurde Rauschs erster Sieg nach vier Niederlagen. Auch auf Reisen wurde mit einer Fünfer-Serie von Pleiten und 5:21 Toren das »Wunder« entkräftet. Acht Feldverweise und 67 Gelbe Karten verdeutlichten die schwachen Nerven. Die 13 Tore von Reichenberger (6) und Kryszalowicz (7) als Bestes beweisen auch, wie sehr diesmal der Eintracht ein Torjäger fehlte.

KLUB-BILANZ

					Spieltag	1	2	3	4	5	6	7	8	9	10	11	12	13	14	15	16	17
					Tag	12	19	6	9	16	23	30	14	22	27	4	11	19	24	2	9	13
					Monat	8	8	9	9	9	9	9	10	10	10	11	11	11	11	12	12	12
					Gegner																	
					Heim/Auswärts	A	H	A	H	H	A	H	A	H	A	A	H	A	H	A	H	H
					Ergebnis	0:1	0:3	4:0	0:4	2:1	1:1	3:0	2:0	1:2	2:1	1:0	2:1	1:0	2:1	2:1	5:0	3:2
Name	**Vorname**	**geboren**	**Nat.**	**Nr.**																		
Baluszynski	Henryk	16.07.1976	POL	17												>84	>82		>71			
Bastürk	Yildiray	25.12.1982	TUR	10		<75				<85												<8
Bemben	Michael	29.01.1980	D	24			<42	<45		<75		>36			>46				>86			
Buckley	Delron	08.12.1981	RSA	11							>66	<45	<77	>78			>57			<73	<66	
Christiansen	Thomas	12.03.1977	ESP	9												in Winterpause von Herfölge B						
Colding	Sören	03.09.1977	DEN	34												in Winterpause von Bröndby Kopenhage						
Covic	Ante	01.09.1979	CRO	14			>80	>60														
Dickhaut	Mirko	12.01.1975	D	23		<87			<45					<85					>63			<7
Drincic	Zdravko	02.05.1976	YUG	19										>85	>67	>46			<71	<86		
Ernst	Thomas	24.12.1971	D	21																		
Fahrenhorst	Frank	25.09.1981	D	25						>45								>69	>43	<31	>5	
Freier	Paul	27.07.1983	D	30		>75					>85		>77				>57					
Lust	Matthias	28.04.1974	D	6																		
Mamic	Zoran	01.10.1975	CRO	20			<73		<57								<82					<5
Mandreko	Sergej	02.08.1975	AUT	13			>64		<88	<66			>78	>66			<57	<34		>66		
Maric	Marijo	13.01.1981	CRO	18		>90			>60		<80		<68			<84			<63	>46		
Meichelbeck	Martin	22.11.1980	D	3			<64								<45	<45	<57	<69	>34		<45	
Milinovic	Damir	16.10.1976	CRO	5		>87	>73	>46					<73					<43				
Müller	Rene	20.05.1978	D	27						>88												
Peschel	Peter	27.01.1976	D	7								<90			<66	<45			>73			
Reis	Thomas	05.10.1977	D	22																		
Rietpietsch	Mike	27.03.1978	D	26										>73								
Ristau	Hilko	25.04.1978	D	16					>57			>90		>46							>8	
Schindzielorz	Sebastian	22.01.1983	D	8									<36									
Schreiber	Olaf	13.09.1973	D	15																		
Schröder	Rouven	19.10.1979	D	33																		
Siebert	Sascha	29.11.1981	D	31																		
Stickroth	Thomas	14.04.1969	D	12																		
Sundermann	Axel	24.01.1972	D	4						>75										<31	>7	
Toplak	Samir	24.04.1974	CRO	2			>42															
van Duijnhoven	Rein	06.09.1971	NED	1																		
Vander	Christian	25.10.1984	D	28																		
Weber	Achim	12.03.1973	D	9		<90	<80	<60	<60		>80	>46	>68		<67							

78

VfL Bochum

KLUB-BILANZ

Anschrift:
Castroper Straße 145
44728 Bochum
Tel.: (0234) 95 18 48
Fax: (0234) 95 18 95
Internet: www.vfl-bochum.de
Mitglieder: 4800
Stadion: Ruhrstadion
Zuschauer Saison 2000/2001: 335 733
Zuschauerschnitt: 19 749
Fanbeauftragter: Dirk Michalowski
Tel.: (0234) 95 18 48
Fax: (0234) 95 18 95
Fan-Klubs: 117 / 2500 Mitglieder

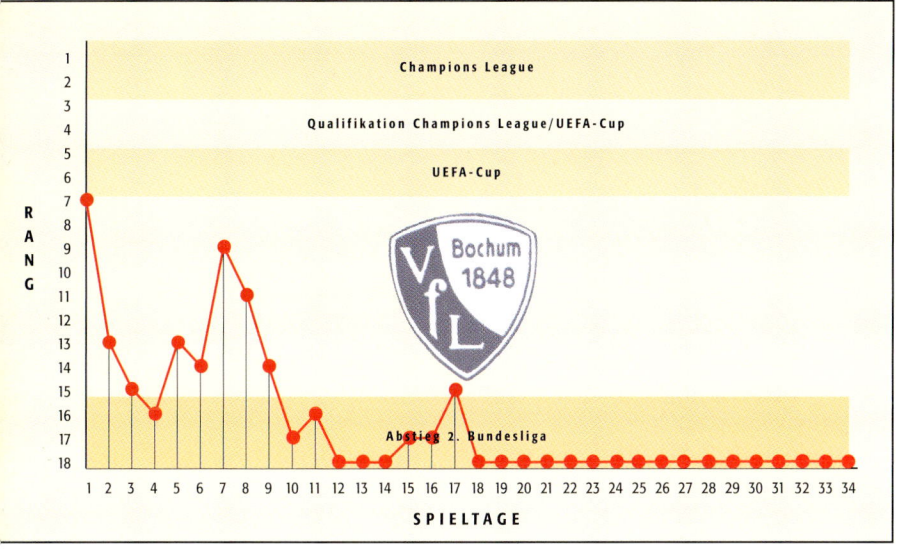

Auf Platz 18 abonniert

»Bundesliga, das ist so wunderschön. Schade, dass es nur ein Jahr war.« Bochums Torwart van Duijnhoven hatte in Frankfurt einen Elfmeter gehalten »und dadurch gehofft, den Glauben an unsere Mini-Chance noch mal zu stärken«. Vergebens. Mit 0:3 wurde zwei Spieltage vor Schluss der vierte Abstieg der Bochumer in neun Jahren endgültig. Der sofortige Rückmarsch, wie schon 1995, ist das Ziel. »Mich macht das alles sehr traurig. Denn es ist der erste Abstieg in meiner langen Karriere«, bedauerte Trainer-Nothelfer Rolf Schafstall. Im Februar war der 64-Jährige für Ralf Zumdick eingesetzt worden. Aber da hatte sich Aufsteiger Bochum schon auf Rang 18 festgesetzt. Und diese Rote Laterne gab man nie mehr ab. Zwei 0:0 gegen Wolfsburg und Stuttgart waren Schafstalls Einstand. Hoffnungsvoll. Nach drei folgenden Niederlagen zündeten Siege gegen Cottbus und bei 1860 München (wo man schon im Pokal 5:0 triumphierte) wieder kleine Überlebens-Flämmchen. Doch sie waren zu dünn und das Ende absehbar. 30:67 Tore - das war deutlich. In den letzten Spielen war auswärts nur einmal gewonnen, aber zwölfmal verloren worden. In 14 Spielen, davon elfmal auswärts, gelang Bochum gar kein Treffer. Achim Weber, im Aufstiegsjahr noch für 19 Treffer viel gefeiert, war nach nur einem Tor frustriert davongezogen. Auch Peter Peschel (damals 15 Tore) war nur dreimal erfolgreich. Mario Marics sieben Tore waren der Bestwert. Dem VfL droht nun erneuert ein Spieler-Exodus.

1. Spieltag
11.–13. August

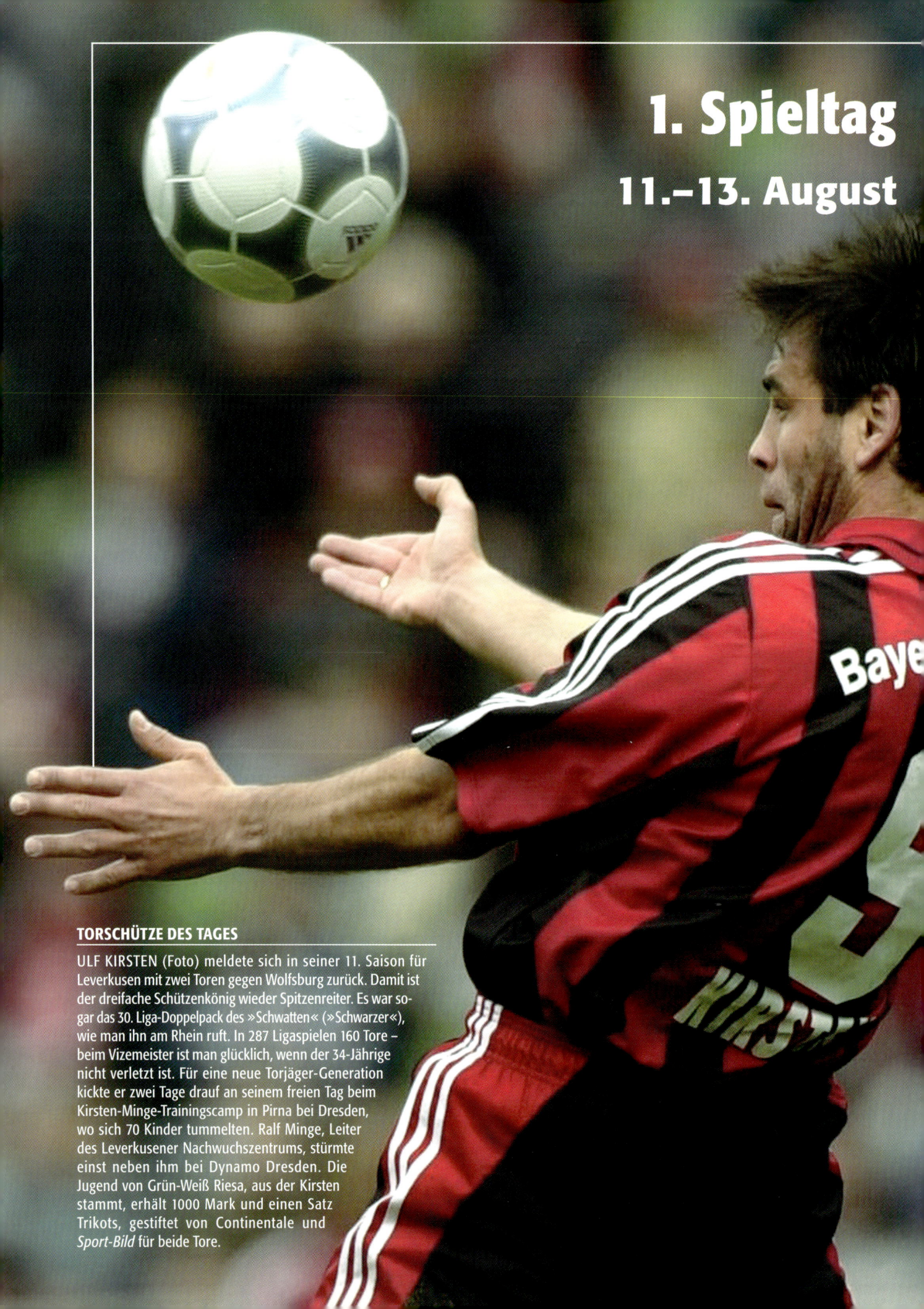

TORSCHÜTZE DES TAGES

ULF KIRSTEN (Foto) meldete sich in seiner 11. Saison für Leverkusen mit zwei Toren gegen Wolfsburg zurück. Damit ist der dreifache Schützenkönig wieder Spitzenreiter. Es war sogar das 30. Liga-Doppelpack des »Schwatten« (»Schwarzer«), wie man ihn am Rhein ruft. In 287 Ligaspielen 160 Tore – beim Vizemeister ist man glücklich, wenn der 34-Jährige nicht verletzt ist. Für eine neue Torjäger-Generation kickte er zwei Tage drauf an seinem freien Tag beim Kirsten-Minge-Trainingscamp in Pirna bei Dresden, wo sich 70 Kinder tummelten. Ralf Minge, Leiter des Leverkusener Nachwuchszentrums, stürmte einst neben ihm bei Dynamo Dresden. Die Jugend von Grün-Weiß Riesa, aus der Kirsten stammt, erhält 1000 Mark und einen Satz Trikots, gestiftet von Continentale und *Sport-Bild* für beide Tore.

Der Tag im Überblick

Würden die Fans ihren Ärger über die verpatzte Europameisterschaft in die 38. Saison schleppen? Die Antwort auf diese alle Klubs ängstigende Frage war umwerfend: 362 791 strömten in die Arenen. 10 600 mehr als beim Rekordstart des Vorjahres! Alles verziehen und vergessen? Die Akteure wurden von der Kritik keineswegs verschont. Wie in Kaiserslautern, wo Aufsteiger Bochum den »Betze« in Flammen setzte. Wie in Dortmund, wo Hansa lange gegenhielt, ehe es durch Herrlichs Tor zum fünften Mal sieglos schied. Wie in Hamburg, wo ein schlafender und von den Münchner Löwen zweimal gebissener HSV ab der 7. Minute einem 0:2 hinterher hecheln musste. So was war dem HSV zuletzt 1968 gegen Hannover 96 passiert, der aber 4:1 siegte. Ungetrübten Spaß hatten die Freiburger, die noch nie 4:0 starteten und dadurch den Bayern den Spitzenplatz stahlen. Deren 4:1 holte Hertha in die Realitäten zurück, und die verwiesen aufs Jahr 1977, als Hertha zuletzt bei den Bayern gewonnen hatte. Aber da war Hertha am Ende der Saison 1978 auch Dritter und Bayern Zwölfter. In Bremen erschreckte Cottbus' Premierentor durch Miriutas Freistoß die Bremer nur kurz, denn danach gab es mit 3:1 Lehrgeld für den Debütanten. Zuletzt gelang Werder 1993 ein Startsieg. Erstmals war Schalkes Arena bei einem Kölner Besuch ausverkauft, auch weil Schalkes Sturm-Duo Sand – Mpenza große Erwartungen erzeugte – und diese beim 2:1-Erfolg bestätigte.

Freiburgs Derby-Überraschung: Kurzpässe für die Hitze

Jede Kette reißt mal. Dreimal hat der VfB Stuttgart unter Trainer Ralf Rangnick das Südwest-Derby gegen Freiburg gewonnen. Der vierte Gang aber wurde mit 0:4 ein sehr schmerzvoller in den Breisgau. »Es hat so sehr Spaß gemacht, dass ich mir das Spiel gern von der Tribüne aus angesehen hätte«, meinte später schmunzelnd der lange Richard Golz im Freiburger Tor. Gewarnt vom 2:0 der Stuttgarter und ihrer überlegenen Pressing-Taktik beim UI-Cup in Auxerre hatte Freiburgs Trainer Volker Finke seinen Spielern eingebläut: Kurzpass, Kurzpass, Kurzpass, Steilpass, Querpass – Tor. Dazu: weg von den Seitenlinien, weil man da weniger Platz zum Ausweichen hat. Vorrückende Abwehrspieler hatten numerische Überzahl zu schaffen. Die Freiburger zauberten so quicklebendig, dass die VfB-Stars ihnen in der Gluthitze hinterher hecheln mussten. Co-Trainer Sarstedt: »Viele Pässe heißt weniger laufen. Je wärmer, desto kürzer die Pässe. Wir haben gespielt wie Südländer.«

Finke setzte bei 34 Grad Celsius gleich vier Spieler aus Afrika ein. An Volker Finke, der gut französisch spricht, ist der Mut ebenso zu bewundern wie seine Spürnase. Er schaut sich in den Nachwuchs- und Amateurligen um und lässt seine ausländischen Profis stets Videos von ihren Länderspielreisen mitbringen. So zaubert er immer wieder neue Talente aus dem Ärmel.

Freiburg feiert seine Südländer

ERGEBNISSE

Freitag, 11.08.00	Borussia Dortmund – FC Hansa Rostock	1:0	(0:0)
Samstag, 12.08.00	SV Werder Bremen – Energie Cottbus	3:1	(2:1)
	Hamburger SV – TSV München 1860	2:2	(2:2)
	SC Freiburg – VfB Stuttgart	4:0	(2:0)
	1. FC Kaiserslautern – VfL Bochum	0:1	(0:0)
	Bayer 04 Leverkusen – VfL Wolfsburg	2:0	(2:0)
	FC Bayern München – Hertha BSC	4:1	(1:0)
Sonntag, 13.08.00	Eintracht Frankfurt – SpVgg Unterhaching	3:0	(1:0)
	FC Schalke 04 – 1. FC Köln	2:1	(2:0)

Alle Daten zum Spieltag auf Seite 212

FAKTEN

• Zuschauer:	362 791 waren dabei, gut 40 310 im Schnitt
• Tore:	Die 27 bedeuteten 3,0 pro Spiel.
• Spitze:	Nur Kirsten (Leverkusen) traf zweimal.
• Karten:	Eine Gelb-Rote sah Stranzl (1860).
• Elfmeter:	Alle 3 verwandelt und Scholls neunter Treffer
• Eigentor:	Das erste und einzige durch Schalkes Hajto
• Startjubel:	Mit 4:0 begann Freiburg noch nie. Spitze!

TABELLE

Rang	Verein	Sp.	g.	u.	v.	Tore	Diff.	Pkt.
1	SC Freiburg	1	1	0	0	4:0	4	3
2	FC Bayern München	1	1	0	0	4:1	3	3
3	Eintracht Frankfurt	1	1	0	0	3:0	3	3
4	SV Werder Bremen	1	1	0	0	3:1	2	3
5	Bayer 04 Leverkusen	1	1	0	0	2:0	2	3
6	FC Schalke 04	1	1	0	0	2:1	1	3
7	VfL Bochum	1	1	0	0	1:0	1	3
	Borussia Dortmund	1	1	0	0	1:0	1	3
9	TSV München 1860	1	0	1	0	2:2	0	1
	Hamburger SV	1	0	1	0	2:2	0	1
11	1. FC Köln	1	0	0	1	1:2	-1	0
12	FC Hansa Rostock	1	0	0	1	0:1	-1	0
	1. FC Kaiserslautern	1	0	0	1	0:1	-1	0
14	Energie Cottbus	1	0	0	1	1:3	-2	0
15	VfL Wolfsburg	1	0	0	1	0:2	-2	0
16	Hertha BSC	1	0	0	1	1:4	-3	0
17	SpVgg Unterhaching	1	0	0	1	0:3	-3	0
18	VfB Stuttgart	1	0	0	1	0:4	-4	0

1.

Bochums respektlose Rückkehr: Kleine machten Riesen klein

Zwei neue Köpfe der Liga: Lauterns Tscheche Vratislav Lokvenc (l.) und Bochums Kroate Zoran Mamic

Jahrzehntelang galt der VfL Bochum als »unabsteigbar«. Nun war schon seine vierte Rückkehr ins Oberhaus zu erleben, doch von der wird man in Kaiserslautern nach dem 0:1 noch lange reden. Der Aufsteiger imponierte nicht nur mit einer modernen Viererkette. Über die ballsicheren Dickhaut, Peschel, Bastürk und Buckley zogen die Bochumer ihre Konter auf. Das Besondere: Keiner dieser vier ist größer als 1,77 Meter! »Wir haben uns auf Lauterns lange Kerls ganz speziell eingestellt«, bekannte Trainer Ralf Zumdick. Nicht Otto Rehhagels Riesen (alle über 1,83 m) hatten das Sagen auf dem Platz, sondern Zumdicks Dribbelzwerge, von denen Buckley dann auch das 0:1 gelang. Lauterns erste Auftaktpleite seit zehn Jahren! Bochums »Zwerge« kamen auch mit der großen Hitze von über 40 Grad Celsius besser zurecht. Mannschaftsarzt Dr. Bauer hatte angeordnet, »viel und regelmäßig zu trinken. Sonst tritt ein Zustand vorzeitiger Erschöpfung ein.« Isotonische Getränke gab es schon nach dem Aufwärmen, und während des Spiels wurden ständig Einwegbeutel mit Flüssigkeit aufs Spielfeld geworfen. Beim FCK standen zwar einige Plastikflaschen am Rand, aus denen aber kaum getrunken wurde. Und so saßen die zu früh erschöpften Lauterer förmlich auf dem Trockenen. FCK-Säulen wie Mario Basler, Youri Djorkaeff und Harry Koch offenbarten zudem noch erhebliche Trainingsrückstände. So war das Unheil für die Lauterer nahezu vorprogrammiert.

MARCEL REIF: DIE HERTHA STAND ZIEMLICH NACKT DA

Armer Ottmar Hitzfeld. Das war brutal gefährlich. Da hat er seinen Spielern eingetrichtert, dass sie zum Auftakt gegen einen Titel-Mitfavoriten spielen würden, und dann wurde ein 4:1 daraus. Was will Hitzfeld jetzt noch erzählen? Hertha, du aber läufst der Musik hinterher. Revidiere ganz schnell die Ansprüche – oder reagiere. Röber hatte in der Abwehr Tretschok stark gemacht. Der musste zeigen, was wirklich dran ist. Vier Tore. Da kann nichts gut gelaufen sein. Im Mittelfeld haben Wosz und Beinlich rotiert wie die Wilden. Die Bayern guckten gelangweilt zu, ohne sich viel zu bewegen. Da fehlen Prioritäten. Wenn ein Beinlich ins Team kommt, können Wosz und Deisler doch nicht so weiterspielen wie im Vorjahr. Aus diesem Trio muss mehr zu holen sein. Und im Angriff kann man einen Preetz nie allein gegen die Bayern herumstehen lassen. Der reibt sich nur auf. Was Röber von Daei und Reiss hält, wissen wir. Nun wartet alles auf Alves. Was mir für Herthas Ansprüche zu wenig ist. Also: Wenn eine kräftige Dusche nützlich sein kann, dann die beim Meister in München. Fakt ist: Mit nur einer Spitze sollte Hertha lieber die Reisekosten sparen. Denn dieser Mann reibt sich auf, kriegt richtig was auf die Knochen. Mit einem so einsamen Preetz gewinnt man auch in Wolfsburg keinen Blumentopf. Da sind Konsequenzen dringend geboten, wenn die Hertha ihre Ziele erreichen will.

Vier eingespielte Beine beim Start: Herthaner Deisler (l.) und Bayer Scholl

2. Spieltag
18.–20. August

TORSCHÜTZE DES TAGES

ANDRZEJ JUSKOWIAK (Foto) gelang gegen Kaiserslautern sein erstes Dreierpack in der Bundesliga. Der 28-jährige polnische Ex-Nationalspieler wurde in seinem früheren Klub in Gladbach oft geschmäht, weil er zu viele Chancen brauchte. Auch in Wolfsburg, wo er seit 1998 spielt, hatte er lange mit Vorurteilen zu kämpfen. Aber nach elf Toren in der letzten Saison nimmt er im System von Trainer Wolf nun eine wichtige Position ein. Vielleicht hilft ihm das bei der Erfüllung seines Wunsches, in Polens Nationalelf zurückzukehren. »Hoffentlich wird Trainer Jerzy Engel jetzt wieder auf mich aufmerksam. Mein Ziel ist noch immer die WM-Qualifikation für 2002.« An seinen Heimatklub Kania Gostyn gehen 1500 Mark und ein Satz Trikots, gestiftet von Continentale und *Sport-Bild*.

Der Tag im Überblick

In der Pfalz ist der Teufel los. Aber unter den Fans. Weil die »Roten Teufel« des Otto Rehhagel den schlechtesten Saisonstart aller Zeiten hatten: nach dem 0:1 gegen Aufsteiger Bochum nun dieses 0:4 in Wolfsburg. Die mitgereisten FCK-Fans verhinderten mit einer Sitzblockade die Busabfahrt. Wen interessierte, dass Wolfsburg bisher alle Heimspiele gegen Lautern gewonnen hat. Der FCK als Nullnummer der Liga-Letzte! Arm in Arm mit Rostock, das von Schalke 04 mit 0:4 verdroschen wurde. Das bringt die Trainerstühle selbst von König Otto und »Dauer-Retter« Zachhuber heftig ins Wackeln. Es war sowieso der Tag der Viererpacks. Dortmund demütigte damit die überfordert wirkenden Cottbuser, Hertha den HSV auch dank eines Zwei-Tore-Einstands des heimgekehrten Berliner Jungen Stefan Beinlich, Stuttgart den allzu selbstsicheren Vizemeister aus Leverkusen (der im Vorjahr erst im siebten Spiel erstmals verlor) und Neuling Köln mit Konterfußball das überaus selbstbewusst und offensiv agierende Frankfurt. In Bochum sorgten Jancker (2) und Santa Cruz binnen fünf Minuten für 3:0-Klarheit, und danach kontrollierte der Dauer-Meister aus München nur noch die Szene. Damit komplettierte er ein Sechs-Punkte-Trio (Bayern, Schalke, Borussia), das sich ernsthaft um Titel bewirbt. Der Tagesrekord von 35 Treffern dürfte lange Bestand haben – nur erlebte ihn eine Minuskulisse von nur rund 230 000 Zuschauern.

Zwei missratene Starts: Was rettet die Ostklubs?

Gut gespielt und doch 0:1 verloren – so der Rostocker Start in Dortmund. Katastrophal gespielt und 0:4 verloren – so die Heimpremiere gegen Schalke. Gut, schlecht? Null Punkte! Also ruft der Fan: »Zachhuber raus!« Ist wirklich alle Hoffnung dahin? Nein. Erstens: In Dortmund sah alles noch passabel aus. Zweitens: Präsident Rehberg sprach von Verstärkungen, die man im Herbst holen könnte. Es fehlt ein Mittelfeld-Regisseur. Drittens: Agali (21) bleibt. Ohne den wäre am Sonntag nicht mal das wenige Gute (zwei Chancen) gelaufen. Aber Agali klagt über zu wenig Schiedsrichter-Schutz. »Wenn ich sehe, was Kohler in Dortmund mit mir gemacht hat, dann verstehe ich die Welt nicht mehr. Ein Präger hätte Freistoß und sonst was bekommen.« Agali betont: »Ich fühle mich wohl bei Hansa. Aber irgendwann könnte ein Wechsel für beide Sinn machen…«

Ganz unten auch Cottbus: nach dem 1:3 in Bremen nun diese 0:4- Heimpremiere gegen Dortmund. Auch wenn man sich nie aufgab, so herrschten auf dem Platz doch Angst, Verwirrung, Ideenlosigkeit. Drei Chancen – zu wenig zum Überleben. »Angsthasenfußball« nannte es Präsident Dieter Krein. Und Steffen Heidrich: »Wir müssen mutiger spielen. Wenn wir immer dem Ball hinterher laufen, sind wir schneller kaputt.« Trainer Eduard Geyer verteidigt seine Taktik: »Mitspielen? Gegen Dortmund hat man gesehen, dass wir das nicht können. Wir hatten auch einige Ballstafetten. Brotlose Kunst.« Torschütze Miriuta: »Tore schießen wir immer, aber hinten müssen wir sicherer stehen.« Krein formuliert Durchhalteparolen: »Wir dürfen uns das Selbstwertgefühl nicht nehmen lassen.« Am Tag nach der 1:4-Klatsche wurde acht Kilometer weit ausgelaufen.

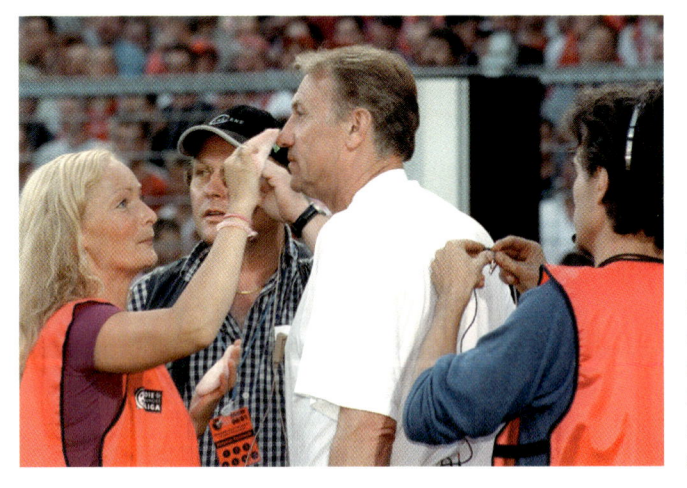

Kosmetik hilft dem Osten nicht auf die Sprünge: Energie-Trainer Eduard Geyer wird zum Premieren-Auftritt fitgeschminkt

ERGEBNISSE

Freitag, 18.08.00	Energie Cottbus – Borussia Dortmund	1:4 (0:1)
Samstag, 19.08.00	TSV München 1860 – SV Werder Bremen	2:1 (1:1)
	SpVgg Unterhaching – SC Freiburg	1:1 (1:0)
	VfL Wolfsburg – 1. FC Kaiserslautern	4:0 (1:0)
	VfL Bochum – FC Bayern München	0:3 (0:3)
	Hertha BSC – Hamburger SV	4:0 (3:0)
Sonntag, 20.08.00	FC Hansa Rostock – FC Schalke 04	0:4 (0:3)
	1. FC Köln – Eintracht Frankfurt	4:1 (2:0)

Alle Daten zum Spieltag auf Seite 212

FAKTEN

• Zuschauer:	Nur 230 220 – also 25 580 im Schnitt
• Tore:	Der Rekord steht nun bei 35, pro Spiel 3,89.
• Spitze:	Mpenza (4), Herrlich, Jancker, Juskowiak (3)
• Elfmeter:	4! Reck (Schalke), van Duijnhoven (Bochum) hielten.
• Gelb-Rot:	Ramzy (FCK), Panadic (HSV), Ahanfouf (Hansa)
• Rote Karte:	Bisher noch keine
• Jubiläum:	Der 500. Bundesligasieg des VfB Stuttgart

TABELLE

Rang	Verein	Sp.	g.	u.	v.	Tore	Diff.	Pkt.	
1	FC Bayern München	2	2	0	0	7:1	6	6	↗
2	FC Schalke 04	2	2	0	0	6:1	5	6	↗
3	Borussia Dortmund	2	2	0	0	5:1	4	6	↗
4	SC Freiburg	2	1	1	0	5:1	4	4	↘
5	TSV München 1860	2	1	1	0	4:3	1	4	↗
6	1. FC Köln	2	1	0	1	5:3	2	3	↗
7	VfL Wolfsburg	2	1	0	1	4:2	2	3	↗
8	Hertha BSC	2	1	0	1	5:4	1	3	↗
9	SV Werder Bremen	2	1	0	1	4:3	1	3	↘
10	Eintracht Frankfurt	2	1	0	1	4:4	0	3	↘
11	VfB Stuttgart	2	1	0	1	4:5	-1	3	↗
12	Bayer 04 Leverkusen	2	1	0	1	3:4	-1	3	↘
13	VfL Bochum	2	1	0	1	1:3	-2	3	↘
14	SpVgg Unterhaching	2	0	1	1	1:4	-3	1	↗
15	Hamburger SV	2	0	1	1	2:6	-4	1	↘
16	Energie Cottbus	2	0	0	2	2:7	-5	0	↘
17	FC Hansa Rostock	2	0	0	2	0:5	-5	0	↘
	1. FC Kaiserslautern	2	0	0	2	0:5	-5	0	↘

Neues im Kasperletheater: Haut den Daum!

Die Bundesliga hat ein neues Stück für das Kasperletheater: Zu »Zieht den Bayern die Lederhosen aus« kommt nun »Haut den Daum«. Das Jahr vor dem Wechsel ins Bundestraineramt wird für Daum wohl zum Spießrutenlauf. Denn jeder Trainer, der ihn und die Leverkusener mit taktischem Trick aufs Kreuz legt, fragt damit öffentlich: Wäre nicht ich der bessere Bundestrainer? Mit jeder Niederlage wächst der Druck. »Diese Anspannungssituation führt zu einer besonderen Konzentration. So wurde der VfB immer sicherer«, sagte Daum nach der 1:4-Schlappe in Stuttgart. In Freiburg war der VfB noch hochmütig aufgelaufen, um den kleinen badischen Nachbarn mit Offensive zu zermalmen – und wurde selbst durch die 0:4-Mühle gedreht. Gegen Leverkusen zog sich der VfB erst zurück und ließ Manndecker Endreß Kirsten zudecken. Bayer verschoss 30 Minuten lang sein Pulver und wurde dann mit Kontern vorgeführt. Balakov: »Wir haben die Ruhe bewahrt. So einfach ist das.« Frage: Kann Daum zwar Mannschaften bis zur Glut puschen, schrumpft aber bei Rückständen selbst zum stillen Brüter? In Stuttgart stellte er Zivkovic auf, der völlig neben der Spur lief. Den verletzten Nowotny ersetzte nicht Ramelow, sondern Vranjes, König des unkontrollierten Befreiungsschlages. Und so lief sein Team nach dem 0:2 steuerlos über den Platz. Daum hinterher: »Wenn wir nicht Meister werden, kriege ich wieder meine Klatschen. Aber das halte ich aus.« Vorauseilende Akzeptanz der erneuten Niederlage?

Dundee strahlt für seine ganze VfB-Mannschaft, Nowotny holt für Daums geschlagene Bayer-Elf den Ball aus dem Netz

Rehhagel, auf der Suche nach der verlorenen Zeit

MARCEL REIF: DARUM IST OTTOS ZEIT ABGELAUFEN

Es gibt sie immer wieder, diese Geschichten von Sportgrößen, die den richtigen Zeitpunkt zum Rückzug verpassen. Aber selten war es so schmerzhaft anzusehen wie im Fall von Otto Rehhagel. Nach dem 0:4 in Wolfsburg sah man ihn nach Erklärungen suchen, ein bisschen abwesend und sehr entsetzt. Wie ein Mann, der nicht begreift, dass man sich in einer ewig jungen (Fußball-) Welt auch ständig selbst erneuern muss, um gehört und respektiert zu werden.

Ottos Zeit ist abgelaufen. Er weiß es nur nicht, weil er in sich und seiner glorreichen Vergangenheit gefangen ist. Da läuft eine Mannschaft verloren herum, weil sie zu viele Alibis hat. Spieler, egal wie einfältig, spüren Schwäche sofort. Und sie haben gemerkt, dass die Aura der Unantastbarkeit, die Otto immer umgab, trotz aller Erfolge schon letzte Saison zu Bruch ging. »Ich bin das System!« Vorbei!

Da war die Niederlage gegen Sforza, die schleichende Entmachtung durch das Präsidium. Insgeheim wussten damals wohl alle, dass die Kritik an veralteten Trainingsmethoden und fehlender Modernität des Spielsystems stimmte. Den Fehler, einen schwächelnden König zu halten, wollte man dann korrigieren und ihn zum Bundestrainer wegloben. Daum, der Motivationskünstler, wurde vorgezogen.

Entgegen aller anderen Meinungen behaupte ich: Ottos größte Leistung war nicht die Meisterschaft mit Lautern, sondern – umgekehrt – der Aufstieg vor dieser Meisterschaft. Er schaffte es, einen völlig entwurzelten Absteiger sofort zweitligafähig zu machen, indem er seine größte Gabe einsetzte: eine Mischung aus alt und jung zu basteln, Charaktere zu pflegen, den Wert eines Spielers zu erkennen und für ihn den richtigen Platz zu finden. Aber wenn die Figur des Übervaters Risse kriegt, dann ist das im Fußball wie überall sonst im Leben: Es bleibt eine ratlose Kinderschar zurück, die nicht mehr weiß, was sie glauben soll. Ich wünsche Otto, dessen Leistungen ich immer bewundert habe, dass er die endgültige Demontage selbst verhindert. Denn Denkmäler können sich nicht mehr gut bewegen …

3. Spieltag
5./6. September

TORSCHÜTZE DES TAGES

PAUL AGOSTINO (Foto) war der am meisten gefeierte »Löwe« beim sensationellen 3:2-Sieg in Dortmund. Sein 0:1 meldete die Erfolgsansprüche der Münchner an, und sein 2:3-Treffer machte alles perfekt. Ungeschlagen auf Platz 3 und die Bayern zum Greifen nahe – das sind ganz neue Glücksgefühle für die »Blauen« von der Isar. Und für den australischen Nationalspieler, der seit 1997 nun für die 60-er stürmt, formuliert das ganz neue Ansprüche. Neben Schützenkönig Martin Max könnte mit dem athletischen 1,84m-Stürmer endlich wieder ein wirkungsvolles Pendant gefunden worden zu sein. Kam er zuvor in 41 Einsätzen auf acht Treffer, so sind es nun schon vier in drei Spielen. »Viel laufen, Charakter zeigen, auf die Zähne beissen« sind u. a. die Motive des Australiers. Also allerbeste Löwen-Tugenden, die nicht nur Trainer Lorant glücklich machen.

Der Tag im Überblick

Hanseatische Gelassenheit war es nicht, was die Rostocker umtrieb. Null Punkte, null Tore, und dazu eine desolate Vorstellung beim 0:4 in Frankfurt – das beendete die Amtszeit von Andreas Zachhuber ausgerechnet mit seinem 50. Erstligaspiel als Cheftrainer. Selbst einen Feldverweis für Eintrachts Guie-Mien hatte Hansa nicht nutzen können. Es war die erste Trainerentlassung der Saison und die 249. der Bundesligageschichte. Mit »Zacher« hatte man sich zweimal am Schlusstag noch retten können. Vorm dritten Aufguss aber fürchteten sich die Rostocker. Co-Trainer Juri Schlünz, der für sich aber das Chef-Amt gleich ausschloss, wurde Interims-Coach.

Mit einem Viererpack schickten auch die gut gelaunten Herthaner ihre Gäste aus Bochum nach Hause. In Leverkusen gelang vor allem Michael Ballack die Rehabilitierung gegen Haching. Sein Eigentor am 20. Mai war der Anfang vom Ende aller Titelträume im 0:2 gewesen. Ballacks 1:0-Tor aber konnte Bayer 04 nach Habers Feldverweis selbst gegen zehn Hachinger nicht steigern. Zwei Tore des Australiers Agostino für 1860 München stoppten in Dortmund den Auftrieb unter Neu-Trainer Matthias Sammer. Zweimal glichen die Borussen die Löwen-Führung aus. In Kaiserslautern stoppte Mario Baslers Siegtor schon nach drei Minuten gegen Stuttgart alle Debatten um die FCK-Perspektive. Doch für wie lange?

Wo das Geld fließt: Der HSV öffnet die Prämienschleuse

Beim HSV zu spielen macht in diesen Tagen Spaß, zumal gegen Werder im Duell der Hansestädte mit 2:1 der erste Sieg eingefahren wurde. Dazu fließt das Geld aus der Champions League. Was kriegen die Spieler davon ab? *Sport-Bild* lüftete den Deckel. Für einen Bundesligasieg gibt es pro Mann 9000 Mark (vorige Saison noch 6000 Mark), für ein Unentschieden 2500 Mark. Wird der HSV Deutscher Meister, wäre ein Nachschlag von 3000 Mark pro Punkt für jeden fällig. Bei mindestens 70 Zählern (die braucht man für den Titel) würde das eine Prämie von mindestens 210 000 Mark pro Mann bedeuten. Für den letzten Meistertitel 1983 hatte jeder Spieler 30 000 Mark kassiert. Zusammen gezählt heißt das: mindestens 20 Siege in der Bundesliga, also 180 000 Mark, plus 210 000 Mark, ergibt 390 000 Mark – ein kleines Einfamilienhaus. In der Champions League sowie im DFB-Pokal könnte sich der Geldregen verstärken. In der europäischen »Königsklasse« bekommt jeder Spieler pro Sieg 30 000 Mark. 50 000 Mark schüttet der Verein fürs Finale im DFB-Pokal aus und 75 000 für den Pott. Den hat man zuletzt vor 14 Jahren erobert. Allein aus der Champions League scheffelt der HSV rund 30 Millionen Mark und weitere 15 Millionen, wenn die Zwischenrunde erreicht wird. Die Kostenexplosion beim Bau des Volksparkstadions (von 159 auf 190 Millionen Mark) aber hat den HSV auch in Bedrängnis gebracht. HSV-Boss Hackmann: »Uns hat eigentlich nur der sportliche Erfolg gerettet.«

HSV-Freudendisziplin: der »Diver«

ERGEBNISSE

Dienstag, 05.09.00	SC Freiburg – 1. FC Köln	0:0
	1. FC Kaiserslautern – VfB Stuttgart	1:0 (1:0)
	Bayer 04 Leverkusen – SpVgg Unterhaching	1:0 (1:0)
	FC Schalke 04 – Energie Cottbus	3:0 (2:0)
Mittwoch, 06.09.00	Hamburger SV – SV Werder Bremen	2:1 (1:0)
	FC Bayern München – VfL Wolfsburg	3:1 (2:0)
	Eintracht Frankfurt – FC Hansa Rostock	4:0 (0:0)
	Borussia Dortmund – TSV München 1860	2:3 (1:1)
	Hertha BSC – VfL Bochum	4:0 (3:0)

Alle Daten zum Spieltag auf Seite 213

FAKTEN

- Zuschauer: 307 620 – zum zweiten Mal über 300 000
- Tore: 25 bedeuteten 2,77 pro Spiel.
- Spitze: Sand 5, vor Mpenza, Herrlich, Jancker mit je 4
- Elfmeter: Drei Tore, aber Piplica (Cottbus) gewann gegen Möller.
- Rote Karte: Haber (Haching) und Guie-Mien (Frankfurt)
- Gelb-Rot: Benken (Rostock)
- Punktlos: Hansa Rostock und Energie Cottbus

TABELLE

Rang	Verein	Sp.	g.	u.	v.	Tore	Diff.	Pkt.	
1	FC Bayern München	3	3	0	0	10:2	8	9	→
2	FC Schalke 04	3	3	0	0	9:1	8	9	→
3	TSV München 1860	3	2	1	0	7:5	2	7	↗
4	Hertha BSC	3	2	0	1	9:4	5	6	↗
5	Eintracht Frankfurt	3	2	0	1	8:4	4	6	↗
6	Borussia Dortmund	3	2	0	1	7:4	3	6	↘
7	Bayer 04 Leverkusen	3	2	0	1	4:4	0	6	↗
8	SC Freiburg	3	1	2	0	5:1	4	5	↘
9	1. FC Köln	3	1	1	1	5:3	2	4	↘
10	Hamburger SV	3	1	1	1	4:7	-3	4	↗
11	SV Werder Bremen	3	1	0	2	5:5	0	3	↘
	VfL Wolfsburg	3	1	0	2	5:5	0	3	↘
13	VfB Stuttgart	3	1	0	2	4:6	-2	3	↘
14	1. FC Kaiserslautern	3	1	0	2	1:5	-4	3	↗
15	VfL Bochum	3	1	0	2	1:7	-6	3	↘
16	SpVgg Unterhaching	3	0	1	2	1:5	-4	1	↘
17	Energie Cottbus	3	0	0	3	2:10	-8	0	↘
18	FC Hansa Rostock	3	0	0	3	0:9	-9	0	↘

3. Schalke für einen Tag vorn

Ebbe Sand hat Schalke zum ersten Mal seit 23 Jahren an die Tabellenspitze geschossen. Zumindest für einen Tag, bis die Bayern gegen Wolfsburg gewannen und wieder vorbeizogen. Der Däne schaffte zwar keinen lupenreinen Hattrick mit drei Toren in einer Halbzeit, aber er erschoss beim 3:0 gegen Cottbus die Lausitzer fast im Alleingang. Mit einem Doppelschlag innerhalb von 100 Sekunden legte Sand schon in der 8./9. Minute den Grundstein für diesen deutlichen Erfolg gegen einen erschreckend schwachen Aufsteiger. Sein Gegenspieler Matyus war völlig überfordert. Und mit dem dritten Sieg im dritten Spiel feiern die Knappen nun den besten Saisonstart seit 1971! »Im Moment passt einfach alles«, freut sich Manager Rudi Assauer. »Wir sind besser organisiert als vorher«, sagt Torwart Oliver Reck aus seiner Warte. »Die Zuordnung stimmt.« Was auch aus der Tatsache deutlich wird, dass man noch kein Gegentor aus Standardsituationen kassiert hat. Im Vorjahr waren es 20 und nur Absteiger Bielefeld darin schlechter. Zudem agiert Schalke mit Dreier-Kette und nicht mehr mit Libero (Thon) und zwei Manndeckern. »Damit klappt die Unterstützung nach vorn besser«, strahlt Ebbe Sand. »Endlich kommen gute Flanken.« Was Sand, der 1999 von Brøndby Kopenhagen kam, und Emile Mpenza zu nutzen wissen. Mit 14 Toren war Sand im Vorjahr noch mutterseelenallein und Schalke 13. Nun steht er bei fünf Toren und Mpenza bei vier. Auf den ersten Treffer im Schalker Dress aber muss der Ex-Dortmunder Andy Möller noch warten. In der 71. Minute scheiterte er mit einem Hand-Elfmeter am reaktionsstarken Energie-Torwart Tomislav Piplica. Der Szenenapplaus für Möller mitten im Spiel aber verriet, dass die Schalke-Fans ihn nun ins Herz geschlossen haben.

Ebbe Sand im Alleingang gegen Tomislav Piplica: drei Tore zum 3:0

MARCEL REIF: IM OSTEN TICKEN UHREN NICHT ANDERS

Schnell kann es gehen, sehr schnell. Nach je drei Niederlagen stehen die Ost-Klubs schon vor wegweisenden Heimspielen: Rostock gegen Freiburg, Cottbus gegen Frankfurt. Da müssen Punkte her. Hansa reagierte bereits. Trainer Andreas Zachhuber musste gehen. Auch im Osten greifen also die gnadenlosen Gesetze des Geschäfts. Zachhubers Rauswurf ist bedauerlich für diesen sympathischen Fußballlehrer. Aber ihn prägte die ernste Sorge des Vereins um seine Zukunft. Gerade in Rostock wär es schade, wenn nach sechs Jahren Erstliga-Fußball und mitten im großen Stadionneubau plötzlich alles schief gehen sollte. Jetzt muss ein Mann her, der den Mangel verwalten kann, der die Ärmel hoch krempelt. Die Mannschaft wird keinen nieder spielen können, nur nieder kämpfen. Das aber geht nur bei 120 Prozent Einsatz. Und nicht wie in Frankfurt, wo Hansa gegen nur zehn Eintrachtler mit 0:4 zusammenbrach.

In Cottbus stellt die Führung den Trainer noch nicht in Frage. Ich selbst habe ein gespaltenes Verhältnis zu Eduard Geyer. Denn seine Methoden scheinen nicht mehr zeitgemäß. Sie lassen sich nur rechtfertigen, wenn sie vom Erfolg getragen werden. Der aber lässt auf sich warten. Geyer ist mit seiner Art schon ein Risiko. Einerseits kann die Mannschaft nicht umsetzen, was er von ihr verlangt. Andererseits wirkt Energie von vorn herein überfordert. Auch Unterhaching war im Vorjahr keine spielerisch begnadete Mannschaft. Aber sie hat's mit großer taktischer Disziplin hinbekommen. So leid es mir tut: Für Cottbus wird es wohl nur ein kurzer Besuch in der Bundesliga werden. Ich weiß nicht, gegen wen man gewinnen kann. Für Sympathie allein gibt es nun mal keine Punkte. Das Schlimmste aber wäre, wenn die Cottbuser durchdrehen und sich mit einem Kraftakt finanziell verheben. Es wäre bedauerlich für die ganze Region und für den DFB, wenn im Osten die Lichter ausgehen. Denn gerade dort war und ist die Ausbildung junger Spieler exemplarisch gut. Das darf nicht auf der Strecke bleiben.

Hansa-Trainer Andreas Zachhuber geht – als erster in dieser Saison – ziemlich enttäuscht

4. Spieltag
8.–10. September

TORSCHÜTZE DES TAGES

SERGEJ BARBAREZ (Foto) wechselte im Sommer von Borussia Dortmund zu seinem Entdecker Frank Pagelsdorf nach Hamburg. Und seitdem schießt er wieder Tore. Zwei waren es in der vorigen Saison für Dortmund. Nun ließ er nach dem ersten Torerfolg gegen Bremen ein Doppelpack in Bochum folgen. Seine Gefährlichkeit unterstrich er dort außerdem mit der Torvorlage für Mahdavikia und einem satten Pfostentreffer. Über Hannover 96 und Union Berlin hatte Frank Pagelsdorf den Nationalspieler aus Bosnien-Herzegowina einst zu Hansa Rostock geholt und in die Bundesliga eingeführt. Nun kamen beide beim HSV wieder zusammen, und Barbarez imponiert dort mit Technik, Zweikampfstärke und Torgefährlichkeit. Sein Heimatklub Velez Mostar kann die gespendeten 1000 Mark und einen Satz Trikots sicher gut gebrauchen.

Der Tag im Überblick

»Aller guten Dinge sind drei«, jubelten die Schwaben. Ihr VfB konnte die großen Bayern zum dritten Mal reinlegen. Nach dem 1:0 von München mit 2:0 und nun mit 2:1. Jenes 2:0 vom 4. März war sogar Bayerns letzte Auswärtspleite. Die selbstverordnete Vielfachbelastung mit acht Spielen binnen 25 Tagen kann für den Meister trotz des starken Aufgebots zum Selbstfaller werden. Und da die Münchner Löwen gegen Schalke nicht über ein 1:1 hinauskamen, verlor man an Schalke die Tabellenführung. Das hatten die Knappen vor 23 Jahren letztmals bestaunen können, am 20. Oktober 1977. Welch Stolz heute in Königsblau. »Jede Leidenschaft« vermisste Bayer-Manager Reiner Calmund in seiner Pillen-Elf, als diese im rheinischen Duell dem 1. FC Köln ein 1:1 gestatten musste. Was jener enthusiastisch feierte, nachdem er sich ausgerechnet im Mai 1998 mit einem 2:2 gegen Leverkusen aus der Liga verabschiedet hatte. Torschütze damals wie heute Dirk Lottner, erst für Leverkusen, nun für Köln. Euphorie auch bei Aufsteiger Nummer 2, Energie Cottbus, über den ersten Sieg. Für Frankfurt aber war es die vierte Auswärtsniederlage hintereinander. Neuling Nummer 3, VfL Bochum, gelang auch gegen den souveränen HSV, der nach fünf Monaten endlich wieder Cardoso einsetzen konnte, nicht das erste Heimtor. Nach drei sieglosen Auftritten in Bremen aber zeigte der neue BvB mit 2:1, wie sehr mit ihm zu rechnen ist.

ERGEBNISSE

Freitag, 08.09.00	SpVgg Unterhaching – 1. FC Kaiserslautern	0:0
Samstag, 09.09.00	VfL Bochum – Hamburger SV	0:4 (0:2)
	VfB Stuttgart – FC Bayern München	2:1 (1:1)
	VfL Wolfsburg – Hertha BSC	2:1 (1:0)
	1. FC Köln – Bayer 04 Leverkusen	1:1 (0:1)
	TSV München 1860 – FC Schalke 04	1:1 (0:0)
	SV Werder Bremen – Borussia Dortmund	1:2 (0:1)
Sonntag, 10.09.00	Energie Cottbus – Eintracht Frankfurt	2:0 (0:0)
	FC Hansa Rostock – SC Freiburg	0:0

Alle Daten zum Spieltag auf Seite 213

FAKTEN

- Zuschauer: Keine tolle Kulisse: 233 586, im Schnitt 25 954
- Tore: Nur 19, der Saisontiefstwert bisher
- Spitze: Drei mit 5: Jancker (FCB), Mpenza, Sand (Schalke)
- Elfmeter: Akonnor (Wolfsburg) bezwang Herthas Kiraly.
- Karten: Rot: Vranjes (Bayer), Gelb-Rot: Peschel (Bochum)
- Wartesaal: Haching und Hansa warten auf den ersten Sieg.
- Höchstwert: 4:0 gewann der HSV auswärts zuletzt 1997 in Freiburg.

TABELLE

Rang	Verein	Sp.	g.	u.	v.	Tore	Diff.	Pkt.	
1	FC Schalke 04	4	3	1	0	10:2	8	10	↗
2	FC Bayern München	4	3	0	1	11:4	7	9	↘
3	Borussia Dortmund	4	3	0	1	9:5	4	9	↗
4	TSV München 1860	4	2	2	0	8:6	2	8	↘
5	Hamburger SV	4	2	1	1	8:7	1	7	↗
6	Bayer 04 Leverkusen	4	2	1	1	5:5	0	7	↗
7	Hertha BSC	4	2	0	2	10:6	4	6	↘
8	SC Freiburg	4	1	3	0	5:1	4	6	→
9	Eintracht Frankfurt	4	2	0	2	8:6	2	6	↘
10	VfL Wolfsburg	4	2	0	2	7:6	1	6	↗
11	VfB Stuttgart	4	2	0	2	6:7	-1	6	↗
12	1. FC Köln	4	1	2	1	6:4	2	5	↘
13	1. FC Kaiserslautern	4	1	1	2	1:5	-4	4	↗
14	SV Werder Bremen	4	1	0	3	6:7	-1	3	↘
15	Energie Cottbus	4	1	0	3	4:10	-6	3	↗
16	VfL Bochum	4	1	0	3	1:11	-10	3	↘
17	SpVgg Unterhaching	4	0	2	2	1:5	-4	2	↗
18	FC Hansa Rostock	4	0	1	3	0:9	-9	1	→

Linke Seite: Janckers 1:0-Führung lässt VfB-Torhüter Hildebrand und Silvio Meißner in die Knie gehen

Mehmet Scholl (l.) wird ausgebremst, Pablo Thiam in meisterlicher Haltung

Muster eines Schwaben-Streichs: So knackt man die Bayern

Die Liga bestaunt das 2:1 des VfB gegen die Bayern und fragt sich: Wie knackt man den Meister? Hier die Anleitung durch den schwäbischen Fußballprofessor Ralf Rangnick.
Pressing anordnen. Bei Ballbesitz wurden die Münchner bereits 25, 30 Meter vor ihrem Tor attackiert. Das zwang Andersson und Linke zu langen Bällen, die nutzlos ihre Kreativ-Zentrale überflogen.
Sforza beschäftigen. Der offensiv starke Lisztes zwang den Schweizer ständig, hinten auszuhelfen. Dem raubte das Kraft und Dynamik im Vorwärtsgang. Rangnick: »Mit entscheidend war unser Übergewicht im zentralen Mittelfeld.«
Jancker kalt stellen. Geht nicht ganz, siehe sein 0:1. Aber zwei körperlich starke Innenverteidiger (Soldo/1,89, Bordon/1,88) nahmen ihm im Wechsel die Wirkung.
Viererkette verwirren. Ganea als einziger, aber laufstarker und wendiger Stürmer beschäftigte die ganze Bayern-Innenverteidigung. Er riss Löcher für Balakov, Lisztes, Gerber und Pinto. Rangnick: »Im Wechsel müssen die zentralen Mittelfeldspieler in die Spitze stoßen. Denn da fühlt sich kein Verteidiger so richtig zuständig.« Was auch Lücken in Bayerns Viererkette riss, die man wie beim 2:1 durch Balakov nutzte.
30-Meter-Zone schaffen. Am gefährlichsten sind die Bayern bei viel Platz zum Kombinieren. Der VfB machte die Räume eng. Zwischen »Störenfried« Ganea in der Spitze und Soldo als letztem Mann lagen meist nur 30 Meter. Das erstickte Scholls Versuche, das Spiel schnell zu machen.
Die gewonnenen Laufduelle dank des gesteigerten Ausdauertrainings, das Spekulieren auf Bayern-Fehler (wie bei Thiams 1:1 nach Balakov-Freistoß) und die kämpferische Verbissenheit nach dem 0:1 taten das Übrige. Rezepte gegen die Bayern.

Ankunft in der Liga: Auch Cottbus kann siegen

Nichts deutete vorher daraufhin, dass Energie gegen Frankfurt die ersten drei Punkte holen könnte. Unzufriedenheit herrschte, Kritik wurde laut. Die Einkäufe wurden ein Thema. Hatte man zu viele mittelmäßige Ausländer geholt und etablierte wie Marcel Rath (St. Pauli) ausgesondert? Christian Beeck, Vize-Kapitän: »Die Vertrautheit ist dahin. Vergangene Saison lief es bei uns durch den Zusammenhalt. Jetzt sind wir keine geschlossene Mannschaft mehr.« Doch gegen Frankfurt hat Energie das Gegenteil bewiesen. Und nach 90 Minuten Power-Fußball sprach auch niemand mehr von falschem Training. Herrschte zuvor auch noch die Angst vor dem Versagen und vor Fehlern, so wurde die nun richtiggehend weggespielt. Der erste Sieg im vierten Spiel. Energie ist damit endlich in der Bundesliga angekommen. Und Trainer Eduard Geyer durfte aufatmen. »Der Erfolg ist für alle unheimlich wichtig.« Und ihm hat danach das Bier wie noch nie geschmeckt. In vier Spielen hatte Geyer 21 Spieler eingesetzt, davon 16 Ausländer. Ihr Anteil von 76 Prozent ist der höchste in der Liga. Für die Frankfurter aber sind die »sanften Tage« zu Ende. »Quälix« Magath, der Trainer, hatte sie mehr gelobt, als mit ihnen trainiert. »Viele trauen sich nicht so viel zu, wie sie eigentlich können. Die brauchen Lob.« Doch als in Cottbus der fünfte Tabellenplatz verteidigt werden musste, erlebte Felix Magath etliche Versager. Deswegen kehrt er zu seinem alten Stil zurück.

MARCEL REIF: BAYERN-STOLPERER ZUR RECHTEN ZEIT?

Müssen wir uns um die Bayern nach dem 1:2 in Stuttgart Sorgen machen? Gehört Schalke wirklich an die Tabellenspitze? Eine halbe Stunde haben die Bayern die Stuttgarter regelrecht vorgeführt. Der VfB rannte, die Bayern guckten sich entspannt an. Doch nach dem Ausgleich wurde plötzlich alles anders. Und zwischen der 70. und 85. Minute schienen Hitzfeld und Henke sogar leblos auf der Bank zu sitzen. Ließen es die beiden laufen, weil ihnen die erste Pleite gerade recht kam? Vor dem Champions-League-Spiel gegen Helsingborg haben sie jetzt treffliche Argumente. Motto: Hand hoch, wer seine Leistung nicht abrufen will. Der kann zu Hause bleiben. Also ein Dämpfer zu rechten Zeit. Lasst sie doch auch mal verlieren. Das macht sie menschlich. Das zieht die »Marsmenschen« runter zu uns. Aber wenn Bayern ins Bodenlose fällt – und Schalke Meister wird, dann stelle ich die Arbeit ein. Schalkes Manager Assauer hat nach dem 1:1 bei 1860 das Richtige gesagt: »Ich würde gern Platz 5 nach 34 Spielen gegen den Platz 1 von heute tauschen.« Höchst intelligent, der Mann. Im Moment passt bei Schalke alles zusammen. Dennoch warne ich vor zu großer Euphorie.

5. Spieltag
15.–17. September

TORSCHÜTZE DES TAGES

HEIKO HERRLICH (Foto) hat mit sechs Toren seine Quote des gesamten Vorjahres schon erreicht. Ein Doppelpack in Hamburg brachte ihn selbst an die Liga-Spitze der Schützen. Vor der letzten Saison war er noch von BvB-Präsident Dr. Niebaum an den Pranger gestellt worden: »Heiko identifiziert sich nicht genug mit dem BvB.« Doch der Torjäger schwieg und handelte. Seine Tore bewahrten Borussia vor dem Abstieg. Nun gelang ihm bereits das zweite Doppelpack. Dadurch war Borussia zumindest für einen Tag schon Spitzenreiter. »Die Mannschaft spielt offensiver als letztes Jahr und mehr über die Flügel«, freut sich Herrlich. »Das ist gut für einen Stürmer wie mich.« Die Jugendabteilung des FC Kollnau bei Freiburg, sein Heimatverein, bekommt nun die von Continentale und *Sport-Bild* gestifteten 1000 Mark und einen Satz Trikots.

Der Tag im Überblick

Da staunte nicht nur Friedhelm Funkel auf der Bayer-Tribüne. Tags zuvor hatte er sich dem sorgengeplagten FC Hansa als Trainer bis 2002 verpflichtet. Und nun feierten die tor- und sieglosen Rostocker, geführt von Co-Trainer Juri Schlünz, ausgerechnet in der Arena des Vizemeisters ihre Wiederauferstehung. Der aber steckt nach 19 Heimauftritten (bei 15 Siegen) ohne Niederlage in argen Stürmer-Nöten: 34:7 Torschüsse, aber 1:2 Treffer! Mit dem ersten Auswärtssieg am Schlusstag hatte Hansa die Saison zuvor gerade noch überstanden. Entsetzen auch in Hamburg, wo man erstmals nach 1991 eine 2:1-Führung mit 2:3 noch verlor und Matthias Sammers Borussen eine Reise-Bestmarke gestatten musste: drei Spiele, drei Siege! In Frankfurt überlebte nur eine Serie: Eintracht blieb durch den achten Heimsieg im Jahr 2000 zu Hause ungeschlagen, München 1860 aber nach elffacher Niederlagenlosigkeit auf der Strecke. In Schalke überstand die Euphorie angesichts der Tabellenführung nur einen Spieltag. Bremen machte mit dem 1:1 die Bayern wieder zum Spitzenreiter, die Ortsnachbar Unterhaching nur den Spaß am ersten Auswärtstor gestatteten. Träger des Schlusslichtes aber waren die Hachinger erst- und letztmals nach der Erstliga-Premiere am 14. August 1999. Sie warten genauso auf den ersten Auswärtspunkt wie die Cottbuser, die zum dritten Mal mit drei Toren Differenz verloren. Die Liga verlangt Lehrgeld.

Das Bayern-Lazarett: Warten auf Effenberg

»Schützen-Liesel, dreimal hat's gekracht«, sangen die Bayern-Fans auf dem Oktoberfest nach dem 3:1 über Unterhaching. Im Stadion waren sie noch ganz schön sauer, weil nur die C-Besetzung eingelaufen war. Wenn der Reservist Wiesinger geschont wird, (wertvolle) Wasserträger wie Salihamidzic und Fink auf der Bank sitzen, dazu noch der Welt- und Europameister Lizarazu, mit Andersson der Abwehr- und Jancker der Sturm-Chef und mit Kahn der Über-Chef sogar nur auf der Tribüne – dann stimmt etwas nicht. Aber wenn Bayern die Champions League gewinnen will – was Vorrang vor der Meisterschaft hat –, dann müssen momentan auch wichtige Reservisten geschont werden. Denn wann Kapitän Effenberg, Torjäger Sergio und Turbo Zickler wieder spielen können, ist ungewiss. Effenberg und sein gefährlicher, längsseitiger Riss der Achillessehne. Den Bayern ist klar: Ohne Effenberg werden sie keine Champions-League-Sieger. Manager Uli Hoeneß: »Vielleicht dauert es noch sechs Wochen, vielleicht acht. Wenn er auch nur eine Woche zu früh anfängt, kann die Sehne wieder reißen.« Die Bayern wissen auch, dass sie ohne Paulo Sergios Tore aus aussichtslosen Situationen die League kaum gewinnen können. Einem Muskelfaserriss folgte bei ihm ein Bandscheibenvorfall. Es sieht nach einer langen Pause aus. Bei Alexander Zickler weiß man nie genau, ob und wie. Weil bei seinen Sprints die Muskeln immer angespannt sind, hat er Rückenprobleme. »Eine tickende Zeitbombe«, so Hoeneß. So mussten gegen Haching Elber und Strunz (immer besser ins Effenbergs Rolle) nach langer Verletzungspause wieder ran. Der 19-jährige Kanadier Owen Hargreaves durfte erstmals von Anfang an mitmachen. Hitzfeld ließ ihn sogar durchspielen und konstatierte ein zunehmend wachsendes Selbstvertrauen.

Stoßgebet zum Himmel: Bayerns Jungstar aus Paraguay, Roque Santa Cruz, sehnt sich nach Torerfolgen. Auch nach Effenbergs Rückkehr?

ERGEBNISSE

Freitag, 15.09.00	1. FC Kaiserslautern – 1. FC Köln	3:1	(1:1)
Samstag, 16.09.00	Bayer 04 Leverkusen – FC Hansa Rostock	1:2	(0:2)
	SC Freiburg – Energie Cottbus	4:1	(0:0)
	Eintracht Frankfurt – TSV München 1860	1:0	(1:0)
	VfL Bochum – VfL Wolfsburg	2:1	(1:0)
	Hamburger SV – Borussia Dortmund	2:3	(1:1)
	FC Bayern München – SpVgg Unterhaching	3:1	(1:1)
Sonntag, 17.09.00	FC Schalke 04 – SV Werder Bremen	1:1	(0:0)
	Hertha BSC – VfB Stuttgart	2:0	(0:0)

Alle Daten zum Spieltag auf Seite 214

FAKTEN

- **Zuschauer:** Es kamen 300 738, also 33 415 im Schnitt.
- **Tore:** 29 (3,22 pro Spiel) sind eine gute Bilanz.
- **Spitze:** Herrlich (BvB) und Jancker (Bayern) mit je 6 Treffern
- **Elfmeter:** 5 Tore: Djorkaeff, Maric, Herrlich, Scholl, Böhme
- **Karten:** Grammozis (FCK) sah rot.
- **Jubiläum:** Breitkreutz sorgte für Leverkusens 1000. Gegentor.
- **Bilanzen:** Ohne Sieg nur Unterhaching.

TABELLE

Rang	Verein	Sp.	g.	u.	v.	Tore	Diff.	Pkt.	
1	FC Bayern München	5	4	0	1	14:5	9	12	↗
2	Borussia Dortmund	5	4	0	1	12:7	5	12	↗
3	FC Schalke 04	5	3	2	0	11:3	8	11	↘
4	SC Freiburg	5	2	3	0	9:2	7	9	↗
5	Hertha BSC	5	3	0	2	12:6	6	9	↗
6	Eintracht Frankfurt	5	3	0	2	9:6	3	9	↗
7	TSV München 1860	5	2	2	1	8:7	1	8	↘
8	Hamburger SV	5	2	1	2	10:10	0	7	↘
9	Bayer 04 Leverkusen	5	2	1	2	6:7	-1	7	↘
10	1. FC Kaiserslautern	5	2	1	2	4:6	-2	7	↗
11	VfL Wolfsburg	5	2	0	3	8:8	0	6	↘
12	VfB Stuttgart	5	2	0	3	6:9	-3	6	↘
13	VfL Bochum	5	2	0	3	3:12	-9	6	↗
14	1. FC Köln	5	1	2	2	7:7	0	5	↘
15	SV Werder Bremen	5	1	1	3	7:8	-1	4	↘
16	FC Hansa Rostock	5	1	1	3	2:10	-8	4	↗
17	Energie Cottbus	5	1	0	4	5:14	-9	3	↘
18	SpVgg Unterhaching	5	0	2	3	2:8	-6	2	↘

5.

Bochums Yildiray Bastürk (r.) hält den Ball auf Distanz. Akonnor ebenfalls

Bochum greift in die Mottenkiste: Siegrezepte von früher

Für Siege muss man sich nicht schämen. Auch wenn sie mit einer Taktik aus der Mottenkiste errungen werden. Bochums Trainer Ralf Zumdick hat die Viererkette zerrissen, den Libero (Mamic) und zwei Manndecker (Meichelbeck, Ristau) hinten reingestellt und davor noch zwei Staubsauger (Bemben, Dickhaut) platziert. Es brachte einen Sieg gegen Wolfsburg – man hatte also alles richtig gemacht. »Meine Spieler sind mit der Kette überfordert«, hatte Zumdick erkannt. »Sie verlieren zu schnell die Übersicht und brauchen deshalb feste Zuordnungen.« Routinier Thomas Stickroth blieb dadurch auf der Strecke. Zumdick: »Ich kann auf Einzelne keine Rücksicht nehmen.« Der Laden war endlich dicht, trotz zeitweiligen Einbahnstraßenfußballs der Wolfsburger, die auf 15:6 Ecken kamen. Bochums Torwart van Duijnhoven zufrieden: »Ich habe mich trotzdem weitaus sicherer gefühlt als hinter der Viererkette.« Im Duell der Maric-Brüder traf nur Marijo für Bochum, Tomislav (VfL) wurde ausgewechselt. Damit hat Wolfsburg dreimal auswärts gespielt und dreimal verloren. Jedesmal (FC Bayern, Leverkusen, Bochum) war ein Gegentor durch Foulelfmeter dabei. »Das ist schon seltsam! Hoffentlich bleibt das nicht so«, hofft Unglücksrabe Nowak, der erst ein Luftloch schlug und den davonziehenden Freyer nur noch durch ein Foul bremsen konnte. Maric sorgte für das 1:0. In der Saison zuvor hatte der VfL Wolfsburg nur insgesamt fünfmal auswärts verloren.

MARCEL REIF: WENN VÖLLER SIEGT UND DAUM VERLIERT

Bayer 04 Leverkusen ist natürlich nicht schlechter als der FC Hansa Rostock. Trotzdem kam dieses 1:2 zum schlimmstmöglichen Zeitpunkt – vor allem für Christoph Daum. Die folgende Champions-League-Partie gegen Sporting Lissabon war schon wie ein Endspiel für ihn. Es wurde zum Glück 3:2 gewonnen. Unterdessen lachen sich die Bayern ins Fäustchen. Sie haben Daum (mit) zum Bundestrainer befördert und sich damit einen lästigen Konkurrenten im Kampf um die Meisterschaft vom Hals geschafft. Machen wir jetzt aus Daum keinen Mythos. Er hat als Trainer die Aufgabe, aus seinem Team das Bestmögliche herauszuholen. Schafft er das nicht, muss man sich trennen. Egal ob er Daum heißt oder nicht, ob er Bundestrainer wird oder nicht. Die Spieler in Leverkusen haben derzeit auf jeden Fall ein gutes Alibi. Unser Trainer geht ja sowieso weg! Dennoch wird Daum seine Arbeit jetzt kaum umstellen. Von der Methodik her macht er das ohnehin sehr gut. Aber sein größtes Problem bleibt dies: Er selbst steht zu sehr im Vordergrund.
Verliert Daum seinen Job in Leverkusen, betrifft das allerdings den gesamten deutschen Fußball. Stellen wir uns nur vor, Völler gewinnt mit der Nationalelf gegen England in Wembley – und verliert danach kein weiteres Spiel mehr. Stellen wir uns weiter vor, sein Nachfolger Daum gewinnt nicht. Dann dürfte auch dem Letzten das Problematische dieser Inthronisierung mit Verzögerung klar sein.
Mir scheint es ohnehin im deutschen Fußball zu viele Nebenkriegsschauplätze zu geben. Es wird über Leverkusen diskutiert, über Daum, über Völler. Alles Kasperltheater. Wie wäre es, wenn sich die Verantwortlichen mal wirklich um die Zukunft der Nationalelf kümmern würden? Ein Sieg gegen die Spanier, die aus dem Urlaub kamen. Ein Sieg mit Ach und Krach gegen Griechenland. Ist Deutschland schon wieder »wer«? Oder sollten wir uns doch hauptsächlich um die Nachwuchsförderung kümmern? Deisler, Ballack, schön und gut – aber sie allein sind kein Konzept.

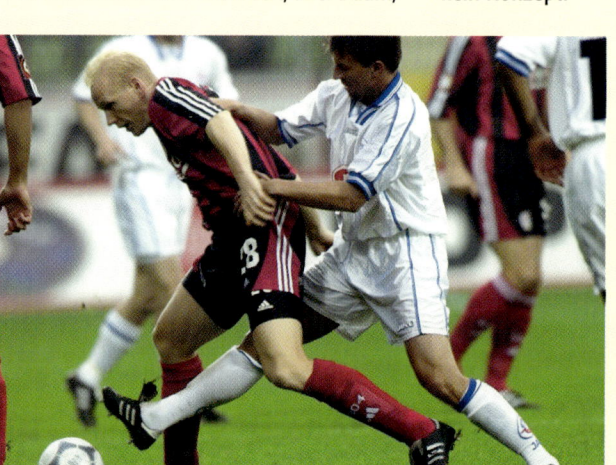

Daum leidet: Ramelow (l.) stolpert für Bayer, Hansas Breitkreutz kriegt ein Bein dazwischen

6. Spieltag
22.–24. September

TORSCHÜTZE DES TAGES

JONATHAN AKPOBORIE (Foto) erntete hinterher auch Gratulationen von Frank Pagelsdorf. Der HSV-Trainer hatte ihn einst aus Waldhof zum FC Hansa Rostock geholt und in zwei Jahren zum Nationalspieler für Nigeria geformt. Doch nun war Akpoborie mit drei Toren hauptverantwortlich für das 4:4 der Wolfsburger gegen den HSV. Damit steht er bei zehn Toren für den VfL gegen den HSV. Akpoborie möchte sich nun ganz auf den VfL konzentrieren und schrieb dem nigerianischen Verband, man möge ihn nicht mehr zu Länderspielen einladen. Prompt kam eine Aufforderung, gegen Madagaskar mitzuwirken. Bei Ablehnung könnte eine Sperre drohen. Vielleicht besänftigt die Offiziellen, dass die Jugendabteilung von Julius Berger Lagos, Akpobories Heimatklub, nun 1500 Mark und einen Satz Trikots gespendet bekam.

Der Tag im Überblick

Den Ruhrpott überschwemmen alle Gefühle, von Himmelhochjauchzend bis zu Tode betrübt. Borussia wird in Dortmund von Schalke reingelegt! Ausgerechnet vom Erzfeind! Den Knappen ist dort acht Jahre lang kein Sieg gelungen. Das letzte 0:4 kassierte der BvB 1993 – aber durch Stuttgart. Lehrgeld auch für Jung-Trainer Matthias Sammer. Gäbe es noch die Zwei-Punkte-Wertung, wäre Schalke wieder Spitzenreiter. Ins Raritätenmuseum gehören auch Herthas 2:5-Blamage durch Unterhaching, das noch nie so oft traf. Und Hamburgs 4:4 in Wolfsburg. Ein Albtraum-Resultat für den HSV. So trennnte man sich im Vorjahr von Wolfsburg, so von Juventus Turin in der Champions League. Der VfL aber bleibt in Wolfsburg im Jahr 2000 ungeschlagen. Die Fans freut solche Turbulenzen. In Rostock feiern sie Friedhelm Funkel nach dem 1:0 gegen Lautern als Heilsbringer und eine doppelte Tor-Premiere für Hansa: das erste zu Hause und das erste durch Neuling Rydlewicz. In Cottbus schickt Leverkusen in letzter Minute Energie in die zweite Heimniederlage. In der Liga-Saison zuvor hat Cottbus nicht öfter verloren. Das 1:1 gegen Frankfurt schiebt Bremen, das nun fünfmal sieglos ist, in den Abstiegskeller. Frankfurts Trainer Felix Magath war 1993 zum gleichen Zeitpunkt und in gleicher Situation aus Bremen verwiesen worden. Die Kölner sehen keinen Grund, ihr 100. Tor gegen Bayern zu feiern. Denn der Meister nimmt alle Punkte mit.

Sammer sucht seine Spieler. Herrlich einsam im Schalke-Strafraum

Brisantes Revier-Derby: Sammers Schalker Lehrstunde

Borussias junger Cheftrainer Matthias Sammer (33) suchte nach der 0:4-Klatsche gegen Schalke, die er als Schande empfand, gar nicht nach Ausreden. »Ich kann das Entsetzen auf den Rängen vollauf verstehen. Wir stehen bei unseren Fans in der Schuld. ›Wir‹, das bin ich, und ›wir‹ ist die Mannschaft. Gemeinsam haben wir heute versagt.« Schlimmer noch. Schalke erteilte der Borussia eine Lehrstunde und legte dabei auch die Fehler von Sammer offen. Gegner Huub Stevens hatte sich Sammers taktische Meisterleistungen in Bremen und Hamburg genau angesehen. Vor allem auf Schalkes Übermacht im Mittelfeld wusste Sammer keine Antwort. Er setzte zwar Stevic als »Kettenhund« auf den geschmähten und gefeierten Rückkehrer Andy Möller an, büßte damit aber zugleich dessen Offensivdrang ein. Da auch Sunday Oliseh gegen den kampfstarken Olaf Thon viel zu defensiv ausgerichtet war und selbst nie einen Spielmacher abgeben konnte, klaffte bei Borussia zwischen Abwehr und Angriff ein großes Loch. 90 Minuten hielt Sammer auch an Libero Jörg Heinrich als Absicherung fest, statt ihn ins Mittelfeld, ins Notstandsgebiet, vorzuschieben. Und auf der linken Außenbahn gab Jörg Böhme so viel Gas, dass Evanilson fast nur seinen schwachen Rückwärtsgang einlegen musste. Und weil keine Flanke von Evanilson oder Dede wie sonst immer kam, verhungerte Herrlich im BvB-Angriff. Warum Sammer nicht mit Ikpeba gleich eine zweite Spitze brachte, suchte ein sichtlich geschockter Präsident Dr. Niebaum so zu erklären: »Die Mannschaft hat offenbar noch immer die katastrophale letzte Saison im Hinterkopf. Aus Angst vor schnellen Kontern spielt sie daheim lieber defensiver.« Auswärts aber greift Berussia Dortmund mutig an und ist deswegen auch dort noch ungeschlagen.

ERGEBNISSE

Freitag, 22.09.00	TSV München 1860 – SC Freiburg	3:1	(0:1)
Samstag, 23.09.00	1. FC Köln – FC Bayern München	1:2	(1:1)
	VfB Stuttgart – VfL Bochum	1:1	(0:1)
	VfL Wolfsburg – Hamburger SV	4:4	(2:1)
	Borussia Dortmund – FC Schalke 04	0:4	(0:2)
	SV Werder Bremen – Eintracht Frankfurt	1:1	(1:1)
	Energie Cottbus – Bayer 04 Leverkusen	1:2	(1:1)
Sonntag, 24.09.00	FC Hansa Rostock – 1. FC Kaiserslautern	1:0	(0:0)
	SpVgg Unterhaching – Hertha BSC	5:2	(2:1)

Alle Daten zum Spieltag auf Seite 214

FAKTEN

• Zuschauer:	Wieder nur 235 838, also 26 204 pro Spiel
• Tabelle:	Nur Schalke ohne Niederlage
• Tore:	Erfreulich viele: 34, also 3,78 pro Spiel
• Spitze:	Durch Agostino nun ein Quintett mit 6 Toren
• Elfmeter:	Drei Versuche, drei Tore: Böhme, Heldt, Breitenreiter
• Karten:	Rot: Houbtchev (EF), Miriuta (EC), Gelb-Rot: Kehl (SCF)
• Jubiläum:	Der 1200. Ligaauftritt des FC Bayern

TABELLE

Rang	Verein	Sp.	g.	u.	v.	Tore	Diff.	Pkt.	
1	FC Bayern München	6	5	0	1	16 : 6	10	15	→
2	FC Schalke 04	6	4	2	0	15 : 3	12	14	↗
3	Borussia Dortmund	6	4	0	2	12 : 11	1	12	↘
4	TSV München 1860	6	3	2	1	11 : 8	3	11	↗
5	Eintracht Frankfurt	6	3	1	2	10 : 7	3	10	↗
6	Bayer 04 Leverkusen	6	3	1	2	8 : 8	0	10	↗
7	SC Freiburg	6	2	3	1	10 : 5	5	9	↘
8	Hertha BSC	6	3	0	3	14 : 11	3	9	↘
9	Hamburger SV	6	2	2	2	14 : 14	0	8	↘
10	VfL Wolfsburg	6	2	1	3	12 : 12	0	7	↗
11	VfB Stuttgart	6	2	1	3	7 : 10	-3	7	↗
12	1. FC Kaiserslautern	6	2	1	3	4 : 7	-3	7	↘
13	FC Hansa Rostock	6	2	1	3	3 : 10	-7	7	↗
14	VfL Bochum	6	2	1	3	4 : 13	-9	7	↘
15	SV Werder Bremen	6	1	2	3	8 : 9	-1	5	→
	1. FC Köln	6	1	2	3	8 : 9	-1	5	↘
17	SpVgg Unterhaching	6	1	2	3	7 : 10	-3	5	↗
18	Energie Cottbus	6	1	0	5	6 : 16	-10	3	↘

BvB-Empfang für Andy Möller. Doch der wird von den Schalker Fans nach dem 4:0 gefeiert

Hansas erster Heimsieg: In Rostock funkelt Hoffnung

Otto Rehhagel (62) hat nach diesem 0:1 richtig gehend gelitten. Während Rostocks Friedhelm Funkel und sein Co-Trainer Reinhard Stumpf in den Katakomben des Stadions das Spiel analysierten, ging Rehhagel wortlos vorbei. Er wollte mit seiner Frau Beate nur noch allein sein. Seine bittere Erkenntnis: Die Lauterer waren den Rostockern auch in Sachen Laufbereitschaft und Kampfkraft unterlegen. Ja, Hansa kämpfte so mit Herz, dass die Fans noch lange nach Schluss im Stadion feierten. Damit ist die Hoffnung nach Rostock zurückgekehrt. Christian Brand hatte eine schlichte Erklärung: »Fußball ist zu achtzig Prozent eine Kopfsache. Unser Trainer hat uns kurz vorher noch mal eingeschworen: Arbeitet diszipliniert und kämpft, kämpft, kämpft!

Mit dem frischen Selbstvertrauen aus dem Leverkusen-Spiel hat das dann geklappt.«Der Wechsel von Andreas Zachhuber über Juri Schlünz zu Friedhelm Funkel hat einen neuen Schub gebracht. Denn taktisch hatte der Neue nicht viel geändert. Nur Brand ersetzte den grippekranken Breitkreutz. Im Gegensatz zum ruhigen »Zacher«, der bei den Fans keinen Kredit mehr hatte, arbeitet Funkel engagiert an der Seitenlinie und treibt sein Team nach vorn. Und René Rydlewicz traf mit einem Sonntagsschuss genau in den Winkel. Funkel aber blieb sachlich: »Auch Andreas Zachhuber hätte das heute mit dem Team erreichen können.« Denn so ist der Funkel. Kein Selbstdarsteller, sondern ein ehrlicher Arbeiter. Das kommt an in Rostock.

MARCEL REIF: HERTHA UND DIE KLATSCHE VON HACHING

6.

Zuhause Jubel, Trubel. Aber auswärts lassen sie sich abbraten, dass die Heide wackelt. Ganz ehrlich: Die Hertha 2000 regt mich fürchterlich auf. Wie die Herren da beim 2:5 in Unterhaching allesamt aufgetreten sind – das war einfach unverschämt. Noch merkwürdiger finde ich allerdings die Aussage von Trainer Jürgen Röber nach dem Abpfiff: »Mit dieser Einstellung konnten wir hier nichts holen.« Zur Klarstellung: Für die Einstellung eines Teams ist nicht zuletzt der Trainer verantwortlich. Und offensichtlich erreicht der Coach seine Spieler nicht mehr. Oder aber die Mannschaft hat keinen Charakter. Genauso schlimm. Vor dem ersten Saisonspiel stand ich im Münchner Olympiastadion mit Dieter Hoeneß zusammen. Er sagte mir: »Wir haben gut eingekauft. Dieses Jahr wird alles besser.« Ja, über die Plätze 1 bis 4 haben sie in Berlin schon geredet. Aber langsam sollten sie jetzt eine Pressekonferenz einberufen. Am Tisch der Trainer, der Manager und der Mannschaftskapitän. Thema: »Liebe Leute, jawohl, wir sind nur Mittelmaß!« Aber das wird keiner tun. Schon gar nicht in Berlin. Champions League, Hauptstadt – hier ist man besseres gewohnt als fünf Gegentore in Unterhaching. Und das bei einem Team, das Experten nun wirklich nicht überraschen kann. Oder haben die jemals brasilianisch gespielt oder eine atemberaubende Taktik gezeigt? Hertha, das ist berechenbares Mittelmaß. Einfach nervtötend, wenn ich an das Folgende denke. Köln kommt. Ein Heimspiel. Logo. 3 Punkte. Wahrscheinlich wieder zu Null. Danke. Dann geht's nach Rostock. Auswärtsspiel samt Klatsche. Wer will das noch sehen? Das langweilt, und deswegen kommen die Fans auch nicht mehr so zahlreich wie in den letzten Jahren. Wer Ansprüche ohne Ende stellt, der muss einfach mehr aus seinen Möglichkeiten machen. Jürgen Röber ist ein intelligenter Mann. Er gehöre zu Berlin wie das Brandenburger Tor, hat er gesagt. Aber ob das noch stimmt, wenn er die Mannschaft nicht endlich in den Griff bekommt? Ausreden kann er sich nicht leisten, weil er selbst die Latte so hoch wie noch nie gelegt hat.

Hansas Kampf mit Herz und Ball: Steffen Baumgart vor Lauterns Slobodan Komljenovic. Brand schaut zu

7. Spieltag

29. September bis 1. Oktober

TORSCHÜTZE DES TAGES

DARIUSZ WOSZ (Foto) war wesentlich daran beteiligt, dass sich die Berliner Hertha gegen Köln nach dem peinlichen 0:2 noch zu einem 4:2-Sieg aufschwang. Zwei Tore steuerte der kleine Tausendsassa bei. Es waren seine ersten der Saison. Vor Saisonbeginn hieß es: Wosz oder Beinlich – wer muss auf die Bank? Nun verstehen sich beide Regisseure immer besser. Kein Wunder, dass Wosz hinterher hochzufrieden war. »Nun müssen wir aber endlich mal auch auswärts punkten.« So seine Forderung. Vier Siege zu Hause und 14:2 Tore stehen im klaren Missverhältnis zu drei Niederlagen und 4:11 Toren auf Reisen. Die Jugendabteilung seines Heimatvereins Motor Halle aber darf sich nun erst mal über 1000 Mark und einen Satz Trikots freuen, gestiftet von Continentale und *Sport-Bild*.

Der Tag im Überblick

Der Osten zeigt seine Muskeln. Respektlos! An das 2:1 in Leverkusen hängt Hansa ein 1:0 beim FC Bayern. Brand steckt den Meister in Brand. Nach vier Jahren wieder eine Niederlage gegen Rostock, weil 28 Schüsse auf Pieckenhagens Tor nutzlos waren. In Lautern rettet Torwart Koch dem FCK das 1:1 gegen Schlusslicht Cottbus. Lauterns Fans fühlen sich mit ihrem Plakat »Otto, danke für alles. Aber Deine Zeit ist vorbei« bestätigt. Cottbus' erster Reisepunkt! Auf dem »Betze« schleicht Angst um, weil im Abstiegsjahr 1995/96 der Start genauso schlecht war. Anderntags wirft Otto Rehhagel das Handtuch. Andy Brehme, Weltmeister, FCK-Ikone, aber noch nie Trainer, soll's richten. In Hamburg fällt Schalke als Letzter ohne Niederlage vom Sockel.

In den Berliner Stadiontrümmern macht Aufsteiger Köln mit 0:2 auch aus Hertha eine Baustelle. Bis dem Brasilianer Alex Alves ein Schock-Tor aus 52 Metern gelingt. Das liefert den Beton für ein 4:2-Hochhaus, in dem sich Jürgen Röbers Trainer-Jubiläum des 150. Spiels besser feiern lässt. Dortmund verteidigt Rang 3, weil das Team der Eintracht in Frankfurt das erste Gegentor verpasst und als einziges auf Reisen ungeschlagen bleibt. Leverkusens Krise wird immer rätselhafter. Rückfall auf Rang 8, weil man erstmals nach zwei Jahren zu Hause das Tor nicht trifft. Gegen die Münchner Löwen ist es das vierte Remis in Serie!

Märchenhafte Ehe zerbrach: Ottos Flucht aus Lautern

Ministerpräsident Kurt Beck, der im März 2001 wiedergewählt werden wollte (und es tatsächlich wurde), folgte dem Stimmungsumschwung und senkte den Daumen: »Kaiserslautern ist derzeit ein trauriges Kapitel. Kein System, keine zündende Idee.« Otto Rehhagels Stunde hatte geschlagen. Nach dem 1:1 gegen Cottbus teilte er seinem Freund, dem Vorstandsvorsitzenden »Atze« Friedrich, mit: »Ich höre auf. Durch den Druck von außen hätte die Mannschaft Probleme bekommen.« Dabei hatte alles wie ein Märchen begonnen. Nach seinem Rausschmiss in München fing Otto 1996 völlig überraschend beim Absteiger an. Motto: »Ich habe lieber großen Spaß in einer Kleinstadt als kleinen Spaß in einer Großstadt.« Erst klappte der sofortige Aufstieg mühelos, dann schaffte Rehhagel etwas, worüber Ziehsohn und Teamchef Rudi Völler sagt: »Dass Lautern als Aufsteiger Meister wurde, wird es in 1000 Jahren nicht mehr geben. Das wurde bis heute viel zu wenig gewürdigt.« Der Bruch zwischen Rehhagel und der Mannschaft lässt sich datieren. Am 29. Mai 1999 musste Lautern aus Frankfurt einen Punkt holen, um in die Champions League einzuziehen. Eintracht galt als Absteiger. Aber Lautern ging erbärmlich ein. Das 1:1 nach 68 Minuten hätte noch gereicht, doch der FCK verlor fast ohne Gegenwehr noch 1:5. Die unerwarteten Folgen: Frankfurt rettete sich, Nürnberg stieg ab, Dortmund kam in die League. Die mitgereisten FCK-Fans weinten. Der Vorstand tobte, und Rehhagel war fassungslos: »Ich muss mich beherrschen, um nicht einigen die Wahrheit zu sagen.« Seitdem besteht der Verdacht, dass die Spieler den Trainer mit der Niederlage abschießen wollten. Später übte Sforza den Aufstand: »Die Zeit von Diktatur und Gehorsam ist vorbei.« Wer nicht aufgestellt wurde, schoss in aller Öffentlichkeit.

7.

Rehhagel tut, was die Fans fordern. Er verlässt den Betzenberg

ERGEBNISSE

Freitag, 29.09.00	Eintracht Frankfurt – Borussia Dortmund	1:1	(1:0)
Samstag, 30.09.00	VfL Bochum – SpVgg Unterhaching	3:0	(0:0)
	Hertha BSC – 1. FC Köln	4:2	(3:2)
	Hamburger SV – FC Schalke 04	2:0	(1:0)
	FC Bayern München – FC Hansa Rostock	0:1	(0:1)
	1. FC Kaiserslautern – Energie Cottbus	1:1	(1:0)
	Bayer 04 Leverkusen – TSV München 1860	0:0	
Sonntag, 01.10.00	SC Freiburg – SV Werder Bremen	0:1	(0:0)
	VfL Wolfsburg – VfB Stuttgart	2:2	(1:1)

Alle Daten zum Spieltag auf Seite 215

FAKTEN

- Zuschauer: 301 417, das sind 33 491 pro Spiel.
- Tabelle: Bayern und Schalke verlieren Boden.
- Tore: 21 bedeuten nur 2,33 pro Spiel.
- Spitze: Agostino, Herrlich, Jancker, Mpenza, Sand je 6 Tore
- Elfmeter: Koch (FCK), Lottner (Köln) trafen beide.
- Rote Karte: Rink (Leverkusen)
- Gelb-Rot: van Kerckhoven (Schalke)

TABELLE

Rang	Verein	Sp.	g.	u.	v.	Tore	Diff.	Pkt.	
1	FC Bayern München	7	5	0	2	16:7	9	15	→
2	FC Schalke 04	7	4	2	1	15:5	10	14	→
3	Borussia Dortmund	7	4	1	2	13:12	1	13	→
4	Hertha BSC	7	4	0	3	18:13	5	12	↗
5	TSV München 1860	7	3	3	1	11:8	3	12	↘
6	Eintracht Frankfurt	7	3	2	2	11:8	3	11	↘
7	Hamburger SV	7	3	2	2	16:14	2	11	↗
8	Bayer 04 Leverkusen	7	3	2	2	8:8	0	11	↘
9	VfL Bochum	7	3	1	3	7:13	-6	10	↗
10	FC Hansa Rostock	7	3	1	3	4:10	-6	10	↗
11	SC Freiburg	7	2	3	2	10:6	4	9	↘
12	VfL Wolfsburg	7	2	2	3	14:14	0	8	↘
13	SV Werder Bremen	7	2	2	3	9:9	0	8	↗
14	VfB Stuttgart	7	2	2	3	9:12	-3	8	↘
15	1. FC Kaiserslautern	7	2	2	3	5:8	-3	8	↘
16	1. FC Köln	7	1	2	4	10:13	-3	5	↘
17	SpVgg Unterhaching	7	1	2	4	7:13	-6	5	→
18	Energie Cottbus	7	1	1	5	7:17	-10	4	→

7. Aufatmen in Hamburg: Der HSV kann Schalke stoppen

Beifall vom Chef gibt's selten. Aber HSV-Trainer Frank Pagelsdorf wusste zu gut: »Dieser Sieg gegen Schalke ist wichtig für unser Selbstvertrauen.« Außerdem verhinderte das den Wechsel an der Spitze: Bayern blieb vor Schalke, und der HSV rückte den UEFA-Cup-Plätzen näher. Wird nun alles gut? Nico Kovac, bekannt für ein gerades Wort, warnt: »Es war ein Sieg, mehr nicht.« Der kroatische Nationalspieler weiß, dass der HSV noch immer der Vorjahresform hinterher rennt. »Wir spielen nicht mehr so unbekümmert. Außerdem wirkt sich die Dreifach-Belastung auch auf unser Spiel aus. Früher haben wir pausenlos attackiert, aber wenn die Frische fehlt, kann man keinen Powerfußball spielen.« HSV-Idol Willi Schulz hatte vor dem Schalke-Spiel gefordert: »Die müssen mit dem Harakiri-Fußball aufhören. Eine Saison mit dreifacher Belastung übersteht man nur mit sicherer Abwehr.« Diesmal fuhren die HSV-Verteidiger, mit 14 Toren hinter Schlusslicht Cottbus noch immer die Schießbude der Liga, entschlossen dazwischen. Sand, Asamoah, Möller, Mulder hatten nur eine echte Chance. Ist die Heimstärke wieder gewonnen? »Die Gegner sagten bisher: Wenn wir in Hamburg nicht gewinnen, wo dann?« So Ingo Hertzsch. Und Sergej Barbarez war wieder der Kopf des Ganzen, ein torgefährlicher Spielmacher. Das Fazit von Günter Netzer, Ex-Manager des HSV: »Pagelsdorf hat eine Mannschaft aufgebaut, die überrascht hat, die auf dem Weg nach oben ist und in der Potenzial steckt.«

Schalkes Höhenflug gestoppt: Hamburgs Anthony Yeboah versucht Tomas Waldoch zu bremsen

MARCEL REIF: DIESES NIVEAU IST UNERTRÄGLICH

Als sich Heynckes und Daum damals im ZDF-Sportstudio die Köpfe eingehauen haben, dachte ich: Schlimmer geht's nicht. Jetzt werde ich eines Schlechteren belehrt. Das Niveau, das der deutsche Fußball samt seinen leitenden Angestellten bietet, ist unerträglich. Da prügeln sich keine Dorfmannschaften, sondern der Meister, Vizemeister und ein ehemaliger Deutscher Meister. Drogen, Prostituierte, Ehe-Querelen, Ohrfeigen – solche Schlagzeilen passen weder zum Münchner Nobelklub noch zum Bayer-Konzern oder nach Lautern in die Pfalz. Fragt mal den Fan. Der hört, dass Spieler 200 Millionen Mark kosten, dass dieser Trainer das getan hat und jener was anderes. Dann sieht er von den vier Champions-League-Akteuren nur einen übrig bleiben und reibt sich den Sand aus den Augen ob der Weltklasse gegen Spanien und Griechenland. Ist Deutschlands Fußball wirklich schon wieder so gut, dass er sich diese Geschichten um Daum, Hoeneß, Effenberg, Rehhagel leisten kann? Wenn weiter so Krieg herrscht, wird Fußball bald etwas Gladiatorenhaftes bekommen. Hier gibt es keine Vorbilder mehr für die Kids von heute. Doch gerade die braucht der schwächelnde deutsche Fußball-Nachwuchs. Es ist schlimm, wenn dergleichen ein so wichtiges Spiel wie das gegen England in den Hintergrund drängt. Hier ist der Bogen überspannt. Eine einzige Zumutung.

8. Spieltag
13.–15. Oktober

TORSCHÜTZE DES TAGES

JÖRG BÖHME (Foto) war gegen Eintracht Frankfurt Schalkes überragender Mann auf dem Platz. Und das nicht nur wegen seines Tor-Doppelpacks. Auch sonst kurbelte der 26-Jährige das Schalker Spiel immer wieder über die linke Seite an. Dabei behinderte ihn eine Wunde auf dem linken oberen Spann, weswegen er mit dem Innen- und Außenrist sein Schussglück suchte, und so raffiniert drehte er auch den Ball zum 3:0 bei Keeper Heinen ins rechte obere Eck. Für 1,5 Millionen Mark kam er aus Bielefeld nach Schalke und blühte dort richtig auf. Auch bei 1860 hatte er zuvor sein Können nicht ausgeschöpft. Nun hat ihn Bundestrainer Michael Skibbe schon zum vierten Mal beobachtet und zum Auswahlkandidaten befördert. Das freut auch seinen Heimatklub Chemie Zeitz in Sachsen-Anhalt, der zudem die Torprämie von 1000 Mark und einen Satz Trikots erhält."

Der Tag im Überblick

Schalke 04 nahm sein Gründungsdatum so ernst wie noch nie und klebte auch Frankfurt nach Rostock und Dortmund sein »0:4« an die Hemden. Was erneut die Ligaspitze einbrachte, weil die großen Bayern (nach Erfolgen in Bochum und Köln) am dritten Aufsteiger hängen blieben. Der Letzte schlug den Ersten – das wurde in Cottbus noch tagelang gefeiert. Obwohl sich bei den Bayern die Nationalstürmer auf die Füße treten, gab es in Paris, in München gegen Hansa und nun in der Lausitz bei drei 0:1 nur dreifache Torlosigkeit. Der Spannung tut's gut. Ganz München trug sogar dreifach Trauer, weil Haching von Wolfsburg mit 0:3 clever ausgekontert wurde und die Lauterer ihrem Neu-Trainer Andy Brehme ein glänzendes 4:0-Debüt bei 1860 verschafften – was Haching, im Vorjahr nie in Abstiegsnöten, die Rote Laterne aus Cottbus einbrachte. Für das im 3:1 schon auf Sieg eingestimmte Leverkusen kam es in Bremen noch knüppeldick. Hauptdarsteller in der 88. bis 90. Minute war Bayer-Torwart Zuberbühler: erst Herzogs Elfmeter gehalten, dann das 2:3 kassiert und nach K.o.-Foul an Ernst Rot gesehen. Gegen Verteidiger Zivkovic im Tor hatte Ailton beim 3:3-Elfmeter keine Mühe. Der skandalgeplagte Christoph Daum war zu bedauern. Nach den zwei 1:0 mit Neu-Trainer Funkel kehrte bei Hansa die »Normalität« zurück: im fünften Spiel die fünfte Niederlage gegen Hertha. Die konnte endlich ihr Auswärtsvakuum füllen.

Brehmes Rückkehr nach München: Alles wie bei Trapattoni

Zwei Jahre hat Andreas Brehme in diesem Olympiastadion das Bayern-Dress getragen, von 1986 bis 1988. Nun feierte er seinen Einstand als Lauterns Trainer. Und was für einen. Mit 0:4 wurden der alte Trainer-Fuchs Werner Lorant und 1860 aufs Kreuz gelegt. »Von jedem meiner Trainer habe ich mir was abgeschaut«, beschrieb Brehme seine Lehrzeit. Und so trug das hoch verdiente 4:0 auch die Handschrift von Giovanni Trapattoni. Der hatte ihn zwischen 1988 und 1991 als Trainer bei Inter Mailand zum Weltklassespieler geformt. Brehme schien auch in dessen Kleiderschrank gegriffen zu haben: klassisch dunkelblaues Sakko, graue Hose und – typisch Trap – braune Schuhe. Wie der Italiener stand er, lief er, gestikulierte er und ignorierte die Coaching-Zone. »Die haben wir im Kurzlehrgang gar nicht durchgenommen«, sagte Brehme flapsig. »Sandwich« nannte Trap seine Methode, den Gegner bei Ballbesitz in Doppeldeckung zu nehmen. Vor allem den Spielmacher. Kaum war Häßler in Ballnähe, stürzten sich Grammozis und Hristov auf den kleinen Spielgestalter. Der konnte nur bei Eckbällen richtig durchatmen. Brehme wusste, dass bei 1860 die Gefahr von den Flügeln droht. Also wurden Cerny und Bierofka in den »Sandwich« genommen. Beide nahm Lorant entnervt vom Platz. Dabei wurde nicht nur Pettersson zum Abwehrspieler, auch Basler, sonst kein Laufwunder, sah man auf die Libero-Position zurücksprinten. Mit dem Deutsch-Polen Klose spielte nur ein Mann als (Super-)Spitze. Wie Trapattoni erklärte Brehme dennoch: »Wir haben nicht defensiv gespielt.« Man kann eben auch aus der Defensive gefährlich sein. Wie Trap wechselte Brehme den laufstarken und deswegen weniger treffsicheren Basler aus und brachte drei frische Spieler. Und aus New York applaudierte Otto Rehhagel: »Das ist ja wunderbar.«

Andreas Brehme bringt Lauterns Welt wieder in Ordnung

ERGEBNISSE

Freitag, 13.10.00	Borussia Dortmund – SC Freiburg	1:0 (0:0)
Samstag, 14.10.00	SV Werder Bremen – Bayer 04 Leverkusen	3:3 (0:1)
	Energie Cottbus – FC Bayern München	1:0 (1:0)
	FC Schalke 04 – Eintracht Frankfurt	4:0 (1:0)
	TSV München 1860 – 1. FC Kaiserslautern	0:4 (0:1)
	1. FC Köln – VfL Bochum	2:0 (0:0)
	VfB Stuttgart – Hamburger SV	3:3 (2:2)
Sonntag, 15.10.00	SpVgg Unterhaching – VfL Wolfsburg	0:3 (0:1)
	FC Hansa Rostock – Hertha BSC	0:2 (0:1)

Alle Daten zum Spieltag auf Seite 215

FAKTEN

- Zuschauer: 282 653 – das sind 31 406 im Schnitt.
- Tore: 29 (pro Spiel 3,22) sind eine gute Quote.
- Gesamt: 219, Happe (Schalke) erzielte das 200.
- Spitze: Barbarez (HSV) mit 7 Treffern allein vorn
- Elfmeter: Koch, Ballack, Ailton trafen, Herzog verschoss.
- Rote Karte: Torwart Zuberbühler (Leverkusen)
- Gelb-Rot: Stranzl, Wimmer, Deisler, Yasser

TABELLE

Rang	Verein	Sp.	g.	u.	v.	Tore	Diff.	Pkt.	
1	FC Schalke 04	8	5	2	1	19:5	14	17	↗
2	Borussia Dortmund	8	5	1	2	14:12	2	16	↗
3	FC Bayern München	8	5	0	3	16:8	8	15	↘
4	Hertha BSC	8	5	0	3	20:13	7	15	→
5	Hamburger SV	8	3	3	2	19:17	2	12	↗
6	Bayer 04 Leverkusen	8	3	3	2	11:11	0	12	↗
7	TSV München 1860	8	3	3	2	11:12	-1	12	↘
8	VfL Wolfsburg	8	3	2	3	17:14	3	11	↗
9	1. FC Kaiserslautern	8	3	2	3	9:8	1	11	↗
10	Eintracht Frankfurt	8	3	2	3	11:12	-1	11	↘
11	VfL Bochum	8	3	1	4	7:15	-8	10	↘
12	FC Hansa Rostock	8	3	1	4	4:12	-8	10	↘
13	SC Freiburg	8	2	3	3	10:7	3	9	↘
14	SV Werder Bremen	8	2	3	3	12:12	0	9	↘
15	VfB Stuttgart	8	2	3	3	12:15	-3	9	↘
16	1. FC Köln	8	2	2	4	12:13	-1	8	→
17	Energie Cottbus	8	2	1	5	8:17	-9	7	↗
18	SpVgg Unterhaching	8	1	2	5	7:16	-9	5	

Image-Wechsel: Sean Dundee ist härter und kritischer geworden, sagt sein Berater

8.

MARCEL REIF: BAYERN-KRISE NUTZT RUHR-POTT-KLUBS

Nach der Bayern-Pleite in Cottbus müssen wir nicht mehr zur erbärmlichen Thematik der letzten Tage zurückkehren. Wenn Mannschaften wie Dortmund und Schalke jetzt ihre Chance nutzen, kann es eine verdammt spannende Saison werden. Die sportliche Renaissance der Ruhrpott-Klubs hat Uli Hoeneß natürlich mit begünstigt. Von der Schlammschlacht konnten sich die Bayern-Spieler gedanklich nicht lösen, weil sie die Aversionen, die es gegen die Bayern in der Bundesliga ohnehin gibt, noch potenziert hat. Die Münchner stehen nach drei Niederlagen in Folge in der Krise – und ich bin mir sicher, dass Ottmar Hitzfeld, den ich wirklich bedaure, seine Jungs danach richtig zusammen gefaltet hat. Doch gelingt gegen St. Germain Paris in der Champions League nun kein Befreiungsschlag, gerät das wichtigste Saisonziel in Gefahr. Und die Meisterschaft dazu. In Dortmund und Schalke aber kann ruhig gearbeitet werden. Selbst wenn es kleine Problemchen gibt, werden sie immer von den großen Schlagzeilen aus München überdeckt. Hierin liegt auch die Chance der beiden.

Hängende Bayernköpfe: Uli Hoeneß (o.), Mehmet Scholl (u.r.) und Michael Tarnat in Krisenstimmung

Der neue Dundee: Er guckt böse und trifft

Sean Dundee hat den VfB mit 2:1 und 3:2 zweimal nach vorn gebracht, aber Barbarez hat den HSV zweimal ins Remis gerettet. Die Stuttgarter wissen schon länger: Sean Dundee (27) ist nicht mehr der Alte. Vor vier Jahren war er das »Tor-Krokodil« des KSC mit Locken und Bübchengrinsen. Heute hat er statt Dauerlächeln einen Grunge-Bart, düstere Tattoos auf Arm und Rücken und den Schädel rasiert. Ein bisschen böse schaut er aus – aber: »Sean ist jetzt sehr stabil«, sagt Jürgen Schwab, seit einem Jahr sein Berater. »Er kümmert sich um vieles selbst, was ihn voranbringt.« Privatleben und Beruf schienen für ihn nie trennbar. Frisch verliebt schoss er beim KSC in zwei Jahren 33 Tore. Als Liga-Frischling! Unglücklich beim FC Liverpool war er dort 1998 meist Tribünenhocker. Doch nun ist die Trennung von Ehefrau Charlotte zu verkraften. Sie ist mit Töchterchen Tyra, an der Sean sehr hängt, nach Köln gezogen. Den Trennstrich zwischen Privatmann und Stürmer kann er jetzt ziehen. Keiner bestreitet beim VfB mehr Zweikämpfe, keiner war mehr an Toren beteiligt. Dafür schwitzte er sich von 89 auf 82 Kilogramm herunter, arbeitete im Sommer statt Urlaub fünf Wochen mit Fitnesstrainer Leuthard. Er stellte sein Spiel um und lieferte den anderen doppelt so viele Vorlagen. Das machte ihn zu einem Knotenpunkt im sozialen Netz des VfB. Berater Schwab: »Er ist härter und kritischer geworden.« Drei Tore in acht Einsätzen (Vorjahr 8 in 28) sind derzeit seine sportliche VfB-Bilanz.

9. Spieltag
20.–22. Oktober

TORSCHÜTZE DES TAGES

GIOVANE ELBER (Foto) ist nach seiner Verletzungspause wieder auf dem Weg zu alter Form. Das zeigte der Bayern-Stürmer im 192. Münchner Derby gegen 1860 in eindrucksvoller Weise. Beim 96. Triumph der Bayern gelangen ihm zwei von drei Toren. Es war sein erstes Dopppelpack in dieser Saison, aber insgesamt schon sein 17. in der Bundesliga. Kritische Worte seines Trainers in den Tagen zuvor, unter anderem nach der Niederlage in Cottbus, hatten ihn angestachelt. »Giovane hat Stolz bewiesen und mit einer hervorragenden Leistung geantwortet«, so sein Trainer. »Beim zweiten Tor zeigte Elber unseren Verteidigern, wie gefährlich er auch mit dem Rücken zum Tor ist«, schimpfte 1860-Trainer Lorant. Elber traf aus der Drehung. Die Jugend seines Heimatvereins FC Londrina in Brasilien erhält 1000 Mark und einen Satz Trikots.

Der Tag im Überblick

Als Reiner Calmund am Samstag um 15.11 Uhr verkündete, »Christoph Daum ist ab sofort nicht mehr Trainer von Bayer 04 Leverkusen«, war das Wochenendthema vorgegeben. Ein als Kokain-Konsument entlarvter designierter Bundestrainer – dieser Keulenhieb ließ manch anderes, nicht minder Aufregendes auf dem Rasen verblassen: wie Bayerns 3:1-Revanche im Derby nach zwei Vorjahrespleiten gegen die Löwen. Wie das Wolfsburger 6:0-Massaker an den Kölnern, die so was zuletzt 1985 in Lautern durchlitten hatten. Wie Freiburgs umwerfender Sturmlauf gegen die wieder auf die Spitze spekulierenden Schalker. Denen wurden zu nur fünf kassierten Toren in acht Spielen gleich drei neue geschenkt. Wie Herthas überzeugender Auftritt gegen die Bayern-Bezwinger aus Cottbus, denen auch 10 000 Fans aus der Lausitz nicht helfen konnten. Wie Andy Brehmes gefeiertes Trainer-Debüt in Kaiserslautern, was mit 2:0 den Bremern erstmals in dieser Saison kein Treffererlebnis gönnte. Wie Hachings mit 2:2 in Stuttgart belohntes Aufbegehren gegen das eigene Punktvakuum auf Reisen. Das Bemerkenswerteste aber war jene vom Not-Lotsen Rudi Völler gesteuerte und von allen Daum-Turbulenzen unbeeindruckte Bayer-Elf, die den auswärts noch ungeschlagenen Dortmundern mit ihrem 2:0-Sieg die Übernahme der Tabellenführung verweigerte. Offenbar hatten die Borussen eine völlig entnervte Bayer-Truppe erwartet.

Reaktionen in Leverkusen: Daum bleibt ein Held

Sie hatten alles getan, um auf Alltag zu machen. Aus den Stadion-Boxen dröhnte die Bayer-Hymne »Die Hände zum Himmel ...«. Die Fans in der Nordgeraden schmetterten »Christoph Daum, du bist der beste Mann«. Und nach Schluss warfen die Bayer-Profis jede Menge Kusshände ins Publikum. Dennoch: Dieser Abend hat nichts gemein mit allen zuvor in der Bay-Arena. Es war der Abend von Christoph Daum, obwohl der längst nach Miami geflüchtet war. In den Kneipen rundum gab es nur dieses Thema. »Drogen, nee, das geht nicht. Dann ist der Christoph wirklich nicht tragbar«, sagte einer. »Bewiesen ist noch gar nichts«, ein anderer. Schweigen. Am Nachmittag hatten sie es im Radio gehört. »Unglaublich. Mir lief es eiskalt den Rücken runter«, so ein Dritter. »Wir lieben Christoph Daum noch immer. Die letzten vier Jahre, das war doch nur Daum. Er hat die Mannschaft aus dem Dreck geholt. Jetzt tut er mir Leid. Aber als Mann mit Charakter tritt man eben zurück und lässt sich nicht entlassen. Der Calmund aber war fix und fertig, hat fast geheult.« Erst den Titel in Haching verloren, dann Völler und Daum an den DFB. Und jetzt das. Die Fans stoßen an: »Prost, Christoph, auf dich.« Reiner Calmund aber weiß, dass der Druck, Völler endgültig für die Nationalelf freizugeben, wachsen wird. »Die Schlagzeile ›Calmund, rück den Völler raus‹ wird genauso kommen wie vor vier Monaten die Schlagzeile ›Calmund, rück den Daum raus‹.« Leverkusen befürchtet, wieder den Kürzeren zu ziehen. Geschäftsführer Holzhäuser: »Ich war erschrocken, dass DFB-Präsidiumsmitglieder (wie Franz Beckenbauer) öffentlich äußerten, dass sie Völler und Skibbe über den 30. Mai 2001 hinaus haben wollen. Damit wird vorausgesetzt, dass Völlers Vertrag bis 2003 gebrochen wird. So kann der DFB nicht mit den Vereinen umspringen.«

Erster Arbeitstag: Rudi sucht seinen Platz

Jetzt erst recht: Kirsten gegen Metzelder

ERGEBNISSE

Freitag, 20.10.00	1. FC Kaiserslautern – SV Werder Bremen	2:0	(1:0)
Samstag, 21.10.00	FC Bayern München – TSV München 1860	3:1	(1:0)
	VfB Stuttgart – SpVgg Unterhaching	2:2	(1:2)
	VfL Wolfsburg – 1. FC Köln	6:0	(4:0)
	Hertha BSC – Energie Cottbus	3:1	(1:1)
	Hamburger SV – Eintracht Frankfurt	2:0	(1:0)
	Bayer 04 Leverkusen – Borussia Dortmund	2:0	(1:0)
Sonntag, 22.10.00	SC Freiburg – FC Schalke 04	3:1	(1:0)
	VfL Bochum – FC Hansa Rostock	1:2	(0:0)

Alle Daten zum Spieltag auf Seite 216

FAKTEN

• Zuschauer:	Gute Kulisse: 33 342 pro Spiel (gesamt: 300 075)
• Tore:	31. Nun sind es 250 insgesamt.
• Spitze:	Barbarez (HSV) mit 8 Treffern
• Elfmeter:	Beide Schützen (Balakov/VfB, Akonnor/VfL) trafen.
• Karten:	Keine Rote. Gelb-Rot für Borimirov (1860)
• Jubiläum:	Das 200. Ligaspiel von Sverrisson (Hertha)
• Pausenende:	Stuttgarts erster Punkt im 3. Spiel gegen Haching

TABELLE

Rang	Verein	Sp.	g.	u.	v.	Tore	Diff.	Pkt.	
1	FC Bayern München	9	6	0	3	19 : 9	10	18	↗
2	Hertha BSC	9	6	0	3	23 : 14	9	18	↗
3	FC Schalke 04	9	5	2	2	20 : 8	12	17	↘
4	Borussia Dortmund	9	5	1	3	14 : 14	0	16	↘
5	Hamburger SV	9	4	3	2	21 : 17	4	15	→
6	Bayer 04 Leverkusen	9	4	3	2	13 : 11	2	15	→
7	VfL Wolfsburg	9	4	2	3	23 : 14	9	14	↗
8	1. FC Kaiserslautern	9	4	2	3	11 : 8	3	14	↗
9	FC Hansa Rostock	9	4	1	4	6 : 13	-7	13	↗
10	SC Freiburg	9	3	3	3	13 : 8	5	12	↗
11	TSV München 1860	9	3	3	3	12 : 15	-3	12	↘
12	Eintracht Frankfurt	9	3	2	4	11 : 14	-3	11	↘
13	VfB Stuttgart	9	2	4	3	14 : 17	-3	10	↗
14	VfL Bochum	9	3	1	5	8 : 17	-9	10	↘
15	SV Werder Bremen	9	2	3	4	12 : 14	-2	9	↘
16	1. FC Köln	9	2	2	5	12 : 19	-7	8	→
17	Energie Cottbus	9	2	1	6	9 : 20	-11	7	→
18	SpVgg Unterhaching	9	1	3	5	9 : 18	-9	6	→

9. Ewald Lienens Wechsel-Wirtschaft: Neunmal hat er Kölns Team geändert

Wenig Gegenwehr: Akpoborie auf dem Weg zum höchsten Wölfe-Sieg in der Liga; links Kölns Moses Sichone

Au Backe! Sechs Bisse von den Wölfen. Höher, mit 0:7, hat der 1. FC Köln nur am 15. Mai 1971 in München verloren. »Wir haben alle versagt«, gibt Führungsspieler Dirk Lottner zu. Schlimmer noch: Ins kollektive Versagen mischt sich allmählich kollektive Ratlosigkeit. Wer gehört zur Stammformation? In neun Ligaspielen hat Trainer Ewald Lienen neunmal die Formation geändert. Mal aus der Not heraus, wie in Wolfsburg, weil Arweladze verletzt war. Doch meist entschieden Formkrisen und Taktik. Auch Lottner musste Anfang der Saison mehrfach draußen bleiben. Begründung: Andere trainieren besser und passen besser ins System. Auch Drei-Millionen-Mann Baranek oder Cichon traf es. Die positive Deutung von Lienens Wechselspielen: Der 46-Jährige nimmt keine Rücksicht auf große Namen oder hohe Transfersummen. So akribisch, wie Lienen seine Mannschaft zusammen stellt, so akribisch notiert er jeden Fehler auf Zetteln. In Wolfsburg hatte er besonders viel zu notieren. »Wir waren in der ersten Halbzeit nicht existent, haben kampflos das Feld geräumt und keine Aggressivität gezeigt.« Seine Erklärung: »Wir haben auch letzte Saison keinen Traumfußball gezeigt, sind aber an die Schmerzgrenze gegangen. Da müssen wir wieder hin.« Eine eingespielte Mannschaft hat's natürlich leichter, sich aus der Krise zu schießen. Denn die ist da: Von neun Spielen hat Köln nur zwei gewonnen.

MARCEL REIF: DIE »AFFÄRE DAUM« IST GESPENSTISCH

Das Ende der »Affäre Daum« erinnert mich fatal an den »Fall Barschel«. Um Gottes Willen, hoffentlich nicht mit dem Ende. Aber Daum hat offenbar jegliche Verbindung zur Realität verloren. Anders ist diese Haaranalyse trotz Drogenkonsums nicht zu erklären. Klar im Kopf hätte er wissen müssen, was da herauskommt. Daum ist eine zwiespältige Figur. Einerseits gibt er für (oftmals falsche) Freunde sein letztes Hemd. Andererseits zeigt er Anflüge von Größenwahn. Wie er sich zum Beispiel jungen Reportern gegenüber verhielt, war schon gespenstisch. Daum ist zweifelsohne ein großartiger Trainer und wegen seiner Erfolge in der Öffentlichkeit beliebt. Doch nur wenige in der Branche respektieren seine Art. Zu mir hat er den Kontakt abgebrochen, weil ich Leverkusens 1:4 beim FC Bayern »zu einseitig« kommentiert hätte. Damit kann ich leben. Zumal sich auch die Bayern über meine Berichterstattung beschweren.
Ich hoffe, dass ihm jetzt die richtigen Leute helfen. Tiefer kann er nicht fallen. Doch eine zweite Chance hat jeder verdient. Er sollte seine Immobilien, seine Firmen, den ganzen Müll, dieses rötlich schimmernde Zwielicht hinter sich lassen. Denn das ist Nährboden für weitere Kampagnen. Wenn er auf Entzug geht, ist das ein Neuanfang. Denn einem nackten Mann kann man nicht in die Tasche greifen. Gefragt sind wirkliche Freunde, nicht diejenigen, die sich nur des Trainers Daum bedienten.
In dieser Affäre gibt es keine reinen Täter und keine reinen Opfer. Heuchelei und Selbstgefälligkeit sind fehl am Platze. Uli Hoeneß hat sich, egal wie Daums Haaranalyse ausgefallen ist, nicht anständig verhalten, als er die Lawine lostrat. Und ein Verlierer ist auch Gerhard Mayer-Vorfelder mit seinem armseligen DFB-Krisenstab. Aber man darf nicht den gesamten Fußball verteufeln. In der Bundesliga ist es wie im richtigen Leben: Jeder hat Leichen im Keller. Nur, wie tief sind sie vergraben und wer wird nach ihnen buddeln? Daums »Ende« wird Rudi Völlers Ruhm weiter nähren. Doch er wäre die ideale Lösung als Bundestrainer.

Reiner Calmund mit schlechten Nachrichten

10. Spieltag
27.–29. Oktober

TORSCHÜTZE DES TAGES

CHRISTIAN SPRINGER (links, mit Christian Timm) gelang sein erstes Doppelpack in der Bundesliga. Seit 1998 spielt der Ex-Profi vom FC St. Pauli nun beim 1. FC Köln. Doch so ausgelassen gejubelt wie beim 3:2 gegen den VfB Stuttgart hat der 27-jährige Mittelfeldspieler seit dem Aufstieg im Sommer nicht mehr. Die Ergebnisse vom Freitag/ Samstag hatten Köln für 24 Stunden zum Tabellenletzten gemacht. Mit dem 3:2 aber katapultierte man sich sogar aus dem Abstiegskeller. Springers beide Tore waren mitentscheidend. Zugleich war es auch eine Wiedergutmachung für das 0:6 von Wolfsburg, das die Fans doch arg strapaziert hatte. »Vor dem Stuttgart-Spiel haben wir intern viele Gespräche geführt und danach endlich wieder eine Mannschaftsleistung abgeliefert«, freute sich Springer. 1000 Mark Prämie und ein Satz Trikots gehen an die Jugend von Jahn Forchheim, Springers Heimatverein.

Der Tag im Überblick

Leverkusens Kicker, von den Kokain-Turbulenzen um Ex-Trainer Daum genervt, waren wenigstens als Truppe so gefestigt, trotz eines blutarmen 0:0 den Schalkern die Rückeroberung der Tabellenspitze zu verwehren. Was Daum-Nachfolger Rudi Völler ebenso unbezwungen lässt wie seinen einstigen WM-Kameraden Andy Brehme. Dieser erweitert König Ottos Erbe in Kaiserslautern auf sensationelle Weise: vier Spiele, vier Siege in Liga (3) und Europacup! Das 2:1 in Dortmund katapultierte den FCK von Rang 8 auf 4 und verhagelte den Borussen damit den Dienstags-Sprung an die Börse: zehn Prozent Verlust beim Einstiegswert! Aktien der Berliner Hertha hätten sich besser verkauft. In letzter Minute hatte Sverrissons Treffer in München den Löwen das Fell über die Ohren gezogen, was den Berlinern dort in 20 Jahren nicht gelungen war. Mitten in einer Saison brachte das nach 26 Jahren wieder Rang 1 ein. Im Keller aber revoltieren die Cottbuser gegen ihre Abstiegskandidatur. Ihre Kraft gewinnen sie dabei aus Fern-Energien: Gegen Bochum hatten eingesetzte 13 Ausländer – Ligarekord! – nur noch zwei Deutsche neben sich. Auch Unterhaching, dreimal hintereinander sieglos, muckte auf. Und nun rätseln die HSV-Spieler: Warum verlieren wir so oft im Schlussspurt unsere Führungen? Was ihnen in der Liga und in der Champions League nun schon zum vierten Mal passierte.

Borussia vor dem Börsengang: Crash durch Brehme und Co.

Die Parallelen sind beängstigend. Vor einem Jahr kippte Dortmund im Oktober durch zwei Niederlagen von der Tabellenspitze. Am Ende reichte es mit Ach und Krach zum Klassenerhalt. Nun verlor der BvB 0:2 in Leverkusen und 1:2 gegen Lautern. Ja, geht denn das schon wieder los? fragten sich die Borussia-Fans nach dieser dritten Heimpleite. Im Vorjahr gewann man nur vier Heimspiele – im einst gefürchteten Westfalen-Stadion. Heiko Herrlich ehrlich: »Natürlich kann man sich nicht ganz davon befreien. Aber wir müssen den Frust in Lust umwandeln.« Und zum Börsengang meinte er: »Auch ich habe Aktien gezeichnet, weil ich an die Mannschaft glaube. Es ist außerdem immer die Frage, wie man verliert.« Sein Manager Michael Meier fand »die Niederlage ärgerlich, sie ist aber keine Katastrophe, auch nicht für den Börsengang. Die Aktie ist mehrfach überzeichnet.« Stunden vor dem Abpfiff hatte die Deutsche Bank den Einstiegskurs (11 Euro) für die insgesamt 15 Millionen Aktien festgelegt, die dem BvB rund 350 Millionen Mark in die Kasse spülen sollen. »Doch daran denkt im Spiel keiner. Damit kann man sich als Rentner beschäftigen«, ärgerte sich Miroslav Stevic. »Uns fehlt in wichtigen Situationen einfach Disziplin.« 62 000 hatten ein imponierendes Aufbäumen nach dem 0:1 erlebt. Evanilson glückte der Ausgleich. »Obwohl wir viele, viele Großchancen hatten, muss man auch mal mit einem Unentschieden zufrieden sein«, bekannte Matthias Sammer. Denn prompt hatte der BvB durch einen Konter von Reich in der 88. Minute das 1:2 kassiert. Trainer-Novize Andy Brehme konnte das alles nach dem Abpfiff nicht richtig fassen: »Der Sieg war eigentlich nicht verdient. Aber so kann es ruhig weitergehen.« Vier Pflichtspiele, vier Siege und 11:2 Tore – so sein Kapital.

Dortmunder Schönheitspreis: Jörg Heinrich perfekt

ERGEBNISSE

Freitag, 27.10.00	Energie Cottbus – VfL Bochum	2:0 (2:0)
Samstag, 28.10.00	Eintracht Frankfurt – SC Freiburg	3:0 (2:0)
	Borussia Dortmund – 1. FC Kaiserslautern	1:2 (0:1)
	SpVgg Unterhaching – Hamburger SV	2:1 (0:1)
	FC Hansa Rostock – VfL Wolfsburg	1:1 (0:1)
	SV Werder Bremen – FC Bayern München	1:1 (1:1)
	FC Schalke 04 – Bayer 04 Leverkusen	0:0
Sonntag, 29.10.00	1. FC Köln – VfB Stuttgart	3:2 (2:2)
	TSV München 1860 – Hertha BSC	0:1 (0:0)

Alle Daten zum Spieltag auf Seite 216

FAKTEN

- Zuschauer: 263 122 – mittelmäßige Resonanz
- Tore: Nur 21, also 2,33 pro Spiel
- Spitze: Barbarez (HSV /8) weiter allein vorn
- Elfmeter: Ailton (Werder) sorgte fürs 1:1 gegen Bayern.
- Karten: Gelb-Rot für Kondé (Freiburg)
- Jubiläum: Richard Golz' 350. Spiel (Freiburg 77, HSV 273)
- Rekord: Kein Schalke-Trainer hat 137 Spiele wie Huub Stevens.

TABELLE

Rang	Verein	Sp.	g.	u.	v.	Tore	Diff.	Pkt.	
1	Hertha BSC	10	7	0	3	24 : 14	10	21	↗
2	FC Bayern München	10	6	1	3	20 : 10	10	19	↘
3	FC Schalke 04	10	5	3	2	20 : 8	12	18	→
4	1. FC Kaiserslautern	10	5	2	3	13 : 9	4	17	↗
5	Bayer 04 Leverkusen	10	4	4	2	13 : 11	2	16	↗
6	Borussia Dortmund	10	5	1	4	15 : 16	-1	16	↘
7	VfL Wolfsburg	10	4	3	3	24 : 15	9	15	→
8	Hamburger SV	10	4	3	3	22 : 19	3	15	↘
9	Eintracht Frankfurt	10	4	2	4	14 : 14	0	14	↗
10	FC Hansa Rostock	10	4	2	4	7 : 14	-7	14	↘
11	SC Freiburg	10	3	3	4	13 : 11	2	12	↘
12	TSV München 1860	10	3	3	4	12 : 16	-4	12	↘
13	1. FC Köln	10	3	2	5	15 : 21	-6	11	↗
14	SV Werder Bremen	10	2	4	4	13 : 15	-2	10	↗
15	VfB Stuttgart	10	2	4	4	16 : 20	-4	10	↘
16	Energie Cottbus	10	3	1	6	11 : 20	-9	10	↘
17	VfL Bochum	10	3	1	6	8 : 19	-11	10	↘
18	SpVgg Unterhaching	10	2	3	5	11 : 19	-8	9	→

Das Münchner Torwartspiel: Lorants Zickzack-Taktik

An Sverrissons Kopfball, der der Hertha in München in der Schlussminute das 1:0 und zum fünften Mal in der Vereinsgeschichte die Tabellenspitze einbrachte, werden die Löwen noch lange nagen. Zwanzig Jahre hatte Hertha bei 1860 nicht gewonnen und auch unter Trainer Röber dreimal verloren. Der sagte: »Wir hatten Glück, sehr viel sogar.« Musste also Simon Jentzsch (24), Neuzugang vom KSC, bei Beinlichs weitem Freistoß herausstürmen und den Ball wegfausten? Auf der Linie war er chancenlos. Im Juni hatte Trainer Lorant noch gesagt: »Jentzsch? Will ich hier nicht haben.« Monate später: »Ich muss den Jentzsch nicht stark machen. Der ist stark. Deshalb steht er im Tor.« Michael Hofmann saß mit der Nummer »1« auf der Bank. Lorant liebt die Zickzack-Linie. Das begann mit Torwart Rainer Berg, Aufstiegsheld 1994. Lorant ersetzte ihn durch Bernd Meier. Dann wieder Berg, wieder Meier. Schließlich: beide weg! Nach einem Meier-Patzer kam Michael Hofmann ins Tor, für über ein Jahr. Doch im Sommer stellte Lorant Daniel Hoffmann auf. Mit ihm erreichten die Löwen 2000 sogar den vierten Platz. Lorants Dank: Daniel Hoffmann wurde in die Türkei verkauft. Michael Hofmann rückte wieder ins Tor. Als der sich im September verletzte, sprang der einst ungeliebte Simon Jentzsch zwischen die Pfosten. »Er macht das hervorragend«, lobte ihn der Trainer, ließ den gesund gewordenen Hofmann draußen – und rutschte auf Platz 12 ab. Wie lange hält nun Jentzsch und schmort Hofmann? Nur Lorant weiß es.

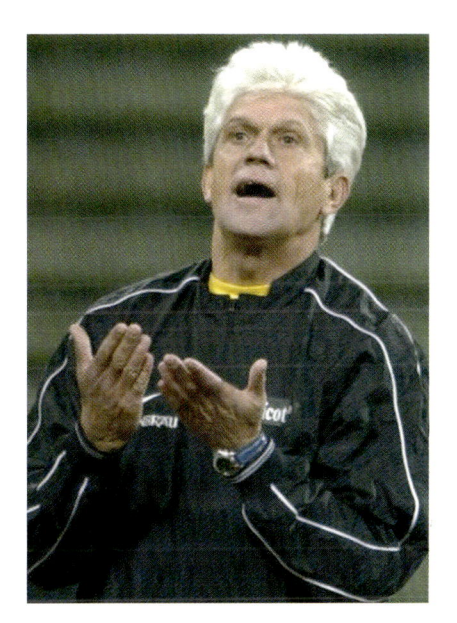

Lorants Glaube an die Nummer 2, Simon Jentzsch; ins Gras beißt Preetz

MARCEL REIF: VIER GRÜNDE FÜR HERTHAS FÜHRUNG

Hertha ganz vorn – nur bitte jetzt nicht durchknallen! Sie will in dieser Saison das Fundament für eine große Zukunft legen. Dann war Sonntagabend in München das Richtfest. Musste man vor Wochen noch Herthas Auswärtsschwäche kritisieren, so hat Trainer Röber gegenüber seinen Spielern offenbar die richtigen Worte gewählt. Sieg in Rostock, Sieg bei den Löwen. Es geht doch. Und warum geht es? Erstens, weil die Mannschaft wieder das Beißen gelernt hat und selbst so unangenehme Gegner wie Cottbus niedergekämpft hat. Zweitens, weil es schon Spiele im Stil der Bayern gewinnt. Siehe 1860. 89 Minuten getrödelt und dann doch das Siegtor gemacht. Drittens, weil Bayern mit dem müden 1:1 in Bremen eine schöne Vorlage lieferte. Die Münchner sehnen sich nach dem Weihnachtsbaum. Motto: Wenn danach alle gesund sind, drehen wir auf. Viertens, weil sich der deutsche Fußball derzeit nicht auf allerhöchstem Niveau befindet. Hertha und Schalke sind für mich die Klubs, die bis zum Ende oben mitspielen. Erfreulich. Aber Meister werden die Bayern. Ohne Zweifel.

Röbers Freude über Herthas neuen Biss; Deisler stoppt Cerny per Tackling

11. Spieltag
3.–5. November

TORSCHÜTZE DES TAGES

MICHAEL PREETZ (links, gegen Bremens Frank Baumann) war zuletzt trotz guter Leistungen von den eigenen Fans ausgepfiffen worden. Was seinen Trainer Jürgen Röber ärgerte. »Die Leute sollen den Michael nicht nur an seinen Toren messen, sondern auch sehen, dass er viele Räume für die Mittelfeldspieler schafft.« Beim 4:1-Sieg gegen Bremen sorgte der 33-jährige Ex-Nationalspieler mit seinen beiden Toren nicht nur dafür, dass Hertha die Tabellenspitze behauptete. Der Hertha-Kapitän wurde nun auch von seinen Kritikern wieder gefeiert. »Das war nur eine Minderheit, die ich durch meine Tore jetzt sicher wieder überzeugt habe«, kommentierte das der »Lange« gewohnt diplomatisch. Hertha-Manager Dieter Hoeneß will ihn nach dem Karriereende ins Management des Vereins einbinden. 1000 Mark Torprämie und ein Satz Trikots gehen an den Düsseldorfer SC, Preetz' Heimatverein.

Der Tag im Überblick

»Sauwohl fühlen wir uns da oben«, so die Berliner unisono. Beim Sturz in den Abstiegskeller erlebten die Bremer, dass Hertha im 4:1 zwei Vereinsrekorde feierte: nur Siege in sechs Heimspielen sowie fünf Erfolge in Serie! Spott und Prügel nach der 2:5-Schlappe in Unterhaching hatten in Berlin erstaunliche Auftriebskräfte geweckt, die auch das Pokal-K.o. in Wolfsburg nicht zu schwächen vermochte. Gleiches durchlitten die Bayern beim Viertligisten 1. FC Magdeburg. Das republikweite Hohngelächter ob des Pokalrauswurfs wurde zum 6:2-Gewitter, das sich über den Borussen entlud. Ähnlich schlimm (mit 0:7 in Stuttgart) waren die Dortmunder vor neun Jahren vorgeführt worden. Jung-Trainer Matthias Sammer, nun dreimal geschlagen, ist der Tiefflug ein Rätsel. Für Torwart Lehmann, noch nie so gestraft, genauso. Wundersames erlebte dagegen Andy Brehme, noch vom 1:5-Pokal-Aus in Gladbach gezeichnet, in Lautern. Sein vierter Ligasieg in Folge schien in Schalkes 2:0-Führung unterzugehen. Doch als Brehme seine Roten vom wenig engagierten Basler befreite, wurden diese noch teuflisch gut und siegten 3:2. Die Hamburger haben indessen ihrem einstigen Torwart-Kollegen Richard Golz die Heimkehr gründlich versaut: 5:0! Das Höchste an Plus für den HSV und das größte Minus für Freiburg. Sogar der für Yeboah eingesprungene Fernsehjournalist Marinus Bester (31) traf nach acht Jahren wieder mal für den HSV.

Super-Mario am Scheideweg: Ohne Basler das Spiel gedreht

Jesus Gil y Gil, der schillernde Präsident von Atletico Madrid, hat vor einem Jahr über Mario Basler gesagt: »Uns ist ein streitlustiger Spieler lieber als ein Klosterschüler, der den Rosenkranz betet.« Gil y Gil wollte »Super-Mario« Basler unbedingt verpflichten. Diesen Zauberer. Diesen Hallodri. Einen, der nachts um die Häuser zieht, Marlboros qualmt, Karten spielt und am nächsten Tag die Freistöße ins Dreieck zirkelt. Oder der frech sagt: »Fußball ist schön, wenn nur diese blöde Lauferei nicht wäre.« Gegen Schalke wurde der 31-Jährige diesmal nach 60 Minuten ausgewechselt. Die Fans hatten ihn auf dem Betzenberg ausgepfiffen. Ohne Basler drehte der 1. FC Kaiserslautern einen 0:2-Rückstand, gewann 3:2 und stellte seinem Kapitän damit das schlimmste Zeugnis aus: Ein Tor in sieben Auftritten.

Dabei hat Basler endlich sein Leben im Griff, trinkt kaum Bier, verzichtet auf Cola, ist ein fürsorglicher Familienvater. Trotzdem spielt er schlecht. Die Pfeiferei stört ihn. Viele Fans sehen Basler zu kritisch. Ziehvater Rehhagel musste gehen und fehlt ihm. Mitspieler wie Pettersson oder Komljenovic nerven ihn, weil sie an seiner Sonderrolle rumnörgeln. Aber Basler, der laut *Welt* drei Millionen Mark im Jahr verdient, muss damit fertig werden. Zeit zum Nachdenken.

11.

Schalkes Reck obenauf, darunter Mpenza; Lautern mit Klos (l.) und Klose teuflisch gut

ERGEBNISSE

Freitag, 03.11.00	Bayer 04 Leverkusen – Eintracht Frankfurt	1:0	(0:0)
Samstag, 04.11.00	1. FC Kaiserslautern – FC Schalke 04	3:2	(0:1)
	Hertha BSC – SV Werder Bremen	4:1	(2:0)
	VfL Bochum – TSV München 1860	1:1	(0:0)
	Hamburger SV – SC Freiburg	5:0	(4:0)
	VfB Stuttgart – FC Hansa Rostock	1:0	(1:0)
	FC Bayern München – Borussia Dortmund	6:2	(3:1)
Sonntag, 05.11.00	VfL Wolfsburg – Energie Cottbus	1:1	(0:1)
	SpVgg Unterhaching – 1. FC Köln	0:0	

Alle Daten zum Spieltag auf Seite 217

FAKTEN

• Zuschauer:	260 726 – im Schnitt 28 970
• Tore:	29 – davon allein acht in München
• Spitze:	Barbarez 8, Herrlich, Agostino, Sand je 7
• Rote Karte:	Sichone (Köln)
• Gelb-Rot:	Ernst (Bremen), Heinrich (BVB)
• Elfmeter:	Tore: Pizarro, Koch. Butt hielt gegen Kobiaschwili.
• Heimstärke:	Der VfL im Jahr 2000 in Wolfsburg ungeschlagen

TABELLE

Rang	Verein	Sp.	g.	u.	v.	Tore	Diff.	Pkt.	
1	Hertha BSC	11	8	0	3	28 : 15	13	24	→
2	FC Bayern München	11	7	1	3	26 : 12	14	22	→
3	1. FC Kaiserslautern	11	6	2	3	16 : 11	5	20	↗
4	Bayer 04 Leverkusen	11	5	4	2	14 : 11	3	19	↗
5	FC Schalke 04	11	5	3	3	22 : 11	11	18	↘
6	Hamburger SV	11	5	3	3	27 : 19	8	18	↗
7	VfL Wolfsburg	11	4	4	3	25 : 16	9	16	→
8	Borussia Dortmund	11	5	1	5	17 : 22	-5	16	↘
9	Eintracht Frankfurt	11	4	2	5	14 : 15	-1	14	→
10	FC Hansa Rostock	11	4	2	5	7 : 15	-8	14	→
11	VfB Stuttgart	11	3	4	4	17 : 20	-3	13	↗
12	TSV München 1860	11	3	4	4	13 : 17	-4	13	→
13	SC Freiburg	11	3	3	5	13 : 16	-3	12	↘
14	1. FC Köln	11	3	3	5	15 : 21	-6	12	↘
15	Energie Cottbus	11	3	2	6	12 : 21	-9	11	↗
16	VfL Bochum	11	3	2	6	9 : 20	-11	11	↗
17	SV Werder Bremen	11	2	4	5	14 : 19	-5	10	↘
18	SpVgg Unterhaching	11	2	4	5	11 : 19	-8	10	→

11. MARCEL REIF: SAMMERS LERNPROZESS MIT SCHMERZEN

Für den armen Matthias Sammer gehört die Klatsche bei den Bayern zum Lernprozess. Für ihn hatte die Saison bislang zwei Höhepunkte, das 0:4 gegen Schalke und dieses 2:6 in München. Irgendwann wird's wurscht, wie du gespielt hast, wenn es am Ende keine Punkte gibt. Sammer gab die Taktik aus, dagegen zu halten. Seine Elf stieg mit ins Penthouse auf, doch ihr wurde da oben die Luft zu dünn. Sammer sagte, er würde wieder so spielen. Sprach von individuellen Fehlern. Er ist Perfektionist. Da muss ihn das getroffen haben, als Fußballer, als Trainer und ganz persönlich. Er wird sich jetzt selbst martern bis zum Spiel gegen Hertha. Und er wird warnen. Denkt nicht, ihr habt die drei Punkte, weil's immer so war. Denn die Hertha ist sich ihrer großen Chance bewusst und mit langem Anlauf auf dem Weg zu einem tollen Platz unterm Weihnachtsbaum. Zwar sind die Bayern gereizt, das zeigen die sechs Tore. Das Magdeburger K.o. hat gesessen. Doch ihr Kompass zeigt Richtung Champions League. Dafür würden sie nicht nur den Pokal sausen lassen. Das ist die Chance für alle anderen.

Matthias Sammer legt Hand an und lernt

Berlins Lenker und Denker: Herthas Zauber-Paule

Gut, dass Reiner Calmund in Leverkusen genug mit der Daum-Affäre zu tun hat. Hätte er die Zeit, sich öfter Spiele von Tabellenführer Hertha BSC anzuschauen, müsste er platzen vor Wut. Denn der Ex-Leverkusener Stefan »Paule« Beinlich hat sich in Berlin zum besten Mittelfeldspieler der Liga gemausert. Fünf Treffer, sechs Torvorlagen, zahllose Zauberpässe – bemerkenswert für einen Spieler, der nach eigener Aussage bei Hertha »Löcher stopfen« muss und »die defensive Rolle im Mittelfeld« übernommen hat, der dafür sorgt, »dass wir nicht unkontrolliert Harakiri spielen«. Er ist der Taktgeber des Berliner Spiels. Und er versteht sich fast schon blind mit seinen Kollegen Wosz und Deisler – zur Zeit sicher das beste Mittelfeld der Liga. In Leverkusen spielte er taktisch beinahe die gleiche Rolle. Nur konnte er, auch wegen seiner Verletzungen, nie so auftrump-

Nach dem Trikot-Wechsel in der Dirigentenrolle: Stefan Beinlich hat bei Hertha immer den sicheren Blick auf die Mitspieler. Mit seinen Zauberpässen eine Empfehlung für die Nationalmannschaft

fen wie jetzt bei Hertha, musste sich auch Emerson unterordnen. Als es in der letzten Saison um Vertragsverlängerungen ging, ließ Manager Calmund dann die Zahl raus: Beinlich hätte 4,5 Millionen Jahresgehalt gefordert. Deshalb ließ man ihn ziehen. Unabhängig, ob das stimmt: In seiner derzeitigen Form hätte Beinlich jeden Pfennig verdient. In Berlin jedenfalls lieben die Fans ihren »Paule«, in Leverkusen fehlt er an allen Ecken und Enden – fußballerisch und menschlich. Zaubertore (wie das jüngste 4:1 gegen Bremen) und Zauberpässe möchte er nun auch Teamchef Völler anbieten.

12. Spieltag
10.–12. November

TORSCHÜTZE DES TAGES

DIRK LOTTNER (Foto) hat mit seinen zwei Toren bei Kölns 4:2 gegen den HSV die fünfte Jahreszeit – den Karneval – zünftig eingeläutet. Bei den Fans (»De Prinz kütt«) hat er sich damit auch die Prinzenkappe verdient. Dabei hatte der FC-Kapitän einige Wochen lang verärgert auf der Bank schmoren müssen. Aber nun hat sich der Ex-Libero wieder in die Stamm-Elf gespielt – jedoch im Mittelfeld. Und von dort ist der 29-Jährige, der keineswegs als Sprinter gilt, den Hamburgern zweimal davongelaufen. Von Bayer Leverkusen kam der Kölner Junge aus dem Ortsteil Zollstock 1998 zum gerade abgestiegenen 1. FC zurück. Beim Wiederaufstieg war er der Dreh- und Angelpunkt. Nun soll der 1. FC mit ihm wieder ein Liga-Dauerbrenner werden. An Rot-Weiß Zollstock gehen nun 1000 Mark und ein Satz Trikots, gestiftet von Continentale und *Sport-Bild*.

Der Tag im Überblick

Hertha blieb Spitze, von Schalkes Gnaden. Obwohl die Berliner in Dortmund alles schuldig blieben und in ihrer negativen Viererserie zum vierten Mal das BvB-Tor nicht trafen, fielen sie dennoch nicht vom Thron. Weil auch die Bayern auf Schalke ihre derzeitigen Grenzen demonstriert bekamen: dritte Niederlage im fünften Auswärtsspiel! Bayern-Trainer Hitzfeld schimpfte: »Wer zweimal führt, darf sich nicht so vorführen lassen.« Schalke-Trainer Stevens strahlte: »Endlich der zweite Sieg in meinem achten Versuch gegen den Meister.« Viel gefeiert auch Möller und Asamoah für erste Schalke-Tore. Mit einem 1:0 in Freiburg übergab Rudi Völler, nun wieder »nur« Auswahl-Chef und Bayer-Sportdirektor, nach vier Liga-Auftritten ohne Niederlage und Gegentor sein Traineramt an Berti Vogts. Das Völler-Erbe: Bayern und Bayer punktgleich. Vermag der Ex-Bundes-Berti das Halali bei der Titeljagd zu blasen? Völler-Freund Andy Brehme schmeckte dagegen die Bitternis der ersten Liga-Niederlage. Auch gegen den FCK blieben die Frankfurter zu Hause mit 16 Pluspunkten in Eintracht mit dem Erfolg. Nur Hertha (18) ist besser. Und Heimstärke, genauso konsequent genutzt in Köln und Cottbus, könnte auch die Überlebensbasis dieser Aufsteiger sein. Diesmal schlich die Prominenz aus Hamburg und Stuttgart betreten davon. An diesem 11. November aber waren die Kölner Jecken dann richtig losgelassen.

Sieg-Abgang in Freiburg: Völlers tolle Bayer-Bilanz

Bevor sich Rudi Völler in Freiburg ein letztes Mal auf die Bayer-Bank setzte, war es ihm ein Bedürfnis, Volker Finke herzlich die Hand zu schütteln. Das war nicht nur höflich gemeint. Völler schätzt Finkes Arbeit. Er hätte auch gern den Spatenstich fürs neue Jugendinternat in Freiburg vollzogen. Aber Termine verhinderten das. Völler hofft, dass ihm Freiburgs Trainer bis zur WM 2002 Tobias Willi für den rechten Flügel stark macht. In Freiburg endete mit dem 1:0-Sieg (Tor: Ramelow) Völlers Bundesligazeit: 7 Spiele, 5 Siege, 2 Remis. Beachtlich. Er hat Bayer auf Platz 3 gehoben und nebenbei die Spieler aufgefrischt, die er für Deutschland braucht. Ballack spielte sich innerhalb von drei Wochen in die Weltklasse. Aus der blonden »grauen Maus« Ramelow wurde ein Leistungsträger. Neuville fand wieder zu alter Spielfreude zurück. Er lacht sogar. Die Spieler vom FC Bayern aber hat Völler lange nicht mehr gesehen. Jancker zuletzt in England, als er verletzt war. Seitdem ist Jancker nur noch ein Joker, der nicht trifft. Zickler hat Völler seit dem Griechenland-Spiel nicht mehr gesehen. Seitdem ist Zickler ... (siehe Jancker). Es ist Völler aber zuzutrauen, dass er die beiden auch wieder hinkriegt. Wie man mit Stürmern umgehen muss, weiß er als Ex-Stürmer. Komisch, dass Völler auch weiß, wie man eine Abwehr stabilisiert. Viermal in der Bundesliga zu null! Die Ex-Abwehrspieler Pagelsdorf und Sammer haben mit dem HSV und BvB doppelt so viele Gegentore eingefangen.

Zum Abschied ein leises Servus: Rudi Völler (r.) geht und bleibt zugleich, Volker Finke bleibt – vor allem erfolgreich

ERGEBNISSE

Freitag, 10.11.00	Borussia Dortmund – Hertha BSC	2:0 (1:0)
Samstag, 11.11.00	TSV München 1860 – VfL Wolfsburg	2:2 (2:1)
	FC Hansa Rostock – SpVgg Unterhaching	2:2 (0:1)
	1. FC Köln – Hamburger SV	4:2 (2:0)
	SC Freiburg – Bayer 04 Leverkusen	0:1 (0:0)
	FC Schalke 04 – FC Bayern München	3:2 (0:1)
	SV Werder Bremen – VfL Bochum	2:0 (0:0)
Sonntag, 12.11.00	Eintracht Frankfurt – 1. FC Kaiserslautern	3:1 (1:0)
	Energie Cottbus – VfB Stuttgart	2:1 (1:1)

Alle Daten zum Spieltag auf Seite 217

FAKTEN

- Zuschauer: 301 730 – zum sechsten Mal über 300 000
- Tore: 31 – die drittbeste Saisonquote
- Spitze: Barbarez (9) vor Agostino und Sand (je 8)
- Torrekord: Juskowiak traf bei 1860 nach 42 Sek. – der Schnellste!
- Elfmeter: 2: Häßler (1860), Miriuta (Cottbus) scheiterten.
- Karten: Gelb-Rot: Keller (Köln)
- Heimstärke: Bochum sieglos in Bremen: 16 Niederlagen, zehn Remis

TABELLE

Rang	Verein	Sp.	g.	u.	v.	Tore	Diff.	Pkt.	
1	Hertha BSC	12	8	0	4	28:17	11	24	→
2	FC Bayern München	12	7	1	4	28:15	13	22	→
3	Bayer 04 Leverkusen	12	6	4	2	15:11	4	22	↗
4	FC Schalke 04	12	6	3	3	25:13	12	21	↗
5	1. FC Kaiserslautern	12	6	2	4	17:14	3	20	↘
6	Borussia Dortmund	12	6	1	5	19:22	-3	19	↗
7	Hamburger SV	12	5	3	4	29:23	6	18	↘
8	VfL Wolfsburg	12	4	5	3	27:18	9	17	↘
9	Eintracht Frankfurt	12	5	2	5	17:16	1	17	→
10	1. FC Köln	12	4	3	5	19:23	-4	15	↗
11	FC Hansa Rostock	12	4	3	5	9:17	-8	15	↘
12	TSV München 1860	12	3	5	4	15:19	-4	14	→
13	Energie Cottbus	12	4	2	6	14:22	-8	14	↗
14	SV Werder Bremen	12	3	4	5	16:19	-3	13	↗
15	VfB Stuttgart	12	3	4	5	18:22	-4	13	↘
16	SC Freiburg	12	3	3	6	13:17	-4	12	↘
17	SpVgg Unterhaching	12	2	5	5	13:21	-8	11	↗
18	VfL Bochum	12	3	2	7	9:22	-13	11	↘

Springende Mauer gegen Schalke (v.l.): Elber, Scholl, Salihamidzic und Effenberg, Sforza mit Bodenhaftung, Kahn lauert

Privilegien beim FC Bayern: »Effe« stellte sich selbst auf

Ottmar Hitzfeld gehört zu den besten Trainern in Europa. Wer den Weltpokal und die Champions League (mit Dortmund) gewinnt und viermal Meister wird, hat das bewiesen. Aber in Schalke hat er einen folgenschweren Fehler gemacht, der Unruhe in jede Fußballmannschaft der Welt tragen würde. Er hat dem Drängeln von Stefan Effenberg nachgegeben. Der hatte öffentlich Rabatz gemacht und verkündet, er sei topfit. Nach monatelanger Verletzungspause, nach einer schweren Achillessehnen-Operation. Und Hitzfeld ließ Effenberg sogar durchspielen, 90 lange Minuten, obwohl Bayern 2:1 führte und mit Thorsten Fink ein frischer Mann auf der Bank saß. Gegen Fink hätte sich Andy Möller, ein entscheidender Akteur beim 3:2-Sieg, im Mittelfeld schwerer getan als gegen den mit jeder Minute schwächer werdenden Effenberg.

Natürlich hat Hitzfeld Argumente. Bayern hat ohne Effenberg dreimal hintereinander verloren. Die Mannschaft brauchte ihn also. Hitzfeld wollte ihm Spielpraxis für die wichtige Champions League geben. Und er vertraute auf Effenbergs historisch gute Leistungen im Parkstadion. Drei logische Gründe, ihn an die Mannschaft heranzuführen. Langsam. Aber Durchspielen? Sollen es die Verantwortlichen beim FC Bayern doch zugeben: Effenberg genießt mehr Privilegien als die anderen. Er darf sich Ausflüge leisten und wird nicht mal abgemahnt. Das ist vielleicht noch hinzunehmen, wenn die Leistung stimmt. Aber es wird gefährlich, wenn ein Spieler seine Freiheiten missbraucht. Ein verantwortungsbewusster Spieler wäre zum Trainer gegangen: »Nehmen Sie mich raus, das hilft der Mannschaft.« Doch Effenberg schwieg – und Hitzfeld erklärte, dass ein verletzter Spieler irgendwann ja spielen muss. Muss?

Stefan Effenberg hat Hilfe nötig im ersten Einsatz nach langer Verletzungspause; sie kommt vom Schalker Radoslav Latal. Doch der Kapitän hat sich zurückgemeldet. Und er hat 90 Minuten durchgespielt. Und seine Bayern dirigiert. Und seinen Trainer überzeugt?

13. Spieltag
17.–19. November

TORSCHÜTZE DES TAGES

EBBE SAND (Foto) ist der Mann im November. Nicht nur, weil er mit Dänemark die deutsche Auswahl schlug. Seine Tore sind entscheidend für Schalkes Höhenflug, und er selbst brachte sich dadurch mit elf Treffern an die Torjäger-Spitze. Beim 3:0 gegen Cottbus gelang ihm das erste Dreierpack, beim 4:0 in Berlin nun das zweite. Der vielseitige Ebbe Sand wurde zum Alptraum für Herthas Abwehr, als er mit einem Heber, per Kopfball und mit einem Schlenzer traf. Wodurch der 27-jährige Stürmer, der 1999 aus Brøndby kam, im zweiten Schalke-Jahr und dem 44. Einsatz auf 25 Treffer gekommen ist. Beifall dafür wehrt er ab. »Wichtig ist, dass die Mannschaftsleistung stimmt, durch die das erst möglich ist.« Bei Hadsund BK, seinem Heimatverein, aber kann man sich über 1500 Mark und einen Satz Trikots als Torprämie freuen.

Der Tag im Überblick

Nicht nur Dresden hat sein »blaues Wunder«, sondern nun auch der Ruhrpott: Schalkes Geburtsdatum »04« wird erneut zum Brandzeichen für die Liga! Genauso hoch verloren die Frankfurter und so eklatant sogar zu Hause die Rostocker, Dortmunder und nun auch die Berliner. Letzteren hatten die Schalker eine Woche zuvor mit ihrem Sieg gegen Bayern die Spitze gerettet. Die nahmen sie der dafür noch zu unreifen und vor allem vom Dänen Ebbe Sand mit drei Toren völlig zerfledderten Hertha wieder ab und schenkten sie Leverkusen. Berti Vogts staunte dort nicht schlecht, dass sein Trainereinstand in der Liga für den Sieg beim wieder auf Mittelmaß gestutzten HSV auch noch diesen Lorbeerkranz bekam. Was zu Bertis programmatischer Ankündigung »Wir wollen einen Titel« hautnah passte. Die Schalker hingegen setzten sich auf Bayerns zweiten Rang, weil der Rekordmeister mit seiner fünften Niederlage nicht nur schon jetzt die Negativquote der Saison 99/00 erreicht hat, sondern Frankfurt einen Sieg in München bescherte, nach dem sich die Hessen 24 Jahre vergebens gesehnt hatten. Torwart Kahn sah sein Team »regelrecht zusammen brechen«. Und Manager Hoeneß weiß: »Wir brauchen dringend die Winterpause.« Die Freiburger dagegen bekämpfen ihre Abstiegsängste am liebsten in Kaiserslautern. Mit dem vierten Sieg dort in Folge (!) verließ man den Keller. Was beim FCK auch Brehmes Startkredit aufgebraucht hat: fünf Spiele, ein Sieg.

Der Motor in Schalke: Assauer widerlegt alle

Mancher hat prophezeit, dass Rudi Assauer diese Saison nicht übersteht. Man meinte, Schalkes Manager habe alles falsch gemacht: zu lange an Huub Stevens festgehalten, zu waghalsig das neue Stadion kalkuliert, zu blind den Möller-Transfer eingefädelt usw. Jetzt steht Schalke oben, hat den Spitzenreiter Hertha in Berlin mit 4:0 vom Sockel gestoßen, und Assauer kann allen die lange Nase zeigen. Möller spielt – und er spielt gut. Um Mpenza und Sand beneidet Schalke die halbe Bundesliga. Die Vertragsverlängerung von Oliver Reck wurde gefeiert, auch ein umstrittener Assauer-Einkauf. Das neue Stadion wird gigantisch. Dank Assauer. Es spricht für ihn, dass er sich jetzt nicht auf die Schultern klopfen lässt. »Wir haben noch nichts erreicht«, wehrte er nach dem tollen 4:0-Sieg ab. Natürlich poltert er auch noch manchmal los. Aber er sagt seine Meinung gegen alle Widerstände und ist eben ein Typ, der sich nicht verbiegen lässt. Im Sommer 2002 wird Assauer Schluss machen. Jedoch: »Ich will auch in Zukunft bei allen wichtigen Transfers mitreden.« Als Präsident oder Aufsichtsratsvorsitzender. Das ist gut für Schalke. Ohne Assauer wäre der Klub jetzt nicht Tabellenzweiter. Der Mann hat Weitblick, meistens jedenfalls.

Dieter Hoeneß von Hertha BSC ist Rudi Assauer ziemlich ähnlich. »Ich gehe nicht weg aus Berlin, bevor ich einmal die Schale in der Hand gehalten habe.« Soll heißen: Der Manager will trotz der Schlappe gegen Schalke auf Meisterkurs bleiben. Hoeneß: »Zu diesem Zeitpunkt hatte die Tabellenführung für uns sowieso keine große Bedeutung. Wir haben da oben unsere Erfahrungen sammeln können und nun auch schmerzhafte. Uns traf heute eine Verkettung unglücklicher Umstände.« Ohne die Leistungsträger Beinlich, Deisler, Rehmer und van Burik war die Hertha als Torso kein Widerpart mehr.

Der Mann hat sein Erkennungszeichen, und er verfügt über einen Weitblick, auch wenn ihm sein Trainer Huub Stevens hier ganz nah erscheint. Schalkes Manager Rudi Assauer hat Visionen und ein gutes Händchen bei teuren Investitionen, die sich am Ende auch bezahlt machen

ERGEBNISSE

Freitag, 17.11.00	VfB Stuttgart – TSV München 1860	2:2	(1:0)
Samstag, 18.11.00	FC Bayern München – Eintracht Frankfurt	1:2	(1:1)
	1. FC Kaiserslautern – SC Freiburg	0:2	(0:1)
	1. FC Köln – FC Hansa Rostock	5:2	(3:2)
	VfL Wolfsburg – SV Werder Bremen	1:1	(0:1)
	Hertha BSC – FC Schalke 04	0:4	(0:2)
	Hamburger SV – Bayer 04 Leverkusen	1:3	(1:2)
Sonntag, 19.11.00	SpVgg Unterhaching – Energie Cottbus	2:1	(2:0)
	VfL Bochum – Borussia Dortmund	1:1	(0:0)

Alle Daten zum Spieltag auf Seite 218

FAKTEN

- Zuschauer: 293 219 – im Schnitt also 32 580
- Tore: 31 – wie am Spieltag zuvor
- Spitze: Sand (11) führt vor Barbarez, Agostino (je 9)
- Elfmeter: keiner
- Karten: Gelb-Rot für Majak (Hansa)
- Auswärts: Köln, Stuttgart, Haching, Cottbus ohne Sieg
- Serien: Wolfsburg, Leverkusen achtmal ungeschlagen

TABELLE

Rang	Verein	Sp.	g.	u.	v.	Tore	Diff.	Pkt.	
1	Bayer 04 Leverkusen	13	7	4	2	18 : 12	6	25	↗
2	FC Schalke 04	13	7	3	3	29 : 13	16	24	↗
3	Hertha BSC	13	8	0	5	28 : 21	7	24	↘
4	FC Bayern München	13	7	1	5	29 : 17	12	22	↘
5	Eintracht Frankfurt	13	6	2	5	19 : 17	2	20	↗
6	1. FC Kaiserslautern	13	6	2	5	17 : 16	1	20	↘
7	Borussia Dortmund	13	6	2	5	20 : 23	-3	20	↘
8	VfL Wolfsburg	13	4	6	3	28 : 19	9	18	→
9	Hamburger SV	13	5	3	5	30 : 26	4	18	↘
10	1. FC Köln	13	5	3	5	24 : 25	-1	18	→
11	SC Freiburg	13	4	3	6	15 : 17	-2	15	↗
12	TSV München 1860	13	3	6	4	17 : 21	-4	15	→
13	FC Hansa Rostock	13	4	3	6	11 : 22	-11	15	↘
14	SV Werder Bremen	13	3	5	5	17 : 20	-3	14	→
15	VfB Stuttgart	13	3	5	5	20 : 24	-4	14	→
16	SpVgg Unterhaching	13	3	5	5	15 : 22	-7	14	↗
17	Energie Cottbus	13	4	2	7	15 : 24	-9	14	↘
18	VfL Bochum	13	3	3	7	10 : 23	-13	12	→

13.

Norweger schlägt die Bayern: Humor-Bombe Fjörtoft

Den TV-Zuschauern in Norwegen bietet sich eine Comedy-Show, wenn Jan-Aage Fjörtoft (33) als Sportkommentator beim Sender NRK anfängt. Nur Eintracht selbst kann die Humorbombe bremsen bzw. halten, die für den 2:1-Sieg über Bayern sorgte. Frohnatur Fjörtoft entlockt selbst dem bissigen Magath ein Lächeln. »Aber ohne zu atmen, oder?« rief Fjörtoft, als Magath im Training lange Sprints befahl, und zitierte damit einen Radio-Spot, der Magaths Schinderei auf die Schippe nahm. Die anderen wagten nur heimlich zu schmunzeln. Oder als Magath ihn überraschend aufstellte: »Zum Glück hatte der Busfahrer seine Schuhe vergessen.« Oder: »Ich weiß nicht, ob Magath die *Titanic* gerettet hätte. Aber die Überlebenden wären topfit gewesen.« Vielleicht wird man so lustig, wenn man von einer kargen Nordmeerinsel kommt und lange in grauen englischen Industriestädten wie Sheffield gespielt hat. Mit Humor lassen sich auch zu seltene Einsätze ertragen. Fjörtofts 2:1 gegen Bayern aber war der Beweis, dass gute Laune auch Siege machen kann. Und auch Magath lachte herzlich, vielleicht auch über seinen Irrtum. Denn Fjörtoft darf nur spielen, weil die anderen Stürmer gerade unpässlich sind. Für Januar hat Fjörtoft seinen ablösefreien Wechsel zu Stabaek IF in Norwegen angekündigt. Aber das Bayern-Spiel hat gezeigt: Eintracht braucht nicht allein den Gute-Laune-Onkel und Publikumsliebling, sondern vor allem auch den Torjäger.

Lachender Held gegen Bayern – Jan-Aage Fjörtoft, nur noch für eine Handvoll Spiele im Trikot der Frankfurter Eintracht, hat den Münchnern die Show gestohlen. Nach 24 Jahren gewinnt Frankfurt in München durch ein Tor des Norwegers

MARCEL REIF: DER BERTI VON DEM ANDEREN STERN

Haben Sie am Sonnabend auf Schalke Ottmar Hitzfeld gesehen? Eingefallen, verkniffen, angespannt. 90 quälende Minuten. Seine Magenröhre hat quasi aus dem Mantel geguckt. Ein Fall für »Amnesty International« ... So gesehen macht Berti Vogts in Leverkusen natürlich alles richtig, wenn er einen Riesen-Trainerstab mitbringt. Andererseits: Stiehlt sich da einer schon im Vorfeld aus der alleinigen Verantwortung?
Es passt ja irgendwie zum Bayer-Konzern und seinen Labors. Das neueste Experiment heißt »Berti und sein Konzept«. Vogts hat die letzten zwei Jahre wunderbar gelebt, in relativer Anonymität. Viele Nicht-Freunde werden auf ihn warten. Klar ist: Er gehört nicht zur neuen Generation der Sammers, Brehmes, Völlers. Wenn Rudi die Stirn runzelte, dann wurde den Leverkusener Spielern schon angst und bange. Berti hingegen steht für akribisches Arbeiten. Er kommt von einem anderen Stern, trainierte bisher nie einen Bundesliga-Klub und musste sich nie jeden Morgen den Unzulänglichkeiten des Alltags stellen. Das wird nicht einfach.

Bayer-Fingerspiele – links Toni Schumacher und Littbarski, rechts Berti Vogts

Aber Vogts ist nicht dumm. Auch wenn ihn manche dafür halten, nur weil er keine 1,90 misst. Ich habe ihn schätzen gelernt, auch im privaten Umgang. Und was er über Fußball erzählt, ist wirklich vernünftig. Jetzt muss er es »nur« umsetzen.
Natürlich sind Spieler nachtragend. Gerade Nowotny und Kirsten waren zu Bundestrainer-Zeiten nicht seine Lieblinge. Sicher wäre es besser, er würde sich manchen »Witz« verkneifen. Dennoch ist das Experiment Berti nicht von vorn herein zum Scheitern verurteilt. Der Bayer-Konzern hätte die Ablöse für Klaus Toppmöller locker zahlen können. Aber das langfristige Vogt-Konzept war wohl überzeugender. Es kann prima passen, es kann auch schrecklich schief gehen. Denn den Titel, den er Bayer verspricht, sehe ich nicht. Es ist ein bisschen wie Kaffeesatz-Lesen. Von der Nationalmannschaft haben wir damals manch frustrierendes Länderspiel gesehen. Unterm Strich allerdings hat der Bundestrainer Vogts Deutschland, den Europameister 1996, nicht unter Wert verkauft. Auch darum hat er eine Chance verdient.

14. Spieltag
24.–26. November

TORSCHÜTZE DES TAGES

OLIVER NEUVILLE (Foto) hat Bayer Leverkusen mit seinem 1:0 gegen den 1. FC Kaiserslautern gleich in die Erfolgsspur gebracht und mit dem Treffer zum 4:2 dann auch den Sieg festgemacht. Dazu lieferte er Ulf Kirsten noch die Vorlage zum 2:1. Was ihm von seinem Trainer Berti Vogts, der sonst Einzelspieler ungern hervorhebt, den Ritterschlag »Weltklasse« einbrachte. Der gebürtige Schweizer bekam auch die mit Abstand besten Noten aller Bundesligastürmer an diesem 14. Spieltag. in allen Spielen bislang eingesetzt, hat der 27-Jährige flinke Flügelmann seine Torquote des Vorjahres (4) mit sechs Treffern schon deutlich überboten. Damit ist er auch der erfolgreichste beim Liga-Spitzenreiter. Was seine Hoffnungen auf einen Platz in der Nationalelf nach bislang 17 Einsätzen vor allem mit Blick auf die WM 2002 natürlich kräftig nährt.

Der Tag im Überblick

Auch das noch! Jetzt ängstigen sich nicht mal mehr die Münchner Vorstädter vor der Löwen-Höhle. Mit dem ersten Sieg gegen 1860 springt Unterhaching aus der Abstiegsschlucht und bringt dem Traditionsverein beim Blick von deren Kante das Gruseln bei. Da auch die großen Bayern den kleinen Freiburgern im 1:1 deren ersten Punktgewinn gegen sie nach drei Jahren nicht verwehren können, hat sich Haching als Münchens anerkannte dritte Kraft bestätigt. Es ist auch drei Jahre her, dass die Bayern auf Reisen viermal hintereinander nichts mehr umgerissen haben. Die Eintracht und die Hertha aber bleiben die Wundertüten der Liga. Auf Frankfurts sensationelles 2:1 beim FC Bayern folgt nun dieses deprimierende 0:4 gegen eine Hertha, die ihr Berliner 0:4-Debakel gegen Schalke zu bereinigen hatte. Das Waldstadion hatte die letzte Eintracht-Niederlage noch 1999 mit 1:2 gegen Leverkusen erlebt. Die Stabilität aber wird im Westen geschmiedet, wo Leverkusen gegen Lautern die Spitze und Schalke gegen Bochum Rang 2 verteidigen. Wo Köln auch der Cottbuser Hölle entkommt und wo Dortmund den achtmal ungeschlagenen Wolfsburgern die Luft nimmt. Die bitterste Niederlage jedoch durchlebt Frank Pagelsdorf mit seinem HSV in Rostock, wo er mal der Aufstiegsheld gewesen ist und immer noch ein Haus besitzt, in das ist nun Nachfolger Friedhelm Funkel eingezogen. Pagelsdorf wird die Miete erhöhen.

Hachings erster Derby-Sieg: Endlich das zweite Tor

Lorenz Köstner, Trainer von Unterhaching, ist im Augenblick sorgenfrei. Er verbietet sich, auf einen UEFA-Cup-Platz zu hoffen: »Nicht unsere Kragenweite.« Dabei trennen Haching nur vier Punkte davon. Sein Team, zum sechsten Mal ungeschlagen, spielte noch schöner als beim 2:1 gegen Cottbus. Dass diese Mannschaft nicht aufgibt, ist bekannt. Aber langsam wird sie unheimlich. »Dreimal waren wir nahe an einem Sieg gegen Sechzig, haben aber nie nach dem 1:0 ein Tor nachlegen können. Diesmal haben wir das zweite Tor gemacht«, freute sich Köstner nach dem ersten Hachinger Sieg im Derby. Die »Löwen« aber müssen nach acht Spielen ohne Sieg um den Klassenerhalt bangen. Werner Lorant, ihr Trainer, weiß, was gut ist. Gutes Auto, gute Zigarette, guter Espresso. In Parma (2:2 nach 0:2) war seine Mannschaft auch gut. Aber gegen Unterhaching musste er feststellen, dass seine zusammen gewürfelte Truppe an enge Grenzen stößt. Anfangs reichte es für das obere Mittelfeld, nun nur noch für das untere. Das kann gewaltig nerven. Und Lorant ist schon die neunte Saison bei 1860. Das macht müde. Zu Freunden hat Lorant gesagt: »Mit 55 ist Schluss.« Lorant, seit einer Woche 52, will die letzten zwei, drei Jahre seines Trainerlebens vielleicht noch etwas Anderes erleben. Da er weiß, was gut ist, fühlt er sich auch im spanischen Andalusien wohl. Er hat ein Haus in Estepona bei Malaga, wo es einen Verein gibt, der auch einen Trainer hat, der ein bisschen Ruhe haben will. Joaquin Peiro ist 65. Ein Nachfolger mit gutem Namen wird gesucht. Mit Malaga hat Lorant schon früher gesprochen. »Das ist für mich ein Spitzenklub in Europa«, sagt er. So ist das zwar nicht mehr, aber Platz 12 in der Primera Division ist besser als 15 von 1860. Und spanisch kann Lorant auch schon ein bisschen ...

Metamorphosen eines Trainers am Spielfeldrand in Betrachtung seines Mannschaftsspiels

ERGEBNISSE

Freitag, 24.11.00	FC Schalke 04 – VfL Bochum	2:1 (1:0)
Samstag, 25.11.00	SC Freiburg – FC Bayern München	1:1 (1:1)
	Eintracht Frankfurt – Hertha BSC	0:4 (0:2)
	Borussia Dortmund – VfL Wolfsburg	2:1 (2:1)
	Energie Cottbus – 1. FC Köln	0:2 (0:1)
	FC Hansa Rostock – Hamburger SV	1:0 (0:0)
Sonntag, 26.11.00	TSV München 1860 – SpVgg Unterhaching	0:2 (0:1)
	SV Werder Bremen – VfB Stuttgart	1:0 (0:0)
	Bayer 04 Leverkusen – 1. FC Kaiserslautern	4:2 (2:1)

Alle Daten zum Spieltag auf Seite 218

FAKTEN

- Zuschauer: 265 824 – also 29 536 im Schnitt
- Tore: 24. Gesamt 364 – 34 mehr als im Vorjahr
- Spitze: Sand (12) vor Agostino, Barbarez (je 9)
- Elfmeter: Ballack traf für Bayer 04.
- Karten: Rot: Preuß (Eintracht), Gelb-Rot: Lisztes (VfB)
- Serienende: Eintrachts erste Heim-Niederlage im Jahr 2000
- Siegstarts: Erste Auswärtssiege von Köln, Unterhaching

TABELLE

Rang	Verein	Sp.	g.	u.	v.	Tore	Diff.	Pkt.	
1	Bayer 04 Leverkusen	14	8	4	2	22 : 14	8	28	→
2	FC Schalke 04	14	8	3	3	31 : 14	17	27	→
3	Hertha BSC	14	9	0	5	32 : 21	11	27	→
4	FC Bayern München	14	7	2	5	30 : 18	12	23	→
5	Borussia Dortmund	14	7	2	5	22 : 24	-2	23	↗
6	1. FC Köln	14	6	3	5	26 : 25	1	21	↗
7	1. FC Kaiserslautern	14	6	2	6	19 : 20	-1	20	↘
8	Eintracht Frankfurt	14	6	2	6	19 : 21	-2	20	↘
9	VfL Wolfsburg	14	4	6	4	29 : 21	8	18	↘
10	Hamburger SV	14	5	3	6	30 : 27	3	18	↘
11	FC Hansa Rostock	14	5	3	6	12 : 22	-10	18	↗
12	SV Werder Bremen	14	4	5	5	18 : 20	-2	17	↗
13	SpVgg Unterhaching	14	4	5	5	17 : 22	-5	17	↗
14	SC Freiburg	14	4	4	6	16 : 18	-2	16	↘
15	TSV München 1860	14	3	6	5	17 : 23	-6	15	↘
16	VfB Stuttgart	14	3	5	6	20 : 25	-5	14	↘
17	Energie Cottbus	14	4	2	8	15 : 26	-11	14	→
18	VfL Bochum	14	3	3	8	11 : 25	-14	12	→

Haching setzt sich durch im kleinen Lokalderby: 1860-er Riseth (r.) sucht den Ball, Zdrilic hat ihn

Köln besiegte seine Probleme: Cottbus noch eine Festung?

Köln hat seine Probleme im Duell der Aufsteiger mit einem 2:0 in Cottbus und drei Siegen in Folge weggewischt. Die Fans träumen sogar vom Europacup. Nun mögen sie auch Trainer Ewald Lienen, der immer als Sauertopf verschrien war, und loben ihn für sein »modernes Training«. Bis zu zweieinhalb Stunden dauern die Einheiten. Dabei unterbricht Lienen immer wieder, zeigt Fehler auf, korrigiert sie, gönnt den Spielern lange Erholungsphasen. Abwehrchef Thomas Cichon: »Ich habe das Gefühl, dass ich hundertprozentig fit bin.« In Cottbus war das vom ganzen Kölner Team zu sehen.

Den Hausherrn fehlte die Energie. Freunde darf man nicht enttäuschen. Vor allem nicht die vielen tausend im »Stadion der Freundschaft«, die sich dort für Cottbus fast die Seele aus dem Leib brüllten. Die haben Energie schon zu Punkten und Siegen getrieben. Doch was war das gegen Köln? Schon eine halbe Stunde vor Schluss pfiffen die Fans. Und diese Pfiffe müssen noch lange durch die Köpfe der Spieler tönen. Trainer Geyer entsetzt: »Das war die schwächste Saisonleistung, die wir abgeliefert haben.« Die Gründe: Die Spieler haben sich nicht gewehrt, was in Cottbus kein Fan verzeiht; zu viele Abspielfehler und eine schwache Abwehr; fehlender Mut und Leistungsträger unter Normalform. Mit bislang 15 Toren hat Cottbus den drittschlechtesten Angriff. Zu wenig. Und wenn dieses Stadion als Festung fällt, dann fällt auch Energie zurück in die Zweite Liga.

MARCEL REIF: HITZFELDS WUNDERWORT HEISST RESPEKT

Auch in diesen schwierigen Tagen finde ich es faszinierend, wie Ottmar Hitzfeld, dieser anständige, intelligente Mann, unbeirrbar seinen Weg geht. Er macht keine Show, er haut auch unter größtem Druck keinen in die Pfanne, er denkt, plant, bastelt weiter am Erfolg. Und alle, sogar die Kompetenz im Vorstand, hören ihm andächtig zu. Sein Wunderwörtchen heißt Respekt. Er hat ihn für andere, und die dadurch für ihn. Lehrer Ottmar muss nicht laut werden. Wo gibt es das sonst? Da bieten sie ihm vor einigen Tagen einen Vertrag auf Lebenszeit an – weil auch Franz Beckenbauer keine Lust hat, bei jedem mentalen Wehwehchen eines Millionen-Stars von Kitzbühel nach München reinzufahren, wie das bei anderen Trainern der Fall war. Hitzfeld-Entscheidungen würde sogar der wütendste niemals öffentlich in Frage stellen. Sicher, Erfolge müssen her. Aber wenn die Bayern sich bis Weihnachten retten, dann werden die Karten neu gemischt. Der Franz würde ja zu gern mal den Bayern-Briefbogen ändern lassen. Noch immer stehen seine drei Europacup-Triumphe von Mitte der Siebziger allein da oben …

Der »Kaiser« herzt Hitzfeld und bietet Vertrag auf Lebenszeit

15. Spieltag
2./3. Dezember

TORSCHÜTZE DES TAGES

MIROSLAV KLOSE (Foto) hat sein Markenzeichen. Mit Salti feiert er seine Tore. So auch die beiden bei Lauterns 2:1-Sieg gegen den HSV. Das geschah in der 86. und 88. Minute und beendete eine Negativserie von fünf Niederlagen. Dementsprechend wurde der 22-jährige Pfälzer gefeiert. Durch diesen ersten Doppelpack wurde er neben Harry Koch mit drei Treffern zum bislang erfolgreichsten Lauterer und das in seinem erst elften Einsatz. Klose kostete den FCK keinen Pfennig. Er kam aus der Amateurelf. Trainer Brehme setzt auf ihn, und Klose weiß, was er kann. Als der FCK ihm eine Vertragsverlängerung bis 2003 zu unveränderten Bedingungen anbot, verweigerte er sich. Sein Vertrag wurde deutlich nachgebessert. Der Jugend seines Heimatvereins SG Blaubach-Diedelkopf aber verschaffte das die von *Sport-Bild* und Continentale gestifteten 1500 Mark und einen Satz Trikots.

Der Tag im Überblick

Auch milde Winter haben Tücken: In Unterhaching war der Nebel für Schiedsrichter Strampe zu dick, und Bremen musste drei Wochen später wieder kommen. Andertags aber hatte im nahen Olympiastadion nur Meister Bayern den richtigen Durchblick. Leverkusens Sieglosigkeit in München geht nun ins elfte Jahr! »Es bleibt dabei: Uns flattern die Hosen«, ärgerte sich Bayer-Manager Calmund, der vorher aber mit Bayern-Kollege Uli Hoeneß wieder die Friedenspfeife geraucht hatte, die nach dem Streit um Christoph Daum nötig war. Das 0:2 gab der Hertha, die sich gegen Freiburg ins Remis retten konnte, die Spitze zurück. Die aber wollte eigentlich Schalke erobern, doch die latente Sieg- und Trefferlosigkeit in Wolfsburg (nur 0,7 Tore pro Auftritt) überdauerte im 0:2 auch diesen Tag. Am Rhein haben die Kölner die Rückkehr ihres einstigen Idols Thomas Häßler im Löwen-Dress gefeiert – und ihn dann mit einem ernüchternden 4:0 in den Abstiegskeller geschickt. Es war wie eine Götterdämmerung, die nun auch der stolze VfB Stuttgart mit seinem teuren Weltstar Balakov als Schlusslicht durchleiden muss. Dortmund und Matthias Sammer, der mit dem VfB 1992 noch Meister geworden war, haben das mit ihrem 2:0 verschuldet. Sammer: »Dabei war auch unsere Leistung widerlich.« Ähnliche Urteile erntete das erste Ost-Duell Cottbus – Rostock aufgrund seiner Härte: drei Sperren und sechs Gelbe Karten! Überlebenskampf pur.

Cottbus packte alles aus: Antreiber Akrapovic

Dreimal hat Bruno Akrapovic, der 33-jährige bosnische Nationalspieler, in dieser Saison gefehlt, dreimal verlor Energie Cottbus. So auch zuletzt beim Besuch der Kölner. Doch gegen Rostock war der defensive Mittelfeldspieler wieder dabei. Und jeder hat gesehen, warum ihn Trainer Eduard Geyer nicht nur auf die Bank setzen darf, wie gegen Köln. Akrapovic zieht die Fäden in der Defensive, hält Spielmacher Miriuta den Rücken frei. Alles hört auf sein Kommando. Er feuert die Mannschaft an, macht sie noch bissiger. Deshalb ist es auch sein Verdienst, dass Hansa kaum Torchancen hatte. Mit Akrapovic kam auch die beherzte Einstellung zurück, die noch beim peinlichen 0:2 gegen Köln gefehlt hatte. Nach 230 Zweitligaspielen in Wolfsburg, Mainz und bei Tennis Borussia hat sich in Cottbus endlich sein Erstliga-Traum erfüllt. Spät, aber nicht zu spät. Für TeBe-Trainer Winfried Schäfer war Akrapovic ein zu gradliniger Widerpart. Aussortiert! Für Eduard Geyer ist er »ein Mann, den wir dringend brauchten«. Rostocks Verteidiger Rayk Schröder hinterher: »Uns fehlen solche echten Typen, wie auch Miriuta.« Für einen Abstiegskampf wie diesen waren sie unerlässlich. Sie trugen das Feuer hinein. Gekämpft wurde, getreten, gefoult. Zwei Feldverweise, sieben Gelbe Karten. Cottbus zeigte alle Stärken, rannte, kämpfte, spielte. Dafür war Hansa viel zu hausbacken, solcher Aggressivität nicht gewachsen.

15.

Im Ost-Duell die lachenden Sieger: Bruno Akrapovic schultert seinen bosnischen Landsmann Faruk Hujdurovic; mit von der Partie Jörg Scherbe

ERGEBNISSE

Samstag, 02.12.00	1. FC Köln – TSV München 1860	4:0 (1:0)
	VfB Stuttgart – Borussia Dortmund	0:2 (0:1)
	VfL Wolfsburg – FC Schalke 04	2:0 (0:0)
	VfL Bochum – Eintracht Frankfurt	2:1 (2:0)
	Hertha BSC – SC Freiburg	2:2 (2:1)
	FC Bayern München – Bayer 04 Leverkusen	2:0 (1:0)
Sonntag, 03.12.00	1. FC Kaiserslautern – Hamburger SV	2:1 (0:0)
	Energie Cottbus – FC Hansa Rostock	1:0 (0:0)
Mittwoch, 20.12.00	SpVgg Unterhaching – SV Werder Bremen	0:0

Alle Daten zum Spieltag auf Seite 219

FAKTEN

• Zuschauer:	Nur 237 379 kamen – mager
• Tore:	Die 21 sind nicht das schlechteste
• Spitze:	Sand (12) klar vor Agostino und Barbarez (je 9)
• Elfmeter:	Alle trafen: Tretschok, Stevic, Kobiashwili, Butt
• Karten:	je zweimal Rot und Gelb-Rot
• Jubiläum:	Reitmaier (Wolfsburg) im 250. Einsatz
• Heimstark:	nur Wolfsburg und Schalke zu Hause ungeschlagen

TABELLE

Rang	Verein	Sp.	g.	u.	v.	Tore	Diff.	Pkt.	
1	Hertha BSC	15	9	1	5	34 : 23	11	28	↗
2	Bayer 04 Leverkusen	15	8	4	3	22 : 16	6	28	↘
3	FC Schalke 04	15	8	3	4	31 : 16	15	27	↘
4	FC Bayern München	15	8	2	5	32 : 18	14	26	→
5	Borussia Dortmund	15	8	2	5	24 : 24	0	26	→
6	1. FC Köln	15	7	3	5	30 : 25	5	24	→
7	1. FC Kaiserslautern	15	7	2	6	21 : 21	0	23	→
8	VfL Wolfsburg	15	5	6	4	31 : 21	10	21	↗
9	Eintracht Frankfurt	15	6	2	7	20 : 23	-3	20	↘
10	Hamburger SV	15	5	3	7	31 : 29	2	18	→
11	FC Hansa Rostock	15	5	3	7	12 : 23	-11	18	→
12	SV Werder Bremen	14	4	5	5	18 : 20	-2	17	→
	SC Freiburg	15	4	5	6	18 : 20	-2	17	↗
14	SpVgg Unterhaching	14	4	5	5	17 : 22	-5	17	↘
15	Energie Cottbus	15	5	2	8	16 : 26	-10	17	↗
16	TSV München 1860	15	3	6	6	17 : 27	-10	15	↘
17	VfL Bochum	15	4	3	8	13 : 26	-13	15	↗
18	VfB Stuttgart	15	3	5	7	20 : 27	-7	14	↘

Teamdenken in Köln nicht nur bei der Mauer: Dziwior, Springer, Scherz, Lottner, Timm (v.l.); Schiri Uwe Kemmling ist beeindruckt

Aufsteiger Richtung Europacup – Kölns Trumpf: das Team

Mit einer Zweitliga-Mannschaft die Bundesliga erstürmen, geht das? Der 1. FC Köln ist mit Platz 6 auf dem besten Weg in den UEFA-Cup und nur vier Punkte hinter dem Tabellenersten (Champions League). Beim 4:0 über 1860 München liefen etliche Spieler über den Platz, denen man vor der Saison nicht unbedingt zugetraut hatte, dass sie sich in der Bundesliga durchsetzen würden. Da sind die beiden St. Pauli-Spieler Scherz und Springer, der Nürnberger Kurth, Dziwior aus der Gütersloher Konkursmasse, Lottner (der es leider nicht schaffte in Leverkusen) oder Timm, von Dortmund als zu schwach eingeschätzt. Bernd Cullmann, einst als Kapitän (später Manager) eine Säule des 1. FC, sagte dazu: »Man steckt die Spieler schnell in eine Schublade – nur Zweitliga-Format. Auch ich gehörte zu jenen, die für eine punktuelle Verstärkung waren. Doch jetzt haben sich mehrere Spieler so erstaunlich entwickelt, dass sie stabil und viel stärker sind als vor einem Jahr.« Sein Sohn Carsten zählt auch dazu. Diese Kölner Mannschaft lebt von ihrer Geschlossenheit. Team-Denken war das einzige, was Erfolg versprach. Bernd Cullmann: »Wenn du nicht das große Geld hast, um überragende Einzelspieler zu holen, die ein Match entscheiden, geht das nur über Geschlossenheit.« Die wurde in der Zweiten Liga trainiert, ging zunächst in der Anpassungszeit verloren, ist jetzt aber wieder da. Und der richtige Geist: nicht wild nach vorne rennen, Verstand statt Emotion. Das heißt, den Gegner auch mal im eigenen Stadion austoben zu lassen und ihn dann auszuspielen. 1860 hatte mit 52 Prozent Ballbesitz zwar die zählerische Überlegenheit, die Kölner aber die größere Cleverness. Der Unterschied: vier Tore. Cullmann: »Das 0:6 in Wolfsburg war der Knackpunkt. Danach gab es einen Reinigungsprozess. Jeder wusste, geht's so weiter, geht es schief …«

MARCEL REIF: DIE OHNMACHT DER SPITZE HILFT BAYERN

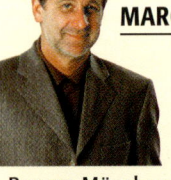

Es gibt einen Verein, der über Wochen schwächelt und trotzdem Regie zu führen scheint. Es ist Bayern München, wo man sich ins Fäustchen lacht. Da reicht ein Sieg gegen Berti, um nicht nur den Gegner, sondern gleich die gesamte Bundesliga-Spitze hinter sich zu lassen. Hertha, Schalke, Leverkusen – für jedes dieser Teams scheint es eine Strafe zu sein, ganz oben zu stehen. Die Spitze prägt Ohnmacht. Wir leben von Spannung auf mittlerem Niveau, in einer Liga, die lange nicht so stark ist, wie die meisten gedacht haben.
Hertha beispielsweise müsste, wenn sie es richtig angestellt hätte, jetzt schon zehn Punkte Vorsprung auf die Bayern haben. Ikarus lässt grüßen. Immer wenn einer hoch zur Sonne steigen könnte, verbrennt er sich die Flügel.
Bei Hertha ist die Konstante die Inkonstanz. Nun sagt Manager Hoeneß sogar: »Mal langsam, wir spielen doch sowieso nur um einen Platz in der Champions League.« Er muss das sagen, weil sonst alle abheben. Aber: Eine Mannschaft, die so gut besetzt ist und auf Platz 1 steht, muss nach dem 2:0 gegen Freiburg drei Punkte nach Hause bringen. Dazu diese 2:5 in Unterhaching, 0:4 gegen Schalke. Sicher wächst da was, aber reif ist es noch lange nicht.
Den Schalker Konkurrenten kostet die Euphorie eines Sieges gegen Dortmund so viel Kraft, dass er noch Tage danach nicht auf die Beine kommt. Manager Assauer sagt, seine Jungs seien nicht clever. Aber ein Verein, der gerade von den Toten auferstanden ist, kommt mit der Rolle des Jägers viel besser klar. Mit Erfolg umzugehen, muss man auch lernen. Bayer 04 hat indirekt bewiesen, dass Bayern eine Nummer zu groß ist. Die Völler-Manie, die Aura einer Wunderheilerei ist vorbei. Berti hat gesehen, was er seiner Mannschaft noch beibringen muss. Doch da gibt es noch einen Verein, der nicht mehr schaffen wird, als an den Großen zu kratzen: Dortmund und der tüchtige Herr Sammer. Es war bereits eine Riesenleistung, aus einem Trümmerhaufen ein Team zu formen, das siegen und auch begeistern kann. Aber dem Angebot, den Platz ganz oben jetzt einzunehmen, würde sich Sammer, der Realist, verweigern. Mein Fazit: Die Genannten werden oben bleiben. Doch wenn die Bayern den jetzigen Rückstand nach 2001 retten, kann es nur einen Meister geben.

16. Spieltag
8.–10. Dezember

TORSCHÜTZE DES TAGES

MARTIN MAX (Foto) hatte »keine Lust, mit der roten Laterne unterm Weihnachtsbaum zu sitzen«. Und dank der beiden Tore des 32-Jährigen im Keller-Duell mit Hansa Rostock hat 1860 München nun gute Chancen, das zu vermeiden. Nach neun Bundesliga-Auftritten ohne Sieg sowie dem Aus im UEFA-Cup und im DFB-Pokal sorgte der Stürmer fast im Alleingang für das lang ersehnte Erfolgserlebnis. Dabei schoss Martin Max sich selbst mit dem ersten Doppelpack auch den Frust von der Seele. Denn der Torschützenkönig der vergangenen Saison mit 19 Toren hatte zuvor für ihn magere drei Treffer erzielt. »Mir fehlte bisher auch das Glück«, argumentierte er. Aber das ging wohl den meisten »Löwen« so. Freuen darf sich nun die Jugendabteilung seines Heimatvereins BW/Post Recklinghausen. Sie erhält von *Sport-Bild* und Continentale die Torprämie von 1000 Mark sowie einen Satz Trikots.

Der Tag im Überblick

Bertis bunte Bayer-Bühne erlebte nach den drei K.o.-Schlägen im DFB-Pokal, im UEFA Cup und mit einem 0:2 bei den Münchner Bayern die wundersame Auferstehung eines neuen Spitzenreiters. All ihren Frust haben die Leverkusener dabei im 4:0 abgeladen. Eine zerzauste Hertha wurde zum gefallenen Mädchen: vorher erste, danach nur noch vierte. Damit hat Bayer 31 Punkte wie im Vorjahr erobert. Nur waren die Bayern damals zwei Punkte davor, nun sind sie vier Punkte dahinter! »Wir müssten mal wieder 90 Minuten Fußball spielen«, stöhnte Bayerns Effenberg nach dem 0:0 in Lautern, und auch sein Manager Uli Hoeneß nannte den Auftritt »lahmarschig«. Fünfmal in Serie blieb der Meister auf Reisen ohne Sieg. Das Verfolgungsrennen der Ruhrrivalen aber erlebten Schalke (2.) und Dortmund (3.) auch deswegen Kopf an Kopf, weil beide mit Erfolgen gegen Haching und den VfB ihre Vorjahres-Gesamtquoten an Heimerfolgen bereits jetzt übertroffen haben: Schalke mit sechs Siegen statt vier, der BvB mit fünf statt vier. Das Revier wird wieder gefürchtet. Nach vier Siegen wurden die Kölner Überflieger in Bremen zur Notlandung gezwungen, weil Werder zwar spät, aber nicht zu spät Bogdanovic ins Duell schickte, der noch zwei Treffer landete. Ein Jahr lang hat die Eintracht in Frankfurt nach einer 1:0-Führung nicht verloren – bis das Wolfsrudel kam, um Beute zu machen. Die einzige eines Gastes in Runde 16.

Ein Vogts-Wunsch bei Bayer: Haltet den Kirsten!

Voller Freude hat Berti Vogts seinen Liga-Job angetreten, war gleich Tabellenführer mit Leverkusen. Rückschläge verkraftet er. »Es macht mir sogar noch mehr Spaß als am ersten Tag.« Zumal mit dem 4:0 gegen Hertha wieder der Sprung an die Spitze gelang. Egal, was in diesem Jahr noch passiert – Vogts übernimmt dafür keine Verantwortung: »Messen lasse ich mich erst im neuen Jahr, wenn wir eine komplette Vorbereitung hatten.« Und wenn alle wichtigen Spieler wie Michael Ballack und Jens Nowotny wieder gesund sind. Sie gehören neben Carsten Ramelow, Boris Zivkovic, Robert Kovac und Adam Matysek zu den Ansprechpartnern von Vogts. »Und natürlich auch Ulf Kirsten.« Obwohl der Torjäger mittlerweile 35 Jahre alt ist, hat Berti mit ihm noch viel vor. »Ich dränge darauf, dass er für weitere zwei Jahre verlängert. Denn Ulf Kirsten spielt bei uns eine sehr, sehr gute Rolle.« Vogts meint nicht nur die auf dem Platz. »Kirsten ist da, wenn ich Hilfe brauche, die Mannschaft auf Kurs zu bringen. Er ist das beste Beispiel, was mit 35 Jahren noch möglich ist an Einsatz und Laufbereitschaft. Im Gegensatz zu anderen, die sich verstecken. Gerade zu Hause ist er unheimlich wichtig.« Jenes Feuer hat Vogts beim 0:2 in München vermisst, was ihn sehr ärgerte. Deshalb tun ihm Teilerfolge gegen die Bayern gut, wie jener im Rennen um den Brasilianer Lucio von Porto Alegre. »Der FC Bayern war auch dran, aber zu spät. Lucio hatte schon bei uns unterschrieben.«

Davonlaufen kann Ulf Kirsten nur, wenn er einen Torerfolg zu verbuchen hat. Das macht er dann mit voller Freude. Und zur Freude der anderen

ERGEBNISSE

Freitag, 08.12.00	Eintracht Frankfurt – VfL Wolfsburg	1:2 (1:0)
Samstag, 09.12.00	TSV München 1860 – FC Hansa Rostock	2:1 (1:0)
	SC Freiburg – VfL Bochum	5:0 (1:0)
	FC Schalke 04 – VfB Stuttgart	2:1 (1:0)
	Borussia Dortmund – SpVgg Unterhaching	3:0 (3:0)
	1. FC Kaiserslautern – FC Bayern München	0:0
Sonntag, 10.12.00	Bayer 04 Leverkusen – Hertha BSC	4:0 (2:0)
	SV Werder Bremen – 1. FC Köln	2:1 (0:0)
	Hamburger SV – Energie Cottbus	2:1 (0:1)

Alle Daten zum Spieltag auf Seite 219

FAKTEN

- Zuschauer: 288 625 – im Schnitt waren es 32 625.
- Tore: 27, damit 434 bisher insgesamt
- Spitze: Barbarez (10) rückte Sand (12) näher.
- Elfmeter: Rink (Bayer) verwandelte.
- Karten: Rot: Alves, Drncic, Gelb-Rot: Stalteri, Balakov
- Aufatmen: 1860 siegt nach neunfacher Sieglosigkeit.
- Wartesaal: Stuttgart, Cottbus weiter ohne Auswärtserfolg

TABELLE

Rang	Verein	Sp.	g.	u.	v.	Tore	Diff.	Pkt.	
1	Bayer 04 Leverkusen	16	9	4	3	26 : 16	10	31	↗
2	FC Schalke 04	16	9	3	4	33 : 17	16	30	↗
3	Borussia Dortmund	16	9	2	5	27 : 24	3	29	↗
4	Hertha BSC	16	9	1	6	34 : 27	7	28	↘
5	FC Bayern München	16	8	3	5	32 : 18	14	27	↘
6	VfL Wolfsburg	16	6	6	4	33 : 22	11	24	↗
7	1. FC Köln	16	7	3	6	31 : 27	4	24	↘
8	1. FC Kaiserslautern	16	7	3	6	21 : 21	0	24	↘
9	Hamburger SV	16	6	3	7	33 : 30	3	21	↗
10	SC Freiburg	16	5	5	6	23 : 20	3	20	↗
11	SV Werder Bremen	15	5	5	5	20 : 21	-1	20	↗
12	Eintracht Frankfurt	16	6	2	8	21 : 25	-4	20	↘
13	TSV München 1860	16	4	6	6	19 : 28	-9	18	↗
14	FC Hansa Rostock	16	5	3	8	13 : 25	-12	18	↘
15	SpVgg Unterhaching	15	4	5	6	17 : 25	-8	17	↘
16	Energie Cottbus	16	5	2	9	17 : 28	-11	17	↘
17	VfL Bochum	16	4	3	9	13 : 31	-18	15	→
18	VfB Stuttgart	16	3	5	8	21 : 29	-8	14	→

Georg Koch behält die Oberhand, hier am 14. Spieltag in Leverkusen gegen Michael Ballack (l.) und Carsten Ramelow

Kaiserslauterns Nummer 1: Georg kocht sie alle ab

Keiner der Torhüter gab sich eine Blöße. Die Duelle Lautern gegen Bayern und Koch gegen Kahn endeten 0:0. Oliver Kahn (31) hatte mehrere Glanzparaden gezeigt und Georg Koch (28) unter anderem in der Nachspielzeit gegen Zickler gerettet. Kahn hat seit Jahren Weltklasse-Niveau, Koch steht ihm nicht nach, was die Statistik bestätigt. Der Vorsprung des Lauterer Torwarts vor seinen Kollegen Jens Lehmann (31, Dortmund) und Jörg Butt (26, HSV) ist dagegen riesengroß. Beide fielen zuletzt mehr durch Fehler auf. Aber sie sind in der Nationalelf hinter Kahn »gesetzt«. Doch nach der tollen Hinrunde stellt sich die Frage, wann Koch seine Chance erhält. Koch selbst hält den Ball flach und sagt: »Eine Berufung in die Nationalmannschaft wäre die Erfüllung eines Kindheitstraumes.« Sein Chef Andreas Brehme ist energischer: »Ich werde mit Rudi Völler telefonieren, denn Georg Koch hat eine Chance verdient.« Was zeichnet Koch (1,95 m, 90 Kilo), der viermal pro Woche mit Gerry Ehrmann Sonderschichten einlegt, denn aus? Ehrmann: »Georg ist kompromisslos, ehrgeizig und besessen. Am wichtigsten ist seine Aggressivität. Das macht Stürmern Angst. Mittlerweile hat er auch das Selbstvertrauen, das ihm anfangs fehlte. Neben Kahn ist er für mich Deutschlands konstantester Torwart.«

Die vier Auswahlkandidaten im Vergleich

	Koch	Kahn	Lehmann	Butt
Durchschnittsnote	7,0	6,9	5,9	5,9
Gehaltene Schüsse (%)	77,7	81,3	64,7	63,9
Fest gehaltene Schüsse (%)	40,9	67,6	61,4	49,1
Gefangene Flanken	34	28	41	35
Vereitelte Großchancen (%)	29,6	17,4	20,0	20,0
Lange Vorlagen angekommen (%)	42,3	37,5	48,6	26,9

MARCEL REIF: SCHWACHE SCHALKER GEWINNEN WENIGSTENS

Diese Liga macht es uns wirklich nicht leicht. Da reist der Tabellenführer Hertha zum zuvor dreimal k.o. gegangenen Bayer 04 und geht sang- und klanglos mit 0:4 unter. Für die Großen der Liga – gegen Schalke, Bayer, Bayern, Dortmund null Punkte und 1:14 Tore – reicht es eben noch nicht. Doch Hertha ist kein Einzelfall. Die ganze Liga ist ausgeglichen wie lange nicht mehr, aber auf mittelmäßigem, bescheidenem Niveau. Den UEFA-Cup-Platz trennen vom Abstiegskeller nur sieben Punkte. Da sollten alle mal über den deutschen Fußball nachdenken. Wir haben nur noch Lautern und Stuttgart (den Tabellenletzten!) von sieben Gestarteten im UEFA Cup, Bayern als einzigen Vertreter (von drei) in der Champions League. Überrascht das noch jemanden? Die Bayern taten bislang allen den Gefallen, ihr wahres Gesicht nicht zu zeigen. Fünf Niederlagen – wann gab es so schwächelnde Münchner schon mal. Neben ihnen traue ich am ehesten Schalke den Titel zu. Die spielen schlecht und sind trotzdem erfolgreich, gegen Stuttgart in letzter Sekunde.

17. Spieltag
12./13. Dezember

TORSCHÜTZE DES TAGES

MARIJO MARIC (Foto) hat mit seinen drei Toren beim 3:2 gegen Bayer Leverkusen nicht nur den VfL Bochum aus der Abstiegszone gehoben, sondern auch die Nachbarn aus Schalke zu Herbstmeistern gemacht. Bochums einzige echte Sturmspitze war der beste Mann auf dem Platz und für die prominente Konkurrenz nie zu fassen. Mit zwei Elfmetertoren ließ der 23-Jährige auch Bayer-Torwart Matysek keine Chance und missachtete nervenstark dabei auch die Regel, dass der Gefoulte nicht selbst antreten soll. Aber wenn man ein Tor gemacht hat, wird der Kopf frei, dann gelingen einem viele Dinge , freute sich der Schwabe, der 1999 vom SSV Reutlingen nach Bochum kam. Mit sieben Treffern ist er nun Bochums Erfolgreichster. Sein 27-jähriger Bruder Tomislav stürmt für den VfL Wolfsburg. An die Jugend des ESV Heilbronn gehen 1500 Mark Prämie und ein Satz Trikots.

Der Tag im Überblick

»Kein Weihnachtsbaum mehr wird deswegen bei uns verkauft«, reagierte Schalke-Manager Rudi Assauer gelassen auf die unvermutet hereingebrochene Herbstmeisterschaft. Leverkusens ungewöhnliche Niederlage in Bochum mit Hilfe von zwei heiß diskutierten Elfmetern hob die Knappen an die Spitze. Dort saßen sie 1971 bei Halbzeit schon mal – und wurden dann doch nur Zweite hinter Bayern. Was Vorsicht sät. Und seit Einführung der Drei-Punkte-Regel 1995 hockte der »Winterkönig« auch noch nie auf einem so kargen 33-Punkte-Polster. Sie hatten seit 1995 alle mehr: Dortmund (40), Bayern (36), Lautern (39) und nochmal Bayern (41 und 36). Schalkes 2:0 in Haching war auch nicht mehr als eine Pflichtaufgabe. Erstaunlicheres tat sich in Wolfsburg, wo Freiburg schaffte, was 2000 bis dahin keinem gelang: die VW-Käfer umzuwerfen. Oder in Berlin, wo die desolate Hertha von den Lauterern kühl bis ans Herz hinan ausgekontert wurde. Fast alle EC-Konkurrenten haben damit Hertha vierfach abgestraft: Bayern, Leverkusen, Schalke, Lautern. Ernüchternd. Vor dem Jubiläum steht im Jahr 2001 der HSV: Denn 19 Jahre lang hat er beim FC Bayern nicht gewinnen können. Auch das frustriert. So richtig zufrieden mit sich sind nur die Kölner. Auch Dortmund bekam beim 0:0 die neue Macht am Rhein zu spüren, was dem FC zu Hause 20 Punkte einbrachte. Nur Bayern (21) ist besser.

Das Wanderungs-Missverhältnis: Nur zwei Wessis im Osten

Die beiden Ostklubs zogen unterschiedlich gestimmt in die Saisonhalbzeit. Cottbus wurde ein 2:0 von Häßler und Co. noch aus den Stiefeln gestohlen und 1860 mit einem 3:2 beschenkt. Was Energie ans Tabellenende zurückwarf. Hansa nutzte den 13. Vergleich mit Werder Bremen, um intern durch das 5:2 mit fünf Siegen (je 4 Remis und Niederlagen) nach vorn zu ziehen. Für Christian Brand (28), einst aus Bremen nach Wolfsburg abgeschoben, war es eine echte Genugtuung, mit seinem 4:2 den Sieg für Hansa festgezurrt zu haben. Bei Hansa waren er und der Schwabe Kai Oswald (23) die einzigen »Wessis«, die bei beiden Ostklubs in Aktion waren. Ein Missverhältnis angesichts der riesigen Zahl von gebürtigen »Ossis« in den West-Vereinen. Das hat Gründe. Energie-Manager Klaus Stabach: »Viele deutsche Spieler glauben, in Cottbus beginnt schon Polen. Als wir Bogdanovic von Werder verpflichten wollten, entgegnete er: Das sei, als würde er einen Mercedes gegen einen Trabi tauschen.« Hansas »Vize« Rainer Jarohs lässt deswegen »die Gespräche möglichst in Rostock stattfinden. Dann können wir auch die schöne Altstadt und unsere tolle Landschaft zeigen. Denn die meisten glauben noch immer, dass hier alles in Trümmern liegt.« Doch auch finanziell kann man oft mit größeren Westklubs nicht mithalten. Rajk Schröder (Hansa): »Ich kenne etliche, die wegen der Kohle lieber zu Aalen in die Regionalliga wechseln.« Christian Brand aber ist zufrieden: »Hier lässt sichs prima leben.«

17.

Wessi im Osten: Christian Brand (l.) jubelt mit Peter Wibran und Viktor Agali (r.) über Rostocks Erfolg im heimischen Ostseestation gegen Bremen, wo man ihn einst abgeschoben hatte

ERGEBNISSE

Dienstag, 12.12.00	SpVgg Unterhaching – FC Schalke 04	0:2 (0:1)
	VfB Stuttgart – Eintracht Frankfurt	4:1 (1:1)
	VfL Wolfsburg – SC Freiburg	1:2 (0:1)
Mittwoch, 13.12.00	VfL Bochum – Bayer 04 Leverkusen	3:2 (1:0)
	FC Bayern München – Hamburger SV	2:1 (0:1)
	FC Hansa Rostock – SV Werder Bremen	5:2 (2:1)
	1. FC Köln – Borussia Dortmund	0:0
	Hertha BSC – 1. FC Kaiserslautern	2:4 (0:2)
	Energie Cottbus – TSV München 1860	2:3 (2:0)

Alle Daten zum Spieltag auf Seite 220

FAKTEN

- Zuschauer: 181 243 – erstmals die 200 000 unterboten
- Ausnahme: Nur Köln meldete ausverkauft: 41 000
- Tore: 36 – das war Saisonrekord!
- Spitze: Jeder traf: Sand 13, Barbarez 11, Agostino 10
- Karten: Gelb-Rot: Deisler (Hertha)
- Jubiläum: Im 300. Spiel schoss Kirsten das 163. Tor.
- Schalke: Allein ohne Heimniederlage (6 Siege, 2 Remis)

TABELLE

Rang	Verein	Sp.	g.	u.	v.	Tore	Diff.	Pkt.	
1	FC Schalke 04	17	10	3	4	35 : 17	18	33	↗
2	Bayer 04 Leverkusen	17	9	4	4	28 : 19	9	31	↘
3	FC Bayern München	17	9	3	5	34 : 19	15	30	↗
4	Borussia Dortmund	17	9	3	5	27 : 24	3	30	↘
5	Hertha BSC	17	9	1	7	36 : 31	5	28	↘
6	1. FC Kaiserslautern	17	8	3	6	25 : 23	2	27	↗
7	1. FC Köln	17	7	4	6	31 : 27	4	25	→
8	VfL Wolfsburg	17	6	6	5	34 : 24	10	24	↘
9	SC Freiburg	17	6	5	6	25 : 21	4	23	↗
10	Hamburger SV	17	6	3	8	34 : 32	2	21	↘
11	TSV München 1860	17	5	6	6	22 : 30	-8	21	↗
12	FC Hansa Rostock	17	6	3	8	18 : 27	-9	21	↗
13	SV Werder Bremen	16	5	5	6	22 : 26	-4	20	↘
14	Eintracht Frankfurt	17	6	2	9	22 : 29	-7	20	↘
15	VfL Bochum	17	5	3	9	16 : 33	-17	18	↗
16	VfB Stuttgart	17	4	5	8	25 : 30	-5	17	↗
17	SpVgg Unterhaching	16	4	5	7	17 : 27	-10	17	↘
18	Energie Cottbus	17	5	2	10	19 : 31	-12	17	↘

Hertha-Heimspiel auf der Baustelle: Beinlich beim Eckball, Roy (15) wartet ab, Röber und Manager Dieter Hoeneß (Bild rechts) suchen nach einer Erklärung

Herthas Schicksalsmonat: Dezember bitte streichen!

Den Dezember würden die Herthaner am liebsten streichen. Da bekamen sie nur Schläge und ernteten gegen Freiburg selbst in Berlin lediglich ein Pünktchen, was den einstigen Spitzenreiter bei Halbzeit bis auf Platz 5 durchfallen ließ. Nach dem 2:4 gegen Kaiserslautern hockte ein zutiefst deprimierter Dieter Hoeneß im Presseraum und hatte sichtlich zu tun, seinen Frust zu verbergen. »Zu einer Analyse des Versagens der Mannschaft bin ich jetzt nicht fähig«, sagte der genervte Manager. »Darüber muss ich erst mal schlafen. Wir müssen uns jetzt auf das Bayern-Spiel konzentrieren und in der Winterpause die vielen Fehler auswerten. Denn in den letzten neun Pflichtspielen haben wir nur einmal gewonnen ...« Ja, im letzten halben Dutzend Liga-Spielen sammelte Hertha nur vier von 18 möglichen Punkten. Ein Absturz erster Klasse!

Der 5. Dezember in Mailand war der Knackpunkt. Da hatte man gegen Inter wenige Minuten vor Schluss durch eine Unaufmerksamkeit das fast schon erreichte Achtelfinale mit dem 1:2 (Vorspiel 0:0) förmlich verschenkt. Das war ein Schock mit Langzeitwirkung. Aber er basierte auch auf Deckungsproblemen, die sich durch die ganze Saison zogen. 31 Gegentore – das ist eine Quote aus dem Abstiegskeller. »Gegen Lautern aber haben wir das Spiel mit 0:2 schon in der ersten Hälfte verloren«, so Trainer Jürgen Röber. Ein Lauterer Konter nach dem anderen traf Hertha ins Herz. Und das hörte auch nach ihrem Aufbegehren (2:2) nicht auf. 2:4! Damit waren Andreas Brehme und der FCK im UEFA Cup angekommen. Herthas Team aber bot das Bild einer unwirtlichen Baustelle. Wie das ganze Olympiastadion – dort leider über Jahre.

Der Halbzeit-Spitzenreiter: Diese Schalker spinnen nicht

Von Günter Netzer

Ob der Herbstmeister Schalke auch Meister wird, darauf möchte ich (noch) nicht wetten. Aber ich sehe, dass die Mannschaft einen neuen Geist in sich trägt. Sie ist nicht mehr so schnell aus der Bahn zu werfen wie in früheren Zeiten. Das muss daran liegen, dass der Trainer die Spieler erreicht. Andererseits hat Huub Stevens Spieler, die eine Erfolgsmentalität in sich tragen. Dazu zählen vor allem diese Bäume von Abwehrspielern wie Waldoch, Hajto oder Kamphuis, wenn dessen Achillessehne mitmacht. Das sind wichtige Spieler mit taktischem Geschick, mit Mumm in den Knochen. Sie verkörpern Moral. Das überträgt sich auf den Kader. Dort gibt es mit Böhme einen, der sich enorm in den Vordergrund gespielt hat mit seinen Crossbällen und verzinkten Schüssen. Dazu kommt mit Möller ein Künstler, der sich bei Schalke sichtlich wohlfühlt. Vor allem aber hat Schalke diesen Stürmer Ebbe Sand, der für mich der Spieler der Vorrunde gewesen ist. Den kann ich gar nicht genug loben. Was der arbeitet, was der an Chancen erspielt, wie gefährlich er ist. Davon kann man nur begeistert sein. Der Belgier Emile Mpenza ist ein Riesentalent. Auch wenn er länger ausfällt, bricht der Sturm dennoch nicht auseinander, weil man ja auch noch Asamoah hat. Und Youri Mulder. Gut, dass er noch da ist.

Das alles ist rund, das ist gewachsen. Die Schalker, in der vorigen Saison noch auf Rang 13, spinnen nicht. Sie stehen mit beiden Beinen fest auf dem Boden. Und wenn die anderen ihnen die Chancen bieten, dann nehmen sie die an. Und das ist auch gut so. Schalke hat alle Notwendigkeiten der heutigen Zeit auf einen Nenner gebracht. Und wenn Spielkunst erforderlich ist, dann werden sie das auch noch abrufen können.

Die andere Tabelle: 6 unter sich

Gewertet sind die Spiele jener sechs, die auf den sechs Europacup-Plätzen (Champions League, UEFA Cup) bei Halbzeit liegen. Frappierend die Ausgeglichenheit der ersten Vier!

	Sp.	S.	U.	N.	Tore	Pkt.
Bayern München	5	3	1	1	14:6	10
Schalke 04	5	3	1	1	13:5	10
Bayer Leverkusen	5	3	1	1	10:4	10
1. FC Kaiserslautern	5	3	1	1	11:9	10
Borussia Dortmund	5	1	0	4	4:14	3
Hertha BSC	5	0	0	5	3:18	0

18. Spieltag
15.–17. Dezember

TORSCHÜTZE DES TAGES

CARSTEN CULLMANN (Foto) entließ mit seinem Treffer zum 2:2 gegen Spitzenreiter Schalke nur glückliche Kölner Fans in die Winterpause. Denn nach Schalkes Vorpausenauftritt hatte das den »Geißböcken« keiner mehr zugetraut. Auch Cullmann war vom überragenden Böhme bei dessen 0:1 genarrt worden. Doch dann drehte sich der Wind. Und Köln blieb im neunten von zehn Heimspielen unbesiegt. Der Name Cullmann verkörpert FC-Geschichte. Vater Bernd, 40-facher Nationalspieler, war mit Köln Meister und Pokalsieger. Sohn Carsten, seit 1996 im FC, bekam erst nach dem Liga-Abstieg 1998 seine Chance. Doch bei der Rückkehr ins Oberhaus hatte sich der heute 25-Jährige seinen Stammplatz im rechten Mittelfeld erspielt. Beim besten Aufsteiger seit Jahren ist der Name Cullmann wieder eine feste Größe. Der Heimatverein, SpVgg. Köln-Porz, erhält nun die Prämien, 500 Mark und einen Satz Trikots.

Der Tag im Überblick

Beim Meister strahlte man mit den Weihnachtskerzen um die Wette. In Berlin hatte der FC Bayern nach 18 Jahren (!) gegen eine blasse und verhärmte Hertha endlich wieder mal gewonnen und war dazu von den wichtigsten Konkurrenten mit Geschenken förmlich überschüttet worden, in Form von deftigen Pleiten (Leverkusens vierte in Wolfsburg im vierten Auftritt) oder vertanen Führungen, wie bei Schalkes 2:2 nach 2:0 in Köln. Dadurch fand sich der zwei Spieltage zuvor noch auf Platz 5 krebsende Titelverteidiger zur Winterpause nur ein Pünktchen und ein Törchen von der Spitze entfernt wider. »Das lässt sich feiern«, fand Oliver Kahn, während Schalke-Manager Assauer knurrte: »Daran sieht man, wie weit wir noch von einem Klasseteam entfernt sind.« Auf dem Weg dorthin sahen sich schon eher die Neu-Trainer Matthias Sammer in Rostock nach Dortmunds fünftem Auswärtssieg (Spitze!) und Andy Brehme (FCK) in Bochum nach Lauterns viertem Auswärtssieg. Dortmund (3.) und Lautern (5.) sind wieder feste Liga-Größen geworden. Von diesem Anspruch sind drei Ex-Meister auf ihrer fast unaufhaltsamen Kellertour derzeit meilenweit entfernt. Bremen wurde von Cottbuser Leidenschaft, der HSV (acht Niederlagen in neun Spielen) von frischer Löwen-Kraft erdrückt, der VfB von Freiburger Eleganz im 0:0 beschämt. Was Trainer Rangnicks Lage verschlimmerte. Lorbeer welkt schnell.

Der VfB auf Abstiegskurs: Gerber (l.) taucht ab, Freiburgs Tunesier Adel Sellimi zaubert

Das Problem des VfB Stuttgart: »Bala« hat ausgezaubert

Wie sehr haben sich im Südwesten die Kräfte verschoben: Freiburg Neunter, Stuttgart Vorletzter. Der VfB muss froh sein, wenn er mit 0:0 gegen Freiburg einen Punkt abbekommt. Im August war es noch ein 0:4 beim Saisonauftakt in Freiburg. Bald wird sich auch die Gesamtbilanz (je 6 Siege und Niederlagen, zwei Remis) Richtung Breisgau neigen. Das Schicksal des VfB und seines geplagten Trainers Ralf Rangnick ist nunmal unlöslich mit Krassimir Balakov verkettet. »Balkan-Brasilianer« nannte man einst den Bulgaren. Beim 35-Jährigen ist derzeit nur zweierlei übrig: der Vertrag bis 2003 und sein Jahresgehalt von 6,3 Millionen. Er war mal der Freistoß-Künstler der Liga. In dieser Saison schnippelte »Bala« 21 in Richtung Tor und auch zwei aufs Freiburger. Nichts ging rein. Gefürchtet waren auch seine Eckball-Irrläufer. Aus über 250 Eckstößen in den letzten drei Jahren entstanden zwei Tore, gegen Freiburg null aus 14 Versuchen.

Volker Finkes Freiburger haben nicht solche »Sterne«, aber sie zeigen den schönsten Fußball. Jedesmal sah man elf Freiburger, die den Ball haben wollten. Weil sich jeder was zutraut mit der Kugel. Aber es fehlt ein Kopfballspieler. Sellimi (1,80) und Iaschwili (1,74) machten »oben« gegen Bordon (1,88) und Soldo (1,89) keinen Stich. Doch welches Kopfball-Ungeheuer kann schon gut mit dem Ball umgehen? Der aber steht in Freiburg im Mittelpunkt.

ERGEBNISSE

Freitag, 15.12.00	SpVgg Unterhaching – Eintracht Frankfurt	2:0	(1:0)
Samstag, 16.12.00	VfL Bochum – 1. FC Kaiserslautern	0:1	(0:1)
	VfL Wolfsburg – Bayer 04 Leverkusen	2:0	(0:0)
	VfB Stuttgart – SC Freiburg	0:0	
	1. FC Köln – FC Schalke 04	2:2	(0:2)
	FC Hansa Rostock – Borussia Dortmund	1:2	(0:1)
	TSV München 1860 – Hamburger SV	2:1	(1:0)
Sonntag, 17.12.00	Hertha BSC – FC Bayern München	1:3	(1:2)
	Energie Cottbus – SV Werder Bremen	3:1	(2:1)

Alle Daten zum Spieltag auf Seite 220

FAKTEN

• Pause:	Schalke 04 bleibt bis 26. Januar Winterkönig.
• Zuschauer:	204 394 – kalte Winternächte schrecken.
• Tore:	23 – es gab schon weniger.
• Spitze:	Barbarez/12, Agostino/11 näher zu Sand/13.
• Elfmeter:	3 Schüsse, 3 Tore: Rydlewicz, Effenberg, Ailton
• Karten:	Rot: Milinovic (VfL), Gelb-Rot: Barbarez, Voigt
• Jubiläum:	Martin Max (1860) feierte sein 300. – ohne Tor.

TABELLE

Rang	Verein	Sp.	g.	u.	v.	Tore	Diff.	Pkt.	
1	FC Schalke 04	18	10	4	4	37:19	18	34	→
2	FC Bayern München	18	10	3	5	37:20	17	33	↗
3	Borussia Dortmund	18	10	3	5	29:25	4	33	↗
4	Bayer 04 Leverkusen	18	9	4	5	28:21	7	31	↘
5	1. FC Kaiserslautern	18	9	3	6	26:23	3	30	↗
6	Hertha BSC	18	9	1	8	37:34	3	28	↘
7	VfL Wolfsburg	18	7	6	5	36:24	12	27	↗
8	1. FC Köln	18	7	5	6	33:29	4	26	↘
9	SC Freiburg	18	6	6	6	25:21	4	24	→
10	TSV München 1860	18	6	6	6	24:31	-7	24	↗
11	Hamburger SV	18	6	3	9	35:34	1	21	↘
12	SV Werder Bremen	18	5	6	7	23:29	-6	21	↗
13	SpVgg Unterhaching	18	5	6	7	19:27	-8	21	↗
14	FC Hansa Rostock	18	6	3	9	19:29	-10	21	↘
15	Eintracht Frankfurt	18	6	2	10	22:31	-9	20	↘
16	Energie Cottbus	18	6	2	10	22:32	-10	20	↗
17	VfB Stuttgart	18	4	6	8	25:30	-5	18	↘
18	VfL Bochum	18	5	3	10	16:34	-18	18	↘

*Viel Einsatz: Kölner Sichone (l.) gegen Mpenza, den Herbstmeister. Mitte: Köln hat den Punkt, Sand ist enttäuscht.
Rechts: Die Fans danken für ein ganzes Jahr*

1,5 Millionen für ein Un-Wort: Kölner Selbstvertrauen

Übermut tut selten gut, Charly Neumann. Bereits nach einer guten Stunde machte sich Schalkes Muntermacher im Müngersdorfer Stadion auf die Ehrenrunde. Mit einem klaren 2:0-Vorsprung im Rücken forderte er die blau-weißen Schlachtenbummler zur La-Ola-Welle auf. Doch wenige Minuten später, nach Kölns Doppelschlag binnen 180 Sekunden, stoppte diese jäh. Trotzdem ist das 2:2 unterm Strich ein Ergebnis, das die Zuschauer wie auch beide Mannschaften belohnte – für ihren Wagemut. Das gilt für die gesamte bisherige Saison. Kölns Ewald Lienen hat ihn ein bisschen später als Schalkes Huub Stevens gefunden. Nach neun durchwachsenen Spieltagen fing Lienen ganz von vorn an. Gnadenlos musterte er sämtliche Neuzugänge aus, schickte stattdessen wieder seine Aufstiegself aus der 2. Liga aufs Feld. Gegen Schalke war es schon verdammt kaltschnäuzig, ausgerechnet gegen den Sand-Sturm Mann gegen Mann zu spielen. Das Risiko zahlte sich aus. Doch für Lienen ist der UEFA Cup noch immer ein verbotenes Wort. Nicht aber für seine Spieler. Denn die haben vor (!) dem Saisonstart statt der bei Aufsteigern üblichen Prämie für den Klassenerhalt eine fürs Erreichen des UEFA Cups ausgehandelt! Wenn sie das schaffen, fließen mehr als 1,5 Millionen Mark zusätzlich in ihre Taschen. Kapitän Dirk Lottner: »Hier ist in den letzten zwei Jahren richtig was zusammen gewachsen. Der Aufstieg hat das noch vertieft. Mit dieser Mannschaft ist zwar nicht alles, aber vieles möglich.« Und erst recht mit diesen Fans. 36 000 im Schnitt pilgerten bisher ins Müngersdorfer Stadion, 8000 mehr als kalkuliert. Allein damit erwirtschaftete man ein Plus von 1,7 Millionen. 14 000 verkaufte Saison-Dauerkarten sind auch Vereinsrekord.

Prompte Antwort: Die Kölner danken ihren Fans für die Unterstützung. Und fürs Kommen – es kamen 8000 mehr pro Spiel als eingeplant

Winterpause! Zurück bleiben Sprüche

Am 17. Dezember konnte die Bundesliga in die ersehnte Winterpause verschwinden, Unterhaching und Bremen (0:0 im Nachholspiel) folgten am 20. Dezember. Zurück blieben mancherlei nette Sprüche:

»Ich bin froh, wenn ich die Spieler 14 Tage nicht sehe, und die sind froh, wenn sie mich nicht sehen.«
Werner Lorant, Trainer von 1860

»Daran denkt im Spiel keiner. Damit kann man sich noch als Rentner beschäftigen.«
Miroslav Stevic (BvB) über Borussia-Aktien

»Wir haben Cleverness vermissen lassen.« *Hachings Trainer Lorenz-Günther Köstner nach dem 0:3 in Frankfurt*

»Dank des Feuerkopfes Sammer können in Dortmund die Weihnachtskerzen schon eine Woche vor Heiligabend angezündet werden.«
dpa über den Dortmunder Trainer

»Ich weiß nicht, ob er zu uns zurückkommt, aber einen Vierjahresvetrag könnte man ihm schon noch geben.«
Stefan Effenberg über Lothar Matthäus (39), ehemals New Jersey Metro Stars

»Als ich in Duisburg war, war Friedhelm Funkel in Uerdingen. Dann war er in Duisburg und ich in Rostock. Jetzt ist er in Rostock und ich in Köln. Ich hoffe, er kommt nicht so bald nach Köln.«
Ewald Lienen, Trainer des 1. FC Köln

»Mir hat die Kraft gefehlt. Ich konnte nicht mehr.«
Alexander Zickler (FC Bayern), in Wolfsburg nur sieben Minuten eingesetzt

»Wenn das Handy klingelt, kann man aus dem Bus aussteigen und wir fahren weiter. Mit dem Handy kann er sich dann ein Taxi rufen.«
Trainer Werner Lorant (1860) zum Handy-Verbot in Bus und Kabine

»Ich habe Berti Vogts viel Glück gewünscht für die Arbeit in Leverkusen und ihm gewünscht, er möge wieder Zweiter werden.«
Stefan Effenberg über sein Gespräch mit dem Ex-Bundestrainer

19. Spieltag
26.–28. Januar

TORSCHÜTZE DES TAGES

MARKUS KURTH (Foto) hat auf seiner geliebten Playstation keine Probleme mit dem Doppelpack. Jetzt gelang es dem Stürmer des 1. FC Köln erstmals in der Bundesliga. Mit zwei Treffern beim 5:1 in Frankfurt schoss er seine Kölner in Richtung UEFA-Cup-Platz. Zudem lieferte er eine Torvorlage. In 14 Saisoneinsätzen hat Kurth sechsmal getroffen. Dabei sah es für ihn bei Saisonbeginn wegen der Konkurrenz nicht gut aus. Erst seit Mitte Oktober gehört der 27-Jährige, der vor zwei Jahren bereits für Nürnberg (23-mal, 2 Tore) in der 1. Liga spielte, zur Stammelf. Schon im Aufstiegsjahr hat der Gute-Laune-Typ neunmal getroffen. Bei der SpVgg Benrath 10 in einem Düsseldorfer Vorort begann die Laufbahn von Markus Kurth, und dorthin gehen 1000 Mark und ein Satz Trikots, gestiftet von Continentale und *Sport-Bild*.

Der Tag im Überblick

Im Winter geholt, im Winter entlassen: Ausgerechnet Frankfurt erlebte die Trainer-Rauswurf-Premiere für das Jahr 2001. In Eintracht mit Felix (»der Glückliche«) Magath war man ab Dezember 1999 dem Abstiegskeller entronnen. Im Januar 2001 fand man sich nach dem 1:5 gegen Köln dort wieder – trotz der Team-»Verstärkungen« für 8,4 Millionen Mark. In Mainhattan, das zur Selbstüberschätzung neigt, gilt das als Fehlspekulation mit Kündigungsfolge. Dabei war die halbe Liga im winterlichen Kauffieber gewesen, mit Spitzenreitern in Leverkusen (36 Millionen), in Dortmund (27,5), in Hamburg (8,7) und in Frankfurt (8,4 Millionen). Andere – wie die Schalker, Bayern, Herthaner, Kölner – hielten sich da völlig raus und meldeten sich dennoch mit Siegen aus der Saisonpause zurück. Der Meister tat's mit viel Glück gegen die imponierenden Bochumer, die mit Feldverweis und Handelfmeter bestraften Berliner in Hamburg, die Kölner in Frankfurt mit ihrem höchsten Reisesieg seit 28 Jahren, und die Schalker wussten auch gegen Hansa ihre Spitzenposition zu verteidigen. Von den gequälten Neun der unteren Liga-Hälfte aber gelang nur den Bremern ein Sieg. Dennoch bleiben sie wie alle anderen in gefährlicher Kellernähe. Als die lange sehr tapferen VfB-Schwaben ihren Spielmacher Balakov durch »Rot« wegen Handspiels verloren, war für die Bayer-Spieler der Weg frei zu einem nach dem Pausen-0:0 unerwarteten 4:0.

Das droht in Dortmund: Die Rosicky-Rotation

Entzündete Mandeln verschoben in Dortmund das Debüt des bislang teuersten Bundesliga-Kickers aller Zeiten. 25 Millionen Mark (man munkelt sogar von 30 Millionen) zahlten die Borussen für den Prager Tomas Rosicky, 20 Jahre alt. Mit 65 kg bei 1,78 m Größe ist er ein Leichtgewicht, doch als schon achtfacher Nationalspieler mit EM-Einsatz ist er ein fußballerisches Schwergewicht. Dass er beim 2:0 gegen Cottbus draußen blieb, ersparte Trainer Matthias Sammer die knifflige Entscheidung, welchen anderen Mittelfeld-Akteur er für Rosicky opfern soll. Deswegen aber wird es in Dortmund bald noch kräftig krachen. Denn jeder Konkurrent beansprucht einen Stammplatz. Wie Christian Nerlinger. »Eigentlich«, gestand Sammer, »hätte er gegen Cottbus aussetzen müssen.« Dann aber köpfte Nerlinger das erste wichtige Tor nach Vorarbeit von Micky Stevic. Der war schon in der Hinrunde effektivster Borusse, schoss drei Tore und legte dazu sechs auf. Bei Lars Ricken, der Fredi Bobic beim 2:0 toll bediente, steht Sammer selbst in der Pflicht, weil er versprochen hat, ihn wieder zum Nationalspieler zu machen. Sunday Oliseh, Jörg Heinrich und die Flügelflitzer Dede und Evanilson sind ohnehin gesetzt. Also bleibt nur die »Rosicky-Rotation« als Ausweg. Alles muss sich um den tschechischen Wunderknaben drehen und jeder abwechselnd auf die ungeliebte Bank, weil geteilter Frust nur halber Frust sein könnte.

Erster Einsatz vertagt. Wegen Krankheit konnte Matthias Sammer (r.) seinen Neuen, den Prager Wunderknaben Tomas Rosicky, nicht einsetzen

ERGEBNISSE

Freitag, 26.01.01	FC Schalke 04 – FC Hansa Rostock	2:0	(1:0)
Samstag, 27.01.01	SV Werder Bremen – TSV München 1860	2:0	(0:0)
	SC Freiburg – SpVgg Unterhaching	2:0	(1:0)
	1. FC Kaiserslautern – VfL Wolfsburg	0:0	
	FC Bayern München – VfL Bochum	3:2	(1:1)
	Borussia Dortmund – Energie Cottbus	2:0	(0:0)
	Eintracht Frankfurt – 1. FC Köln	1:5	(0:4)
Sonntag, 28.01.01	Bayer 04 Leverkusen – VfB Stuttgart	4:0	(0:0)
	Hamburger SV – Hertha BSC	1:2	(1:0)

Alle Daten zum Spieltag auf Seite 221

FAKTEN

- Zuschauer: 299 117 – das Beste seit dem 12. Spieltag
- Tore: 26 – pro Spiel im Schnitt 2,88
- Jubiläum 1: Elber (Bayern) gelang das 500. Tor.
- Spitze: Sand (13) führt, Preetz (11) rückt näher.
- Elfmeter: 3, alle verwandelt: Kirsten 2, Butt 1
- Karten: Alle Rot: Maas, Cardoso, Balakov, Biliskov
- Jubiläum 2: Andy Möller (Schalke) machte sein 350. Spiel.

TABELLE

Rang	Verein	Sp.	g.	u.	v.	Tore	Diff.	Pkt.	
1	FC Schalke 04	19	11	4	4	39:19	20	37	→
2	FC Bayern München	19	11	3	5	40:22	18	36	→
3	Borussia Dortmund	19	11	3	5	31:25	6	36	→
4	Bayer 04 Leverkusen	19	10	4	5	32:21	11	34	→
5	Hertha BSC	19	10	1	8	39:35	4	31	↗
6	1. FC Kaiserslautern	19	9	4	6	26:23	3	31	↘
7	1. FC Köln	19	8	5	6	38:30	8	29	↗
8	VfL Wolfsburg	19	7	7	5	36:24	12	28	↘
9	SC Freiburg	19	7	6	6	27:21	6	27	→
10	SV Werder Bremen	19	6	6	7	25:29	-4	24	↗
11	TSV München 1860	19	6	6	7	24:33	-9	24	↘
12	Hamburger SV	19	6	3	10	36:36	0	21	↘
13	SpVgg Unterhaching	19	5	6	8	19:29	-10	21	→
14	FC Hansa Rostock	19	6	3	10	19:31	-12	21	→
15	Energie Cottbus	19	6	2	11	22:34	-12	20	↗
16	Eintracht Frankfurt	19	6	2	11	23:36	-13	20	↘
17	VfB Stuttgart	19	4	6	9	25:34	-9	18	→
18	VfL Bochum	19	5	3	11	18:37	-19	18	→

*Die Angst des Balles vor dem Tritt: Ailton hat ihn schon fixiert.
Oben: Bei Andy Herzog kommt 1860er Marco Kurz (r.) nicht weit*

Wichtig bei Werders Wandel: Ailton und die Kette

Wenn es wirklich stimmt, dass Liebe so richtig stark macht, kann Werder sich auf die Rückserie freuen. Denn Ailton, der Brasilianer, ist verliebt. In Rosalie, die er im Dezember geheiratet hat, und in Maria Fernanda, seine Tochter. Und in Bremen hat er seine kleine Familie endlich versammelt. Lang ist es her, dass im Weser-Stadion einem Fußballer so gehuldigt wurde wie jetzt diesem Ailton. Wenn der an der Mittellinie mit seinen Trippelschritten losrennt, erheben sich fast alle im Stadion, klatschen und schreien. Auch den kritischen Günter Netzer hat er begeistert. »Mir macht es immer wieder Freude, Bremens Ailton zu sehen. Der wird immer fitter. Man denkt immer, der ist wer weiß wie dick, weil er einen seltsamen Körperbau hat. Gegen 1860 zeigte Ailton seine Torgefährlichkeit, die auch der Peruaner Pizarro wieder gefunden hat. Die Tore tun beiden gut.« Und natürlich auch Trainer Thomas Schaaf. Denn Ailton-Tore sind seine Lebensversicherung als Werder-Trainer: »Eigentlich wollte ich auch den Südkoreaner Dong-Gook Lee einwechseln, habe es dann doch für besser gehalten, dass sich Ailton/Pizarro über 90 Minuten einspielen.« Der Brasilianer aber jubelte: »Mein erstes Kopfballtor!« Und Thomas Schaaf bewies, dass er kein norddeutscher Dickschädel ist. Wider alle Kritik hatte er lange an der Viererkette festgehalten. Doch mit dem neuen Jahr kam die Einsicht, alles zu verschieben. Und so gab es gegen die Münchner plötzlich wieder eine Dreierkette, in der Verlaat einen Schritt hinter den Manndeckern agiert. »Das macht uns variabler«, sagt der Holländer. »Ich kann besser entscheiden, wann ich mitgehen oder wann ich absichern muss.« So wurde der vierte Heimsieg in Serie für Werder Bremen perfekt.

MARCEL REIF: HERTHAS MORAL VOR ALLEM WAR INTAKT

Hertha hat sich brav in die Siegerliste des Wochenendes eingereiht. Dennoch war erbärmlich, wie Dortmund gegen Cottbus gewonnen hat. Schlimm, wie Bayern sich zum Bochum-Sieg stocherte. Glanzlos, wie Schalke Rostock besiegte. Und mühsam, wie die Berliner ihren ersten Sieg des Jahres einfuhren. Ihnen jedoch gebührt Respekt, dass sie nach dem Platzverweis für Maas noch gewonnen haben. Doch solche Spiele musst du gewinnen, sie sind entscheidend in dieser Saison. Denn wer nur einmal hustet (siehe Lauterns 0:0), der verabschiedet sich gleich. Herthas Sieg zeigt, dass die Moral in der Mannschaft offensichtlich stimmt. Aber bitte jetzt nicht zuviel Euphorie. Denn der HSV hatte einen prima Einstieg ins Jahr 2001 und artig mitgeholfen. Drei Punkte waren ohnehin Pflicht für Hertha. Das ist leider der Preis dafür, dass Hertha vorne dabei war, dabei ist und vor allem dabei sein möchte. Wer gewinnt, hat immer die besten Argumente. Aber ich bleibe dabei: Es gibt noch kleinere und größere Tretminen, die es schleunigst zu entschärfen gilt. So habe ich nicht verstanden, warum Alves, der immerhin munter auf dem Platz war, ausgewechselt wurde. Natürlich kann man in Unterzahl einen Stürmer opfern, aber so behalten jene Recht, die von einem Multi-Millionen-Missverständnis sprechen. Ich sehe auch Probleme, wenn Beinlich, Deisler, Wosz, wieder fit sind. Apropos Deisler: Er hat diszipliniert nach hinten gearbeitet, kaum gute Aktionen von Hollerbach zugelassen. Das sind ganz kleine Schritte. Aber man darf jetzt auch mal an größere Schritte denken. Wer Platz 4 will, der darf nicht mit kleinem Gepäck rumrennen. Die Hauptstadt entwickelt sich, das Team muss wachsen, der Trainer auch. Schmaler Grat, dünne Luft.

20. Spieltag
2.–4. Februar

TORSCHÜTZE DES TAGES

IOAN VIOREL GANEA (Foto) war im Sommer 1998 beim Probetraining in Kaiserslautern durchgefallen. Das zahlte er den Lauterern jetzt heim. Beim 6:1 seiner Stuttgarter schoss der 27-jährige Rumäne drei Tore selbst. Die anderen bereitete er für den brasilianischen Neuzugang Adhemar vor. 19 Länderspiele hat Ganea bisher bestritten, und im Juli 1999 war er von Rapid Bukarest zu den Schwaben gekommen. Zuletzt fiel er jedoch negativ auf: Prügelei mit seinem Mannschaftskollegen Jochen Seitz, Probleme mit Trainer Ralf Rangnick, Abwanderungsgedanken. Ganea blieb – und jetzt scheint alles vergessen. Der Stürmer schoss sich mit den Saisontoren fünf, sechs und sieben den Frust von der Seele. Sie brachten seinem Heimatverein FC Gloria Bistrita eine Prämie von 1500 Mark und einen Trikotsatz ein, gestiftet von *Sport-Bild* und Continentale.

Der Tag im Überblick

»Wir wissen, wo wir hingehören. Meister wird Bayern wird sowieso.« Rudi Assauer, Schalkes motorischer Manager, suchte den schmerzvollen Gipfelsturz in Cottbus etwas abzufedern. Dass Energie zwölf Spiele zuvor auch die Bayern vom Thron und die Schalker dort hinaufgeschossen hatte, machte zwar die Lausitz stolz, beschämte aber die Giganten von Isar und Ruhr: Wer wird schon gern Spitzenreiter von Aufsteigers Gnaden. In Wolfsburg, wo man noch nie verlor, griff Bayern natürlich zu. Bemerkenswertes auch anderswo: Fünfmal hintereinander hatte Lautern in Stuttgart gewonnen, um nun in diese 1:6-Degradierung zu stürzen. Torwart Koch wird seinen 29. Geburtstag und Basler das 200. Spiel nie vergessen, in dem der VfB einen Adhemar samt drei Treffern aus dem Hut zauberte. Nach 13 sieglosen Anläufen in Bochum übersprang Hertha auch diese psychologische Hürde – dank zweier Tore des Bochumer Jungen Kai Michalke. Durch Freiburgs ersten Sieg bei den Kölnern versank deren siebengliedrige Heimspiel-Erfolgskette im Morast der eigenen Arena. »Zutiefst enttäuscht« war BvB-Trainer Matthias Sammer von seinen Borussen beim 0:1 in München. Ausnahme: Jürgen Kohler, und der ist 35! Hansa-Trainer Zachhuber war nach einem 0:4 in Frankfurt entlassen worden. Seinen Nachfolger Funkel schockten die Eintrachtler im Auftritt 1 nach der Ära Magath mit einem 0:2-Präsent, was Hansa wieder in die Liga-Katakomben schickte.

Der HSV trifft nicht mehr: Hamburger funken SOS

Während Bremen »jetzt auch mal nach oben schauen kann« (so Sportdirektor Klaus Allofs), trennt den HSV nur noch das Torverhältnis von einem Abstiegsplatz. 1:2 im Heimspiel gegen Hertha, 1:3 in Bremen – so begann das Jahr 2001. In dieser Saison hat der HSV von 32 Spielen im Europacup, im DFB-Pokal und in der Bundesliga nur neun gewonnen. Allein sechs Niederlagen setzte es zwischen dem 11. November und 7. Dezember. Durch das 5:0 gegen den SC Freiburg am 4. November war man noch auf Rang 6 UEFA-Cup-Anwärter, hatte mit 27 Treffern den zweitbesten Angriff und in Barbarez (8 Tore) sogar den amtierenden Torschützenkönig. Danach folgte in zwölf Auftritten nur noch ein 2:1-Heimsieg gegen Cottbus. Also nur Niedrigwasser an der Elbe. Das Torkonto glitt mit 37:39 ins Minus, und diese 39 wurden der Ausweis für die zweitschlechteste Abwehr der Liga. Nur Bochum hatte mehr kassiert – 40 Tore.

Doch derzeit sind die (meisten) Hamburger lediglich erstklassig, wenn es um Ausreden geht. Boss Hackmann und Sportchef Hieronymus suchten die Schuld für die Bremer Pleite bei Schiedsrichter Albrecht. Wenigstens Elfer-Verursacher Groth gestand, sich dumm angestellt zu haben. Diese Punkte-Diät dürfte Trainer Frank Pagelsdorf, der seine Rundungen vor seinem 43. Geburtstag um acht Pfund verringerte, das Hungern sehr versauert haben. Denn ein HSV-Abstieg hätte böse Folgen. Versicherer Lloyds würde zwar 20 Millionen Mark zahlen, aber drei Viertel schlucken allein die Kredite für den Stadionbau. Werbeeinnahmen, Logen-Vermarktung – alles würde sich halbieren und 23 TV-Millionen ganz fehlen. Woher also die 47 Millionen Mark für die Spielergehälter nehmen? Der HSV müsste etliche Leistungsträger verkaufen. Eine Horrorvision für einen Ex-Teilnehmer an der Champions League.

Beim HSV brennt die Luft. Pagelsdorf blickt ans Tabellenende. Der Abstiegsplatz ist nah

ERGEBNISSE

Freitag, 02.02.01	TSV München 1860 – Borussia Dortmund	1:0	(0:0)
Samstag, 03.02.01	VfL Wolfsburg – FC Bayern München	1:3	(1:2)
	1. FC Köln – SC Freiburg	0:1	(0:0)
	Energie Cottbus – FC Schalke 04	4:1	(2:0)
	VfL Bochum – Hertha BSC	1:3	(0:1)
	SV Werder Bremen – Hamburger SV	3:1	(1:0)
	VfB Stuttgart – 1. FC Kaiserslautern	6:1	(3:1)
Sonntag, 04.02.01	SpVgg Unterhaching – Bayer 04 Leverkusen	1:2	(1:1)
	FC Hansa Rostock – Eintracht Frankfurt	0:2	(0:2)

Alle Daten zum Spieltag auf Seite 221

FAKTEN

• Zuschauer:	170 237 – das ist Saison-Minusrekord.
• Tore:	31 – ein guter Schnitt von 3,44 pro Spiel
• Spitze:	14: Sand, 12: Elber, Preetz, Barbarez
• Jubiläum:	Sand erzielte Schalkes 1500. Ligator.
• Elfmeter:	3: Häßler, Ailton, Kobiaschwili trafen.
• Karten:	Rot: Kracht (EF), Herzog (Hach.), Böhme (Schalke);
	Gelb-Rot: Ricken (BVB), Yang (EF), Schröder (Hansa)

TABELLE

Rang	Verein	Sp.	g.	u.	v.	Tore	Diff.	Pkt.	
1	FC Bayern München	20	12	3	5	43:23	20	39	↗
2	FC Schalke 04	20	11	4	5	40:23	17	37	↘
3	Bayer 04 Leverkusen	20	11	4	5	34:22	12	37	↗
4	Borussia Dortmund	20	11	3	6	31:26	5	36	↘
5	Hertha BSC	20	11	1	8	42:36	6	34	→
6	1. FC Kaiserslautern	20	9	4	7	27:29	-2	31	→
7	SC Freiburg	20	8	6	6	28:21	7	30	↗
8	1. FC Köln	20	8	5	7	38:31	7	29	↘
9	VfL Wolfsburg	20	7	7	6	37:27	10	28	↘
10	SV Werder Bremen	20	7	6	7	28:30	-2	27	→
11	TSV München 1860	20	7	6	7	25:33	-8	27	→
12	Energie Cottbus	20	7	2	11	26:35	-9	23	↗
13	Eintracht Frankfurt	20	7	2	11	25:36	-11	23	↗
14	Hamburger SV	20	6	3	11	37:39	-2	21	↘
15	VfB Stuttgart	20	5	6	9	31:35	-4	21	↗
16	SpVgg Unterhaching	20	5	6	9	20:31	-11	21	↘
17	FC Hansa Rostock	20	6	3	11	19:33	-14	21	↘
18	VfL Bochum	20	5	3	12	19:40	-21	18	↘

Leverkusens Reise ins Gestern

Angst in den Augen. Blei in den Beinen. Trotzdem wurde das Trauma bezwungen. Glückwunsch, Bayer Leverkusen. Wer sich in Unterhaching, an der Stätte seiner größten Schmach, so zum Sieg mogelt, der hat Meister-Qualitäten. Im Vorjahr hatte ein 0:2 dort in letzter Stunde den Titel noch dem völlig verblüfften FC Bayern geschenkt. Da drängt sich die Frage an den Ex-Trainer auf: Sind Sie jetzt verschnupft, Herr Daum? Vielleicht waren die 90 Minuten Krisenbewältigung im Hachinger Sportpark genau das, was Bayer noch zum echten Titelaspiranten fehlte. »Toll war es nicht, was unsere Mannschaft geboten hat«, grummelte Manager Reiner Calmund. Doch sein Gesichtsausdruck stand dazu im Gegensatz, spiegelte Erleichterung wider. Calmund: »Die Hachinger aber haben uns wieder bewiesen, welch unangenehmer Gegner sie sein können.« Auch Coach Berti Vogts wusste um den Wert dieser Stunde. »Je näher das Spiel rückte, um so nervöser wurden alle.« Da passte ins Bild, dass sich am Abend zuvor Bayers Zeugwart eine Platzwunde am Hinterkopf zugezogen hatte, als er im Hotel eine Stufe übersehen hatte und gegen den Hocker gekracht war, auf dem Berti Vogts gesessen hatte. Michael Ballack, dem damaligen Eigentor-Unglücksraben, blieb das schmerzvolle Wiedersehen durch eine Gelb-Sperre sowieso erspart. Und wieder taumelte Bayer in Haching, stolperte aber nicht. Somit haben nur die Gastgeber Kopfschmerzen wegen ihrer vierten Heimpleite. Und eben auch Christoph Daum. Vielleicht.

Hachinger Trauma bezwungen: Während Völler und Manager Calmund gelassen in die Bayer-Zukunft blicken (links), zeigen die Leverkusener zwar Nerven, aber Hachings Tor durch Oliver Straube – im Kopfball-Duell besser als Boris Zivkovic – reicht nicht aus. Drei Punkte für Bayer, mehr geht nicht

20.

MARCEL REIF: SCHÄDEN IM SCHALKER UHRWERK

Nervenspiel Bundesliga! Wieder gab's zwei schöne Beispiele. Nr.1: Warum verliert Schalke in Cottbus 1:4? Schalkes Team funktionierte bisher wie ein Schweizer Uhrwerk. Das aber bleibt stehen, nimmt man ein Rädchen raus. Mir war klar: Ohne Waldoch und Möller würde der Tabellenführer in Cottbus Probleme kriegen. Denn im Fernduell mit Bayern ist Schalke noch wie ein Bergsteiger vorm ersten großen Gipfel. Der muss auch fragen: Hallo, was mache ich als nächstes? Schalke, das lebt allein von seinem Fußball, nicht von der Erfahrung. Und nur wenn alle an Bord sind und keiner zuviel grübelt, ist der große Wurf drin. Beispiel Nr. 2: Wie konnte Stuttgart so explodieren? 6:1 gegen Lautern! Sicher hat Neu-Manager Rolf Rüßmann nichts neu erfunden. Doch wenn zu einem strauchelnden Klub eine Autorität kommt, platzt eben der Knoten. Weil die Spieler merken, aha, es passiert was. Beim Gast aber hat der Trainer sein Pulver schon fast verschossen. Andreas Brehme nannte Lautern einen Titelanwärter. Mutig, mutig. Doch solche Sprüche können einem schnell um die Ohren fliegen. Deswegen sind sie damit in Schalke so vorsichtig.

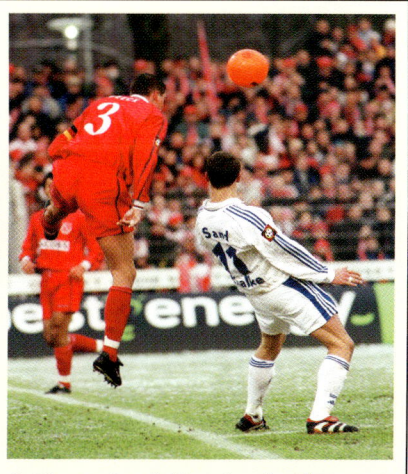

Cottbuser Beeck lässt Sand stehen

21. Spieltag
9.–11. Februar

TORSCHÜTZE DES TAGES

EMILE MPENZA (Foto) gehört zu den absoluten Top-Stars der Bundesliga. Gegen 1860 München hat der 22-Jährige das wieder eindrucksvoll bewiesen. Im Alleingang schoss er Schalke 04 mit einem Doppelpack zum 2:0-Sieg. Seine Saisontreffer sieben und acht – die ersten seit September. Zwischenzeitlich hatten ihn mehrere Muskelverletzungen zurückgeworfen. Wenig förderlich für die Leistung waren auch private Eskapaden, wie ein Autounfall mit seinem Ferrari und seine Frauengeschichten. Doch spätestens jetzt verzeiht Schalke seinem schnellen Stürmer. Der belgische Nationalspieler, im vergangenen Winter für 17 Millionen Mark aus Lüttich gekommen, lässt Schalke im Meister-Rennen wieder hoffen. Dafür wird die Jugendabteilung seines Heimatvereins LC Mesvins schon jetzt belohnt. Von *Sport-Bild* und Continentale gibt es 1000 Mark und einen Satz Trikots.

Der Tag im Überblick

»Und Schalke wie Bayern müssen noch zu uns ...«, sagte der zufriedene Berti Vogts drohend, nachdem Bayer 04 die kessen Kölner mit 4:1 gezähmt hatte. Knallharter Erfolgswille statt Karnevalsfrohsinn im Duell der Rechtsrheinischen mit den Linksrheinischen sorgte für den sechsten Heimsieg in Serie! Aufs gleiche fünffach schauen die Titelverteidiger nach einem 1:0 gegen Stuttgart, aber das nach viel Zittern. Zuvor siegten dreimal die Schwaben. Trennten Bayern und Bayer im Vorjahr fünf Punkte, so sind es heuer nur zwei. Deshalb Bertis Drohung. Und mit den Schalkern, die sich für das 1:4 in Cottbus gegen 1860 auch mit dem fünften Heimsieg in Folge rehabilitierten, ist man gleichauf. Zu Lauterns Blamagentilgung nach dem 1:6 von Stuttgart musste Haching herhalten. So hoch (0:4) verlor man in Liga 1 noch nie. »Grottenschlecht« nannte Trainer Röber seine Herthaner. Der erste VfL-Sieg in Berlin und fünf sieglose Auftritte dort machen deutlich: Hertha hat einen Heimkomplex auf seiner Baustelle, die sich deswegen auch allmählich leert. In Hamburg verneigte sich der HSV-Trainer nach dem 3:0 gegen Bochum vor den Fans, weil die mit »Pagelsdorf! Pagelsdorf!« ihre unerschütterliche Treue bekundet hatten. Im Fall der fünften Pleite in Folge drohte der Rauswurf. Den erlebte Ralf Zumdick. In Bochum dirigiert nun wieder Rolf Schafstall (63), wie schon von 1981 bis 1986 sowie 1991 mal für kurze Zeit.

Frankfurt siegt weiter: Lothar Matthäus kniff

Lothar Matthäus hat abgesagt. Ein Start ins Trainerleben bei der krisengeschüttelten Eintracht war ihm zu heikel. »Mit Lothar? Ohne uns!« und »Loddar, hau ab!« hatten die Fans warnend plakatiert. Also leiten Sportdirektor Rolf Dohmen (mit A-Schein), vorher Nike-Repräsentant, und Assistent Armin Kraaz (mit Lizenz) weiter die Übungen. »Wenn wir Sacchi, Cruyff oder Capello als Trainer hätten, wären es auch nicht mehr als sechs Punkte geworden«, frotzelte der Norweger Jan-Aage Fjörtoft nach dem 1:0 gegen Cottbus und davor 2:0 in Rostock. Zwei Siege ohne Gegentore hatte Frankfurt vor sieben Jahren gefeiert, damals mit Trainer Toppmöller. Der hatte auch abgesagt. Als Manager-Lehrling Dohmen noch im Schatten von Alleinherrscher Felix Magath stand, nannten sie ihn »Dussel Dohmen«. Weil er die vom Trainer ausgemusterten Spieler nicht los wurde. Nach Magaths Abgang heißt er nur noch »Dusel Dohmen«. Weil er der Eintracht das Glück zurückbrachte. Und plötzlich wurde auch der oft als Anti-Fußballer verspottete Uwe Bindewald (32) noch mal wichtig. »Zico«, sonst eher für Eigentore zuständig, bereitete das goldene 1:0 gegen Energie mit schönem Lauf und gekonnter Flanke vor. Ein Trainerwechsel kann also auch wieder Feuer unter den Schuhen entfachen. Armin Kraaz (36), der im Vorjahr das Diplom als Fußballlehrer erworben hat: »Die Zeiten, da alles per Dekret vom Trainer von oben herab entschieden wurde, sind hier vorbei.« Jetzt finden wieder Gespräche statt, in denen auch auf die Gedanken und Bedürfnisse der Spieler eingegangen wird. Und Aussortierte wie Nikolov, Kutschera, Bindewald werden wieder zu stützen. Dennoch suchte die Eintracht-Führung weiter. Auch Hitzfeld-Assi Henke (43) sagte ab.

Rolf Dohmen, der neue Mann auf dem Trainerstuhl in Frankfurt, soll seinen Helden zeigen, wo es lang geht

ERGEBNISSE

Freitag, 09.02.01	Eintracht Frankfurt – Energie Cottbus	1:0	(0:0)
Samstag, 10.02.01	FC Schalke 04 – TSV München 1860	2:0	(0:0)
	1. FC Kaiserslautern – SpVgg Unterhaching	4:0	(3:0)
	FC Bayern München – VfB Stuttgart	1:0	(1:0)
	Hertha BSC – VfL Wolfsburg	1:3	(0:1)
	Hamburger SV – VfL Bochum	3:0	(3:0)
	Bayer 04 Leverkusen – 1. FC Köln	4:1	(0:1)
Sonntag, 11.02.01	SC Freiburg – FC Hansa Rostock	0:0	
	Borussia Dortmund – SV Werder Bremen	0:0	

Alle Daten zum Spieltag auf Seite 222

FAKTEN

- Zuschauer: 309 265 – die beste Kulisse im neuen Jahr
- Tore: 20 – die zweitschwächste Saison-Bilanz
- Spitze: Elber, Barbarez (je 13) bedrängen Sand (14).
- Elfmeter: 3, von Butt, Tretschok, Lottner verwandelt
- Karten: Rot: Riseth (1860), Grassow (Uh.)
- Jubiläum: Effenbergs fünfte sorgt für die 100. Gelbe Karte.
- 36 000. Tor: Durch Harry Koch (FCK) für die Liga-Chronik

TABELLE

Rang	Verein	Sp.	g.	u.	v.	Tore	Diff.	Pkt.	
1	FC Bayern München	21	13	3	5	44 : 23	21	42	→
2	FC Schalke 04	21	12	4	5	42 : 23	19	40	→
3	Bayer 04 Leverkusen	21	12	4	5	38 : 23	15	40	→
4	Borussia Dortmund	21	11	4	6	31 : 26	5	37	→
5	Hertha BSC	21	11	1	9	43 : 39	4	34	→
6	1. FC Kaiserslautern	21	10	4	7	31 : 29	2	34	→
7	VfL Wolfsburg	21	8	7	6	40 : 28	12	31	↗
8	SC Freiburg	21	8	7	6	28 : 21	7	31	↘
9	1. FC Köln	21	8	5	8	39 : 35	4	29	↘
10	SV Werder Bremen	21	7	7	7	28 : 30	-2	28	→
11	TSV München 1860	21	7	6	8	25 : 35	-10	27	→
12	Eintracht Frankfurt	21	8	2	11	26 : 36	-10	26	→
13	Hamburger SV	21	7	3	11	40 : 39	1	24	↗
14	Energie Cottbus	21	7	2	12	26 : 36	-10	23	↘
15	FC Hansa Rostock	21	6	4	11	19 : 33	-14	22	↗
16	VfB Stuttgart	21	5	6	10	31 : 36	-5	21	↘
17	SpVgg Unterhaching	21	6	3	12	20 : 35	-15	21	↘
18	VfL Bochum	21	5	3	13	19 : 43	-24	18	↘

Hachings Schlussmann Tremmel schaut lieber weg, wenn Lauterns Harry Koch (24) das 1:0 macht. Haber hat schon resigniert

Das Hachinger »Es war einmal …«: Wo ist der Geist von einst?

Der Aufstieg der Spielvereinigung Unterhaching wurde oft mit einem Märchen verglichen. So unglaublich schön war es für die verschworene Gemeinschaft der Vorstadt-Kicker. Doch Märchen beginnen mit »es war einmal …«. Und so könnten bald auch die Geschichten über Hachings Bundesligazeit anfangen. Geschieht kein Wunder, werden die letzten 13 Spiele zur Abschiedstournee. Drei Niederlagen in Folge, 1:8 Tore, ein Eigentor. Sie bereiten derzeit ihre Gegentore sogar selbst vor. Von fünf Ballkontakten vor dem halben Eigentor von Haber (zum 2:0) waren nur zwei von Lauterer Spielern. Außerdem verloren die Hachinger bei Flanken des FCK die Orientierung und jedes Kopfballduell. »Seit ich in Haching bin, habe ich solch ein Spiel noch nicht erlebt«, klagte Trainer Lorenz Köstner. Doch die Probleme sind derzeit selbst gemacht. Früher glich Haching fußballerische Defizite mit bedingungslosem Zusammenhalt aus. Dann holte Köstner zehn neue Spieler. Was folgte, waren statt Teamgeist nur Cliquenbildung und Neidkultur. Köstners Plan, per Konkurrenzkampf die Leistung zu steigern, schien ins Gegenteil umzuschlagen. Seinen Kollegen Andy Brehme indessen wirft ein schlechter Tag nicht um, weil bessere folgen, auf sechs Niederlagen vier Siege, auf das 1:6 in Stuttgart jetzt dieses 4:0 am Betzenberg. So ist Lautern. So würde sich Haching auch gerne noch mal nach oben schaukeln. Am liebsten in der nächsten Woche, wenn die großen Bayern in die Vorstadt kommen.

MARCEL REIF: DAUM WEG, DER TITEL IST DRIN

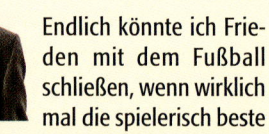

Endlich könnte ich Frieden mit dem Fußball schließen, wenn wirklich mal die spielerisch beste Mannschaft die Schale holt. Bayer 04 hätte aufgrund der letzten 30 Minuten gegen Köln das Zeug dazu. Aber bitte sie jetzt noch nicht als Meister ausrufen. Zwar können sich diese Individualisten auch als Team zusammen raufen, aber da oben haben sich jetzt Bayern, Schalke und Leverkusen festgesetzt. Sie werden die Champions League aushandeln, denn sie machen die Big Points. Auch wenn Bayern und Bayer die besten Voraussetzungen haben, spricht einiges mehr für Leverkusen. Erstens haben die Spieler nicht mehr das »Daum-Alibi«. Das heißt: Nach einem Sieg ist die Stimmung nicht mehr so überhitzt. Zweitens sind die Bayer-Stars ausgeruhter. Mit heißen Händchen werden sie am Fernseher die Daumen drücken, dass Bayern ganz, ganz weit kommt. Denn mitten im League-Halbfinale muss München nach Leverkusen. Drittens redet keiner mehr aus dem Umfeld rein. Zum Gratulieren ist es dennoch viel zu früh. Bayern, der Meister, hat nämlich grottenschlecht gespielt und trotzdem gewonnen …

22. Spieltag
16.–18. Februar

TORSCHÜTZE DES TAGES

FREDI BOBIC (Foto) hat schon manche Höhen und Tiefen erlebt. In Stuttgart als Teil des »magischen Dreiecks« mit Elber und Balakov gefeiert, kam er 1999 nach Dortmund. Gleich in der ersten Saison geriet er mit in den Abstiegskampf. Dieses Jahr lief es anfangs auch nicht gut. Die Nationalmannschaft, in der er 19-mal spielte, rückte für den 29-jährigen Stürmer in weite Ferne. Doch beim 4:2 gegen den HSV feierte er mal wieder Erfolgserlebnisse und mit den Treffern vier und fünf das erste Saison-Doppelpack. Damit brachte er Dortmund wieder ins Titelrennen. »Es ist natürlich super, wenn der Trainer bei einer Schwächephase hinter einem steht«, freute sich Bobic, auch körperlich wieder fit. »Dann kann man befreit aufspielen.« Der Jugendabteilung des VfR Bad Cannstatt brachten seine Tore 1000 Mark und einen Satz Trikots.

Der Tag im Überblick

Ja, will denn keiner Meister werden? Da blamierten sich die bayerischen Fürsten in ihrer Vorstadt Unterhaching; da rannten Leverkusens Edel-Kicker in die Spieße der Rostocker Piraten; da blieb Schalke in Bremen fast alles schuldig. Ein Spitzentrio im Tiefflug hinein in den Ärger. Nutznießer Dortmund, gegen den HSV zu Hause erstmals mit vier Treffern, mischt dadurch »oben« wieder mit. »Gesteuerte Gerechtigkeit« nannte Mehmet Scholl das Hachinger 1:0. »Die haben uns im Vorjahr zum Titel verholfen, wir bringen sie aus dem Keller.« Und immer war Leverkusen dabei, damals mit 1:2, diesmal durch das Tor des an Haching für 300 000 Mark ausgeliehenen Spizak. An Rostock verlor Bayer 04 damit sechs Punkte (!) und gestattete Hansa die ersten Tore in diesem Jahr. In Bremen werden alte Qualitäten aufgefrischt, sechs Heimsiege in Serie! Das gab's mal in der Rehhagel-Ära. Kölns Katastrophen-Bilanz gegen Lautern (16 Spiele, kein Sieg, nur vier Remis) überlebte auch den Karneval. In Stuttgart indessen regierte beidseitig Furcht, auch bei Hertha, die dort 27 Jahre nicht gewonnen hatte. Doch selbst nach dem 0:1 hörte Trainer Ralf Rangnick noch Treueschwüre seines VfB. Wirkliche Größe aber beweisen Freiburg und ihr Richard Golz (1,99 m!) sowieso. 474 Minuten ist er im Tor und sein SCF im zehnten Spiel (Vereinsrekord!) ungeschlagen. Und zehnmal hat man kein Tor kassiert, selbst in Cottbus nicht.

Die Devise der Freiburger: Heimlich Punkte sammeln

»Wer ist schon Freiburg? Wir haben hier schon Bayern und Schalke geschlagen. Da haben wir doch mit denen keine Probleme…« Diese Gedanken müssen einigen Cottbuser Spielern vor der Partie durch den Kopf gegangen sein. So haben sie dann auch gespielt, vor allem hinten. Das war nicht die beherzte Energie-Mannschaft, wie man sie kennt. Mit so einem naiven Auftritt lässt sich keiner erschrecken. Freiburg schon gar nicht. Der SC aber, nun schon seit zehn Spielen ungeschlagen, sollte nicht mehr vom »Punkte sammeln für den Klassenerhalt« reden. Diese Mannschaft ist reif für den UEFA Cup. Mal abgesehen vom erfrischenden Fußball mit einer »Jugend-Elf« (24,4 Jahre im Schnitt) spielt der SC Freiburg mittlerweile auch richtig abgezockt. Wie beim 1:0: Beim Freistoß lässt sich Cottbus viel Zeit mit der Mauer. Weißhaupt führt schnell aus, schiebt den Ball zu Dorn und dieser trifft. »Ein Anfängerfehler«, schimpfte Energie-Trainer Eduard Geyer. Edeljoker Regis Dorn (21), im zwölften Spiel zum elften Mal eingewechselt, traf in der 90. Minute nochmal. Zum allerbesten aber zählt Freiburgs Abwehr. Da spielen drei 21-Jährige: Oumar Kondé, Boubacar Diarra, Sebastian Kehl. Hinter ihnen ist der 1,99-Riese Richard Golz ein wahrer Ruhepol. Er stahl den Cottbusern reihenweise ihre Chancen (etwa ein Dutzend!) und gewann beim Elfmeter auch das Nervenduell gegen Reghecampf. Da hätte der Ausgleich noch was ändern können. »Aber einige haben offenbar noch nicht kapiert, dass wir nun mit beiden Beinen im Abstiegskampf stehen«, ärgerte sich Eduard Geyer. Spielmacher Vasile Miriuta: »Der Druck auf uns ist jetzt enorm. Aber das haben wir uns selbst zuzuschreiben.« Freiburg dagegen blieb dadurch 474 Minuten ohne Gegentor, und das ist wirklich eine imponierende Bilanz, die des Europacups würdig ist.

Die 22, Regis Dorn, erzielt beide Treffer für die Breisgauer in der Lausitz.

Rechte Seite: Freiburg ist seit zehn Spielen ungeschlagen – dank seiner sicheren Abwehr um Torhüter Golz und den jungen Kondé (vorn)

ERGEBNISSE

Freitag, 16.02.01	TSV München 1860 – Eintracht Frankfurt	2:2 (0:1)
Samstag, 17.02.01	SpVgg Unterhaching – FC Bayern München	1:0 (0:0)
	FC Hansa Rostock – Bayer 04 Leverkusen	2:1 (1:1)
	Energie Cottbus – SC Freiburg	0:2 (0:0)
	SV Werder Bremen – FC Schalke 04	2:1 (2:0)
	VfL Wolfsburg – VfL Bochum	0:0
	Borussia Dortmund – Hamburger SV	4:2 (1:0)
Sonntag, 18.02.01	1. FC Köln – 1. FC Kaiserslautern	0:1 (0:1)
	VfB Stuttgart – Hertha BSC	0:1 (0:0)

Alle Daten zum Spieltag auf Seite 222

FAKTEN

- Zuschauer: 232 016, ausverkauft war nur Haching (15 000).
- Tore: 21, lediglich 2,33 im Schnitt pro Spiel
- Spitze: Sand 15, Barbarez 14, Preetz, Elber je 13
- Elfmeter: Häßler traf, Golz (SCF) besiegte Reghekampf (Cottb.).
- Karten: Rot: Hashemian (HSV), Gelb-Rot: Oswald (Hansa)
- Remiskönige: Wolfsburg sah fünf der acht seines VfL.
- Wartesaal: Cottbus und Stuttgart auswärts noch ohne Sieg

TABELLE

Rang	Verein	Sp.	g.	u.	v.	Tore	Diff.	Pkt.	
1	FC Bayern München	22	13	3	6	44 : 24	20	42	→
2	FC Schalke 04	22	12	4	6	43 : 25	18	40	→
3	Bayer 04 Leverkusen	22	12	4	6	39 : 25	14	40	→
4	Borussia Dortmund	22	12	4	6	35 : 28	7	40	→
5	Hertha BSC	22	12	1	9	44 : 39	5	37	→
6	1. FC Kaiserslautern	22	11	4	7	32 : 29	3	37	→
7	SC Freiburg	22	9	7	6	30 : 21	9	34	↗
8	VfL Wolfsburg	22	8	8	6	40 : 28	12	32	↘
9	SV Werder Bremen	22	8	7	7	30 : 31	-1	31	↗
10	1. FC Köln	22	8	5	9	39 : 36	3	29	↘
11	TSV München 1860	22	7	7	8	27 : 37	-10	28	→
12	Eintracht Frankfurt	22	8	3	11	28 : 38	-10	27	→
13	FC Hansa Rostock	22	7	4	11	21 : 34	-13	25	↗
14	Hamburger SV	22	7	3	12	42 : 43	-1	24	↘
15	SpVgg Unterhaching	22	6	6	10	21 : 35	-14	24	↗
16	Energie Cottbus	22	7	2	13	26 : 38	-12	23	→
17	VfB Stuttgart	22	5	6	11	31 : 37	-6	21	↘
18	VfL Bochum	22	5	4	13	19 : 43	-24	19	↘

Am HSV klebt das Pech: Barbarez' traurige Rückkehr

22.

Wer unten steht, dem klebt das Pech an den Füßen. Eine der Fußball-Floskeln, die sich immer wieder bestätigen. Der HSV hat manchem in Dortmund wirklich ein bisschen Leid getan. Zumindest in der ersten Halbzeit zogen die Hamburger ein sehenswertes Spiel auf und bereiteten der Borussia große Sorgen. Selbst Matthias Sammer gab später offen zu: »Zur Pause saß meine Mannschaft in der Kabine, als wenn sie 0:3 zurückliegen würde.« Dabei führte sie 1:0. Dann drehten die Borussen auf, großartig gelenkt vom 20-jährigen Tomas Rosicky, und am Ende schlichen die Jungen von Frank Pagelsdorf – wieder einmal – enttäuscht vom Platz. Allen voran Sergej Barbarez. Gleich dreimal traf er in dieser Saison mit innerer Wut gegen seinen Ex-Klub, schlenzte im Westfalenstadion sogar traumhaft ins Netz. Gebracht hat es nichts – außer einem späten Lob von BvB-Manager Michael Meier: »Ich bedaure noch immer, dass dieser erstklassige Spieler bei uns einfach nicht klar gekommen ist.« Oder auch Jörg Butt, der zuletzt geschmähte Keeper. Vor dem dritten BvB-Tor klärte er mit dem Körper noch gegen Lars Ricken, doch der Abpraller rollte zu Bobic. Noch unglücklicher das 2:4, bei dem der Ball von Butt dem Mitspieler Fukal vor die Füße prallte. Das zehnte Eigentor in der Liga. Letztes Jahr um diese Zeit hing Dortmund ganz unten drin, und der HSV war ganz oben. Dieses Jahr geht's anders herum, mit der gleichen Frage: Wie kann eine gute Mannschaft so abstürzen?

MARCEL REIF: DER RITTERSCHLAG FÜR ROSICKY

Die Ausreden der Topklubs sind doch lächerlich: Liebe Leverkusener, bitte kein Wort mehr darüber, dass der Schiedsrichter in Rostock der Buhmann war. Mindestens drei Tore hätte Bayer machen müssen. Hat aber zwei kassiert und nur eins geschossen. Also selbst Schuld. Genauso wie Bayern, das mit der B-Elf im Vorbeigehen in Unterhaching punkten wollte. Oder wie Schalke, das die erste Halbzeit in Bremen leider total verschlafen hat. Das hat jedem der drei weh getan und nur einem Freude gemacht: Matthias Sammer nämlich, der konzentriert weiter gearbeitet hat. Drei Pleitenklubs, ein Sieger. Jetzt ist Dortmund wieder dran und hat aus dem Spitzentrio ein Quartett gemacht.

Vor allem dank Tomas Rosicky. 25 Millionen oder 30 Millionen – egal wieviel der 20-jährige Tscheche auch gekostet hat: Sein Auftritt beim 4:2 gegen den Hamburger SV war ein Ritterschlag! Der Junge kann den Ball annehmen, Tempo machen, hat ein Gespür für sich anbahnende Erfolgssituationen, denkt also ein, zwei Züge voraus. Und er harmoniert prächtig mit Ricken. Rosicky füllt die Kreativitätslücke, die das Borussen-Spiel noch hatte. »RR« – das klingt sogar nach Rolls Royce. Aber so weit ist es natürlich noch nicht. Wichtig ist zunächst, dass der Neue in Sammer den behutsamen Förderer hat und die Dortmunder Platzhirsche offensichtlich Ruhe geben. Und dass der Mann, der ja nicht gerade aus der härtesten Liga der Welt kommt, sich nach einem Foul kurz schüttelte und sofort wieder aufstand. Die Bayern werden sich nach der Haching-Pleite besonders geärgert haben. Nichts gegen Owen Hargreaves, dem Talent aus Calgary, 20 Jahre alt wie Rosicky. Aber vielleicht hätte man in München doch mal 25 Millionen Mark investieren müssen – in dieses tschechische Fliegengewicht, das ein Dortmunder Schwergewicht zu werden verspricht.

23. Spieltag
23.–25. Februar

TORSCHÜTZE DES TAGES

VASILE MIRIUTA (Foto) schießt Freistöße, die sich wie ein Stein ins Eck senken. Leverkusen bekam es zu spüren. Miriuta war der entscheidende Mann bei Cottbus' 3:1-Sieg. Nicht nur mit seinen beiden Toren. Das dritte hat er vorbereitet. Neben neun Treffern hat Miriuta immer wieder auch mit genialen Fähigkeiten imponiert. Die trainiert er am Schachbrett. Auch da muss man einige Züge vorausdenken. Den Rumänen mit dem ungarischen Pass holte sich Eduard Geyer 1998 von Ujpest Budapest. Cottbus ist Miriutas neunter Klub. Seine Wiege stand im rumänischen Baja Mare, und über den französischen FC Bourges kam er nach Ungarn. Rumäniens Nationalelf blieb ihm verschlossen, dafür öffnete sich ihm die ungarische. Der 32-Jährige ist nun begehrt in der ganzen Liga, will aber weiter für Cottbus spielen – wenn man dort erstklassig bleibt.

Der Tag im Überblick

Die Champions League ist offenbar für die Bayern Motor und Bremse zugleich. Nach einer League-Partie war es gegen Köln ihr sechster siegloser Auftritt! Man mühte sich (26:7 Schüsse), traf aber nicht. Ewald Lienen hatte seinen Kölner Akteuren nach drei Niederlagen den Karneval verboten und freute sich beim 1:1 über den Punkt- und Prestigegewinn. Da keiner der ersten Vier, wie schon in Runde 22, gewann, sprach Mehmet Scholl den Trost für alle: »Da kann wenigstens keiner über den anderen lachen.« Spitzenniveau war sowieso weder im 0:0-Ruhrpottderby noch von Bayer 04 im verdienten 1:3 durch die kess kombinierenden, aber auswärts noch sieglosen Cottbuser zu erleben. Den Herthanern, vom spielverhindernden Schnee überfallen, bot die 2:1-Nachholpartie gegen Haching die Chance, an der Spitze wieder ein Quintett zu etablieren, was den ambitionierten Lauterern trotz 31:10 Torschüssen gegen Hansa misslang. Hatte Friedhelm Funkel in Rostock gegen Lautern mit 1:0 debütiert, konnte er nun seinen allerersten Trainererfolg auf dem »Betze«, wo er 1980 bis 1983 selbst gespielt hat, feiern. Der erste HSV-Sieg gegen Wolfsburg im achten Anlauf (!) sicherte seinem Kollegen Pagelsdorf den Arbeitsplatz, den die »Rettungs-Sanitäter« Schafstall in Bochum und Magath beim VfB Stuttgart auch gegeneinander im »Abstiegsendspiel« nicht mal mit einem Treffer bekränzen konnten.

Lauterns Lehren aus Hansas Sieg: Gleich hellwach sein

Wenigstens der 1. FC Kaiserslautern hat dank des Tores von Lokvenc mit einem 1:0 gegen Slavia Prag im UEFA Cup überlebt. Als einzige von sieben (!) deutschen Mannschaften. Doch zwei Tage später rannte man 90 Minuten lang und stand am Ende gegen Hansa Rostock durchs 0:1 dann doch nur mit leeren Händen da. Manchmal haben solche Spiele was Gutes, wenn man seine Lehren daraus zieht.

Lehre 1: Immer von Beginn an hellwach sein. Der Erfolg von gestern ist der Feind des Erfolgs von morgen. Oder wie kann man sonst erklären, das Lautern in der zweiten Minute bei Salous Tor irgendwo war, aber nicht auf dem Platz.

Lehre 2: Manchmal ist weniger mehr. Andreas Brehme hatte verletzungsbedingt gleich sieben Offensivspieler in der Anfangsformation. Gegen Slavia Prag reichte das zum Weiterkommen, diesmal ging der Schuss nach hinten los.

Lehre 3: Nicht an sich selbst zweifeln, wenn auch die Lauterer etliche hundertprozentige Torchancen versiebt haben. Solche Möglichkeiten muss man sich erst einmal erarbeiten. Das bringt zwar keine Punkte, sollte aber die Nerven für den nächsten Auftritt beruhigen.

Lehre 4: Der FCK bleibt trotz der ersten Heimpleite im neuen Jahr mit oben dran. Weil die anderen auch nicht gesiegt haben. Die Liga ist diesmal ausgeglichen wie selten zuvor – und nach wie vor ist für Kaiserslautern alles drin. Sogar der Weg nach ganz oben.

Hansa aber bleibt ein Problem für Lautern. Das 0:1 im Hinspiel in Rostock war Otto Rehhagels vorletzter Auftritt mit dem FCK. Eine Woche später trat er zurück. In der Saison zuvor hätte Hansa in Lautern fast Ottos 1000. Bundesligaspiel verdorben. Es führte 2:0, ehe Pettersson und Komljenovic noch das 2:2 retteten. Die Bilanz der beiden ist nun ausgeglichen: je fünf Siege bei zwei Remis.

Müde schleichen sie sich vom Platz: Lauterns Lokvenc, Basler und Buck (v.l.)

ERGEBNISSE

Freitag, 23.02.01	Bayer 04 Leverkusen – Energie Cottbus	1:3 (0:2)
Samstag, 24.02.01	SC Freiburg – TSV München 1860	0:3 (0:2)
	FC Bayern München – 1. FC Köln	1:1 (0:1)
	Hamburger SV – VfL Wolfsburg	3:2 (2:1)
	FC Schalke 04 – Borussia Dortmund	0:0
	Eintracht Frankfurt – SV Werder Bremen	1:2 (0:1)
Sonntag, 25.02.01	1. FC Kaiserslautern – FC Hansa Rostock	0:1 (0:1)
	VfL Bochum – VfB Stuttgart	0:0
Mittwoch, 07.03.01	Hertha BSC – SpVgg Unterhaching	2:1 (0:0)

Alle Daten zum Spieltag auf Seite 223

FAKTEN

- Zuschauer: 286 573 – im Schnitt also 31 841
- Tore: 21 – pro Spiel nur 2,33
- Spitze: Barbarez schloss zu Sand auf: beide mit 15
- Elfmeter: Kehl (Frankfurt) verschoss gegen Werder.
- Jubiläum: Für das 600. Tor der Saison sorgte Borimirov (1860).
- Karten: Rot: Harry Koch (FCK)
- Gewinner: Nur Bremen ist dieses Jahr ohne Niederlage.

TABELLE

Rang	Verein	Sp.	g.	u.	v.	Tore	Diff.	Pkt.	
1	FC Bayern München	23	13	4	6	45:25	20	43	→
2	FC Schalke 04	23	12	5	6	43:25	18	41	→
3	Borussia Dortmund	23	12	5	6	35:28	7	41	↗
4	Bayer 04 Leverkusen	23	12	4	7	40:28	12	40	↘
5	Hertha BSC	22	12	1	9	44:39	5	37	→
6	1. FC Kaiserslautern	23	11	4	8	32:30	2	37	→
7	SC Freiburg	23	9	7	7	30:24	6	34	→
8	SV Werder Bremen	23	9	7	7	32:32	0	34	↗
9	VfL Wolfsburg	23	8	8	7	42:31	11	32	↘
10	TSV München 1860	23	8	7	8	30:37	-7	31	↗
11	1. FC Köln	23	8	6	9	40:37	3	30	↘
12	FC Hansa Rostock	23	8	4	11	22:34	-12	28	↗
13	Hamburger SV	23	8	3	12	45:45	0	27	↗
14	Eintracht Frankfurt	23	8	3	12	29:40	-11	27	↘
15	Energie Cottbus	23	8	2	13	29:39	-10	26	↗
16	SpVgg Unterhaching	22	6	6	10	21:35	-14	24	↘
17	VfB Stuttgart	23	5	7	11	31:37	-6	22	→
18	VfL Bochum	23	5	5	13	19:43	-24	20	→

23.

Beim VfB muß Ralf Rangnick gehen: »Quälix« wieder Feuerwehr

Am Donnerstag schied Ralf Rangnick mit dem VfB Stuttgart im UEFA Cup bei Celta Vigo in vorletzter Spielminute aus. Am Freitag erfuhr man von seinem Rücktritt. Am Samstag war Felix Magath der neue VfB-Trainer.

Wie schnell sich doch die Zeiten ändern. Vor vier Wochen noch in schwarz-roter Kluft von Eintracht Frankfurt – nun in der rot-weißen Jacke des VfB Stuttgart: Felix Magath, der 47-jährige Trainer, versteht sich zu wandeln wie ein Legionär. In Wirklichkeit bleibt Felix immer der »Quälix«. Ob in Hamburg, Nürnberg, Bremen oder Frankfurt – stets hat er diese Klubs mit harter Hand vor dem Abstieg bewahrt. Dabei startete er in allen Vereinen seine »Mission impossible« nie mit einem Sieg. Aber danach wusste er immer genau, wo er anzusetzen hatte. »Quälix« analysierte, dachte nach und packte die Peitsche aus. So gesehen ist es ganz gut, dass bei Magaths 0:0-Premiere am Sonntag beim VfL Bochum keine drei Zähler heraussprangen. Das gibt Hoffnung für die schlappen Schwaben. Ob es noch Hoffnung für Bochum gibt, wo Rolf Schafstall als Zumdick-Nachfolger seine Heimpremiere hatte? Er begann mit einem 0:0 in Wolfsburg. Aber zu Hause sind Unentschieden gegen direkte Abstiegskonkurrenten zu wenig. Vor allem, wenn man so viele erstklassige Chancen zweitligareif vergibt. In Stuttgart aber wird Magath wieder nachdenken – und gnadenlos handeln. Arme Schwaben. Aber womöglich sind sie deshalb bald wieder glückliche Schwaben.

Tomas Rosicky setzt sich durch – im Revier-Derby gegen Schalke gibt Dortmunds junger Tscheche ein eindrucksvolles Bild ab

MARCEL REIF: DIE LIGA HAT DIE SCHLAFKRANKHEIT

Da kommst du aus dem Kopfschütteln nicht mehr heraus: Diese Bundesligasaison ist wirklich unterirdisch ausgeglichen. Plötzlich kann sogar Hertha Meister werden. Eine fatale Entwicklung nehmen vor allem die Bayern. Offensichtlich ist diese Mannschaft untrainierbar. 0:1 in Haching, 1:1 gegen Köln, aber bei minus 20 Grad Celsius und schlimmen Platzverhältnissen 3:0 bei Spartak Moskau. Haben die Spieler nur noch die Champions League im Kopf? Wenn es dort mit dem Pokalgewinn wieder nicht klappt, werden Narben zurückbleiben. Nicht nur dieser Bundesliga-Spieltag ließ für das Länderspiel in Frankreich einiges befürchten. Was sich ja dann auch leider bewahrheitet hat. Ein ganz schwacher Auftritt, der vom 0:1 nur kaschiert wird. Oliver Kahn ist nunmal im Moment der einzige deutsche Weltklassespieler. Um ihn herum ist die Liga vom kollektiven Wahn, von der Schlafkrankheit befallen. Manche »Stars« vermittelten hierzulande den Eindruck von Dienst nach Vorschrift, um dann international glänzen zu können. Aber das ist ihnen in Paris ja gänzlich misslungen.

24. Spieltag
2.–4. März

TORSCHÜTZE DES TAGES

CLAUDIO PIZARRO (Foto) hat das 3:1 gegen Freiburg für Werder fast im Solo herausgeholt. Durch seine zwölf Tore ist der 22-Jährige maßgeblich beteiligt am Höhenflug seiner Mannschaft. »Ich fühle mich auch so fit wie noch nie«, begründet er seine Topform. Das erste Mal seit seinem Wechsel im Sommer 1999 nach Bremen konnte der peruanische Nationalstürmer eine komplette Vorbereitung mitmachen. In der letzten Saison musste er ständig wegen Länderspielen zwischen Bremen und Südamerika pendeln. Doch seit der Nationaltrainer ihn bei Testspielen schont, hat er genug Kraft für Werder. Bis Saisonende musste er nur noch einmal abgestellt werden. Nun wird Pizarro aber auch für andere Länder interessant. Werder wird drauflegen müssen. Für seinen Heimatverein Deportivo Pesquero gibt es 1500 Mark Torprämie und einen Satz Trikots.

Der Tag im Überblick

Der sechste Name ziert die Spitze: Dortmund! Ihre Saisonpremiere bekränzten die Borussen mit einem 6:1 gegen Frankfurt, dem höchsten Sieg seit fünf Jahren. Damals war die Eintracht sogar mit 6:0 verhauen worden. »Doch bis zum 2:1, und das 40 Minuten lang gegen zehn Frankfurter, war's kläglich«, bremste Trainer Matthias Sammer alle aufkommende Euphorie. »Da braucht keiner vom Titel zu reden.« Denn der Talfahrt der Bayern misstraut er, weil nur ein Punkt aus drei Auftritten »weit, weit unter deren Niveau ist«. Auch das 2:3 in Rostock bewies das nach einer konfusen Leistung. Selbst Oliver Kahn verlor die Nerven, als er in der 90. Minute den Ball ins Hansa-Tor boxte. Feldverweis! Auch den Rest aus dem vermeintlichen Titelquartett erwischte es. Die zu Hause noch ungeschlagenen Schalker wurden ausgerechnet vom HSV, der acht Auswärtsniederlagen wegzustecken hatte, erwischt. Was die Schalker nun an einer neunfachen Sieglosigkeit gegen Hamburg herumrätseln lässt. Leverkusens Auftritt bei 1860 erhöhte nur das derzeitige Debakel auf Niederlage Nummer 3. Außerdem flog Torjäger Ulf Kirsten raus. Im Schwabenland zündete Felix Magath wieder Hoffnungsfeuer. Sein erster Sieg mit dem VfB, trotz sehr engagierter Wolfsburger. Bochum-»Retter« Rolf Schafstall aber musste in Haching einen Treffer nach 326 torlosen Minuten schon als »Erfolg« werten. Zu wenig zum Überleben.

Hansa versenkt die Bayern: Auch Kahn sieht wieder Rot

»Es ist einfach zu sagen: ›Man unterschätzt eben die Kleinen.‹ Nur kämpfen und rennen reicht nicht. Man muss auch klug spielen und die richtige Mischung finden.« Für Bayern-Trainer Ottmar Hitzfeld war davon beim Rostocker Auftritt wenig zu sehen. Er schlitterte mit 2:3 in die siebte Niederlage der Saison und verlor am Ende auch noch Torwart Oliver Kahn, seinen Besten. Der war in der Schlussminute in den Rostocker Strafraum gestürmt und hatte die Kugel mit beiden Fäusten ins Hansa-Tor gedrückt. »Eine Reflexbewegung« nannte er das später. »Das ist in uns Torleuten drin.« Schiedsrichter Markus Merk musste zwar schmunzeln, aber Kahn Gelb-Rot zeigen, weil dieser zuvor schon mal wütend den Ball weggedroschen hatte. Gelb-reif. Es war bereits der dritte Feldverweis für den Leidenschaftlichen. Ein Bundesliga-Rekord für Torleute.

Die Bayern hatten sich in Hansas achtköpfiger Abwehrkette ständig verfangen und waren dann selbst immer wieder im Seeräuberstil geentert worden. Was verdeutlicht, dass auch Jens Jeremies nicht der richtige Abwehrkommandeur ist. Er war an sämtlichen Hansa-Treffern irgendwie beteiligt. Dass er selbst auch für Bayern traf, glich das nicht aus.

Für Friedhelm Funkel, den Hansa-Chef, aber war es »ein Traum, alle sechs Spiele gegen Bayern, Leverkusen und Kaiserslautern zu gewinnen. Unfassbar. Das werde ich nie wieder erleben. Aber das ist jetzt auch schon wieder vorbei.« Doch Hansas Position auf Rang 12 mit 31 Punkten ist deutlich besser als die von 1999 (14./27 Punkte) und 2000 (17./20 Punkte). Dabei hatte man vier Wochen zuvor nach dem 0:2 gegen Frankfurt in Rostock noch als sicherer Absteiger gegolten. Doch auf die Entscheidung am letzten Spieltag, wie die Jahre zuvor, will man es nicht ankommen lassen.

Rostock ganz euphorisch – Sieg gegen die Bayern lässt den Gefühlen der Hansa-Fans freien Lauf. Und da kann es schon mal passieren, dass im Überschwang die Symbole verwechselt werden. Wer schaut da schon so genau hin?

ERGEBNISSE

Freitag, 02.03.01	Borussia Dortmund – Eintracht Frankfurt	6:1	(1:0)
Samstag, 03.03.01	FC Hansa Rostock – FC Bayern München	3:2	(1:1)
	Energie Cottbus – 1. FC Kaiserslautern	0:2	(0:0)
	SV Werder Bremen – SC Freiburg	3:1	(2:0)
	VfB Stuttgart – VfL Wolfsburg	2:1	(1:0)
	SpVgg Unterhaching – VfL Bochum	2:1	(1:1)
	1. FC Köln – Hertha BSC	1:0	(0:0)
Sonntag, 04.03.01	TSV München 1860 – Bayer 04 Leverkusen	1:0	(0:0)
	FC Schalke 04 – Hamburger SV	0:1	(0:0)

Alle Daten zum Spieltag auf Seite 223

FAKTEN

- Zuschauer: 247 817 – im Schnitt 27 535
- Tore: 27 – pro Spiel also 3 Treffer
- Spitze: Unverändert: Barbarez, Sand mit je 15
- Elfmeter: Kobiaschwili (SCF), Basler (FCK)
- Karten: Rot: Fahrenhorst (Bochum), Klose (FCK); Gelb-Rot: Bastürk, Schur, Kirsten, Cerny, Kahn
- Jubiläum: 1860 feiert den 200. Bundesligasieg.

TABELLE

Rang	Verein	Sp.	g.	u.	v.	Tore	Diff.	Pkt.	
1	Borussia Dortmund	24	13	5	6	41 : 29	12	44	↗
2	FC Bayern München	24	13	4	7	47 : 28	19	43	↘
3	FC Schalke 04	24	12	5	7	43 : 26	17	41	↘
4	Bayer 04 Leverkusen	24	12	4	8	40 : 29	11	40	→
5	Hertha BSC	24	13	1	10	46 : 41	5	40	→
6	1. FC Kaiserslautern	24	12	4	8	34 : 30	4	40	→
7	SV Werder Bremen	24	10	7	7	35 : 33	2	37	↗
8	SC Freiburg	24	9	7	8	31 : 27	4	34	↘
9	TSV München 1860	24	9	7	8	31 : 37	-6	34	↗
10	1. FC Köln	24	9	6	9	41 : 37	4	33	→
11	VfL Wolfsburg	24	8	8	8	43 : 33	10	32	↘
12	FC Hansa Rostock	24	9	4	11	25 : 36	-11	31	↗
13	Hamburger SV	24	9	3	12	46 : 45	1	30	↗
14	SpVgg Unterhaching	24	7	6	11	24 : 38	-14	27	↗
15	Eintracht Frankfurt	24	8	3	13	30 : 46	-16	27	↘
16	Energie Cottbus	24	8	2	14	29 : 41	-12	26	→
17	VfB Stuttgart	24	6	7	11	33 : 38	-5	25	→
18	VfL Bochum	24	5	5	14	20 : 45	-25	20	→

Kurz vor Schluss der HSV-Sieg: Reck machtlos gegen Erik Meijer

Schalkes erste Heim-Niederlage: HSV weg von der Angstzone

»Diese erste Heim-Niederlage in der Saison tut sehr weh. Aber wir sind so gefestigt, dass wir das wegstecken werden«, erklärte Schalkes Mittelfeld-Lenker Andreas Möller. »Wir haben zwar um jeden Meter gekämpft«, setzte sein Trainer Huub Stevens hinzu, »aber unsere Chancen leider nicht genutzt.« Dabei hatte er in die Komplettierung seiner Abwehr durch die Rückkehr von Tomasz Waldoch große Hoffnungen gesetzt. Doch dessen Gegenspieler Erik Meijer brachte die 0:1-Entscheidung in der 87. Minute. Es war das dritte Tor im dritten Spiel des aus England zurückgekehrten Holländers. »Das sind drei Auswärtspunkte, mit denen wir eigentlich gar nicht rechnen konnten«, freute sich HSV-Trainer Pagelsdorf. Die fünf Reisepunkte der Hamburger zählten bis dahin zum Schwächsten. Schalke aber hat seit Oktober 1996 gegen den HSV in neun Aufeinandertreffen nicht mehr gewinnen können, wodurch sich der letzte der noch nie abgestiegenen Liga-Gründer von anno 1963 wieder etwas von der Angstzone entfernt hat. »Bei uns sehnt sich nun alles noch mehr nach der neuen Arena auf Schalke«, tat Manager Rudi Assauer kund.

»In dieser weiten Schüssel des Parkstadion fehlt leider der Kick, der in solchen schwierigen Situationen für die Mannschaft von den Rängen rüberkommt.« Und nur acht Punkte in der Rückrunde sind für Schalke auch lediglich Mittelmaß, was die Titelträume der Fans wieder etwas drosselte. Dafür schmerzt der Stachel, den Erzfeind Dortmund an der Spitze zu sehen, um so heftiger.

Cardoso (HSV) (r.), Kmetsch (Schalke) und das Spielgerät

MARCEL REIF: MENSCH, BERTI, SEI EIN KERL!

»Messt mich bitte nach der Winterpause, wenn die neuen Spieler eingebaut sind.« So sprach Berti. Mein Urteil: Leverkusen hat derzeit noch eine ziemlich leblose Mannschaft. Drei Niederlagen in Folge gegen Liga-Durchschnitt. Da stimmt es im Team vorn und hinten nicht. Vogts' Handschrift ist noch nicht zu erkennen. Sonntag, beim 0:1 in München, sah Berti blass aus. Aber ist das ein Wunder? Er versprach Bayer einen Titel. Nur welchen? Er hat – zusammen mit Toni Schumacher – Zuberbühler zur Nummer 1 gemacht. Und jetzt möchte sich der Schweizer am liebsten hinter den Alpen verstecken.
Er holte sich gleich drei Trainer an seine Seite. Ein gefundenes Fressen für die Kritiker. Nun muss Berti Vogts das ertragen, was er schon sein ganzes Leben zu hören bekam: Häme! Er muss aufpassen, dass sie dem Team nicht als Alibi dient.
Was ist seine Methode? Wo liegen seine Kompetenzen? Nur damit kann Berti zeigen, dass er ein ganzer Kerl ist, der ernst genommen wird. Zumal das die Mannschaft durch Daums Führung gewohnt war.

25. Spieltag
9.–11. März

TORSCHÜTZE DES TAGES

ADEL SELLIMI (Foto) rettete mit seinen Saisontoren 4 und 5 dem SC Freiburg einen ganz wichtigen Punkt beim 2:2 gegen Dortmund. Dieses Doppelpack war für den 28-jährigen Tunesier wie ein Befreiungsschlag. Seit 1998 in Freiburg, ging sein Stern erst in der vergangenen Saison auf. Mit 11 Toren gehörte der Tunesier zu den besten Stürmern der Liga. Doch vor dieser Winterpause gelangen ihm lediglich drei Tore. Er bestritt auch nur fünf Spiele über 90 Minuten. Vor der Rückrunde gab es einigen Wirbel um Sellimi, weil er mit mehrtägiger Verspätung von einem Trainingslager der tunesischen Auswahl zurückkehrte. Jetzt ist der Ärger mit Trainer Finke verraucht und Sellimi wieder im Rampenlicht. Die Jugend seines Heimatvereins Africain Tunis erhält von *Sport-Bild* und Continentale 1000 Mark und einen Satz Trikots.

Der Tag im Überblick

Nur eine Woche waren Dortmunds Borussen Spitze. Dann ließen sie sich in Freiburg noch ein 2:0 entwinden. An gegnerischen Selbstüberschätzungen pickt der muntere Finke-Schwarm besonders gern herum. Für die im 2:2 verschenkten zwei BvB-Punkte war man im übrigen Führungssextett dankbar. Dort tut man meist alles gemeinsam, verlieren oder gewinnen. Diesmal waren vier Siege dran. Bayern, von Cottbuser Ängsten begünstigt, verdrängte den BvB von Rang 1 und Bayer 04, Hertha und Lautern schoben sich wieder heran. Nur das viermal sieglose Schalke rätselt an seiner nun 294 Minuten dauernden Trefferlosigkeit herum. Dreimal war totale Ladehemmung beim einstigen Traum-Duo Sand – Mpenza! Bei Bayer 04 lieferte der Brasilianer Lucio, aus Übersee erst morgens in Frankfurt gelandet, den Beweis, dass man auch unausgeschlafen ein ganzes Team mitreißen und die Bremer, die siebenmal in Folge und 2001 bisher ungeschlagen waren, an die Wand spielen kann. Obwohl bei Hertha die gesamte Kreativabteilung (Deisler, Beinlich, Wosz) ausfiel, ließen sich die inaktiven Hanseaten in der 90. Minute doch noch bezwingen. Da waren Felix Magaths VfB-Schwaben mutiger. Hamburger Führungen beeindruckten sie gar nicht. 2:2, 2:1, 0:0 – so die VfB-Bilanz unterm Magath-Zepter! Magere zwei Punkte aus vier Partien quittierte dagegen Rolf Schafstall in Bochum, wo die Kölner Geißböcke trotz 0:2 noch ihren ersten Sieg seit zwölf Jahren feierten.

Frankfurts Norweger urteilt: »Die Linie fehlte immer«

Sechs Minuten bekam Jan-Aage Fjörtoft (34), um sich von seinen Frankfurter Fans zu verabschieden. Viel zu wenig für einen Stürmer, der nicht zum Joker taugt und Anlauf braucht. Beim 0:0 gegen Schalke konnte er seine Rettungstat von 1999 nicht wiederholen, als sein 5:1-Treffer gegen Lautern der Eintracht die Liga rettete. 14 Tore gelangen ihm in 51 Spielen für die Eintracht. In Österreich und England hat er vorher gespielt. Der 71-fache Nationalspieler kehrt nach Norwegen (zu Stabaek SK) zurück, wo im März die Saison beginnt. Das Trainerdiplom, die eigene Fußballschule und TV-Verpflichtungen sorgen für Beschäftigung. »Ich gehe jetzt, weil ich Spiele brauche«, begründet er seinen Abgang. »Darauf hatten wir uns schon im November geeinigt.« Dem Frankfurter und dem deutschen Fußball hinterließ er einige Erkenntnisse. »Hier bei der Eintracht gab es nie eine klare Linie. Spieler wurden nach dem Zufallsprinzip verpflichtet. Zu viele Leute mit zu wenig Ahnung reden mit. Frankfurt fehlen Fachleute mit Visionen. Wo sind die Ex-Eintrachtler wie Grabowski, Bein, Stein? Im Abstiegsfall muss es einen totalen Neuaufbau geben. Alles weghauen, auch auf die Gefahr, im ersten Zweitligajahr 14. zu werden …« Über den deutschen Fußball urteilt er: »Hier fehlt die Lernbereitschaft. Es kann nicht sein, dass im Jahr 2001 Manndeckung gespielt wird. Oder fahren Oldtimer auf der Autobahn? Aber wer etwas Neues versucht, wird sofort kritisiert – Rangnicks Viererkette oder Vogts' Trainerteam.« Und zur Einstellung der Spieler: »Vielen ist die Liebe zum Fußball verloren gegangen. Sie wollen sich nicht mehr schmutzig machen. Aber für die schönen Momente muss man hart arbeiten. Plötzlich ist die Karriere aus, und man hat noch 50 Jahre zu leben. Zu lange, um nur Geld zu zählen …«

Abschied von Frankfurt – Jan Aage Fjörtoft auf den Schultern von Marco Gebhardt (l.) und Dirk Heinen. Auch am Ende macht der Norweger seinen Mund auf

25.

ERGEBNISSE

Freitag, 09.03.01	Bayer 04 Leverkusen – SV Werder Bremen	3:0 (1:0)
Samstag, 10.03.01	Hertha BSC – FC Hansa Rostock	1:0 (0:0)
	VfL Bochum – 1. FC Köln	2:3 (2:1)
	VfL Wolfsburg – SpVgg Unterhaching	6:1 (2:1)
	SC Freiburg – Borussia Dortmund	2:2 (1:2)
	FC Bayern München – Energie Cottbus	2:0 (2:0)
	Eintracht Frankfurt – FC Schalke 04	0:0
Sonntag, 11.03.01	1. FC Kaiserslautern – TSV München 1860	3:2 (0:0)
	Hamburger SV – VfB Stuttgart	2:2 (2:1)

Alle Daten zum Spieltag auf Seite 224

FAKTEN

• Zuschauer:	276 818 – im Schnitt 30 758
• Tore:	31 – die Jahresbestmarke wurde wiederholt
• Spitze:	Barbarez (HSV/17) klar vor Sand (Schalke/15)
• Elfmeter:	2 – Sellimi (SCF), Akonnor (Wolfsburg) trafen
• Karten:	Rot: Sichone (Köln); Gelb-Rot: Drincic (VfL), Lottner, Springer (Köln), Spizak (Uh)
• Verlierer:	Nur der VfB Stuttgart hat auswärts noch nicht gewonnen.

TABELLE

Rang	Verein	Sp.	g.	u.	v.	Tore	Diff.	Pkt.	
1	FC Bayern München	25	14	4	7	49 : 28	21	46	↗
2	Borussia Dortmund	25	13	6	6	43 : 31	12	45	↘
3	Bayer 04 Leverkusen	25	13	4	8	43 : 29	14	43	↗
4	Hertha BSC	25	14	1	10	47 : 41	6	43	↗
5	1. FC Kaiserslautern	25	13	4	8	37 : 32	5	43	↗
6	FC Schalke 04	25	12	6	7	43 : 26	17	42	↘
7	SV Werder Bremen	25	10	7	8	35 : 36	-1	37	→
8	1. FC Köln	25	10	6	9	44 : 39	5	36	↗
9	VfL Wolfsburg	25	9	8	8	49 : 34	15	35	↗
10	SC Freiburg	25	9	8	8	33 : 29	4	35	↘
11	TSV München 1860	25	9	7	9	33 : 40	-7	34	↘
12	Hamburger SV	25	9	4	12	48 : 47	1	31	↗
13	FC Hansa Rostock	25	9	4	12	25 : 37	-12	31	↘
14	Eintracht Frankfurt	25	8	4	13	30 : 46	-16	28	↗
15	SpVgg Unterhaching	25	7	6	12	25 : 44	-19	27	↘
16	VfB Stuttgart	25	6	8	11	35 : 40	-5	26	↗
17	Energie Cottbus	25	8	2	15	29 : 43	-14	26	↘
18	VfL Bochum	25	5	5	15	22 : 48	-26	20	→

25. Vor dem letzten Spiel: Überleben mit 40 Punkten?

Noch neun Spiele, das letzte Viertel also! Seit Peter Neururer 1996 für den 1. FC Köln forderte: »Wir brauchen 40 Punkte zum Überleben«, und diese 40 Punkte tatsächlich zum Klassenerhalt der Kölner führten, sind sie zur magischen Zahl geworden. In den vergangenen fünf Jahren wäre man sogar mit weniger drin geblieben (ab 1996: 37; 34; 39; 38; 36 Punkte). In dieser Saison ist jedoch alles anders. Mit 27 Punkten nach 25 Spieltagen nur auf Platz 15 wie Unterhaching, das gab es in jenen früheren Jahren nie. Stuttgarts Trainer Felix Magath: »Dieses Mal werden 40 Punkte kaum reichen.« Denn die Liga ist so ausgeglichen wie nie zuvor. Da schlagen die Kleinen öfter die Großen, die auch selten zuvor so wenig Punkte vorzuweisen hatten. Hansa Rostocks Trainer Friedhelm Funkel hat hoch gerechnet: »41 Punkte müssen ausreichen.« Schließlich spielen die meisten Abstiegskandidaten noch gegeneinander und nehmen sich gegenseitig die Punkte weg. In Frankfurt ist man uneins. Trainer Rolf Dohmen macht sich Mut: »40 müssten reichen.« Torwart Heinen ist skeptisch: »Gut möglich, dass man mehr braucht oder sogar das Torverhältnis entscheidet.« Cottbus' Präsident Dieter Krein glaubte lange, mit 38 Punkten sei das zu packen. Nun meint auch er, dass »40 Punkte und ein gutes Torverhältnis reichen«. Um das zu erreichen wurden bei Energie die Prämien erhöht. Für so genannte Sechs-Punkte-Spiele gegen unmittelbare Rivalen gibt es für Siege nun 10 000 statt 6000 Mark an Prämien.

MARCEL REIF: BAYERN PACKT'S NUR, WENN FRANZ TOBT

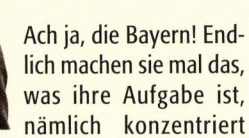

Ach ja, die Bayern! Endlich machen sie mal das, was ihre Aufgabe ist, nämlich konzentriert Fußball zu spielen, und schon sind sie wieder Tabellenführer. So leicht ist das in dieser Saison in einer Liga, die auf unterirdischem Niveau spielt. Oder könnten Teams wie Hertha und Lautern sonst vom Titel träumen? Cottbus, das sich selbst keinen Punkt zugetraut hat, ist kein Maßstab und ein 2:0 kein Grund zur Euphorie. Erst der Mittwoch mit dem League-Gruppenfinale gegen Arsenal zeigte, wo die Bayern wirklich stehen. Deshalb hat Franz Beckenbauer mit einer Brandrede seine Jungs auch zur rechten Zeit wach gerüttelt. Und das am richtigen Ort. Wer sich öffentlich blamiert, wie beim 0:3 in Lyon, muss sich auch in aller Öffentlichkeit der Kritik stellen. Wer jetzt den Franz kritisiert, sollte bedenken: Vielleicht war es das allerletzte Mittel, um die Mannschaft zum Laufen zu bringen. Interne Kritik hatte nichts geholfen, siehe das 2:3 in Rostock. Wenn jetzt Uli Hoeneß, der Manager, auf Distanz zu Franz geht, könnte das auch zur psychologischen Strategie der Bayern gehören. Beckenbauer prügelt drauf, Hoeneß verteilt Zuckerstückchen, um einige Sensibelchen wieder zu beruhigen.

Die Arsenal-Mischung aus englischem Kampfgeist und französischer Spielkultur kommt zwar dem Leistungsvermögen deutscher Fußballer nicht gerade entgegen, aber die Bayern haben in London schon sich selbst bewiesen, dass sie damit zurecht kommen. Aus einem 0:2 machten sie noch ein 2:2. Jeder Bayern-Spieler weiß, dass die Saison hinüber wäre, wenn das Viertelfinale der Champions League nicht erreicht wird. Dann würden die Bayern nicht mal Meister werden, behaupte ich. Die Konsequenzen, die das hätte, wird der Franz den Spielern schon klar gemacht haben. Intern erstmal …

Teilnahmslos: Zickler, Jeremies und Kahn (v.l.) – verletzt und gesperrt. Unten: Mit Energie gegen Cottbus – Scholl entkommt Miriuta, Jancker lässt Scherbe stehen

26. Spieltag
16.–18. März

TORSCHÜTZE DES TAGES

VICTOR AGALI (Foto) sicherte Hansa mit seinen beiden Toren zum 2:0 gegen Bochum einen wichtigen Sieg im Kampf gegen den Abstieg. Sein vom DFB wegen Schiedsrichterbeleidigung auf die Tribüne verbannter Trainer Friedhelm Funkel reagierte mit Freudentänzen. Dabei war Funkel im Januar gar nicht gut auf Agali zu sprechen. Denn der 22-jährige nigerianische Nationalspieler hatte seinen Heimaturlaub eigenmächtig verlängert. Und das nach einer verkorksten Hinrunde, als ihm nur ein Tor gelang. Nun aber traf er in fünf Spielen viermal. »Wichtig ist mir, dass es bei Hansa vorwärts geht«, sagt er. Mehrere Aussprachen haben ihm deutlich gemacht, dass voller Einsatz von den Fans honoriert wird, auch wenn man sich mit Abschiedsgedanken trägt. Agali: »Ich will zu einem großen Verein.« Die Jugend seines Heimatvereins FC Nitel Lagos erhält 1000 Mark und einen Satz Trikots.

Der Tag im Überblick

Viermal hat Schalke 04 mit dieser Zahlenfolge kokettiert, als man Frankfurt, Hertha, Dortmund und Rostock ein 0:4 aufgedrückt hatte. Nun fällt sie den Schalkern selbst vor die Füße: 0 Tore in 4 Spielen! Und gegen Freiburg das vierte 0:0. Nach sechs Stunden und 24 Minuten ohne Treffer hat sich der Herbstmeister ins vereinseigene Rätselkabinett und auf Rückrunden-Rang 15 (!) zurückgezogen. Für Bayern-Kapitän Effenberg waren »drei wichtige Siege gegen Cottbus, Arsenal und 1860 dreimal zu null« (2:0, 1:0, 2:0) bemerkenswert. Manager Uli Hoeneß: »Gegen die 1860er, das war nix!« Neu-Vize Leverkusen aber bestätigte seine Vorliebe für Dortmund: nur eine Niederlage in den jüngsten acht Spielen. Die letzte Pleite im Westfalenstadion erlebte der BvB im Oktober durch Lautern. Dem folgten sieben Siege, ein Remis. Doch Leverkusens Cleverness imponierte. Genauso wie die der Lauterer in Bremen. Ihr dritter Auswärtssieg in Folge samt Rang 3! Von den drei »Abstiegsfinals« hatte nur eines in Bochum einen Totalverlierer. Die Remis in Frankfurt und Haching hinterließen überall noch Hoffnungsflämmchen. Die wurde in Cottbus zur Flamme, an der sich die alte Dame Hertha mit 0:3 ihre Traditionen versengte. In Köln schaute Maskottchen »Hennes VII.«, der Geißbock, wegen der Maul- und Klauenseuche nur von der Videowand und als Pappkamerad am Rasen zu. 0:0 – er hätte was zu meckern gehabt.

Was ist los auf Schalke? Derzeit gibt's nur Schlacke

Sie waren Herbstmeister und durften vom Titel träumen. Jetzt haben die Schalker fünfmal nicht gewonnen, 384 Minuten lang nicht ins Tor getroffen und in der Rückrunde nur 10 von 27 Punkten geholt. Absturz! Trainer Huub Stevens und Manager Rudi Assauer sitzen fast täglich zusammen und suchen Erklärungen. »Wir haben die Seuche«, stöhnt Möller. »Wir haben alles probiert«, sagt Olli Reck. »Wir haben geredet, analysiert, uns angepflaumt. Jetzt weiß ich nicht weiter.« Möller war nach dem 1:2 in Bremen der Kragen geplatzt. »Fragen Sie doch mal die Mitspieler, was sie eigentlich erreichen wollen«, moserte er. Assauer hielt eine 35-minütige Rede: »Dabei musste ich einigen in den Hintern treten.« Gewonnen wurde dennoch nicht. Man traf sich im »Zutz«, einer Szenekneipe – ohne Trainer. Diskutiert wurde auch das schlechte Zusammenspiel. Sand forderte mehr Bälle von Möller, Hajto mehr Absicherung nach hinten. »Das Mittelfeld muss auch mal für Gefahr sorgen«, meinte Reck und indirekt damit Möller. Der traf in 24 Spielen nur einmal. Aber in Freiburg beim 0:0 gab es wieder Zoff, nun zwischen Hajto und Nemec, wie zuvor zwischen Hajto und Latal oder Böhme und Happe. »Durch mehr Torschusstraining treffen wir das Tor auch nicht«, glaubt Ebbe Sand. Für Assauer »spielt die Truppe zu kompliziert. Ich habe die Jungs aufgefordert: Schmeisst die Brechstange weg, spielt schlau …« Zur Zeit aber wird von den Königsblauen nur Schlacke produziert.

Wo bleiben die Tore der Königsblauen? Die große Ratlosigkeit bei Mpenza und Sand (r.) ...

ERGEBNISSE

Freitag, 16.03.01	1. FC Köln – VfL Wolfsburg	0:0
Samstag, 17.03.01	Borussia Dortmund – Bayer 04 Leverkusen	1:3 (1:2)
	FC Schalke 04 – SC Freiburg	0:0
	FC Hansa Rostock – VfL Bochum	2:0 (0:0)
	Energie Cottbus – Hertha BSC	3:0 (2:0)
	Eintracht Frankfurt – Hamburger SV	1:1 (0:0)
	TSV München 1860 – FC Bayern München	0:2 (0:0)
Sonntag, 18.03.01	SV Werder Bremen – 1. FC Kaiserslautern	1:2 (0:2)
	SpVgg Unterhaching – VfB Stuttgart	0:0

Alle Daten zum Spieltag auf Seite 224

FAKTEN

• Zuschauer:	308 344 – zum achten Mal über der 300 000-Marke
• Tore:	Nur 16 – die schlechteste Quote in dieser Saison
• Spitze:	Barbarez (17) vor Sand (15) und Elber (14)
• Elfmeter:	1 - Ailton (Werder) scheitert an Koch (1. FCK).
• Karten:	Rot: Christiansen (VfL); G-R: Ballack (Lev.), Zeyer (SCF)
• Verlierer:	Allein der VfB Stuttgart weiter ohne Auswärtssieg
• Je 9 Remis:	Wolfsburg, Freiburg, Stuttgart Arm in Arm

TABELLE

Rang	Verein	Sp.	g.	u.	v.	Tore	Diff.	Pkt.	
1	FC Bayern München	26	15	4	7	51 : 28	23	49	→
2	Bayer 04 Leverkusen	26	14	4	8	46 : 30	16	46	↗
3	1. FC Kaiserslautern	26	14	4	8	39 : 33	6	46	↗
4	Borussia Dortmund	26	13	6	7	44 : 34	10	45	↘
5	FC Schalke 04	26	12	7	7	43 : 26	17	43	↗
6	Hertha BSC	26	14	1	11	47 : 44	3	43	↘
7	1. FC Köln	26	10	7	9	44 : 39	5	37	↗
8	SV Werder Bremen	26	10	7	9	36 : 38	-2	37	↘
9	VfL Wolfsburg	26	9	9	8	49 : 34	15	36	→
10	SC Freiburg	26	9	9	8	33 : 29	4	36	→
11	TSV München 1860	26	9	7	10	33 : 42	-9	34	→
12	FC Hansa Rostock	26	10	4	12	27 : 37	-10	34	↗
13	Hamburger SV	26	9	5	12	49 : 48	1	32	↘
14	Energie Cottbus	26	9	2	15	32 : 43	-11	29	↗
15	Eintracht Frankfurt	26	8	5	13	31 : 47	-16	29	↘
16	SpVgg Unterhaching	26	7	7	12	25 : 44	-19	28	↘
17	VfB Stuttgart	26	6	9	11	35 : 40	-5	27	↘
18	VfL Bochum	26	5	5	16	22 : 50	-28	20	→

... weil auf Schalke nur Freiburger spielten: Andreas Möllers Flankenball wird von den Südbadenern But, Baya, Kehl und ihren Mannschaftskameraden in geradezu lehrbuchmäßiger Aufstellung erwartet und entsprechend entschärft

Das Besondere in Kaiserslautern: Vieles läuft schief – gut so

»Wir arbeiten hart«, antwortet Andreas Brehme auf Fragen nach Gründen der Erfolgsserie des 1. FC Kaiserslautern. Das 2:1 in Bremen war Auswärtssieg Nummer 3 in Folge. Dennoch: Es ist unheimlich, was in Lautern alles schief läuft – und trotzdem gut wird.

Andreas Brehme: Der 40-Jährige traf als Rehhagel-Nachfolger auf viele Schulterklopfer, aber nur wenige trauten ihm den Job auch zu. Schließlich verdankte er die Trainerlizenz per Blitzlehrgang ja nur seiner Profikarriere. Doch Brehme führte den FCK von Platz 15 auf Platz 3, ins UEFA-Cup-Halbfinale und holte seit Anfang Oktober 38 Punkte. Das ist Liga-Bestwert!

Die Ausfälle: Ständig muss Lautern improvisieren. Georg Koch, Harry Koch, Schjönberg, Yakin, Basler, Djorkaeff, Grammozis, Ratinho, Komljenovic fielen zum Teil sogar langfristig aus. Dazu kamen die Ausfälle durch Sperren. Lautern rotierte unfreiwillig – aber mit Erfolg.

Mario Basler: Nach Rehhagels Abgang wurde ihm ein schnelles Ende beim FCK prophezeit. Als er dann lange verletzt war, gingen sogar die treuen Fans auf ihn los. Das weckte seinen Ehrgeiz. In der Rückrunde fehlte er keine Minute und war als Libero und Kapitän der Beständigste von allen.

Die Torwart-Diskussion: Als Georg Koch (29) mit Ermüdungsbruch im Fuß ausfiel, imponierte der unerfahrene Roman Weidenfeller (20) beim 1:0-Sieg gegen Eindhoven im UEFA Cup mit Weltklasseparaden. Angetrieben von dieser Leistung feierte Koch im Rückspiel ein überragendes Blitz-Comeback. Nun signalisierte Arsenal London Interesse an Koch für 2002 als Nachfolger von Nationaltorwart Seaman. Weidenfeller stünde bereit. Es ist doch gut für Lautern, dass manches so »schief« läuft ...

MARCEL REIF: HERTHA UND RÖBER NUR DURCHSCHNITT?

Bewerben für die »G 14« kann sich jeder. Aber Hertha erntet im Moment wohl nur Kopfschütteln in Europa. Wenn wirklich einer vom Titel träumte, dann bescheinigt ihm spätestens das Cottbuser 0:3 totalen Realitätsverlust. Eine löchrige Abwehr, ein Mittelfeld ohne klaren Strukturen, ein Sturm als One-Man-Show – diese Saison ist bestenfalls Stillstand. Hertha muss aufpassen, nicht den Anschluss zu verlieren. Wer »nur« für 20 Millionen Mark einkaufen kann, der muss damit rechnen, dass die Schere noch weiter auseinander geht. Bayern hat richtig Geld und wird es auch ausgeben. Von dem, was die Top-Klubs demnächst anlegen, kann Hertha nur träumen. Unwahrscheinlich, unter einem Stein einen Diamanten zu finden. Zumal ja nicht nur ein Spieler gesucht wird – es müssen mehrere her. Und das, wo ein Rosicky den BvB 30 Millionen Mark kostete ...

Dennoch: Fortschritte wären möglich gewesen, denn es war noch nie so leicht, Meister zu werden. Und es wurde ja auch zielgerichtet eingekauft. Für Alves wurde der Sattel mit Geld vollgepackt. Aber er brachte auch viel Empfindlichkeit und Wehwehchen mit.

Den Berliner Fans war von Trainer Röber wieder attraktiver Fußball versprochen worden. Nun müssen alle Verantwortlichen klären: Ist das noch 3 minus? Oder nur eine 4? Denn nicht nur mir macht es keinen Spaß, dieser Hertha zuzuschauen. Im nächsten Jahr also wieder Wundertüte auf? Und wieder nur der dann 34-jährige Preetz drin? Mir graust, dass Deisler des Rätsels einzige Lösung ist. Bei diesem Druck fangen seine Verletzungen schon im Kopf an.

Berliner Luft in Cottbus. Miriuta und Hujdurovic danken

27. Spieltag
30. März – 1. April

TORSCHÜTZE DES TAGES

DIETMAR KÜHBAUER (Foto) war die strapaziöse Woche nicht anzumerken: Nach den schweren 90 WM-Minuten mit Österreichs Team gegen Israel und schon 48 Stunden später der Auftritt gegen die engagierten Rostocker. Jeweils waren es 2:1-Siege, und beim zweiten gelangen Kühbauer sogar beide Tore. »Das habe ich wohl zum letzten Mal bei den Knaben geschafft«, meinte er schmunzelnd. Hatte er im Austria-Team noch Andreas Herzog assistiert, so war er beim VfL nun wieder selbst der überragende Spielmacher. »Die defensive Rolle liegt mir sowieso weniger als die offensive«, meinte der 30-jährige Burgenländer, der über Admira Wacker, Rapid Wien, San Sebastian im Sommer nach Wolfsburg kam, wo er im 24. Spiel seine Quote auf sechs Tore steigerte – eine sehr gute für einen Regisseur. Gegen Hansa zeigte er, wie man mit dem linken und mit dem rechten Fuß treffen kann.

Der Tag im Überblick

Die ersten Wochenendakteure waren die Fans: Ihre Plakate forderten »pro 15.30« mit Sprechchören und Gesängen von DFB, Vereinen und TV-Mogulen: »Beendet den von Freitag bis Sonntag viergeteilten Spieltag! Pfeift möglichst alles am Samstag um 15.30 Uhr an!« Weil das die Spannung fördert und sie nur dann wie früher hinter ihrem Team stehen können. »DFB, du Hure Kirchs, gib uns unser Spiel zurück«, war auf einem Plakat zu lesen. Sie kennen die Gegenargumente: Nur so seien die Liga und ihre Stars finanzierbar. Aber selbst wenn sie »nur« 30 Prozent der Etats an die Stadionkassen tragen: Diese Fans wollen ernst genommen werden.

Für Aufregung sorgten dann auch die drei Spitzenreiter Bayern, Bayer und Lautern: Arm in Arm ließen sie sich in den eigenen Arenen von Bremen, Schalke und Dortmund aufs Kreuz legen. Schalke hatte zuvor keinen seiner 16 Auftritte in Leverkusen gewonnen (bei fünf Remis). Dortmunds letzter Sieg in Lautern lag 14 Jahre zurück, und Bremen schaffte das in München letztmals 1994 noch unter Otto Rehhagel. Doch erst ein Eigentor von Zivkovic beendete Schalkes quälende, 400-minütige Torlosigkeit. Dortmund rüstete sich nun mit Rang 2 für den Besuch von Spitzenreiter Bayern. Aus den Notquartieren zwischen Rang 11 und 17 aber gewann keiner. Nur Schlusslicht Bochum zündete gegen Cottbus mit dem ersten Sieg im Jahr 2001 für sich ein Hoffnungsflämmchen.

Bayerns verdorbene Generalprobe: »Vogelwilde« Münchner

Franz Beckenbauer stand der Ärger im Gesicht: »Das waren zwei vogelwilde Mannschaften. Die gehören sonst wohin, aber nicht auf den Fußballplatz.« Auf bayerisch heißt »vogelwild« so viel wie »von allen guten Geistern verlassen«. Was für Meister Bayern beim 2:3 gegen Bremen vielleicht zutraf, für Werder keineswegs. Werder-Veteran Dieter Eilts höhnte deswegen: »Natürlich sind wir alle sehr dankbar, dass uns der Herr Beckenbauer die Ehre zuteil werden lässt, uns beim Fußball zuzuschauen.« Die achte Saisonniederlage des FC Bayern, der mit nur fünf im Jahr davor Meister geworden war, durfte jedoch nicht als glückliche Vorbereitung auf das Champions-Duell mit Manchester United gelten. Deshalb sprach Trainer Ottmar Hitzfeld auch von »einigen Blackouts«, die auszuschalten seien, und dachte vor allem an Sammy Kuffour, der an allen drei Gegentoren beteiligt war. Kapitän Stefan Effenberg, einer der Schwächsten, aber sprach ablenkend von »einer verrückten Saison« und einer »heißen Kiste« in England. Dennoch habe er »Manchester nicht im Kopf gehabt«. Um so unverständlicher. Und so muss Trainer Hitzfeld ziemlich ohnmächtig dem halbherzigen Treiben zusehen, das sein Team vor »Highlights« zu zeigen pflegt. »Die Verletzungen aus diesem Spiel machen mir noch die geringsten Sorgen«, gab Sportchef Kalle Rummenigge bekannt. Für Werder aber gab es viele positive Erkenntnisse. »In so einer Partie muss man Mut zeigen«, sah Frank Verlaat als Schlüssel zum Erfolg. Neben dem überragenden zweifachen Torschützen Pizarro (auf dem Papier einziger Stürmer) hatten auch noch Herzog, Baumann, Bode, Stalteri und Banovic kräftig Dampf gemacht. Dieser Sieg ließ Werder wieder mit dem UEFA Cup liebäugeln. Nur so wäre wohl der umworbene Peruaner Pizarro in Bremen noch zu halten.

27.

Wann soll Anpfiff sein? Des Fußball-Volkes Stimme verschafft sich Gehör

ERGEBNISSE

Freitag, 30.03.01	VfL Wolfsburg – FC Hansa Rostock	2:1	(1:0)
Samstag, 31.03.01	FC Bayern München – SV Werder Bremen	2:3	(0:1)
	Hamburger SV – SpVgg Unterhaching	1:1	(0:0)
	SC Freiburg – Eintracht Frankfurt	5:2	(2:0)
	Hertha BSC – TSV München 1860	3:0	(1:0)
	VfB Stuttgart – 1. FC Köln	0:3	(0:2)
	Bayer 04 Leverkusen – FC Schalke 04	0:3	(0:1)
Sonntag, 01.04.01	1. FC Kaiserslautern – Borussia Dortmund	1:4	(0:1)
	VfL Bochum – Energie Cottbus	1:0	(0:0)

Alle Daten zum Spieltag auf Seite 225

FAKTEN

- Zuschauer: Nur 262 878 trotz schönstem Frühlingswetter
- Ausverkauft: Freiburgs Stadion zum 10., die Bay-Arena zum 8. Mal
- Tore: 32 – der beste Wert in diesem Jahr
- Spitze: Barbarez (18) vor Elber, Preetz, Sand (je 15)
- Doppelpack: Michael Preetz (Hertha) gelang das fünfte Doppelpack.
- Elfmeter: 1 – Pizarro verwandelte ihn für Werder Bremen.
- Karten: Erstmals in dieser Saison keine Feldverweise

TABELLE

Rang	Verein	Sp.	g.	u.	v.	Tore	Diff.	Pkt.	
1	FC Bayern München	27	15	4	8	53 : 31	22	49	→
2	Borussia Dortmund	27	14	6	7	48 : 35	13	48	↗
3	FC Schalke 04	27	13	7	7	46 : 26	20	46	↗
4	Bayer 04 Leverkusen	27	14	4	9	46 : 33	13	46	↘
5	Hertha BSC	27	15	1	11	50 : 44	6	46	↗
6	1. FC Kaiserslautern	27	14	4	9	40 : 37	3	46	↘
7	1. FC Köln	27	11	7	9	47 : 39	8	40	→
8	SV Werder Bremen	27	11	7	9	39 : 40	-1	40	→
9	VfL Wolfsburg	27	10	9	8	51 : 35	16	39	→
10	SC Freiburg	27	10	9	8	38 : 31	7	39	→
11	FC Hansa Rostock	27	10	4	13	28 : 39	-11	34	↗
12	TSV München 1860	27	9	7	11	33 : 45	-12	34	↘
13	Hamburger SV	27	9	6	12	50 : 49	1	33	→
14	Energie Cottbus	27	9	2	16	32 : 44	-12	29	→
15	Eintracht Frankfurt	27	8	5	14	33 : 52	-19	29	→
16	SpVgg Unterhaching	27	7	8	12	26 : 45	-19	29	→
17	VfB Stuttgart	27	6	9	12	35 : 43	-8	27	→
18	VfL Bochum	27	6	5	16	23 : 50	-27	23	→

27.

Bochumer Negativserie beendet: Sieg nach drei Monaten nährt neue Hoffnung

Thomas Reis hat die Negativserie der Bochumer beendet. Mit dem 1:0 gegen Energie Cottbus durch einen herrlichen Volley-Treffer des VfL-Libero endete eine über dreimonatige Sieglosigkeit, in der die Bochumer schon so ziemlich alle Rettungsträume über Bord geworfen hatten. Der VfL hatte deshalb auch schon Ex-Nationalspieler Bernard Dietz, Amateurtrainer und Retter in der verflossenen Saison, mit dem Neuaufbau ab Sommer 2001 beauftragt – Blickrichtung Wiederaufstieg.

Nun aber keimte erneut Hoffnung. Wie zuversichtlich aber hatte Bochum die erste Halbserie beendet: Am 12. Dezember 2000 konnte man sich mit einem 3:2 gegen Bayer Leverkusen auf Rang 15 setzen. Stuttgart, Haching und Cottbus blieben auf den Abstiegsplätzen zurück. Von der Talfahrt im Jahr 2001 ahnte keiner was. Auf Rang 18 wurde Trainer Zumdick dann gegen Rolf Schafstall ausgetauscht. Die Sieglosigkeit blieb. Also wurde Dietz als neuer »Chef« vorgestellt. Und ihm möchten sich offenbar viele Wackelkandidaten empfehlen. Schafstall tauschte zudem sechs Stammkräfte aus. Und dieser »neue« VfL imponierte mit einer engagierten Partie. Cottbus, vom 3:0 gegen Hertha recht zuversichtlich, war darüber sichtlich schockiert. »Für einen Sieg muss man mehr laufen und kämpfen«, monierte hinterher Kapitän Vasile Miriuta. »So werden wir unseren ›Fluch‹ nie los.« Und der besagt: Cottbus kann nie zweimal hintereinander gewinnen. Mit Bochum als Gegner war der zweite Auswärtssieg etwas vorschnell einkalkuliert worden.

Feiertag in Bochum. Oben: Mit Rouven Schröder im Rücken bejubelt Thomas Reis seinen Siegestrefffer. Unten: Verbissener Zweikampf oder Antritt zur Kür? Die besondere Einlage für die Tribünengäste durch Paul Freier, am Boden, und den Cottbuser Tzanko Tzvetanov

28. Spieltag
6.–8. April

TORSCHÜTZE DES TAGES

YILDIRAY BASTÜRK (Foto) war der überragende Akteur beim überraschenden 4:2-Sieg des VfL Bochum bei 1860 München. Der 22-jährige VfL-Kapitän bewies jedermann, dass sich Bochum noch lange nicht aufgegeben hat. Fast im Alleingang erlegte »Illi« mit seinem zweiten Saison-Doppelpack Lorants lahme Löwen, erst als gefeierter Torschütze, dann als Vorbereiter der anderen Tore. Besonders sehenswert war sein 20m-Hammer zum 1:0. Kein Wunder, dass Topvereine wie Leverkusen und der HSV ihn gerne hätten. Doch nur im Abstiegsfall wäre er für eine Ablöse von fünf Millionen Mark zu haben. Auch in die türkische Nationalelf wurde er schon berufen. Bastürk kam 1997 aus Wattenscheid zum VfL. Aber an Bastürks Stammverein Sportfreunde Wanne-Eickel gehen die Torprämie von 1000 Mark und ein Satz Trikots, gestiftet von Continentale und *Sport-Bild*.

Der Tag im Überblick

Ein Spiel von »Dumm gegen Doof« nannte Dortmunds Torwart Jens Lehmann das Getrete und Gewürge im »Spitzenspiel« Borussia – Bayern. »Dumm war es von den Bayern, sich zweimal runterschmeißen zu lassen, doof von uns, gegen neun Spieler nicht zu gewinnen«, lästerte er nach dem 1:1. Weil Schiedsrichter Strampe seine Linie durchhielt, traten und zerrten sich Borussen und Bayern zum neuen Liga-Rekord: Noch nie gab es drei Platzverweise (1:2) und zehn Gelbe Karten (2:8) in einer Partie. Fast alles war vertretbar. Doch für Bayern-Manager Uli Hoeneß hatte Strampe »über 50 Fehler gemacht. So was habe ich noch nie erlebt.« Auch der Dortmunder Skandal war es, der Schalke zum 5:1 gegen die Lauterer und zum Sprung auf Platz 2 anspornte. Und das nach 297 Minuten ohne Heimtor! Lauterns Krise (drei Pleiten mit 3:14 Toren) wurde unübersehbar. Titelkandidat Bayer 04 verdarb Eintracht-»Retter« Friedel Rausch mit 3:1 total die Premiere und das zu zehnt nach Kovacs Rauswurf. Auch Cottbus erlebte ein Liga-Novum: Energie setzte nur Ausländer ein, insgesamt 13. Mehr als einen Punkt gegen Wolfsburg brachten auch sie nicht zustande. Energies erstes Remis in Cottbus. Die Hektik in der Abstiegsregion aber wurde noch geschürt, als ausgerechnet nur Schlusslicht Bochum bei 1860 München wie schon beim 5:0 im Pokal in verblüffend selbstbewusstem Stil gewann. Die einst »Unabsteigbaren« haben sich noch längst nicht aufgegeben.

ERGEBNISSE

Freitag, 06.04.01	Energie Cottbus – VfL Wolfsburg	0:0
Samstag, 07.04.01	TSV München 1860 – VfL Bochum	2:4 (0:1)
	SV Werder Bremen – Hertha BSC	3:1 (1:0)
	SC Freiburg – Hamburger SV	0:0
	1. FC Köln – SpVgg Unterhaching	1:1 (1:0)
	Eintracht Frankfurt – Bayer 04 Leverkusen	1:3 (0:1)
	Borussia Dortmund – FC Bayern München	1:1 (0:1)
Sonntag, 08.04.01	FC Hansa Rostock – VfB Stuttgart	1:1 (0:0)
	FC Schalke 04 – 1. FC Kaiserslautern	5:1 (2:0)

Alle Daten zum Spieltag auf Seite 225

FAKTEN

- Zuschauer: 294 268 – also 32 696 im Durchschnitt
- Tore: 26 – nur 2,89 pro Spiel (zwei 0:0-Spiele)
- Spitze: Barbarez (18/HSV) vor Sand (Schalke/17)
- Elfmeter: 2, Balakov (VfB) und Rydlewicz (Hansa) trafen.
- Feldverweis: Effenberg, Evanilson (Rot), Lizarazu, R. Kovac (Gelb-Rot)
- Jubiläum: Effenberg sah die 750. Rote der Ligageschichte.
- Premiere: Cottbus setzte als Erster nur Ausländer ein.

TABELLE

Rang	Verein	Sp.	g.	u.	v.	Tore	Diff.	Pkt.	
1	FC Bayern München	28	15	5	8	54 : 32	22	50	→
2	FC Schalke 04	28	14	7	7	51 : 27	24	49	↗
3	Bayer 04 Leverkusen	28	15	4	9	49 : 34	15	49	↗
4	Borussia Dortmund	28	14	7	7	49 : 36	13	49	↘
5	Hertha BSC	28	15	1	12	51 : 47	4	46	→
6	1. FC Kaiserslautern	28	14	4	10	41 : 42	-1	46	→
7	SV Werder Bremen	28	12	7	9	42 : 41	1	43	↗
8	1. FC Köln	28	11	8	9	48 : 40	8	41	↘
9	VfL Wolfsburg	28	10	10	8	51 : 35	16	40	→
10	SC Freiburg	28	10	10	8	38 : 31	7	40	→
11	FC Hansa Rostock	28	10	5	13	29 : 40	-11	35	→
12	Hamburger SV	28	9	7	12	50 : 49	1	34	↗
13	TSV München 1860	28	9	7	12	35 : 49	-14	34	↘
14	Energie Cottbus	28	9	3	16	32 : 44	-12	30	→
15	SpVgg Unterhaching	28	7	9	12	27 : 46	-19	30	↗
16	Eintracht Frankfurt	28	8	5	15	34 : 55	-21	29	↘
17	VfB Stuttgart	28	6	10	12	36 : 44	-8	28	→
18	VfL Bochum	28	7	5	16	27 : 52	-25	26	→

Linke Seite: Lauterer Vratislav Lokvenc (l.) zumindest im Kopfballduell auf der Höhe mit Marco van Hoogdalem. Ebbe Sand köpft zum 3:1 ein. Der zweifache Torschütze überragt Harry Koch (l.) und Jeff Strasser und lässt auch Torhüter Georg Koch keine Chance. Schalke bewahrt sich alle Möglichkeiten im Kampf um den Meistertitel

Schalkes Revanche an Lautern: Eine Schwalbe macht mobil

Marian Hristov, der Bulgare aus Lautern, war in Schalke beim 1:5 einer der Wirkungslosesten. Zu sehr hatten sich die Königsblauen auf ihn konzentriert. Auf Schalke hatte man nicht vergessen, wie er sich in Lautern beim Hinspiel hatte fallen lassen. Vergebens hatte Verteidiger Waldoch beteuert: »Ich habe ihn nicht mal berührt …« Schiedsrichter Steinborn hatte damals Elfmeter gegeben und die Schalker ihre 2:0-Führung noch mit 2:3 verloren. »In dieser Saison haben uns solche falschen Pfiffe mindestens sieben Punkte gekostet«, rechnete Jörg Böhme vor. »Das in Lautern war damals sehr ärgerlich«, schaute Trainer Huub Stevens zurück. »Da kommen ungute Gefühle hoch. Aber wir sprechen nicht von Revanche oder Rache.« Dennoch empfanden das die Schalker Fans so, zumal es gegen einen unmittelbaren Europacup-Rivalen ging. Und Thomas Waldoch, der Unglücksrabe von damals, legte selbst den Grundstein, als ihm schon in der dritten und neunten Minute die Kopfballtreffer zum 2:0 gelangen. Es waren die Saisontore vier und fünf des Abwehrchefs »und natürlich eine echte Genugtuung«, wie der polnische Nationalverteidiger zugab. War das 3:0 in Leverkusen am Spieltag zuvor nach vier Spielen ohne Tor und fünf ohne Sieg schon der ersehnte Befreiungsschlag gewesen, so nutzten nun die Schalker die Gunst der Stunde, um sich wieder an die Fersen der Bayern zu heften. Und auch der lange erfolglose Däne Ebbe Sand steuerte noch ein Tor-Doppelpack hinzu, das ihn wieder zum Anwärter auf die Torjägerspitze machte. Für die Lauterer aber war es nach dem 1:5 im UEFA Cup bei CD Alaves eine weitere heftige Schlappe. »Ich habe keinen Bock auf solche Spiele«, nahm es Libero Mario Basler sarkastisch. »Es muss was passieren. Zum Glück können wir nicht mehr absteigen.«

Ausgleichende Gerechtigkeit: Wacks Elfmeter-Geschenke

Am 13. Mai 2000 hatten die Schwaben ihren letzten Auswärtssieg gefeiert. Es war also in der vorigen Saison. Das gelang mit 4:1 in Rostock. Deswegen hoffte man auf eine Trendwende beim nächsten Besuch an der Küste. Zumal ein Sieg den Sprung aus dem Abstiegskeller bedeuten könnte. Aber diese Hoffnungen starben in der 88. Minute, als Rydlewicz (»zu irgendwas musste ich ja heute nütze sein«) mit Elfmeter noch den Ausgleich für Hansa schaffte. Damit hatte sich Schiedsrichter Franz-Xaver Wack endgültig dem Niveau zweier schwacher Teams angeglichen. Als der Stuttgarter Verteidiger Soldo im Zweikampf mit Fuchs zu Boden ging, glaubte er ein Handspiel des Schwaben gesehen zu haben. Was VfB-Trainer Magath mit einem lakonischen »Jeder-Schiedsrichter-macht-es-grad-wie-er-will« registrierte. Denn seinem Team war zuvor das 1:0 auch durch einen höchst fragwürdigen Strafstoß geschenkt worden. In einem Zweikampf hatte der Stuttgarter Thiam den Rostocker Oswald gefoult, wie es auch der Schiedsrichter-Assistent anzeigte. Doch Wack meinte, es anders herum gesehen zu haben. Und so wunderte sich nicht nur Kai Oswald: »Erst haut mir Thiam die Beine weg, und als ich mich wieder aufrapple, liegt der Ball auf dem Elfmeterpunkt.« Was Balakov routiniert zu nutzen wusste. Gruß- und wortlos verließ Franz-Xaver Wack die Arena, um andertags zuzugeben: »Ich hatte wohl nicht meinen besten Tag …«

MARCEL REIF: DAS GROSSE KARTENSPIEL BIS ZULETZT?

Die Spanier und Engländer machen die europäischen Titel unter sich aus, und wir hauen uns auf die Socken. Soll das schöner Fußball sein? Erbarmen! Die Bayern hätten in Dortmund gute Chancen gehabt, das Spiel zu gewinnen, wenn sie weiter Fußball gespielt hätten. Völlig albern zu behaupten, international werde so eine Hackerei nicht gepfiffen. Ich habe in den letzten Wochen etliche Spiele im Ausland gesehen und schwöre: Es hätte international die gleichen Sanktionen gegeben. In Manchester hat Bayern ehrlich, mit offenem Visier gespielt. In Dortmund spielten beide mit offenem Visier, aber mit geschlossenen Augen – blindwütig.
Die Entscheidungen von Schiedsrichter Strampe waren an sich richtig. Seiner Art aber fehlte die Souveränität. Gut möglich, dass das große Kartenspiel weiter geht bis zuletzt. Am Ende gewinnt dann das Team mit den besten Jokern. Und Bayern hat nun mal die beste Bank. Jener Rosicky-Freistoß, der vom Innenpfosten Kahn in die Arme sprang, war auch ein Zeichen von oben: Die Fußball-Götter sind sicher keine Bayern-Hasser.

Versöhnlich: Sammer (l.) und Hitzfeld

29. Spieltag
14.–16. April

TORSCHÜTZE DES TAGES

EBBE SAND (Foto) bleibt Schalkes Torminator. Mit seinen Saisontoren 18, 19 und 20 schoss der 28-jährige Däne die Königsblauen in München an die Tabellenspitze. Nun darf Schalkes riesiger Freundeskreis von der Meisterschale träumen. Für drei Tore brauchte er nur vier Torschüsse! Zusammen mit Emile Mpenza, der als Vorbereiter groß auftrumpfte, spielte der torhungrige Däne die Defensivabteilung des Rekordmeisters schwindlig. Es war bereits sein dritter Saison-Dreierpack und die elfte Coproduktion des erfolgreichen Duos. Doch obwohl Top-Klubs wie Arsenal und Juventus Turin Schalkes Torgarant jagen, bleibt Manager Assauer gelassen. Sand hat erst vor wenigen Monaten seinen Kontrakt auf Schalke bis 2005 verlängert. Bei Hadsund BK hat er das Fußballspielen gelernt, und dorthin gehen 1500 Mark Torprämie und ein Satz Trikots von *Sport-Bild* und Continentale.

Der Tag im Überblick

Über ihren orakelnden Manager Rudi Assauer (»Bayern wird Meister, wir Zweiter bis Vierter«) schmunzeln nun sogar Schalkes Spieler, wie Ebbe Sand: »An der Spitze kann man an den Titel denken.« Die drei Tore des Dänen sorgten für Bayerns wohl folgenschwerste Saisonniederlage. 18 Jahre lag Schalkes letzter Sieg bei den Bayern zurück. Alle in Königsblau schwammen in Seligkeit. Das Händeschütteln zweier keineswegs befreundeter Manager begleitete Uli Hoeneß mit einem »Das war wirklich meisterlich, und das meine ich ehrlich«. Ungewöhnlich für Hoeneß. Sein Antipode Reiner Calmund dagegen sah in Leverkusen »einen schleichenden Bazillus, und der heißt Egoismus. Wir sind auf dem Platz kein Team mehr.« Das Gegenteil hieß Freiburg und gewann mit 3:1. Schalkes Erzrivale Dortmund verpasste in Berlin die Chance zur 52-Punkte-Doppelspitze, weil die energischen Herthaner ihm den Schneid abkauften. »Dazu fehlen mir die Worte«, musste Trainer Sammer gestehen. Und weil die Lauterer gegen Frankfurt ihren 500. Liga-Sieg feierten, blieb es beim Sechserpack mit Titelchancen. Aufatmen in der Abstiegszone war nur in Stuttgart und bei den Münchner Löwen zu erleben. Mit dem ersten Sieg gegen einen Aufsteiger (Cottbus) kletterte der VfB aus dem Keller. Und 1860 entfernte sich in Wolfsburg wieder von ihm, weil Bierofkas weite Flanke fast von der Seitenlinie hinter Reitmaier ins Tor fiel. Manches ist wie im Lotto.

Brennende Frage in Leverkusen: Spielen einige gegen Berti?

Das aufsehenerregende 1:3 gegen Freiburg war das 17. Ligaspiel von Bayer 04 unter Berti Vogts. Zeit für eine irgendwie verblüffende Kurzbilanz. Vogts übernahm die Truppe auf Platz 3 mit zwei Punkten Abstand zum damaligen Tabellenführer Hertha. Jetzt ist der Verein immer noch Dritter mit drei Zählern hinter Schalke, obwohl Berti von diesen 17 acht verlor und neun gewann. Auch ein Beweis für die Turbulenzen im Vorderfeld. Also eine durchwachsene Serie – weil einige Profis gegen Berti spielen? »Da war diesmal kein Leben drin«, kritisierte sogar Kaptitän Jens Nowotny. Erkenntnis: Sie spielen auch nicht für Berti. Denn zu viele Spieler sind nicht bei der Sache. Beispiel: Michael Ballack meckert, dass er nicht auf der Idealposition hinter den Spitzen spielt, und denkt häufig an Vereinswechsel. So auch Zé Roberto, der am Saisonende gehen möchte. Von den Torhütern ist Zuberbühler schon aussortiert, und Frank Juric wie Adam Matysek schieben Frust, weil sie nächste Saison dem Hamburger Jörg Butt weichen müssen. Robert Kovac spekuliert darauf, dass er schon nach dieser Saison zu den Bayern darf. Paulo Rink, heftig kritisiert, weiß nicht, ob er bleiben darf.

Tipp an Vogts: keine Rücksicht mehr auf Null-Bock-Stars nehmen. Nur noch Spieler aufstellen, die heiß sind. Der Trainer empfahl einigen, »sich kritisch zu hinterfragen«. Vor allem Ballack könne »mehr leisten. Ich war sehr unzufrieden mit ihm und habe ihn ausgewechselt.« Manager Calmund meint, »ausnahmslos Egoismus« zu sehen. Für Kapitän Nowotny sah das schon mal anders aus. »Gegen Freiburg konnte dieser Eindruck entstehen. Zuvor in Frankfurt hat sich jeder voll reingehängt, und wir haben sogar in Unterzahl gewonnen.« Im Trainingslager vor dem Hamburg-Trip wollte man sich die Meinung sagen.

29.

Freiburger Stärken: hinten sicher – mit Golz, vorne schnell – mit Kehl

ERGEBNISSE

Donnerstag, 12.04.01	VfB Stuttgart – Energie Cottbus	1:0 (0:0)
Samstag, 14.04.01	VfL Bochum – SV Werder Bremen	1:2 (0:1)
	Bayer 04 Leverkusen – SC Freiburg	1:3 (0:1)
	1. FC Kaiserslautern – Eintracht Frankfurt	4:2 (1:2)
	FC Bayern München – FC Schalke 04	1:3 (1:1)
	VfL Wolfsburg – TSV München 1860	0:1 (0:1)
	Hertha BSC – Borussia Dortmund	1:0 (0:0)
Sonntag, 15.04.01	SpVgg Unterhaching – FC Hansa Rostock	1:1 (0:0)
	Hamburger SV – 1. FC Köln	1:1 (0:1)

Alle Daten zum Spieltag auf Seite 226

FAKTEN

- Zuschauer: 313 071 – das ist die Bestmarke in diesem Jahr.
- Tore: 24 – pro Spiel im Schnitt also 3,0
- Spitze: Sand (Schalke/20) überholt Barbarez (HSV/19).
- Elfmeter: 4! Tore: Basler, Balakov. Gestoppt: Butt, Barbarez (HSV)
- Karten: Rot: Baranek (Köln), Gelb-Rot: Dardai (Hertha)
- Wartesaal: Immer noch ist der VfB Stuttgart ohne Auswärtssieg.
- Serie: Vier Remis hintereinander buchte Haching (0:0, drei 1:1)

TABELLE

Rang	Verein	Sp.	g.	u.	v.	Tore	Diff.	Pkt.	
1	FC Schalke 04	29	15	7	7	54 : 28	26	52	↗
2	FC Bayern München	29	15	5	9	55 : 35	20	50	↘
3	Bayer 04 Leverkusen	29	15	4	10	50 : 37	13	49	→
4	Borussia Dortmund	29	14	7	8	49 : 37	12	49	→
5	Hertha BSC Berlin	29	16	1	12	52 : 47	5	49	→
6	1. FC Kaiserslautern	29	15	4	10	45 : 44	1	49	→
7	SV Werder Bremen	29	13	7	9	44 : 42	2	46	→
8	SC Freiburg	29	11	10	8	41 : 32	9	43	↗
9	1. FC Köln	29	11	9	9	49 : 41	8	42	↘
10	VfL Wolfsburg	29	10	10	9	51 : 36	15	40	↘
11	TSV München 1860	29	10	7	12	36 : 49	-13	37	↗
12	FC Hansa Rostock	29	10	6	13	30 : 41	-11	36	↘
13	Hamburger SV	29	9	8	12	51 : 50	1	35	↘
14	VfB Stuttgart	29	7	10	12	37 : 44	-7	31	↗
15	SpVgg Unterhaching	29	7	10	12	28 : 47	-19	31	→
16	Energie Cottbus	29	9	3	17	32 : 45	-13	30	↘
17	Eintracht Frankfurt	29	8	5	16	36 : 59	-23	29	↘
18	VfL Bochum	29	7	5	17	28 : 54	-26	26	→

29.

Das Dortmunder Problem: Gegen »Große« keine Siege

Matthias Sammer, 33-jähriger Borussen-Trainer, flüchtete nach dem 0:1 bei Hertha in Galgenhumor. »Diese Woche ist man der Depp, nächste Woche wird man gefeiert.« Doch der letzte Sieg liegt drei Wochen zurück. »Wir haben nichts an der Tabellenspitze verloren«, mault Bobic. Borussia vergeigt regelmäßig Endspiele, an Ostern das 0:1 in Berlin, davor mit 1:1 gegen nur neun Bayern. Gegen Leverkusen fing man das 1:3 ein, gegen Schalke die Klatschen mit 0:4 und 1:2. »Ich muss jetzt erst mal nachdenken«, flüsterte der Trainer, offenbar über Vorwürfe wie: Er rede die Spieler schwach, könne schlecht motivieren. Oder: Er habe keine Hierarchie aufgebaut, fördere keine Führungsspieler. Oder: Er grüble zu viel, versuche immer das taktische Überding. Die meisten Spieler halten sich (noch) zurück. Christian Wörns sagt: »Wir setzen einfach nicht um, was der Trainer fordert.« Jens Lehmann klagt allerdings: »Uns fehlen Kerle, die dazwischen hauen.« Die müsste Sammer formen, um große Spiele zu gewinnen.
Bei Hertha sorgte Marco Rehmer, über dem nach Patzer in Bremen sogar eine 5000-Mark-Buße in die Mannschaftskasse schwebte, für das »goldene« Tor. »Die Mannschaft sollte darüber intern entscheiden«, stellte Trainer Röber richtig. »Ich habe drei Tage dafür den Kopf hingehalten und dann Marco zum Kapitän gemacht. Mit Erfolg …« Und Rehmer: »In der Binde liegt eben magische Kraft.« Was der kranke Preetz oft bewiesen hat.

Oben: Bobic ausgebremst vom Herthaner van Burik. Unten: Moment der Entscheidung – Rehmer trifft

MARCEL REIF: SCHALKE HAT KAPIERT, WAS WICHTIG IST

Huub Stevens guckt immer noch so, als stünde Schalke kurz vor dem Abstieg. Und Assauer geht mit seinem Abwiegeln längst allen auf den Keks. Nur gut, dass die Spieler den Gehorsam verweigern. Wenn Schalke jetzt nicht abhebt, dann wird dieser Klub Meister. 3:0 in Leverkusen, 5:1 gegen Lautern, 3:1 bei den Bayern – ein massiver Lauf.
Aber warum plötzlich Schalke? Wo's doch geradezu Harakiri zu sein schien, vor der Saison Andy Möller zu holen und noch an Huub Stevens festzuhalten. Die Zutaten stimmen. Mpenza und Sand haben nach 400-minütiger Trefferflaute wieder gemeinsam Spaß, den Ball ins Tor zu tragen. Möller arbeitet hervorragend nach vorne, ist sich aber auch nicht zu schade, hinten abzuräumen. Alle drei sind eine Augenweide. Und Schalkes Manko ist derzeit auch ohne Auswirkung. Es hat nur eine erste Elf oder Zwölf. Ausfälle sind kaum zu verkraften.
Das Wichtigste aber: Schalke hat als einziges Team kapiert, dass derjenige das Rennen macht, der sich konzentriert und eine Serie hinlegt. Wäre es eine normale Saison, hätte ein Team aus der Spitze jetzt bereits 20 Punkte Vorsprung – bei diesem Auf und Ab der Verfolger. Es ist aber eine Saison von unterirdischer Qualität. Deshalb wird derjenige Meister, der seine »Endspiele« am Stück gewinnt. Für Schalke war das Spiel in München jedenfalls ein großes »Endspiel«.
Trotz des 1:3 gegen Schalke werden die Bayern gegen ManU weiterkommen. Aus allen Rohren feuern sie schließlich nur auf ihr Hauptziel. Dass aber Kraft und Nerven nicht für beides, den Meistertitel und die Champions League, reichen, beweist auch, dass die Münchner in diesem Jahr nicht die ganz große Mannschaft haben.

30. Spieltag
20.–22. April

TORSCHÜTZE DES TAGES

GIUSEPPE »BILLY« REINA (Foto) hat beim Torfestival in Dortmund kräftig mitgemischt. Beim 5:0 gegen Bochum ballerte der 29-Jährige mit zwei Toren den BvB auf Rang 3. Es war das erste Doppelpack seiner Profikarriere. Für ihn war sogar noch mehr drin, als er mehrmals durch die löchrige VfL-Abwehr wieselte. Höhepunkt der Reina-Gala war das 4:0 vor 65 000 Begeisterten nach glänzender Vorarbeit von Lars Ricken. Es war zugleich das 2000. Tor der Dortmunder in der Bundesliga. »Das war ein Riesenschritt in Richtung Meisterschaft«, sagte Reina hinterher selbstbewusst. Auch ganz Dortmund glaubt an den sechsten Titel, der für den ehemaligen Bielefelder der erste wäre. Beim Ruhrpott-Klub Rot-Weiß Unna, seinem Stammverein, wurden Billys Tore auch gefeiert. Die Jugend erhält nun 1000 Mark und einen Satz Trikots von *Sport-Bild* und Continentale.

Der Tag im Überblick

Bei Halbzeit war die couragierte Hertha noch ein Titelkandidat. Denn ein Deisler-Tor hatte die Schalker verunsichert. Mit Böhmes Freistoßhammer zum 1:1 verflogen alle Nervosität und durch den 3:1-Erfolg auch alle Hoffnungen der fernen Bayern, an die Ligaspitze zurückzukehren. Beim Blick auf beider Restprogramme ist sich die Liga einig: Schalke steht vor dem Titelgewinn. Nach 43 Jahren wieder! Auch Leverkusen hat seine Meisterträume beerdigt. Seit Ende Februar gab es in fünf Heimspielen nur einen Sieg, dafür drei Pleiten und nun wieder nur das Remis gegen den HSV. Der von den Fans attackierte Berti Vogts hatte dem Team zuvor die Vertrauensfrage gestellt. Die Profis schonten ihn, doch spätestens zum Saisonende werden die Bayer-Bosse Bertis Abgang folgen lassen. Rudi Völler wurde ihm zur Seite gestellt. Als dritter aus dem Spitzensextett erlebte Lautern sein 2:5-Waterloo. In sechs Liga- und EC-Spielen fing man 25 Tore. Eine Katastrophe! Für Freiburg ist der FCK, egal wo, stets ein Festbraten: der fünfte Sieg hintereinander! Im Tabellenkeller jubelte nur Cottbus. Mit dem ersten Treffer nach 346 Minuten stieß man die Hachinger wieder auf einen Abstiegsplatz. Von dem dürften sich die Rostocker endgültig verabschiedet haben. Kölns Trainer Lienen aber deklassierte Schiedsrichter Wolfgang Stark (31) als »viel zu unerfahren für die Liga«! Es war das 52. Erstligaspiel des Bayern...

Löwen-Sieg nach 31 Jahren: Lorant wollte weg von 1860

Aufatmen in München nach dem 2:1. Am 24. Januar 1970 hatte 1860 München seinen letzten Sieg an der Isar gegen den VfB Stuttgart feiern können. Das erste Tor beim 4:1 hatte damals der 20-jährige Klaus Fischer (danach elf Jahre in Schalke) erzielt. Da verteidigte Löwen-Trainer Werner Lorant (21) noch in Herne, und Felix Magath (16) stürmte in Aschaffenburg. Die Historie lässt grüßen. Sie sind sich als Trainer so ähnlich. Für »Beinhart« Lorant und »Quälix« Magath gelten noch die alten Werte wie Disziplin und Trainingsfleiß. Lorant wollte in der nächsten Saison nach Frankfurt wechseln. Er wird bleiben, weil Präsident Wildmoser ihm die Freigabe aus dem bis 2003 laufenden Vertrag verweigerte. Eine ziemlich verkorkste Saison hatte Lorants Lust auf Neues geweckt. Mit 1860 hatte er die Saison in der Champions League begonnen und im UEFA Cup fortgesetzt, war dann aber in Abstiegsnöte geraten. »Eine Scheißsaison. Dauernd hatten wir Verletzte. Die Furcht vor dem Abstieg ist mit dem Sieg gegen VfB verflogen, also setzen wir uns neue Ziele.« Lorant plant mit den »Löwen«. Magath aber hängt mit dem VfB über dem Abgrund. Die Chancenverwertung ist katastrophal. Wenn einer trifft, dann Balakov und auch nur durch Elfmeter. Seinen brasilianischen Torjäger Adhemar musste Magath nach Muskelfaserriss noch schonen. Ganea war die einzige Spitze in München. So schied der VfB mit einer Rarität: 15 Auswärtsspiele und kein Sieg. Nur fünf Punkte auf Reisen, so schlecht wie Cottbus.

Der Weg führt nach unten – für Balakov und den VfB (l.). Die Löwen können zufrieden sein. Beierle (oben, 2. v. r.) hat den Siegtreffer erzielt

ERGEBNISSE

Freitag, 20.04.01	Borussia Dortmund – VfL Bochum	5:0	(2:0)
Samstag, 21.04.01	Bayer 04 Leverkusen – Hamburger SV	1:1	(1:1)
	Energie Cottbus – SpVgg Unterhaching	1:0	(0:0)
	SV Werder Bremen – VfL Wolfsburg	2:3	(1:2)
	Eintracht Frankfurt – FC Bayern München	0:2	(0:1)
	FC Hansa Rostock – 1. FC Köln	2:1	(1:0)
	FC Schalke 04 – Hertha BSC	3:1	(0:1)
Sonntag, 22.04.01	TSV München 1860 – VfB Stuttgart	2:1	(1:1)
	SC Freiburg – 1. FC Kaiserslautern	5:2	(5:0)

Alle Daten zum Spieltag auf Seite 226

FAKTEN

- Zuschauer: 315 321 – das Beste in diesem Jahr
- Tore: 32 – der Bestwert aus der 27. Runde eingestellt
- Spitze: Pizarro (17) rückt Sand (20), Barbarez (19) näher.
- Elfmeter: 3 – Balakov, Stevic trafen, Alves von Reck gestoppt.
- Glanzstück: Ulf Kirsten erzielte sein 170. Ligator (8. Rang).
- Karten: Gelb-Rot an Heyduk (Leverkusen)
- Serie: Nur der VfB Stuttgart noch ohne Auswärtssieg

TABELLE

Rang	Verein	Sp.	g.	u.	v.	Tore	Diff.	Pkt.	
1	FC Schalke 04	30	16	7	7	57:29	28	55	→
2	FC Bayern München	30	16	5	9	57:35	22	53	→
3	Borussia Dortmund	30	15	7	8	54:37	17	52	↗
4	Bayer 04 Leverkusen	30	15	5	10	51:38	13	50	↘
5	Hertha BSC Berlin	30	16	1	13	53:50	3	49	→
6	1. FC Kaiserslautern	30	15	4	11	47:49	-2	49	→
7	SC Freiburg	30	12	10	8	46:34	12	46	↗
8	SV Werder Bremen	30	13	7	10	46:45	1	46	↘
9	VfL Wolfsburg	30	11	10	9	54:38	16	43	↗
10	1. FC Köln	30	11	9	10	50:43	7	42	↘
11	TSV München 1860	30	11	7	12	38:50	-12	40	→
12	FC Hansa Rostock	30	11	6	13	32:42	-10	39	→
13	Hamburger SV	30	9	9	12	52:51	1	36	→
14	Energie Cottbus	30	10	3	17	33:45	-12	33	↗
15	VfB Stuttgart	30	7	10	13	38:46	-8	31	↘
16	SpVgg Unterhaching	30	7	10	13	28:48	-20	31	↘
17	Eintracht Frankfurt	30	8	5	17	36:61	-25	29	→
18	VfL Bochum	30	7	5	18	28:59	-31	26	→

30.

Standortvorteil mit: Unterhaching ist eben München. Doch Lorenz Köstner holt sich auch Profis mit angeknackstem Image. Die kosten wenig, und vor allem tun sie alles, um ihren angekratzen Ruf wieder herzustellen. Strehmel, Oberleitner, Haber galten als gescheitert, bevor sie in Haching anheuerten. Für Geyer wie Köstner gilt: Das Kollektiv muss funktionieren. Köstner: »Einer muss für den anderen rennen und kämpfen.« Nur hat es diesmal bei Energie eine Spur besser funktioniert, womit dem Gast aus Unterhaching der bisherige Platz im Keller auf dem Heimweg erhalten blieb.

Thema des Tages in Cottbus: Der Kanzler reist als Fan an. Tor des Tages in Cottbus: Der Brasilianer Franklin wahrt sein Gesicht zwischen all den Hachinger Beinen und bewahrt Energie vor dem Stolpern im Abstiegskampf

Was Cottbus und Haching wünschen: Gute, aber billige Deutsche

Die Angst regierte bei Cottbus – Haching. »Keiner wollte einen Fehler machen. Da kommt dann auch nichts Gescheites zustande.« Energie-Trainer Eduard Geyer hatte es nicht anders erwartet. Auf ein Trainingslager hatte man verzichtet. Die Spieler sollten sich zu Hause »die Köpfe freischlafen«. Auch Haching hatte seine Chancen, aber der Brasilianer Franklin nutzte seine zum »goldenen« 1:0, und der mit Energie-Schal versehene Kanzler Gerhard Schröder auf der Tribüne hatte nicht falsch gewählt. Die Kontrahenten gehören zu den »Kleinen« der Liga, auch bei den Etats: Der von Cottbus beträgt 31 Millionen, der Unterhachinger 33 Millionen Mark. Dennoch prallten Welten aufeinander. Begann im Geyer-Team mit Helbig nur ein Deutscher, so kamen Hachings drei Ausländer erst nach der Pause. Dass Haching-Coach Köstner also mit elf Deutschen begann, ist in der Bundesliga sowieso einmalig. Das widerlegt natürlich Ede Geyer, der einst selbst forderte, »es dürfen höchstens fünf Ausländer in einer Mannschaft spielen«, und sich später korrigierte: »Es gibt einfach keine guten deutschen Spieler, die preiswert sind.« Nur bleibt die Frage: Gehen die auch nach Cottbus? Wenn Gehälter (und Chancen) gleich sind, wiegt der

MARCEL REIF: BERTI VOGTS HAT SICH ÜBERSCHÄTZT

Gerade weil ich Berti Vogts als sehr ernsthaften Arbeiter kennen gelernt habe, der viel Enthusiasmus und Herz für den Fußball zeigt, meine ich, Berti ist ein idealer Jugendtrainer. Das sage ich mit großem Respekt vor der Person und der Sache. In der Profiszene aber macht er Fehler. Als er den Spielern die Vertrauensfrage stellte (»Bin ich etwa euer Problem?«), hat er jede Macht aus der Hand gegeben. Schlimm genug, dass dies intern geschah. Noch schlimmer, dass es an die Öffentlichkeit kam. Die Spieler lachen sich vermutlich jetzt einen Ast. Er hat sein Ende vorweg genommen.

Plötzlich könnte es in der Mannschaft sogar zu einer Art Solidarität – vor allem mit Michael Ballack – kommen, obwohl es die vorher so gar nicht gab. Denn mit seinen Wechselgelüsten hat Ballack nicht zum inneren Frieden beigetragen. Nun aber entstehen Fraktionen: hier Vogts, dort Ballack und der Rest der Manschaft. In einem Team, das ohnehin kein Leben mehr hat, das Allerschlimmste. Dazu drei Trainer in einer Saison! Sollte ein Profi nach Alibis suchen, hat er dadurch einen ganzen Sack davon.

Noch etwas anderes macht dem Bundesligatrainer Berti Vogts das Leben viel schwerer, als er selbst für möglich gehalten hat. Es gibt bei Bayer auch immer noch Spieler, die zu Bertis Nationalelfzeiten nicht zu seinen Lieblingen gehörten. Vielleicht sind es gerade jene, die sich jetzt »vaterlos« fühlen. Daum war der Trainer-Superstar und damit auch die Vaterfigur. Diese Rolle ist eine Nummer zu groß für Vogts. Er hat sich offensichtlich auch überschätzt. In der Nationalmannschaft sah er die Spieler drei Tage, jetzt muss er gegen den täglichen Klüngel ankämpfen. Da ist der wie ein Derwisch an der Linie herumturnende Littbarski auch nicht hilfreich. Das ist deutlich: Die Kompetenzen sind nicht klar genug verteilt. Und da Vogts nie im Leben ein Rhetorik-Professor wird, ist er mal wieder aufs falsche Terrain geraten. Er sollte vorsichtiger sein.

31. Spieltag
27.–29. April

TORSCHÜTZE DES TAGES

ALEX ALVES (Foto) gelang gegen Frankfurt der erste Doppelpack in seinen zwei Jahren bei Hertha. Endlich! Denn für manchen galt er schon als Fehleinkauf, weil Hertha mit 15,2 Millionen Mark so viel wie noch für keinen ausgegeben hatte. Doch nach den mageren vier Treffern im Vorjahr sind es nun schon sieben, womit er hinter Preetz (16) die Saison-Nummer 2 ist. Damit hat sich der 26-jährige Brasilianer in die Herzen der Fans geschossen. Trainer Röber riskiert bei einer Auswechslung nun stets wütende Pfeifkonzerte und »Alex Alves!«-Chöre. Freundin Nadja Franca, ein Model, das kleine Töchterchen Allessandra samt Kindermädchen applaudierten stürmisch auf der Tribüne. Der genauso glückliche und erleichterte Manager Dieter Hoeneß hatte Alves vor dem Anpfiff mitgeteilt, dass Landsmann Marcellino (26) ab Sommer neben ihm stürmen wird. Vielleicht verlieh ihm das Flügel.

Wird Schalke nervös?

Schalke patzt, Dortmund stolpert, Bayern lacht sich scheckig. Zwei erquälte 1:1 der Ruhrpott-Giganten in Bochum und Wolfsburg sowie ein mühevolles 1:0 des Titelverteidigers Bayern dank Scholls Kunststoß gegen die kessen Freiburger haben dem fast schon entschiedenen Titelkampf die Devise zurückgegeben: Alles ist möglich! Ihr laut verkündetes Saisonziel, mit 56 Punkten einen Platz im UEFA Cup zu erreichen, wollte bei den Schalkern keine Freude aufkommen lassen. Viel mehr Trotz: »Wir können mit diesem Punkt leben und wären mit Platz 2 zufrieden – die Bayern aber nicht«, ließ Jörg Böhme hören. Doch auch die in den Querelen um Berti Vogts von Häme verfolgten Leverkusener beendeten ihren »Zerfall« mit einem 1:0 in Lautern. Rechtzeitig vor dem Bayern-Besuch – was in der Pfalz alle Alarmglocken in Gang setzte: fünf Auftritte mit vier Niederlagen! Auch Freiburg, Bremen und Köln schielen nach dem UEFA Cup. In Berlin war die Eintracht mit 0:3 noch gut bedient. Die zehnfache Sieglosigkeit mit fünf Niederlagen hintereinander gliedert sie zusammen mit Bochum schon fast aus der Liga aus. In Köln bekam Cottbus – zusammen mit dem VfB das schwächste Team auf Reisen – seine Grenzen schmerzhaft aufgezeigt. Was Haching, so mutig und offensiv wie nie, zu nutzen wusste, als die Löwen den ersten Punkt aus ihrem vierten Münchner Derby mitnehmen wollten. Es wurde wieder nichts. Auch das gab es noch nie.

Stuttgarts Torjammer beendet: Adhemars großes Comeback

Als Felix Magath noch Trainer in Bremen war und Werder vor dem Abstieg bewahren sollte, hatte der Brasilianer Ailton keine gute Zeit. Er war Magath zu dick und kein Kämpfer. Erst mit Magaths Abgang blühte Ailton auf. Nun wollte er es dem ungeliebten Trainer in Stuttgart mal zeigen. Aber das passte Werders Trainer Thomas Schaaf nicht in die Taktik. Er spielte nur mit einer Spitze, und die hieß Pizarro. Für Ailton schlug die Stunde erst beim 0:1 nach der Pause. Zu spät. Magath und Co. konnten ein 2:1 bejubeln, das dem VfB den Rückfall in den Keller ersparte. »Wir hätten von Anfang an mit zwei Spitzen spielen sollen«, ärgerte sich Ailton. »Der Trainer hat nicht mal mit mir gesprochen, warum ich draußen blieb.« Sein Landsmann Adhemar war da erfolgreicher, aber für den VfB. Er beendete mit seinem Doppelpack quälende 461 Minuten, in denen die Schwaben kein Feldtor erzielt hatten. Nur Balakov traf da per Elfmeter. Vier Wochen hatte er verletzt zuschauen müssen. Und daran war auch Magath nicht schuldlos. »Hör auf damit und mach weiter!« hatte ihn dieser angeraunzt, als sich Adhemar nach sechs Sprints im Training an den Oberschenkel gegriffen hatte und und aufhören wollte. Doch der nicht so lauffreudige Adhemar simulierte diesmal nicht, und so wurde daraus ein Muskelbündelfaserriss. Um so überzeugender war sein Comeback. Im achten Spiel für den VfB gelangen ihm die Saisontore sechs und sieben.

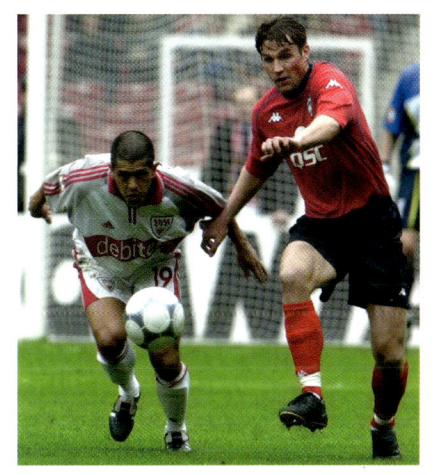

Wochenlang verletzt, jetzt mit großem Einsatz zurück: VfB-Brasilianer Adhemar

ERGEBNISSE

Freitag, 27.04.01	VfL Wolfsburg – Borussia Dortmund	1:1	(1:1)
Samstag, 28.04.01	VfB Stuttgart – SV Werder Bremen	2:1	(1:0)
	1. FC Köln – Energie Cottbus	4:0	(2:0)
	FC Bayern München – SC Freiburg	1:0	(0:0)
	Hertha BSC – Eintracht Frankfurt	3:0	(3:0)
	1. FC Kaiserslautern – Bayer 04 Leverkusen	0:1	(0:1)
	VfL Bochum – FC Schalke 04	1:1	(1:0)
Sonntag, 29.04.01	SpVgg Unterhaching – TSV München 1860	3:2	(2:1)
	Hamburger SV – FC Hansa Rostock	2:1	(0:1)

Alle Daten zum Spieltag auf Seite 227

FAKTEN

- Zuschauer: 325 368 – die zweitbeste Saisonkulisse
- Tore: 24 – das sind leider nur 2,67 pro Spiel.
- Spitze: Weiterhin Sand (20) vor Barbarez und Pizarro (je 19)
- Elfmeter: Lottner (Köln) verwandelte einen.
- Karten: Gelb-Rot: Agali (Rostock)
- Remis: Mit elf Remis ist Wolfsburg nun Spitze.
- Serie: Schalke bleibt im siebten Spiel ungeschlagen.

TABELLE

Rang	Verein	Sp.	g.	u.	v.	Tore	Diff.	Pkt.	
1	FC Schalke 04	31	16	8	7	58:30	28	56	→
2	FC Bayern München	31	17	5	9	58:35	23	56	→
3	Borussia Dortmund	31	15	8	8	55:38	17	53	→
4	Bayer 04 Leverkusen	31	16	5	10	52:38	14	53	→
5	Hertha BSC Berlin	31	17	1	13	56:50	6	52	→
6	1. FC Kaiserslautern	31	15	4	12	47:50	-3	49	→
7	SC Freiburg	31	12	10	9	46:35	11	46	→
8	SV Werder Bremen	31	13	7	11	47:47	0	46	→
9	1. FC Köln	31	12	9	10	54:43	11	45	↗
10	VfL Wolfsburg	31	11	11	9	55:39	16	44	↘
11	TSV München 1860	31	11	7	13	40:53	-13	40	→
12	Hamburger SV	31	10	9	12	54:52	2	39	↗
13	FC Hansa Rostock	31	11	6	14	33:44	-11	39	↘
14	VfB Stuttgart	31	8	10	13	40:47	-7	34	↗
15	SpVgg Unterhaching	31	8	10	13	31:50	-19	34	↗
16	Energie Cottbus	31	10	3	18	33:49	-16	33	↘
17	Eintracht Frankfurt	31	8	5	18	36:64	-28	29	→
18	VfL Bochum	31	7	6	18	29:60	-31	27	→

31.

Einen Punkt gerettet: Mpenza trifft gegen Rein van Duijnhoven zum 1:1

Das große Schalker Flattern beim Schlusslicht: Sehnsucht nach dem Elfer

Das heißeste Thema in Schalkes Kabine nach dem 1:1 in Bochum waren nicht die verlorenen Punkte, sondern verlorene Elfmeter. Denn, so schimpfte man, ginge es mit rechten Dingen zu, wäre Schalke bereits Deutscher Meister. »Schiedsrichter Berg hat sich nicht getraut, den entscheidenden Elfmeter zu pfeifen«, wie Asamoah motzte. Olaf Schreiber hatte den Schalker in der 88. Minute zu Boden gerissen. Zuvor, so rechneten die Schalker, hätte man sie gegen Lautern, HSV und Köln um klare Siege gebracht. Jörg Böhme: »Das hat uns mindestens fünf Punkte gekostet.« Für Kapitän Tomasz Waldoch war noch anderes beim 1:1 ausschlaggebend. »Das Ganze hat sich auch im Kopf abgespielt. Wir haben uns nicht ruhig genug angestellt.« Nach den imponierenden Siegen in Leverkusen, gegen Lautern, beim FC Bayern und gegen Hertha BSC Berlin bekam der Top-Favorit bei den entscheidenden Schritten zum Titel nach 43 Jahren doch das Nervenflattern. Bochum-Trainer Rolf Schafstall hatte mit Junioren-Auswahlspieler Paul Freier, dem sein erstes Tor gelang, und Yildiray Bastürk zwei hängende Spitzen aufgeboten. Der Rest verteidigte.

»Gegen diese Defensive haben wir keine Mittel gefunden«, bekannte Waldoch. Ein Fehler von Nemec assistierte bei Freiers Tor. »So was passiert Jiri einmal im Leben«, sagte Manager Assauer. »Das war insgesamt zu wenig von uns. Man muss ehrlich sagen, wir hätten in Bochum auch verlieren können.« Das verhinderte der kantige Verteidiger Tomasz Hajto mit Vorarbeit für Mpenzas Tor.

Bochumer Jubel schon in der 22. Minute, v.l.: Sergej Mandreko, Bastürk, Torschütze Paul Freier, Sören Colding

32. Spieltag
4.–6. Mai

TORSCHÜTZE DES TAGES

ROY PRÄGER (Foto) hat endlich die Zeit der Leiden hinter sich. Seit November letzten Jahres hatte der »blonde Blitz« nicht mehr für seinen Hamburger SV in der Bundesliga getroffen. Mit seinem Galaauftritt gegen den FCK sorgte der Publikumsliebling für gute Laune im Volksparkstadion. Als Hamburg nur noch zehn Mann auf dem Platz hatte (Barbarez war zu Unrecht rausgeflogen), köpfte Präger das 1:0. Endstand 1:1. Trainer Frank Pagelsdorf sagte später: »Ich habe mich über sein Tor riesig gefreut.« Klingt nach Happyend. Nach der Winterpause drückte der Flügelstürmer häufig die Bank. Dieses Tor jetzt kurz vor Saisonende war wie ein Befreiungsschlag für den 29-Jährigen. Über 1000 Mark sowie einen Satz Trikots von *Sport-Bild* und Continentale darf sich die Jugend der SG Kummersdorf/Fernneuendorf freuen.

Der Tag im Überblick

Alle Zurückhaltung ist über Bord: Nun reden Schalke wie Bayern vom Titel. Schützenkönig Ebbe Sand: »Jetzt merkt man erst, was hier möglich ist.« Beide Siege hingen an dünnen Fäden! Bertis Bayer-Buben, im vierten Heimspiel sieglos, bekamen von Oliver Kahn fast im Solo die Zähne gezogen. Ohne Narkose. Als Kirsten und Zé Roberto versagt hatten, war das paraguayische Goldköpfchen Santa Cruz (87. Minute) an richtiger Stelle. Auch Schalkes Traumduo Sand/Mpenza funktionierte. Aber in der Hektik nach Juskowiaks Anschlusstor (90.) wäre mit Marics Pfostentreffer (2:2) der Titel fast an München verschenkt worden. Zum wiederholten Mal weigerte sich die Hertha, Geschenke der Konkurrenz (Lautern 1:2 in Hamburg, Dortmund 0:0 gegen Stuttgart) anzunehmen und auf Rang 3 zu springen und assistierte mit tief schlafender Deckung in Freiburg beim 0:1. Im Keller hat sich Vorhersehbares ereignet: Bochum ist in den Zweite-Liga-Schacht eingefahren, zum vierten Mal in neun Jahren. Denn eine zehnmal sieglose Eintracht schenkte ihrem Trainer Friedel Rausch beim 3:0 die ersten Punkte. In Rostock fiel die mancherorts befürchtete »Aufbauhilfe Ost« aus. Torwart Piplica verschätzte sich erst beim Freistoß-Knaller von Rydlewicz und scheiterte dann mit einem Elfmeter an Pieckenhagen. Keiner wollte ran, er hat es wenigstens gewagt, nahm Trainer Geyer seinen Jubilar (100. Spiel für Cottbus!) in Schutz.

Auch Dortmund hat Sand – im Getriebe

Nur ein Sieg aus den letzten fünf Spielen: Für Borussia Dortmund ist die Phase, in der es um alles ging, leider vorbei. Die Chance auf den Titel wurde mit einem 0:0 gegen den VfB Stuttgart in Dortmund endgültig verspielt. Fast auf den Tag genau 35 Jahre nach dem ersten großen Triumph der Vereinsgeschichte, dem 2:1 im Glasgower Europacup-Finale am 5. Mai 1966 gegen Liverpool. Die Gratulation verunglückte also. Für Fredi Bobic war es ein »Rotz-Kick«. Die Borussen ließen vor allem im Angriff jegliche Kreativität vermissen. Bejubelte der Ruhr-Rivale in Schalke seinen Ebbe Sand, so hatte der BvB den nur im Getriebe. Trainer Matthias Sammer, innerlich gefrustet, nach außen jedoch gefasst: »Bei aller Enttäuschung dürfen wir nicht vergessen, dass wir letzte Saison fast abgestiegen wären. Wir stecken erst am Anfang einer Entwicklung. Dennoch dürfen wir uns nicht hängen lassen. Eigentlich eine wunderbare Situation, um Charakter zu beweisen.« Den hat Tomas Rosicky (20) garantiert. Genauso aber aber auch wachsende körperliche Probleme. Der tschechische Wunderknabe wirkt müde. Doch ohne seine Ideen ist das Dortmunder Spiel zu statisch. Dazu die mangelnde Durchschlagskraft im Angriff. Fredi Bobic als bester Borusse (9 Tore in 22 Spielen) ist nur auf Platz 15 der Bundesliga-Torjägerliste. Weil mit Ikpeba nicht mehr und mit Herrlich noch lange nicht zu rechnen ist, wird dringend ein Stürmerstar gesucht. 60 Millionen Mark will Borussia in Neuerwerbungen investieren. Deswegen war für Klubchef Dr. Niebaum die direkte Qualifikation für die Champions League so dringend. Da sind 30 Millionen Mark garantiert. Nun aber sind nicht mal mehr die League-Qualifikationen gesichert, die schon am 7./8. August beginnen.

Zu wenig war es, was der BvB gegen den VfB zeigte. Aus dem Kampf um die Meisterschaft sind sie draußen. Lars Ricken gegen den Stuttgarter Zvonimir Soldo mit wenig Stehvermögen

ERGEBNISSE

Freitag, 04.05.01	Borussia Dortmund – VfB Stuttgart	0:0
Samstag, 05.05.01	Eintracht Frankfurt – VfL Bochum	3:0 (0:0)
	FC Hansa Rostock – Energie Cottbus	1:0 (1:0)
	FC Schalke 04 – VfL Wolfsburg	2:1 (2:0)
	Bayer 04 Leverkusen – FC Bayern München	0:1 (0:0)
	TSV München 1860 – 1. FC Köln	3:1 (1:1)
	Hamburger SV – 1. FC Kaiserslautern	1:1 (1:0)
Sonntag, 06.05.01	SC Freiburg – Hertha BSC	1:0 (0:0)
	SV Werder Bremen – SpVgg Unterhaching	0:0

Alle Daten zum Spieltag auf Seite 227

FAKTEN

- Zuschauer: 324 804, viermal hintereinander über 300 000
- Tore: 14 – Minusrekord der ganzen Saison
- Spitze: Sand/21 rückt ab von Barbarez/19, Pizarro/18.
- Elfmeter: 2 – Piplica (Cottbus), Heldt (Frankfurt) scheitern.
- Karten: Rot: Branco, Barbarez; Gelb-Rot: Bastürk
- VfB-Misere: Letzte Auswärtssiegchance in Frankfurt
- 100. Spiel: Bayern-Jubiläum für Trainer Ottmar Hitzfeld

TABELLE

Rang	Verein	Sp.	g.	u.	v.	Tore	Diff.	Pkt.	
1	FC Schalke 04	32	17	8	7	60 : 31	29	59	→
2	FC Bayern München	32	18	5	9	59 : 35	24	59	→
3	Borussia Dortmund	32	15	9	8	55 : 38	17	54	→
4	Bayer 04 Leverkusen	32	16	5	11	52 : 39	13	53	→
5	Hertha BSC Berlin	32	17	1	14	56 : 51	5	52	→
6	1. FC Kaiserslautern	32	15	5	12	48 : 51	-3	50	→
7	SC Freiburg	32	13	10	9	47 : 35	12	49	→
8	SV Werder Bremen	32	13	8	11	47 : 47	0	47	→
9	1. FC Köln	32	12	9	11	55 : 46	9	45	→
10	VfL Wolfsburg	32	11	11	10	56 : 41	15	44	→
11	TSV München 1860	32	12	7	13	43 : 54	-11	43	→
12	FC Hansa Rostock	32	12	6	14	34 : 44	-10	42	↗
13	Hamburger SV	32	10	10	12	55 : 53	2	40	↘
14	VfB Stuttgart	32	8	11	13	40 : 47	-7	35	→
15	SpVgg Unterhaching	32	8	11	13	31 : 50	-19	35	→
16	Energie Cottbus	32	10	3	19	33 : 50	-17	33	→
17	Eintracht Frankfurt	32	9	5	18	39 : 64	-25	32	→
18	VfL Bochum	32	7	6	19	29 : 63	-34	27	→

Dicke Luft in Haching: Sponsor gegen Trainer

Vor dem Spiel in Bremen, das Haching mit 0:0 einen wichtigen Punkt im Überlebenskampf lieferte, herrschte dicke Luft im Münchner Vorort. Hauptsponsor Erich J. Lejeune (CE – Consumer Electronic) hatte Trainer Lorenz Köstner heftig attackiert: »Er macht alles madig. Seine Killersprüche demotivieren.« Die Köstnersche Sachlichkeit und realistische Tatsachenbeschreibung war für Lejeune zum roten Tuch geworden. »Köstner und ich – das passt nicht.« Lejeune will sich 2002 zurückziehen. Mit 15 Millionen Mark für drei Jahre (gestaffelt in Raten von vier, fünf und sechs Millionen) finanziert er einen Großteil des Unterhachinger Etats. Die Steigerung wurde vereinbart, um einen Abstieg finanziell abzufedern. Doch Lejeune stellt klar: »Sechs Millionen zahle ich in der Bundesliga. Steigt Haching ab, gibt es nur drei Millionen, weil der Werbewert geringer ist.« Vor der Saison bekam jeder Spieler ein Aktienpaket seiner Firma im Wert von 100 000 Mark. Diesmal hat man keine Nichtabstiegsprämie

Unzufrieden, aber hübsch dekoriert: Hachings Hauptsponsor Erich Lejeune (r.) mit Ehefrau, daneben Präsident Engelbert Kupka

vereinbart. Lejeune beleidigt: »Mich hat keiner gebeten …« Lejeune, nach Selbsteinschätzung Deutschlands bester Motivator, hätte die Spieler gern selbst auf den Abstiegskampf eingeschworen. Und er wollte auch Matthäus holen. Köstner erhob Einspruch. Aber die Spieler haben sich offenbar was von Lejeune abgeschaut. »Wir sind einfach zu gut für den Abstieg«, meinte Torwart Gerhard Tremmel nach dem 0:0 von Bremen. »Die Mannschaften, die derzeit hinter uns stehen, die bleiben auch da.«

MARCEL REIF: BAYERN – NICHT SCHÖN, ABER ERFOLGREICH

Schön ist diese Art von Fußball gewiss nicht, der den Bayern in den letzten Wochen Erfolg um Erfolg gebracht hat. Aber am Ende ist er sehr effektiv, sowohl in der Meisterschaft wie auch in der Champions League. Denn genau das zählte für die Münchner gegen Real Madrid beim 2:1 und 1:0 im Halbfinale. Das geschah 25 Jahre nach dem letzten großen Europapokal-Triumph, jenem 2:0 von Paris gegen Leeds im damaligen Landesmeister-Cup. Unter Ottmar Hitzfelds Regie folgten in drei Jahren: Finale (1:2 gegen Real), Halbfinale (0:2, 2:1 gegen Real) und nun wieder Finale, aber diesmal gegen den FC Valencia. Fast wäre zum »Jubiläum« sogar wieder Leeds erschienen. Aber Valencia hatte das mit 0:0 und 3:0 vereitelt, ausgerechnet jene Spanier, von denen sich die Bayern in der League-Vorrunde zweimal 1:1 trennten …

Glauben Sie mir, auch Franz Beckenbauer und Karl-Heinz Rummenigge finden diese Art von Fußball, den Bayern derzeit mehr notgedrungen praktiziert, eher unansehnlich. Die Bayern-Verantwortlichen werden für die kommende Spielzeit alles tun, dass Bayern-Fußball auch im Erfolg wieder Spaß macht. Das ist der eigene Anspruch, der soll nicht auf Dauer gefährdet sein. Nach dem Spiel in Madrid musste ich sagen: »Champagner-Fußball war das nicht. Aber für die Kunst waren ja auch die Herren in Weiß eingeteilt …« Das galt auch fürs Rückspiel, zumal die Bayern mit einem 1:0 hineingingen. Also mussten sie sehr deutsch, sehr diszipliniert spielen. Die Tore aber hatte Real zu machen. »Beste Mannschaft der Welt« hin oder her. Ich habe mal ins Regelbuch geschaut. Es ist nicht verboten, Tore zu schießen, aber auch nicht, welche zu verhindern. Wer so einen Titel beansprucht, muss beides können. Und das waren diesmal die Bayern.

Im richtigen Moment an der richtigen Stelle: Bayerns Jungstar Roque Santa Cruz köpft in der 87. Minute zum spielentscheidenden Tor gegen den machtlosen Adam Matysek. Bayern bleibt im Rennen

33. Spieltag
12. Mai

TORSCHÜTZE DES TAGES

OTTO ADDO (Foto) kann mit seinem Doppelpack der Borussia Millionen eingebracht haben. Denn mit seinen Saison-Treffern 8 und 9 sorgte der 25-Jährige für die zwischenzeitliche 2:0-Führung bei der abstiegsgefährdeten Spielvereinigung in Unterhaching. Der ghanaische Nationalspieler legte so den Grundstein für den nie gefährdeten 4:1-Auswärtssieg und vorzeitig für den Platz in der Champions-League-Qualifikation. Damit ist die Borussia nach der »Seuchen-Saison« im letzten Jahr, wo es am Ende sogar gegen den Abstieg ging, bereits sicher im internationalen Geschäft. Unter Matthias Sammer hat sich Addo, der 1999 von Hannover 96 kam, in seiner zweiten Bundesligasaison toll entwickelt. Über 1000 Mark und einen Satz Trikots von *Sport-Bild* und Continentale darf sich nun die Jugend seines Heimatvereins Hummelsbütteler TV freuen.

33.

Der Tag im Überblick

Um 17:15 Uhr hätte eigentlich überall der Abpfiff kommen müssen. Doch dieser so unerhört dramatische Titelkampf brauchte als Steigerung auch noch eine »Extratime«, eine Schicksalsminute. Um 17:16:45 Uhr bestrafte Stuttgarts Krassimir Balakov mit seinem 1:0 die Schalker für ihren feigen Auftritt. Um 17:16:52 Uhr drosch Alexander Zickler in München die Kugel zum 2:1 für Bayern in Lauterns Netz. So lagen nur sieben Sekunden zwischen Himmel und Hölle. Was folgte war überschäumende Glückseligkeit in Rotblau und tränenreiche Verzweiflung in Königsblau. Erstaunt, ja entsetzt hatten 25 000 (!) Schalke-Fans in Stuttgart erlebt, wie ihre Knappen mit einem auf 0:0 zielenden Angsthasen-Fußball das lange andauernde 1:1 von München beantworteten. Sand/Mpenza sahen sich taktisch entmachtet. Welch ein Geschenk an die verblüfften Bayern. Für Stuttgart war es die Rettung vorm Abstieg. Dem entrann das desolate Frankfurt beim Wolfsburger 0:3 nicht. Die Energie der Cottbuser gegen den HSV (4:2) hatte Haching gegen Dortmund nicht zu bieten (1:4), was die Münchner Vorstädter wieder in den Keller beförderte. Sicher in der Champions League sind nur Bayern, Schalke, Borussia, während sich Leverkusen und Hertha (durch ihr 1:1) sowie das furiose Freiburg um den vierten Platz streiten, Werder und Lautern auf die UEFA-Cup-Zulassung hoffen. Durch den Not-Ausgang des sommerlichen UI-Cups will keiner.

Bayern-Geheimnis: Die Kraft des alten Ginkgo-Baums

Am Freitag vor dem Lautern-Spiel haben allein schon die Worte von Ottmar Hitzfeld gewirkt: »Behaltet Schalke im Auge, richtet den Blick auf Kaiserslautern«, mahnte er nach einer kurzen Analyse des Real-Spiels. »Ihr könnt jetzt die Früchte eines ganzen Jahres harter Arbeit ernten. Ihr dürft nicht fahrlässig damit umgehen. Die Finalteilnahme gibt euch Schwung für den Meisterkampf.« Hitzfeld sagte es wie eine Drohung an die, die das nicht befolgen würden. Manager Uli Hoeneß fiel auf, »dass die nur noch Fußball im Kopf haben«. Er hat den Riecher dafür, wann eine Sonderprämie noch etwas herauskitzeln kann. Vor Lautern blieb es bei den üblichen 10 000 Mark. Mehr Prämie hätte nicht mehr bewirkt. Der Schwung kommt auch aus der Praxis von Dr. Müller-Wohlfahrt. Die Mädels dort mischen Säfte, hängen Jeremies, Scholl, Elber, Hargreaves, Kuffour an den Tropf. Alle müssen ran. Der Mix entsäuert ausgerechnet mit Milchsäuren (rechtsdrehend) den Körper. Er enthält u.a. den Saft des Ginkgo-Baumes, der bis zu 1000 Jahre alt wird. Diese Pflanze war die erste, die in der Atomwüste von Hiroshima wieder zu blühen begann. Unsere Vorfahren haben sie gegen Husten, Asthma, Tuberkulose eingesetzt. Heute dient sie als Blutbeschleuniger, pumpt mehr Sauerstoff in den Körper. Für Hoeneß aber war auch die Versöhnung mit den Fans wichtig. »Die Stimmung gegen Madrid und Lautern entschädigte für ein ganzes Jahr. Wir sind Dienstleister und wir sind dafür da, den Zuschauern etwas zu bieten. Das haben wir getan.«

Ganz unten an der Grasnarbe im blau-weißen Fußball-Himmel angekommen

ERGEBNISSE

Samstag, 12.05.01		
FC Hansa Rostock – TSV München 1860	0:0	
FC Bayern München – 1. FC Kaiserslautern	2:1	(0:1)
Hertha BSC Berlin – Bayer 04 Leverkusen	1:1	(1:0)
VfL Bochum – SC Freiburg	1:3	(0:1)
VfL Wolfsburg – Eintracht Frankfurt	3:0	(3:0)
VfB Stuttgart – FC Schalke 04	1:0	(0:0)
SpVgg Unterhaching – Borussia Dortmund	1:4	(0:1)
1. FC Köln – SV Werder Bremen	1:3	(1:1)
Energie Cottbus – Hamburger SV	4:2	(2:1)

Alle Daten zum Spieltag auf Seite 228

FAKTEN

- Zuschauer: 292 313 – das waren im Schnitt 32 479.
- Tore: 28 – pro Spiel fielen 3,11 Treffer.
- Spitze: Barbarez (HSV) holte Sand (Schalke/je 21) ein.
- Elfmeter: 2 – Miriuta (EC), Kühbauer (VfL) verwandelten.
- Karten: Rot: keiner. Gelb-Rot: Mandreko (Bochum)
- Wechsel: Bayern war zuletzt am 7. April Spitzenreiter.
- Abstieg: Nach 1996 ist es Eintrachts zweiter Abstieg.

TABELLE

Rang	Verein	Sp.	g.	u.	v.	Tore	Diff.	Pkt.	
1	FC Bayern München	33	19	5	9	61 : 36	25	62	↗
2	FC Schalke 04	33	17	8	8	60 : 32	28	59	↘
3	Borussia Dortmund	33	16	9	8	59 : 39	20	57	→
4	Bayer 04 Leverkusen	33	16	6	11	53 : 40	13	54	→
5	Hertha BSC Berlin	33	17	2	14	57 : 52	5	53	→
6	SC Freiburg	33	14	10	9	50 : 36	14	52	↗
7	SV Werder Bremen	33	14	8	11	50 : 48	2	50	↗
8	1. FC Kaiserslautern	33	15	5	13	49 : 53	-4	50	↘
9	VfL Wolfsburg	33	12	11	10	59 : 41	18	47	↗
10	1. FC Köln	33	12	9	12	56 : 49	7	45	↘
11	TSV München 1860	33	12	8	13	43 : 54	-11	44	→
12	FC Hansa Rostock	33	12	7	14	34 : 44	-10	43	→
13	Hamburger SV	33	10	10	13	57 : 57	0	40	→
14	VfB Stuttgart	33	9	11	13	41 : 47	-6	38	→
15	Energie Cottbus	33	11	3	19	37 : 52	-15	36	↗
16	SpVgg Unterhaching	33	8	11	14	32 : 54	-22	35	↘
17	Eintracht Frankfurt	33	9	5	19	39 : 67	-28	32	→
18	VfL Bochum	33	7	6	20	30 : 66	-36	27	→

33.

Sekunden vor dem Schluss – Balakovs Strafe für Schalkes Angsthasen-Vorstellung; am Boden: Nemec.

Gerald Asamoah will es nicht glauben

Stuttgarter Extreme: Schwaben-Jubel, Schalke-Ärger

Die Extreme konnten in Stuttgart nicht krasser sein. Bäche von Freudentränen auf dem Rasen wie auf den Tribünen. Jubelorgien, wie man sie 17 Jahre lang nicht mehr erlebte. Damals, 1984, hatte der VfB seinen dritten Titel gefeiert. Und nun feierte er den Nicht-Abstieg. Welch ein Unterschied. »Einen so wunderbaren Moment habe ich noch nie erlebt«, jubelte auch Torschütze Krassimir Balakov. »Damit bedanke ich mich auch bei Trainer Magath, der mir nicht 100, sondern 200 Prozent Vertrauen geschenkt hat.«

Ärger, Zorn, Kummer schüttelte die Schalker. Vizepräsident Josef Schnusenberg schimpfte: »Kann mir einer sagen, warum wir hier so gespielt haben? Lockerheit? Voller Schiss in der Hose! Eine Lachnummer.« Noch tagelang fragten sich die Fans: Wieso versteckt sich Schalke gegen schwache Gegner? Wieso geht denen ausgerechnet in wichtigen Spielen nach sechzig Minuten die Puste aus, wie Ebbe Sand klagt? Wieso duldet der Trainer den Angsthasen-Fußball in Stuttgart, verschweigt den Zwischenstand in München und bläst nicht zur Attacke? Und Ebbe Sand grübelte: »Vielleicht haben wir in Stuttgart verloren, weil wir nicht genug für einander gelaufen sind.« Wer versteht das? Man kann schlecht spielen, aber man muss doch wenigstens laufen, wenn man überhaupt siegen und nicht ein Unentschieden über die Zeit schaukeln will. Jürgen Höller (37), bekannter Motivationstrainer, zog den Vergleich zum Vorjahr und dem damaligen Spitzenreiter Leverkusen: »Christoph Daum hatte bis fünf Spieltage vor Saisonschluss nicht vom Titel gesprochen und dann plötzlich gesagt: ›Jetzt müssen wir Meister werden.‹ Das war falsch. Ein Stevens muss Spaß vermitteln, durfte auf keinen Fall zwanghaft vom Titel sprechen. Das Zauberwort heißt Loslassen.«

MARCEL REIF: WAS IST IN DIESER SAISON EIGENTLICH NORMAL?

Überall wird man gefragt: Ja, wer packt's denn nun? Ach, was ist in dieser Saison eigentlich normal? Wenn's normal läuft, packt Leverkusen Champions-League-Platz 4. Bei diesem Potential ja das Minimum. Danach sollte sich Berti fragen, ob er sich das alles weiter antun muss. Vogts hat seinen Kredit überschätzt und ist nicht in der Lage, das an PS umzusetzen, was er drauf hat. Reiner Calmund, der den Vogts-Abschied schon öffentlich vorbereitet, lieferte den Spielern das letzte Alibi. Er selbst sitzt wohl fest im Sattel, scheint für seine Hausmacht unverzichtbar.

Wenn alles normal läuft, packt Hertha den UEFA-Cup-Platz. Wenig genug – und Stillstand dazu. Der aber ist in Berlin Rückschritt. Der UI-Cup wäre peinlich. Wenn's den Bossen nicht reicht, sollten sie Bilanz ziehen. Für mich ist Alves immer noch ein Fremdkörper und Deisler eine Identifikationsfigur mit Verfallsdatum. Weil er zu den Bayern gehen wird. Wenn alles normal läuft, darf Freiburg den UEFA-Cup nicht packen. Wenn doch, um so schöner. In Freiburg scheint immer die Sonne. Kein Druck, trotzdem (oder deswegen) wird hervorragende Arbeit geleistet. Leverkusen würde Trainer Finke auf Händen ins Rheinland tragen.

Wenn alles normal läuft, packt auch Bremen den UEFA-Cup nicht – nach dieser schlimmen Hinrunde. Doch an der Weser sind alle so entspannt, würden sich höchstens von einer 15 Meter hohen Todeswelle aus der Ruhe bringen lassen.

Wenn alles normal läuft, packt auch Kaiserslautern den UEFA-Cup nicht mehr. Alte Wunden (Rehhagel, Sforza, Friedrich) sind noch lange nicht vernarbt. Von wegen gemütliche Provinz. Dieser Klub hat nichts mehr von heiler Welt. Zu viel Unaufgeräumtes auf dem Hinterhof. Logisch wäre ein Hertha-Sieg. Aber was ist in dieser Saison schon logisch?

34. Spieltag
19. Mai

TORSCHÜTZE DES TAGES

PATRIK ANDERSSON hat in Hamburg sein erstes Tor für den FC Bayern erzielt (Foto: Sekunden nach dem Treffer). Das 1:1 brachte den Titel. »Als ich sehe, der Andersson macht's, denke ich: Gut, der hat nen strammen Schuss«, schilderte Bayern-Manager Uli Hoeneß seine Empfindungen. Kapitän Effenberg dachte genauso: »Mach du es, Patrik!« Und der 29-jährige Schwede: »Ich wusste nur: Dieser Ball muss aus zehn Metern rein – egal wie. Ich wollte durch das Gewühl der Beine treffen und habe nicht auf ein Loch in der Mauer geachtet. Als der Ball drin war, hab' ich gedacht: Mein Kopf platzt. Der explodiert. Und plötzlich lagen alle auf mir. Meine Rippen, meine Knie – alles tut weh.« Der schwedische Auswahlkapitän, der 1999 aus Gladbach kam, ist ein ganz wichtiger Stabilisator der Bayern-Abwehr geworden. Nun hat er im 212. Bundesligaspiel Bayern zum Meister gemacht. (WEREK)

Der Tag im Überblick

Wahnsinn! Himmelhochjauchzend die Bayern, zu Tode betrübt die Schalker. In diesem Infarkt-Finale fehlten nur noch die alles zerstörenden Selbsttore. Doch ein halbes lieferte HSV-Torwart Schober, als er einen Not-Rückpass von Uijfalusi aufgriff, statt ihn ins Aus zu treten. Ausgerechnet Schober, schon mit 14 Jahren Schalke-Mitglied geworden. Den fälligen Freistoß donnerte Andersson nach 3:57 min der Nachspielzeit zum 1:1 ins Netz – und den Schalkern mitten ins Herz. Das 1:0 des HSV hatte ihnen für fünf Minuten den Titel geschenkt. Zuvor hatten die Königsblauen ihre Fans beim 5:3 gegen Unterhaching (das 2:0 und 3:2 führte) durch alle Stimmungsmühlen gedreht. Die Rand-Münchner kämpften mit Herz gegen den Abstieg. Vergebens. Und Schalke ertrank fast im Tränen-Hochwasser. Turbulenzen auch anderswo. Zeitweise sah sich Dortmund vor Schalke und Freiburg statt Leverkusen in der Champions League. Mit »Berti, danke für nichts« begleiteten die Fans den müden 1:0-Abgang von Bayer 04. Es war auch der von Vogts. Köln bestätigte sich beim 3:3 in Dortmund nochmal als bester Aufsteiger. Und Herthas Alex Alves setzte in Lautern fort, die Kosten-Millionen wieder einzuspielen. Sein Tor sicherte Hertha den UEFA-Cup. Was Freiburg höchst eindrucksvoll mit 4:1 gegen Wolfsburg festmachte. Weil Köln und Lautern kniffen, öffnet sich Wolfsburg, Bremen, 1860 München der Notausgang im sommerlichen UI-Cup.

Die Abstiegs-Klärung: Cottbus brauchte keine Hilfe

Man nannte sie die »tapferen Gallier«, die Recken aus Unterhaching. Bei ihrem Abschied nach zweijähriger Erstklassigkeit haben sie Millionen Schalke-Fans in Angst und Schrecken versetzt. Schock Nr.1: Nach drei Minuten haute Breitenreiter einen Cizek-Freistoß ins Tor. Die Königsblauen wirkten wie gelähmt. Schock Nr. 2: Spizak ließ den routinierten Waldoch schlecht aussehen und traf zum 0:2 (28.) Die Schalker Antwort mit zwei Treffern binnen zwei Minuten, darunter einem frechen Asamoah-Hackentrick, schüchterte die Gäste nicht ein. Seiferts 2:3 (59.) zwang die Schalker zur Mobilisierung der letzten Reserven. 65 000 trieben sie vorwärts. Nun kamen Böhmes tolle Auftritte beim 3:3 und 4:3. Sands 5:3 beendete auch eine große Hachinger Vorstellung, »die uns mit Stolz beim Abgang erfüllt. Ja, wir wollten hier gewinnen«, so Trainer Köstner. Es hätte seinem Team nichts genutzt, weil Cottbus in München bei 1860 seinen zweiten Auswärtssieg feierte. Die »Löwen« waren nur aus Plüsch, Energie aber konzentriert und aufopferungsvoll. Der Treffer von Labak (25.) geriet selten in Gefahr. »Dennoch hat dieses Spiel unheimlich weh getan. Sowas ist das Schlimmste, was einem Trainer passieren kann«, gestand Eduard Geyer, der »harte« Trainer. »Ich habe 90 Minuten gezittert und gebangt.« Ein Löwen-Tor konnte angesichts der Hachinger Führungen in Schalke das Aus bedeuten. So aber feierten 4000 Cottbuser ihre Rot-Weißen, die »Löwen« aber ernteten gellende Pfiffe wie noch nie.

Zwei, die mit Energie und eigener Kraft oben bleiben: Antun Labak (l.) und Vasile Miriuta

ERGEBNISSE

Samstag, 19.05.01

Hamburger SV – FC Bayern München	1:1 (0:0)
SV Werder Bremen – FV Hansa Rostock	3:0 (2:0)
Borussia Dortmund – 1. FC Köln	3:3 (1:2)
FC Schalke 04 – SpVgg Unterhaching	5:3 (2:2)
Eintracht Frankfurt – VfB Stuttgart	2:1 (2:0)
SC Freiburg – VfL Wolfsburg	4:1 (2:0)
Bayer 04 Leverkusen – VfL Bochum	1:0 (1:0)
1. FC Kaiserslautern – Hertha BSC Berlin	0:1 (0:0)
TSV München 1860 – Energie Cottbus	0:1 (0:1)

Alle Daten zum Spieltag auf Seite 228

FAKTEN

- Zuschauer: 376 580 (Saisonrekord). Gesamt: 9 472 064
- Tore: 30. Insgesamt 897. Im Vorjahr 885
- Spitze: Sand/Schalke, Barbarez/HSV mit je 22
- Elfmeter: 2 – Kobiaschwili/SCF traf, Stevic/BVB verschoss. Gesamt: 80 (Vorjahr 99), Tore: 63 (69)
- Rote Karte: van Duijnhoven, Heinrich, Benken. Ges. 38, Vorj. 31
- Gelb-Rot: Pizarro. Gesamt: 51. Vorjahr: 42

TABELLE

Rang	Verein	Sp.	g.	u.	v.	Tore	Diff.	Pkt.	
1	FC Bayern München	34	19	6	9	62 : 37	25	63	→
2	FC Schalke 04	34	18	8	8	65 : 35	30	62	→
3	Borussia Dortmund	34	16	10	8	62 : 42	20	58	→
4	Bayer 04 Leverkusen	34	17	6	11	54 : 40	14	57	→
5	Hertha BSC Berlin	34	18	2	14	58 : 52	6	56	→
6	SC Freiburg	34	15	10	9	54 : 37	17	55	→
7	SV Werder Bremen	34	15	8	11	53 : 48	5	53	→
8	1. FC Kaiserslautern	34	15	5	14	49 : 54	-5	50	→
9	VfL Wolfsburg	34	12	11	11	60 : 45	15	47	→
10	1. FC Köln	34	12	10	12	59 : 52	7	46	→
11	TSV München 1860	34	12	8	14	43 : 55	-12	44	→
12	FC Hansa Rostock	34	12	7	15	34 : 47	-13	43	→
13	Hamburger SV	34	10	11	13	58 : 58	0	41	→
14	Energie Cottbus	34	12	3	19	38 : 52	-14	39	↗
15	VfB Stuttgart	34	9	11	14	42 : 49	-7	38	↘
16	SpVgg Unterhaching	34	8	11	15	35 : 59	-24	35	→
17	Eintracht Frankfurt	34	10	5	19	41 : 68	-27	35	→
18	VfL Bochum	34	7	6	21	30 : 67	-37	27	→

Schalkes Trainer: Bayern hat sich sein Glück erarbeitet

»Es war schön, mal für fünf Minuten Meister zu sein. Das Erwachen war umso brutaler.« Schalkes Ebbe Sand sagte es. Mit dem Hamburger Sergej Barbarez wurde er zu einer Hauptfigur im Titel-Drama. Sand lieferte Böhme die Vorlage zum 4:3 und beendete (nach 0:2 und 2:3) mit 5:3 endgültig die Achterbahn-Tour gegen Unterhaching. Das krönte den Dänen zum Torschützenkönig. Barbarez' Kopfballtreffer in Hamburg nur eine Minute später kürte nicht nur einen zweiten Schützenkönig mit ebenfalls 22 Toren, sondern ließ für Schalke alle Meisterschafts-Sonnen erstrahlen. Der HSV, jenseits von EC-Ambitionen und Abstiegssorgen, kämpfte nur noch um seine Ehre. Und das tat er mit Anstand. »Wer hier das 1:0 schießt, hat gewonnen«, sagte Bayern-Vize Karl-Heinz Rummenigge zur Pause. Er irrte. Jancker erzielte das 1:0 (61.). Wegen Abseits anulliert. Fehlentscheidung. Barbarez' 1:0 überdauerte vier Minuten. Dann schlug Anderssons Freistoß-Hammer ein. Voraufgegangen war ein verbotenes Ballfangen von HSV-Torwart Schober. »Für mich war das ein Gestocher, kein Rückpass. Sonst hätte ich den Ball nicht aufgenommen. Ich dachte nur: Katastrophe!« Uijfalusi: »Sergio und ich haben den Ball gemeinsam berührt.« Stammtorwart Butt: »In den meisten Fällen wird da kein Freistoß gepfiffen.« Schiri Dr. Merk sah es anders. So eroberte Bayern seinen 17. Titel. Oliver Kahn hatte sein Team nach dem 0:1 brüllend und gestikulierend nach vorn getrieben: »Jedes Spiel in den letzten vier, fünf

Für ein paar Minuten Deutscher Meister. Asamoah (l.) und Sand außer Rand und Band, die Schalker Fans aus dem Häuschen mit selbstgebastelter Schüssel. Am Ende gab es nur noch Tränen. Stellvertretend für Tausende: Huub Stevens

Wochen war auf des Messers Schneide. Jedes Mal hat die Mannschaft einen unglaublichen Willen gezeigt. Sie hat einen wahnsinnigen Charakter.« Schalke-Trainer Huub Stevens: »Das ist das Glück, das sich die Bayern in den letzten Jahren erarbeitet haben und wir noch nicht. Ich bin dennoch sehr stolz. Wir sind nicht der FC Hosenscheißer, wir sind der FC Schalke 04.«

182

*Das Tor, das die Meisterschaft entschied. 93. Minute, indirekter Freistoß wegen regelwidriger Ballrückgabe, Effenberg tippt den Ball, Patrik Andersson hält voll drauf auf die Mauer aus Freund und Feind (oben, links). Die Kugel wühlt sich durch – bis über die Torlinie (oben rechts). Bayern hat den Ausgleich – und die Meisterschaft.
Der Bayern-Kapitän zeigt das Objekt der Begierde (unten links), Oliver Kahn könnte Tore ausreißen*

MARCEL REIF: SAISONFAZIT – NUR NICHT WEINEN!

Die Bayern haben sich bis zum Schluss gewehrt, am Ende mussten sie die Schale quasi nehmen – nach einem dramatischen Finale, das aber nicht darüber hinweg täuschen sollte, dass den Anhängern in dieser Saison teilweise Fußball auf unterirdischem Niveau geboten wurde.

Schalke 04 sollte stolz auf das Geleistete sein und jetzt bitte nicht weinen, erst recht nicht zur Legendenbildung beitragen. Es waren keine bösen Mächte im Spiel, es war korrekt, indirekten Freistoß zu pfeifen. Schon im Spiel war ein klares Tor von Jancker nicht gegeben worden. Und haben nicht die Schalker eine Woche zuvor in Stuttgart in letzter Minute 0:1 verloren? Also …

Warum wurde Bayern am Ende Meister? Weil es in den Augen von Spielern wie Kahn und Effenberg eben mehr funkelt als in vielen anderen. Der Torhüter legte sich in der 91. Minute – nach dem HSV-Tor – eben nicht auf den Boden und weinte. 99 von 100 Spielern hätten es so gemacht, nicht aber Kahn. Auch deshalb ist er für mich – neben Ebbe Sand – der überragende Spieler der Saison!

Die größte Enttäuschung dieser Spielzeit ist ganz klar die Frankfurter Eintracht: Armselige hausgemachte Probleme. Auch in Leverkusen bleibt ein Scherbenhaufen nach Daum und Vogts zurück. Andere Klubs hätten sich nach so einer Saison längst aufgelöst …

Wenn sich der Nebel verzogen hat, der sich nach dem 34. Spieltag über die Liga gelegt hat, dann wird den meisten klar sein: Die Qualität in der Bundesliga hat einen großen Nachholbedarf. Niemand darf sich von diesem grandiosen Finale blenden lassen. Hätten die Bayern die ganze Zeit Dampf gemacht, sie wären Lichtjahre entfernt vor der Konkurrenz ins Ziel gekommen. Sie taten es nicht und gewannen dennoch. So gesehen eine eher traurige Saison.

Die Aufsteiger aus der Zweiten

Der Bayer Klaus Augenthaler wird Ehren-Franke

Als vier Runden vor dem Finale die so lange behauptete Spitze an die Gladbacher verloren ging und rechnerisch das Gespenst des Nichtaufstiegs am Valznerweiher erschien, griffen Team und Verein in die Kasse. Eine Karawane von 42 Bussen beförderte 2000 Fans nach Oberhausen. Und sie trieben die »Cluberer«, die sechsmal hintereinander nicht gewonnen und dreimal in Serie verloren hatten, wieder vorwärts zum 2:1-Sieg. »Zwei Punkte haben uns die Fans geholt, einen haben wir uns erzittert«, bedankte sich Trainer Klaus Augenthaler bei ihnen. Damit war der 1. FC Nürnberg wieder Spitze – mit Abstand. »Doch erst gegen Mainz feiern wir den Aufstieg«, freute sich Präsident Michael A. Roth. Reservist Hobsch sorgte auch für den 1:0-Sieg. Die unglaublichen Erlebnisse von 1999 waren Warnung genug. Während der Club damals gegen Freiburg 1:2 verlor, hatten die schon beerdigten Frankfurter mit ihrem 5:1 gegen Kaiserslautern nach Punkten und Toren gleich gezogen. Das dann alles entscheidende Torverhältnis (44 gegen 40) stieß die Rausch-Schützlinge in die 2. Liga. Das Festzelt wurde zur Trauerhalle. Die Tränen flossen tagelang. Noch schlimmer waren die Erinnerungen an 1996, als wegen verschwiegener Millionen-Schulden dem seit 1994 nur zweitklassigen Klub sechs Punkte abgezogen wurden und der Absturz in die Regionalliga nicht erspart blieb.

Solche Erinnerungen formten den sachlichen Stil des Neuaufbaus durch Manager Edgar Geenen und Trainer Klaus Augenthaler. Endlich! »Auge«, Weltmeister von 1990 und siebenmal (!) Meister mit dem FC Bayern bei 404 Bundesligaeinsätzen, baute ab März 2000 schon am Aufstiegsteam. Seinem Präsidenten, als Serien-Killer von Trainern bekannt, machte er klar, dass er die Linie des Teams, die Transfers und die Taktik bestimmen würde. Solchen Widerspruch war Michael A. Roth nicht gewohnt. Satte Profis wie Täuber, Polunin und Ziemer wurden aussortiert, Hobsch auf die Tribüne gesetzt. Hungrige Talente wie Johansson, Jarolim und Wiblishauser aus dem Bayern-Internat wurden eingebaut. Die Säulen hießen Andreas Köpke (39), Martin Störzenhofecker (36) und Martin Driller (31) als Torjäger.

Andreas Köpke, Europameister von 1996,

2. LIGA AUFSTEIGER

war 1998 gekommen und mit in den Abstiegsstrudel geraten. Er blieb, um was gut zu machen. Köpke erweiterte die Nürnberger Tradition herausragender Torsteher, die Heiner Stuhlfauth (fünfmal Meister) eröffnet und Roland Wabra (Meister 1968) und Rudi Kargus fortgesetzt hatten. Nun aber hängt Köpke die Handschuhe an den Nagel. Er kündigte es schon im Januar an, damit man sich um die Nachfolge kümmern konnte. Per Handschlag hat ihm der Präsident einen Platz im Management versprochen.

Dem 24-jährigen Darius Kampa, in der Saison 1998/99 bereits einmal im Bundesligaeinsatz, hat Köpke geholfen, Fuß zu fassen. »Zwar gehen wir mit einem der unerfahrensten Torwart-Gespanne in die Bundesliga«, betonte Augenthaler, »aber Kampa bringt alles mit, was ein guter Torwart braucht.« Vom VfB Lübeck kam Raphael Schäfer (22).

Die Franken haben mit Klaus Augenthaler (43) vom Erbfeind Bayern längst ihren Frieden geschlossen. Sie sind sogar bereit, ihn zum Ehren-Franken zu erheben. Zumal als sie erfuhren, dass seine Frau aus Unterfranken stammt. »Auge« hat also eingeheiratet.

Der Bundesliga brachte er ein Gründungsmitglied zurück, das dort 1968 auch Meister gewesen war. Doch vom insgesamt zehnten Titel wagt keiner zu reden. Dafür war die Vergangenheit zu turbulent.

Nürnberg feiert mit allem, was sie haben.
Neben Glücksbringer Augenthaler, im Zwirn, Darius Kampa, Andreas Köpke, Jacek Krzynowek, unten v.l.: Stefan Leitl, Rajko Tavcar und Nisse Johansson

1. FC NÜRNBERG

Gegründet: 4. Mai 1900. Deutscher Meister 1920, 1921, 1924, 1925, 1927, 1936, 1948, 1961, 1968. Deutscher Pokalsieger: 1932, 1939, 1962. Präsident: Michael A. Roth. Vereinsfarben: Rot-Schwarz. Mitglieder: 4888 (nur Fußball). Sportarten: Fußball, Boxen, Handball, Hockey, Roll- und Eissport, Schwimmen, Ski, Tennis. Stadion: Frankenstadion, 44 600 Plätze (alle überdacht), davon 34 700 Sitzplätze.

2. LIGA AUFSTEIGER

Meyers neue Fohlen überspringen alle Hürden

Igor Demo bei den dankbaren Fans. Einer heißt Heinz

Als vier Spieltage vor Schluss Borussia Mönchengladbach nach einem 2:0 in Duisburg den Abonnementsspitzenreiter Nürnberg auf Rang 1 ablöste, hielt sich selbst der Skeptiker Hans Meyer nicht mehr zurück: »Nur unsere Feinde zweifeln noch an unserer Rückkehr in die 1. Liga.« Denn Gladbach hatte nun ein Acht-Punkte-Polster zwischen sich und den undankbaren vierten Rang geschoben. Im Vorjahr war man vier Punkte vom Aufstieg entfernt gewesen.

Vom nahen FC Twente Enschede, wo er vier Jahre tätig gewesen war und auch den UEFA Cup erreichte, hatte man Hans Meyer im September 1999 nach Gladbach gelockt. Ein Glücksfall für die »Fohlen«. Beim Liga-Abstieg war eine teure Mannschaft auseinander gebrochen und Andersson, Deisler, Enke, Pflipsen und Pettersson davongezogen. Ein Jahr zuvor war Effenberg, das Herz des Teams, für neun Millionen Mark zum FC Bayern gewechselt. Fast erdrückt von 30 Millionen Mark Schulden dümpelte der fünffache Deutsche Meister danach sieg- und perspektivlos im Zweitliga-Keller. Die Regionalliga drohte. Also musste Rainer Bonhof seinen Platz für den 57-jährigen Hans Meyer räumen. Im nahen Düsseldorf hatte der Diplomant der Leipziger Sporthochschule 1981 mit dem FC Carl Zeiss Jena im Finale des Europacups der Cupsieger gegen Dynamo Tiflis gespielt (und 1:2 verloren).

In der Saison 1999/2000 zeigten die Borussen eine faszinierende Aufholjagd. Doch ihnen ging die Puste aus. Also Platz 5. Weil danach nur Marcel Ketelaer zum HSV wechselte (für 5 Millionen), schien ein neuer Durchmarsch programmiert. Um so größer war der Ärger nach elf Spielen über Rang 11. »Über uns wird berichtet, als sei die Welt untergegangen«, ärgerte sich Torwart Uwe Kamps, seit 19 Jahren Borusse. »Plötzlich können wir nicht rennen, nicht kämpfen, nicht Fußball spielen.« Auch der für Spieler wie Journalisten unbequeme Hans Meyer stand unter Beschuss. Mit Klinkert, Hagner und Reiter hatte er populäre Spieler aussortiert. Die Wende war ein 2:1 in Bielefeld. Sieg auf Sieg hoben Gladbach dann schon zur Winterpause auf Rang 3. Fast nebenher wurden LR Ahlen, 1. FC Kaiserslautern (mit 5:1), 1. FC Nürnberg und MSV Duisburg aus dem DFB-Pokal geworfen. Erst Union Berlin (das Meyer 1995 trainierte) lag als Bremsklotz vor dem Finale. Hatte Arie van Lent im Vorjahr mit 19 Toren dominiert, so bekam er im Belgier Peter van Houdt (11 Tore, van Lent 13) nun einen gleichwertigen Partner, was die Borussen schwerer berechenbar machte. Auch der Ausfall vom kroatischen Abwehrchef Sladjan Asanin wurde überspielt. Der erfahrene Marcel Witeczek rückte in die Deckung. Der Slowake Igor Demo, der Däne Peter Nielsen und Markus Hausweiler bilden die erstklassige Mittelfeldachse. Borussia muss nun auf dem Teppich bleiben, hat nur acht Millionen Mark für Verstärkungen und einen Etat von 43 statt 26 Millionen Mark. Aber die Konkurrenzfähigkeit schließt das ehrwürdige Stadion Am Bökelberg mit ein. Nur 8700 von 34 500 Plätzen sind überdacht. Eine neue Arena für 155 Millionen Mark, mit 40 000 Sitzplätzen unter Dach sowie Leistungszentrum und Internat, sind geplant und beschlossen. Die Erstliga-Auftritte der Borussen werden das Für und Wider untermauern. Wie gehabt.

Hans Meyer verschafft sich Gehör; daneben Reha-Trainer Stefes und Co-Trainer Michael Frontzeck

BORUSSIA MÖNCHENGLADBACH

Gegründet: 1. August 1900. Deutscher Meister: 1970, 1971, 1975, 1976, 1977 (u. a. mit Bonhof, Heynckes, Netzer, Stielike, Wimmer, Vogts, Trainer: Weisweiler, Lattek), DFB-Pokalsieger: 1960, 1973, 1995, UEFA-Cup-Sieger 1975, 1979. Supercup-Gewinner 1977. 1. Vorsitzender: Dr. Adalbert Jordan. Vereinsfarben: Grün-Weiß-Schwarz. Mitglieder: 5000. Sportarten: Fußball, Handball, Tischtennis. Stadion: Am Bökelberg. 34 500 Plätze, davon 8700 überdachte Sitzplätze.

Der Kiez-Klub startet ins siebente Erstliga-Jahr

2.LIGA AUF-STEIGER

Zum vierten Male hat der FC St. Pauli den Aufstieg in die Bundesliga geschafft! Ein 2:1-Sieg beim 1. FC Nürnberg am letzten Spieltag verteidigte Rang 3 gegen Konkurrent Waldhof Mannheim. Dem 23-jährigen türkischen Vertragsamateur Deniz Baris, der das »Urgestein« Trulsen (35) ersetzt hatte, gelang der alles entscheidende Treffer. Für den Kiez-Klub wurde Baris, der sonst nur zu Kurzeinsätzen kam, in dieser dramatischen Stunde im mit 44 600 Besuchern ausverkauften Nürnberger Stadion zum Joker, Antreiber, Torschützen. Was typisch war für die Entwicklung vieler St.-Pauli-Kicker. 4500 hatten ihr Team nach Nürnberg begleitet, über 20 000 schauten auf dem Hamburger Heiligengeistfeld per Bildwand zu. Für alle wurde es auf der Reeperbahn ein nicht endendes Freudenfest. »Es ist ein Wunder passiert«, staunte Torwart Weber. Im Vorjahr aus Innsbruck an die Elbe gekommen, wurde der 24-jährige Österreicher »überwältigt von dem, was sich um diesen Klub tut und was er aus so wenig geschafft hat.« Fast genau vor einem Jahr, am 26.

Aufstieg der Totenköpfe
Oben: Zaungast am Millerntor
Unten: Fabian Gerber und Dubravko Kolinger lassen sich in Nürnberg feiern

Mai 2000, hatte Marcus Marin mit seinem Tor gegen Oberhausen die Paulianer vorm Fall in die Regionalliga bewahrt. Es war ein Seuchenjahr. Doch ein radikaler Sparkurs ließ für 2000/01 den Etat auf sieben Millionen schrumpfen. Für Trainer Dietmar Demuth standen neue Hochkaräter nicht zur Verfügung. Und auch kein festes Trainingsgelände. Das machte St. Pauli wieder zum Abstiegskandidaten. Doch Demuth und Manager Beutel hatten gut eingekauft, keine großen Namen, aber hungrige Spieler. Wie Marcel Rath aus Cottbus, der es auch bei Hertha nicht schaffte und nun 15 Tore schoss. Wie den Bayer Thomas Meggle, bei 1860 ohne Chance und nun 13-facher Torschütze. Wie Daniel Scheinhardt und Zlatko Basic aus Oberhausen. Heinz Weber, vom FC Tirol nur ausgeliehen und dort drei Jahre Reservist, wurde bereits in Österreichs Nationalelf berufen. Um Spielmacher Christian Rahn (21), einen Hamburger Jungen, bemüht sich intensiv der HSV, was die Beziehungen der Rivalen belastet.

Auf St. Pauli ist alles anders. Von der Rückwand des Telekom-Hochhauses begrüßt ein überdimensionaler Totenkopf den Besucher des Stadions am Millerntor. Und dazu ertönen die »Hells Bells«, die »Höllen-Glocken« der Hardrock-Veteranen AC/DC. Die Kabinen haben Kreisliga-Niveau. Der Bus ist mit Folie als Bretterbude getarnt. »Vom Anwalt bis zum Hafenarbeiter – bei uns findet man alles ohne Unterschied, aber ohne Sekt-Logen«, sagt Ex-Profi Reenald Koch. Der Unternehmer übernahm das Präsidentenamt von »Papa« Heinz Weisener. Koch waren sachbezogene, den Teamgeist fördernde Gehaltsstrukturen wichtig. Das weckte den Erfolgshunger. Und so war St. Pauli ab der 21. Runde immer auf dem dritten Rang. Aufstiegsverdächtig.

Das Stadion Am Millerntor soll nun erweitert und überdacht werden, bald 30 000 statt 20 000 fassen. »Wegen der Fan-Rivalitäten werden wir wohl für die Spiele gegen HSV, Rostock, Hertha ins Volksparkstadion umziehen«, so Reenald Koch. »Aber wir werden vorher immer unsere Fans befragen. Und Dietmar Demuth bleibt unser Trainer, auch wenn wir 25 Spiele hintereinander verlieren.« Als Erstligist aber kann er durch TV und Marketing nun mit 22 Millionen kalkulieren. Viel Geld für den »Kiez«.

FC ST. PAULI

Gegründet 15. Mai 1910. Präsident: Reenald Koch. Manager: Stephan Beutel. Trainer: Dietmar Demuth (46) seit 15.3. 2000. Vereinsfarben: Braun-Weiß. Mitglieder: 3100. Sportarten: Fußball, Baseball, Bowling, Handball, Kegeln, Rugby, Schach, Tischtennis. Stadion: Am Millerntor. 20 735 Plätze (5367 überdachte Sitzplätze). In der 1. Bundesliga: 6 Jahre (1977/78, 1988-91, 1995-97, ab 2001), 204 Spiele, 46 Siege, 65 Remis, 93 Niederlagen, 224:347 Tore.

Mailänder Himmelfahrt für die Bayern

Schon eine Viertelstunde vor Mitternacht war Himmelfahrt für die Bayern-Kicker. Da stemmte ihr Kapitän Stefan Effenberg den riesigen Pokal triumphierend in die Mailänder Nacht. Umbraust vom Blitzlichtgewitter, Konfettiregen und dem Chor der Mailänder Scala, der die Champions-Hymne voller Inbrunst in einen Triumphmarsch verwandelte. Nach 25 Jahren war der FC Bayern wieder am Ziel seiner Sehnsüchte. 1976 hatten ihn neun Auftritte zum Cup der Meister geführt. 2001 lagen deren 17 hinter den Bayern. Welch felsige Champions League! Diesen Gipfelsturm feierten 25 000 Bayern-Fans in Mailand, 20 000 an der Bildwand im Olympiastadion und das Zehnfache tags darauf in München. War das ein Himmelfahrtstag!

STIMMEN

»Das war ein Welttag der Elfmeter. Der Fußball-Gott war mal wieder ein Bayer.« *AS* (Spanien)

»Die Bayern wandeln wieder auf den Spuren ihrer glorreichen Vergangenheit. Sie überwanden das Trauma von Barcelona.« *l'Equipe* (Frankreich)

»Stefan Effenberg hat zu mir gesagt: Für eine Altherren-Mannschaft war das doch nicht so schlecht. Da musste ich ihm zustimmen.« *Franz Beckenbauer ob seiner Kritik am 0:3 in Lyon*

»Wer Manchester und Madrid raushaut, der hat es einfach verdient. Oliver Kahn: Das war seine Saison. Traumhaft.« *Rudi Völler, DFB-Teamchef*

Nach 25 Jahren wieder der Champion aller Meister von Europa

Von Wolfgang Hartwig

Alte Münzen haben etwas Erhabenes, Geheimnisvolles. Bayern-Trainer Ottmar Hitzfeld hatte so eine vor Wochen von einem älteren Bayern-Fan zugesteckt bekommen. Fortan begleitete sie ihn als Talisman. Und sie bewährte sich als Glücksbringer für Last-Minute-Erfolge in Leverkusen, Kaiserslautern, Hamburg, die den Titel doch noch retteten. In Mailand aber musste sich Hitzfeld schon nach zwei Minuten vergewissern, die Münze nicht etwa vergessen zu haben. Denn da rollte der Ball im Getümmel dem am Boden liegenden Andersson gegen die Hand. Was der Holländer Jol für elfmeterreif hielt. Mendietas Treffer machte die Prognose seines Trainers Hector Cuper noch gewichtiger: »Es wird ein Finale mit wenig Torchancen und viel Taktik. Da kann schon ein Tor entscheiden.« Bereits vier Minuten später hätte Scholl das entkräften können, als Effenberg (»ich habe mich bei Angloma eingehakt«) zu Boden ging. Doch Scholls Elfmeter landete am Körper von Torwart Canizares. Als der Ball Carboni an die Hand sprang, sorgte Effenbergs Selbstsicherheit am Elfmeterpunkt fürs 1:1 (51.). Da ahnte keiner, dass die Elfmeterquote noch auf 17 steigen sollte. Doch bis dahin agierten vorwiegend die ins Rot des 76-er Jahrgangs geschlüpften Bayern. Valencia attackierte ihren vom überragenden Effenberg diktierten Kombinationsfluss sehr spät, um dann mit Kontern zu reagieren. »Nach Manchester und Real also ›nur‹ noch Valencia. Ich wußte, dass es viel schwerer würde, als alle gedacht haben«, bekannte Manager Uli Hoeneß. Denn weder die optische Überlegenheit noch das taktische Kalkül leisteten Entscheidendes.

Dass der zum »Fußballer des Jahrhunderts« erhobene Weltstar Pele dem Bayern-Torwart Oliver Kahn hinterher die Trophäe als »Bester Spieler des Finals« überreichte, fand den Applaus auch der Spanier. »Kahn hat mit Können und Nervenstärke die Entscheidung herbeigeführt«, applaudierte Hector Cuper. Dessen Souveränität hatte sich schon in 120 Minuten aufs ganze Team übertragen und wie dann erst aufs entscheidende Elfmeterschießen. »Auch ich war der Ohnmacht nahe, als wir zweimal hinten lagen«, stöhnte Karl-Heinz Rummenigge. »Doch er hat alles mit seinen unglaublichen Reflexen herumgerissen.« Auch für Beckenbauer, Rummenigge, Hoeneß, dem Veteranen-Trio von 1976, hat Kahn ein Jahrzehnt an zielgerichteter Aufbauarbeit in der Bayern-Führung gekrönt. Drei Elfmeter hielt er, einen sein Widerpart Canizares, davor jagte Sergio die Kugel übers Tor. »Es war kein schlecht geschossener Elfmeter dabei«, bekannte Oliver Kahn. »Doch dann sind auch Intuition und Glück gefragt. Man darf sich eben nie aufgeben, muss immer weitermachen. Dies war sowieso eine Saison des Willens, von einer Mannschaft voller guter Charaktere. Wenn es uns heute so gegangen wäre wie in Barcelona, hätten wir das noch jahrelang mit uns herumgetragen.«

Die alte Münze in seiner Tasche aber hat Ottmar Hitzfeld dankbar gedrückt. »Im Finale zu sein, das reicht nicht. Das muss man auch gewinnen. Doch davon muss man die Spieler überzeugen und alle Kräfte mobilisieren. Ich habe gelitten, aber immer gewusst, dass wir's gewinnen werden.« Keiner seiner europäischen Trainerkollegen erreichte im Zwei-Jahres-Rhythmus die Finals der Champions League: 1997 der Triumph mit Dortmund, 1999 die tragische Last-Minute-Pleite gegen Manchester in Barcelona, 2001 der Erfolg mit den Bayern. In München arbeitet der Beste seines Fachs.

CHAMPIONS LEAGUE

Das Wunder von Mailand – Oliver Kahn als Matchwinner. Alle Hände voll zu tun hatte er im Elfmeter-Krimi des Champions-League-Endspiels. Drei Elfer konnte er halten – beim letzten wurde er »zum Helden«, schrieb eine Tageszeitung. Danach war Kahn »der beste Spieler der Begegnung« und für die Bayern-Mannschaft gab es den verdienten Konfettiregen

CHAMPIONS LEAGUE

Auf dem Weg ins Finale – Gegen Manchester und Madrid keine Albträume

Die Gespenster der Vergangenheit standen Spalier. Da war das Barcelona-Phantom von 1999, genannt »ManU«. Damals hatte es jedermann im Finale durch Münchens 1:0 schon begraben gesehen, als Manchester-Trainer Sir Alex Ferguson nach Sheringham und Solskjaer rief. Die entrissen in allerletzter Minute mit ihren Toren den danach aufs Tiefste geschockten, verwundeten Bayern noch den Pott. Zwei Jahre drauf wollte Ferguson, in München dicht vorm Viertelfinal-K.o., das wiederholen. Vergebens. Auch Joker nutzen sich ab. Ihn aber hatte Bayern mit Paulo Sergio präsentiert. In Manchester wurde Gleiches mit Gleichem vergolten. Nur acht Minuten im Spiel, hatte er in der 86. Minute den 0:0-Knoten zerschlagen, in den sich beide verwickelt hatten. Auch *Marca* aus Madrid erinnerte sich: »Paulo Sergio beerdigte die alten Bayern-Geister.« In dieser Partie hatte eine durch acht Liga-Niederlagen viel gescholtene Bayern-Abwehr die hoch gelobten Beckham, Cole, Scholes, Giggs, Keane derart in Ketten gelegt, wie es Englands Serienmeister selten zugestoßen ist. *The Guardian* drastisch: »Bayerns Revanchegelüste waren zu stark für das Spiel von Manchester. Sergio hat United platt gemacht.«

Für ManU war's die Götterdämmerung

Nun also der letzte Versuch in München. Schon in der 5. Minute riss Elbers Tor die 63 000 aus den Sitzschalen. Sagnol und Tarnat hatten die Briten-Deckung auseinander kombiniert. Was Mehmet Scholl auf 2:0 erweiterte. Doch als Jancker und Zickler mit ihren Chancen sträflich sündigten, konnte ManU nach Giggs Anschlusstor (49.) noch mal Hoffnung schöpfen. Doch selbst jener Sheringham/Solskjaer-Trick verfing nicht erneut. »Wir haben unser Bestes gegeben«, gestand Kapitän Keane, »und mussten erkennen, dass es nicht gut genug ist.« »United von Bayerns Brillanz zertrümmert«, urteilte *The Independent*. Und so wie *The Sun*, sahen es viele: »Das Ende! Mit diesem Team sei es vorbei, sagt Kapitän Keane.«

Giftige Blicke: Stefan Effenberg (l.) und David Beckham von ManU

Brasilianische Gala: Giovane Elber (l.) und Reals Roberto Carlos

Das 99-er-Trauma hatte das Bayern-Team nicht zerstören können. Denn neun Akteure von damals bezwangen Manchester United.

Historisches Rot verpflichtet

30 Jahre zuvor hatten die Beckenbauer und Co. die roten Bayern-Jerseys in Europas Elite etabliert. Wer sie nun überzog, unterwarf sich Pflichten, erst gegen Manchester, dann im Halbfinale gegen Real Madrid. Dieses Real war der Albtraum das Vorjahrs. Denn trotz 4:2- und 4:1-Siegen in der Zwischenrunde kam das Aus im Halbfinale mit 0:2, 2:1. »Wir waren beim 0:2 in Madrid so schlecht, dass das nicht mehr aufzuholen war«, hatte sich Beckenbauer geärgert. Um so mehr bestaunte nicht nur er den souveränen diesjährigen Auftritt. »Kopf schlägt Kunst«, titelte die *Berliner Zeitung*. Und Elber, gerade operiert, küsste nach dem 1:0-Siegtor sein linkes Knie, das geheilte und erfolgreiche. Im Rückspiel in München zeigte er im Getümmel dann die fürs 1:0 nötige Übersicht. Figos Ausgleich beflügelte alle spanischen Hoffnungen und Sturmläufe. Aber nur für eine Viertelstunde. Dann brachte Jeremies' 25-Meter-Kracher alles ins Lot. Binnen nur 14 Monaten war das der fünfte Sieg im sechsten Duell mit den stolzen Madrilenen und zugleich Bayerns siebenter Sprung ins Finale der Königsklasse!

Vorrunden: Erst stolperte 1860, dann Bayer und der HSV

Wer in eine der acht Vorrundengruppen vorstieß, durfte schon mal mit 15 Millionen Mark kalkulieren. Als »Gesetzte« waren sich Meister FC Bayern München und »Vize« Bayer Leverkusen dessen schon sicher. Nach Hertha und Dortmund im Vorjahr öffnete die Qualifikation diesmal den League-Debütanten Hamburger SV (3.) und 1860 München (4.) den Weg in die Etagen der Multimillionäre. Beide stiegen dort in Runde 3 zu. Der HSV hatte mit Bröndby IF sicher die leichtere Kür. Sein 2:0 in Kopenhagen und 0:0 in Hamburg erntete keine hohen Noten. Die Härte der Löwen-Prüfung in Leeds charakterisierten dagegen schon drei Feldverweise in Leeds (darunter Zelic/1860). Englands Nummer 3 dominierte dann auch mit 2:1 und 1:0. 1860 bekam als Trostpflaster einen Platz im UEFA Cup.

Die Bayern im deutschen Solo

Unter den 32 Klubs aus 17 Ländern, die die Vorrunde in acht Gruppen aufnahmen, waren vier aus Spanien (mit Cupverteidiger Real Madrid), je drei aus Deutschland, England, Frankreich und Italien. Nach 96 Duellen hatten nur Spanien und England drei in die Zwischenrunde gebracht, Italien und Frankreich je zwei. Der deutsche Anteil hatte sich auf Bayern München reduziert – doch mit unverhohlenen Absichten. »Unsere Zielstellung noch vor der Meisterschaft heißt Sieg in der Champions League«, hatte Bayern-Boss Beckenbauer vorgegeben. Das war sogar logisch nach dem 99-er Finaldrama mit 1:2 gegen Manchester und dem hauchdünnen Vorjahres-Aus gegen Real im Halbfinale mit 2:1 und 0:2. An der Prämienkasse hatte man da mit 56,9 Millionen Mark aber Real (56,1 Millionen) überholt. Damit hatte der deutsche Kicker-Primus in der League seit 1994 114,5 Millionen abgeschöpft – allein an Prämien!

Das stolze Jubiläum verloren

Für Bayern war Ende September der Pariser Prinzenpark genau der richtige Feierort für den 250. EC-Auftritt. Denn dort hatte man 1975 den zweiten Meistercup erobert. Doch als Leroy in letzter Minute für St. Germain, Frankreichs Vize, das 1:0 gelang (Trainer Hitzfeld: »Bei unseren Großchancen völlig unnötig.«), witterte die Gruppe F Morgenluft, zumal Bayern da auch in der Bundesliga dreimal 0:1 verloren hatte. Sogar in Cottbus! Vier Tage nach dieser Blamage erwartete man Paris. »Dieser Gegenwind ist eine Herausforderung für uns alle«, meinte Mehmet Scholl, »auch wenn es uns derzeit an Klasse fehlt.« Der Besuch aus Paris sollte einer Wiedergeburt beiwohnen. Erst beendete Salihamidzic eine quälende, 290-minütige Torflaute. Dann legte Sergio nach. Nicolas Anelka, im Vorjahres-Halbfinale bei Real noch Bayerns Albtraum, war beim 2:0 nur Statist geblieben. »All jene Rückkehrer, die noch nicht fit waren, haben sich diesmal durchgebissen«, freute sich Bayern-Vize Rummenigge.

Die nur halb gefüllte Arena aber signalisierte eine latente Überfütterung der Fans: 20 000 gegen Rosenborg Trondheim (3:1), 33 000 gegen Paris (2:0) und nur 19 000 gegen Helsingborg (0:0), die dann auch leider den glanzlosesten Auftritt erlebten. Die Defensivkünstler aus Schweden hatten Bayerns 3:1-Auftaktsieg in Helsingborg als Warnung empfunden. Beim 1:1-Abschluss in Trondheim (nach 3:1 in München) gab es dreierlei zu feiern: Das Comeback des langzeitverletzten Effenberg, die tadellose Kahn-Vertretung durch den 21-jährigen Stefan Wessels und Platz 1 in Gruppe F. Den hatte Paris mit seinem 1:1 in Helsingborg freigegeben. Beckenbauer: »Wir sind durch, gute Nacht.«

Des Kaisers Alarm um Mitternacht

In die mitternächtliche Ansprache von Bayern-Präsident Franz Beckenbauer im März nach dem 0:3 in Lyon, das dem FCB sogar noch geschmeichelt hat, flossen Ärger, Entsetzen und Zukunftsängste. »Lehrbuben«, schalt er seine verblüfften Bayern, »Altherrenfußball« ihr Gekicke. Er empfahl einen Berufswechsel bei fehlender Einsicht in dringend notwendige Umstellungen. Dabei hatte der FC Bayern bis dahin in der Zwischenrunde mit drei Siegen gegen Spartak Moskau (1:0/3:0 in Moskau) und Lyon (1:0) sowie dem 2:2 bei Arsenal in London (nach 0:2 Rückstand) dominiert. Aber diesem 0:3 bei Olympique Lyon war geballter Ärger in der Liga vorausgegangen: ein 2:3 in Rostock, nur ein Punkt aus drei Spielen, der Verlust der Spitze an Dortmund. Franz Beckenbauers Fazit: »Wenn Ihr so weiter spielt wie jetzt, werden die ganzen Trophäen sicher nicht nach München gehen.«

Zwei Wochen zuvor hatten die Bayern in klirrender Moskauer Kälte und auf eisigem Sandboden im Lushniki-Stadion die 70 000

CHAMPIONS LEAGUE

Kaiserliche Ankunft in Lyon. Als die Mannschaft ihre Arbeit getan hatte, musste sie sich noch eine richtungsweisende Rede ihres Präsidenten anhören

CHAMPIONS LEAGUE

»DAS IST EINE ANDERE SPORTART.«

Beckenbauers Anklage von Lyon in gekürzter Form

»Das war heute eine Blamage. Aber es hat sich schon in den letzten Wochen und Monaten angedeutet. Das hat nichts mit Fußball zu tun. Das ist eine andere Sportart. Das ist Uwe-Seeler-Traditionsmannschaft, Altherrenfußball. Wir sind in einer Situation, wo wir noch einiges retten können. Nur: Ihr müsst Euer Spiel komplett umstellen. Wenn Ihr so weiter spielt, werden die ganzen Trophäen sicher nicht nach München gehen. Anschauungsunterricht war der heutige Gegner. Das ist Lyon, nicht Real Madrid, Barcelona, Manchester. Wir haben heute eine Vorführung bekommen, weil die Einstellung nicht gestimmt hat. Diesen Fußball hat man vielleicht mal vor 30 Jahren gespielt. Das Einmaleins heißt Zweikämpfe. Sonst schaust du aus wie ein Lehrbub. In Zukunft könnt Ihr das nicht machen. Sonst müssen wir uns alle einen anderen Beruf suchen. Ich habe sicherlich noch mehr gesehen, als ich jetzt gesagt habe. Ich glaube, das genügt.«

Die Reaktionen

Trainer Ottmar Hitzfeld: »Wo der Franz Recht hat, hat er Recht.«

Kapitän Stefan Effenberg (in Lyon gesperrt): »Solche Dinge kann man auch anders regeln. Einiges hätte man auch intern ansprechen können. Wenn man so in eine Ecke getrieben wird, werde ich unangenehm. Wir werden unseren Job so gut machen, dass am Ende vielleicht alle zufrieden sind.«

Oliver Kahn: »In völlig überzogener Weise wurde hier unsere Mannschaft geradezu lächerlich gemacht, eine Mannschaft, die zwischenzeitlich die Nummer 1 in der Welt war.«

Mehmet Scholl: »Die Kritik hat Wirkung gezeigt. Da steckte viel Ernsthaftigkeit dahinter. Denn die Mannschaft war leer. Wer uns nach dem Spiel in die Augen geschaut hat, sah das.«

Spartak-Fans mit ihrem selbstbewussten Auftritt verblüfft und durch Mehmet Scholl (2) und Sergio ein 3:0 herausgespielt. Da musste die Talfahrt danach um so mehr schockieren. Franz Beckenbauers Rede aber zündete. Die Bayern gingen gegen Arsenal im Schlussspiel noch einmal konzentriert zu Werke. Elber sorgte mit einem Kopfball für das 1:0. »Wir hatten keine Chance, waren so schlecht wie nie zuvor. Ich habe nur noch auf Spartak gehofft«, musste Arsenal-Trainer Arsène Wenger bekennen. Lyon hatte in Moskau beim Stande von 1:1 mehrfach das 2:1 vor den Füßen – vergebens. Hinter Bayern, das nun schon wieder 45 Millionen Mark auf dem Konto hatte, rettete Arsenal Platz 2.

Offene Tore bei Bayer 04

»Selten hat eine Mannschaft hier so aufgetrumpft wie Spartak in der ersten halben Stunde.« Nicht nur Leverkusens Manager Reiner Calmund war beeindruckt. Die Bayer-Elf auch: Sie musste ein 0:2 von Moskau überbieten, um bei Punktgleichheit vorbeizukommen. So wurde es nur ein spätes 1:0 durch Ballack. Danach verpasste das selbstbewusste Spartak mit 1:0 Real

Ratloser Sitzfußball. Kirsten (l.) und Zé Roberto nach dem zu mageren 1:0-Heimsieg gegen Moskau

Madrid die einzige Niederlage. Tore gelangen Bayer gegen den spanischen Cupverteidiger genug, zwei in Leverkusen und dann drei in Madrid. Aber der Bayer-Abwehr wurde beim 2:3 und 3:5 durch Figo, Raul, Roberto Carlos manche Schwäche demonstriert. »Glanzvolles Real war unwiderstehlich«, titelte *Marca*. Carsten Ramelow aber fand, »es ihnen einfach zu leicht gemacht« zu haben. Moral und Willen aber bewies das Bayer-Team gegen Sporting Lissabon, als Torwart Zuberbühler einen Eckball zum 0:1 ins eigene Netz gefaustet hatte. Ramelow, Zivkovic, Neuville machten daraus binnen zwölf Minuten ein 3:1 (Endstand 3:2). Arm in Arm und mit 0:0 nahmen Sporting und Bayer in Lissabon Abschied, Leverkusen wie im Vorjahr mit nur sieben Punkten.

HSV-Gala wieder gegen Juventus Turin

Mit einem Knallbonbon debütierte der HSV: 4:4 in Hamburg gegen Juventus Turin! »Das geht in die HSV-Geschichte ein, wie unser 1:0 gegen Juventus Turin im EC-Finale von 1983«, applaudierte Team-Manager Bernd Wehmeyer, Veteran von damals. Sein HSV saß mit Turin im Wechselbad: erst eiskalt (1:3), dann kochend heiß (4:3 innerhalb von 30 Minuten). Viel gefeiert der HSV-Torwart als Elfmeterschütze beim 3:3: »Butt, Butt, Butt!« 48 500 Zuschauer im Stadion, hin und her gerissene 9,3 Millionen am TV, und auch Wehmeyer ärgerte dann »Barbarez' völlig unnötigen Griff zum Hemd von Inzaghi, der für seine ›Schwalben‹ ja berüchtigt ist«. Elfmeter, 4:4 durch Inzaghi selbst, Schlusspfiff – und viel Zorn. »Wenn Juventus eine Schwäche hat, dann in der Defensive«, hatte Trainer Pagelsdorf erkannt. Also schickte er die drei Stürmer Yeboah, Präger und Ketelaer ins Rückspiel. Heraus kam ein tolles 3:1, in dem aber die Weltstars Zidane und Davids frühzeitig die Nerven verloren: Ihre Revanchfouls beantwortete der Schotte Dougle mit Feldverweisen (29./33.). Nur je ein Punkt aus den Duellen mit Spaniens Meister Deportivo La Coruna (1:2/1:1) und Panathinaikos Athen (0:1 in Hamburg/0:0) waren leider auch das Ergebnis der schwächeren HSV-Reserven. Viele Ausfälle ließen vom Startteam wenig übrig. Der Abgang gemeinsam mit Juventus und fast 30 Millionen Mark in der Kasse spendete dem HSV Trost.

MEINUNGEN

»Das war ein typisches Beispiel, wie man gegen die Deutschen nicht spielen darf. Wenn die Blut geleckt haben, ist alles vorbei.«
Edgar Davids (Juventus Turin) nach dem 4:4 beim HSV

»Dümmer kann man es nicht machen.«
HSV-Trainer Pagelsdorf zum 4:4-Elfmeter-Verursacher Barbarez

»Rote Karten gegen La Coruna und Hamburg sind ein negativer Rekord, der Zidane als internationalen Champion befleckt.«
»**Tutto Sport« nach Juventus Turin – HSV 1:3**

»Wir können von nun an nur noch gewinnen. Die entsprechende Drucksituation ist jetzt da.«
Trainer Christoph Daum nach Spartak – Bayer 2:0

Zwei mit einer guten Figur: Zinedine Zidane für Turin, Stig Töfting für den HSV

Fünf deutsche Europacup-Eigentore im Dezember

Der 1. FC Kaiserslautern hat seine Fans begeistert, als er bis ins Halbfinale des UEFA Cups gestürmt ist. Doch am 5. und 7. Dezember flogen fünf von sieben (!) deutschen Startern aus dem Wettbewerb! Es waren die aus der Champions League heruntergerutschten und gleich gescheiterten Vereine Bayer Leverkusen und Hamburger SV sowie Hertha BSC, 1860 München und Werder Bremen. Ins Achtelfinale sprangen nur Stuttgart und Kaiserslautern. Sie und der FC Bayern in der Champions League sollten in der UEFA-Wertung nun jene Punkte erkämpfen, die uns vier Plätze in der Champions League für 2002/2003 erhalten. Ein englisches Quartett aber war drauf und dran, dem DFB Platz 3 (hinter Spanien und Italien) abzujagen. Und man verlor an England ab 2002 den vierten League-Platz! Ein Dezember mit fünf Eigentoren der Bundesliga.

Lauterns Glanztage gegen Eindhoven und Glasgow

UEFA-POKAL

Die Lauterer begannen mit »Ball verkehrt«. Sie überschätzten ihr Premieren-3:1 beim drittklassigen Bohemians Dublin total. Denn der Betzenberg erlebte danach beim 1:0-Sieg der Iren leider ein spielerisches Desaster des FCK. »Den Deutschen fehlte auch das Herz, das mein Team hatte«, wunderte sich Trainer Roddy Collins. Sein Kollege Otto Rehhagel dankte ab. Die »Otto raus!«-Rufe hatten zu sehr geschmerzt. Dem Nachfolger Andy Brehme verdarb später der in Lautern aussortierte Torwart Andreas Reinke mit Iraklis Saloniki den 40. Geburtstag. »Grausam! Noch ein Tor und wir wären draußen gewesen«, ärgerte sich FCK-Kapitän Basler. Dabei wollten 15 000 nach Lauterns 3:1-Sieg in Saloniki ein Brehme-Fest feiern.

Sie wurden später mit dem 3:0 gegen Schottlands 49-fachen Meister Glasgow Rangers versöhnt. »Ein Riesenspiel«, so Brehme, »in dem wir die Rangers völlig verdient aus unserem Stadion geschossen haben.« Der 22-jährige »Shooting Star« Miroslav Klose hatte das 0:1-Hinspiel ausgeglichen und die Belagerung von Stefan Klos im Rangers-Tor eröffnet. Buck und Lokvenc trafen auch.

Die für den 1,96 m langen Vratislav Lokvenc an Sparta Prag bezahlten 6,3 Millionen Mark, Lauterns bislang größte Investition, hatten sich mehr als rentiert, als sein 1:0-Treffer gegen die Prager Landsleute von Slavia den FCK ins Viertelfinale brachte. Das spülte dem FCK zehn Millionen Mark in die Kasse. Wie schon beim 0:0 in Prag bewies Georg Koch im Tor, dass er ein potenzieller Auswahlkandidat ist. Das Viertelfinale gegen PSV Eindhoven war für den 1,95m-Hünen was Besonderes. 1997 war er dort nach nur vier Monaten in Unfrieden geschieden. Doch sein Ermüdungsbruch im linken Fuß gab dem 20-jährigen Vertreter Roman Weidenfeller erst mal die Chance, sein überragendes Talent zu zeigen. Lauterns Bester sicherte den 1:0-Sieg nach Harry Kochs Elfmeter-Tor. Fürs Rückspiel aber ließ sich Georg Koch fit spritzen. An ihm scheiterten Eindhovens Angreifer und Bruggink sogar mit einem Elfmeter. Lauterns cleverer Auftritt wurde durch einen von Basler verwandelten Elfmeter gekrönt (71.). Dieses Tor und die provokanten Gesten des Schützen sowie danach der Feldverweis des foulspielenden PSV-Kapitäns van Bommel waren Funken fürs Pulverfass der Emotionen. Hunderte Hooligans versuchten den Platz zu stürmen. Doch Polizei, PSV-Spieler und vor allem Trainer Eric Gerets (Brehme: »Bewundernswert, sein Mut!«) drängten sie zurück. Nach längerer Unterbrechung brachte der Spanier Lopez Nieto alles zum fairen Ende. Doch draußen gingen die Krawalle und Jagdszenen (vor allem auf deutsche Autos) weiter.

Doch das Halbfinale gegen CD Alavés sollte die Lauterer zu Hauf mit Ärger überschütten. In Spanien sahen sie sich mit 1:5 – u. a. durch drei Elfmeter – vorgeführt. Als »eine Demontage, eine grauslige Vorstellung«

Die Geste, von der man sprach: Basler lauscht dem Beifall für sein Elfmeter-Tor in Eindhoven, Hany Ramzy freut sich einfach nur

empfand es nicht nur Club-Präsident Jürgen Friedrich. »So eine unglaubliche Chance, das erste Finale in 102 Jahren der FCK-Geschichte ausgerechnet in einem deutschen Stadion, in Dortmund, zu spielen, kriegt man wohl nie wieder.« Die Zeitung *El Pais* fragte erstaunt: »Waren das Deutsche oder eine Mannschaft von den Fidschi-Inseln?« Für Teamchef Andy Brehme musste »ein Weltwunder passieren, um das noch umzudrehen«. Nach Djorkaeffs 1:0 (7.) flackerten für eine Viertelstunde Hoffnungen auf. Dann hatten die konterstarken Basken vier Antworten. Lauterns 1:4-Abschied war deprimierend.

ABWÄRTS IM EUROPACUP

Das deutsche Abschneiden im Europacup ist von Jahr zu Jahr bescheidener geworden. Acht starteten, nur zwei kamen ins Viertelfinale: 25 Prozent. Die meisten Starter gab es 1991/92: sechs vom DFB, vier vom DFV der DDR. Das Achtelfinale erreichte aber nur Werder Bremen. Die letzten zehn Jahre:

	Start	Viertelfinale	Prozent
1991/92	10	1	10,0
1992/93	7	1	14,3
1993/94	6	4	66,6
1994/95	6	4	66,6
1995/96	6	3	50,0
1996/97	7	2	28,6
1997/98	8	5	62,5
1998/99	6	2	33,3
1999/2000	7	2	28,6
2000/01	8	2	25,0

UEFA-POKAL

Stuttgart schlägt Hollands Tabellenführer

Als der deutsche Fußball noch Nabelschau hielt, warum die EURO 2000 so in die Hose gegangen war, begann für den VfB Stuttgart als Liga-Achtem schon der UI-Cup. Es war sommerliches Nachsitzen, weil zum Ligaschluss beim 3:3 gegen Absteiger Bielefeld (nach 3:0-Führung) der mögliche Rang 5 noch vertrödelt worden war. So bekam das Schweizer Xamax Neuchâtel mit 6:1 und 4:1 den Schwaben-Ärger zu spüren. Racing Lens (2:1/1:0), Standard Lüttich (1:1/1:0) und AJ Auxerre (1:1/2:0) waren auch keine Laufkundschaft. Stets gewann der VfB auswärts und eroberte damit einen der drei UEFA-Cup-Plätze. An Auxerre war der VfL Wolfsburg(Liga-7.) nach gutem Auftakt gegen CS Sedan (0:0/2:1) dann mit 1:1/1:2 n.V. gescheitert. So hatten zwei DFB-Teams doch tatsächlich drei aus französischen Europameister-Gefilden bezwungen! Ein Kunststoß des Bulgaren Balakov ins obere Toreck der Hearts of Midlothian aus Edinburgh war dann Stuttgarts Bestes beim UEFA-Cup-Auftakt. Aber beim Rückspiel »bin ich viele Tode gestorben«, gestand Trainer Ralf Rangnick. Denn eine Notbremse brachte für Meißner Rot (82.), für Hearts den Elfmeter zum 2:3 und für den VfB noch einen zehnminütigen »Horrortrip« (so Rangnick) durch die wild stürmenden Schotten. Aber die Tore von Dundee und Bordon wogen schließlich doppelt. Beim FC Tirol flog Jens Todt schon nach 29 Minuten hinaus. Beim 0:1 und dann beim 3:1 in Stuttgart aber bewies vor allem der 21-jährige Timo Hildebrand im Tor sein Riesentalent. »Heute haben wir es allen gezeigt«, freute er sich. »Hoffentlich kommt jetzt Ruhe in den Verein.« Ein Wunsch, der unerfüllt blieb. Hoben sich im folgenden 2:2 bei Feyenoord Rotterdam (ohne den intern gesperrten Balakov) wieder Hildebrand sowie die Torschützen Dundee und Ganea heraus, so war Balakov der Mann des 2:1-Rückspiels als Regisseur wie auch als Torschütze. So warf ausgerechnet unser Liga-Letzter Hollands Tabellenführer hinaus! »Ich denke, das gibt Auftrieb für die Liga«, hoffte Sportdirektor und VfB-Idol Karl-Heinz Förster. Doch ihn selbst hatte der schwäbische Schlamassel davongespült, als im Februar Celta Vigo erschien. Manager war nun Rolf Rüßmann. Rettete ein verunsichertes VfB-Team mit dem 0:0 noch dünne Hoffnungen, so war das Fehlen von sieben Stammkräften in Spanien dann kaum zu verkraften. Doch erst in der 85. Minute brachte der überragende Mostowoj Vigo mit 2:1 in die nächste Runde. Noch in der Nacht danach demissionierte VfB-Trainer Ralf Rangnick. Der Nachfolger hieß Felix Magath.

Moment des Glücks beim Liga-Schlusslicht VfB: Marcelo Jose Bordon sieht den Ball von Silvio Meißner im Tor von Feyenoord

ZWEI SIEGER FÜR EINEN POKAL

Mit »Alavés! Alavés!«-Chören feierten die 25 000 Liverpool-Fans auch den Verlierer des UEFA-Cup-Finals von Dortmund. Dort hatten 50 000 ein in seiner Dramatik einmaliges Finale erlebt. Favorit Liverpool führte 2:0 (Babbel, Gerrard), Ivan Alonso gelang der 2:1-Anschluss. McAllisters Elfmeter schien zur Pause alles zu klären. Doch Moreno glich auf 3:3 aus. Cruyff beantwortete Fowlers erneute Liverpool-Führung in der 89. Minute mit dem 4:4. Verlängerung! Alavés, durch Feldverweis nur zu Zehnt, blieb gefährlich. Bis ein Freistoß von McAllister von Gelis Kopf ins eigene Netz rutschte (117.). »Goldenes Eigentor«! Der Rest war tiefe Trauer und endloser Jubel. »So zu verlieren, heißt zu gewinnen«, meinte *As* in Madrid. Und die *Daily Mail*: »Wer sagt, dass Fußball seine Seele verloren hat. Diese Nacht zeigte, was diesen Sport so einzigartig macht.«

Hertha, die frustrierte Tragödin

Die Berliner Hertha wirkte ausgerechnet an ihrem Schicksalstag am attraktivsten. »Inter mit einem Bein schon draußen«, titelte *Tutto Sport*. Die Berliner, unerschüttert von Recobas 1:0 aus Abseitsposition (6.), hatten durch Tretschok (54.) ausgeglichen und danach clever und spielstark die beste halbe Stunde ihres Cup-Jahrgangs geboten. Doch als sie sich aufgrund des 0:0 von Berlin schon im Achtelfinal-Himmel wähnten, nutzte Sükür eine grobe Unaufmerksamkeit zum 2:1 (88.). Entsetzen, Ärger, Fassungslosigkeit. »Wir brauchen Monate, das zu verkraften«, schwante es Manager Dieter Hoeneß. Ambrosius, Mailands Schutzheiliger (»Ambrosiana« hieß Inter früher), war mit im Spiel. Die Prüfungen zuvor konnten das Stadion nicht füllen, so das moldawische Zimbru Chisinau (2:1/2:0) und das polnische Amica Wronki (3:1/1:1). Erst mit Inter Mailand florierte das Cup-Geschäft.

UEFA-POKAL

Weltmeister Dugarry führt Girondins zum Sieg gegen die Bremer

Echte Löwen-Bisse nur einmal

1860 München durfte sich bestätigt fühlen, dass Leeds United, an dem man in der Qualifikation zur Champions League mit 1:2/0:1 gescheitert war, dort das Halbfinale erreichte. Für die Löwen selbst waren im UEFA Cup dann das tschechische FC Petra Drnovice (0:0/1:0) und das schwedische Halmstad BK (2:3/3:1) zähere Partner als vermutet. »Alles nur Zitterpartien«, murrte 1860-Präsident Wildmoser. Beim AC Parma schien im dicken Nebel für 1860 beim 0:2 alles schon zu Ende zu sein, als Tyce (79.) und Beierle (90.) mit dem 2:2 neue Hoffnungsfeuer zündeten. »Mit fehlender Grundordnung haben wir erst den Italienern, dann mit tollem Spiel nach vorn uns selbst geholfen«, lobte Trainer Lorant. Letzteres fehlte im Rückspiel. »Wir waren mutlos, ideenlos«, so Lorant nach dem 0:2. Ein Protest, weil Parma nach Feldverweis und Auswechslung für Momente wieder elf auf dem Platz hatte, fiel durch.

Werders Rache an Gaudino und Kollegen

Der deutsche Ex-Nationalspieler Maurizio Gaudino bei Antalyaspor freute sich auf Werder. Zu Recht. Beim 2:0 hatte auch er getroffen: »Wir haben Bremens Unsicherheiten genutzt. Doch auf uns wartet noch viel Arbeit.« Es kam viel schlimmer, als Gaudino befürchtet hatte. 6:0 für Bremen! Alle Türken trugen Trauer. Gegen das belgische KRC Genk feierte Werder mit 4:1 sein 100. EC-Spiel und durch Pizarro-Hattrick mit 5:2 in Genk das 101. Der peruanische Nationalstürmer Claudio Pizarro sorgte auch für das 1:0 in Bordeaux, aber Dugarry führte Girondins noch zum vorentscheidenden 4:1. Wurde da schon der gegen Genk mit Rot bestrafte Brasilianer Ailton vermisst, so in Bremen noch mehr. Nur 0:0. »Am Anfang hatten wir Pech, dann keine Kraft mehr«, kommentierte Torwart Rost das kurze Aufbegehren. Werders Gewinn von sechs Millionen Mark tröstete nur den Kassierer.

Aussteiger blieben Aussteiger

Die Visite der Champions-League-Aussteiger Bayer Leverkusen und Hamburger SV in Runde 3 war kurz, schmerzhaft und sieglos. AEK Athen und vor allem der Argentinier Navas (3 Tore) bestraften beim 4:4 in Leverkusen und 2:0 in Athen gnadenlos alle Abwehrschwächen der Bayer-Kicker. In der 90. Minute hatte Ramelow zu Hause jenes Remis gerettet. Das Rückspiel wurde zur Bestrafung. »Die Griechen haben gekämpft, wir haben gar nichts gebracht. Wie eine Oberliga-Truppe«, ärgerte sich Torwart Matysek, der polnische Nationalspieler. Dem Hamburger SV, mitten im Ligaabsturz, ging es gegen Italiens Spitzenreiter AS Rom nicht besser. Handwerker gegen Künstler, Grätsche gegen Dribbling. In Rom 0:1, in Hamburg 0:3. Top-Star Batistuta konnte sogar geschont werden und schaute nur zu. Der tiefenttäuschte Trainer Frank Pagelsdorf: »Eine ganz bittere Stunde.«

Blau und Weiß, wie lieb ich dich!

Mitternacht war nicht mehr weit, als im Olympiastadion noch viele, viele tausend Schalker Fans mit ihren tanzenden, Pokal-schwingenden Kickern feierten und sangen: »Blau und Weiß, wie lieb ich dich«, oder »Ob ich verroste oder verkalke, ich geh' immer noch auf Schalke!« 29 Jahre hatten sie auf einen der zwei großen Titel im deutschen Fußball warten müssen. Eine Woche zuvor schwebten sie schon in Meister-Wonnen, aber nur für Minuten. Der DFB-Pokal brachte endlich die Erlösung. Nach Schwerarbeit mit 2:0 (0:0) gegen den 1. FC Union Berlin. Was ihm folgte waren Feiern bis in die Endlosigkeit.

BÖHMES BEGEHRTER LINKER GALA-FUSS

Sein linker Fuss ist der zur Zeit erfolgreichste und treffsicherste: Jörg Böhme hat nach zehn Toren in der Liga mit seinen beiden Treffern das Pokalfinale für Schalke entschieden. »Ich kann gar nicht nachvollziehen, was in diesem Jahr abgelaufen ist«, bestaunt er selbst diese Saison. »Ich bin mit Bielefeld im Vorjahr abgestiegen, war mit Schalke für vier Minuten Meister und bin nun Pokalsieger. Diesmal gibt's wohl kein anderes Spiel, das alles wieder kaputt macht...« Für den 27-Jährigen aus Hohenmölsen bei Zeitz (südlich Halle/Saale) ist Schalke seit 2000 die sechste Profi-Station nach Zeiss Jena, 1. FC Nürnberg, Eintracht Frankfurt, 1860 München, Bielefeld. Überall deutete er seine Fähigkeiten »zwischen Genie und Wahnsinn« (Böhme über sich) nur an, überall gab's auch Probleme. Schalkes Huub Stevens (»Sein Talent ist gottgegeben.«) hat alles in mannschaftsdienliche Kanäle geleitet. Nach zwei Auftritten in der A 2 ruft nun die Nationalelf nach ihm.

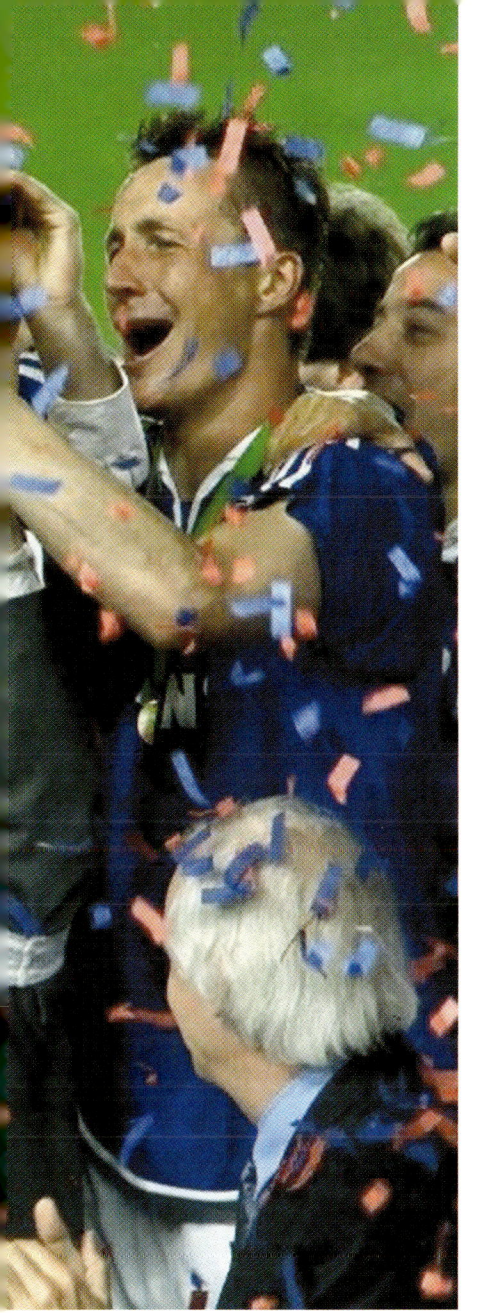

Ex-Regionalligist Union Berlin forderte Schalke 04 heraus

Von Wolfgang Hartwig

»Macht's unseren Ahnen nach. Werdet zu Legenden!« Es war dieses Spruchband, das den Geist der Szepan und Kuzorra zurückholte in jenes Stadion, das zwischen 1934 und 1942 mit sechs gewonnenen Meisterschafts-Endspielen das Werden und Wachsen des Nimbus Schalke erlebte. Er allein schon hätte dieses Stadion wieder prall gefüllt. Doch wer ein Schalker ist, wusste, wie die offizielle Kartenquote von 17 500 zu verdoppeln war. So wurde man eben auch noch Kontingent-begünstiges Mitglied bei Union, bei Flaesheim, beim FFC Frankfurt oder graste den Schwarzmarkt leer. »Blau und Weiß, wie lieb ich dich…« Union hat sich der Gefahr, vom Mythos und von Schalkes heutiger Klasse erdrückt zu werden, mit Berliner Kessheit widersetzt. »Ja, wir haben uns anfangs schwer getan, weil Union das clever gemacht hat«, applaudierte auch Schalke-Trainer Huub Stevens. »Das war Bundesliga gegen einen sehr guten Zweitligisten.« Als der kleine, flinke Harun Isa dem langen Nico van Kerckhoven die Kugel dreimal durch die Beine gemogelt hatte, staunten auch Millionen Fern-Zuseher. Und das erst, als Isas 25-Meter-Schuss gegen die Latte knallte. Unions frecher Kombinationsfußball traf »S04« unerwartet. Das Traumduo Sand/Mpenza sah sich von Persich/Ernemann ziemlich entzaubert.

Der Sinn und Wunsch dieses Fan-Plakats »Ihr denkt, Ihr seid Eisern. Wir sind aus Kohle und Stahl« bekam erst nach der Pause seine Umsetzung. »Wir wollten uns nicht abschlachten lassen, haben aber dann doch psychisch nachgelassen.« So empfand es auch Union-Kapitän Steffen Menze. Was seine Fans nicht mit Pfiffen, sondern mit »Hoch soll'n sie leben!« vertreiben wollten. »Die Mannschaft hat mir dennoch Freude gemacht«, applaudierte Georgi Wassilew, Unions Coach. »Im Fußball ist so vieles möglich. Ein Tor, ein Fehler ändern manchmal alles.« Als Bozo Durkovic aus blitzschneller Drehung nur den Pfosten traf (49.), ging das taktische Konzept noch auf, nicht auf Torjäger Texeira zu setzen, sondern zwei ganz spitze Pfeile (Isa, Durkovic) gegen Schalkes Riesenriege zu schicken. Als Libero Jens Tschiedel mit Foul am Strafraum die Chance für Jörg Böhmes Freistoß-1:0 eröffnete, war alles Makulatur. Nun legten Mpenza/Sand richtig los. Und Oliver Reck hätte am liebsten in der Arena übernachtet: Der 36-jährige Schalke-Torwart erlebte hier nach 1991 und 1994 seinen dritten Pokaltriumph! Einsame Spitze. Für seinen 35-jährigen Teamkameraden Olaf Thon, mit Bayern dreimal Meister, aber war's eine Premiere, »an die ich nicht mehr zu glauben gewagt habe«.

»Wir haben unser Ziel erreicht, uns als ein faires, sympathisches Team zu präsentieren«, konnte Union-Präsident Heiner Bertram konstatieren. Was für die Fan-Armeen genauso galt: Man applaudierte auch dem Gegner. Union erwies sich auch als tauglich, bei kommenden UEFA-Cup-Aufgaben das riesige Olympiastadion mit attraktivem Fußball zu füllen. Wenn's mit Union so weitergeht, könnte Berlin eines Tages Münchner Verhältnisse (Bayern, 1860 in einem Stadion) bekommen.

DFB-POKAL

Oben: Berliner Mai. Die Schalker im Konfetti-Regen, der Pokal in den Händen des verletzten Kapitäns Waldoch Rechts: Böhme hebt den Ball über die Berliner Mauer zur 1:0-Führung. Unten: Nicht ganz leicht für den Erstligisten – Gerald Asamoah (r.) mit Mühe gegen Ronny Nikol

DFB-POKAL

Bayern-K.o. an der Elbe: das 1:0 …

… Adolphus Ofoile, der Torschütze …

… Hitzfeld (r.) als Verlierer

Magdeburg avanciert zum Großwildjäger

Der TV-Hit des Sports im Februar hieß 1. FC Union Berlin – Borussia Mönchengladbach! Das war zwar nur Liga 3 gegen Liga 2, dennoch brachten 6,81 Millionen Fernsehgeräte einen ungewöhnlichen Pokalkampf in deutsche Wohnstuben. Eine Million Zuschauer weniger begeisterten sich für die Champions League und Spartak Moskau contra FC Bayern München. Die pokaltypische Revolte der »Kleinen« (in Gestalt von Union) gegen das Establishment (zu dem Erstliga-Kandidat Gladbach immer zählte) faszinierte erneut das Fußballvolk. Das Publikum hatte zuvor den DFB-Beschluss begrüßt, den Bundesligisten ihren Späteinsteiger-Bonus vom Vorjahr wieder abzunehmen. 16 Erstligisten überstanden Runde 1, doch zwei erwischte es ganz böse: So hoch wie Eintracht Frankfurt bei den VfB-Amateuren in Stuttgart (1:6) hatte noch keiner aus der Ersten Liga gegen einen aus der Dritten verloren. Das Spottplakat »Es ist keine Schande, gegen uns zu verlieren« aber hätten die Kölner Fans besser in Magdeburg lassen sollen. Denn mit dem 5:2 gegen den 1. FC Köln wurde der in die 4. Liga abgerutschte einzige DDR-Europacup-Sieger von 1974 zum Großwildjäger.

Die Bayern wollten 80 000 Zuschauer sehen

Waren 8000 zum Köln-Auftritt ins Ernst-Grube-Stadion gepilgert, so wollten 80 000 in Runde 2 den Meister FC Bayern sehen. Aber nur 26 000 konnten im Stadion dabei sein. Erinnerungen an Duelle im Europacup der Meister von 1974 wallten auf, die Bayern gegen den FC Magdeburg mit 3:2 und 2:1 gewannen. Eine »Revanche« bei diesem Klassenunterschied? Erstaunt hatte Bayern-Torwart Oliver Kahn reagiert, als man ihn nach vorbereitendem Elfmeter-Training fragte: »Vor Magdeburg? Ich glaube kaum.« Für Magdeburgs Trainer Eberhard Vogel aber gehörte das zum Pflichtprogramm. Sicher ist sicher. Und als die blau-weiße Tapferkeit ein 1:1 auch über die Verlängerung rettete, gingen ausgerechnet die prominentesten Bayern am Elfmeterpunkt nervlich in die Knie. Elber und Jeremies scheiterten an FCM-Torwart Dreszer, was Trainer Hitzfeld »maßlos enttäuschte«. Und nicht nur ihn.

Massenauszug der Erstligisten nach der dritten Runde

Es war sowieso ein Massenexodus der Erstligisten zu erleben: Bayern, Hertha, Cottbus, Unterhaching, Rostock, Lautern (mit 1:5 in Gladbach), HSV. Den wackeren VfB-Amateuren hatte der Lostopf leider die eigenen Stuttgarter Profis als Bremsklötze zugeschanzt (was ab 2001/02 abgeschafft ist). So konnten nach Runde 3 nur noch zwei ostdeutsche Vereine das Banner der Unterklassigen flattern lassen: 1. FC Magdeburg (4. Liga) und 1. FC Union (3. Liga). Die Elbestädter hatten dem Karlsruher SC dreimal die Führung wieder abgerungen, um ihn dann in der Verlängerung mit 5:3 zur Strecke zu bringen. Was die FCM-Veteranen freute: »Der alte Geist von 1974 ist wieder da.« Und dazu 1,5 Millionen Mark in der Kasse, über der ein halbes Jahr zuvor der Pleitegeier geschwebt war. Die Berliner, mitten in ihrem vierten (!), aber nun endlich gelungenen Anlauf in die 2. Liga, hatten Erfolge gegen Oberhausen, Greuther Fürth und Ulm bereits weit gebracht.
Für die Viertelfinal-Partie in Magdeburg schwor Andreas Möller seine Schalker ein: »Der DFB-Pokal ist in diesem Jahr unser Europacup!« Und vor erneut 26 000 Zuschauern verhinderte ein Elfmeter-Tor von Jörg Böhme dann auch die Sensation Nummer 4. Es war Schalkes späte Revanche für den UEFA-Cup-Rauswurf von 1977. Der 1. FCM aber war wieder eine respektable Adresse und als Meister in der NOFV-Liga Süd auf dem Sprung in die Regionalliga.

SCHALKES WEG INS FINALE		UNIONS WEG INS FINALE	
TSV Rain/Lech (Auswärts)	7:0	Rot-Weiß Oberhausen (H)	2:0
FC St. Pauli (A)	3:1 n.V.	SpVgg. Greuther Fürth (H)	1:0
Borussia Dortmund (Heim)	2:1	SSV Ulm (H)	4:2
1. FC Magdeburg (A)	1:0	VfL Bochum (H)	1:0
VfB Stuttgart (A)	3:0	Borussia Mönchengladbach	2:2/4:2 E.

Von wegen Ausputzer: Daniel Ernemann schoss Bochum aus dem Rennen

Auch Bochum scheiterte am 1. FC Union Berlin

Der 1. FC Union brachte durch Daniel Ernemann in letzter Sekunde mit dem VfL Bochum nun auch einen Erstligisten zur Strecke. »Union war uns vor allem in der Motivation überlegen«, so VfL-Trainer Ralf Zumdick. Was Gladbach-Trainer Hans Meyer nach dem Halbfinale unumwunden bestätigen musste. »Damit haben sie unsere technischen Vorteile mehr als ausgeglichen. Vielleicht setzen sie es beim DFB durch, auch das Finale hier zu spielen ...« Hunderte Fans hatten tags zuvor auf Radio-Aufrufe hin den dicken Schnee aus der Union-Arena geschaufelt. Torwart Sven Beuckert (1,96 m, 27 Jahre) belohnte sie. Nach dem 2:2 nach Verlängerung entnervte er beim notwendig gewordenen Elfmeterschießen van Lent und Eberl, was die Unioner gelassen zum 4:2-Triumph ausbauten. Das seit 1985 immer im Berliner Olympiastadion ausgerichtete Finale hatte damit der siebte unterklassige Verein erreicht. Unions Vorläufer waren Stuttgarter Kickers (1987), Hannover 96 (1992), Hertha-Amateure (1993), Rot-Weiß Essen (1994), VfL Wolfsburg (1995) und Energie Cottbus (1997). Doch nur Hannover 96 eroberte auch den Pott.

EINE BAUSTELLE WIRD WIEDER STADION

Eine rot leuchtende Uhr am Spielfeldrand weist im Berliner Olympiastadion nach Tagen, Stunden und Minuten auf ein unverrückbares Ziel hin: den Beginn der Fußball-WM 2006. Bis dahin muss die ehrwürdige Arena saniert und umgebaut sein. Für 473 Millionen Mark. 2004 soll alles fertig sein. Bis dahin muss Hertha BSC mit der frustrierenden Atmosphäre einer Baustelle fertig werden. Solange sind stets nur 55 000 Zuschauer möglich. Aber die Walter-Bau-AG hat mit dem DFB auch einen Zusatzvertrag geschlossen: Beim Pokalendspiel am 26. Mai müssen 70 000 Plätze verfügbar sein! »Wir liegen gut im Rennen, arbeiten auch in Nachtschichten«, signalisierte das Unternehmen schon vier Wochen vorher. »Es sollen sogar 72 000 Plätze werden.« In zehnmonatiger Bauzeit wurden der halbe Unterring und ein Viertel des Oberrings von Grund auf erneuert. Das Stadion wird später um 2,65 m tiefer gelegt. Die sich derzeit bietende Distanz zur ersten Sitzreihe wurde mit abbaubaren Stahlrohrtribünen für 4500 Zuschauer geschlossen. So wurde aus einer tristen Baustelle wieder ein Stadion für das alljährliche Fußballfest. Nur der Nordtribüne fehlt das gewohnte Dach. Dort haben die Vorarbeiten für die Gesamtüberdachung begonnen. Dafür sorgen dann zwanzig 14 m hohe Stahlstützen.

DFB-POKAL

Faire Pokalgeste auf Schalke in Sorge um den BvB-Stürmer, der an einem Gehirntumor leidet

Am Main kicken die besten Frauen

Welch ein strapaziöser Mai für die kickenden Frauen: Mitten in der Woche Länderspiele gegen Italien in Troisdorf (1:0) und gegen Russland in Gera (1:1) als EM-Vorbereitung. Dazu der Liga-Endspurt und das Pokalfinale. »Deswegen sind wir glücklich, den Titel in der Tasche zu haben, bevor wir nach Berlin fuhren«, bekannte Monika Staab, Vorsitzende und Trainerin des 1. FFC Frankfurt. Und in Berlin bekam die Saison ihre Krönung: Zum zweiten Male schafften die Frankfurterinnen nach 1999 das Double, zusätzlich zum Titel auch den DFB-Pokal zu erobern. Der FFC Flaesheim-Hillen wurde mit 2:1 bezwungen. Für Frankfurt war es der Pokal-Hattrick – der dritte Triumph in Serie.

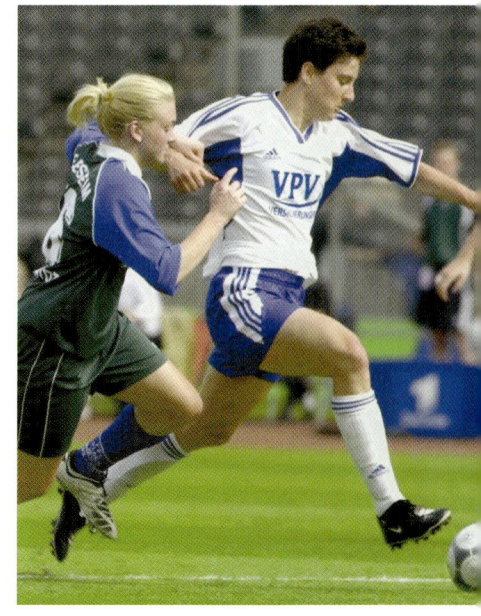

Der 1. FFC Frankfurt dominierte alles – Titel und Pokal

Von Wolfgang Hartwig

Für die »Arena auf Schalke« warben die Spielerinnen aus Flaesheim-Hillen auf ihren Jerseys. »In diese schöne Region mit Stausee etwa 20 km von Gelsenkirchen fahren viele Schalker mit ihren Familien zur Naherholung. Als wir von ihren finanziellen Nöten hörten, haben wir eben geholfen, verbunden mit der Bitte um Werbung für unsere neue Arena«, kommentierte Schalke-Manager Rudi Assauer diese Verbindung. »Außerdem ist mit Hermann Erlhoff ein alter Schalker dort Trainer. Wir sichern auch die nächste Saison ab.« Und so erlebten die Mädchen aus »Flaaasheim-Hillen«, wie sie es nennen, aus der Schalker-Kurve auch lautstarke Hilfe beim Bemühen, sich gegen die technische und athletische Übermacht aus Frankfurt zu wehren. Und als Antje Meier in der 44. Minute einen der seltenen Konter zum 1:0 nutzen konnte, trug der Schalker Jubel die Außenseiter wie auf Flügeln in die Pausenkabine. »Aber dann wurde die Frankfurter Überlegenheit zu stark«, musste Hermann Erlhoff zugestehen. »Wir konnten zweimal den Pass in die Tiefe nicht verhindern, und Renate Lingor hat dann glänzende Vorarbeit für die Tore von Birgit Prinz und Jennifer Meier geleistet.« Das passierte in der 48. und 78. Minute. Für Hermann Erlhoff (56), 162-mal in der Bundesliga für Schalke und Rot-Weiß Essen aktiv und mit 15 Treffern erfolgreich, war es das zweite 1:2 in einem Pokalfinale. Das erste hatte er 1969 mit Schalke in Frankfurt gegen Beckenbauers Bayern erlebt. »So einen Tag wie diesen in Berlin wird man nie vergessen. Schalke wieder ganz oben. Das wird auch dem Frauen-Fußball in Flaesheim, zu dem ich durch Zufall gekommen bin, großen Auftrieb geben. Die Mädchen arbeiten viel intensiver, wenn sie sehen, was so zu erreichen ist.« Er selbst wird nun wieder in den - auch finanziell sicheren – Männerbereich zurückkehren. Für seine Kontrahentin Monika Staab aber war es »die beste Leistung meiner Mannschaft von allen drei Finals«. Die ersten Male hatten sie doch noch Pudding in den Beinen. In der Woche drauf rückten acht ihrer Spielerinnen in den Nationalkader auf.

Oben: DFB-Präsident Mayer-Vorfelder freut sich mit den Frankfurterinnen. Ganz links: Birgit Prinz mit starkem Antritt, Annika Schmidt kommt nicht mit. Nia Küzer zeigt einen etwas in die Jahre gekommenen »Damen«-Pokal – skeptisch.

Frankfurt souverän, aber Siegen steigt aus

Nach einem 5:0 gegen SC 07 Bad Neuenahr drei Runden vor Schluss hatten 600 Frankfurter ihre Meisterinnen gefeiert. Monika Staab, mit Manager Siegfried Dietrich Motor des Erfolgs, freute sich besonders: »Denn damit starten wir im UEFA-Cup der Landesmeister. Dieser neue Pokal ist ein großer Fortschritt für den Frauenfußball!« 32 Meisterteams werden in Vierer-Gruppen spielen, ehe es dann mit Viertel-, Halbfinals und Endspiel weitergeht.

Der 1. Frauen-Fußball-Club Frankfurt, bis Januar 1991 als SG Praunheim bekannt, hatte bis zu jener Titelfeier nur ein Ligaspiel verloren. Monika Staab: »Zwar fehlten uns einige Stammspielerinnen, aber das 0:2 in einem Heimspiel zeigte auch, welch spielstarkes, aufstrebendes Team Potsdam hat.« Beim 1. FFC Turbine Potsdam, dem sechsfachen DDR-Meister, hat Bernd Schröder (58) als bewährter »Chef« das »Potsdamer Modell« auf den Weg gebracht: die erstmalige Einschulung begabter Mädchen ins Sportgymnasium. Ausgerechnet in Potsdam aber zeigte der FFC Flaesheim-Hillen seine Kunststücke: Erst den Pokal-Halbfinalsieg mit 4:2 im Elfmeterschießen (nach 0:0) und eine Woche drauf das Liga-1:0 durch Katrin Lange in der 90. Minute. Für alle kummervoll aber ist der Abgang der Sportfreunde Siegen - mit sechs Titeln und fünf Pokalsiegen der erfolgreichste Verein im deutschen Frauen-Fußball! Weil dem verschuldeten Klub 200 000 Mark im neuen Saisonetat fehlen, bekam er vom DFB keine Liga-Lizenz. Als ihr TSV 1996 pleite ging, waren die Siegenerinnen mit dem Titel zu den Sportfreunden gewandert. Ihr 2:2 beim 1. FFC in Frankfurt in Runde 16 war noch ein letzter Trommelwirbel zum Abschied. Respekt erspielten sich auch die jungen Liga-Neulinge vom FC Bayern München, bereits 1976 Meister und nun immer in der oberen Hälfte zu finden. Nur die Bayern sind bei Damen und Herren erstklassig. Bayern-Präsident Franz Beckenbauer: »Irgendwann wollen wir auch da zum Titel zu greifen.«

DFB-POKAL

DER WEG NACH BERLIN

1. FFC Frankfurt:	FFC Flaesheim-Hillen
1. FC Saarbrücken II (A) 7:0	Magdeburg/Wolmirstedt (A) 6:1
Sportfreunde Siegen (H) 10:0	Hamburger SV 1:1 n.V. 5:4 E.
Wolfsburg-Wendschott (A) 6:0	Brauweiler-Pulheim 0:0, 3:2 E.
FSV Frankfurt (A) 2:1	Turbine Potsdam 0:0, 4:2 E.

FRAUEN-FUSS-BALL

Nach großem Kummer Olympia-Bronze bejubelt

Von Wolfgang Hartwig

»Wir haben Olympia-Bronze!« Die deutschen Fußball-Damen ließen ihre Freude darüber mit Hechtsprüngen, bäuchlings über den Rasen schlitternd, ungehemmt heraus. Der WM-Dritte Brasilien war in Sydney durch Tore der Frankfurterinnen Renate Lingor und Birgit Prinz mit 2:0 im »kleinen Finale« bezwungen worden. Und so flog von sechs deutschen Spielmannschaften ausgerechnet jene, die von den schlechtesten Prognosen begleitet war, als einzige medaillengeschmückt nach Hause. »Und das nach der vielen Prügel zuvor. Das geht runter wie Öl«, freute sich Doris Fitschen. Sie hatte ihren Rekord auf 136 Nationalelf-Einsätze steigern können.

Völlig missraten aber war die Turnier-Generalprobe im Juli: Nur Niederlagen setzte es in Niedersachsen gegen China, Norwegen und die USA. Die Skeptiker orakelten das Scheitern schon in der Vorrunde, wie 1996 bei der Olympiapremiere. »Der Test an den Besten sollte zeigen, woran wir noch zu arbeiten hatten.« Tina Theune-Meyer, die Trainerin, geriet deshalb in die Kritik.

»Der Teamgeist war intakt ...«

»Das Nachdenken war aber nötig«, so Birgit Prinz. Und Doris Fitschen: »Drei Monate haben wir aufeinander gehockt, ohne Streitereien untereinander und ohne den Lagerkoller zu kriegen. Dem Teamgeist hat es gut getan.« Durch die Bundesliga verschob sich der Start sogar auf Oktober. Neue Erkenntnisse und Bewährungen verschaffte den Frauen das gemeinsame Training mit den Profis von Bayer Leverkusen, vom 1. FC Köln und von Hannover 96. Doch ausgerechnet der hoch motivierte Gastgeber Australien wartete beim Start auf die deutschen Kickerinnen. Gegen das Team hatte man noch nie gespielt. Darin steckte viel Unkalkulierbares. Doch Tore von Grings, Wiegmann und Lingor sorgten dann für ein 3:0, das Optimismus verbreitete. »Dass wir danach gegen Brasilien so auftrumpfen würden, überraschte auch mich«, gestand Trainerin Theune-Meyer nach dem 2:1-Sieg. Birgit Prinz hatte zweimal getroffen. Mit 1:0 gegen Schweden (durch Hingst) wurde die Vorrunde unbeschadet überstanden.

Endlich ins Olympische Dorf

»Endlich nach Sydney! In Canberra waren wir doch weit weg von den Olympischen Spielen«, atmete nicht nur Birgit Prinz auf. »Im Olympischen Dorf haben wir dann tagelang die vielen Stars bestaunt, die man so traf.« Doch Freud und Leid sind nun mal

Frauenfreude über olympisches Metall: In Sydney schafft die deutsche Frauen-Nationalmannschaft Bronze nach ihrem Sieg über Brasilien, v.l.: Stefanie Gottschlich, Ariane Hingst, Sandra Minnert, Maren Meinert, Bettina Wiegmann, Steffi Jones, Jeannette Götte

Geschwister im Sport. Das Halbfinale gegen Norwegen war zwar eines der besten deutschen Spiele, aber Chance auf Chance verrann ungenutzt. Und dann kam die 80. Minute: Tina Wunderlich wollte einen Flugball zu Torhüterin Silke Rottenberg zurückköpfen, doch diese stand schon hinter ihr. Ein »perfektes« Eigentor. Beim 0:1 blieb es. Untröstlich und heulend stand die Frankfurterin noch lange danach auf dem Schicksalsrasen. Als Norwegen später mit 3:2 gegen USA das Gold eroberte, kehrten die Erinnerungen an die vertanen Möglichkeiten zurück: Was wäre, wenn ...?

Bettina Wiegmann und Maren Meinert aber verließen die Olympischen Spiele mit Verträgen für US-Profiliga. »Ab April 2001 werden sie dort neue Erfahrungen sammeln und Geld verdienen. Ich finde dies nützlich für den Frauenfußball«, beurteilte Tina Theune-Meyer. »Irgendwann sollten wir bei uns auch mal dahin kommen«, hofft sie.

FRAUEN-FUSS-BALL

Abwehrspielerin Sandra Minnert im Duell mit der Brasilianerin Formiga

OSNABRÜCK ÜBERZEUGTE DIE SKEPTISCHE UEFA
DIE 5. FRAUEN-EM STARTET IN THÜRINGEN UND SCHWABEN

Europas Frauen-Elite kürt ihre Meisterinnen zum zweiten Mal in Deutschland! Diesmal erleben es die Schwaben und die Thüringer vom 23. Juni bis zum 1. Juli 2001. Für die Europäische Fußball-Union (UEFA) ist es die fünfte offizielle EM, weil Europas Fußball-Bosse den ersten drei Auflagen mit einiger Skepsis begegnet waren und ihnen nur den schwammigen Titel eines »UEFA-Wettbewerbs für nationale Auswahl-Mannschaften« verliehen hatten. Aber die Osnabrücker Erlebnisse von 1989 bekehrten alle. Tausende standen ohne Karte vor den Toren des Stadion, in das 22 000 passen. Und die trieben mit ihrer Begeisterung die deutschen Kickerinnen im Finale gegen Titelverteidiger Norwegen förmlich vorwärts zu einem 4:1-Triumph. Eine solche Anteilnahme hatte der Frauen-Fußball bis dahin noch nicht erlebt. Von da an gab es endlich Europameisterschaften. Nun ist schon die fünfte zu erleben und mit den »inoffiziellen« sogar die insgesamt achte.

In den sieben Kräftemessen hat der Deutsche Fußball-Bund viermal dominiert. Er ist auch Titelverteidiger, musste sich aber erst gegen Ukraine, Italien und Island qualifizieren. Das überstanden die Frauen unbezwungen. Aber wegen der Qualifikation hatte der Deutsche Fußball-Bund nur vier Monate Zeit zur Turniervorbereitung. »Die UEFA hat die Endrunde stets erst dann vergeben, wenn der Bewerber auch als Teilnehmer feststand0«, erklärte Turnierdirektor Willi Hink. »Weil sich auch England beworben hatte, musste man bis zum Ende der Qualifikationen warten. England zog sich aber dann zurück.« Auch da war viel Skepsis zu überwinden. Willi Hink: »Bis zur großartigen WM von 1999 in den USA glaubte niemand, dass man Frauen-Fußball auch werblich vermarkten kann.« Und so bekam er vielerorts zu hören, dass die Werbeetats für 2001 schon verplant seien. Wieder hatte der Frauen-Fußball das Nachsehen – unverdientermaßen.

Thüringen und Schwaben aber bekamen den Zuschlag, weil dort der Fußball auf aufgeschlossenes Interesse trifft, beim Publikum, bei den Vereinen bis zu den Bürgermeistern. Es sind Regionen, die von der Bundesliga nicht überfüttert werden, aber auch nicht zu den Zentren des Frauen-Fußballs wie Frankfurt, Duisburg, Siegen und Potsdam zählen. Es sind also Missionen ins Neuland.

ARD, ZDF (bei den deutschen Spielen und Finals) sowie Eurosport werden das live beobachten.

DAS 5. EM-TURNIER

Vorrunden-Gruppe A:
Deutschland – Schweden (23.6./Erfurt),
– Russland (27.6./Erfurt),
– England (30.6./Jena)
Grupppe B:
Norwegen, Frankreich, Italien, Dänemark
(in Ulm, Aalen, Reutlingen)
Halbfinale:
4.7. in Ulm
(Sieger A – Zweiter B,
Sieger B – Zweiter A),
Finale: 7.7. in Ulm

ALLE EM-ENDSPIELE SEIT 1984

1984: Schweden – England 1:0 und 0:1 (4:3 Elfmeterschießen) in Göteborg (Schweden) und Luton (England)
1987: Norwegen – Schweden 2:1 in Oslo (Norwegen)
1989: Deutschland – Norwegen 4:1 in Osnabrück
1991: Deutschland – Norwegen 3:1 n.V. in Aalborg (Dänemark)
1993: Norwegen – Italien 1:0 in Cesena (Italien)
1995: Deutschland – Schweden 3:2 in Kaiserslautern
1997: Deutschland – Italien 2:0 in Oslo

Die Nationalelf

Der 28. März 2001 ist für die deutsche Fußball-Nationalelf zu einem wichtigen Datum geworden. Mit dem 4:2-Sieg in Athen gegen Griechenland wurde das Jubiläum des 700. Länderspiels gefeiert. Zudem war es der vierte Sieg im vierten WM-Qualifikationsspiel, die makelloseste Bilanz aller europäischen WM-Gruppen. Vor allem aber war es die spielerisch überzeugendste Leistung nach dem 1:0-Erfolg gegen England in Wembley. »Das war heute die Zukunft«, applaudierte nicht nur DFB-Präsident Mayer-Vorfelder. Eigentlich war es auch der Tag, an dem Interims-Teamchef Rudi Völler sein Amt an Christoph Daum übergeben sollte, was dessen Kokain-Affäre verhinderte. Rudi Völler unterschrieb in Athen einen Vertrag bis 2002. Doch der DFB und alle Fans wünschen sich, dass er und Trainer Michael Skibbe die Nationalelf auch zur WM 2006 in Deutschland führen.

Es gibt noch keinen Grund zur Euphorie

Von Günter Netzer

Natürlich will ich den Funken Hoffnung nicht austreten, da wir mit 12 Punkten unsere WM-Gruppe so souverän anführen. Aber diese Siege sind nur ein kleiner Schritt zurück in die Führungsriege des Weltfußballs. Es gibt keinen Grund zur Euphorie. Das erfreuliche Erlebnis von Athen, das wir unbedingt gebraucht haben, bringt Akzeptanz und Ansehen zurück, Ruhe, Moral und Selbstvertrauen. Auf diesen 4:2-Sieg in Griechenland kann Rudi Völler aufbauen für die WM 2002 und damit auch gleich einen Schritt weitergehen zur WM 2006. Auch wenn bis zur WM in Deutschland noch viel Zeit vergeht, auch wenn es unseriös ist, jetzt junge Spieler zu künftigen Stammspielern hochzujubeln. Aber in der aktuellen Mannschaft stehen mindestens sechs Spieler, die dann noch dabei sein können.

Natürlich blicken jetzt alle auf Sebastian Deisler. Seine Entwicklung ist nun jedem klar geworden. Und das auf einer zentralen Position. Aber seine Entwicklung fängt gerade erst an. Übertreibungen tun ihm keinen Gefallen. Groß kann er auch bei Hertha werden. Das muss nicht unbedingt in einem großen Verein stattfinden. Hertha wird das keinesfalls behindern. Auch ich blieb lange Zeit in Mönchengladbach, weil mit Hennes Weisweiler zur rechten Zeit ein Trainer kam, der mir Vertrauen geschenkt hat in der Rolle des Spielmachers, nachdem ich vorher einen verkappten Linksaußen gespielt hatte. Entscheidend ist, ob Deisler den Führungsanspruch überhaupt erhebt. Das muss er wollen. Diese Rolle kann man ihm nicht aufzwingen, kann ein Chef nicht bestimmen. Deisler wird immer ein erstklassiger Spieler sein, aber ob er der neuen Aufgabe gerecht wird, das ist längst nicht entschieden.

Kandidaten für 2006 wie Michael Ballack (24), Sebastian Deisler (21) und Miroslav Klose (23) müssen sich erst mal über eine längere Strecke durchsetzen und beweisen. Klose ist noch vieles von dem suspekt, was um ihn herum geschieht. Das ist wie ein Märchen und steht noch auf tönernen Füßen. Am ehesten gefestigt scheint schon Ballack. Er bringt auf dem Platz in vielen Fällen, was er wirklich kann. Was er an Laufleistung gegen Griechenland ablieferte – toll.

Natürlich ist auch Jens Nowotny (27) für 2006 noch eine Bank. An dem Jungen ist alles in Ordnung, vor allem charakterlich. Er lässt sich nicht beirren. Er wäre eine noch stärkere Führungsnatur, wenn er laut dirigieren, laut leiten würde.

Auf längere Sicht, also bis 2006, wird eine Fußballnation wie Deutschland wieder eine vernünftige Mannschaft hinbekommen. Sogar Oliver Kahn traue ich zu, dass er noch fünf Jahre im Tor steht. Bei seinem Ehrgeiz, seinem Können, seiner Einstellung. Spieler wie Jens Jeremies (27) waren zu allen Zeiten unglaublich wichtig für eine Mannschaft. Diese Dynamik, dieser Wille, diese Arbeitsleistung nützen jeder Mannschaft. Jeremies ist ein Eckpfeiler, über 2002 hinaus, auch wenn da noch viele Sachen passieren können.

Auch Marko Rehmer (29) sollte 2002 einen Eckpfeiler bilden. Die Position im rechten Mittelfeld füllt er momentan so perfekt aus, er bringt so viel nach vorn und hinten, dass er nicht mehr wegzudenken ist. Sein 1:0-Tor in Athen und seine Vorlage auf Bode zum 4:2 waren schulbuchmäßig. Die Auflösung nach vorn, die beim 0:1 in Frankreich fehlte, war auch dank ihm plötzlich wieder da.

Der Geist von Athen muss nun bestätigt werden und auch, dass sich die Mannschaft spielerisch und taktisch verbessert hat. Die Spieler müssen aber auch austauschbar sein, wenn sie keine Form haben oder verletzt sind. Rudi Völler als Teamchef und Michael Skibbe als Trainer müssen die Qual der Wahl haben. Sie dürfen nicht auf Gedeih und Verderb auf einige wenige angewiesen sein. Aber Völler weiß jetzt, mit welchen Leuten er es zu tun hat. Deshalb kann er glücklich sein, dass es auch einen Mehmet Scholl (30) gibt. Jener war gegen Griechenland gesperrt. Wir sollten froh sein, mit Scholl, Ballack und Deisler drei kreative Kräfte zu haben, die wir uns wünschten. Selbst wenn alle drei einsatzfähig sind, ist Platz für sie da, für Scholl im Sturm, für Deisler und Ballack mehr defensiv.

Es wäre zu einfach, jetzt schon für 2006 auf hoch talentierte Spieler aus der U 21 zu setzen. Wenn man sieht, wie wehrlos sich die Albaner 0:8 schlagen ließen, kann man das nicht feiern. Bereits das 0:2 in Griechenland hat das Gegenteil bewiesen. Die jungen Spieler brauchen diese Wechselbäder. Doch nur über konstant gute Leistungen im Verein können sie sich weiter empfehlen. Junge Leute sofort in die Nationalelf zu holen, hat uns in den letzten Jahren nicht viel weiter gebracht.

Wir werden keine Brasilianer und auch keine Franzosen werden. Das sollten wir auch gar nicht anstreben. Aber mehr Technik, mehr Fußball spielen können, das wäre unserer Kampfkraft sehr nützlich. Dann würde es wieder schwer sein, uns zu schlagen.

DIE ELF

Teamchef Rudi Völler (r.) und DFB-Trainer Michael Skibbe auf der Suche nach neuen Beinen für das Land

DIE ELF

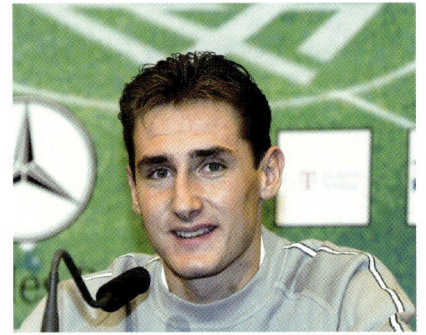

Die Hoffnungsträger

Gegenwärtige Empfehlungen für die nahe und weitere Zukunft – oben v.l.: Michael Ballack, Sebastian Deisler und Jens Nowotny …

… mittlere Reihe Miroslav Klose, Jens Jeremies und Marko Rehmer, dazu Torhüter Oliver Kahn und – der übermütige Mehmet Scholl

RUDI VÖLLERS SIEBEN STREICHE

**16. August 2000 in Hannover:
Deutschland – Spanien 4:1**
(Tore: Scholl 2, Zickler 2)
Franz Beckenbauer, erster Teamchef im DFB: »Rudi Völler hat die Mannschaft aufgerüttelt und an der Ehre gepackt. Ein solcher Mann hat uns lange gefehlt.«

**2. September 2000 in Hamburg:
WM-Qualifikation:
Deutschland – Griechenland 2:0**
(Tore: Zickler, Eigentor Uzunidis)
Oliver Kahn, Torwart: »Jeder Spieler, der bei der EURO war, bekam hinterher so auf die Schnauze, dass er nun beweisen will, dass es nicht nur an den Spielern lag, dass es zu disem EM-Debakel kam.«

**7. Oktober 2000 in London:
England – Deutschland 0:1**
(Tor: Hamann)
Sport-Informationsdienst (sid): »Am Samstag gab es für deutsche Fußballanhänger im Wembley-Stadion einen kulinarischen Leckerbissen, den man in dieser Qualität nicht erwarten konnte.«

**15. November 2000 in Kopenhagen:
Dänemark – Deutschland 2:1**
(Tor: Scholl)
Günter Netzer: »Dieses 1:2 war kein Absturz, auch kein Debakel, kein willenloses Sich-Ergeben, wie wir es im Jahr 2000 reichlich erlebt haben. Aber Grenzen sind aufgezeigt worden.«

**27. Februar 2001 in Paris:
Frankreich – Deutschland 1:0**
Jens Jeremies: »Man hat den entscheidenden Unterschied zwischen einem Durchschnittsteam und einer Weltklassemannschaft gesehen.«

**24. März 2001 in Leverkusen:
WM-Qualifikation:
Dcutschland – Albanien 2:1**
(Tore: Deisler, Klose)
DFB-Journal: »Das spielerische Notprogramm, mit dem die ungenügende Leistung der deutschen Elf einherging, weckte die Erinnerung an finstere Tage der Vergangenheit.«

**28. März 2001 in Athen:
WM-Qualifikation:
Griechenland – Deutschland 2:4**
(Tore: Rehmer, Ballack, Klose, Bode)
Deutsche Presse Agentur: »In der viertägigen Pause zwischen der trostlosen Partie gegen Albanien und dem couragierten Auftritt in Athen war es Völler offensichtlich gelungen, die Versagensängste abzubauen.«

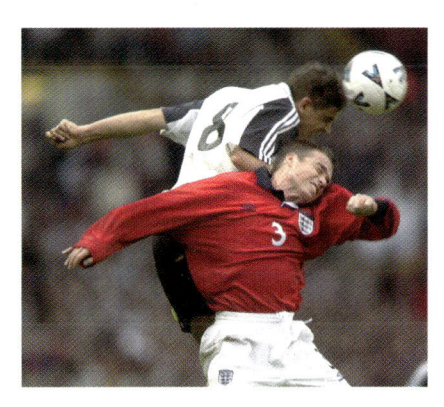

Starker Einsatz der Herthaner in der WM-Qualifikation: Sebastian Deisler setzt sich in Wembley gegen Graeme Le Saux durch (oben), Marco Rehmer überläuft den Griechen Nikos Liberopoulus. Vierter Sieg im vierten Spiel auf dem Weg zur WM – man zeigt sich zufrieden

DIE ACHT DFB-NATIONALTRAINER

Otto Nerz (1926-36):
in 70 Spielen 42 Siege, 10 Remis, 18 Niederlagen. WM-Dritter 1934.
Josef (Sepp) Herberger (1936-64):
in 167 Spielen 94 Siege, 27 Remis, 46 Niederlagen. Weltmeister 1954, WM-Vierter 1958.
Helmut Schön (1964-78): in 139 Spielen 87 Siege, 30 Remis, 22 Niederlagen. Weltmeister 1974, WM-Zweiter 1966, WM-Dritter 1970, Europameister 1972, EM-Zweiter 1976.
Josef (Jupp) Derwall (1978-84):
in 67 Spielen 45 Siege, 11 Remis, 11 Niederlagen. WM-Zweiter 1982, Europameister 1980.
Franz Beckenbauer (1984-90):
in 66 Spielen 36 Siege, 17 Remis, 13 Niederlagen. Weltmeister 1990, WM-Zweiter 1986, EM-Halbfinale 1988.
Hans-Hubert (Berti) Vogts (1990-98):
in 102 Spielen 67 Siege, 23 Remis, 12 Niederlagen. Europameister 1996, EM-Zweiter 1992.
Erich Ribbeck (1998-2000):
in 24 Spielen, 10 Siege, 6 Remis, 8 Niederlagen.
Rudolf (Rudi) Völler (ab 2000):
in 7 Spielen 5 Siege, 2 Niederlagen.
Stand: 15.5.2001

DIE ELF

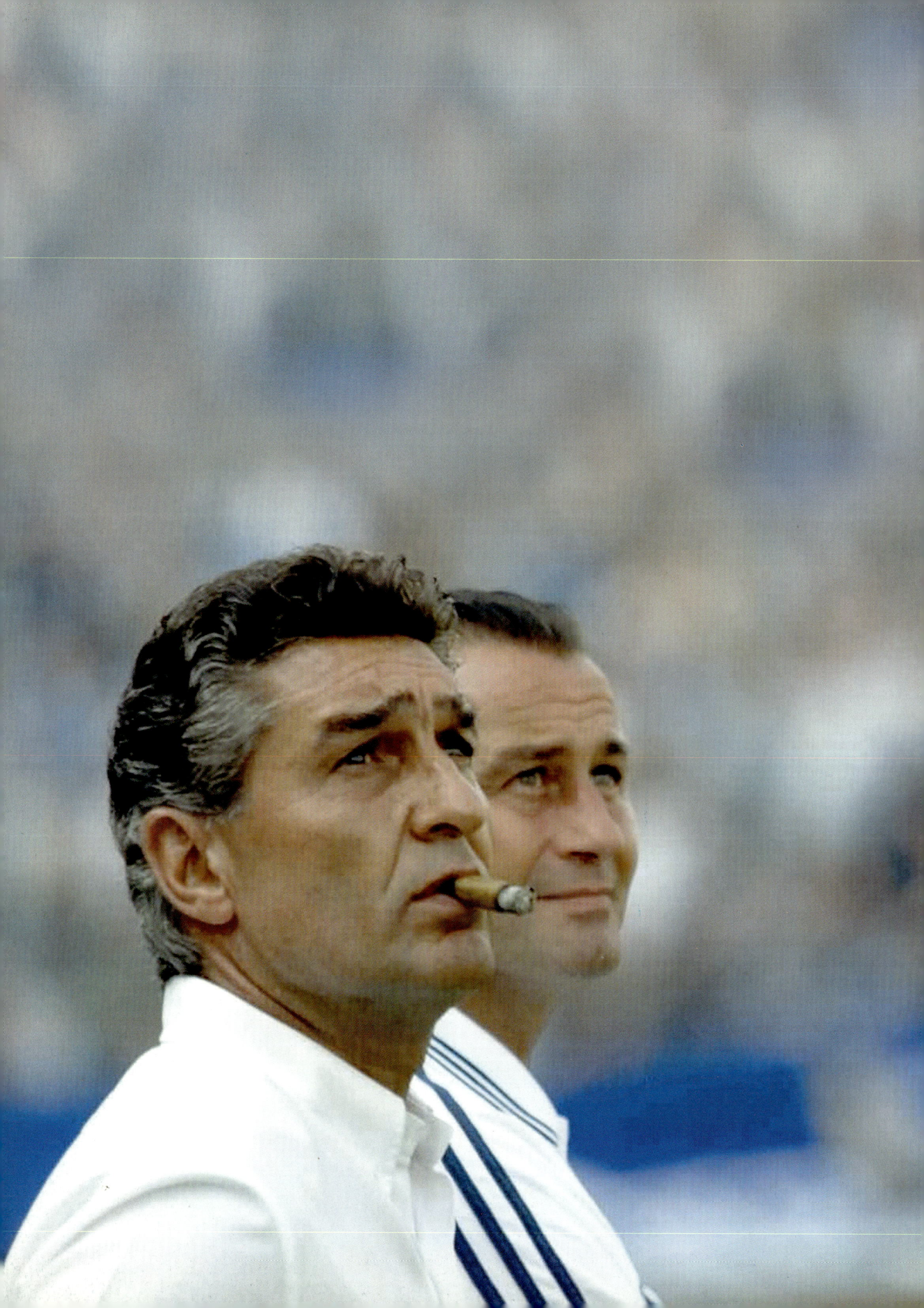

Statistik

Saison 2000/01: Daten der Spieltage

Zahlen zur Saison

Ewige Bundesliga-Tabelle

Alle Tabellenführer

Saison 2000/01 im Überblick

Hallenmasters 2001

Frauen-Bundesliga 2000/01

DFB-Pokal 2000/01 – Frauen

DFB-Pokal 2000/01 – Männer

Länderspiele 2000/01 – Männer

Länderspiele 2000/01 – Frauen

Champions League 2000/01

UEFA-Cup 2000/01

Qualifikation Champions League und UEFA-Cup 2001/02

Abschluss-Tabellen international

Personenregister

Termine

Die Premieren der 38. Saison

Das erste Tor: Heiko Herrlich erzielte es am Freitagabend in der 61. Minute zum 1:0-Sieg für Dortmund gegen Rostock.

Der erste Spitzenreiter: Der SC Freiburg! Der war das in sieben Liga-Jahren noch nie.

Der erste Rekord: In Cottbus' Startformation in Bremen spielten neun Ausländer. Bislang hielt Stuttgart den Rekord mit acht.

Der erste Feldverweis: Martin Stranzl (1860) sah im Spiel beim HSV in der 82. Min. Gelb-Rot.

Das erste Eigentor: Schalkes Neuzugang Hajto produzierte es beim 2:1-Sieg als Kölns Ehrentor.

Der erste Elfmeter: Ulf Kirsten verwandelte ihn in der 24. Minute.

Der erste Top-Torjäger: Ulf Kirsten (Bayer 04) schoss beide Treffer beim 2:0 gegen Wolfsburg.

Die erste Ehrung: Nationaltorwart Oliver Kahn (Bayern) wurde von den Journalisten zum »Fußballer des Jahres 1999/2000« gewählt.

1. Spieltag — 11.–13. August

Borussia Dortmund – Hansa Rostock 1:0 (0:0)

Borussia Dortmund: Lehmann – Metzelder, Heinrich, Kohler (73. Nijhuis) – Evanilson, Kapetanovic – Stevic, Oliseh – Reina (90. Tanko), Ikpeba - (69. O. Addo), Herrlich
Hansa Rostock: Pieckenhagen – R. Schneider (38. Benken), Jakobsson, Zallmann – Emara – Wibran, Lantz – Rydlewicz, Brand (73. Ahanfouf) – Baumgart (64. Arvidsson), Agali
Tore: 1:0 Herrlich (61.). **Ecken:** 6:4. **Schiedsrichter:** Keßler (Höhenkirchen). **Zuschauer:** 61.000. **Gelbe Karten:** Evanilson – R. Schneider, Emara, Rydlewicz, Ahanfouf, Agali. **Gelb/Rote Karten:** keine. **Rote Karten:** keine

Werder Bremen – Energie Cottbus 3:1 (2:1)

SV Werder Bremen: F. Rost – Tjikuzu, F. Baumann, Verlaat, Skripnik – Eilts (73. Frings), Wicky – Herzog, Bode (77. Trares) – Stalteri (81. Bogdanovic), Pizarro
Energie Cottbus: Piplica – Beeck, McKenna (76. Micevski), Matyus – Thielemann – Reghecampf, Tzvetanov – Latoundji, Miriuta – Franklin (65. Helbig), Labak (50. F. Horvath)
Tore: 0:1 Miriuta (16.), 1:1 Stalteri (34.), 2:1 Bode (45.), 3:1 Pizarro (70.). **Ecken:** 6:3. **Schiedsrichter:** Stark (Ergolding). **Zuschauer:** 30.660. **Gelbe Karten:** Eilts, Pizarro, Verlaat – Franklin, McKenna, Tzvetanov, Beeck. **Gelb/Rote Karten:** keine. **Rote Karten:** keine

Hamburger SV – TSV München 1860 2:2 (2:2)

Hamburger SV: Butt – Hertzsch, Hoogma, Panadic – N. Kovac – Groth, Hollerbach – Barbarez (60. Heinz) – Präger, Ketelaer (75. Doll), Yeboah (66. Bester)
TSV München 1860: M. Hofmann – Zelic – Paßlack, Stranzl – Kurz – E. Mykland – Cerny, Bierofka – Häßler (70. Votava, 79. Borimirov) – Agostino (46. Winkler), Max
Tore: 0:1 Agostino (6.), 0:2 Max (7.), 1:2 Ketelaer (34.), 2:2 Präger (45.). **Ecken:** 5:2. **Schiedsrichter:** Fandel (Kyllburg). **Zuschauer:** 38.167. **Gelbe Karten:** N. Kovac, Ketelaer – Kurz. **Gelb/Rote Karten:** Stranzl (82.). **Rote Karten:** keine

SC Freiburg – VfB Stuttgart 4:0 (2:0)

SC Freiburg: Golz – Schumann, Diarra – Kehl, Kobiaschwili – Zeyer – B. Dreyer (59. Müller), Ramdane (63. Coulibaly) – Baya – Weißhaupt (57. Dorn), Iaschwili
VfB Stuttgart: Hildebrand – T. Schneider (46. Endress), Soldo, Bordon (29. Seitz), Carnell – Thiam – Lisztes, Balakov – Pinto, Hosny (64. Ganea) – Dundee
Tore: 1:0 B. Dreyer (4.), 2:0 Zeyer (28.), 3:0 Baya (48.), 4:0 Dorn (80.). **Ecken:** 3:7. **Schiedsrichter:** Krug (Gelsenkirchen). **Zuschauer:** 25.000 (ausverkauft). **Gelbe Karten:** B. Dreyer – Lisztes. **Gelb/Rote Karten:** keine. **Rote Karten:** keine

1. FC Kaiserslautern – VfL Bochum 0:1 (0:0)

1. FC Kaiserslautern: G. Koch – H. Koch (46. Roos), Schjönberg – Yakin – Ramzy, Strasser – Hristov (73. Pettersson) – Basler, Reich (37. Buck) – Djorkaeff, Lokvenc
VfL Bochum: Van Duijnhoven – Mamic, Stickroth – Bemben, Meichelbeck – Schindzielorz, Dickhaut (86. D. Milinovic) – Peschel – Bastürk (75. Freier) – Buckley, Weber (90. Maric)
Tore: 0:1 Buckley (62.)
Ecken: 9:6. **Schiedsrichter:** Dr. Fleischer (Ulm). **Zuschauer:** 38.355. **Gelbe Karten:** Hristov – Weber, Bemben, Schindzielorz. **Gelb/Rote Karten:** keine. **Rote Karten:** keine

Bayer Leverkusen – VfL Wolfsburg 2:0 (2:0)

Bayer 04 Leverkusen: Zuberbühler – Zivkovic, Nowotny, R. Kovac – Ramelow – Reeb, Gresko – Neuville (79. Ponte), Ballack – Kirsten (73. B. Schneider), Rink (85. Brdaric)
VfL Wolfsburg: Reitmaier – O'Neil, Hengen, Kryger – Maltritz, Nowak (77. Ch. Akonnor), Wagner (46. T. Maric) – D. Munteanu – Sebescen, Kühbauer (46. Weiser) – Juskowiak
Tore: 1:0 Kirsten (14.), 2:0 Kirsten (24., Foulelfmeter). **Ecken:** 6:4. **Schiedsrichter:** Steinborn (Sinzig). Zuschauer: 22.500 (ausverkauft). **Gelbe Karten:** Kühbauer, O'Neil. **Gelb/Rote Karten:** keine
Rote Karten: keine

Bayern München – Hertha BSC 4:1 (1:0)

FC Bayern München: Kahn – Sagnol, P. Andersson, Linke, Tarnat – Fink (83. Salihamidzic) – Wiesinger, Scholl – Sforza – Jancker (83. Hargreaves), Santa Cruz (67. Zickler)
Hertha BSC Berlin: Kiraly – van Burik, Tretschok (85. Simunic), Sverrisson (71. Sanneh) – Rehmer, Schmidt (71. Daei), Hartmann – Beinlich – Deisler, Wosz – Preetz
Tore: 1:0 Scholl (9.), 2:0 Jancker (65.), 3:0 Zickler (81.), 4:0 Salihamidzic (88.), 4:1 Daei (89.). **Ecken:** 4:9. **Schiedsrichter:** Dr. Merk (Kaiserslautern). **Zuschauer:** 57.000. **Gelbe Karten:** Sforza. **Gelb/Rote Karten:** keine. **Rote Karten:** keine

Eintracht Frankfurt – Unterhaching 3:0 (1:0)

Eintracht Frankfurt: Heinen – Hubtchev – Lösch (46. Kutschera), Rasiejewski (79. Bulut) – Kracht – G. Wimmer (66. Preuß) – Guié-Mien, Heldt, Sobotzik – Reichenberger, Ciric
SpVgg Unterhaching: Wittmann – Grassow, Strehmel, Hirsch – Matth. Zimmermann – Schwarz – Haber, Straube – Oberleitner (52. Breitenreiter), Copado (57. Bugera) – Rraklli (84. Seifert)
Tore: 1:0 Kracht (29.), 2:0 Ciric (49.), 3:0 Heldt (79., Foulelfmeter). **Ecken:** 7:4. **Schiedsrichter:** Strampe (Handorf). **Zuschauer:** 28.500. **Gelbe Karten:** G. Wimmer – Haber. **Gelb/Rote Karten:** keine. **Rote Karten:** keine

FC Schalke 04 – 1. FC Köln 2:1 (2:0)

FC Schalke 04: Reck – Hajto, Waldoch, van Kerckhoven – Oude Kamphuis, Nemec (69. van Hoogdalem) – Latal (81. Eigenrauch), Böhme – Möller – Sand, E. Mpenza (69. Mulder)
1. FC Köln: Pröll – Cullmann, Lottner (77. Kreuz), Keller – Hauptmann, Voigt – Timm – Baranek (50. Scherz), Springer – A. Arweladse (73. Donkov), Kurth
Tore: 1:0 Sand (12.), 2:0 E. Mpenza (37.), 2:1 Hajto (89., Eigentor). **Ecken:** 6:5. **Schiedsrichter:** Albrecht (Kaufbeuren). **Zuschauer:** 62.000. **Gelbe Karten:** Hajto, Sand – Voigt, Lottner, Kurth. **Gelb/Rote Karten:** keine. **Rote Karten:** keine

Die ersten Kanadier sind da

Kanada zählt zwar flächenmäßig zu den größten Ländern der Erde, ist aber auf der Landkarte des Fußballs bislang ein weißer Fleck. Zumindest was die internationale Reputation angeht. Aber nun haben mit Kevin McKenna (20) bei Energie Cottbus, Owen Hargreaves (19) bei Bayern München und vor allem Paul Stalteri (22) bei Werder Bremen die ersten Kanadier ihre Visitenkarten in der Bundesliga abgegeben. Nationalspieler Stalteri gelang sogar Bremens erstes Saisontor. Als Hargreaves vor Saisonbeginn mit Bayern auf Asien-Tournee war, schwärmte Franz Beckenbauer: »Bei dessen Technik geht mir das Herz auf.« Dass jener durch den britischen Pass auch für Wales spielen könnte, will Nationaltrainer Holger Osieck »mit baldiger Berufung verhindern. Er ist eines der größten kanadischen Talente.« Der ehemalige DFB- und Bundesligatrainer (VfL Bochum) ist seit zwei Jahren dort Nationaltrainer und Technischer Direktor. »Unsere Nationalspieler kommen aus England, Schottland, den USA und nun auch aus Deutschland. Das steigert ihr Niveau. Die Kameradschaft ist großartig. Wir wollen uns für die WM 2002 qualifizieren.«

2. Spieltag — 18.–20. August

Energ. Cottbus – Borussia Dortmund 1:4 (0:1)

Energie Cottbus: Piplica – Vata – Thielemann, Beeck, Matyus – Micevski (67. Helbig), Akrapovic, Miriuta, Latoundji – Labak (77. F. Horvath), Heidrich (61. Franklin)
Dortmund: Lehmann – Metzelder, Heinrich, Kohler – Evanilson, Oliseh, Stevic, Dede (69. Kapetanovic) – O. Addo (86. Tanko), Ikpeba (69. Reina), Herrlich
Tore: 0:1 Evanilson (9.), 0:2 Stevic (59.), 0:3 Herrlich (64.), 1:3 Miriuta (68., Foulelfmeter), 1:4 Herrlich (81.). **Ecken:** 9:4. **Schiedsrichter:** Dr. Wack (Biberbach). **Zuschauer:** 19.500 (ausverkauft). **Gelbe Karten:** Matyus, Vata – Stevic, Dede, Lehmann. **Gelb/Rote Karten:** keine. **Rote Karten:** keine

München 1860 – Werder Bremen 2:1 (1:1)

TSV München 1860: M. Hofmann – Zelic, Kurz – Paßlack (17. Tapalovic) – Borimirov (66. Riedl), E. Mykland – Cerny, Häßler, Bierofka – Max (73. Winkler), Agostino
SV Werder Bremen: F. Rost – Tjikuzu, F. Baumann, Verlaat, Skripnik – Eilts (80. Trares), Wicky – Herzog (67. Flock), Bode (73. F. Ernst) – Frings – Stalteri
Tore: 0:1 Herzog (14.), 1:1 Häßler (44.), 2:1 Agostino (81.). **Ecken:** 2:5. **Schiedsrichter:** Heynemann (Magdeburg). **Zuschauer:** 28.200. **Gelbe Karten:** Borimirov. **Gelb/Rote Karten:** keine. **Rote Karten:** keine

SpVgg Unterhaching – SC Freiburg 1:1 (1:0)

SpVgg Unterhaching: Wittmann – Grassow, Strehmel, Seifert – Schwarz, Matth. Zimmermann – Hertl (78. Garcia), Straube – Oberleitner (59. Hirsch) – Rraklli, Breitenreiter (65. Zdrilic)
SC Freiburg: Golz – Schumann, Kehl, Diarra – B. Dreyer (46. Coulibaly), Zeyer – Kobiaschwili – Ramdane (72. Dorn), Baya – Weißhaupt (62. Zkitischwili), Iaschwili
Tore: 1:0 Rraklli (44.), 1:1 Kobiaschwili (55.). **Ecken:** 6:5. **Schiedsrichter:** Wagner (Hofheim). **Zuschauer:** 10.200. **Gelbe Karten:** Grassow – Schumann, Zkitischwili. **Gelb/Rote Karten:** keine. **Rote Karten:** keine

VfL Wolfsburg – 1. FC Kaiserslautern 4:0 (1:0)

VfL Wolfsburg: Reitmaier – Hengen – O'Neil, Maltritz – Kühbauer, Ch. Akonnor, Wagner (71. Biliskov) – Sebescen (66. Greiner), D. Munteanu (65. Nowak) – Juskowiak, Rische
1. FC Kaiserslautern: G. Koch – H. Koch, Yakin, Schjönberg (8. Grammozis) – Basler, Ramzy, Strasser – Hristov (68. Tare) – Pettersson (84. Komljenovic), Djorkaeff – Lokvenc
Tore: 1:0 Juskowiak (35.), 2:0 Rische (54.), 3:0 Juskowiak (69.), 4:0 Juskowiak (81.). **Ecken:** 8:10. **Schiedsrichter:** Sippel (München). **Zuschauer:** 15.123. **Gelbe Karten:** Ch. Akonnor, Hengen – Grammozis, Djorkaeff. **Gelb/Rote Karten:** Ramzy (25.). **Rote Karten:** keine

VfL Bochum – FC Bayern München 0:3 (0:3)

VfL Bochum: Van Duijnhoven – Stickroth, Mamic (74. D. Milinovic) – Bemben (41. Toplak), Meichelbeck – Schindzielorz, Dickhaut – Peschel, Bastürk, Buckley – Weber (81. Covic)
FC Bayern München: Kahn – Sagnol, P. Andersson, Linke, Tarnat (79. Lizarazu) – Fink – Salihamidzic, Sforza, Scholl – Jancker (70. di Salvo), Zickler (10. Santa Cruz)
Tore: 0:1 Jancker (16.), 0:2 Santa Cruz (19.), 0:3 Jancker (23.). **Ecken:** 7:1. **Schiedsrichter:** Berg (Konz). **Zuschauer:** 32.645 (ausverkauft). **Gelbe Karten:** Schindzielorz. **Gelb/Rote Karten:** keine. **Rote Karten:** keine

Hertha BSC Berlin – Hamburger SV 4:0 (3:0)

Hertha BSC Berlin: Kiraly – Rehmer, van Burik (56. Konstantinidis), Tretschok, Hartmann (46. Michalke) – Schmidt – Deisler (71. Simunic), Beinlich – Wosz – Preetz, Reiss
Hamburger SV: Butt – Panadic, Hoogma, Hertzsch – Groth, N. Kovac – Maul – Barbarez (46. Töfting) – Präger, Ketelaer (71. Mahdavikia), Yeboah (46. Heinz)
Tore: 1:0 Beinlich (18.), 2:0 Beinlich (32.), 3:0 Hartmann (34.), 4:0 Rehmer (75.). **Ecken:** 5:4. **Schiedsrichter:** Aust (Köln). **Zuschauer:** 48.555. Gelbe Karten: Hartmann, Beinlich, Wosz, Deisler – Heinz, Töfting. **Gelb/Rote Karten:** Panadic (30.). **Rote Karten:** keine

VfB Stuttgart – Bayer Leverkusen 4:1 (2:0)

VfB Stuttgart: Hildebrand – T. Schneider (79. Seitz), Soldo, Endress, Carnell – Thiam, Lisztes – Pinto, Balakov, Gerber (74. Djordjevic) – Dundee (82. Ganea)
Bayer 04 Leverkusen: Zuberbühler – Zivkovic (42. B. Schneider), Nowotny (46. Vranjes), R. Kovac – Ramelow – Reeb, Ballack, Gresko (58. Ponte) – Neuville – Kirsten, Rink
Tore: 1:0 Gerber (31.), 2:0 R. Kovac (38., Eigentor), 2:1 Ballack (61.), 3:1 Lisztes (62.), 4:1 Gerber (71.). **Ecken:** 7:4. **Schiedsrichter:** Fandel (Kyllburg)
Zuschauer: 25.000. **Gelbe Karten:** Gerber – Kirsten, Neuville, Vranjes, R. Kovac. **Gelb/Rote Karten:** keine. **Rote Karten:** keine

Hansa Rostock – FC Schalke 04 0:4 (0:3)

Hansa Rostock: Pieckenhagen – Zallmann, Jakobsson, Oswald – Lantz – Emara – Wibran, Brand (36. Baumgart) – Rydlewicz – Arvidsson (54. Ahanfouf), Agali
FC Schalke 04: Reck – Hajto, Waldoch, van Kerckhoven – Oude Kamphuis, Nemec – Latal (80. Eigenrauch), Böhme – Möller – E. Mpenza (63. Asamoah), Sand (76. C. Mikolajczak)
Tore: 0:1 E. Mpenza (25.), 0:2 E. Mpenza (30.), 0:3 Sand (40.), 0:4 E. Mpenza (51.). **Ecken:** 4:5. **Schiedsrichter:** Kemmling (Kleinburgwedel). **Zuschauer:** 15.000 (ausverkauft). **Gelbe Karten:** Lantz – Nemec, Böhme, Reck. **Gelb/Rote Karten:** Ahanfouf (85.). **Rote Karten:** keine

1. FC Köln – Eintracht Frankfurt 4:1 (2:0)

1. FC Köln: Pröll – T. Cichon (65. Bulajic), Keller – Sichone – Hauptmann, Voigt – Scherz (84. Donkov), Springer – Lottner (72. Kreuz) – A. Arweladse, Timm
Eintracht Frankfurt: Heinen – Hubtchev – Kutschera, Kracht – Lösch (46. Bulut), Rasiejewski – Guié-Mien (65. Preuß) – Sobotzik, Heldt, Gebhardt (46. Reichenberger) – Ciric
Tore: 1:0 Voigt (25.), 2:0 Scherz (39.), 3:0 Springer (58.), 3:1 Kutschera (82.), 4:1 Kreuz (90.). **Ecken:** 1:11. **Schiedsrichter:** Jansen (Essen). **Zuschauer:** 35.000. **Gelbe Karten:** Lösch. **Gelb/Rote Karten:** keine. **Rote Karten:** keine

3. Spieltag

5./6. September

SC Freiburg – 1. FC Köln 0:0
SC Freiburg: Golz – Schumann (46. F. Bruns), Müller, Diarra – Zeyer (85. Dorn) – Zkitischwili – Ramdane (63. Kobiaschwili) – Willi, Baya – Coulibaly, Iaschwili
1. FC Köln: Pröll – Bulajic, T. Cichon, Keller – Cullmann – Scherz, Voigt (90. Lottner) – Kreuz (89. Hauptmann), Springer – Timm, A. Arweladse (75. Donkov)
Tore: keine. **Ecken:** 8:3. **Schiedsrichter:** Meyer (Braunschweig). **Zuschauer:** 25.000 (ausverkauft). **Gelbe Karten:** Ramdane – Keller, Springer, Voigt. **Gelb/Rote Karten:** keine. **Rote Karten:** keine

1. FC Kaiserslautern – VfB Stuttgart 1:0 (1:0)
1. FC Kaiserslautern: G. Koch – Yakin – H. Koch – T. Klos, Strasser (77. Roos) – Grammozis, Komljenovic – Basler, Klose (60. Hristov) – Djorkaeff (90. Pettersson), Lokvenc
VfB Stuttgart: Hildebrand – T. Schneider (71. Hleb), Soldo, Endress, Carnell – Thiam – Lisztes, Balakov (56. Ganea) – Pinto (78. Seitz), Gerber – Dundee
Tore: 1:0 Basler (3.). **Ecken:** 4:6. **Schiedsrichter:** Wack (Gersheim). **Zuschauer:** 37.594. **Gelbe Karten:** Djorkaeff, Roos, Yakin – Pinto, Soldo, T. Schneider. **Gelb/Rote Karten:** keine. **Rote Karten:** keine

Bayer Leverkusen – Unterhaching 1:0 (1:0)
Bayer 04 Leverkusen: Zuberbühler – Zivkovic, Nowotny, R. Kovac – Ramelow (69. Neuendorf) – Vranjes, Ballack (84. B. Schneider) – Neuville, Zé Roberto – Kirsten (80. Brdaric), Rink
SpVgg Unterhaching: Tremmel – Strehmel – Seifert, Grassow – Haber, Straube – Matth. Zimmermann (84. Bergen), Schwarz, Hirsch – Oberleitner (64. Breitenreiter) – Rraklli (46. Spizak)
Tore: 1:0 Ballack (23.). **Ecken:** 8:0. **Schiedsrichter:** Zerr (Ottersweier). **Zuschauer:** 22.000. **Gelbe Karten:** Kirsten, Nowotny, R. Kovac, Ramelow, Rink – Grassow, Seifert. **Gelb/Rote Karten:** keine. Rote Karten: Haber (41.)

FC Schalke 04 – Energie Cottbus 3:0 (2:0)
FC Schalke 04: Reck – Hajto, Waldoch, van Kerckhoven – Oude Kamphuis, Nemec (76. Thon) – Latal, Böhme – Möller – Sand (72. Asamoah), E. Mpenza (72. Mulder)
Energie Cottbus: Piplica – Sebök – Thielemann, Matyus (51. Scherbe) – Reghecampf, Akrapovic, Vata, Latoundji – Miriuta – F. Horvath (72. Rödlund), Helbig (88. Kobylanski)
Tore: 1:0 Sand (6.), 2:0 Sand (8.), 3:0 Sand (50.). **Ecken:** 5:2. **Zuschauer:** 36.200. **Gelbe Karten:** Nemec – Helbig, Reghecampf, Scherbe, Thielemann. **Gelb/Rote Karten:** keine. **Rote Karten:** keine

Hamburger SV – SV Werder Bremen 2:1 (1:0)
HSV: Butt – Fukal, Hoogma, Hertzsch – N. Kovac – Groth (87. Fischer), Hollerbach – Barbarez – Präger (67. Mahdavikia), Ketelaer – Yeboah (67. Bester)
SV Werder Bremen: F. Rost – Frings, F. Baumann, Verlaat, Skripnik – Eilts (84. Ailton), Wicky – Stalteri (67. Pizarro), Bode – Herzog – Bogdanovic
Tore: 1:0 Barbarez (26.), 1:1 Bode (47.), 2:1 Hertzsch (82.). **Ecken:** 11:3. **Schiedsrichter:** Dr. Fleischer (Ulm). **Zuschauer:** 37.382. **Gelbe Karten:** Barbarez, Fukal – Bogdanovic, Frings. **Gelb/Rote Karten:** keine. **Rote Karten:** keine

FC Bayern München – VfL Wolfsburg 3:1 (2:0)
FC Bayern München: Kahn – Salihamidzic, P. Andersson, Kuffour (46. Linke), Tarnat – Fink – Sforza – Wiesinger, Scholl – Santa Cruz (60. Zickler, 67. Sagnol), Jancker.
VfL Wolfsburg: Reitmaier – O'Neil, Biliskov (70. Kryger) – Hengen (73. D. Munteanu) – Nowak, Ch. Akonnor – Sebescen, Weiser – Kühbauer – T. Maric (80. Rische), Juskowiak
Tore: 1:0 Scholl (19.), 2:0 Jancker (36.), 2:1 Ch. Akonnor (59.), 3:1 Fink (87.). **Ecken:** 10:5. **Schiedsrichter:** Wagner (Hofheim). **Zuschauer:** 41.000. **Gelbe Karten:** Kryger, Kühbauer, O'Neil. **Gelb/Rote Karten:** keine. **Rote Karten:** keine

Eintracht Frankfurt – Hansa Rostock 4:0 (0:0)
Eintracht Frankfurt: Heinen – Hubtchev – Kracht, Kutschera – G. Wimmer, Schur, Rosen (72. Preuß) – Guié-Mien – Heldt – Reichenberger (84. Salou), Ciric (70. Mutzel).
Hansa: Pieckenhagen – Benken, Jakobsson, Schröder (46. R. Schneider) – Yasser – Wibran, Lantz – Lange (63. Arvidsson), Emara (72. Brand) – Kovacec, Agali
Tore: 1:0 Reichenberger (60.), 2:0 Heldt (65., Foulelf), 3:0 Heldt (79., Foulelf), 4:0 Reichenberger (81.). **Ecken:** 4:4. **SR:** Weiner (Hildesheim). **Zuschauer:** 20.500. **Gelbe Karten:** Kracht, Reichenberger, Schur – Jakobsson, Kovacec, Schröder. **Gelb/Rote Karten:** Benken (74.). **Rote Karten:** Guié-Mien (43.)

Borussia Dortmund – München 1860 2:3 (1:1)
Borussia Dortmund: Lehmann – Metzelder, Heinrich, Kohler – Evanilson, Stevic (90. Nijhuis), Oliseh (72. Ricken), Dede – O. Addo (63. Reina), Ikpeba – Herrlich
1860: M. Hofmann (28. Jentzsch) – Zelic – Tapalovic, Kurz, Stranzl – Cerny, E. Mykland, Bierofka (46. Borimirov) – Häßler (85. Pürk) – Max, Agostino
Tore: 0:1 Agostino (34.), 1:1 Ikpeba (37.), 1:2 Stranzl (49.), 2:2 Herrlich (54.), 2:3 Agostino (86.). **Ecken:** 7:3. **Schiedsrichter:** Berg (Konz). **Zuschauer:** 59.000. **Gelbe Karten:** Heinrich, Oliseh, Evanilson – Bierofka, Borimirov. **Gelb/Rote Karten:** keine. **Rote Karten:** keine

Hertha BSC Berlin – VfL Bochum 4:0 (3:0)
Hertha BSC Berlin: Kiraly – Rehmer (35. Sverrisson), Tretschok, van Burik – Deisler (61. Michalke), Schmidt, Beinlich, Hartmann – Wosz – Preetz, Alves (71. Reiss).
VfL Bochum: Van Duijnhoven – Bemben (46. D. Milinovic), Stickroth, Mamic, Meichelbeck (64. Mandreko) – Schindzielorz, Dickhaut – Peschel, Bastürk, Buckley – Weber (60. Covic)
Tore: 1:0 Preetz (20.), 2:0 Alves (35.), 3:0 Hartmann (43.), 4:0 Preetz (60.). **Ecken:** 3:3. **Schiedsrichter:** Strampe (Handorf). **Zuschauer:** 30.944. **Gelbe Karten:** Peschel, Dickhaut. **Gelb/Rote Karten:** keine. **Rote Karten:** keine

DATEN ZUM SPIELTAG

Ballack traf diesmal richtig

Leverkusen – Unterhaching war keine Gala-Paarung dieses 3. Spieltages, aber die dennoch darin steckende Brisanz war 108 Tage alt. Am 20. Mai hatte ausgerechnet Haching im Münchner Vorort mit einem 2:0-Sieg Leverkusen den greifbar nahen Titel gestohlen und den FC Bayern zum Meister gemacht. Damals hatte Michael Ballack mit einem Eigentor das Debakel eingeläutet. Nun meldete er sich wieder zu Wort, aber diesmal mit einem Klassetor zum 1:0 in der 23. Minute. Der Jung-Nationalspieler rehabilitierte sich damit nicht nur, sondern war auch Bester auf dem Platz. Nur riss das seine Stürmer nicht mit, und so war der Vizemeister am Ende froh, mit 1:0 diese emotionsgeladene Revanche bewältigt zu haben.

4. Spieltag

8.–10. September

SpVgg Unterhaching – FC Kaiserslautern 0:0
SpVgg Unterhaching: Tremmel – Strehmel – Grassow, Seifert – Oberleitner (71. Zdrilic), Schwarz, Hirsch, Straube – Garcia (52. Copado), Kögl – Breitenreiter
1. FC Kaiserslautern: G. Koch – Yakin (9. Reich) – H. Koch – Ramzy – T. Klos – Grammozis, Strasser – Basler, Komljenovic (65. Hristov) – Djorkaeff, Lokvenc
Tore: keine. **Ecken:** 7:7. **Schiedsrichter:** Krug (Gelsenkirchen). **Zuschauer:** 13.000. **Gelbe Karten:** Breitenreiter – T. Klos. **Gelb/Rote Karten:** keine. **Rote Karten:** keine

VfL Bochum – Hamburger SV 0:4 (0:2)
VfL Bochum: Van Duijnhoven – Stickroth – Toplak, Mamic (56. Ristau), Meichelbeck – Schindzielorz, Dickhaut – Freier, Bastürk – Peschel – Weber (60. Maric)
Hamburger SV: Butt – Panadic, Hoogma, Hertzsch – N. Kovac – Groth, Hollerbach (46. Töfting) – Cardoso (60. Präger) – Mahdavikia, Ketelaer (78. Spörl) – Barbarez
Tore: 0:1 N. Kovac (24.), 0:2 Mahdavikia (33.), 0:3 Barbarez (55.), 0:4 Barbarez (59.). **Ecken:** 3:2. **Schiedsrichter:** Keßler (Höhenkirchen). **Zuschauer:** 20.500. **Gelbe Karten:** Hollerbach, N. Kovac. **Gelb/Rote Karten:** Peschel (28.). **Rote Karten:** keine

VfB Stuttgart – FC Bayern München 2:1 (1:1)
VfB Stuttgart: Hildebrand – Meißner, Soldo, Bordon, Carnell – Thiam – Lisztes – Pinto (73. Seitz), Gerber – Balakov (89. Endress) – Ganea (67. Dundee)
FC Bayern München: Kahn – Sagnol, P. Andersson (76. Strunz), Linke, Lizarazu – Fink – Sforza (70. Hargreaves) – Scholl – Salihamidzic, Santa Cruz (46. di Salvo) – Jancker
Tore: 0:1 Jancker (5.), 1:1 Thiam (30.), 2:1 Balakov (62.). **Ecken:** 6:3. **Schiedsrichter:** Heynemann (Magdeburg). **Zuschauer:** 51.200 (ausverkauft). **Gelbe Karten:** Bordon, Carnell, Hildebrand – Fink, Salihamidzic, Santa Cruz. **Gelb/Rote Karten:** keine. **Rote Karten:** keine

VfL Wolfsburg – Hertha BSC Berlin 2:1 (1:0)
VfL Wolfsburg: Reitmaier – O'Neil, Kryger – Hengen – Ch. Akonnor – Nowak (63. Biliskov) – Sebescen (67. Greiner), Kühbauer (76. Maltritz), Weiser – Rische, Juskowiak
Hertha BSC Berlin: Kiraly – van Burik, Tretschok (78. Sanneh), Sverrisson – Schmidt – Deisler, Beinlich, Hartmann – Wosz (59. Roy) – Alves (59. Daei), Preetz
Tore: 1:0 Ch. Akonnor (33., Handelfmeter), 2:0 Nowak (58.), 2:1 Daei (88.). **Ecken:** 8:11. **Schiedsrichter:** Albrecht (Kaufbeuren). **Zuschauer:** 16.333. **Gelbe Karten:** Ch. Akonnor, Sebescen – Deisler, Sverrisson. **Gelb/Rote Karten:** keine. **Rote Karten:** keine

1. FC Köln – Bayer Levrkusen 1:1 (0:1)
1. FC Köln: Pröll – T. Cichon – Sichone, Keller – Scherz (84. Baranek), Cullmann – Voigt, Vukomanovic (62. Lottner) – Kreuz – Timm, A. Arweladse (78. Donkov)
Bayer 04 Leverkusen: Zuberbühler – Zivkovic, Nowotny, R. Kovac – Ramelow – Vranjes – Ballack – Neuville, Zé Roberto (80. Neuendorf) – Kirsten (59. B. Schneider), Rink (80. Brdaric)
Tore: 0:1 Kirsten (32.), 1:1 Lottner (75.). **Ecken:** 2:8 **Schiedsrichter:** Dr. Merk (Kaiserslautern). **Zuschauer:** 40.000. **Gelbe Karten:** T. Cichon – Neuendorf, R. Kovac. **Gelb/Rote Karten:** keine. **Rote Karten:** Vranjes (74.)

TSV München 1860 – FC Schalke 04 1:1 (0:0)
TSV München 1860: M. Hofmann – Stranzl, Zelic, Kurz (46. Ehlers) – Riedl (60. Borimirov), E. Mykland – Cerny, Bierofka (57. Beierle) – Häßler – Max, Agostino
FC Schalke 04: Reck – Hajto, Waldoch, van Kerckhoven – Oude Kamphuis, Nemec – Latal (50. Eigenrauch), Böhme (89. Happe) – Möller (83. Mulder) – E. Mpenza, Sand
Tore: 0:1 E. Mpenza (54.), 1:1 Beierle (64.). **Ecken:** 8:2. **Schiedsrichter:** Gagelmann (Bremen). **Zuschauer:** 35.500. **Gelbe Karten:** Beierle, Bierofka – Böhme, Eigenrauch, Waldoch. **Gelb/Rote Karten:** keine. **Rote Karten:** keine

Werder Bremen – Dortmund 1:2 (0:1)
Werder: F. Rost – Frings (55. Tjikuzu), F. Baumann, Verlaat (68. Stalteri), Skripnik – F. Ernst (60. Ailton), Wicky – Herzog, Bode – Pizarro, Bogdanovic.
Dortmund: Lehmann – Wörns, Kohler, Heinrich, Metzelder – Stevic (90. Nijhuis), Oliseh – O. Addo – Evanilson, Dede (80. Kapetanovic) – Herrlich
Tore: 0:1 Wörns (41), 1:1 Bogdanovic (78.), 1:2 O. Addo (83.). **Ecken:** 3:4. **Schiedsrichter:** Fröhlich (Berlin). **Zuschauer:** 31.800. **Gelbe Karten:** Bogdanovic, Frings, Skripnik, Verlaat – Evanilson, Heinrich, Oliseh. **Gelb/Rote Karten:** keine. **Rote Karten:** keine

Energie Cottbus – Eintr. Frankfurt 2:0 (0:0)
Energie Cottbus: Piplica – Sebök – Thielemann (68. Scherbe), Vata – Reghecampf, Akrapovic, Tzvetanov (69. Kobylanski) – Miriuta, Latoundji – F. Horvath (61. Labak), Helbig.
Eintracht Frankfurt: Heinen – Hubtchev – Kutschera, Kracht – Lösch (76. Salou) – G. Wimmer, Schur, Rosen (46. Gebhardt) – Heldt – Reichenberger (85. Fjörtoft), Ciric
Tore: 1:0 Labak (72.), 2:0 Helbig (90.). **Ecken:** 7:1. **Schiedsrichter:** Aust (Köln). **Zuschauer:** 14.012. **Gelbe Karten:** Reghecampf, Latoundji – Fjörtoft, G. Wimmer, Reichenberger, Kracht, Lösch. **Gelb/Rote Karten:** keine. **Rote Karten:** keine

Hansa Rostock – SC Freiburg 0:0
Hansa Rostock: Pieckenhagen – Schröder, Jakobsson, Oswald – Wibran, Yasser (75. Lantz) – Lange, Emara – Breitkreutz (84. Majak) – Arvidsson, Kovacec (60. Baumgart)
SC Freiburg: Golz – Schumann, Müller, Diarra – Kobiaschwili (63. Weißhaupt) – Willi (80. Dorn), Zkitischwili – Baya (85. Coulibaly), Ramdane – Sellimi, Iaschwili
Tore: keine. **Ecken:** 12:5. **Schiedsrichter:** Jansen (Essen). **Zuschauer:** 12.000. **Gelbe Karten:** Breitkreutz – Weißhaupt, Schumann. **Gelb/Rote Karten:** keine. **Rote Karten:** keine

Bremens Bayern-Quote Spitze

Es gibt nicht viele Vereine, die gegen den FC Bayern in Serie (!) mehrfach gewonnen haben, wie jetzt der VfB Stuttgart. Die Spitze hält das damals von Otto Rehhagel geführte Werder Bremen mit vier Erfolgen zwischen 1992 und 1994. Worauf sich der FC Bayern den Erfolgstrainer an die Isar holte.
Drei Erfolge hintereinander buchten Werder Bremen (1967-68), der 1. FC Köln zweimal (1975-76 und 1983-84), Eintracht Frankfurt (1977-78), der 1. FC Kaiserslautern (1982-83) und der VfB Stuttgart (1999-2000).

DATEN ZUM SPIELTAG

Der Siebente im Jahr 7

Der 46-jährige Friedhelm Funkel, bundesligaerfahren durch seine Jahre bei Bayer-Uerdingen und MSV Duisburg, ist der siebente Trainer in Hansa Rostocks 7-jähriger Erstliga-Geschichte. Uwe Reinders (1.7.91 – 6.3.92) und Erich Rutemöller (10.3.92 – 30.6.92) begleiteteten die gescheiterte Premiere. Frank Pagelsdorf (1.7.95 – 30.6.97) brachte Hansa wieder nach oben. Ewald Lienen (1.7.97 – 6.3.99), Andreas Zachhuber (6.3.99 – 7.9.2000) und Juri Schlünz (7.9.00 – 18.9.00) setzten die Arbeit in der 1. Liga fort. Juri Schlünz (»Es war nie mein Ehrgeiz, Cheftrainer zu werden«, wurde Funkels Assistent wie schon bei Lienen und Zachhuber.

5. Spieltag

15.–17. September

1. FC Kaiserslautern – 1. FC Köln 3:1 (1:1)
1. FC Kaiserslautern: G. Koch – Klos, H. Koch – Ramzy – Komljenovic, Strasser (78. Grammozis) – Pettersson, Klose (46. Tare), Hristov – Djorkaeff (46. Reich), Lokvenc
1. FC Köln: Pröll – Cichon (90. Lottner) – Sichone, Cullmann – Voigt, Springer – Scherz, Hauptmann (86. Vukomanovic) – Kreuz – Timm, Arweladse (76. Donkov)
Tore: 1:0 Djorkaeff (10.), 1:1 Timm (18.), 2:1 Ramzy (88.), 3:1 Komljenovic (90.). **Ecken:** 5:4. **Schiedsrichter:** Strampe (Handorf). **Zuschauer:** 39.733. **Gelbe Karten:** Klose – Sichone. **Gelb/Rote Karten:** keine. **Rote Karten:** Grammozis (89.)

Bayer Leverkusen – Hansa Rostock 1:2 (0:2)
Bayer 04 Leverkusen: Zuberbühler – Zivkovic, Nowotny, R. Kovac – Ramelow (56. B. Schneider) – Ojigwe – Neuville, Ballack, Gresko – Kirsten (21. Brdaric), Rink
Hansa Rostock: Pieckenhagen – Jakobsson – Schröder, Oswald – Yasser – Rydlewicz, Wibran, Emara – Breitkreutz (72. Lange) – Arvidsson (63. Kovacec), Baumgart (84. Ahanfouf)
Tore: 0:1 Arvidsson (33.), 0:2 Breitkreutz (38.), 1:2 Rink (48.). **Ecken:** 14:4. **Schiedsrichter:** Dr. Wack (Biberbach). **Zuschauer:** 22.000. **Gelbe Karten:** Rink, Nowotny – Baumgart, Rydlewicz. **Gelb/Rote Karten:** keine. **Rote Karten:** keine

SC Freiburg – Energie Cottbus 4:1 (0:0)
SC Freiburg: Golz – S. Müller, Diarra – Kehl (68. Schumann), Zkitischwili – Willi, Ramdane (54. Weißhaupt), Kobiaschwili – Baya – Sellimi (56. Coulibaly), Iaschwili
Energie Cottbus: Piplica – Thielemann, Sebök, Vata – Reghecampf, Akrapovic, Tzvetanov – Micevski (64. Labak) – Miriuta – Latoundji 64. Horvath), Helbig (71. Kobylanski)
Tore: 1:0 Iaschwili (53.), 2:0 Iaschwili (60.), 3:0 Baya (88.), 4:0 Weißhaupt (89.), 4:1 Labak (90.). **Ecken:** 9:3. **Schiedsrichter:** Dr. Fleischer (Ulm). **Zuschauer:** 24.500. **Gelbe Karten:** Baya – Vata, Sebök. **Gelb/Rote** Karten: keine. **Rote Karten:** keine

Eintr. Frankfurt – München 1860 1:0 (1:0)
Eintracht Frankfurt: Heinen – Hubtchev – Kutschera, Kracht – Mutzel (62. Rosen) – Lösch – Schur, Wimmer – Heldt – Reichenberger (86. Fjörtoft), Ciric (62. Yang)
TSV München 1860: Jentzsch – Kurz, Zelic, Stranzl (51. Pfuderer) – Borimirov, Mykland – Cerny (68. Beierle), Bierofka (37. Riedl) – Häßler – Max, Agostino
Tore: 1:0 Reichenberger (31.). **Ecken:** 7:6. **Schiedsrichter:** Krug (Gelsenkirchen). **Zuschauer:** 25.600 **Gelbe Karten:** Hubtchev, Lösch, Yang – Bierofka, Kurz, Borimirov, Riedl. **Gelb/Rote Karten:** keine. **Rote Karten:** keine

VfL Bochum – VfL Wolfsburg 2:1 (1:0)
VfL Bochum: Van Duijnhoven – Ristau, Mamic, Meichelbeck – Bemben (75. Sundermann), Schindzielorz, Dickhaut (46. Fahrenhorst) – Mandreko (88. R. Müller) – Bastürk – M. Maric, Freier
VfL Wolfsburg: Reitmaier – Kryger (55. Greiner), Nowak, O'Neil – Kühbauer, Akonnor (75. Akpoborie) – Sebescen, Weiser – Munteanu – T. Maric (46. Rische), Juskowiak
Tore: 1:0 M. Maric (18., Foulelfmeter), 2:0 Fahrenhorst (48.), 2:1 Rische (82.). **Ecken:** 5:16. **Schiedsrichter:** Fröhlich (Berlin). **Zuschauer:** 14.107. **Gelbe Karten:** Dickhaut, Bastürk – Akonnor, Kühbauer, Sebescen. **Gelb/Rote Karten:** keine. **Rote Karten:** keine

Hamburger SV – Bor. Dortmund 2:3 (1:1)
Hamburger SV: Butt – Fukal (46. Fischer), Hoogma, Panadic, Hertzsch – Töfting, N. Kovac – Cardoso (77. Yeboah) – Mahdavikia (58. Präger), Ketelaer – Barbarez
Borussia Dortmund: Lehmann – Wörns, Metzelder, Heinrich, Dede – Stevic, Oliseh – Evanilson, Ricken (74. Reina) – Addo – Herrlich
Tore: 0:1 Addo (30.), 1:1 Barbarez (44.), 2:1 Barbarez (49.), 2:2 Herrlich (76.), 2:3 Herrlich (81., Foulelfmeter). **Ecken:** 6:7. **Schiedsrichter:** Heynemann (Magdeburg). **Zuschauer:** 46.694. **Gelbe Karten:** Fukal, Hertzsch – Ricken, Herrlich **Gelb/Rote Karten:** keine. **Rote Karten:** keine

Bayern München – Unterhaching 3:1 (1:1)
FC Bayern München: Wessels – Sagnol, Linke (46. Salihamidzic), Kuffour, Tarnat – Strunz – Sforza – Hargreaves, Scholl (75. Fink) – Elber (46. Jancker), Santa Cruz
SpVgg Unterhaching: Tremmel – Strehmel – Seifert, Grassow, Straube – Schwarz, Hirsch (78. Spizak) – Haber – Copado, Kögl (73. Oberleitner) – Breitenreiter (73. Zdrilic)
Tore: 0:1 Schwarz (21.), 1:1 Elber (37.), 2:1 Scholl (70.), 3:1 Jancker (83.). **Ecken:** 4:7. **Schiedsrichter:** Jansen (Essen). **Zuschauer:** 48.000. **Gelbe Karten:** Jancker, Salihamidzic. **Gelb/Rote Karten:** keine. **Rote Karten:** keine

FC Schalke 04 – SV Werder Bremen 1:1 (0:0)
FC Schalke 04: Reck – Hajto, Waldoch, van Kerckhoven – Oude Kamphuis, Nemec – Latal, Böhme – Möller – Mpenza, Asamoah
SV Werder Bremen: Rost – Tjikuzu, Barten 78. Skripnik), F. Baumann, Krstajic – Eilts (83. Trares) – F. Ernst – Stalteri, Bode – Pizarro, Ailton
Tore: 0:1 Ailton (50.), 1:1 Böhme (55.). **Ecken:** 8:3 **Schiedsrichter:** Berg (Konz). **Zuschauer:** 45.025. **Gelbe Karten:** Latal, Oude Kamphuis – Tjikuzu, Pizarro, F. Baumann. **Gelb/Rote Karten:** keine. **Rote Karten:** keine

Hertha BSC Berlin – VfB Stuttgart 2:0 (0:0)
Hertha BSC Berlin: Kiraly – Tretschok, van Burik – Schmidt – Deisler, Beinlich (90. Sverrisson) – Sanneh, Roy (56. Daei), Hartmann – Alves (86. Veit), Preetz
VfB Stuttgart: Hildebrand – Meißner, Soldo, T. Schneider, Carnell – Thiam – Lisztes (84. Todt) – Pinto, Balakov, Gerber (80. Seitz) – Ganea (60. Dundee)
Tore: 1:0 Daei (77.), 2:0 Alves (79.). **Ecken:** 10:7. **Schiedsrichter:** Meyer (Braunschweig). **Zuschauer:** 32.980. **Gelbe Karten:** keine. **Gelb/Rote Karten:** keine. **Rote Karten:** keine

Alte Regel: Schalke vorn!

Wenn die Bundesliga nicht 1995 die neue Regel mit drei Punkten pro Sieg eingeführt hätte, wäre Schalke jetzt Spitzenreiter! Damals gab es zwei Punkte pro Sieg, und Schalke wie Bayern hätten jetzt 10:2 Punkte. Das 4:0 in Dortmund aber hätte Schalke im Torverhältnis vorbeigebracht: Schalke 15:3, Bayern 16:6. Nicht Dortmund (8:4/12:11) wäre Dritter, sondern 1860 München (8:4/11:8). Freiburg würde von Platz 7 auf 5 springen!
Am Tabellenende wäre alles beim Alten geblieben: 17. Unterhaching (4:8/7:10), 18. Energie Cottbus (2:10 Punkte/6:16 Tore).

6. Spieltag

22.–24. September

TSV München 1860 – SC Freiburg 3:1 (0:1)
TSV München 1860: Jentzsch – F. Tapalovic, Zelic, Stranzl – Kurz – Mykland (54. Beierle) – Cerny (62. Borimirov), Bierofka (81. Pürk) – Häßler – Max, Agostino
SC Freiburg: Golz – S. Müller, Diarra – Kehl – Willi, A. Zeyer (59. Schumann), Zkitischwili (78. Weißhaupt), Kobiaschwili – Baya – Coulibaly (68. Sellimi), Iaschwili
Tore: 0:1 S. Müller (35.), 1:1 Agostino (75.), 2:1 Agostino (84.), 3:1 Max (90.). **Ecken:** 7:8. **Schiedsrichter:** Fröhlich (Berlin). **Zuschauer:** 22.800. **Gelbe Karten:** Max – Coulibaly, Baya. **Gelb/Rote Karten:** Kehl (89.). **Rote Karten:** keine

1. FC Köln – FC Bayern München 1:2 (1:1)
1. FC Köln: Pröll – Cichon (78. Baranek) – Cullmann, Sichone – Scherz, Hauptmann – Voigt – Lottner (78. Donkov), Kreuz – Arweladse (84. Kurth), Timm
FC Bayern München: Kahn – Sagnol (82. Göktan), Andersson, Kuffour, Tarnat – Fink – Strunz – Hargreaves (46. Sforza), Salihamidzic – Elber (75. Linke), Santa Cruz
Tore: 0:1 Elber (15.), 1:1 Scherz (41.), 1:2 Santa Cruz (73.). **Ecken:** 10:7. **Schiedsrichter:** Krug (Gelsenkirchen). **Zuschauer:** 41.000 (ausverkauft). **Gelbe Karten:** keine. **Gelb/Rote Karten:** keine. **Rote Karten:** keine

VfB Stuttgart – VfL Bochum 1:1 (0:1)
VfB Stuttgart: Hildebrand – Meißner (68. T. Schneider), Soldo, Bordon (46. Seitz), Carnell – Lisztes – Thiam, Gerber (73. Blank) – Balakov – Dundee, Ganea
VfL Bochum: Van Duijnhoven – Mamic – Ristau, Milinovic, Dickhaut, Meichelbeck – Peschel, Schindzielorz, Bastürk (86. Freier), Mandreko (68. Buckley) – M. Maric (81. A. Weber)
Tore: 0:1 Peschel (11.), 1:1 Dundee (90.). **Ecken:** 12:2. **Schiedsrichter:** Stark (Ergolding). **Zuschauer:** 18.000. **Gelbe Karten:** Soldo, Meißner, Balakov, Seitz – Meichelbeck, Schindzielorz. **Gelb/Rote Karten:** keine. **Rote Karten:** keine

VfL Wolfsburg – Hamburger SV 4:4 (2:1)
VfL Wolfsburg: Reitmaier – Greiner, O'Neil, Nowak (85. Kennedy), Weiser – Kühbauer, Akonnor – Sebescen, Munteanu (60. Maltritz) – Rische (73. T. Maric), Akpoborie
HSV: Butt – Fukal, Hoogma, Hertzsch – N. Kovac – Töfting (67. Sandmann), Hollerbach – Cardoso (76. Ketelaer) – Mahdavikia, Präger (86. Kientz), Barbarez
Tore: 1:0 Rische (11.), 2:0 Akpoborie (17.), 2:1 Mahdavikia (44.), 2:2 Fukal (50.), 2:3 Cardoso (64.), 3:3 Akpoborie (74.), 3:4 Präger (82.), 4:4 Akpoborie (90.). **Ecken:** 4:5. **Schiedsrichter:** Berg (Konz). **Zuschauer:** 17.885. **Gelbe Karten:** Greiner – Hollerbach, Hoogma. **Gelb/Rote Karten:** keine. **Rote Karten:** keine

Borussia Dortmund – FC Schalke 04 0:4 (0:2)
Borussia Dortmund: Lehmann – Wörns (46. Metzelder), Heinrich, Kohler – Stevic – Evanilson, Oliseh (46. Ricken), Dede – Addo – Reina, Herrlich
FC Schalke 04: Reck – Hajto, Waldoch, van Kerckhoven – Latal (80. Eigenrauch), Oude Kamphuis, Thon, Böhme (86. Mikolajczak) – Möller – Sand (88. Mulder), Mpenza
Tore: 0:1 Böhme (39., Foulelfmeter), 0:2 Mpenza (45.), 0:3 Heinrich (60., Eigentor), 0:4 Sand (76.). **Ecken:** 8:4. **Schiedsrichter:** Dr. Merk (Kaiserslautern). **Zuschauer:** 68.600 (ausverkauft). **Gelbe Karten:** Heinrich, Lehmann, Dede, Stevic – Oude Kamphuis, Latal. **Gelb/Rote Karten:** keine. **Rote Karten:** keine

Werder Bremen – Eintr. Frankfurt 1:1 (1:1)
SV Werder Bremen: Rost – Tjikuzu (46. A. Herzog), Barten, F. Baumann, Krstajic (46. Frings) – Eilts (68. Wicky) – Stalteri, F. Ernst – Bode – Pizarro, Ailton
Eintracht Frankfurt: Heinen – Hubtchev – Kutschera, Wimmer, Kracht – Schur, Lösch, Mutzel (46. M. Gebhardt) – Heldt – Reichenberger (82. Preuß), Ciric (46. Yang)
Tore: 0:1 Heldt (8., Foulelfmeter), 1:1 F. Ernst (44.). **Ecken:** 7:5. **Schiedsrichter:** Sippel (München). **Zuschauer:** 26.517. **Gelbe Karten:** F. Baumann, Ailton **Gelb/Rote Karten:** keine. **Rote Karten:** Hubtchev (50.)

Energie Cottbus – Bayer Leverkusen 1:2 (1:1)
Energie Cottbus: Piplica – Matyus, Sebök, Hujdurovic – Vata, Scherbe – Reghecampf (63. Thielemann), Kobylanski – Miriuta – Labak (46. Horvath, 84. Latoundji), Helbig
Bayer 04 Leverkusen: Zuberbühler – Zivkovic, Nowotny, R. Kovac – T. Hoffmann (53. B. Schneider), Ramelow – Gresko – Vranjes (53. Brdaric), Ballack – Neuville, Rink
Tore: 1:0 Miriuta (6.), 1:1 Rink (24.), 1:2 Brdaric (89.). **Ecken:** 6:6. **Schiedsrichter:** Wagner (Hofheim) **Zuschauer:** 15.438. **Gelbe Karten:** Helbig – Ramelow, Nowotny, Ballack. **Gelb/Rote Karten:** keine. **Rote Karten:** Miriuta (90.)

Hansa Rostock – FC Kaiserslautern 1:0 (0:0)
Hansa Rostock: Pieckenhagen – Schröder, Jakobsson, Oswald – Wibran, Yasser – Rydlewicz, Emara – Brand (72. Majak) – Baumgart (76. Zallmann), Arvidsson (81. Kovacec)
1. FC Kaiserslautern: G. Koch – Klos, Ramzy, H. Koch – Komljenovic (74. Tare) – Klose, Hristov, Strasser (76. Reich) – Pettersson, Djorkaeff (82. Stark), Lokvenc (4,5)
Tore: 1:0 Rydlewicz (71.). **Ecken:** 10:5. **Schiedsrichter:** Aust (Köln). **Zuschauer:** 15.000. **Gelbe Karten:** Yasser, Emara – Strasser. **Gelb/Rote Karten:** keine. **Rote Karten:** keine

SpVgg Unterhaching – Hertha BSC 5:2 (2:1)
SpVgg Unterhaching: Tremmel – Strehmel – Grassow, Seifert – Schwarz – Matth. Zimmermann, Straube – Oberleitner, Copado (86. Spizak) – Zdrilic (34. Rraklli), Breitenreiter (71. Hirsch)
Hertha BSC Berlin: Kiraly – Rehmer, Tretschok (63. Roy), van Burik – Schmidt, Beinlich – Deisler, Hartmann – Wosz – Daei, Preetz
Tore: 0:1 Beinlich (22.), 1:1 Breitenreiter (34.), 2:1 Breitenreiter (45.), 3:1 Breitenreiter (48.), 4:1 Rraklli (50.), 5:1 Straube (84.), 5:2 Seifert (88., Eigentor). **Ecken:** 7:5. **SR:** Weiner (Hildesheim). **Zu.:** 10.000. **Gelbe Karten:** Strehmel – van Burik, Rehmer, Kiraly. **Gelb/Rote Karten:** keine. **Rote Karten:** keine

7. Spieltag

29. September – 1. Oktober

Eintr. Frankfurt – Bor. Dortmund 1:1 (1:0)
Eintracht Frankfurt: Heinen – Kracht – Kutschera – Schur, Lösch – Mutzel (46. Rasiejewski), Wimmer – Guié–Mien, Heldt (58. Deißenberger) – Reichenberger, Yang (79. Ciric)
Borussia Dortmund: Lehmann – Nijhuis, Metzelder, Kohler – Evanilson, Stevic (65. Ricken), Oliseh, Dede – Addo, Ikpeba (65. Reina) – Bobic
Tore: 1:0 Wimmer (21.), 1:1 Bobic (71.). **Ecken:** 7:7. **Schiedsrichter:** Albrecht (Kaufbeuren). **Zuschauer:** 38.600. **Gelbe Karten:** Kracht, Wimmer – Evanilson, Addo, Stevic. **Gelb/Rote Karten:** keine. **Rote Karten:** keine

VfL Bochum – SpVgg Unterhaching 3:0 (0:0)
VfL Bochum: Van Duijnhoven (58. Th. Ernst) – Mamic – Dickhaut, Milinovic – Mandreko, Schindzielorz, Meichelbeck – Peschel (89. Ristau), Bastürk, Buckley (46. A. Weber) – M. Maric
SpVgg Unterhaching: Tremmel – Strehmel – Seifert – Grassow, Schwarz, Straube – Oberleitner (66. Garcia), Matth. Zimmermann, Copado (61. Kögl) – Rraklli (79. Hirsch), Breitenreiter
Tore: 1:0 M. Maric (50.), 2:0 Peschel (69.), 3:0 M. Maric (88.). **Ecken:** 9:5. **Schiedsrichter:** Kemmling (Kleinburgwedel). **Zuschauer:** 15.500. **Gelbe Karten:** Mandreko, Meichelbeck, A. Weber – Straube. **Gelb/Rote Karten:** keine. **Rote Karten:** keine

Hertha BSC Berlin – 1. FC Köln 4:2 (3:2)
Hertha BSC Berlin: Kiraly – Rehmer (46. Sverrisson), Tretschok, van Burik – Schmidt, Beinlich – Deisler, Hartmann – Wosz (78. Veit) – Preetz, Alves (81. Daei)
1. FC Köln: Pröll – Cichon (63. Hauptmann) – Sichone, Keller – Cullmann – Baranek (63. Donkov), Kreuz, Voigt (82. Dworrak) – Lottner – Arweladse, Timm
Tore: 0:1 Arweladse (23.), 0:2 Lottner (28., Foulelfmeter), 1:2 Alves (28.), 2:2 Preetz (29.), 3:2 Wosz (45.), 4:2 Wosz (46.). **Ecken:** 3:5. **Schiedsrichter:** Steinborn (Sinzig). Zuschauer: 37.714. **Gelbe Karten:** van Burik, Schmidt – Cichon, Sichone. **Gelb/Rote Karten:** keine. **Rote Karten:** keine

Hamburger SV – FC Schalke 04 2:0 (1:0)
Hamburger SV: Butt – Hoogma – Fukal, Hertzsch – N. Kovac – Töfting, Barbarez, Hollerbach – Mahdavikia (90. Bester), Heinz (79. Fischer) – Yeboah (62. Ketelaer)
FC Schalke 04: Reck – Hajto, Waldoch, van Kerckhoven – Oude Kamphuis – Thon (33. Nemec) – Latal, Böhme – Möller – Asamoah (64. Mulder), Sand
Tore: 1:0 Heinz (35.), 2:0 Mahdavikia (82.). **Ecken:** 5:9. **Schiedsrichter:** Wagner (Hofheim). **Zuschauer:** 51.366. **Gelbe Karten:** Hertzsch, Fischer – Böhme, Hajto. **Gelb/Rote Karten:** van Kerckhoven (87.). **Rote Karten:** keine

Bayern München – Hansa Rostock 0:1 (0:1)
FC Bayern München: Kahn – Salihamidzic, Linke, Kuffour (46. Wiesinger), Lizarazu – Sforza – Strunz (63. Hargreaves), Fink – Scholl – Jancker, Elber (76. di Salvo)
Hansa Rostock: Pieckenhagen – Schröder, Jakobsson, Oswald – Wibran, Lantz, Emara – Brand (88. Weilandt) – Rydlewicz, Baumgart (61. Majak) – Arvidsson (72. Kovacec)
Tore: 0:1 Brand (15.). **Ecken:** 7:5. **Schiedsrichter:** Berg (Konz). **Zuschauer:** 60.000. **Gelbe Karten:** Linke – Lantz, Rydlewicz. **Gelb/Rote Karten:** keine. **Rote Karten:** keine

FC Kaiserslautern – Energie Cottbus 1:1 (1:0)
1. FC Kaiserslautern: G. Koch – Ramzy – H. Koch, Klos – Komljenovic – Klose (86. Roos), Strasser – Pettersson – Hristov (89. Stark) – Lokvenc, Tare (68. Adzic)
Energie Cottbus: Piplica – Hujdurovic, Sebök, Matyus – Scherbe – Reghecampf, Akrapovic – Kobylanski (85. Beeck) – Micevski (78. Latoundji) – Labak (82. Horvath), Helbig
Tore: 1:0 H. Koch (2.), 1:1 Micevski (47.). **Ecken:** 10:5. **Schiedsrichter:** Heynemann (Magdeburg). **Zuschauer:** 35.354. **Gelbe Karten:** Ramzy, Klose – Akrapovic, Hujdurovic. **Gelb/Rote Karten:** keine. **Rote Karten:** keine

Bayer Leverkusen – TSV München 1860 0:0
Bayer 04 Leverkusen: Zuberbühler – Nowotny, R. Kovac – Zivkovic – Ramelow, Reeb (60. Gresko) – Ballack – Neuville (60. B. Schneider), Zé Roberto – Kirsten (60. Rink), Brdaric
TSV München 1860: Jentzsch – Stranzl, Kurz – Cerny, Zelic (10. Ehlers), Tyce – Mykland – Häßler (62. Borimirov), Bierofka (83. Paßlack) – Agostino, Max
Tore: keine. **Ecken:** 14:8. **Schiedsrichter:** Strampe (Handorf). **Zuschauer:** 22.500 (ausverkauft). **Gelbe Karten:** Reeb, Ballack, Brdaric – Mykland, Kurz, Stranzl. **Gelb/Rote Karten:** keine. **Rote Karten:** Rink (90.)

SC Freiburg – SV Werder Bremen 0:1 (0:0)
SC Freiburg: Golz – S. Müller, A. Zeyer, Diarra – Willi (61. Ramdane), Weißhaupt, Kobiaschwili, Zkitischwili, Baya – Iaschwili, Sellimi (61. Dorn)
SV Werder Bremen: Rost – Frings, Eilts (56. Barten), F. Baumann, Bode – Stalteri, F. Ernst, Wicky, A. Herzog (71. Pizarro) – Ailton (90. Krstajic), Bogdanovic
Tore: 0:1 Ailton (54.). **Ecken:** 6:9. **Schiedsrichter:** Keßler (Höhenkirchen). **Zuschauer:** 25.000 (ausverkauft). **Gelbe Karten:** Baya, A. Zeyer, Ramdane, Dorn – Wicky, Ailton, F. Ernst. **Gelb/Rote Karten:** keine. **Rote Karten:** keine

VfL Wolfsburg – VfB Stuttgart 2:2 (1:1)
VfL Wolfsburg: Reitmaier – Kryger, Nowak, Biliskov – Maltritz, Weiser – Kühbauer – Sebescen (84. T. Maric), Munteanu – Rische (60. Juskowiak), Akpoborie
VfB Stuttgart: Hildebrand – Meißner (56. Balakov), T. Schneider, Bordon, Blank – Thiam, Todt – Pinto, Carnell (56. Lisztes) – Seitz (37. Dundee) – Ganea
Tore: 0:1 Maltritz (6., Eigentor), 1:1 Akpoborie (30.), 2:1 Munteanu (74.), 2:2 Lisztes (75.). **Ecken:** 4:8. **Schiedsrichter:** Dr. Merk (Kaiserslautern). **Zuschauer:** 15.378. **Gelbe Karten:** keine. **Gelb/Rote Karten:** keine. **Rote Karten:** keine

DATEN ZUM SPIELTAG

Voller Energie Reise-Punkt Nr.1

Für die Liga-Greenhorns ist der erste Auswärtspunkt eine wichtige psychologische Stütze im Überlebenskampf. Die 1:3 in Bremen, 1:4 in Freiburg, 0:3 auf Schalke waren taktisches Lehrgeld für Energie Cottbus. Nun war man beim 1:1 in Kaiserslautern sogar einem Sieg sehr nahe.
Im Vorjahr war Neuling Ulm schon im dritten Auftritt beim 2:2 in Bremen erfolgreich – und stieg ab. Die Unterhachinger, ebenso neu in der Liga, entführten erst im siebten Auswärtsspiel beim 1:1 in Rostock den ersten Punkt – und stiegen nicht ab.

8. Spieltag

13. – 15. Oktober

Borussia Dortmund – SC Freiburg 1:0 (0:0)
Dortmund: Lehmann – Wörns, Metzelder – Heinrich – Kapetanovic (46. Tanko), Oliseh, Dede – Addo – Evanilson, Reina (79. Herrlich) – Bobic (90. Nijhuis)
SC Freiburg: Golz – Hermel (72. Schumann), Diarra – Willi, Kobiaschwili – A. Zeyer, Kehl, Zkitischwili – Baya (61. Weißhaupt) – Coulibaly, Iaschwili (46. Ramdane)
Tore: 1:0 Heinrich (83.). **Ecken:** 9:3. **Schiedsrichter:** Fandel (Kyllburg). **Zuschauer:** 62.000. **Gelbe Karten:** Evanilson – Coulibaly, Willi. **Gelb/Rote Karten:** keine. **Rote Karten:** keine

Werder Bremen – Bayer Leverkusen 3:3 (0:1)
SV Werder Bremen: Rost – Frings, F. Baumann, Verlaat, Bode – F. Ernst (90. Wicky), Eilts (58. Banovic) – Stalteri, A. Herzog – Ailton, Bogdanovic (46. Pizarro)
Bayer 04 Leverkusen: Zuberbühler – Zivkovic, Nowotny, R. Kovac – Reeb, Ramelow – Ballack, Gresko – Neuville (83. Ponte), Zé Roberto (75. B. Schneider) – Kirsten (75. Brdaric)
Tore: 0:1 Neuville (20.), 0:2 Neuville (55.), 1:2 F. Baumann (70.), 1:3 Ballack (81., Foulelfmeter), 2:3 Bode (88.), 3:3 Ailton (90., Foulelfmeter). **Ecken:** 7:5. **Schiedsrichter:** Krug (Gelsenkirchen). **Zuschauer:** 29.053. **Gelbe Karten:** Verlaat, Frings, F. Baumann, Pizarro, Rost – R. Kovac, Reeb. **Gelb/Rote Karten:** keine. **Rote Karten:** Zuberbühler (90.)

Energie Cottbus – Bayern München 1:0 (1:0)
Energie Cottbus: Piplica – Sebök – Hujdurovic, Beeck – Matyus – Scherbe, Latoundji (72. Franklin), Akrapovic – Micevski (88. Vata) – Helbig, Labak (78. Kobylanski)
FC Bayern München: Kahn – Sagnol, Andersson, Linke, Tarnat – Wiesinger (46. Sergio), Jeremies, Fink (46. Salihamidzic) – Scholl – Jancker, Elber (62. Santa Cruz)
Tore: 1:0 Sebök (14.). **Ecken:** 1:6. **Schiedsrichter:** Dr. Merk (Kaiserslautern). **Zuschauer:** 20.500 (ausverkauft). **Gelbe Karten:** Akrapovic – Jeremies, Tarnat, Scholl, Jancker, Salihamidzic, Sagnol. **Gelb/Rote Karten:** keine. **Rote Karten:** keine

FC Schalke 04 – Eintracht Frankfurt 4:0 (1:0)
FC Schalke 04: Reck – Hajto, Waldoch, Happe – O. Kamphuis, Nemec – Latal, Böhme (79. Büskens) – Möller – Sand, Mpenza (56. Asamoah, 67. Mulder)
Eintracht Frankfurt: Heinen – Kutschera, Hubtchev, Kracht – Wimmer, Schur, Rasiejewski (46. Ciric) – Gebhardt (56. Bindewald) – Guié–Mien, Heldt – Reichenberger
Tore: 1:0 Böhme (38.), 2:0 Latal (51.), 3:0 Böhme (53.), 4:0 Happe (62.). **Ecken:** 10:3. **SR:** Meyer (Braunschweig). **Zuschauer:** 44.100. **Gelbe Karten:** Möller, Hajto, Nemec, Waldoch – Kutschera. **Gelb/Rote Karten:** Wimmer (47.). **Rote Karten:** keine

München 1860 – FC Kaiserslautern 0:4 (0:1)
TSV München 1860: Jentzsch – Stranzl, Paßlack, Kurz (33. F. Tapalovic) – Borimirov, Mykland – Cerny (64. Beierle), Bierofka (54. Tyce) – Häßler – Agostino, Max
1. FC Kaiserslautern: G. Koch – H. Koch, Ramzy, Klos – Buck, Grammozis, Strasser – Basler (88. Adzic) – Pettersson, Hristov (80. Reich) – Klose (51. Lokvenc)
Tore: 0:1 H. Koch (14., Foulelfmeter), 0:2 Lokvenc (56.), 0:3 Pettersson (83.), 0:4 Reich (87.). **Ecken:** 11:1. **Schiedsrichter:** Kemmling (Kleinburgwedel). **Zuschauer:** 33.500. **Gelbe Karten:** Kurz, Häßler – Basler, Hristov, Strasser. **Gelb/Rote Karten:** Stranzl (49.). **Rote Karten:** keine

1. FC Köln – VfL Bochum 2:0 (0:0)
1. FC Köln: Pröll – Cullmann, Lottner, Sichone – Hauptmann, Keller (59. Dziwior) – Scherz, Timm – Springer – Kurth, Arweladse (8. Kreuz, 72. Pivaljevic)
VfL Bochum: Van Duijnhoven – Ristau, Mamic, Milinovic – Schindzielorz (36. Bemben), Dickhaut – Peschel, Mandreko – Bastürk – M. Maric (68. A. Weber), Buckley (77. Freier)
Tore: 1:0 Timm (82.), 2:0 Kurth (86.). **Ecken:** 3:1. **Schiedsrichter:** Weiner (Hildesheim). Zuschauer: 33.500. **Gelbe Karten:** Kurth, Dziwior, Kreuz – Milinovic, Bemben, Mandrek. **Gelb/Rote Karten:** keine. **Rote Karten:** keine

VfB Stuttgart – Hamburger SV 3:3 (2:2)
VfB Stuttgart: Hildebrand – T. Schneider (46. Hosny, 86. Ganea), Todt, Bordon, Meißner – Thiam – Seitz (77. Pinto), Gerber – Lisztes, Balakov – Dundee
Hamburger SV: Butt – Hertzsch, Hoogma, Panadic – N. Kovac – Töfting, Hollerbach (23. Fischer) – Barbarez – Präger, Yeboah, Heinz
Tore: 0:1 N. Kovac (17.), 1:1 Lisztes (21.), 2:1 Dundee (28.), 2:2 Barbarez (31.), 3:2 Dundee (46.), 3:3 Barbarez (59.). **Ecken:** 4:6. **Schiedsrichter:** Aust (Köln). Zuschauer: 26.000. **Gelbe Karten:** Thiam, Todt, Lisztes – Hollerbach, Barbarez, Panadic. **Gelb/Rote Karten:** keine. **Rote Karten:** keine

Unterhaching – VfL Wolfsburg 0:3 (0:1)
SpVgg Unterhaching: Tremmel – Bergen – Strehmel, Seifert – Schwarz, Hirsch (46. Breitenreiter) – Matth. Zimmermann, Straube – Oberleitner – Zdrilic (63. Spizak), Rraklli (63. Bugera)
VfL Wolfsburg: Reitmaier – Kryger, Biliskov (57. Maltritz) – Hengen – Akonnor – Nowak, Kühbauer (70. Voss) – Sebescen (73. Greiner), Weiser – Juskowiak, Akpoborie
Tore: 0:1 Kühbauer (39.), 0:2 Juskowiak (54.), 0:3 Akpoborie (63.). **Ecken:** 6:3. **Schiedsrichter:** Steinborn (Sinzig). **Zuschauer:** 7.500. Gelbe Karten: Hirsch, Straube – Sebescen. **Gelb/Rote Karten:** keine. **Rote Karten:** keine

Hansa Rostock – Hertha BSC Berlin 0:2 (0:1)
Hansa Rostock: Pieckenhagen – Schröder, Jakobsson, Oswald (61. Agali) – Wibran, Yasser – Rydlewicz, Emara – Brand (65. Breitkreutz) – Baumgart, Arvidsson (78. Kovacec)
Hertha BSC Berlin: Kiraly – Rehmer, Schmidt, Sverrisson – Veit, Beinlich – Deisler, Hartmann – Wosz (76. Konstantinidis) – Preetz, Reiss (55. Dardai)
Tore: 0:1 Deisler (3.), 0:2 Beinlich (72.). **Ecken:** 8:5. **Schiedsrichter:** Edinger (Lobenfeld). **Zuschauer:** 16.500 (ausverkauft). **Gelbe Karten:** Rydlewicz, Oswald, Baumgart – Dardai, Schmidt.. **Gelb/Rote Karten:** Deisler (54.), Yasser (84.). **Rote Karten:** keine

Wie Schalke Spitze: Olli Reck

Schalke wieder Spitzenreiter! Die Verdienste, die der 35-jährige Torwart Oliver Reck daran hat, sind berechenbar. Denn »Pannen-Olli« ist die Zuverlässigkeit in Person. Seine Prozentquote der gehaltenen Torschüsse ist die höchste. Hier die Quoten der 18 Liga-Stammtorhüter:

	Torschüsse aufs Tor	gehalten in Prozent
1. Reck (Schalke)	32	84,4
2. Golz (Freiburg)	44	84,1
3. Kahn (Bayern)	42	83,3
4. Koch (Kaiserslautern)	44	81,8
5. Pieckenhagen (Hansa)	60	80,0
6. Heinen (Frankfurt)	45	73,3
7. v.Duijnhoven (Bochum)	53	71,7
8. Rost (Bremen)	40	70,0
9. Tremmel (Unterhaching)	39	69,2
10. Hildebrand (VfB Stuttgart)	47	68,1
11. Jentzsch (1860 München)	25	68,0
12. Pröll (1. FC Köln)	40	67,5
13. Reitmaier (Wolfsburg)	43	67,4
14. Zuberbühler (Leverkusen)	30	66,7
15. Piplica (Cottbus)	48	64,6
16. Lehmann (Dortmund)	33	63,6
17. Butt (Hamburg)	44	61,4
18. Kiraly (Hertha)	33	60,6

DATEN ZUM SPIELTAG

Hertha ist ganz »links«

Weil die meisten Menschen mit dem rechten Fuß an den Ball treten, ist es nicht verwunderlich, dass auch in der Bundesliga die meisten Tore vom rechten Flügel vorbereitet werden: 124 gegenüber 95 von der linken Seite.

Das gliedert sich so auf: 69 über Rechts, 55 über Halbrechts – 48 über Links, 47 über Halblinks.

Noch kein Tor mit der Vorbereitung über die linke Seite gelang Cottbus, Rostock, Wolfsburg (neun Tore nur über Rechts!). Schwerer auszurechnen sind der HSV (10 von rechts, 9 von links), Frankfurt (5/6), Kaiserslautern (4/5), Stuttgart (6/6).

Ganz »Linke« aber sind Leverkusen (7 Tore von 11) und vor allem Hertha BSC (14 von 20) dank Beinlich, Wosz, Hartmann am linken Flügel.

9. Spieltag

20.–22. Oktober

FC Kaiserslautern – Werder Bremen 2:0 (1:0)
1. FC Kaiserslautern: G. Koch – Klos, Ramzy, H. Koch – Strasser – Grammozis – Basler (61. Djorkaeff), Pettersson (85. Lokvenc) – Buck (29. Reich), Hristov – Klose
SV Werder Bremen: Rost – Frings (85. Bogdanovic), F. Baumann, Verlaat, Krstajic – Wicky, F. Ernst (76. Banovic) – Stalteri (64. Pizarro), A. Herzog, Bode – Ailton.
Tore: 1:0 Pettersson (14.), 2:0 Klose (85.). **Ecken:** 4:11. **Schiedsrichter:** Jansen (Essen). **Zuschauer:** 39.229. **Gelbe Karten:** Reich – Frings, Wicky, Ailton, F. Ernst. **Gelb/Rote Karten:** keine. **Rote Karten:** keine

Bayern München – München 1860 3:1 (1:0)
FC Bayern München: Kahn – Sagnol, Andersson, Sforza, Tarnat – Jeremies – Fink – Salihamidzic – Scholl (76. Wiesinger) – Sergio (67. Zickler) – Elber (84. Santa Cruz)
TSV München 1860: Jentzsch – Cerny – Paßlack, Ehlers – Tyce (76. Max) – Borimirov, Bierofka – Riedl (52. Agostino), Mykland – Häßler, Beierle
Tore: 1:0 Elber (45.), 2:0 Salihamidzic (56.), 3:0 Elber (65.), 3:1 Häßler (75.). **Ecken:** 5:4. **Schiedsrichter:** Aust (Köln). **Zuschauer:** 69.000 (ausverkauft). **Gelbe Karten:** Jeremies – Bierofka, Beierle, Ehlers, Mykland. **Gelb/Rote Karten:** Borimirov (82.). **Rote Karten:** keine

VfB Stuttgart – SpVgg Unterhaching 2:2 (1:2)
VfB Stuttgart: Hildebrand – Thiam, Todt (65. Hleb), Bordon, Carnell – Lisztes – Seitz, Gerber (61. Pinto) – Balakov – Hosny (81. Vaccaro), Dundee
SpVgg Unterhaching: Tremmel – Bergen – Strehmel, Hirsch – Straube – Schwarz – Haber (61. Bucher), Matth. Zimmermann – Breitenreiter, Spizak (87. Zdrilic) – Rraklli (73. Hertl)
Tore: 0:1 Rraklli (8.), 1:1 Seitz (27.), 1:2 Spizak (33.), 2:2 Balakov (86., Foulelfmeter). **Ecken:** 14:2. **Schiedsrichter:** Fandel (Kyllburg). **Zuschauer:** 17.000. **Gelbe Karten:** Balakov – Schwarz. **Gelb/Rote Karten:** keine. **Rote Karten:** keine

VfL Wolfsburg – 1. FC Köln 6:0 (4:0)
VfL Wolfsburg: Reitmaier – Greiner, Kryger – Hengen – Akonnor – Nowak, Kühbauer – Sebescen, Weiser (69. Maltritz) – Akpoborie (61. T. Maric), Juskowiak (63. Rische)
1. FC Köln: Pröll – Cullmann, Lottner, Sichone – Hauptmann (75. Dziwior), Keller – Scherz, Springer, Kreuz (46. Cichon) – Kurth, Timm (46. Voigt)
Tore: 1:0 Kühbauer (3.), 2:0 Nowak (18.), 3:0 Akpoborie (29.), 4:0 Sebescen (38.), 5:0 T. Maric (67.), 6:0 Akonnor (90., Foulelfmeter). **Ecken:** 3:5. **Schiedsrichter:** Wack, Dr. (Biberbach). **Zuschauer:** 15.816. **Gelbe Karten:** Hengen – Hauptmann, Kurth, Dziwior. **Gelb/Rote Karten:** keine. **Rote Karten:** keine

Hertha BSC – Energie Cottbus 3:1 (1:1)
Hertha BSC Berlin: Kiraly – Rehmer, Schmidt, van Burik (57. Tretschok) – Veit, Beinlich – Sanneh (46. Roy) – Wosz, Hartmann – Preetz, Reiss (78. Sverrisson)
Energie Cottbus: Piplica – Sebök – Matyus, Beeck – Hujdurovic, Scherbe – Latoundji (72. Kobylanski), Akrapovic (79. Franklin), Micevski – Labak (79. Horvath), Helbig
Tore: 0:1 Labak (20.), 1:1 Wosz (42.), 2:1 Roy (66.), 3:1 Sverrisson (85.). **Ecken:** 8:3.. **Schiedsrichter:** Keßler (Höhenkirchen). **Zuschauer:** 49.457. **Gelbe Karten:** van Burik, Wosz – Micevski, Hujdurovic. **Gelb/Rote Karten:** keine. **Rote Karten:** keine

Hamburger SV – Eintracht Frankfurt 2:0 (1:0)
Hamburger SV: Butt – Hertzsch, Hoogma, Panadic – Töfting, N. Kovac, Hollerbach – Barbarez – Präger, Yeboah (85. Doll), Heinz (52. Ketelaer)
Eintracht Frankfurt: Heinen – Hubtchev – Kutschera, Kracht, Rasiejewski – Lösch (22. Preuß), Schur – Guié-Mien, Heldt – Reichenberger, Ciric (66. Fjörtoft)
Tore: 1:0 Barbarez (35.), 2:0 N. Kovac (69.). **Ecken:** 12:1. **Schiedsrichter:** Fröhlich (Berlin). **Zuschauer:** 41.250. **Gelbe Karten:** Panadic, Barbarez, Hollerbach – Rasiejewski. **Gelb/Rote Karten:** keine. **Rote Karten:** keine

Bayer Leverkusen – Bor. Dortmund 2:0 (1:0)
Bayer 04 Leverkusen: Matysek – Reeb, Zivkovic, Nowotny, R. Kovac – Ramelow – Ballack, Zé Roberto (75. Ojigwe) – Neuville, Brdaric – Kirsten (72. B. Schneider)
Borussia Dortmund: Lehmann – Wörns, Metzelder, Kohler (75. Stevic), Dede – Oliseh, Heinrich – Ricken (63. Herrlich) – Reina, Addo – Bobic (15. Tanko).
Tore: 1:0 Nowotny (25.), 2:0 Neuville (62.). **Ecken:** 5:2. **Schiedsrichter:** Dr. Fleischer (Ulm). **Zuschauer:** 22.500 (ausverkauft). **Gelbe Karten:** Zé Roberto – Reina, Wörns. **Gelb/Rote Karten:** keine. **Rote Karten:** keine

SC Freiburg – FC Schalke 04 3:1 (1:0)
SC Freiburg: Golz – Schumann, Diarra – Kehl – Willi (84. Kondé), A. Zeyer, Kobiaschwili, Zkitischwili – Baya – Coulibaly (67. Ramdane), Iaschwili (77. Sellimi)
FC Schalke 04: Grodas – Hajto, Waldoch, van Kerckhoven – Oude Kamphuis (84. Mulder), Nemec – Latal (58. Asamoah), Böhme – Möller – Sand, Mpenza
Tore: 1:0 A. Zeyer (33.), 1:1 Waldoch (74.), 2:1 Sellimi (80.), 3:1 Ramdane (90.). **Ecken:** 11:6. **Schiedsrichter:** Stark (Ergolding). **Zuschauer:** 25.000 (ausverkauft). **Gelbe Karten:** Kobiaschwili, Kondé – Hajto, Böhme. **Gelb/Rote Karten:** keine. **Rote Karten:** keine

VfL Bochum – Hansa Rostock 1:2 (0:0)
VfL Bochum: Van Duijnhoven – Dickhaut (86. Drincic), Mamic, Milinovic (73. Rietpietsch) – Mandreko (77. Buckley), Schindzielorz, Meichelbeck – Peschel – Bastürk – M. Maric, A. Weber
Hansa Rostock: Pieckenhagen – Schröder, Jakobsson, Oswald – Wibran, Lantz – Rydlewicz, Emara (62. Majak) – Brand – Arvidsson, Baumgart (62. Kovacec, 80. Benken)
Tore: 1:0 A. Weber (56.), 1:1 Arvidsson (67.), 1:2 Kovacec (76.). **Ecken:** 10:8. **Schiedsrichter:** Gagelmann (Bremen). **Zuschauer:** 17.871. **Gelbe Karten:** Brand. **Gelb/Rote Karten:** keine. **Rote Karten:** keine

Hertha war die Nummer 4

Nach dem SC Freiburg, Schalke 04 und zuletzt FC Bayern war Hertha BSC der vierte Verein, der in dieser Saison die Liga-Spitze zierte. Für die Berliner Fans war das ein denkwürdiges Ereignis, obwohl sich ihre Hertha schon zweimal nach dem Liga-Auftakt auf Rang 1 wiedergefunden hatte: im August 1976 und 1999.

Aber ein Platz 1 mitten in der Saison, das lag 26 Jahre zurück! Das wurde 1974 geschafft, als Hertha am 30. November, am 15. Spieltag, den MSV Duisburg 3:1 geschlagen hatte. Dem folgte ein 0:4 in Bochum samt Führungsverlust. Mit 4:2 gegen Rot-Weiß -Essen konnte das am 17. Tag noch einmal repariert werden. Aber Meister wurde FC Bayern, trotz eines 1:4 gegen Hertha. Die Berliner wurden Zweite, ihre bislang beste Liga-Platzierung.

10. Spieltag

27.–29. Oktober

Energie Cottbus – VfL Bochum 2:0 (2:0)
Energie Cottbus: Piplica – Sebök – Beeck, Hujdurovic – Akrapovic, Matyus – Reghecampf, Micevski (87. Vata), Miriuta – Labak (75. Horvath), Franklin (71. Helbig)
VfL Bochum: Van Duijnhoven – Mamic – Milinovic, Meichelbeck (46. Ristau) – Schindzielorz, Dickhaut – Peschel (67. Mandreko), Bastürk, Buckley – M. Maric, A. Weber (67. Drincic)
Tore: 1:0 Micevski (29.), 2:0 Miriuta (43.). **Ecken:** 8:8. **Schiedsrichter:** Albrecht (Kaufbeuren). **Zuschauer:** 14.835. **Gelbe Karten:** Labak, Helbig, Beeck – Buckley, Dickhaut, A. Weber, Drincic. **Gelbe/Rote Karten:** keine. **Rote Karten:** keine

Eintracht Frankfurt – SC Freiburg 3:0 (2:0)
Eintracht Frankfurt: Heinen – Kutschera, Hubtchev, Kracht – Wimmer (59. Guié–Mien) – Schur (25. Rasiejewski), Branco – Sobotzik (75. Zinnow) – Heldt – Fjörtoft, Reichenberger
SC Freiburg: Golz – Schumann, Diarra (46. Kondé) – Hermel – A. Zeyer – Willi (46. Ramdane), Kobiaschwili, Zkitischwili – Baya – Weißhaupt (67. Sellimi), Coulibaly
Tore: 1:0 Reichenberger (10.), 2:0 Fjörtoft (21.), 3:0 Branco (85.). **Ecken:** 9:4. **Schiedsrichter:** Strampe (Handorf). **Zuschauer:** 23.800. **Gelbe Karten:** Sobotzik – Kobiaschwili, Coulibaly, Willi. **Gelb/Rote Karten:** Kondé (78.). **Rote Karten:** keine

Bor. Dortmund – FC Kaiserslautern 1:2 (0:1)
Borussia Dortmund: Lehmann – Wörns (89. Nijhuis), Heinrich, Metzelder – Evanilson, Stevic, Dede – Ricken – Addo, Reina (58. Krontiris) – Herrlich
1. FC Kaiserslautern: G. Koch – Ramzy (66. Reich) – Klos – Grammozis, H. Koch – Adzic (63. Komljenovic), Strasser – Pettersson, Hristov (85. Lokvenc) – Djorkaeff, Klose
Tore: 0:1 Hristov (12.), 1:1 Evanilson (63.), 1:2 Reich (88.). **Ecken:** 10:2. **Schiedsrichter:** Berg (Konz) **Zuschauer:** 62.000. **Gelbe Karten:** Evanilson, Addo – Djorkaeff, G. Koch. **Gelb/Rote Karten:** keine. **Rote Karten:** keine

Unterhaching – Hamburger SV 2:1 (0:1)
SpVgg Unterhaching: Tremmel – Bergen (38. Zdrilic) – Bucher (75. Novak), H. Herzog, Straube – Strehmel – Schwarz – Matth. Zimmermann – Haber, Spizak – Rraklli (76. Oberleitner)
Hamburger SV: Butt – Hertzsch, Hoogma, Panadic (63. Kruse) – Kientz – Töfting, Hollerbach – Barbarez – Mahdavikia, Ketelaer (46. Heinz) – Präger (55. Maul)
Tore: 0:1 Kientz (11.), 1:1 Straube (87.), 2:1 Spizak (90.). **Ecken:** 6:7. **Schiedsrichter:** Meyer (Braunschweig). **Zuschauer:** 12.000. **Gelbe Karten:** Spizak. **Gelb/Rote Karten:** keine. **Rote Karten:** keine

Hansa Rostock – VfL Wolfsburg 1:1 (0:1)
Hansa Rostock: Pieckenhagen – Schröder, Jakobsson, Oswald – Wibran, Lantz – Rydlewicz (81. Ahanfouf), Emara (65. Baumgart) – Brand (69. Breitkreutz) – Arvidsson, Majak
VfL Wolfsburg: Reitmaier – O'Neil, Hengen, Kryger – Akonnor – Greiner (83. Maltritz), Weiser – Nowak, Kühbauer – Juskowiak (87. Rische), Akpoborie (79. T. Maric)
Tore: 0:1 Rydlewicz (37., Eigentor), 1:1 Majak (89.). **Ecken:** 5:3. **Schiedsrichter:** Krug (Gelsenkirchen). **Zuschauer:** 14.000. **Gelbe Karten:** Greiner, Kühbauer, Nowak, Akonnor, Akpoborie. **Gelb/Rote Karten:** keine. **Rote Karten:** keine

Werder Bremen – Bayern München 1:1 (1:1)
SV Werder Bremen: Rost – Frings, Eilts (66. Barten), F. Baumann, Krstajic – Wicky, F. Ernst – Banovic (76. Stalteri), A. Herzog, Bode – Ailton
FC Bayern München: Kahn – Sagnol, Sforza, Andersson, Tarnat – Jeremies, Fink – Scholl – Salihamidzic (84. Jancker), Sergio (81. Zickler) – Elber
Tore: 0:1 Sergio (6.), 1:1 Ailton (11., Foulelfmeter). **Ecken:** 6:7. **Schiedsrichter:** Fandel (Kyllburg). **Zuschauer:** 35.282 (ausverkauft). **Gelbe Karten:** Frings, Krstajic – Kahn, Fink, Scholl. **Gelb/Rote Karten:** keine. **Rote Karten:** keine

FC Schalke 04 – Bayer 04 Leverkusen 0:0
FC Schalke 04: Reck – Hajto, Waldoch, van Kerckhoven – Oude Kamphuis, Nemec – Latal (79. Asamoah), Böhme – Möller – Sand, Mpenza
Bayer 04 Leverkusen: Matysek – R. Kovac, Nowotny, Zivkovic – Ramelow – Reeb (70. T. Hoffmann), Ojigwe – Ballack (80. B. Schneider) – Neuville, Zé Roberto – Kirsten (65. Brdaric)
Tore: keine. **Ecken:** 5:3. **Schiedsrichter:** Fröhlich (Berlin). **Zuschauer:** 41.545. **Gelbe Karten:** Latal, Hajto, Mpenza – Neuville, Nowotny, Ballack. **Gelb/Rote Karten:** keine. **Rote Karten:** keine

1. FC Köln – VfB Stuttgart 3:2 (2:2)
1. FC Köln: Pröll – Cichon – Cullmann, Sichone (46. Dziwior) – Scherz, Keller – Voigt – Lottner (82. Wollitz) – Timm, Springer – Kurth (89. Grlic)
VfB Stuttgart: Hildebrand – T. Schneider, Soldo (53. Endress), Bordon, Carnell – Thiam – Pinto, Lisztes – Gerber (87. Meißner) – Dundee (87. Hleb), Ganea
Tore: 0:1 Ganea (28.), 1:1 Springer (31.), 2:1 Springer (36.), 2:2 Thiam (41.), 3:2 Lottner (75.). **Ecken:** 3:5. **Schiedsrichter:** Dr. Fleischer (Ulm). **Zuschauer:** 32.000. **Gelbe Karten:** Keller, Scherz, Springer, Voigt – Endress, Soldo, Ganea. **Gelb/Rote Karten:** keine. **Rote Karten:** keine

TSV München 1860 – Hertha BSC 0:1 (0:0)
TSV München 1860: Jentzsch – Stranzl, Kurz (5. Ehlers), F. Tapalovic – Mykland, Riedl (79. Bierofka) – Cerny, Tyce – Häßler (87. Winkler) – Max, Agostino
Hertha BSC Berlin: Kiraly – van Burik, Schmidt, Sverrisson – Sanneh, Konstantinidis, Hartmann – Deisler (69. Veit), Beinlich – Alves (46. Daei), Preetz
Tore: 0:1 Sverrisson (90.). **Ecken:** 6:4. **Schiedsrichter:** Jansen (Essen). **Zuschauer:** 27.600. **Gelbe Karten:** F. Tapalovic – van Burik. **Gelb/Rote Karten:** keine. **Rote Karten:** keine

DATEN ZUM SPIELTAG

11. Spieltag — 3.–5. November

Bayer Leverkusen – Eintr. Frankfurt 1:0 (0:0)
Bayer 04 Leverkusen: Matysek – Zivkovic, Nowotny, R. Kovac – Ramelow – Hejduk (46. B. Schneider), Ojigwe (75. Neuendorf) – Ballack – Zé Roberto – Neuville (67. Ponte), Brdaric
Eintracht Frankfurt: Heinen – Kutschera (67. Maljkovic), Hubtchev, Kracht – Wimmer – Schur, Branco – Sobotzik (70. Rasiejewski) – Heldt – Reichenberger, Yang (31. Guié-Mien)
Tore: 1:0 Ballack (79.). **Ecken:** 8:3. **Schiedsrichter:** Fandel (Kyllburg). **Zuschauer:** 22.500 (ausverkauft). **Gelbe Karten:** Nowotny – Yang, Hubtchev. **Gelb/Rote Karten:** keine. **Rote Karten:** keine

1. FC Kaiserslautern – FC Schalke 04 3:2 (0:1)
1. FC Kaiserslautern: Weidenfeller – Ramzy (43. Komljenovic) – Klos, H. Koch – Grammozis, Strasser – Hauck – Basler (61. Marschall) – Hristov – Djorkaeff, Klose (89. Lokvenc)
FC Schalke 04: Reck – van Hoogdalem (27. Happe), Waldoch, van Kerckhoven – Latal, Nemec, Büskens, Böhme – Möller – Mpenza, Sand (46. Asamoah)
Tore: 0:1 Sand (37.), 0:2 Waldoch (57.), 1:2 H. Koch (67., Foulelfmeter), 2:2 Klos (72.), 3:2 Marschall (87.). **Ecken:** 5:5. **Schiedsrichter:** Steinborn (Sinzig). **Zuschauer:** 41.500 (ausverkauft). **Gelbe Karten:** H. Koch, Hristov, Marschall – van Hoogdalem, Böhme. **Gelb/Rote Karten:** keine. **Rote Karten:** keine

Hertha BSC – SV Werder Bremen 4:1 (2:0)
Hertha BSC Berlin: Kiraly – van Burik, Schmidt, Konstantinidis – Sanneh, Beinlich (83. Dardai) – Rehmer, Hartmann – Wosz (43. Tretschok) – Preetz (80. Daei), Alves
SV Werder Bremen: Rost – Tjikuzu (60. Bogdanovic), Eilts (66. Maximow), F. Baumann, Krstajic – F. Ernst, Wicky – Banovic, Bode – Stalteri, Ailton (46. Pizarro)
Tore: 1:0 Alves (12.), 2:0 Preetz (43.), 3:0 Preetz (49.), 3:1 Pizarro (71., Foulelfmeter), 4:1 Beinlich (79.). **Ecken:** 9:6. **Schiedsrichter:** Dr. Wack (Biberbach) **Zuschauer:** 40.097. **Gelbe Karten:** Preetz – Stalteri. **Gelb/Rote Karten:** F. Ernst (86.). **Rote Karten:** keine

VfL Bochum – TSV München 1860 1:1 (0:0)
VfL Bochum: Van Duijnhoven – Ristau, Mamic, Milinovic – Schindzielorz – Dickhaut, Meichelbeck (46. Drincic) – Peschel (46. Bemben) – Bastürk – M. Maric (84. Baluszynski), Buckley
TSV München 1860: Jentzsch – Stranzl, Zelic, Kurz – F. Tapalovic (25. Riedl, 68. Paßlack) – Mykland – Cerny, Tyce (71. Bierofka) – Häßler – Max, Agostino
Tore: 0:1 Agostino (53.), 1:1 Drincic (62.). **Ecken:** 7:3. **Schiedsrichter:** Dr. Merk (Kaiserslautern). **Zuschauer:** 15.591. **Gelbe Karten:** Buckley, Dickhaut – Riedl, Häßler, Agostino, Kurz. **Gelb/Rote Karten:** keine. **Rote Karten:** keine

Hamburger SV – SC Freiburg 5:0 (4:0)
Hamburger SV: Butt – Kientz, Hoogma, Hertzsch – Töfting – Präger (79. Spörl), Hollerbach – Barbarez (66. Doll) – Mahdavikia, Ketelaer (53. Heinz), Bester
Freiburg: Golz – Schumann, Diarra – Willi (21. Hermel), A. Zeyer, Zkitischwili (64. Baya) – Ramdane – Kobiaschwili – But – Coulibaly (64. Iaschwili), Sellimi
Tore: 1:0 Mahdavikia (12.), 2:0 Präger (21.), 3:0 Hoogma (33.), 4:0 Bester (45.), 5:0 Töfting (76.). **Ecken:** 3:3. Schiedsrichter: Krug (Gelsenkirchen) **Zuschauer:** 35.328. **Gelbe Karten:** Hollerbach – Schumann, Ramdane. **Gelb/Rote Karten:** keine **Rote Karten:** keine

VfB Stuttgart – Hansa Rostock 1:0 (1:0)
VfB Stuttgart: Hildebrand – T. Schneider, Bordon, Carnell – Thiam, Meißner – Pinto, Gerber (75. Hosny) – Lisztes (72. Kauf) – Dundee, Ganea (63. Seitz)
Hansa Rostock: Pieckenhagen – Schröder, Jakobsson, Oswald – Wibran (74. Breitkreutz), Lantz – Rydlewicz, Emara (59. Brand) – Majak – Arvidsson, Agali (80. Baumgart)
Tore: 1:0 Dundee (34.). **Ecken:** 0:2. **Schiedsrichter:** Weiner (Hildesheim). **Zuschauer:** 19.000. **Gelbe Karten:** Meißner, Ganea – Emara, Lantz, Agali. **Gelb/Rote Karten:** keine. **Rote Karten:** keine

Bayern München – Bor. Dortmund 6:2 (3:1)
FC Bayern München: Kahn – Sagnol, Andersson, Sforza, Tarnat – Jeremies (67. Strunz), Fink – Scholl (85. Santa Cruz) – Salihamidzic, Sergio (67. Zickler) – Elber
Borussia Dortmund: Lehmann – Heinrich – Wörns, Nijhuis – Metzelder, Dede – Addo, Ricken – Evanilson (59. Ikpeba), Reina (74. Tanko) – Herrlich
Tore: 0:1 Herrlich (2.), 1:1 Salihamidzic (7.), 2:1 Elber (10.), 3:1 Scholl (39.), 4:1 Scholl (58.), 5:1 Sergio (64.), 5:2 Addo (72.), 6:2 Salihamidzic (83.). **Ecken:** 7:7. **Schiedsrichter:** Strampe (Handorf). **Zuschauer:** 62.000. **Gelbe Karten:** Elber, Jeremies, Scholl, Fink – Dede, Addo, Lehmann, Nijhuis. **Gelb/Rote Karten:** Heinrich (84.). **Rote Karten:** keine

VfL Wolfsburg – Energie Cottbus 1:1 (0:1)
VfL Wolfsburg: Reitmaier – Kryger, Hengen, O'Neil – Greiner, Maltritz (46. T. Maric), Nowak (84. Voss), Weiser – Kühbauer – Juskowiak, Rische
Cottbus: Piplica – Sebök – Vata, Beeck – Scherbe (77. Tzvetanov) – Thielemann, Akrapovic, Miriuta, Matyus – Labak (52. Kobylanski), Helbig (90. Franklin)
Tore: 0:1 Vata (38.), 1:1 Kühbauer (60.). **Ecken:** 7:7. **Schiedsrichter:** Stark (Ergolding). **Zuschauer:** 15.210. **Gelbe Karten:** Juskowiak – Thielemann, Beeck, Sebök. **Gelb/Rote Karten:** keine. **Rote Karten:** keine

SpVgg Unterhaching – 1. FC Köln 0:0
SpVgg Unterhaching: Tremmel – Strehmel – H. Herzog, Bucher – Schwarz, Matth. Zimmermann (79. Garcia) – Haber (60. Zdrilic), Straube – Breitenreiter (68. Oberleitner) – Rraklli, Spizak
1. FC Köln: Pröll – Cichon – Cullmann, Sichone – Keller – Scherz, Voigt (88. Hauptmann), Springer – Lottner – Timm (90. Baranek), Kurth (79. Dziwior)
Tore: keine. **Ecken:** 5:6. **Schiedsrichter:** Heynemann (Magdeburg). **Zuschauer:** 9.500. **Gelbe Karten:** Rraklli, Spizak, H. Herzog – Springer. **Gelb/Rote Karten:** keine. **Rote Karten:** Sichone (38.).

BvB-Aktien nicht für alle Profis!

Borussia Dortmund ging als erster deutscher Klub an die Börse. Ein neues Aktiengeschäft auch für alle Profis? »Nein, außer von Borussia selbst dürfen weder in der Bundesliga tätige Spieler noch Trainer diese BvB-Aktien kaufen«, betont DFB-Pressesprecher Michael Novak. Das wurde schon vor zwei Jahren vom DFB beschlossen. »Bei Zuwiderhandlungen verlieren sie sofort ihre Lizenzen. Das gilt auch für die Schiedsrichter!« Wären die BvB-Aktien für alle Profis zugänglich, müssten womöglich Spielmanipulationen befürchtet werden. Denn auch Sieg und Niederlage bestimmen den Kurs der Aktien. Manager Uli Hoeneß schließt nicht aus, dass auch der FC Bayern in einiger Zeit den Gang an die Börse startet. Ein Grund dafür wäre, die Kosten des Stadionumbaus wieder auszugleichen.

12. Spieltag — 10.–12. November

Bor. Dortmund – Hertha BSC Berlin 2:0 (1:0)
Borussia Dortmund: Lehmann – Nijhuis, Kohler – Metzelder – Evanilson, Stevic, Dede – Ricken – Addo, Reina (89. Nerlinger), Ikpeba (78. Tanko)
Hertha BSC Berlin: Kiraly – Sanneh, Tretschok (65. Daei), Sverrisson, Konstantinidis – Veit, Hartmann (78. Dardai) – Deisler (82. Roy), Beinlich – Preetz, Alves
Tore: 1:0 Ricken (3.), 2:0 Reina (72.). **Ecken:** 4:3. **Schiedsrichter:** Meyer (Braunschweig). **Zuschauer:** 61.000. **Gelbe Karten:** Ikpeba – Veit. **Gelb/Rote Karten:** keine. **Rote Karten:** keine

TSV München 1860 – VfL Wolfsburg 2:2 (2:1)
TSV München 1860: Jentzsch – Riseth, Zelic, Paßlack – Stranzl – Mykland – Cerny, Bierofka (64. Pfuderer) – Häßler – Agostino (79. Borimirov), Max
VfL Wolfsburg: Reitmaier – Kryger (46. Biliskov), Thomsen – Hengen – Nowak (79. Rische) – Greiner (62. T. Maric), Akonnor, Weiser – Kühbauer – Juskowiak, Akpoborie
Tore: 0:1 Juskowiak (1.), 1:1 Agostino (33.), 2:1 Max (37.), 2:2 T. Maric (88.). **Ecken:** 6:7. **Schiedsrichter:** Fandel (Kyllburg). **Zuschauer:** 21.800. **Gelbe Karten:** Mykland – Greiner, Kryger, Reitmaier. **Gelb/Rote Karten:** keine. **Rote Karten:** keine

Hansa Rostock – Unterhaching 2:2 (0:1)
Hansa Rostock: Pieckenhagen – Schröder, Jakobsson, Oswald (82. Benken) – Wibran (68. Yasser), Lantz – Rydlewicz, Majak – Brand (85. Zallmann) – Agali, Arvidsson
SpVgg Unterhaching: Tremmel – Strehmel – H. Herzog, Seifert (85. Novak) – Schwarz – Matth. Zimmermann (82. Oberleitner) – Haber, Straube – Breitenreiter – Rraklli (46. Zdrilic), Spizak
Tore: 0:1 H. Herzog (45.), 1:1 H. Herzog (75., Eigentor), 2:1 Rydlewicz (81.), 2:2 Breitenreiter (89.). **Ecken:** 9:9. **Schiedsrichter:** Dr. Merk (Kaiserslautern). **Zuschauer:** 12.000. **Gelbe Karten:** Majak, Arvidsson, Rydlewicz – Straube, Strehmel. **Gelb/Rote Karten:** keine. **Rote Karten:** keine

1. FC Köln – Hamburger SV 4:2 (2:0)
1. FC Köln: Pröll – Cichon – Cullmann, Dziwior, Keller – Voigt – Springer – Scherz, Lottner (8. Hauptmann) – Kurth (79. Baranek), Timm (79. Donkov)
Hamburger SV: Butt – Kientz (79. Doll), Panadic, Hertzsch – Hoogma (75. Bester) – Maul (46. Yeboah) – Töfting – Barbarez – Präger, Ketelaer, Mahdavikia
Tore: 1:0 Kurth (16.), 2:0 Timm (19.), 3:0 Lottner (49.), 3:1 Barbarez (62.), 3:2 Yeboah (69.), 4:2 Lottner (86.). **Ecken:** 10:6. **Schiedsrichter:** Albrecht (Kaufbeuren). **Zuschauer:** 40.000. **Gelbe Karten:** Voigt – Hertzsch, Präger, Barbarez, Ketelaer. **Gelb/Rote Karten:** Keller (78.). **Rote Karten:** keine

SC Freiburg – Bayer 04 Leverkusen 0:1 (0:0)
SC Freiburg: Golz – Kondé, Hermel, Diarra – Zkitischwili (71. But) – Weißhaupt, Baya, Kobiaschwili – Coulibaly (63. Sellimi) – Ramdane, Iaschwili (76. Dorn)
Bayer 04 Leverkusen: Matysek – Zivkovic, Vranjes, R. Kovac – Ramelow – T. Hoffmann, Ballack, Ojigwe – Zé Roberto – Neuville (85. B. Schneider), Brdaric (74. Ponte)
Tore: 0:1 Ramelow (62.). **Ecken:** 2:10. **Schiedsrichter:** Dr. Wack (Biberbach). **Zuschauer:** 25.000 (ausverkauft). **Gelbe Karten:** Kobiaschwili, Ramdane – Ponte, Ballack, Matysek, Ramelow. **Gelb/Rote Karten:** keine. **Rote Karten:** keine

FC Schalke 04 – Bayern München 3:2 (0:1)
FC Schalke 04: Reck – Hajto, Waldoch, van Kerckhoven – Nemec, van Hoogdalem – Latal (54. Asamoah), Büskens – Möller – Sand, Mpenza
FC Bayern München: Kahn – Sagnol, Andersson, Sforza, Tarnat – Jeremies – Effenberg, Scholl (73. Zickler) – Salihamidzic (73. Jancker), Elber (85. Santa Cruz), Sergio
Tore: 0:1 Elber (33.), 1:1 Möller (58.), 1:2 Sergio (59.), 2:2 Asamoah (68.), 3:2 Sand (71.). **Ecken:** 4:1. **Schiedsrichter:** Heynemann (Magdeburg). **Zuschauer:** 62.109 (ausverkauft). **Gelbe Karten:** Nemec, Büskens, van Hoogdalem – Tarnat, Sergio, Jeremies, Effenberg, Salihamidzic. **Gelb/Rote Karten:** keine. **Rote Karten:** keine

SV Werder Bremen – VfL Bochum 2:0 (0:0)
SV Werder Bremen: Rost – Frings, Eilts, F. Baumann, Krstajic – Wicky – Stalteri (86. Maximow), A. Herzog, Bode – Ailton (88. Banovic), Pizarro (90. Bogdanovic)
VfL Bochum: Van Duijnhoven – Ristau, Dickhaut, Milinovic – Bemben, Schindzielorz, Mamic (82. Baluszynski), Meichelbeck (57. Buckley) – Mandreko – M. Maric, Drincic
Tore: 1:0 Ailton (46.), 2:0 Pizarro (81.). **Ecken:** 11:9. **Schiedsrichter:** Dr. Fleischer (Ulm). **Zuschauer:** 27.525. **Gelbe Karten:** M. Maric. **Gelb/Rote Karten:** keine. **Rote Karten:** keine

Eintr. Frankfurt – FC Kaiserslautern 3:1 (1:0)
Eintracht Frankfurt: Heinen – Kutschera, Hubtchev, Kracht – Schur, Branco – Sobotzik (65. Guié-Mien), Gebhardt (47. Lösch) – Heldt – Fjørtoft, Reichenberger (89. Rasiejewski)
1. FC Kaiserslautern: G. Koch – Komljenovic – H. Koch, Klos – Grammozis (78. Marschall) – Hauck (59. Reich), Strasser – Pettersson, Djorkaeff – Klose, Hristov
Tore: 1:0 Reichenberger (44.), 2:0 Sobotzik (52.), 3:0 Fjørtoft (77.), 3:1 Klos (83.). **Ecken:** 9:5. **SR:** Stark (Ergolding). **Zuschauer:** 35.000. **Gelbe Karten:** Fjørtoft – Djorkaeff, Grammozis, Pettersson, Hauck. **Gelb/Rote Karten:** keine. **Rote Karten:** keine

Energie Cottbus – VfB Stuttgart 2:1 (1:1)
Energie Cottbus: Piplica – Sebök – Vata, Beeck – Akrapovic – Thielemann (81. Latoundji), Matyus – Miriuta, Micevski (60. Hujdurovic) – Franklin, Labak (63. Helbig)
VfB Stuttgart: Hildebrand – T. Schneider, Bordon, Carnell – Meißner, Soldo – Pinto, Gerber (76. Hosny) – Balakov (76. Lisztes) – Dundee, Ganea (46. Endress)
Tore: 0:1 Soldo (16.), 1:1 Miriuta (34.), 2:1 Matyus (86.). **Ecken:** 8:5. **Schiedsrichter:** Kemmling (Kleinburgwedel). **Zuschauer:** 16.296. **Gelbe Karten:** Thielemann, Matyus, Sebök – Hildebrand, Soldo. **Gelb/Rote Karten:** keine. **Rote Karten:** keine

Felix (der Glückliche) siegt wieder

Zum ersten Mal trafen zwei »Urgesteine« der Bundesliga als Trainer aufeinander: Felix Magath (47/Eintracht Frankfurt) und Andy Brehme (39/1. FC Kaiserlautern). Und es blieb beim Gewohnten: Magath hatte erneut die Nase vorn, Brehme unterlag.
Ihre Zeit als Aktive: Felix Magath 306 Spiele (46 Tore) für den HSV. Andy Brehme 301 Spiele (50 Tore) für den 1. FCK und für Bayern München. In zehn Vergleichen der beiden: sechs Magath-Siege, vier Remis. Zusammen aber wurden beide 1986 Vizeweltmeister. Andy Brehme gewann dann 1990 den WM-Titel.
Trainer – Aktiver 1995/96: Der von Magath trainierte HSV besiegt den FCK mit Brehme zweimal.
Doch Deutscher Meister sind beide: Magath dreimal mit dem HSV, Brehme einmal mit dem FC Bayern.

Leverkusen die Nummer 6

Bayer Leverkusen ist nach dem 13. Spieltag der sechste Tabellenführer! Genauso war es auch in der Saison 1999/2000. Nur änderten sich einige Namen.

Saison 2000/2001: Bayern München sechsmal, Hertha BSC dreimal, Schalke zweimal, Freiburg, Leverkusen einmal.

Saison 1999/2000: Bayern München viermal, Dortmund dreimal, Leverkusen und HSV zweimal, Hertha und Frankfurt einmal.

In den letzten zehn Spieljahren gibt es dafür keine Beispiele. 1996/97 waren vier Spitzenreiter die Höchstquote, sonst drei oder zwei Klubs.

Nur 1992/93 hatte der FC Bayern München die Spitze vom ersten Tag an in Besitz. Bis zum 32. Spieltag. Dann zog Otto Rehhagels Werder Bremen vorbei und wurde Meister.

13. Spieltag 17.–19. November

VfB Stuttgart – TSV München 1860 2:2 (1:0)
VfB Stuttgart: Hildebrand – T. Schneider, Bordon, Meißner – Thiam (87. Hleb), Soldo – Pinto (88. Seitz), Gerber – Balakov (82. Lisztes) – Dundee, Ganea
TSV München 1860: Jentzsch – Stranzl, Zelic, Riseth – Kurz – Mykland (76. Winkler) – Cerny, Tyce (53. Borimirov) – Häßler – Agostino, Max (62. Beierle)
Tore: 1:0 Thiam (19.), 1:1 Agostino (64.), 2:1 Ganea (71.), 2:2 Häßler (80.). **Ecken:** 7:2. **Schiedsrichter:** Krug (Gelsenkirchen). **Zuschauer:** 22.000. **Gelbe Karten:** Riseth, Max. **Gelb/Rote Karten:** keine. **Rote Karten:** keine

Bayern München – Eintr. Frankfurt 1:2 (1:1)
FC Bayern München: Kahn – Sagnol (78. Zickler), Kuffour, Sforza, Tarnat – Jeremies (64. Jancker), Fink – Effenberg (64. Scholl) – Salihamidzic, Sergio, Elber
Eintracht Frankfurt: Heinen – Hubtchev – Preuß (60. Bindewald), Kracht, Wimmer – Schur – Lösch (46. Rasiejewski), Branco – Heldt – Fjörtoft, Reichenberger (85. Sobotzik)
Tore: 1:0 Sergio (13.), 1:1 Schur (38.), 1:2 Fjörtoft (63.). **Ecken:** 11:3. **Schiedsrichter:** Steinborn (Sinzig). **Zuschauer:** 47.000. **Gelbe Karten:** Elber, Tarnat – Kracht. **Gelb/Rote Karten:** keine. **Rote Karten:** keine

1. FC Kaiserslautern – SC Freiburg 0:2 (0:1)
1. FC Kaiserslautern: G. Koch – Komljenovic – H. Koch, Klos – Grammozis, Strasser (46. Djorkaeff) – Buck, Pettersson, Dominguez (70. Reich) – Hristov (58. Lokvenc), Klose
SC Freiburg: Golz – Kondé, Hermel, Diarra – Kobiaschwili – Willi, Kehl, Baya (62. A. Zeyer) – But (88. Schumann) – Sellimi, Ramdane (70. Weißhaupt)
Tore: 0:1 Sellimi (14.), 0:2 A. Zeyer (90.). **Ecken:** 9:3 **Schiedsrichter:** Wagner (Hofheim). **Zuschauer:** 39.383. **Gelbe Karten:** Strasser – Kehl, Hermel, Sellimi. **Gelb/Rote Karten:** keine. **Rote Karten:** keine

1. FC Köln – Hansa Rostock 5:2 (3:2)
1. FC Köln: Pröll – Cichon (84. Baranek) – Sichone, Dziwior – Cullmann, Voigt – Springer – Lottner – Scherz, Timm (89. Kreuz), Kurth (75. Arweladse)
Hansa Rostock: Pieckenhagen – Benken, Jakobsson, Schröder – Lange – Wibran, Lantz – Brand, Majak – Arvidsson, Agali
Tore: 1:0 Cullmann (9.), 1:1 Arvidsson (24.), 1:2 Lange (29.), 2:2 Lottner (34.), 3:2 Kurth (40.), 4:2 Timm (49.), 5:2 Timm (71.). **Ecken:** 5:8. **Schiedsrichter:** Sippel (München). **Zuschauer:** 27.000. **Gelbe Karten:** Cichon. **Gelb/Rote Karten:** Majak (84.). **Rote Karten:** keine

VfL Wolfsburg – SV Werder Bremen 1:1 (0:1)
VfL Wolfsburg: Reitmaier – Thomsen, Hengen, Kryger – Biliskov (77. Greiner), Nowak (46. T. Maric), Akonnor, Weiser – Kühbauer – Juskowiak (90. Rische), Akpoborie
SV Werder Bremen: Rost – Frings, Eilts, F. Baumann, Krstajic – F. Ernst, Wicky – A. Herzog (71. Stalteri), Bode – Ailton (76. Bogdanovic), Pizarro
Tore: 0:1 Bode (40.), 1:1 T. Maric (64.). **Ecken:** 9:5. **Schiedsrichter:** Keßler (Höhenkirchen). **Zuschauer:** 15.860. **Gelbe Karten:** Nowak, Akonnor, Juskowiak – Wicky, Krstajic. **Gelb/Rote Karten:** keine. **Rote Karten:** keine

Hertha BSC Berlin – FC Schalke 04 0:4 (0:2)
Hertha BSC Berlin: Kiraly – Konstantinidis, Schmidt, Sverrisson – Veit (57. Roy) – Sanneh (24. Dardai), Tretschok, Hartmann – Wosz – Preetz, Alves (46. Daei)
FC Schalke 04: Reck – Hajto, Waldoch, van Kerckhoven – Nemec (87. Büskens) – Latal (88. Mikolajczak), van Hoogdalem – Böhme – Möller – Sand, Asamoah (82. Mulder)
Tore: 0:1 Sand (4.), 0:2 Sand (19.), 0:3 Böhme (80.), 0:4 Sand (86.). **Ecken:** 5:6. **Schiedsrichter:** Fandel (Kyllburg). **Zuschauer:** 49.476. **Gelbe Karten:** Hartmann, Wosz – Latal. **Gelb/Rote Karten:** keine. **Rote Karten:** keine

Hamburger SV – Bayer Leverkusen 1:3 (1:2)
Hamburger SV: Butt – Hertzsch, Hoogma, Panadic – Töfting – Sandmann, Hollerbach (63. Ketelaer) – Barbarez – Mahdavikia, Präger, Yeboah
Bayer 04 Leverkusen: Matysek – Ojigwe, Zivkovic, Nowotny, R. Kovac – Ramelow – Zé Roberto – Vranjes (67. B. Schneider) – Ponte (89. T. Hoffmann), Rink (80. Kirsten), Neuville
Tore: 0:1 Rink (1.), 1:1 Präger (10.), 1:2 Rink (33.), 1:3 Neuville (73.). **Ecken:** 5:6. **Schiedsrichter:** Dr. Merk (Kaiserslautern). **Zuschauer:** 49.000. **Gelbe Karten:** Hollerbach – R. Kovac, Ramelow. **Gelb/Rote Karten:** keine. **Rote Karten:** keine

Unterhaching – Energie Cottbus 2:1 (2:0)
SpVgg Unterhaching: Tremmel – Strehmel – H. Herzog (81. Bergen), Seifert – Schwarz, Matth. Zimmermann – Haber, Straube – Oberleitner (61. Zdrilic) – Breitenreiter, Rraklli (67. Spizak)
Energie Cottbus: Piplica – Sebök – Hujdurovic, Beeck – Akrapovic – Thielemann (75. Rödlund), Matyus – Vata, Micevski (75. Latoundji) – Franklin, Labak (46. Helbig)
Tore: 1:0 Breitenreiter (6.), 2:0 Oberleitner (42.), 2:1 Franklin (55.). **Ecken:** 5:4. **Schiedsrichter:** Gagelmann (Bremen). **Zuschauer:** 10.500. **Gelbe Karten:** Straube, Strehmel, H. Herzog, Spizak – Helbig. **Gelb/Rote Karten:** keine. **Rote Karten:** keine

VfL Bochum – Borussia Dortmund 1:1 (0:0)
VfL Bochum: Van Duijnhoven – Mamic – Bemben, Ristau, Meichelbeck (70. Fahrenhorst) – Mandreko (57. Freier), Schindzielorz, Dickhaut – Bastürk – M. Maric, Drincic
Borussia Dortmund: Lehmann – Wörns, Kohler – Evanilson, Stevic, Nerlinger (83. Krontiris), Heinrich – Ricken – Addo (78. Tanko), Reina, Ikpeba
Tore: 1:0 Drincic (75.), 1:1 Heinrich (87.). **Ecken:** 8:10 **Schiedsrichter:** Aust (Köln). **Zuschauer:** 33.000 (ausverkauft). **Gelbe Karten:** Ristau, Bemben, Bastürk, Dickhaut – Reina, Stevic. **Gelb/Rote Karten:** keine. **Rote Karten:** keine

Effektiv: Ecken von rechts

So genannte »Standardsituationen« zu nutzen gehört zum taktischen Repertoire. Welche Eckstöße von welcher Seite sind dabei am gefährlichsten? Die Ecken von rechts sind am wirkungsvollsten, getreten meist von Linksfüßern. Dabei führt jeder 38. Eckball, der mit Schnitt zum Tor hin geschlagen wird, zu einem Treffer. Die häufigste Variante, von links zum Tor hin, ist dagegen nur bei jedem 68. Versuch erfolgreich. Die Daten im einzelnen:

Eckstoßart	Anzahl	Tore	Quote
von links zum Tor	544	8	68
von links vom Tor weg	132	3	44
von rechts zum Tor	397	11	36
von rechts vom Tor weg	300	8	38

14. Spieltag 24.–26. November

FC Schalke 04 – VfL Bochum 2:1 (1:0)
FC Schalke 04: Reck – Hajto, Waldoch, van Kerckhoven – van Hoogdalem, Nemec – Böhme (84. Büskens) – Asamoah (80. Mikolajczak), Möller – Sand (90. Held), Mulder
VfL Bochum: Van Duijnhoven – Ristau, Mamic, Milinovic (43. Fahrenhorst) – Schindzielorz, Mandreko (34. Meichelbeck) – Freier – Bastürk, Buckley – Drincic (71. Baluszynski), M. Maric
Tore: 1:0 Mulder (37.), 1:1 M. Maric (48.), 2:1 Sand (63.). **Ecken:** 4:2. **Schiedsrichter:** Kemmling (Kleinburgwedel). **Zuschauer:** 41.719. **Gelbe Karten:** van Hoogdalem, Böhme, Mulder – Mandreko. **Gelb/Rote Karten:** keine. **Rote Karten:** keine

SC Freiburg – FC Bayern München 1:1 (1:1)
SC Freiburg: Golz – Kondé, Diarra – Kobiaschwili – Kehl – Willi – A. Zeyer – But (74. Hermel) – Baya – Ramdane (90. Weißhaupt), Sellimi (74. Coulibaly)
FC Bayern München: Kahn – Sforza – Linke, Kuffour – Fink (74. Jeremies) – Salihamidzic, Tarnat (80. Lizarazu) – Effenberg – Sergio (74. Zickler), Jancker, Elber
Tore: 0:1 Jancker (18.), 1:1 But (26.). **Ecken:** 2:9. **Schiedsrichter:** Fandel (Kyllburg). **Zuschauer:** 25.000 (ausverkauft). **Gelbe Karten:** Kondé, But, Baya, A. Zeyer – Effenberg, Jancker, Linke, Salihamidzic, Kahn. **Gelb/Rote Karten:** keine. **Rote Karten:** keine

Eintr. Frankfurt – Hertha BSC Berlin 0:4 (0:2)
Eintracht Frankfurt: Heinen – Hubtchev – Bindewald (46. Sobotzik), Kracht – Wimmer, Schur, Preuß – Branco – Heldt – Fjörtoft, Reichenberger
Hertha BSC Berlin: Kiraly – Rehmer, van Burik, Schmidt – Konstantinidis – Dardai (86. B. Köhler), Tretschok – Deisler (88. Marx), Hartmann – Sverrisson, Preetz
Tore: 0:1 van Burik (18.), 0:2 Konstantinidis (21.), 0:3 Preetz (83.), 0:4 Preetz (88.). **Ecken:** 11:4. **Schiedsrichter:** Krug (Gelsenkirchen). **Zuschauer:** 32.000. **Gelbe Karten:** Schur – Dardai, Preetz. **Gelb/Rote Karten:** keine. **Rote Karten:** Preuß (64.)

Borussia Dortmund – VfL Wolfsburg 2:1 (2:1)
Borussia Dortmund: Lehmann – Wörns, Kohler – Oliseh – Evanilson, Stevic (87. Nerlinger), Dede – Ricken – Addo (80. Krontiris), Reina, Ikpeba (59. Bobic)
VfL Wolfsburg: Reitmaier – Biliskov, Thomsen, Kryger – Hengen (71. Munteanu) – Voss (62. T. Maric), Akonnor, Weiser – Kühbauer – Juskowiak (76. Rische), Akpoborie
Tore: 1:0 Reina (27.), 2:0 Evanilson (27.), 2:1 Akpoborie (32.). **Ecken:** 2:7. **Schiedsrichter:** Dr. Merk (Kaiserslautern). **Zuschauer:** 60.500. **Gelbe Karten:** Kohler – Kühbauer, Akonnor. **Gelb/Rote Karten:** keine. **Rote Karten:** keine

Energie Cottbus – 1. FC Köln 0:2 (0:1)
Energie Cottbus: Piplica – Sebök – Hujdurovic, Beeck, Matyus (74. Kobylanski) – Vata – Latoundji, Miriuta, Micevski (64. Labak) – Helbig, Franklin
1. FC Köln: Pröll – Cichon – Cullmann, Sichone – Springer, Dziwior, Keller – Lottner – Scherz – Kurth (66. Arweladse), Timm (88. Donkov)
Tore: 0:1 Timm (13.), 0:2 Lottner (69.). **Ecken:** 9:3. **Schiedsrichter:** Berg (Konz). **Zuschauer:** 13.816. **Gelbe Karten:** Kurth. **Gelb/Rote Karten:** keine. **Rote Karten:** keine

Hansa Rostock – Hamburger SV 1:0 (0:0)
Hansa Rostock: Pieckenhagen – Jakobsson – Schröder – Yasser (75. Lange), Emara – Wibran – Lantz – Rydlewicz, Brand (77. Baumgart) – Agali, Arvidsson (90. Oswald)
Hamburger SV: Butt – Hertzsch, Hoogma, Panadic – Töfting – Sandmann (71. Kruse), Präger – Barbarez – Mahdavikia (62. Kientz), Heinz (46. Yilmaz), Bester
Tore: 1:0 Arvidsson (86.). **Ecken:** 10:3. **Schiedsrichter:** Jansen (Essen). **Zuschauer:** 14.500. **Gelbe Karten:** Brand, Lange – Töfting, Barbarez. **Gelb/Rote Karten:** keine. **Rote Karten:** keine

TSV München 1860 – Unterhaching 0:2 (0:1)
TSV München 1860: Jentzsch – Kurz, Zelic, Riseth – Mykland (46. Borimirov), Tyce – Cerny, Bierofka (55. Beierle) – Häßler – Max (67. Winkler), Agostino
SpVgg Unterhaching: Tremmel – Haber – H. Herzog, Seifert – Schwarz – Novak, Straube – Matth. Zimmermann, Breitenreiter (82. Oberleitner) – Zdrilic (67. Hirsch), Spizak (73. Rraklli)
Tore: 0:1 Zdrilic (18.), 0:2 Oberleitner (85.). **Ecken:** 8:5. **Schiedsrichter:** Meyer (Braunschweig). **Zuschauer:** 29.600. **Gelbe Karten:** Borimirov, Cerny, Zelic, Agostino. **Gelb/Rote Karten:** keine. **Rote Karten:** keine

SV Werder Bremen – VfB Stuttgart 1:0 (0:0)
SV Werder Bremen: Rost – Tjikuzu, Barten, F. Baumann, Wiedener (46. Krstajic) – Eilts, Wicky (75. Banovic) – A. Herzog (80. Maximow), Bode – Pizarro, Ailton
VfB Stuttgart: Hildebrand – Meißner (46. Hleb), Soldo, Bordon – Seitz, Endress, Kauf, Blank (80. Hosny) – Thiam (80. Pinto), Lisztes – Ganea
Tore: 1:0 Ailton (77.). **Ecken:** 8:4. **Schiedsrichter:** Fröhlich (Berlin). **Zuschauer:** 26.189. **Gelbe Karten:** A. Herzog. **Gelb/Rote Karten:** Lisztes (90.). **Rote Karten:** keine

Bayer Leverkusen – Kaiserslautern 4:2 (2:1)
Bayer 04 Leverkusen: Matysek – T. Hoffmann, Nowotny, Zivkovic – Hejduk (82. Reeb), Ramelow – Ballack, Neuendorf (73. Vranjes) – Neuville, Kirsten (62. Rink), Zé Roberto
1. FC Kaiserslautern: G. Koch – Ramzy – H. Koch, Strasser (80. Lokvenc), Grammozis – Pettersson, Hristov – Buck (16. Reich), Djorkaeff, Dominguez (75. Marschall) – Klose
Tore: 1:0 Neuville (30.), 1:1 Hristov (35.), 2:1 Kirsten (37.), 2:2 Dominguez (66.), 3:2 Ballack (68., Handelfmeter), 4:2 Neuville (86.). **Ecken:** 8:5. **SR:** Albrecht (Kaufbeuren). **Zu.:** 22.500 (ausverkauft). **Gelbe Karten:** Neuendorf, Nowotny – Klose, Pettersson, Hristov. **Gelb/Rote Karten:** keine. **Rote Karten:** keine

15. Spieltag

2./3. + 20. Dezember

DATEN ZUM SPIELTAG

1. FC Köln – TSV München 1860 4:0 (1:0)

1. FC Köln: Bade – Sichone, Cichon (83. Baranek), Keller – Dziwior (73. Hauptmann) – Cullmann, Springer – Lottner – Scherz, Arweladse – Kurth (77. Donkov) **TSV München 1860:** M. Hofmann – Riseth – Stranzl (20. Ehlers), Kurz, Borimirov (35. Paßlack) – Zelic – Cerny, Bierofka (61. Agostino) – Häßler – Winkler, Beierle

Tore: 1:0 Kurth (42.), 2:0 Arweladse (65.), 3:0 Lottner (67.), 4:0 Springer (76.). **Ecken:** 8:4. **Schiedsrichter:** Fröhlich (Berlin). **Zuschauer:** 30.000. **Gelbe Karten:** Springer, Cullmann – Stranzl, Winkler, Zelic, Häßler. **Gelb/Rote Karten:** keine. **Rote Karten:** keine

VfB Stuttgart – Borussia Dortmund 0:2 (0:1)

VfB Stuttgart: Hildebrand – Thiam, Soldo, Bordon, Carnell – Endress (46. Kauf) – Pinto, Gerber (66. Seitz) – Balakov – Dundee, Ganea (72. Vaccaro) **Borussia Dortmund:** Lehmann – Wörns, Oliseh, Kohler – Evanilson, Stevic – Heinrich, Dede – Ricken (89. Nerlinger), Reina (72. Tanko), Bobic (59. Addo)

Tore: 0:1 Dede (5.), 0:2 Stevic (64., Foulelfmeter) **Ecken:** 5:4. **Schiedsrichter:** Steinborn (Sinzig). **Zuschauer:** 30.000. **Gelbe Karten:** Hildebrand – Kohler, Dede. **Gelb/Rote Karten:** keine. **Rote Karten:** keine

VfL Wolfsburg – FC Schalke 04 2:0 (0:0)

VfL Wolfsburg: Reitmaier – Thomsen, Kryger – Hengen – Akonnor – Greiner (83. Voss), Nowak, Weiser – Munteanu – Juskowiak (78. Biliskov), T. Maric (83. Rische)

FC Schalke 04: Reck – Hajto, Waldoch, van Kerckhoven – Latal (67. Mulder), van Hoogdalem (71. Mikolajczak), Nemec (86. Happe), Böhme – Möller – Asamoah, Sand

Tore: 1:0 Thomsen (56.), 2:0 Akonnor (89.). **Ecken:** 9:6. **Schiedsrichter:** Aust (Köln). **Zuschauer:** 17.216. **Gelbe Karten:** Kryger, T. Maric, Greiner – Böhme, Waldoch. **Gelb/Rote Karten:** keine. **Rote Karten:** keine

VfL Bochum – Eintracht Frankfurt 2:1 (2:0)

VfL Bochum: Van Duijnhoven – Ristau, Mamic – Freier, Fahrenhorst, Meichelbeck – Schindzielorz – Drincic (88. Bemben), Bastürk, Buckley (73. Peschel) – M. Maric (63. Dickhaut)

Eintracht Frankfurt: Heinen – Hubtchev – Kutschera (84. Zinnow), Kracht – Schur, Branco, Wimmer (29. Rasiejewski) – Sobotzik, Heldt, Gemiti (46. Guié-Mien) – Reichenberger

Tore: 1:0 Drincic (15.), 2:0 Fahrenhorst (34.), 2:1 Reichenberger (49.). **Ecken:** 10:6. **Schiedsrichter:** Heynemann (Magdeburg). **Zuschauer:** 17.300. **Gelbe Karten:** Freier – Rasiejewski, Guié-Mien. **Gelb/Rote Karten:** keine. **Rote Karten:** keine

Hertha BSC Berlin – SC Freiburg 2:2 (2:1)

Hertha BSC Berlin: Kiraly – Rehmer, Schmidt, van Burik (61. Daei) – Dardai, Tretschok – Deisler, Hartmann – Wosz (82. Roy) – Preetz, Sverrisson

SC Freiburg: Golz – Kondé, Diarra – Hermel (71. Weißhaupt) – Willi, A. Zeyer, Kehl, Kobiaschwili – But (51. Baya) – Dorn (46. Iaschwili), Sellimi

Tore: 1:0 Tretschok (28., Foulelfmeter), 2:0 Sverrisson (29.), 2:1 Dorn (35.), 2:2 Kobiaschwili (73., Foulelfmeter). **Ecken:** 7:0. **Schiedsrichter:** Dr. Merk (Kaiserslautern). **Zuschauer:** 28.191. **Gelbe Karten:** Dardai, Sverrisson, Kiraly, Tretschok – Kondé, Kobiaschwili, Kehl. **Gelb/Rote Karten:** keine. **Rote Karten:** keine

Bayern München – Leverkusen 2:0 (1:0)

FC Bayern München: Kahn – Linke, Sforza, Kuffour – Sagnol, Jeremies (69. Fink), Tarnat – Effenberg – Elber (80. Zickler), Sergio, Jancker (66. Scholl)

Bayer 04 Leverkusen: Matysek – Zivkovic, Nowotny, R. Kovac – Reeb (75. Ojigwe) – Ramelow, Vranjes – Ballack (27. Ponte) – Neuville, Zé Roberto – Kirsten (75. Rink)

Tore: 1:0 Jancker (5.), 2:0 Elber (48.). **Ecken:** 5:4. **Schiedsrichter:** Krug (Gelsenkirchen). **Zuschauer:** 48.000. **Gelbe Karten:** Sagnol, Effenberg, Jancker, Kuffour – R. Kovac, Kirsten. **Gelb/Rote Karten:** keine. **Rote Karten:** Ponte (52.)

FC Kaiserslautern – Hamburger SV 2:1 (0:0)

1. FC Kaiserslautern: G. Koch – Yakin – Ramzy – H. Koch (89. Schjönberg), Grammozis – Hristov – Buck, Dominguez (61. Reich) – Djorkaeff (74. Marschall) – Klose, Pettersson

Hamburger SV: Butt – Hertzsch, Hoogma, Panadic – N. Kovac – Töfting, Hollerbach – Cardoso (65. Kientz) – Mahdavikia (76. Doll), Präger (60. Spörl), Heinz

Tore: 1:0 Klose (86.), 2:0 Klose (88.), 2:1 Butt (90., Foulelfmeter). **Ecken:** 10:5. **Schiedsrichter:** Dr. Fleischer (Ulm). **Zuschauer:** 38.481. **Gelbe Karten:** Ramzy, Dominguez, Yakin – Cardoso, N. Kovac, Kientz. **Gelb/Rote Karten:** Hollerbach (85.). **Rote Karten:** keine

Energie Cottbus – Hansa Rostock 1:0 (0:0)

Energie Cottbus: Piplica – Vata – Hujdurovic, Beeck – Akrapovic – Reghecampf, Miriuta (90. Sebök), Scherbe, Kobylanski – Franklin (77. Labak), Helbig

Hansa Rostock: Pieckenhagen – Jakobsson – Schröder, Yasser (78. Oswald) – Rydlewicz, Lantz, Wibran, Emara (74. Majak) – Brand (74. Baumgart) – Agali, Arvidsson

Tore: 1:0 Reghecampf (70.). **Ecken:** 5:2. **Schiedsrichter:** Fandel (Kyllburg). **Zuschauer:** 19.699. **Gelbe Karten:** Franklin, Scherbe, Reghecampf – Yasser, Schröder, Arvidsson. **Gelb/Rote Karten:** Hujdurovic (40.). **Rote Karten:** Wibran (60.)

SpVgg Unterhaching – Werder Bremen 0:0

SpVgg Unterhaching: Tremmel – Strehmel – H. Herzog, Seifert – Schwarz, Matth. Zimmermann – Haber, Straube – Breitenreiter (88. Garcia) – Rraklli (57. Spizak), Zdrilic (57. Novak)

SV Werder Bremen: Rost – Tjikuzu, Schierenbeck, F. Ernst, Skripnik – Eilts – Frings, Stalteri – A. Herzog (69. Dabrowski) – Maximow – Bode

Ecken: 6:7. **Schiedsrichter:** Strampe (Handorf). **Zuschauer:** 8.500. **Gelbe Karten:** H. Herzog. **Gelb/Rote Karten:** keine. **Rote Karten:** keine

Die 401. Spielabsage

Unterhaching präsentiert neue »Qualitäten«: Spielabsagen! Im Vorjahr konnte im November gegen Dortmund nicht gespielt werden, weil man die frisch gefallenen Schneemassen nicht von den Traversen bekam. Diesmal, am 1. Dezember, ließ der Nebel Schiedsrichter Strampe verzweifeln: Er konnte nicht von Tor zu Tor sehen. Also mussten die verärgerten Bremer am 20. Dezember nochmal in den Süden – wo sie doch längst im Urlaub sein wollten.

Es war der 401. Spielausfall in der Liga. Im Vorjahr blieb es bei zwei. Und diesmal? Der November war bislang der schlimmste Monat: 1985 gab es da acht, 1984 vier Spielabsagen. In der Saison 1998/99 brachte Dauerregen mit Frost im Oktober und November alles durcheinander. Sieben neue Termine! Sind die Winter milder geworden?

16. Spieltag

8.–10. Dezember

Eintracht Frankfurt – VfL Wolfsburg 1:2 (1:0)

Eintracht Frankfurt: Heinen – Hubtchev (58. Lösch) – Kutschera, Kracht – Schur, Branco – Sobotzik, Gebhardt (76. Guié-Mien) – Heldt – Fjörtoft, Reichenberger (46. Kryszalowicz)

VfL Wolfsburg: Reitmaier – Kryger, Hengen, Biliskov – Nowak (77. Voss), Akonnor – Greiner (46. Müller), Weiser – Kühbauer (32. Juskowiak), Munteanu – T. Maric

Tore: 1:0 Gebhardt (13.), 1:1 Juskowiak (52.), 1:2 T. Maric (75.). **Ecken:** 6:5. **Schiedsrichter:** Gagelmann (Bremen). **Zuschauer:** 19.300. **Gelbe Karten:** Branco, Sobotzik, Heinen, Schur, Kracht – Nowak. **Gelb/Rote Karten:** keine. **Rote Karten:** keine

TSV München 1860 – Hansa Rostock 2:1 (1:0)

TSV München 1860: M. Hofmann – Zelic – Stranzl, Ehlers (29. Pfuderer), Kurz – Cerny, Riseth (32. Tyce), Bierofka – Häßler – Agostino (81. Beierle), Max

Hansa Rostock: Pieckenhagen – Schröder, Jakobsson, Oswald – Yasser, Emara – Rydlewicz – Brand (85. Weilandt) – Arvidsson (82. Majak), Baumgart, Agali (90. Benken)

Tore: 1:0 Max (21.), 1:1 Agali (66.), 2:1 Max (68.). **Ecken:** 5:10. **Schiedsrichter:** Berg (Konz). **Zuschauer:** 20.300. **Gelbe Karten:** Stranzl, Bierofka, Max – Brand, Arvidsson, Agali. **Gelb/Rote Karten:** keine. **Rote Karten:** keine

SC Freiburg – VfL Bochum 5:0 (1:0)

SC Freiburg: Golz – Kondé, Diarra – Kehl (69. Dorn) – Kobiaschwili (53. Zkitischwili) – A. Zeyer, But – Willi (40. Ramdane) – Baya – Sellimi, Iaschwili

VfL Bochum: Van Duijnhoven – Ristau, Mamic, Fahrenhorst (31. Sundermann) – Freier, Schindzielorz, Meichelbeck (46. M. Maric) – Bastürk – Peschel, Buckley (67. Mandreko) – Drincic

Tore: 1:0 Diarra (21.), 2:0 Sellimi (48.), 3:0 Iaschwili (51.), 4:0 Baya (66.), 5:0 Sundermann (76., Eigentor). **Ecken:** 6:3. **Schiedsrichter:** Keßler (Höhenkirchen). **Zuschauer:** 24.500. **Gelbe Karten:** Kehl, A. Zeyer – Bastürk, Fahrenhorst, Buckley, Peschel. **Gelb/Rote Karten:** keine. **Rote Karten:** Drincic (65.)

FC Schalke 04 – VfB Stuttgart 2:1 (1:0)

FC Schalke 04: Reck – Hajto (64. Eigenrauch), Waldoch, van Kerckhoven (58. Happe) – van Hoogdalem – Nemec – Latal (77. Mikolajczak), Böhme – Möller – Asamoah, Sand

VfB Stuttgart: Hildebrand – Meißner, Soldo, Bordon (46. Endress), Blank – Kauf – Lisztes (77. Todt) – Seitz, Balakov, Carnell (61. Gerber) – Ganea

Tore: 1:0 Latal (22.), 1:1 Ganea (47.), 2:1 Waldoch (90.). **Ecken:** 5:3. **Schiedsrichter:** Wagner (Hofheim). **Zuschauer:** 31.281. **Gelbe Karten:** van Hoogdalem, Hajto, Böhme – Seitz. **Gelb/Rote Karten:** Balakov (58.). **Rote Karten:** keine

Bor. Dortmund – Unterhaching 3:0 (3:0)

Borussia Dortmund: Lehmann – Wörns, Kohler – Oliseh (17. Addo) – Evanilson, Stevic, Heinrich, Dede – Ricken (78. Nerlinger), Reina – Bobic (72. Tanko)

SpVgg Unterhaching: Tremmel – Strehmel – Bucher, Seifert (75. Grassow) – Schwarz – Matth. Zimmermann, Straube – Haber – Oberleitner (46. Hirsch) – Zdrilic, Spizak (27. Rraklli)

Tore: 1:0 Stevic (16.), 2:0 Bobic (30.), 3:0 Reina (40.). **Ecken:** 5:5. **Schiedsrichter:** Weiner (Hildesheim). **Zuschauer:** 60.500. **Gelbe Karten:** Heinrich, Ricken – Bucher, Zdrilic. **Gelb/Rote Karten:** keine. **Rote Karten:** keine

FC Kaiserslautern – FC Bayern München 0:0

1. FC Kaiserslautern: G. Koch – H. Koch, Yakin – Grammozis, Ramzy – Strasser – Hristov, Pettersson – Buck – Djorkaeff (83. Marschall), Lokvenc (59. Klose)

FC Bayern München: Kahn – Linke, Kuffour, Tarnat – Sforza – Salihamidzic – Fink, Effenberg – Sergio, Scholl (46. Zickler), Elber (68. Jancker)

Ecken: 10:4. **Schiedsrichter:** Aust (Köln). **Zuschauer:** 41.500 (ausverkauft). **Gelbe Karten:** H. Koch – Tarnat, Linke, Salihamidzic, Kahn, Effenberg, Jancker. **Gelb/Rote Karten:** keine. **Rote Karten:** keine

Bayer Leverkusen – Hertha BSC 4:0 (2:0)

Bayer 04 Leverkusen: Matysek – Zivkovic, Vranjes, R. Kovac – Ramelow – Reeb, Ojigwe – B. Schneider, Neuendorf (69. Babic) – Kirsten (78. Rink), Neuville (83. Daun)

Hertha BSC Berlin: Kiraly – Rehmer, Sverrisson, Schmidt (22. Beinlich) – Dardai (62. Veit), Tretschok – Deisler, Hartmann – Wosz – Daei (46. Alves), Preetz

Tore: 1:0 Neuville (7.), 2:0 Neuville (19.), 3:0 Ramelow (67.), 4:0 Rink (82., Foulelfmeter). **Ecken:** 3:3. **Schiedsrichter:** Heynemann (Magdeburg). **Zuschauer:** 22.500 (ausverkauft). **Gelbe Karten:** Ramelow – Wosz, Kiraly. **Gelb/Rote Karten:** keine. **Rote Karten:** Alves (70.)

Hamburger SV – Energie Cottbus 2:1 (0:1)

Hamburger SV: Butt – Hertzsch, Hoogma, Panadic (65. Präger) – Ujfalusi – N. Kovac, Töfting – Barbarez – Yilmaz (46. Heinz), Ketelaer (88. Sandmann), Bester

Energie Cottbus: Piplica – Vata – Thielemann (89. McKenna), Sebök, Matyus – Akrapovic – Reghecampf, Miriuta, Scherbe (86. Franklin) – Kobylanski (78. Micevski), Helbig

Tore: 0:1 Reghecampf (42.), 1:1 Barbarez (72.), 2:1 Heinz (78.). **Ecken:** 8:4. **Schiedsrichter:** Dr. Wack (Biberbach). **Zuschauer:** 39.600. **Gelbe Karten:** Hoogma, N. Kovac – Matyus, Scherbe. **Gelb/Rote Karten:** keine. **Rote Karten:** keine

SV Werder Bremen – 1. FC Köln 2:1 (0:0)

Werder Rost – Tjikuzu, F. Baumann, Krstajic, Bode – Frings, F. Ernst (71. Bogdanovic) – Stalteri, A. Herzog – Ailton (86. Skripnik), Pizarro (90. Maximow)

1. FC Köln: Pröll – Sichone, Cichon, Keller – Dziwior (86. Donkov) – Cullmann, Springer – Lottner – Scherz, Timm – Kurth (58. Arweladse)

Tore: 0:1 Arweladse (68.), 1:1 Bogdanovic (73.), 2:1 Bogdanovic (84.). **Ecken:** 7:8. **Schiedsrichter:** Kemmling (Kleinburgwedel). **Zuschauer:** 29.144. **Gelbe Karten:** Ailton, Bogdanovic – Dziwior, Sichone. **Gelb/Rote Karten:** Stalteri (39.). **Rote Karten:** keine

Deisler wie ein Brasilianer

Die kleinen Kabinettstückchen wie Hackentricks, Seitfallzieher, Fallrückzieher, Übersteiger etc. begeistern die Fans besonders. Dabei profitiert die Bundesliga auch von ihren Südländern. Kein Wunder, dass Dortmund und Freiburg vorn liegen. Die einen haben ihre Brasilianer, die anderen ihre Afrikaner. Herthas Sebastian Deisler aber kann mithalten. Er führt sogar mit 30 »Treffern« vor dem Brasilianer Evanilson (BVB/28), dem Schweden Arvidsson (Hansa/26), dem Tunesier Baya (Freiburg/25), dem Dänen Sand (Schalke/25).

Die Quoten der Vereine: Dortmund 169, Freiburg 140, Hertha 129, HSV 121, Rostock 118, FC Bayern 117, Leverkusen 111, Frankfurt 110, Bremen 105, Schalke 103, Kaiserslautern 100, Stuttgart 97, Wolfsburg 97, Cottbus 95, Köln 86, 1860 München 85, Unterhaching 73, Bochum 70.

DATEN ZUM SPIELTAG

Schalke zum zweiten Mal vorn

Zum zweiten Mal in der Bundesliga wurde Schalke 04 »Herbstmeister«. 1971/72 war das zum ersten Mal gelungen – aber Meister wurden die Bayern vor Schalke und Gladbach. Doch seit 1994/95, als Dortmund führte, konnte der Halbzeit-Beste auch den Titel erobern. Ein gutes Omen für Schalke. Der letzte, der noch abgefangen wurde, war 1994 Eintracht Frankfurt, am Ende Fünfter. Hier die Vereine, die bei Halbzeit und am Ende vorn waren. In Klammern die nicht verteidigten Herbstmeisterschaften.

FC Bayern München	9 (2)
Borussia Mönchengladbach	4 (–)
Werder Bremen	2 (2)
1. FC Köln	2 (1)
Borussia Dortmund	2 (–)
Hamburger SV	1 (2)
1. FC Kaiserslautern	1 (1)
1860 München	1 (–)
Eintracht Braunschweig	1 (–)
1. FC Nürnberg	1 (–)
VfB Stuttgart	1 (–)
Eintracht Frankfurt	– (2)
Schalke 04	– (1)

Das 4:0 kam in Mode

Weihnachtsurlaub! Endlich! Die ganze Liga hat ihn herbeigesehnt. Zeit zu gelassener Rückschau. 56 Prozent aller Siege waren Heimsiege. Ein Novum nach 17 Jahren! Mehr als drei Tore (3,09) pro Spiel gab's im letzten Jahrzehnt auch nur einmal. Das 2:1 (26-mal) gab's am häufigsten, aber das 4:0 (14-mal!) wurde zum Modeergebnis, fünfmal allein durch Hertha (3 Siege, 2 Pleiten).

Verjüngt haben sich die Kicker auch: 29 Prozent waren jünger als 25. Der Ausländeranteil stieg von 45 (99/00) auf 49 Prozent. Die Kroaten (21) halten die Spitze.

Das Spitzentrio bei den Torjägern heißt Sand (Dänemark/13), Barbarez (Bosnien/12), Agostino (Australien/11) – wen wundert's, dass 54 Prozent der Tore aufs Ausländerkonto gehen.

Das Karten-Bild: drei Rote weniger als im Vorjahr, eine Gelb-Rote mehr – also keine Wende.

17. Spieltag 12./13. Dezember

Unterhaching – FC Schalke 04 0:2 (0:1)
SpVgg Unterhaching: Tremmel – Strehmel – Grassow, Seifert – Schwarz – Haber (79. Garcia), Matth. Zimmermann (53. Kögl), Hirsch, Straube – Rraklli, Zdrilic
FC Schalke 04: Reck – Hajto, Waldoch, van Kerckhoven – Latal (89. Eigenrauch), van Hoogdalem, Büskens, Böhme (84. Mikolajczak) – Alpugan – Asamoah, Sand (76. Mulder)
Tore: 0:1 Sand (26.), 0:2 van Hoogdalem (60.). **Ecken:** 6:5. **Schiedsrichter:** Fröhlich (Berlin). **Zuschauer:** 10.000. **Gelbe Karten:** Grassow, Rraklli – Asamoah. **Gelb/Rote Karten:** keine. **Rote Karten:** keine

VfL Bochum – Bayer 04 Leverkusen 3:2 (1:0)
VfL Bochum: Van Duijnhoven – Mamic (50. Fahrenhorst) – Dickhaut (75. Sundermann), Milinovic – Bemben, Schindzielorz, Reis, Mandreko – Bastürk (87. Ristau) – Peschel – M. Maric
Leverkusen: Matysek – Zivkovic, Nowotny, R. Kovac – Reeb, Vranjes – Ojigwe (55. Babic) – Neuendorf (83. Daun) – B. Schneider (59. Rink) – Neuville, Kirsten
Tore: 1:0 M. Maric (40.), 2:0 M. Maric (52., Foulelfmeter), 2:1 Kirsten (67.), 3:1 M. Maric (74., Foulelfmeter), 3:2 Neuville (76.). **Ecken:** 5:10. **SR:** Meyer (Braunschweig). **Zuschauer:** 15.755. **Gelbe Karten:** M. Maric, Reis – B. Schneider, Babic, Nowotny. **Gelb/Rote Karten:** keine. **Rote Karten:** keine

1. FC Köln – Borussia Dortmund 0:0
1. FC Köln: Pröll – Cichon – Sichone – Cullmann, Keller – Voigt (84. Donkov), Springer – Lottner – Scherz, Timm – Kurth (75. Arweladse)
Borussia Dortmund: Lehmann – Wörns, Kohler (46. Addo) – Evanilson, Oliseh, Dede – Stevic, Heinrich – Ricken, Reina – Bobic
Tore: keine. **Ecken:** 6:3. **Schiedsrichter:** Dr. Fleischer (Ulm). **Zuschauer:** 41.000 (ausverkauft). **Gelbe Karten:** Lottner – Dede, Oliseh, Stevic. **Gelb/Rote Karten:** keine. **Rote Karten:** keine

VfB Stuttgart – Eintracht Frankfurt 4:1 (1:1)
VfB Stuttgart: Hildebrand – T. Schneider, Soldo, Bordon (86. Blank) – Thiam (72. Meißner), Kauf – Pinto (84. Djordjevic), Gerber – Lisztes – Ganea, Dundee
Eintracht Frankfurt: Heinen (59. S. Schmitt) – Maljkovic, Hubtchev, Preuß – Rasiejewski (55. Kryszalowicz), Schur, Lösch (72. Sobotzik), Branco – Heldt – Gebhardt – Reichenberger
Tore: 1:0 Maljkovic (34., Eigentor), 1:1 Gebhardt (38.), 2:1 Soldo (60.), 3:1 Ganea (76.), 4:1 Dundee (84.). **Ecken:** 9:6. **Schiedsrichter:** Sippel (München). **Zuschauer:** 18.000. **Gelbe Karten:** Lisztes, T. Schneider – Branco, Hubtchev, Lösch. **Gelb/Rote Karten:** keine. **Rote Karten:** keine

Bayern München – Hamburger SV 2:1 (0:1)
FC Bayern München: Kahn – Kuffour (46. Santa Cruz), Sforza – Linke, Tarnat – Jeremies – Effenberg – Salihamidzic, Sergio (75. Andersson) – Scholl – Elber (86. Zickler)
Hamburger SV: Butt – Hoogma, Panadic – Ujfalusi, Hollerbach – Töfting, N. Kovac (82. Doll) – Mahdavikia (74. Yilmaz), Präger (66. Heinz) – Barbarez, Meijer
Tore: 0:1 Barbarez (28.), 1:1 Elber (64.), 2:1 Elber (67.). **Ecken:** 6:5. **Schiedsrichter:** Strampe (Handorf) **Zuschauer:** 32.000. **Gelbe Karten:** Sergio, Tarnat – N. Kovac, Ujfalusi, Barbarez, Panadic. **Gelb/Rote Karten:** keine. **Rote Karten:** keine

Hertha BSC – 1. FC Kaiserslautern 2:4 (0:2)
Hertha BSC: Kiraly – Rehmer, van Burik (46. Daei), Simunic – Dardai, Tretschok (82. Wosz) – Deisler, Hartmann (75. Roy) – Beinlich – Sverrisson, Preetz
1. FC Kaiserslautern: G. Koch – H. Koch, Yakin, Ramzy – Grammozis – Hristov, Pettersson (46. Basler) – Buck (55. Lokvenc), Strasser – Djorkaeff, Klose (74. Schjönberg)
Tore: 0:1 Strasser (21.), 0:2 Klose (41.), 1:2 Deisler (60.), 2:2 Preetz (65.), 2:3 Klose (70.), 2:4 Djorkaeff (90.). **Ecken:** 5:1. **Schiedsrichter:** Jansen (Essen). **Zuschauer:** 28.146. **Gelbe Karten:** Simunic, Tretschok – G. Koch, Ramzy. **Gelb/Rote Karten:** Deisler (87.). **Rote Karten:** keine

VfL Wolfsburg – SC Freiburg 1:2 (0:1)
VfL Wolfsburg: Reitmaier – Kryger (79. Rische), Biliskov – Hengen – Greiner (46. Voss), Nowak (62. Müller), Akonnor, Weiser – Munteanu – Juskowiak, T. Maric
SC Freiburg: Golz – Kondé, Diarra – Kehl – Ramdane, A. Zeyer, Zkitischwili – Baya (90. Schumann), But – Sellimi (73. Coulibaly), Iaschwili (82. Weißhaupt)
Tore: 0:1 Kehl (30.), 0:2 Kondé (59.), 1:2 Juskowiak (66.). **Ecken:** 8:7. **Schiedsrichter:** Albrecht (Kaufbeuren). **Zuschauer:** 11.889. **Gelbe Karten:** Müller, Weiser – Baya, Iaschwili. **Gelb/Rote Karten:** keine. **Rote Karten:** keine

Hansa Rostock – Werder Bremen 5:2 (2:1)
Hansa Rostock: Pieckenhagen – Jakobsson – Schröder, Oswald (64. Zallmann, 81. Majak) – Wibran – Rydlewicz, Yasser – Brand – Baumgart, Arvidsson (61. Benken), Agali
Werder: Rost – Tjikuzu (83. Wiedener), F. Baumann, Krstajic, Bode – Eilts (58. Pizarro) – Wicky (71. Maximow) – Frings, A. Herzog – Ailton, Bogdanovic
Tore: 1:0 Baumgart (8.), 1:1 Krstajic (38.), 2:1 Schröder (42.), 3:1 Wibran (54.), 3:2 Pizarro (74.), 4:2 Brand (78.), 5:2 Yasser (80.). **Ecken:** 6:11. **SR:** Stark (Ergolding). **Zu.:** 12.000. **Gelbe Karten:** Oswald, Wibran – Krstajic, F. Baumann, Tjikuzu, Pizarro, Frings. **Gelb/Rote Karten:** keine. **Rote Karten:** keine

Energie Cottbus –München 1860 2:3 (2:0)
Energie Cottbus: Piplica – Vata – Matyus (71. Sebök), Hujdurovic – Thielemann – Reghecampf, Miriuta, Akrapovic (79. Heidrich), Kobylanski – Franklin, Helbig (71. Micevski)
TSV München 1860: M. Hofmann – Zelic (17. Riedl) – Stranzl, Kurz (68. Pfuderer) – Cerny, Tyce, Riseth, Pürk – Häßler – Max, Agostino (72. Beierle)
Tore: 1:0 Kobylanski (6.), 2:0 Miriuta (9.), 2:1 Häßler (54.), 2:2 Riseth (58.), 2:3 Agostino (67.). **Ecken:** 1:9. **Schiedsrichter:** Steinborn (Sinzig). **Zuschauer:** 12.453. **Gelbe Karten:** Vata – Riedl. **Gelb/Rote Karten:** keine. **Rote Karten:** keine

18. Spieltag 15.–17. Dezember

Unterhaching – Eintr. Frankfurt 2:0 (1:0)
SpVgg Unterhaching: Tremmel – Strehmel – H. Herzog, Seifert – Haber, Matth. Zimmermann, Straube – Schwarz, Hirsch (89. Bucher) – Zdrilic (76. Breitenreiter), Rraklli (85. Kögl)
Eintracht Frankfurt: S. Schmitt – Lösch (69. Guié-Mien) – Maljkovic, Kracht – Rasiejewski (45. Sobotzik), Schur (46. Kryszalowicz), Branco, Hubtchev – Heldt – Gebhardt, Fjörtoft
Tore: 1:0 Hirsch (19.), 2:0 Breitenreiter (86.). **Ecken:** 5:6. **Schiedsrichter:** Kemmling (Kleinburgwedel). **Zuschauer:** 6.000. **Gelbe Karten:** Zdrilic, H. Herzog – Lösch, Fjörtoft, Branco, Kracht. **Gelb/Rote Karten:** keine. **Rote Karten:** keine

VfB Stuttgart – SC Freiburg 0:0
VfB Stuttgart: Hildebrand – Meißner (66. Lisztes), Soldo, Bordon – Thiam, Kauf – Pinto (46. Djordjevic), Gerber (79. Seitz) – Balakov – Dundee, Ganea
SC Freiburg: Golz – Kondé, Diarra – Kehl – Ramdane, A. Zeyer, Zkitischwili – But (82. Zandi) – Weißhaupt (89. Coulibaly) – Sellimi, Iaschwili (72. Dorn)
Tore: keine. **Ecken:** 12:2. **Schiedsrichter:** Krug (Gelsenkirchen). **Zuschauer:** 19.500. **Gelbe Karten:** Kauf, Thiam – Kehl, Ramdane, Weißhaupt. **Gelb/Rote Karten:** keine. **Rote Karten:** keine

TSV München 1860 – Hamburger SV 2:1 (1:0)
TSV München 1860: Jentzsch – Zelic – Stranzl, Ehlers, Kurz – Riseth – Cerny (57. Pürk), Bierofka – Häßler (89. Riedl) – Max, Agostino (79. Tyce)
Hamburger SV: Butt (14. Schober) – Hertzsch, Hoogma, Panadic (71. Doll) – Sandmann, Töfting, Ujfalusi – Barbarez – Mahdavikia, Ketelaer (29. Yilmaz) – Heinz
Tore: 1:0 Bierofka (23.), 2:0 Agostino (63.), 2:1 Barbarez (74.). **Ecken:** 6:4. **Schiedsrichter:** Dr. Merk (Kaiserslautern). **Zuschauer:** 19.700. **Gelbe Karten:** Panadic, Töfting. **Gelb/Rote Karten:** Barbarez (85.). **Rote Karten:** keine

VfL Bochum – 1. FC Kaiserslautern 0:1 (0:1)
VfL Bochum: Van Duijnhoven – Dickhaut (84. Freier), Reis, Milinovic – Bemben (46. Rietpietsch), Schindzielorz, Fahrenhorst, Mandreko – Bastürk – Drincic (67. Baluszynski), M. Maric
1. FC Kaiserslautern: G. Koch – H. Koch, Yakin, Schjönberg – Ramzy – Hristov, Strasser – Basler (67. Adzic) – Dominguez (72. Marschall) – Djorkaeff, Klose (89. Reich)
Tore: 0:1 Klose (37.). **Ecken:** 5:2. **Schiedsrichter:** Dr. Wack (Biberbach). **Zuschauer:** 15.800. **Gelbe Karten:** Bastürk, Freier, Rietpietsch – G. Koch, Hristov, Dominguez, H. Koch, Schjönberg. **Gelb/Rote Karten:** keine. **Rote Karten:** Milinovic (80.)

1. FC Köln – FC Schalke 04 2:2 (0:2)
1. FC Köln: Pröll – Cichon, Sichone – Cullmann, Keller – Voigt – Springer (54. Arweladse) – Lottner – Scherz, Timm (90. Kreuz), Kurth (68. Donkov)
FC Schalke 04: Reck – Hajto, Waldoch, van Kerckhoven – van Hoogdalem (71. Büskens), Nemec – Möller – Latal, Böhme – Asamoah (65. Mpenza), Sand
Tore: 0:1 Böhme (11.), 0:2 Asamoah (34.), 1:2 Donkov (72.), 2:2 Cullmann (75.). **Ecken:** 2:8. **Schiedsrichter:** Fandel (Kyllburg). **Zuschauer:** 42.000 (ausverkauft). **Gelbe Karten:** Cichon, Sichone, Cullmann – Asamoah, Büskens. **Gelb/Rote Karten:** Voigt (78.). **Rote Karten:** keine

Hertha BSC – FC Bayern München 1:3 (1:2)
Hertha BSC Berlin: Kiraly – Rehmer, van Burik, Sverrisson – Hartmann – Dardai, Tretschok, Beinlich (66. Sanneh) – Wosz (66. Daei) – Alves, Preetz
FC Bayern München: Kahn – Linke, Sforza, Kuffour – Salihamidzic – Jeremies, Effenberg, Fink – Santa Cruz (88. Sergio), Zickler, Elber (80. Scholl)
Tore: 0:1 Santa Cruz (16.), 1:1 Preetz (25.), 1:2 Effenberg (33., Foulelfmeter), 1:3 Zickler (60.). **Ecken:** 5:5. **Schiedsrichter:** Berg (Konz). **Zuschauer:** 57.169 (ausverkauft). **Gelbe Karten:** van Burik – Jeremies, Sforza. **Gelb/Rote Karten:** keine. **Rote Karten:** keine

VfL Wolfsburg – Bayer Leverkusen 2:0 (0:0)
Wolfsburg: Reitmaier – Biliskov, Greiner – Hengen – Nowak, Akonnor – Müller, Weiser – Munteanu (72. Voss) – Juskowiak (79. Rische), T. Maric (85. Schnoor)
Bayer 04 Leverkusen: Matysek – T. Hoffmann (63. Vranjes), Nowotny, R. Kovac – Ramelow – Zivkovic, Ojigwe – B. Schneider (83. Daun), Neuendorf (68. Babic) – Neuville, Kirsten
Tore: 1:0 Müller (55.), 2:0 Nowak (88.). **Ecken:** 6:6. **SR:** Wagner (Hofheim). **Zuschauer:** 12.955. **Gelbe Karten:** Juskowiak, Voss, T. Maric – B. Schneider, Nowotny, Ojigwe, Neuendorf. **Gelb/Rote Karten:** keine. **Rote Karten:** keine

Hansa Rostock – Bor. Dortmund 1:2 (0:1)
Hansa Rostock: Pieckenhagen – Jakobsson – Schröder – Yasser, Lantz – Wibran (81. Breitkreutz) – Rydlewicz, Brand (72. Majak) – Arvidsson, Baumgart (81. Emara), Agali
Borussia Dortmund: Lehmann – Nijhuis, Oliseh – Evanilson, Wörns – Nerlinger, Heinrich – Ricken – Addo, Reina, Bobic
Tore: 0:1 Reina (8.), 0:2 Addo (48.), 1:2 Rydlewicz (57., Foulelfmeter). **Ecken:** 14:4. **Schiedsrichter:** Heynemann (Magdeburg). **Zuschauer:** 14.000. **Gelbe Karten:** Lantz, Rydlewicz – Lehmann, Ricken. **Gelb/Rote Karten:** keine. **Rote Karten:** keine

Energie Cottbus – Werder Bremen 3:1 (2:1)
Energie Cottbus: Piplica – Sebök – Vata, Hujdurovic (68. Matyus) – Thielemann, Akrapovic – Reghecampf (60. Scherbe), Kobylanski – Miriuta – Franklin (78. Labak), Helbig
Werder Bremen: Rost – Frings, Eilts, Skripnik, Wiedener – Wicky – Stalteri (60. Pizarro), F. Ernst (63. Maximow), Bode – A. Herzog (76. Dabrowski) – Ailton
Tore: 1:0 Kobylanski (4.), 1:1 Ailton (38., Foulelf), 2:1 Helbig (44.), 3:1 Matyus (68.). **Ecken:** 3:4. **SR:** Aust (Köln). **Zuschauer:** 12.738. **Gelbe Karten:** Hujdurovic, Sebök – Ailton, Wiedener, Bode, Pizarro. **Gelb/Rote Karten:** keine. **Rote Karten:** keine

DATEN ZUM SPIELTAG

19. Spieltag 26.–28. Januar

FC Schalke 04 – Hansa Rostock 2:0 (1:0)

FC Schalke 04: Reck – Hajto, Waldoch, van Kerckhoven – van Hoogdalem – Nemec – Latal, Böhme (76. Büskens) – Möller (78. Mulder) – Asamoah (87. Mpenza), Sand
Hansa Rostock: Pieckenhagen – Schröder, Jakobsson, Benken – Lantz – Wibran (63. Baumgart) – Rydlewicz, Majak – Breitkreutz – Arvidsson (82. Oswald), Salou
Tore: 1:0 Böhme (4.), 2:0 Nemec (67.). **Ecken:** 11:5. **Schiedsrichter:** Strampe (Handorf). **Zuschauer:** 29.700. **Gelbe Karten:** Benken, Lantz. **Gelb/Rote Karten:** keine. **Rote Karten:** keine

Werder Bremen – München 1860 2:0 (0:0)

SV Werder Bremen: Rost – Barten (38. F. Baumann), Verlaat, Krstajic – Eilts, F. Ernst (88. Banovic) – Frings, Stalteri – A. Herzog (80. Trares) – Pizarro, Ailton
TSV München 1860: Jentzsch – Stranzl, Zelic, T. Hoffmann – Kurz – Cerny (46. Borimirov), Riseth, Bierofka (68. Schroth) – Häßler – Max (80. Agostino), Beierle
Tore: 1:0 Ailton (65.), 2:0 Pizarro (71.). **Ecken:** 7:12. **Schiedsrichter:** Wagner (Hofheim). **Zuschauer:** 24.473. **Gelbe Karten:** Rost – Beierle, Max, Zelic. **Gelb/Rote Karten:** keine. **Rote Karten:** keine

SC Freiburg – SpVgg Unterhaching 2:0 (1:0)

SC Freiburg: Golz – Kondé, Diarra – Kehl – Willi (61. Zkitischwili), Kobiaschwili – Coulibaly (85. Hermel), A. Zeyer, But (88. S. Müller) – Iaschwili, Sellimi
SpVgg Unterhaching: Tremmel – Strehmel – H. Herzog, Bucher – Haber, Schwarz, Matth. Zimmermann, Straube (80. Spizak) – Cizek (61. Oberleitner) – Breitenreiter, Rraklli (61. Zdrilic)
Tore: 1:0 H. Herzog (36., Eigentor), 2:0 A. Zeyer (54.). **Ecken:** 2:4. **Schiedsrichter:** Dr. Merk (Kaiserslautern). **Zuschauer:** 24.000. **Gelbe Karten:** Coulibaly. **Gelb/Rote Karten:** keine. **Rote** Karten: keine

1. FC Kaiserslautern – VfL Wolfsburg 0:0

1. FC Kaiserslautern: G. Koch – Marschall – H. Koch, Klos – Basler, Bjelica, Strasser – Buck, Djorkaeff – Pettersson (86. Toppmöller), Klose (46. Reich)
VfL Wolfsburg: Reitmaier – Ifejiagwa, Biliskov – Hengen – Kryger, Weiser – Sebescen, Kühbauer (90. Schnoor), Nowak – Rische (46. Müller), Juskowiak (89. T. Maric)
Tore: keine. **Ecken:** 9:1. **Schiedsrichter:** Krug (Gelsenkirchen). **Zuschauer:** 36.787. **Gelbe Karten:** Pettersson – Sebescen, Ifejiagwa. **Gelb/Rote Karten:** Klos (80.). **Rote Karten:** Biliskov (41.)

FC Bayern München – VfL Bochum 3:2 (1:1)

FC Bayern München: Kahn – Andersson, Sforza (73. Hargreaves), Linke – Salihamidzic, Jeremies, Lizarazu (70. Tarnat) – Effenberg – Scholl, Zickler (70. Sergio), Elber
VfL Bochum: Van Duijnhoven – Stickroth – Fahrenhorst, Milinovic, Dickhaut (54. Sundermann) – Colding, Freier, Mandreko – Bastürk – M. Maric (80. Rietpietsch), Christiansen (46. Drincic)
Tore: 1:0 Effenberg (21.), 1:1 Bastürk (41.), 2:1 Elber (53.), 2:2 Bastürk (59.), 3:2 Effenberg (89.). **Ecken:** 7:5. **Schiedsrichter:** Steinborn (Sinzig). **Zuschauer:** 32.000. **Gelbe Karten:** Mandreko. **Gelb/Rote Karten:** keine. **Rote Karten:** keine

Bor. Dortmund – Energie Cottbus 2:0 (0:0)

Borussia Dortmund: Lehmann – Evanilson, Wörns, Kohler, Dede – Stevic, Nerlinger – Heinrich (89. Nijhuis) – Ricken – Sörensen (78. Metzelder), Bobic
Energie Cottbus: Piplica – Sebök – Vata, Hujdurovic – Scherbe – Akrapovic – Reghecampf, Kobylanski – Miriuta – Helbig, Latoundji (69. Ilie)
Tore: 1:0 Nerlinger (64.), 2:0 Bobic (65.). **Ecken:** 7:0. **Schiedsrichter:** Fröhlich (Berlin). **Zuschauer:** 61.500. **Gelbe Karten:** Reghecampf, Kobylanski, Sebök, Akrapovic. **Gelb/Rote Karten:** keine. **Rote Karten:** keine

Eintracht Frankfurt – 1. FC Köln 1:5 (0:4)

Eintracht Frankfurt: Nikolov – Hubtchev, Rada, Kracht – Wimmer (36. Branco), Schur – Sobotzik, Heldt – Gebhardt – Kryszalowicz, Yang (76. Fjörtoft)
1. FC Köln: Bade – Sichone (90. Dworrak), Cichon, Keller (90. Bulajic) – Cullmann, Dziwior, Springer – Lottner – Scherz (82. Arweladse), Timm, Kurth
Tore: 0:1 Kurth (12.), 0:2 Kracht (28., Eigentor), 0:3 Scherz (36.), 0:4 Kurth (41.), 1:4 Kryszalowicz (63.), 1:5 Arweladse (89.). **Ecken:** 17:4. **Schiedsrichter:** Stark (Ergolding). **Zuschauer:** 28.100. **Gelbe Karten:** Gebhardt, Schur, Rada, Branco – Springer. **Gelb/Rote Karten:** keine. **Rote Karten:** keine

Bayer Leverkusen – VfB Stuttgart 4:0 (0:0)

Bayer 04 Leverkusen: Zuberbühler – Lucio, Nowotny – Zivkovic, Placente (67. Zé Roberto) – R. Kovac, Ramelow – B. Schneider (79. Rink) – Ballack – Neuville, Kirsten (82. Ponte)
VfB Stuttgart: Hildebrand – T. Schneider, Bordon – Kauf (65. Djordjevic), Soldo, Gerber – Thiam, Lisztes (65. Endress) – Balakov – Dundee, Ganea (58. Seitz)
Tore: 1:0 B. Schneider (46.), 2:0 Kirsten (49., Handelfmeter), 3:0 Ballack (51.), 4:0 Kirsten (67., Foulelfmeter). **Ecken:** 11:2. **Schiedsrichter:** Dr. Fleischer (Ulm). **Zuschauer:** 22.500 (ausverkauft). **Gelbe Karten:** Ballack, Neuville – Ganea, Hildebrand. **Gelb/Rote Karten:** keine. **Rote Karten:** Balakov (48.)

Hamburger SV – Hertha BSC Berlin 1:2 (1:0)

Hamburger SV: Butt – Panadic, Hoogma, Ujfalusi (56. Fukal, 83. Heinz) – Groth, Töfting – Präger (66. Mahdavikia), Hollerbach – Cardoso – Yeboah, Meijer
Hertha BSC Berlin: Kiraly – Simunic, Maas, Sverrisson – Dardai, Konstantinidis – Deisler, Hartmann – Wosz (85. Sanneh) – Preetz, Alves (46. Tretschok)
Tore: 1:0 Butt (29., Handelfmeter), 1:1 Preetz (63.), 1:2 Preetz (81.). **Ecken:** 3:2. **Schiedsrichter:** Fandel (Kyllburg). **Zuschauer:** 40.057. **Gelbe Karten:** Ujfalusi, Meijer – Konstantinidis, Hartmann. **Gelb/Rote Karten:** keine. **Rote Karten:** Maas (28.), Cardoso (77.)

Frankfurts Nr. 29: Felix Magath

Die Trainer-Entlassung Nummer 1 im Jahr 2001 lieferte Eintracht Frankfurt. Es traf Felix Magath, am 27. Dezember 1999 gekommen, am 29. Januar 2001 gegangen. Zwischendurch war er im Mai 2000 als »Retter« gefeiert worden. Er war die Nummer 29 in Frankfurt. Mit seinem Nachfolger schließt die Eintracht in der Beziehung zu Liga-Spitzenreiter Borussia Dortmund (30 Trainer) auf.
Am längsten ohne Pause hat Erich Ribbeck (1968-1973) am Riederwald gearbeitet, am kürzesten der Österreicher Helmut Senekowitsch (79 Tage 1982) und der Ungar Pal Csernai (88 Tage 1988).
Zweimal wurden verpflichtet Dietrich Weise (1973/76 und 1983/86), Dragoslav Stepanovic (1991/93 und 1996) und Jörg Berger (1988/91 und 1999). In der Saison 1998/99 wurden mit Horst Ehrmantraut, Reinhold Fanz und Jörg Berger sogar drei Trainer beschäftigt.

20. Spieltag 2.–4. Februar

München 1860 – Bor. Dortmund 1:0 (0:0)

TSV München 1860: Jentzsch – Zelic (4. Ehlers) – Kurz, T. Hoffmann, Riseth – Stranzl – Borimirov, Bierofka – Häßler (73. Tyce) – Schroth (90. Agostino), Max
Borussia Dortmund: Lehmann – Wörns, Kohler – Evanilson, Dede – Nerlinger (60. Addo) – Heinrich – Ricken – Sörensen (60. Rosicky), Reina, Bobic
Tore: 1:0 Häßler (53., Foulelfmeter). **Ecken:** 7:3. **Schiedsrichter:** Aust (Köln). **Zuschauer:** 20.000. **Gelbe Karten:** Bierofka, Borimirov, Schroth, Stranzl – Dede, Evanilson, Kohler. **Gelb/Rote Karten:** Ricken (90.). **Rote Karten:** keine

VfL Wolfsburg – Bayern München 1:3 (1:2)

VfL Wolfsburg: Reitmaier – Kryger, Ifejiagwa (74. Munteanu) – Hengen, Nowak (57. Schnoor) – Sebescen, Akonnor, Weiser – Kühbauer – Juskowiak, Akpoborie (18. T. Maric)
FC Bayern München: Kahn – Kuffour, Jeremies, Linke – Fink – Sagnol, Salihamidzic – Effenberg – Scholl (81. Hargreaves), Zickler (81. Jancker), Elber (88. Sergio)
Tore: 0:1 Elber (13.), 1:1 Juskowiak (27.), 1:2 Scholl (45.), 1:3 Elber (60.). **Ecken:** 6:2. **Schiedsrichter:** Fröhlich (Berlin). **Zuschauer:** 20.400 (ausverkauft). **Gelbe Karten:** Kuffour. **Gelb/Rote Karten:** keine. **Rote Karten:** keine

1. FC Köln – SC Freiburg 0:1 (0:0)

1. FC Köln: Bade – Sichone, Cichon (89. Bulajic), Keller – Sinkala – Dziwior, Voigt – Lottner – Scherz (85. Donkov), Timm, Kurth (72. Arweladse)
SC Freiburg: Golz – Kondé, Diarra – Willi (46. Zkitischwili), Kehl, Kobiaschwili – Coulibaly, A. Zeyer – But (80. Baya) – Iaschwili, Sellimi (74. Dorn)
Tore: 0:1 Kobiaschwili (87., Foulelfmeter). **Ecken:** 2:7. **Schiedsrichter:** Keßler (Höhenkirchen). **Zuschauer:** 28.500. **Gelbe Karten:** Timm, Keller – Coulibaly, Kondé, Willi, Kehl. **Gelb/Rote Karten:** keine. **Rote Karten:** keine

Energie Cottbus – FC Schalke 04 4:1 (2:0)

Energie Cottbus: Piplica – Vata – Hujdurovic, Beeck – Akrapovic – Reghecampf, Thielemann, Kobylanski – Miriuta – Franklin (63. Labak), Helbig (76. Ilie)
FC Schalke 04: Reck – Hajto, Happe, van Kerckhoven – van Hoogdalem, Nemec (76. Büskens) – Asamoah (65. Latal), Böhme – Mulder (82. Mikolajczak) – Sand, Mpenza
Tore: 1:0 Miriuta (1.), 2:0 Helbig (42.), 2:1 Sand (54.), 3:1 Kobylanski (72.), 4:1 Labak (75.). **Ecken:** 6:3. **Schiedsrichter:** Meyer (Braunschweig). **Zuschauer:** 16.009. **Gelbe Karten:** Helbig, Labak – Asamoah. **Gelb/Rote Karten:** keine. **Rote Karten:** Böhme (62.)

VfL Bochum – Hertha BSC Berlin 1:3 (0:1)

VfL Bochum: Van Duijnhoven – Stickroth – Milinovic – Dickhaut, Mandreko (64. Freier) – Colding, Schindzielorz (73. Buckley) – Peschel, Bastürk – Christiansen (46. Drincic), M. Maric
Hertha BSC Berlin: Kiraly – Rehmer (69. van Burik), Sverrisson, Simunic – Konstantinidis (85. Veit), Tretschok – Dardai, Hartmann – Deisler (43. Michalke), Wosz – Preetz
Tore: 0:1 Preetz (32.), 1:1 Peschel (62.), 1:2 Michalke (67.), 1:3 Michalke (90.). **Ecken:** 9:5. **Schiedsrichter:** Sippel (München). **Zuschauer:** 15.302. **Gelbe Karten:** M. Maric, Bastürk – Konstantinidis, Sverrisson. **Gelb/ Rote Karten:** keine. **Rote Karten:** keine

Werder Bremen – Hamburger SV 3:1 (1:0)

SV Werder Bremen: Rost – Verlaat – Frings (83. Stalteri), Krstajic, Bode – F. Baumann – F. Ernst, Eilts (37. Trares) – A. Herzog (81. Lee) – Pizarro, Ailton
Hamburger SV: Butt – Hoogma – Panadic (77. Fukal), Ujfalusi – N. Kovac – Groth (77. Meijer), Hollerbach (71. Yilmaz) – Barbarez – Mahdavikia, Heinz – Yeboah
Tore: 1:0 Pizarro (45.), 1:1 Heinz (56.), 2:1 Ailton (71., Foulelfmeter), 3:1 Pizarro (89.). **Ecken:** 4:7. **Schiedsrichter:** Albrecht (Kaufbeuren). **Zuschauer:** 31.526. **Gelbe Karten:** Bode, Eilts, Verlaat, F. Baumann – Groth, N. Kovac, Panadic, Heinz. **Gelb/Rote Karten:** keine. **Rote Karten:** keine

VfB Stuttgart – 1. FC Kaiserslautern 6:1 (3:1)

VfB Stuttgart: Hildebrand – T. Schneider, Soldo, Bordon (80. Blank) – Thiam, Kauf – Seitz (72. Pinto), Gerber – Lisztes (76. Meißner) – Ganea, Adhemar
1. FC Kaiserslautern: G. Koch – H. Koch, Ramzy – Marschall – Bjelica – Basler, Hristov – Buck (46. Yakin), Strasser – Lokvenc (79. Toppmöller), Djorkaeff (39. Klose)
Tore: 1:0 Adhemar (11.), 1:1 Basler (21.), 2:1 Ganea (31.), 3:1 Ganea (37.), 4:1 Adhemar (53.), 5:1 Adhemar (78.), 6:1 Ganea (85.). **Ecken:** 3:6. **SR:** Weiner (Hildesheim). **Zuschauer:** 18.000. **Gelbe Karten:** Thiam, Gerber, Seitz – Buck, Lokvenc, Klose, Ramzy. **Gelb/Rote Karten:** keine. **Rote Karten:** keine

Unterhaching – Bayer Leverkusen 1:2 (1:1)

SpVgg Unterhaching: Tremmel – Strehmel – H. Herzog, Grassow (64. Novak) – Matth. Zimmermann, Schwarz – Haber, Straube – Cizek (64. Oberleitner) – Ahanfouf (68. Rraklli), Breitenreiter
Bayer 04 Leverkusen: Zuberbühler – Lucio, Nowotny – R. Kovac, Placente – Zivkovic – Ramelow – B. Schneider, Zé Roberto (74. Rink) – Kirsten (80. Vranjes), Neuville (87. Ponte)
Tore: 0:1 Kirsten (27.), 1:1 Straube (32.), 1:2 Neuville (53.). **Ecken:** 3:4. **Schiedsrichter:** Gagelmann (Bremen). **Zuschauer:** 9.000. **Gelbe Karten:** Ahanfouf, Rraklli, Novak – Lucio, R. Kovac. **Gelb/Rote Karten:** keine. **Rote Karten:** H. Herzog (90.)

Hansa Rostock – Eintracht Frankfurt 0:2 (0:2)

Hansa Rostock: Pieckenhagen – Schröder, Jakobsson, Benken – Wibran, Yasser – Rydlewicz, Majak – Breitkreutz (60. Baumgart) – Agali, Salou
Eintracht Frankfurt: Nikolov – Kutschera, Rada, Kracht – Schur – Mutzel (89. Bindewald), Gebhardt – Sobotzik (46. Guié-Mien), Heldt – Yang, Kryszalowicz (79. Lösch)
Tore: 0:1 Kryszalowicz (30.), 0:2 Gebhardt (45.). **Ecken:** 15:3. **Schiedsrichter:** Dr. Wack (Biberbach). **Zuschauer:** 11.000. **Gelbe Karten:** Schur, Gebhardt. **Gelb/Rote Karten:** Schröder (36.), Yang (90.). **Rote Karten:** Kracht (66.)

Adhemar kam, sah und traf dreimal

Adhemar Ferreira de Camargo Neto, nur genannt »Adhemar«, debütierte beim VfB Stuttgart mit drei Toren! Der 28-jährige, nur 1,68 m große Stürmer schoss sie beim 6:1 gegen den 1. FC Kaiserslautern! Was den VfB aus dem Abstiegskeller hob. In dieser Saison ist er der 14. Brasilianer in der Liga, Paulo Rink (mit deutschem Pass) und Bayers Vertragsamateur Marquinos eingerechnet.
In der vorigen Saison waren sogar 17 Brasilianer unter Vetrag. Die bisherige Rekordmarke in einem Boom, der erst in den neunziger Jahren einsetzte.
Der erste Bundesliga-Meister 1. FC Köln hatte 1964 mit Rodriquez Zeze stolz den ersten Brasilianer präsentiert – und in Köln gleich gegen Hertha 2:3 verloren. Danach wurde Zeze nur noch fünfmal eingesetzt. Er schoss ein Tor. Der vom MSV Duisburg präsentierte Raoul Tagliari kam 1964-66 auch nur auf neun Spiele (4 Tore). Die Brasilianer passten noch nicht in den deutschen Stil. Erst der überragende Tita, mit Leverkusen 1988 UEFA-Cup-Gewinner, brach den Bann. Danach öffnete sich die Liga für die »Cariocoas«.

DATEN ZUM SPIELTAG

Effektivster Torjäger: Markus Kurth (Köln)

Wie oft treffen eigentlich Angreifer? Nur etwa zehn Prozent aller Torschüsse sind erfolgreich und im Schnitt jeder achte Versuch. Von 90 Prozent der Schüsse geht etwas mehr als ein Drittel aufs Tor und wird von Torwart, Latte oder Pfosten aufgehalten. Die anderen zwei Drittel verfehlen das Tor oder werden abgeblockt. Als Torschütze am effektivsten ist der Kölner Markus Kurth. Für sechs Treffer brauchte er 22 Torschüsse. Hier die Quoten der effektivsten Torjäger:

	Tore	Schüsse	Quote
Markus Kurth (Köln)	6	22	3,7%
Sergej Barbarez (HSV)	13	50	3,8%
Carsten Jancker (FCB)	8	33	4,1%
Heiko Herrlich (BVB)	7	29	4,1%
Ebbe Sand (Schalke)	14	60	4,3%

Wer aber schießt am genauesten? Da führt Salihamidzic (FC Bayern). 59,3 Prozent seiner 27 Torschüsse gingen aufs Tor. Vier wurden zu Treffern.

	Schüsse	Tor	Tore
H. Salihamdizic (Bayern)	27	59,3%	4
J. Akpoborie (Wolfsburg)	33	57,6%	7
M. Klose (Kaiserslautern)	35	54,3%	7
T. Reichenberger (Frankfurt)	32	53,1%	6
M. Mahdavikia (HSV)	21	52,4%	4

Für Rolf Schafstall die Liga-Station Nr. 8

Bisher hat es in dieser Saison sechs Trainerwechsel gegeben. Der 63-jährige Rolf Schafstall beim VfL Bochum ist diese Nummer 6. Sein Debüt mit Bochum war ein 0:0 in Wolfsburg. Damit hat keiner der sechs neuen Trainer sein Auftaktspiel verloren, die fünf Kollegen vor Schafstall siegten sogar.
Friedhelm Funkel mit FC Hansa Rostock 1:0 gegen FC Kaiserslautern.
Andreas Brehme mit dem 1. FC Kaiserslautern 4:0 bei 1860 München.
Rudi Völler mit Bayer Leverkusen 2:0 gegen Borussia Dortmund.
Berti Vogts mit Bayer Leverkusen 3:1 beim Hamburger SV.
Rolf Dohmen mit Eintracht Frankfurt 2:0 in Rostock.
Für Rolf Schafstall ist es die achte Station in der 1. Bundesliga: VfL Bochum (3 x), MSV Duisburg (2 x), Schalke 04, Bayer Uerdingen, Fortuna Düsseldorf.

21. Spieltag — 9.–11. Februar

Eintr. Frankfurt – Energie Cottbus 1:0 (0:0)
Eintracht Frankfurt: Nikolov – Kutschera, Rada, Bindewald – Lösch (61. Preuß) – Mutzel – Guié-Mien (80. Branco), Marco Gebhardt (83. Wimmer) – Heldt – Fjörtoft, Kryszalowicz
Energie Cottbus: Piplica – Vata (85. Wawrzyczek) – Hujdurovic, Beeck – Thielemann, Akrapovic (78. Micevski) – Reghecampf, Kobylanski – Miriuta – Ilie (69. Latoundji), Labak
Tore: 1:0 Heldt (65.). **Ecken:** 6:8. **Schiedsrichter:** Dr. Merk (Kaiserslautern). **Zuschauer:** 20.000. **Gelbe Karten:** Gebhardt, Mutzel – Thielemann, Vata. **Gelb/Rote Karten:** keine. **Rote Karten:** keine

FC Schalke 04 – TSV München 1860 2:0 (0:0)
FC Schalke 04: Reck – Hajto, Nemec, Happe (64. Büskens) – van Hoogdalem – Latal, van Kerckhoven – Möller – Asamoah, Sand (76. Mulder), Mpenza (85. Mikolajczak)
TSV München 1860: Jentzsch – Zelic – Riseth, Pfuderer, Kurz – Stranzl – Cerny, Bierofka (46. Tyce) – Häßler (74. Votava) – Agostino (46. Ehlers), Max
Tore: 1:0 Mpenza (50.), 2:0 Mpenza (64.). **Ecken:** 5:3. **Schiedsrichter:** Heynemann (Magdeburg). **Zuschauer:** 33.705. **Gelbe Karten:** Nemec, Asamoah. **Gelb/Rote Karten:** keine. **Rote Karten:** Riseth (42.)

FC Kaiserslautern – Unterhaching 4:0 (3:0)
1. FC Kaiserslautern: G. Koch – Hajto, Ramzy – H. Koch, Klos (77. Schjönberg) – Basler, Hristov (81. Lokvenc) – Strasser – Bjelica – Ratinho (77. Adzic) – Klose, Marschall
SpVgg Unterhaching: Tremmel – Haber (82. Seifert) – Strehmel, Grassow – Straube – Novak (58. Spizak), Schwarz – Matth. Zimmermann – Oberleitner – Breitenreiter, Rraklli (25. Hirsch)
Tore: 1:0 H. Koch (8.), 2:0 Haber (18., Eigentor), 3:0 Klose (22.), 4:0 Strasser (79.). **Ecken:** 9:9. **Schiedsrichter:** Aust (Köln). **Zuschauer:** 36.276. **Gelbe Karten:** H. Koch – Haber, Hirsch. **Gelb/Rote Karten:** keine. **Rote Karten:** Grassow (20.)

FC Bayern München – VfB Stuttgart 1:0 (1:0)
FC Bayern München: Kahn – Kuffour, Jeremies, Linke – Sagnol, Lizarazu – Fink – Effenberg – Sergio, Zickler (69. Scholl), Elber (74. Jancker)
VfB Stuttgart: Hildebrand – Marques, Bordon – T. Schneider (67. Tiffert), Carnell – Soldo – Thiam, Gerber (66. Adhemar) – Pinto, Balakov – Ganea
Tore: 1:0 Elber (8.). **Ecken:** 8:1. **Schiedsrichter:** Kemmling (Kleinburgwedel). **Zuschauer:** 41.000. **Gelbe Karten:** Lizarazu, Effenberg, Sagnol, Scholl – Gerber. **Gelb/Rote Karten:** keine. **Rote Karten:** keine

Hertha BSC Berlin – VfL Wolfsburg 1:3 (0:1)
Hertha BSC Berlin: Kiraly – Simunic, van Burik (46. Zilic), Sverrisson – Dardai, Tretschok – Sanneh (57. Schmidt), Hartmann – Wosz – Preetz, Daei
VfL Wolfsburg: Reitmaier – Hengen – Ifejiagwa, Schnoor – Akonnor – Sebescen, Weiser – Kühbauer, Munteanu (79. Nowak) – Juskowiak (82. Voss), T. Maric (67. Rische)
Tore: 0:1 Juskowiak (37.), 0:2 Juskowiak (50.), 0:3 Schnoor (55.), 1:3 Tretschok (74., Foulelfmeter). **Ecken:** 4:3. **Schiedsrichter:** Jansen (Essen). **Zuschauer:** 36.957. **Gelbe Karten:** Zilic – Juskowiak, Sebescen, Voss. **Gelb/Rote Karten:** keine. **Rote Karten:** keine

Hamburger SV – VfL Bochum 3:0 (3:0)
Hamburger SV: Butt – Hertzsch, Hoogma (83. Fukal), Ujfalusi – N. Kovac – Groth, Hollerbach – Barbarez (70. Meijer) – Mahdavikia (57. Präger), Heinz, Yeboah
VfL Bochum: Van Duijnhoven – Reis – Colding, Milinovic, Bemben – Fahrenhorst (46. Sundermann) – Peschel, Freier – Schindzielorz – Drincic (65. Covic), Buckley
Tore: 1:0 Yeboah (16.), 2:0 Butt (34., Foulelfmeter), 3:0 Barbarez (38.). **Ecken:** 4:1. **Schiedsrichter:** Strampe (Handorf). **Zuschauer:** 31.827. **Gelbe Karten:** Groth – Fahrenhorst, Van Duijnhoven, Milinovic, Schindzielorz, Covic. **Gelb/Rote Karten:** keine **Rote Karten:** keine

Bayer 04 Leverkusen – 1. FC Köln 4:1 (0:1)
Bayer 04 Leverkusen: Zuberbühler – Lucio, Nowotny – Zivkovic, Placente – R. Kovac – Ramelow – Ballack, Zé Roberto (84. B. Schneider) – Kirsten (75. Berbatov), Neuville (86. Ponte)
1. FC Köln: Bade – Sichone, Cichon, Keller – Cullmann – Dziwior (81. Bulajic) – Springer – Lottner (81. Donkov) – Scherz (63. Kreuz), Timm – Arweladse
Tore: 0:1 Lottner (8., Foulelfmeter), 1:1 Lucio (57.), 2:1 Ballack (65.), 3:1 Neuville (78.), 4:1 Lucio (90.). **Ecken:** 13:0. **Schiedsrichter:** Krug (Gelsenkirchen). **Zuschauer:** 22.500 (ausverkauft). **Gelbe Karten:** Ramelow, Kirsten – Keller, Scherz, Sichone, Arweladse, Dziwior. **Gelb/Rote Karten:** keine. **Rote Karten:** keine

SC Freiburg – Hansa Rostock 0:0
SC Freiburg: Golz – S. Müller (78. Dorn), Diarra – Kondé – Zkitischwili, A. Zeyer, Kobiaschwili – Baya (62. Ramdane), But – Sellimi (86. Bruns), Iaschwili
Hansa Rostock: Pieckenhagen – Oswald, Jakobsson, Benken – Lange, Emara – Wibran, Lantz – Rydlewicz – Baumgart (77. Salou), Agali (90. Majak)
Tore: keine. **Ecken:** 6:7. **Schiedsrichter:** Albrecht (Kaufbeuren). **Zuschauer:** 25.000 (ausverkauft). **Gelbe Karten:** Ramdane, Zkitischwili – Agali, Lantz, Baumgart, Majak. **Gelb/Rote Karten:** keine. **Rote Karten:** keine

Borussia Dortmund – SV Werder Bremen 0:0
Borussia Dortmund: Laux – Wörns, Kohler – Evanilson, Dede – Oliseh – Heinrich – Rosicky (82. Nerlinger) – Addo (78. Sörensen), Reina (85. Ikpeba), Bobic
SV Werder Bremen: Rost – Verlaat – Frings, Krstajic, Stalteri – Eilts – F. Ernst (59. Trares) – A. Herzog – Pizarro, Ailton (78. Dabrowski), Bode (47. Wiedener)
Tore: keine. **Ecken:** 15:4. **Schiedsrichter:** Fandel (Kyllburg). **Zuschauer:** 62.000. **Gelbe Karten:** Wörns, Reina – Frings, Stalteri, Verlaat. **Gelb/Rote Karten:** keine. **Rote Karten:** keine

22. Spieltag — 16.–18. Februar

München 1860 – Eintr. Frankfurt 2:2 (0:1)
TSV München 1860: Jentzsch – Pfuderer (46. Ehlers), Zelic, Kurz (10. Tyce) – Stranzl – Borimirov – Cerny (65. Agostino), Bierofka – Häßler – Max, Schroth
Eintracht Frankfurt: Heinen – Kutschera, Rada, Kracht – Mutzel – Preuß (59. Wimmer), Gebhardt – Schur – Heldt (79. Bindewald) – Yang (90. Guié-Mien), Kryszalowicz
Tore: 0:1 Yang (22.), 0:2 Kryszalowicz (58.), 1:2 Max (72.), 2:2 Häßler (81., Handelfmeter). **Ecken:** 13:5. **Schiedsrichter:** Weiner (Hildesheim). **Zuschauer:** 20.200. **Gelbe Karten:** Borimirov – Yang, Mutzel, Schur. **Gelb/Rote Karten:** keine. **Rote Karten:** keine

Unterhaching – FC Bayern München 1:0 (0:0)
SpVgg Unterhaching: Tremmel – Strehmel – Bucher, Seifert – Schwarz (85. Cizek), Hirsch – Haber, Matth. Zimmermann, Spizak – Oberleitner (76. Breitenreiter), Rraklli (72. Straube)
FC Bayern München: Kahn – Kuffour (68. Salihamidzic), Jeremies, Linke – Sagnol, Fink, Tarnat – Hargreaves (70. di Salvo) – Scholl – Zickler (46. Elber), Sergio
Tore: 1:0 Spizak (57.). **Ecken:** 4:9. **Schiedsrichter:** Wagner (Hofheim). **Zuschauer:** 15.000 (ausverkauft). **Gelbe Karten:** Hargreaves, Fink. **Gelb/Rote Karten:** keine. **Rote Karten:** keine

Hansa Rostock – Bayer Leverkusen 2:1 (1:1)
Hansa Rostock: Pieckenhagen – Benken, Jakobsson, Oswald – Rydlewicz, Schröder – Wibran, Lantz – Emara – Baumgart (90. Zallmann), Agali
Bayer 04 Leverkusen: Zuberbühler – Lucio, Nowotny (46. B. Schneider) – Zivkovic, Placente (74. Berbatov) – Ramelow, R. Kovac – Ballack, Zé Roberto – Neuville, Kirsten
Tore: 0:1 Kirsten (23.), 1:1 Agali (45.), 2:1 Baumgart (56.). **Ecken:** 3:6. **Schiedsrichter:** Steinborn (Sinzig) **Zuschauer:** 12.500. **Gelbe Karten:** Wibran – Zé Roberto, Kirsten, R. Kovac. **Gelb/Rote Karten:** Oswald (86.). **Rote Karten:** keine

Energie Cottbus – SC Freiburg 0:2 (0:0)
Energie Cottbus: Piplica – Vata – Hujdurovic, Beeck – Thielemann, Akrapovic (75. Ilie) – Reghecampf, Kobylanski (75. Latoundji) – Miriuta – Helbig, Labak (61. Franklin)
SC Freiburg: Golz – Kondé (69. S. Müller), Diarra – Kehl – Zkitischwili, A. Zeyer, Kobiaschwili – Coulibaly, But (84. Ramdane) – Weißhaupt, Sellimi (46. Dorn)
Tore: 0:1 Dorn (50.), 0:2 Dorn (90.). **Ecken:** 4:4. **Schiedsrichter:** Sippel (München). **Zuschauer:** 14133. **Gelbe Karten:** Akrapovic, Helbig, Miriuta, Kobylanski, Thielemann – Golz, Kondé. **Gelb/Rote Karten:** keine. **Rote Karten:** keine

SV Werder Bremen – FC Schalke 04 2:1 (2:0)
SV Werder Bremen: Rost – Frings, Krstajic, Stalteri – F. Baumann – Banovic, Eilts, F. Ernst – A. Herzog – Pizarro, Ailton (79. Lee)
FC Schalke 04: Reck – Hajto, Nemec (82. Mulder), Happe – van Hoogdalem – Latal (4. Kmetsch), van Kerckhoven (18. Büskens) – Möller – Asamoah, Sand, Mpenza
Tore: 1:0 Pizarro (17.), 2:0 F. Ernst (26.), 2:1 Sand (66.). **Ecken:** 2:4. **Schiedsrichter:** Dr. Fleischer (Ulm). **Zuschauer:** 33.065. **Gelbe Karten:** F. Ernst – Hajto, Kmetsch. **Gelb/Rote Karten:** keine. **Rote Karten:** keine

VfL Wolfsburg – VfL Bochum 0:0
VfL Wolfsburg: Reitmaier – Biliskov, Hengen, Schnoor (84. Rische) – Akonnor – Voss (46. Müller), Weiser – Kühbauer, Munteanu – T. Maric (69. Akpoborie), Juskowiak
VfL Bochum: Van Duijnhoven – Stickroth – Milinovic, Sundermann (71. Fahrenhorst) – Bemben, Colding, Schindzielorz (60. Mamic), Meichelbeck – Bastürk – Freier (65. Peschel), M. Maric
Tore: keine. **Ecken:** 12:4. **Schiedsrichter:** Berg (Konz). **Zuschauer:** 12.318. **Gelbe Karten:** Biliskov – Milinovic. **Gelb/Rote Karten:** keine. **Rote Karten:** keine

Bor. Dortmund – Hamburger SV 4:2 (1:0)
Borussia Dortmund: Laux – Wörns, Kohler (62. Metzelder), Oliseh, Dede – Heinrich – Ricken – Rosicky – Addo, Reina (52. Nerlinger), Bobic (87. Nijhuis)
Hamburger SV: Butt – Hertzsch, Fukal, Hoogma, Ujfalusi – Hollerbach – N. Kovac – Barbarez (87. Töfting) – Präger (52. Hashemian), Heinz, Yeboah (62. Meijer)
Tore: 1:0 Bobic (6.), 2:0 Addo (54.), 3:0 Bobic (59.), 3:1 Barbarez (77.), 4:1 Fukal (82., Eigentor), 4:2 Meijer (90.). **Ecken:** 3:2. **Schiedsrichter:** Dr. Wack (Biberbach). **Zuschauer:** 64.500. **Gelbe Karten:** Bobic – Barbarez, Präger. **Gelb/Rote Karten:** keine. **Rote Karten:** Hashemian (70.)

1. FC Köln – 1. FC Kaiserslautern 0:1 (0:1)
1. FC Köln: Bade – Cullmann, Keller, Bulajic – Voigt – Dziwior (61. Sinkala) – Springer – Lottner (70. Kreuz) – Timm, Kurth, Arweladse (70. Donkov)
1. FC Kaiserslautern: G. Koch – Ramzy – Klos – H. Koch, Strasser – Hristov (84. Pettersson) – Basler – Buck – Bjelica (60. Djorkaeff) – Klose (90. Marschall), Lokvenc
Tore: 0:1 Lokvenc (14.). **Ecken:** 12:7. **Schiedsrichter:** Meyer (Braunschweig). **Zuschauer:** 36.000. **Gelbe Karten:** Bulajic, Kurth – Bjelica, Basler, Hristov, Lokvenc. **Gelb/Rote Karten:** keine. **Rote Karten:** keine

VfB Stuttgart – Hertha BSC Berlin 0:1 (0:0)
VfB Stuttgart: Hildebrand – Hinkel, Soldo, Bordon, Carnell – Meißner, Lisztes (76. Djordjevic) – Hleb (46. Marques) – Pinto, Dundee (46. Ganea) – Adhemar
Hertha BSC Berlin: Kiraly – Simunic, van Burik, Schmidt – Konstantinidis – Hartmann – Dardai – Tretschok – Sverrisson, Wosz – Preetz
Tore: 0:1 Preetz (77.). **Ecken:** 7:6. **Schiedsrichter:** Stark (Ergolding). **Zuschauer:** 18.500. **Gelbe Karten:** Lisztes – Tretschok. **Gelb/Rote Karten:** keine. **Rote Karten:** keine

23. Spieltag

23.–25. Februar + 7. März

Bayer Leverkusen – Energie Cottbus 1:3 (0:2)
Bayer 04 Leverkusen: Zuberbühler – Zivkovic, Ramelow, Lucio, Placente – R. Kovac – B. Schneider (46. Ponte) – Ballack – Zé Roberto – Berbatov (46. Rink), Neuville
Energie Cottbus: Piplica – Vata – Hujdurovic, Beeck – Sebök – Reghecampf, Akrapovic (83. Scherbe) – Miriuta – Micevski (67. Latoundji), Kobylanski, Labak (77. Ilie)
Tore: 0:1 Miriuta (33.), 0:2 Labak (42.), 0:3 Miriuta (62.), 1:3 Zé Roberto (74.). **Ecken:** 10:3. **Schiedsrichter:** Albrecht (Kaufbeuren). **Zuschauer:** 22.000. **Gelbe Karten:** Zivkovic, Ballack – Reghecampf, Hujdurovic, Vata, Latoundji. **Gelb/Rote Karten:** keine. **Rote Karten:** keine

SC Freiburg – TSV München 1860 0:3 (0:2)
SC Freiburg: Golz – S. Müller, Diarra – Kehl – Zkitischwili (60. Willi), A. Zeyer – Kobiaschwili – Coulibaly, But (70. Ramdane) – Iaschwili, Weißhaupt (46. Dorn)
München 1860: Jentzsch – Tyce, Votava, T. Hoffmann – Zelic (39. Ehlers), Stranzl (84. Pfuderer) – Borimirov – Cerny, Bierofka (78. Paßlack) – Max, Schroth
Tore: 0:1 Borimirov (36.), 0:2 Borimirov (43.), 0:3 Schroth (50.). **Ecken:** 7:11. **Schiedsrichter:** Jansen (Essen). **Zuschauer:** 25.000 (ausverkauft). **Gelbe Karten:** But, Diarra, Ramdane – Tyce, Ehlers, Pfuderer. **Gelb/Rote Karten:** keine. **Gelb/Rote Karten:** keine. **Rote Karten:** keine

FC Bayern München – 1. FC Köln 1:1 (0:1)
FC Bayern München: Kahn – Jeremies, Linke – Salihamidzic (80. Sagnol), Lizarazu – Fink, Tarnat (46. Scholl) – Effenberg – Sergio – Elber, Jancker
1. FC Köln: Pröll – Dziwior, Sichone – Cullmann, Keller – Voigt – Springer – Timm, Lottner (90. Hauptmann), Kreuz (90. Baranek) – Donkov (70. Dworrak)
Tore: 0:1 Kreuz (25.), 1:1 Jancker (65.). **Ecken:** 10:2. **Schiedsrichter:** Heynemann (Magdeburg). **Zuschauer:** 36.000. **Gelbe Karten:** Jancker – Sichone, Voigt, Cullmann. **Gelb/Rote Karten:** keine. **Rote Karten:** keine

Hamburger SV – VfL Wolfsburg 3:2 (2:1)
Hamburger SV: Butt – Hoogma – Hertzsch, Ujfalusi – N. Kovac – Töfting (74. Fischer), Hollerbach – Cardoso (82. Kientz) – Mahdavikia (89. Präger), Barbarez, Meijer
VfL Wolfsburg: Reitmaier – Biliskov, Hengen, Ifejiagwa, Schnoor – Kühbauer (69. Müller) – Sebescen, Weiser – Munteanu – Juskowiak (16. T. Maric), Akpoborie (72. Rische)
Tore: 0:1 Sebescen (11.), 1:1 Meijer (31.), 2:1 Barbarez (45.), 3:1 Mahdavikia (62.), 3:2 Müller (71.). **Ecken:** 7:9. **Schiedsrichter:** Gagelmann (Bremen). **Zuschauer:** 35.355. **Gelbe Karten:** Hoogma, Meijer – Kühbauer, Biliskov, Weiser. **Gelb/Rote Karten:** keine. **Rote Karten:** keine

FC Schalke 04 – Borussia Dortmund 0:0
FC Schalke 04: Reck – Hajto, Nemec, van Hoogdalem – Kmetsch, Büskens – Latal, Böhme – Möller – Sand, Mpenza
Borussia Dortmund: Lehmann – Wörns, Oliseh, Kohler – Nerlinger – Heinrich, Dede – Ricken – Rosicky (83. Sörensen) – Addo (61. Reina), Bobic
Tore: keine. **Ecken:** 8:7. **Schiedsrichter:** Dr. Merk (Kaiserslautern). **Zuschauer:** 62.109 (ausverkauft). **Gelbe Karten:** van Hoogdalem, Nemec, Möller, Büskens – Addo, Nerlinger, Oliseh, Lehmann. **Gelb/Rote Karten:** keine. **Rote Karten:** keine

Eintr. Frankfurt – Werder Bremen 1:2 (0:1)
Eintracht Frankfurt: Heinen – Bindewald, Rada, Kracht – Schur – Mutzel (46. Wimmer), Gebhardt – Sobotzik (46. Guié-Mien) – Heldt (69. Fjörtoft) – Yang, Kryszalowicz
SV Werder Bremen: Rost – F. Baumann, Verlaat, Krstajic – F. Ernst, Eilts – Frings, Bode – A. Herzog (71. Trares) – Pizarro, Ailton (74. Stalteri)
Tore: 0:1 Ailton (21.), 0:2 Pizarro (89.), 1:2 F. Baumann (90., Eigentor). **Ecken:** 4:7. **Schiedsrichter:** Aust (Köln). **Zuschauer:** 21.000. **Gelbe Karten:** Bindewald, Gebhardt – F. Ernst. **Gelb/Rote Karten:** keine. **Rote Karten:** keine

FC Kaiserslautern – Hansa Rostock 0:1 (0:1)
1. FC Kaiserslautern: G. Koch – Bjelica (46. Pettersson) – H. Koch, Klos (78. Reich) – Basler, Hristov, Strasser – Buck, Djorkaeff (67. Marschall) – Klose, Lokvenc
Hansa Rostock: Pieckenhagen – Jakobsson – Zallmann, Benken – Baumgart – Schröder – Rydlewicz (89. Lange) – Wibran (90. Weilandt), Lantz – Agali, Salou
Tore: 0:1 Salou (2.). **Ecken:** 11:2. **Schiedsrichter:** Fröhlich (Berlin). **Zuschauer:** 38.983. **Gelbe Karten:** Bjelica, Strasser, Basler – Rydlewicz, Baumgart, Jakobsson. **Gelb/Rote Karten:** keine. **Rote Karten:** H. Koch (76.)

VfL Bochum – VfB Stuttgart 0:0
VfL Bochum: Van Duijnhoven – Stickroth (81. Fahrenhorst) – Milinovic, Sundermann – Colding, Schindzielorz, Meichelbeck (46. Mandreko) – Bastürk – Peschel – M. Maric (46. Baluszynski), Christiansen
VfB Stuttgart: Hildebrand – Marques, Soldo, Bordon – Thiam, Meißner (66. Hinkel) – Djordjevic (81. Seitz), Balakov, Gerber – Tiffert, Ganea (66. Adhemar)
Tore: keine. **Ecken:** 8:7. **Schiedsrichter:** Fandel (Kyllburg). **Zuschauer:** 18.800. **Gelbe Karten:** Meichelbeck, Christiansen – Tiffert, Gerber. **Gelb/Rote Karten:** keine. **Rote Karten:** keine

Hertha BSC – SpVgg Unterhaching 2:1 (0:0)
Hertha: Kiraly – van Burik, Tretschok, Schmidt – Konstantinidis (77. Sverrisson) – Sanneh (46. Thom), Dardai, Hartmann – Wosz – Preetz, Alves (90. Veit)
SpVgg Unterhaching: Tremmel – Strehmel – H. Herzog (63. Straube), Seifert – Schwarz – Haber, Hirsch, Spizak (79. Rraklli) – Matth. Zimmermann (74. Cizek) – Oberleitner – Breitenreiter
Tore: 0:1 Matth. Zimmermann (52.), 1:1 Dardai (55.), 2:1 van Burik (68.). **Ecken:** 7:1. **Schiedsrichter:** Strampe (Handorf). **Zuschauer:** 27.326. **Gelbe Karten:** Wosz, Konstantinidis – Matth. Zimmermann, Breitenreiter. **Gelb/Rote Karten:** keine. **Rote Karten:** keine

DATEN ZUM SPIELTAG

Schnee und Jubiläum in Berlin

Vom zweiten Spielausfall in dieser Saison war wieder Unterhaching unfreiwillig betroffen. Am 1. Dezember hatte Nebel die Partie Haching – Bremen verhindert. Die Wiederholung brachte ein 0:0. Nun brauchten die Münchner Vorstädter nicht nach Berlin zu fliegen. Schon am Freitag Morgen wurde ihr Gastspiel gestoppt. Zu viel Schnee auf den Tribünen sowie im Umfeld des Olympiastadions.
Es war der 25. Spielausfall in dieser Arena! 21 erlebte Hertha, zwei Blau-Weiß 90, je einen Tasmania 1900 und Tennis Borussia. Blau-Weiß und Tasmania haben inzwischen den Konkurs durchwandert – und überlebt. Den Vereinsrekord mit 25 Ausfällen hält Eintracht Braunschweig, Deutscher Meister von 1967.

24. Spieltag

2.–4. März

Bor. Dortmund – Eintr. Frankfurt 6:1 (1:0)
Borussia Dortmund: Laux – Wörns, Oliseh, Kohler – Evanilson, Heinrich, Dede – Rosicky (77. Addo) – Ricken (90. Sörensen) – Reina (46. Nerlinger), Bobic
Eintracht Frankfurt: Heinen – Berntsen (13. Bindewald), Rada, Kracht – Schur – Mutzel (70. Wimmer) – Preuß, Gebhardt (74. Kutschera) – Heldt – Kryszalowicz, Yang
Tore: 1:0 Wörns (30.), 1:1 Yang (48.), 2:1 Ricken (64.), 3:1 Ricken (67.), 4:1 Bobic (71.), 5:1 Addo (79.), 6:1 Bobic (90.). **Ecken:** 9:1. **Schiedsrichter:** Kemmling (Kleinburgwedel). **Zuschauer:** 62.000. **Gelbe Karten:** Nerlinger, Addo, Oliseh – Mutzel, Bindewald. **Gelb/Rote Karten:** Schur (26.). **Rote Karten:** keine

Hansa Rostock – Bayern München 3:2 (1:1)
Hansa Rostock: Pieckenhagen – Jakobsson – Lantz, Benken, Emara – Schröder – Rydlewicz (90. Oswald), Wibran – Baumgart – Agali, Salou (84. Zallmann)
Bayern München: Kahn – Kuffour, Jeremies, Linke – Sagnol – Fink (69. Sergio), Lizarazu (84. Tarnat) – Effenberg – Salihamidzic (84. Jancker), Scholl – Elber
Tore: 1:0 Agali (29.), 1:1 Kuffour (33.), 2:1 Salou (51.), 3:1 Jakobsson (61.), 3:2 Jeremies (66.). **Ecken:** 4:7. **Schiedsrichter:** Dr. Merk (Kaiserslautern). **Zuschauer:** 20.500 (ausverkauft). **Gelbe Karten:** Lantz, Agali – Lizarazu, Effenberg, Jeremies, Elber. **Gelb/Rote Karten:** Kahn (90.). **Rote Karten:** keine

Energie Cottbus – FC Kaiserslautern 0:2 (0:0)
Energie Cottbus: Piplica – Sebök – Hujdurovic, Beeck – Thielemann (85. Matyus), Akrapovic (73. Rödlund) – Latoundji, Kobylanski – Miriuta – Labak, Micevski (53. Franklin)
1. FC Kaiserslautern: G. Koch – Basler – Ramzy, Klos – Hristov – Bjelica – Ratinho, Strasser – Buck (77. Reich) – Lokvenc, Klose
Tore: 0:1 Basler (52., Foulelfmeter), 0:2 Hristov (63.). **Ecken:** 6:7. **Schiedsrichter:** Dr. Fleischer (Ulm). **Zuschauer:** 18.246. **Gelbe Karten:** Miriuta, Hujdurovic – Ramzy. **Gelb/Rote Karten:** keine. **Rote Karten:** Klose (86.)

SV Werder Bremen – SC Freiburg 3:1 (2:0)
SV Werder Bremen: Rost – F. Baumann, Verlaat, Krstajic – Eilts, F. Ernst (69. Banovic) – Frings (87. Tjikuzu), Bode – A. Herzog – Ailton, Pizarro (87. Lee)
SC Freiburg: Golz – S. Müller, Kondé, Diarra – A. Zeyer – Willi (52. Dorn), Kobiaschwili – Coulibaly, But – Weißhaupt (74. Baya), Ramdane (64. Kohl)
Tore: 1:0 Pizarro (23.), 2:0 Pizarro (45.), 3:0 Kobiaschwili (51., Eigentor), 3:1 Kobiaschwili (68., Foulelfmeter). **Ecken:** 15:2. **Schiedsrichter:** Krug (Gelsenkirchen). **Zuschauer:** 29.650. **Gelbe Karten:** Ailton, Krstajic – S. Müller, Kobiaschwili. **Gelb/Rote Karten:** keine. **Rote Karten:** keine

VfB Stuttgart – VfL Wolfsburg 2:1 (1:0)
Stuttgart: Hildebrand – T. Schneider, Soldo, Bordon – Thiam, Meißner (46. Todt) – Djordjevic (90. Marques), Blank – Balakov – Adhemar, Ganea (46. Seitz)
VfL Wolfsburg: Reitmaier – Ifejiagwa, Schnoor (25. Biliskov) – Hengen – Akonnor – Kühbauer – Sebescen, Munteanu (65. Müller), Weiser – T. Maric (65. Rische), Akpoborie
Tore: 1:0 Adhemar (2.), 2:0 Adhemar (61.), 2:1 Rische (86.). **Ecken:** 2:3. **Schiedsrichter:** Wagner (Hofheim). **Zuschauer:** 15.000. **Gelbe Karten:** Ganea, Meißner, Adhemar, Soldo – Ifejiagwa, Akpoborie. **Gelb/Rote Karten:** keine. **Rote Karten:** keine

SpVgg Unterhaching – VfL Bochum 2:1 (1:1)
SpVgg Unterhaching: Tremmel – Strehmel – H. Herzog, Seifert – Haber (61. Cizek), Matth. Zimmermann, Schwarz (74. Ahanfouf), Straube – Oberleitner – Rraklli (46. Breitenreiter), Spizak
VfL Bochum: Van Duijnhoven – Sundermann (34. Fahrenhorst), Stickroth (22. Mamic), Milinovic – Schindzielorz – Colding, Mandreko – Bastürk – Peschel (63. Bemben), Christiansen, M. Maric
Tore: 0:1 Christiansen (27.), 1:1 Straube (37.), 2:1 Breitenreiter (85.). **Ecken:** 10:7. **SR:** Meyer (Braunschweig). **Zuschauer:** 9.000. **Gelbe Karten:** Schwarz – Milinovic, M. Maric. **Gelb/Rote Karten:** Bastürk (60.). **Rote Karten:** Fahrenhorst (89.)

1. FC Köln – Hertha BSC Berlin 1:0 (0:0)
1. FC Köln: Pröll – Cullmann, Dziwior, Sichone, Keller – Springer – Arweladse (83. Bulajic), Lottner – Timm (90. Baranek), Kreuz (87. Scherz) – Kurth
Hertha BSC Berlin: Kiraly – Rehmer, Maas (62. Sverrisson), van Burik, Hartmann – Schmidt, Tretschok (79. Daei), Konstantinidis (62. Dardai) – Alves, Wosz – Preetz
Tore: 1:0 Cullmann (48.). **Ecken:** 9:11. **Schiedsrichter:** Dr. Wack (Biberbach). **Zuschauer:** 34.500. **Gelbe Karten:** Sverrisson. **Gelb/Rote Karten:** keine. **Rote Karten:** keine

München 1860 – Bayer Leverkusen 1:0 (0:0)
TSV München 1860: Jentzsch – T. Hoffmann, Votava (64. Beierle), Riseth – Zelic, Cerny, Tyce (67. Bierofka) – Borimirov – Häßler (86. Ehlers) – Schroth, Max
Bayer 04 Leverkusen: Matysek – Zivkovic, Vranjes, R. Kovac – Ramelow, Zé Roberto – Reeb – B. Schneider (86. Rink), Ballack – Neuville (76. Brdaric), Kirsten
Tore: 1:0 Schroth (85.). **Ecken:** 4:4. **Schiedsrichter:** Fandel (Kyllburg). **Zuschauer:** 21.500. **Gelbe Karten:** R. Kovac, Zé Roberto, Ballack, Ramelow. **Gelb/Rote Karten:** Kirsten (62.), Cerny (70.). **Rote Karten:** keine

FC Schalke 04 – Hamburger SV 0:1 (0:0)
FC Schalke 04: Reck – Hajto, Waldoch, Happe – Kmetsch – Büskens – Böhme (87. Mikolajczak) – Möller – Asamoah (80. Latal) – Sand (83. Mulder), Mpenza
Hamburger SV: Butt – Hoogma (46. Kientz) – Fischer, Ujfalusi – Hollerbach – N. Kovac – Töfting – Cardoso (82. Heinz) – Mahdavikia (90. Yilmaz), Barbarez – Meijer
Tore: 0:1 Meijer (87.). **Ecken:** 7:4. **Schiedsrichter:** Keßler (Höhenkirchen). **Zuschauer:** 37.421. **Gelbe Karten:** Kmetsch, Sand – N. Kovac, Meijer, Ujfalusi. **Gelb/Rote Karten:** keine. **Rote Karten:** keine

Rostock ist Bayerns Albtraum

Die Elf des FC Bayern München hat in fast jeder Saison einen Albtraum-Gegner. Gegen den verliert sie dann doppelt. Das ist ihr in den letzten zehn Jahren achtmal passiert. Die Rostocker Hanseaten sind in dieser bemerkenswerten Liste sogar zweifach vertreten, in der laufenden Saison und im Jahr ihres Einstiegs in die Bundesliga 1991/92. Damals wurden der FC Hansa Rostock, letzter Ost-Meister, sowie Vizemeister Dynamo Dresden in die Bundesliga übernommen, die für die damalige Saison auf 20 Klubs erweitert worden war.

Hier die Zweifach-Sieger gegen Bayern:

1991/92:	FC Hansa Rostock 2:1, 2:1
	Borussia Dortmund 3:0, 3:0
1992/93:	Werder Bremen 3:1, 4:1
1995/96:	Borussia Mönchengladbach 2:1, 3:1
1997/98:	1. FC Kaiserslautern 1:0, 2:0
1999/00:	VfB Stuttgart 2:0, 2:0
	1860 München 2:1, 1:0
2000/01:	FC Hansa Rostock 1:0, 3:2

DATEN ZUM SPIELTAG

25. Spieltag — 9.–11. März

Acht Kölner siegten 3:2

Der Berliner Lutz-Michael Fröhlich schickte in Bochum vier Mann vom Feld: den Bochumer Drincic, die Kölner Springer und Lottner (alle Gelb-Rot) und Sichone (Rot). Das war Saisonrekord. Köln siegte dennoch 3:2. In der vorigen Saison hatte ihm das Herbert Fandel aus Kyllburg in Rostock vorgemacht. Dort sahen die Ulmer Wise und Radoki Rot sowie van der Haar und Grauer Gelb-Rot. Vier Spieler eines Vereins – das hatte es noch nir gegeben. Außerdem musste auch Trainer Andermatt vom Platz. Rostocks 2:1 war dennoch mühevoll. Liga-Rekord aber sind die fünf Feldverweise durch Manfred Schmidt (Bad Hersfeld) 1993 in Dortmund. Es traf die Dortmunder Sammer (GR), Kutowski (R) und die Dresdner Schmäler (R), Maucksch und Kranz (GR). Borussia schlug Dynamo Dresden 4:0.

Bayer Leverkusen – Werder Bremen 3:0 (1:0)
Bayer 04 Leverkusen: Matysek – Zivkovic, Lucio (81. Vranjes), R. Kovac – Reeb, Ramelow – Ballack – B. Schneider (86. Dzaka), Zé Roberto – Neuville, Rink (46. Brdaric)
SV Werder Bremen: Rost – Stalteri, Verlaat, Krstajic – Eilts (58. Dabrowski), F. Ernst (62. Lee) – Frings, Bode – A. Herzog – Pizarro, Ailton (86. Trares)
Tore: 1:0 Lucio (12.), 2:0 Neuville (54.), 3:0 Brdaric (62.). **Ecken:** 5:5. **Schiedsrichter:** Stark (Ergolding). **Zuschauer:** 22.500 (ausverkauft). **Gelbe Karten:** B. Schneider, Zé Roberto, Zivkovic – Ailton, Frings, Krstajic. **Gelb/Rote Karten:** keine. **Rote Karten:** keine

VfL Wolfsburg – Unterhaching 6:1 (2:1)
VfL Wolfsburg: Reitmaier – Greiner, Hengen, Biliskov – Sebescen (24. Schnoor), Akonnor, Weiser – Müller (72. Munteanu), Kühbauer – Rische, Akpoborie (59. T. Maric)
SpVgg Unterhaching: Tremmel – Grassow (63. H. Herzog), Haber, Seifert – Straube – Novak, Schwarz, Matth. Zimmermann – Cizek (71. Oberleitner) – Breitenreiter (74. Ahanfouf), Spizak
Tore: 1:0 Kühbauer (11.), 1:1 Seifert (17.), 2:1 Schnoor (40.), 3:1 Rische (47.), 4:1 T. Maric (70.), 5:1 Munteanu (79.), 6:1 Akonnor (87., Foulelfmeter). **Ecken:** 7:2. **SR:** Heynemann (Magdeburg). **Zuschauer:** 12.103. **Gelbe Karten:** Akonnor, Kühbauer – Nowak. **Gelb/Rote Karten:** Spizak (38.). **Rote Karten:** keine

Eintracht Frankfurt – FC Schalke 04 0:0
Eintracht Frankfurt: Heinen – Kutschera, Rada, Kracht – Mutzel – Preuß, Marco Gebhardt (88. Branco) – Guié-Mien, Heldt – Yang (84. Fjörtoft), Kryszalowicz (82. Reichenberger)
FC Schalke 04: Reck – Hajto, Nemec, Waldoch – Happe (63. Büskens) – van Hoogdalem – Latal, Böhme (84. Mikolajczak) – Möller – Asamoah, Sand
Tore: keine. **Ecken:** 4:6. **Schiedsrichter:** Albrecht (Kaufbeuren). **Zuschauer:** 37.400. **Gelbe Karten:** Kracht – Waldoch, van Hoogdalem, Asamoah, Latal, Nemec. **Gelb/Rote Karten:** keine. **Rote Karten:** keine

Hertha BSC Berlin – Hansa Rostock 1:0 (0:0)
Hertha BSC Berlin: Kiraly – Schmidt, van Burik (76. Reiss), Sverrisson – Dardai, Konstantinidis – Veit (87. Simunic), Hartmann – Tretschok – Preetz, Alves
Hansa Rostock: Pieckenhagen – Jakobsson – Benken, Oswald – Schröder – Wibran, Lantz – Rydlewicz (90. Lange), Baumgart (81. Zallmann) – Salou, Majak (67. Arvidsson)
Tore: 1:0 Dardai (90.). **Ecken:** 7:3. **Schiedsrichter:** Aust (Köln). **Zuschauer:** 40.895. **Gelbe Karten:** Hartmann, Sverrisson – Benken, Salou. **Gelb/Rote Karten:** Lantz (90.). **Rote Karten:** keine

SC Freiburg – Borussia Dortmund 2:2 (1:2)
SC Freiburg: Golz – Diarra – S. Müller – Kehl – Zandi – Willi (46. Kohl) – A. Zeyer – But (80. Kondé), Coulibaly – Sellimi (72. Baya), Iaschwili
Borussia Dortmund: Lehmann – Kohler, Metzelder – Evanilson, Dede – Heinrich, Nerlinger – Ricken – Rosicky, Reina – Bobic
Tore: 0:1 Dede (19.), 0:2 Reina (44.), 1:2 Sellimi (45., Foulelfmeter), 2:2 Sellimi (58.). **Ecken:** 6:9. **Schiedsrichter:** Berg (Konz). **Zuschauer:** 25.000 (ausverkauft). **Gelbe Karten:** Willi, Kohl – Evanilson, Dede. **Gelb/Rote Karten:** keine. **Rote Karten:** keine

1. FC Kaiserslautern – München 1860 3:2 (0:0)
1. FC Kaiserslautern: Weidenfeller – Klos, Basler, Schjönberg – Ratinho (83. Ziehl), Bjelica, Grammozis – Buck (43. Komljenovic), Hristov – Pettersson (78. Reich), Lokvenc
TSV München 1860: Jentzsch – T. Hoffmann, Votava (85. Mykland), Riseth – Zelic, Borimirov – Paßlack (51. Bierofka), Tyce (74. Beierle) – Häßler – Schroth, Max
Tore: 1:0 Lokvenc (46.), 2:0 Bjelica (48.), 2:1 Weidenfeller (58., Eigentor), 2:2 Bierofka (69.), 3:2 Hristov (72.). **Ecken:** 2:13. **SR:** Strampe (Handorf). **Zuschauer:** 391.72. **Gelbe Karten:** Klos, Grammozis, Lokvenc, Ratinho – Riseth, Paßlack, Häßler, Zelic. **Gelb/Rote Karten:** keine. **Rote Karten:** keine

VfL Bochum – 1. FC Köln 2:3 (2:1)
VfL Bochum: Vander – Sundermann, Milinovic, Mamic, Reis (64. Christiansen) – Colding, Schindzielorz (70. Rietpietsch) – Freier, Buckley – Baluszynski (46. Siebert), Drincic
1. FC Köln: Pröll – Sichone, Dziwior – Cullmann, Keller (53. Voigt) – Springer – Lottner – Arweladse (62. Pivaljevic) – Scherz, Kreuz (83. Bulajic) – Timm
Tore: 1:0 Buckley (24.), 2:0 Schindzielorz (31.), 2:1 Arweladse (38.), 2:2 Kreuz (61.), 2:3 Pivaljevic (80.). **Ecken:** 7:6. **Schiedsrichter:** Fröhlich (Berlin). **Zuschauer:** 21.683. **Gelbe Karten:** Colding, Buckley – Cullmann. **Gelb/Rote Karten:** Drincic (40.), Springer (82.), Lottner (85.). **Rote Karten:** Sichone (34.)

Bayern München – Energie Cottbus 2:0 (2:0)
FC Bayern München: Dreher – Andersson, Linke – Sagnol (62. Sergio), Lizarazu – Fink – Effenberg – Scholl (86. Hargreaves) – Salihamidzic – Jancker (90. di Salvo), Elber
Energie Cottbus: Piplica – Vata, Sebök, Matyus – Scherbe – Reghecampf, Akrapovic – Kobylanski – Miriuta – Franklin (62. Rödlund), Labak (62. Latoundji)
Tore: 1:0 Scholl (24.), 2:0 Effenberg (38.). **Ecken:** 4:1. **Schiedsrichter:** Weiner (Hildesheim). **Zuschauer:** 38.000. **Gelbe Karten:** Linke, Jancker, Sergio – Sebök. **Gelb/Rote Karten:** keine. **Rote Karten:** keine

Hamburger SV – VfB Stuttgart 2:2 (2:1)
Hamburger SV: Butt – N. Kovac – Panadic, Ujfalusi – Fischer, Töfting, Hollerbach – Cardoso (77. Kientz) – Mahdavikia, Barbarez – Meijer
VfB Stuttgart: Hildebrand – Hinkel (71. Djordjevic), Bordon, Marques, Wenzel – Thiam, Todt – Balakov, Seitz (79. Hosny) – Adhemar (68. Ganea), Dundee
Tore: 1:0 Barbarez (10.), 1:1 Thiam (18.), 2:1 Barbarez (44.), 2:2 Ganea (80.). **Ecken:** 3:4. **Schiedsrichter:** Jansen (Essen). **Zuschauer:** 40.065. **Gelbe Karten:** Barbarez, Hollerbach – Adhemar, Thiam. **Gelb/Rote Karten:** keine. **Rote Karten:** keine

26. Spieltag — 16.–18. März

Münchner Derby ohne 0:0

München erlebte das 193. Derby zwischen 1860 und dem FC Bayern, aber erst das 30. in der 15. gemeinsamen Bundesliga-Saison. Ein 0:0 gab's da noch nie!

1965/66 ging's los. 1. Spieltag: 1860 contra Aufsteiger Bayern 1:0 (Tor: Konietzka) vor 44 000 Zuschauern im überfüllten Grünwalder Stadion. Rückspiel: 3:0 für Bayern. 1860 wurde Meister, Bayern Dritter.

Bayern führt mit 15 Siegen, 7 Remis, 8 Niederlagen (59:35 Toren).

Bayern gelangen vier Saison-Doppelsiege:
1979/80: 2:1 und 6:1
1994/95: 3:1 und 1:0
1995/96: 2:0 und 4:1
2000/01: 3:1 und 2:0
Ein Doppelsieg von TSV 1860:
1999/00: 1:0 und 2:1

1. FC Köln – VfL Wolfsburg 0:0
1. FC Köln: Pröll – Bulajic, Sinkala, Dziwior – Keller – Voigt – Scherz (82. Donkov) – Arweladse (65. Baranek) – Timm, Kreuz, Kurth (65. Pivaljevic)
VfL Wolfsburg: Reitmaier – Schnoor – Greiner, Biliskov, Weiser – Hengen, Akonnor – Kühbauer, Müller (77. Munteanu) – Rische (70. Akpoborie), Juskowiak (56. T. Maric)
Tore: keine. **Ecken:** 3:6. **Schiedsrichter:** Fandel (Kyllburg). **Zuschauer:** 27.500. **Gelbe Karten:** Biliskov. **Gelb/Rote Karten:** keine. **Rote Karten:** keine

Hansa Rostock – VfL Bochum 2:0 (0:0)
Hansa Rostock: Pieckenhagen – Jakobsson – Benken (69. Zallmann), Oswald – Schröder – Lange, Wibran, Emara (87. Majak) – Rydlewicz – Baumgart (67. Arvidsson), Agali
VfL Bochum: Van Duijnhoven – Mamic – Fahrenhorst (82. Toplak), Sundermann – Freier (59. Baluszynski), Colding, Meichelbeck – Schindzielorz (72. M. Maric), Buckley – Bastürk, Christiansen
Tore: 1:0 Agali (71.), 2:0 Agali (80.). **Ecken:** 9:4. **Schiedsrichter:** Keßler (Höhenkirchen). **Zuschauer:** 15.000. **Gelbe Karten:** Agali, Benken – Sundermann, Fahrenhorst, van Duijnhoven, Bastürk. **Gelb/Rote Karten:** keine. **Rote Karten:** Christiansen (90.)

München 1860 – Bayern München 0:2 (0:0)
TSV München 1860: Jentzsch – T. Hoffmann, Votava, Riseth – Stranzl (54. Bierofka) – Cerny, Borimirov, Tyce – Häßler – Max (67. Agostino), Schroth
FC Bayern München: Kahn – Kuffour, Andersson, Linke – Jeremies (68. Fink), Lizarazu – Effenberg – Salihamidzic, Scholl (69. Sergio) – Elber, Jancker (12. Sagnol)
Tore: 0:1 Elber (48.), 0:2 Sergio (80.). **Schiedsrichter:** Krug (Gelsenkirchen). **Zuschauer:** 69.000 (ausverkauft). **Gelbe Karten:** Scholl, Jeremies, Salihamidzic. **Gelb/Rote Karten:** keine. **Rote Karten:** keine

Bor. Dortmund – Bayer Leverkusen 1:3 (1:2)
Borussia Dortmund: Lehmann – Wörns, Oliseh (85. Nijhuis), Kohler – Heinrich, Nerlinger (Addo) – Evanilson (69. Sörensen), Dede – Ricken – Rosicky, Bobic
Bayer 04 Leverkusen: Matysek – Zivkovic, Lucio, R. Kovac – Reeb, Ramelow – B. Schneider (64. Nowotny), Ballack – Zé Roberto – Kirsten (79. Brdaric), Neuville (77. Vranjes)
Tore: 0:1 B. Schneider (7.), 0:2 Kirsten (10.), 1:2 Wörns (15.), 1:3 Brdaric (90.). **Ecken:** 6:5. **Schiedsrichter:** Heynemann (Magdeburg). **Zuschauer:** 68.600 (ausverkauft). **Gelbe Karten:** Nerlinger, Oliseh, Rosicky, Heinrich – R. Kovac, Ramelow, Brdaric. **Gelb/Rote Karten:** Ballack (75.). **Rote Karten:** keine

Energie Cottbus – Hertha BSC 3:0 (2:0)
Energie Cottbus: Piplica – Vata – Beeck (24. Hujdurovic), Matyus – Scherbe – Reghecampf, Akrapovic, Kobylanski – Miriuta – Labak (56. Ilie), Franklin (56. Helbig)
Hertha BSC Berlin: Kiraly – Schmidt, van Burik, Simunic (46. Deisler) – Konstantinidis – Veit, Dardai, Hartmann (73. Daei) – Wosz – Alves (46. Reiss), Preetz
Tore: 1:0 Miriuta (19.), 2:0 Franklin (43.), 3:0 Helbig (72.). **Ecken:** 1:4. **Schiedsrichter:** Berg (Konz). **Zuschauer:** 19.780 (ausverkauft). **Gelbe Karten:** Franklin, Hujdurovic, Akrapovic – Dardai, Simunic. **Gelb/Rote Karten:** keine. **Rote Karten:** keine

Werder Bremen – FC Kaiserslautern 1:2 (0:2)
SV Werder Bremen: Rost – F. Baumann, Barten (81. Stalteri) – Verlaat – Trares (57. Banovic), F. Ernst – Frings, Bode – A. Herzog – Ailton (57. Lee), Pizarro
1. FC Kaiserslautern: G. Koch – Ramzy, Basler, Klos – Buck, Ratinho (85. Komljenovic), Bjelica, Strasser – Hristov – Pettersson (74. Grammozis), Lokvenc
Tore: 0:1 Lokvenc (11.), 0:2 Lokvenc (39.), 1:2 A. Herzog (58.). **Ecken:** 14:3. **Schiedsrichter:** Dr. Wack (Biberbach). **Zuschauer:** 29.250. **Gelbe Karten:** - Barten, Frings, Banovic, F. Ernst – G. Koch, Ratinho, Strasser, Hristov. **Gelb/Rote Karten:** keine. **Rote Karten:** keine

FC Schalke 04 – SC Freiburg 0:0
FC Schalke 04: Reck – Hajto, Waldoch, van Hoogdalem (87. Held) – Nemec, Büskens – Latal (80. Oude Kamphuis), Böhme – Möller – Sand, Mpenza
SC Freiburg: Golz – S. Müller, Diarra – Kehl – A. Zeyer – Kohl (73. Schumann), Kobiaschwili – Coulibaly (73. Baya), But – Sellimi, Iaschwili (80. Bruns)
Tore: keine. **Ecken:** 6:1. **Schiedsrichter:** Kemmling (Kleinburgwedel). **Zuschauer:** 34.214. **Gelbe Karten:** Büskens, Hajto – Kehl, Sellimi. **Gelb/Rote Karten:** A. Zeyer (85.). **Rote Karten:** keine

Eintracht Frankfurt – Hamburger SV 1:1 (0:0)
Eintracht Frankfurt: Heinen – Rada – Preuß (72. Sobotzik), Kutschera, Kracht – Mutzel – Guié-Mien, Marco Gebhardt – Heldt – Yang, Kryszalowicz (65. Fjörtoft)
Hamburger SV: Butt – Panadic, Kientz, Ujfalusi – N. Kovac, Hollerbach (68. Hertzsch) – Töfting (46. Präger) – Barbarez – Heinz – Mahdavikia, Meijer
Tore: 0:1 N. Kovac (54.), 1:1 Sobotzik (78.). **Ecken:** 10:4. **Schiedsrichter:** Dr. Fleischer (Ulm). **Zuschauer:** 33.000. **Gelbe Karten:** Yang, Gebhardt, Heldt – Töfting. **Gelb/Rote Karten:** keine. **Rote Karten:** keine

SpVgg Unterhaching – VfB Stuttgart 0:0
SpVgg Unterhaching: Tremmel – Strehmel – H. Herzog, Seifert – Haber, Schwarz, Straube – Matth. Zimmermann (86. Cizek), Hirsch – Oberleitner (54. Breitenreiter), Rrakli (64. Ahanfouf)
VfB Stuttgart: Hildebrand – Marques, Bordon (46. Meißner), Carnell – Thiam, Todt – Djordjevic (62. Hinkel), Seitz – Balakov – Dundee, Ganea (78. Adhemar)
Tore: keine. **Ecken:** 3:9. **Schiedsrichter:** Fröhlich (Berlin). **Zuschauer:** 12.000. **Gelbe Karten:** Todt, Bordon. **Gelb/Rote Karten:** keine. **Rote Karten:** kein

DATEN ZUM SPIELTAG

27. Spieltag

30. März – 1. April

VfL Wolfsburg – Hansa Rostock 2:1 (1:0)
VfL Wolfsburg: Reitmaier – Greiner, Schnoor, Biliskov – Hengen (75. Müller), Akonnor – Sebescen, Weiser – Kühbauer (85. Kryger) – Rische, T. Maric (80. Akpoborie)
Hansa Rostock: Pieckenhagen – Jakobsson – Benken, Oswald – Schröder – Baumgart, Rydlewicz, Wibran, Emara (84. Fuchs) – Agali (46. Majak), Arvidsson
Tore: 1:0 Kühbauer (14.), 2:0 Kühbauer (60.), 2:1 Majak (66.). **Ecken:** 5:8. **Schiedsrichter:** Jansen (Essen). **Zuschauer:** 14.882. **Gelbe Karten:** Rische, Greiner – Rydlewicz. **Gelb/Rote Karten:** keine. **Rote Karten:** keine

Bayern München – Werder Bremen 2:3 (0:1)
FC Bayern München: Kahn – Kuffour, Linke (26. Andersson) – Jeremies (62. Jancker) – Sagnol, Tarnat – Fink (26. Salihamidzic) – Effenberg – Sergio, Zickler, Elber
SV Werder Bremen: Rost – Frings, Verlaat, Krstajic (82. Barten), Bode – Eilts, F. Baumann – Banovic (90. Ailton), Stalteri – A. Herzog (47. Trares), Pizarro
Tore: 0:1 Pizarro (25., Foulelfmeter), 1:1 Elber (47.), 1:2 Bode (58.), 2:2 Jancker (65.), 2:3 Pizarro (88.). **Ecken:** 7:5. **Schiedsrichter:** Meyer (Braunschweig). **Zuschauer:** 45.000. **Gelbe Karten:** Elber, Tarnat, Jeremies, Effenberg – Banovic, F. Baumann, Verlaat. **Gelb/Rote Karten:** keine. **Rote Karten:** keine

Hamburger SV – Unterhaching 1:1 (0:0)
Hamburger SV: Butt – Hertzsch, Ujfalusi, Panadic – N. Kovac – Groth (57. Präger), Hollerbach – Barbarez – Mahdavikia, Heinz (57. Yeboah), Meijer
SpVgg Unterhaching: Tremmel – Strehmel – Haber, H. Herzog, Hirsch – Seifert – Matth. Zimmermann, Schwarz (78. Oberleitner) – Spizak (66. Grassow), Bugera (75. Rraklli) – Breitenreiter
Tore: 1:0 Barbarez (75.), 1:1 Seifert (79.). **Ecken:** 7:3. **Schiedsrichter:** Krug (Gelsenkirchen). **Zuschauer:** 36.115. **Gelbe Karten:** Hollerbach, Ujfalusi, Barbarez. **Gelb/Rote Karten:** keine. **Rote Karten:** keine

SC Freiburg – Eintracht Frankfurt 5:2 (2:0)
SC Freiburg: Golz – Schumann, Diarra – Kehl – Willi, Zkitischwili (17. Zandi) – Coulibaly (72. Baya), Kobiaschwili – But (82. Weißhaupt) – Sellimi, Iaschwili
Eintracht Frankfurt: Heinen (30. Nikolov) – Kutschera (70. Reichenberger), Rada, Kracht – Sobotzik, Schur, Heldt – Mutzel (46. Branco), Preuß – Kryszalowicz, Yang
Tore: 1:0 Iaschwili (35.), 2:0 Kobiaschwili (40.), 3:0 Sellimi (53.), 3:1 Kryszalowicz (70.), 3:2 Kryszalowicz (72.), 4:2 Kehl (83.), 5:2 Sellimi (90.). **Ecken:** 6:4. **Schiedsrichter:** Fandel (Kyllburg). **Zuschauer:** 25.000 (ausverkauft). **Gelbe Karten:** Coulibaly, Diarra, Kobiaschwili – Kracht, Heinen, Schur, Mutzel. **Gelb/Rote Karten:** keine. **Rote Karten:** keine

Hertha BSC – TSV München 1860 3:0 (1:0)
Hertha BSC Berlin: Kiraly – Sverrisson, van Burik, Schmidt – Konstantinidis (56. Simunic) – Dardai – Rehmer, Hartmann – Deisler – Alves (79. Daei), Preetz
TSV München 1860: Jentzsch – T. Hoffmann, Votava (15. Tyce), Kurz – Zelic – Stranzl (74. Bierofka), Riseth – Häßler – Max, Schroth – Agostino (77. Beierle)
Tore: 1:0 Alves (19.), 2:0 Preetz (78.), 3:0 Preetz (89.). **Ecken:** 11:4. **Schiedsrichter:** Steinborn (Sinzig). **Zuschauer:** 33.530. **Gelbe Karten:** Alves – Stranzl, Kurz. **Gelb/Rote Karten:** keine. **Rote Karten:** keine

VfB Stuttgart – 1. FC Köln 0:3 (0:2)
VfB Stuttgart: Hildebrand – Meißner, Thiam, Carnell – Soldo, Todt – Djordjevic (46. Lisztes), Seitz – Balakov – Dundee, Ganea (46. Hosny)
1. FC Köln: Pröll – Dziwior, Sinkala (78. Hauptmann), Keller – Bulajic, Kreuz – Voigt – Springer – Baranek (85. Kurth) – Scherz (89. Grlic), Timm
Tore: 0:1 Springer (3.), 0:2 Kreuz (23.), 0:3 Baranek (76.). **Ecken:** 16:3. **Schiedsrichter:** Gagelmann (Bremen). **Zuschauer:** 32.000. **Gelbe Karten:** Bulajic, Sinkala, Baranek. **Gelb/Rote Karten:** keine. **Rote Karten:** keine

Bayer Leverkusen – FC Schalke 0:3 (0:1)
Bayer 04 Leverkusen: Juric – Zivkovic, Nowotny, Lucio – Ramelow – Reeb (68. Berbatov), Placente (57. Rink) – B. Schneider, Zé Roberto – Neuville, Kirsten
FC Schalke 04: Reck – Hajto, Kmetsch (73. Nemec), Waldoch – van Hoogdalem, Büskens – Asamoah (79. Latal), Möller, Böhme – Sand (86. Mulder), Mpenza
Tore: 0:1 Zivkovic (17., Eigentor), 0:2 Mpenza (51.), 0:3 Asamoah (74.). **Ecken:** 5:2. **Schiedsrichter:** Dr. Merk (Kaiserslautern). **Zuschauer:** 22.500 (ausverkauft). **Gelbe Karten:** Zivkovic, Nowotny, Neuville, Zé Roberto – Kmetsch, Mpenza. **Gelb/Rote Karten:** keine. **Rote Karten:** keine

FC Kaiserslautern – Bor. Dortmund 1:4 (0:1)
1. FC Kaiserslautern: G. Koch – Basler – Klos – Ramzy, Grammozis (68. Reich) – Komljenovic (51. Dominguez), Hristov – Ratinho, Pettersson – Klose, Lokvenc
Borussia Dortmund: Lehmann – Wörns, Kohler – Oliseh – Evanilson, Dede – Heinrich – Ricken (71. Reina) – Rosicky (80. Nerlinger), Addo – Bobic (80. Stevic)
Tore: 0:1 Bobic (33.), 0:2 Addo (46.), 1:2 Lokvenc (58.), 1:3 Ricken (62.), 1:4 Heinrich (76.). **Ecken:** 9:8. **Schiedsrichter:** Fröhlich (Berlin). **Zuschauer:** 41.500 (ausverkauft). **Gelbe Karten:** Grammozis – Rosicky. **Gelb/Rote Karten:** keine. **Rote Karten:** keine

VfL Bochum – Energie Cottbus 1:0 (0:0)
VfL Bochum: Van Duijnhoven – Reis – Schröder, Toplak – Colding, Mandreko, Schindzielorz, Schreiber (63. Buckley) – Freier (73. M. Maric), Bastürk – Drincic (46. Rietpietsch)
Cottbus: Piplica – Vata (81. Latoundji) – Hujdurovic – Reghecampf, Scherbe, Sebök, Tzvetanov – Miriuta, Kobylanski – Micevski (55. Franklin), Labak (74. Ilie)
Tore: 1:0 Reis (75.). **Ecken:** 15:6. **Schiedsrichter:** Dr. Wack (Biberbach). **Zuschauer:** 12.351. **Gelbe Karten:** Toplak – Vata. **Gelb/Rote Karten:** keine. **Rote Karten:** keine

Kopf an Kopf – wie weiter?

Sechs Vereine mit Titelchancen! Sie sind nur drei Punkte, also einen Sieg, voneinander getrennt. So eng ging es noch nie zu. Was aber passiert, wenn am Ende mehrere punkt- und torgleich sind? Das DFB-Regelwerk hat das berücksichtigt. Das sind die Entscheidungskriterien bei Punktgleichheit:

1. Die Tordifferenz
2. Die Zahl der erzielten Tore
3. Die Ergebnisse der betroffenen Teams untereinander
4. Die dabei erzielten Auswärtstore
5. Alle auswärts erzielten Tore
6. Entscheidungsspiel auf neutralem Platz

Bei Bilanzgleichheit von mehreren Mannschaften entscheidet der Liga-Ausschuss. Möglich wären zwei Halbfinalspiele und ein Endspiel.

28. Spieltag

6.–8. April

Energie Cottbus – VfL Wolfsburg 0:0
Energie Cottbus: Piplica – Vata – Matyus, Hujdurovic – Akrapovic – Reghecampf (79. Ilie), Kobylanski – Latoundji, Miriuta – Labak (86. Wawrzyczek), Franklin (79. Rödlund)
VfL Wolfsburg: Reitmaier – Kryger, Schnoor, Biliskov (29. Ifejiagwa) – Hengen, Akonnor – Sebescen, Weiser – Kühbauer – Rische (65. Juskowiak), T. Maric (65. Akpoborie)
Tore: keine. **Ecken:** 9:2. **Schiedsrichter:** Albrecht (Kaufbeuren). **Zuschauer:** 15.019. **Gelbe Karten:** Miriuta – Sebescen, Schnoor, Kühbauer. **Gelb/Rote Karten:** keine. **Rote Karten:** keine

TSV München 1860 – VfL Bochum 2:4 (0:1)
TSV München1860: Jentzsch – Riseth – Ehlers, Kurz (46. Max) – T. Hoffmann – Mykland – Riedl, Tyce – Borimirov – Schroth, Agostino
VfL Bochum: Van Duijnhoven – Reis – Schröder, Toplak – Mandreko – Colding, Schindzielorz, Schreiber (47. Sundermann) – Bastürk (90. Christiansen) – Freier, Buckley (66. Dickhaut)
Tore: 0:1 Bastürk (37.), 0:2 Bastürk (49.), 1:2 Schröder (56., Eigentor), 1:3 Reis (59.), 2:3 Borimirov (86.), 2:4 Schindzielorz (88.). **Ecken:** 11:5. **SR:** Heynemann (Magdeburg). **Zu.:** 26.300. **Gelbe Karten:** Riedl, Ehlers. **Gelb/Rote Karten:** keine. **Rote Karten:** keine

SV Werder Bremen – Hertha BSC 3:1 (1:0)
SV Werder Bremen: Rost – F. Baumann, Verlaat, Krstajic – Frings, Eilts, Stalteri – Banovic (69. F. Ernst) – A. Herzog (76. Wiedener) – Ailton, Pizarro
Hertha BSC Berlin: Kiraly – van Burik (76. Simunic), Sverrisson – Schmidt (78. Michalke), Hartmann – Rehmer (69. Daei), Konstantinidis – Dardai – Deisler – Alves, Preetz
Tore: 1:0 Pizarro (7.), 1:1 Schmidt (49.), 2:1 Pizarro (65.), 3:1 Frings (87.). **Ecken:** 9:8. **Schiedsrichter:** Sippel (München). **Zuschauer:** 33.120. **Gelbe Karten:** Frings – Schmidt, Sverrisson, Deisler. **Gelb/Rote Karten:** keine. **Rote Karten:** keine

SC Freiburg – Hamburger SV 0:0
SC Freiburg: Golz – Schumann, Diarra – Kehl – Willi, Kobiaschwili – Coulibaly (70. Baya), But, A. Zeyer (79. Zandi) – Sellimi, Iaschwili
Hamburger SV: Butt – Panadic, Hoogma, Ujfalusi – Kientz – N. Kovac (46. Präger), Hollerbach (63. Hertzsch) – Töfting – Mahdavikia (71. Heinz) – Barbarez, Meijer
Tore: keine. **Ecken:** 7:2. **Schiedsrichter:** Dr. Merk (Kaiserslautern). **Zuschauer:** 25.000 (ausverkauft). **Gelbe Karten:** Coulibaly, Willi, Kobiaschwili – Töfting, Panadic, Meijer, Hollerbach. **Gelb/Rote Karten:** keine. **Rote Karten:** keine

1. FC Köln – SpVgg Unterhaching 1:1 (1:0)
1. FC Köln: Pröll – Sinkala – Bulajic, Dziwior, Keller – Voigt (75. Arweladse) – Baranek, Springer – Scherz (64. Kurth), Kreuz, Timm
SpVgg Unterhaching: Tremmel – Strehmel – Haber, H. Herzog, Hirsch – Schwarz, Seifert (46. Cizek) – Matth. Zimmermann – Oberleitner (81. Novak), Bugera, Rraklli (64. Ahanfouf)
Tore: 1:0 Timm (11.), 1:1 Oberleitner (46.). **Ecken:** 7:4. **Schiedsrichter:** Berg (Konz). **Zuschauer:** 32.500. **Gelbe Karten:** Springer, Keller – Seifert, Oberleitner. **Gelb/Rote Karten:** keine. **Rote Karten:** keine

Eintr. Frankfurt – Bayer Leverkusen 1:3 (0:1)
Eintracht Frankfurt: Heinen – Kracht – Kutschera (59. Branco), Bindewald (51. Sobotzik) – Mutzel – Wimmer, Preuß, Gebhardt – Heldt (69. Reichenberger) – Guié-Mien, Yang
Bayer 04 Leverkusen: Juric – Lucio, Nowotny, R. Kovac – Ramelow, Vranjes – B. Schneider – Ballack – Rink (76. Reeb), Neuville (89. Berbatov) – Kirsten (63. Placente)
Tore: 0:1 Kirsten (21.), 1:1 Yang (58.), 1:2 Lucio (67.), 1:3 Lucio (82.). **Ecken:** 8:8. **Schiedsrichter:** Keßler (Höhenkirchen). **Zuschauer:** 27.000. **Gelbe Karten:** Yang, Reichenberger – Placente, Ramelow, Rink. **Gelb/Rote Karten:** R. Kovac (36.). **Rote Karten:** keine

Bor. Dortmund – Bayern München 1:1 (0:1)
Dortmund: Lehmann – Wörns, Metzelder (64. Reina) – Oliseh – Evanilson, Dede – Heinrich – Ricken (71. Nerlinger) – Rosicky – Addo (87. Nijhuis), Bobic
FC Bayern München: Kahn – Kuffour, Andersson, Linke, Lizarazu – Salihamidzic – Jeremies, Effenberg – Scholl (80. Sergio) – Elber (83. Zickler), Santa Cruz (56. Sagnol)
Tore: 0:1 Santa Cruz (6.), 1:1 Bobic (52.). **Ecken:** 3:3. **Schiedsrichter:** Strampe (Handorf). **Zuschauer:** 68.600 (ausverkauft). **Gelbe Karten:** Addo, Oliseh – Kuffour, Elber, Jeremies, Linke, Salihamidzic, Scholl, Kahn, Sagnol. **Gelb/Rote Karten:** Lizarazu (35.). **Rote Karten:** Effenberg (55.), Evanilson (90.)

Hansa Rostock – VfB Stuttgart 1:1 (0:0)
Hansa Rostock: Pieckenhagen – Benken (83. Fuchs), Jakobsson, Oswald – Lantz – Rydlewicz, Schröder, Wibran, Emara (46. Majak) – Arvidsson (46. Baumgart), Salou
VfB Stuttgart: Hildebrand – Hinkel (90. Tiffert), Marques, Soldo, Wenzel – Thiam, Todt – Gerber (58. Djordjevic) – Balakov – Seitz, Ganea (58. Dundee)
Tore: 0:1 Balakov (72., Foulelfmeter), 1:1 Rydlewicz (88., Handelfmeter). **Ecken:** 2:7. **Schiedsrichter:** Dr. Wack (Biberbach). **Zuschauer:** 15.500. **Gelbe Karten:** Lantz, Pieckenhagen, Rydlewicz – Hildebrand, Soldo. **Gelb/Rote Karten:** keine. **Rote Karten:** keine

FC Schalke 04 – FC Kaiserslautern 5:1 (2:0)
FC Schalke 04: Reck – Hajto, Waldoch – Nemec – van Hoogdalem, Büskens (87. Kmetsch) – Asamoah (84. Latal), Böhme (89. Mikolajczak) – Möller – Sand, Mpenza
1. FC Kaiserslautern: G. Koch – H. Koch, Basler, Klos – Grammozis (46. Klose) – Ramzy, Strasser (Dominguez), Hristov – Ratinho – Djorkaeff, Lokvenc
Tore: 1:0 Waldoch (3.), 2:0 Waldoch (9.), 3:0 Sand (55.), 3:1 Klose (72.), 4:1 Mpenza (87.), 5:1 Sand (89.). **Ecken:** 2:5. **Schiedsrichter:** Stark (Ergolding). **Zuschauer:** 51.129. **Gelbe Karten:** Nemec, Asamoah, van Hoogdalem – Grammozis, Lokvenc, G. Koch, H. Koch. **Gelb/Rote Karten:** keine. **Rote Karten:** keine

Die Großchancen-Verwertung

Wie erspielte Torchancen genutzt werden, entscheidet alles. Da ist der FC Bayern deutlich vor den Rivalen Leverkusen, Schalke und Dortmund. Die Berliner Hertha hat prozentual den besten Wert, sich aber weit weniger Großchancen (45) erspielt als die Bayern (63). Herthas Michael Preetz nutzte neun von 14 Möglichkeiten (64 %) und ist am effektivsten. Straf- und Freistoßtore sind hier unberücksichtigt.

		Chancen	Tore	Prozent
1.	Hertha BSC Berlin	45	24	53,3
2.	1. FC Köln	48	25	52,1
3.	SC Freiburg	58	30	51,7
4.	Hamburger SV	54	27	50,0
5.	SV Werder Bremen	58	28	48,3
6.	FC Bayern München	63	30	47,6
7.	VfL Wolfsburg	59	27	45,8
8.	TSV 1860 München	35	16	45,7
9.	1. FC Kaiserslautern	38	17	44,7
	Eintracht Frankfurt	38	17	44,7
11.	Unterhaching	32	14	43,8
12.	Bayer 04 Leverkusen	75	32	42,7
13.	Energie Cottbus	43	17	39,5
14.	Hansa Rostock	36	14	38,9
15.	VfB Stuttgart	24	9	37,5
16.	Borussia Dortmund	57	21	36,8
17.	FC Schalke 04	62	19	30,6
18.	VfL Bochum	41	11	26,8

DATEN ZUM SPIELTAG

Zwei Elfmeter-Pannen gab es schon

Im Spiel HSV – Köln (1:1) vergaben die Gastgeber zwei Elfmeter. Torwart Butt scheiterte im 20. Versuch erst zum zweiten Mal. Kölns Torwart Markus Pröll: »Ich wusste, dass Jörg den Torwart ausguckt, und bin lange stehen geblieben.« Zuvor war nur der Freiburger Richard Golz (früher HSV) gegen Butt erfolgreich. Danach traf Barbarez nur den Pfosten. Elfmeter-Kandidat Nr. 2 nach Butt, Nico Kovac, war gefoult worden. Kölns Trainer Lienen: »Beide Elfer waren unkorrekt und wurden deshalb auch verschossen.«
Zwei vergebene Elfmeter in einem Spiel gab es schon zweimal – 1966 bei HSV – Dortmund (1:1) und 1991 bei Bayer Uerdingen – Hertha BSC (1:2). Den Ärger hatten der HSV und Bayer. Im Tor standen Wessel (Dortmund) und Sejna (Hertha).

29. Spieltag

12.–15. April

VfB Stuttgart – Energie Cottbus 1:0 (0:0)
VfB Stuttgart: Th. Ernst – Marques, Soldo (22. Hinkel), Wenzel – Thiam, Todt – Lisztes – Balakov, Seitz (46. Tiffert) – Dundee, Ganea (84. Carnell)
Energie Cottbus: Piplica – Vata – Hujdurovic, Matyus – Scherbe (82. Ilie) – Akrapovic – Reghecampf, Kobylanski (75. Wawrzyczek) – Latoundji – Helbig, Labak (77. Rödlund)
Tore: 1:0 Balakov (72., Foulelfmeter). **Ecken:** 8:1. **Schiedsrichter:** Heynemann (Magdeburg). **Zuschauer:** 36.000. **Gelbe Karten:** Marques, Todt, Hinkel – Kobylanski, Helbig, Piplica, Vata. **Gelb/Rote Karten:** keine. **Rote Karten:** keine

VfL Bochum – SV Werder Bremen 1:2 (0:1)
VfL Bochum: Van Duijnhoven – Toplak (73. Peschel), Reis, Schröder – Mandreko – Colding – Schindzielorz (89. Fahrenhorst), Schreiber (46. M. Maric) – Freier, Bastürk, Christiansen
SV Werder Bremen: Rost – F. Baumann, Verlaat, Krstajic – Tjikuzu, Eilts, F. Ernst – Stalteri (84. Skripnik) – A. Herzog – Pizarro, Ailton (71. Banovic)
Tore: 0:1 Pizarro (38.), 1:1 Reis (62.), 1:2 Verlaat (74.). **Ecken:** 4:10. **Schiedsrichter:** Kemmling (Kleinburgwedel). **Zuschauer:** 21.974. **Gelbe Karten:** Schröder, Colding, Mandreko – Verlaat, Krstajic. **Gelb/Rote Karten:** keine. **Rote Karten:** keine

Bayer Leverkusen – SC Freiburg 1:3 (0:1)
Bayer 04 Leverkusen: Juric – Lucio, Nowotny – Zivkovic – Ramelow, Vranjes – Ballack (58. Rink), Zé Roberto – B. Schneider (77. Ojigwe) – Neuville, Kirsten
SC Freiburg: Golz – Schumann, Kobiaschwili – Kohl (67. Ramdane), Kehl, A. Zeyer, Zandi – Coulibaly (67. Baya) – But – Sellimi (86. Diarra), Iaschwili
Tore: 0:1 Schumann (11.), 1:1 Zé Roberto (51.), 1:2 Baya (81.), 1:3 But (89.). **Ecken:** 8:4. **Schiedsrichter:** Dr. Fleischer (Ulm). **Zuschauer:** 22.500 (ausverkauft). **Gelbe Karten:** Nowotny, Ramelow – Kehl. **Gelb/Rote Karten:** keine. **Rote Karten:** keine

Kaiserslautern – Eintr. Frankfurt 4:2 (1:2)
FCK: Weidenfeller – Ramzy – Klos (46. Schjönberg) – Basler, Strasser – Bjelica (46. Djorkaeff), Hristov – Ratinho, Dominguez (57. Reich) – Klose, Lokvenc
Eintracht Frankfurt: Heinen – Rada (79. Sobotzik), Kracht, Bindewald – Wimmer, Branco – Mutzel, Preuß – Heldt (68. Reichenberger) – Guié-Mien (87. R. Schmitt) – Kryszalowicz (4,5)
Tore: 1:0 Lokvenc (1.), 1:1 Guié-Mien (21.), 1:2 Kryszalowicz (36.), 2:2 Basler (50., Foulelfmeter), 3:2 Lokvenc (52.), 4:2 Klose (89.). **Ecken:** 9:8.. **Schiedsrichter:** Krug (Gelsenkirchen). **Zuschauer:** 41.500 (ausverkauft). **Gelbe Karten:** Dominguez, Strasser, Ratinho, Basler – Mutzel. **Gelb/Rote Karten:** keine. **Rote Karten:** keine

Bayern München – FC Schalke 04 1:3 (1:1)
FC Bayern München: Kahn – Sagnol, Andersson (69. Hargreaves), Kuffour, Tarnat – Salihamidzic, Jeremies – Scholl, Sergio (69. Zickler) – Jancker, Santa Cruz (81. Wiesinger)
FC Schalke 04: Reck – Hajto, Waldoch – Nemec – van Hoogdalem, Büskens – Asamoah (89. Latal), Böhme – Möller – Sand, Mpenza
Tore: 1:0 Jancker (3.), 1:1 Sand (14.), 1:2 Sand (48.), 1:3 Sand (76.). **Ecken:** 9:4. **Schiedsrichter:** Aust (Köln). **Zuschauer:** 63.000 (ausverkauft). **Gelbe Karten:** Sagnol, Kuffour, Jeremies, Salihamidzic – Möller, Waldoch. **Gelb/Rote Karten:** keine. **Rote Karten:** keine

VfL Wolfsburg – München 1860 0:1 (0:1)
VfL Wolfsburg: Reitmaier – Kryger, Hengen, Schnoor – Akonnor – Greiner, Sebescen, Weiser – Munteanu (46. Müller) – Juskowiak, Akpoborie (46. T. Maric, 66. Rische)
TSV München 1860: Jentzsch – Zelic – T. Hoffmann, Pfuderer – Riseth – Borimirov, Mykland, Bierofka (72. F. Tapalovic) – Häßler (90. Tyce) – Schroth, Max (4,5)
Tore: 0:1 Bierofka (31.). **Ecken:** 6:7. **Schiedsrichter:** Fröhlich (Berlin). **Zuschauer:** 13.639. **Gelbe Karten:** T. Hoffmann. **Gelb/Rote Karten:** keine. **Rote Karten:** keine

Hertha BSC – Borussia Dortmund 1:0 (0:0)
Hertha BSC Berlin: Kiraly – van Burik – Sverrisson – Konstantinidis, Schmidt – Rehmer, Dardai, Hartmann – Deisler (82. Maas) – Alves (72. Simunic), Daei
Borussia Dortmund: Lehmann – Wörns (54. Kapetanovic), Kohler – Oliseh (68. Reina) – Heinrich – Metzelder (76. Stevic), Dede – Ricken – Addo, Rosicky – Bobic
Tore: 1:0 Rehmer (65.). **Ecken:** 7:5. **Schiedsrichter:** Albrecht (Kaufbeuren). **Zuschauer:** 54.429. **Gelbe Karten:** Konstantinidis, Deisler – Bobic, Kapetanovic. **Gelb/Rote Karten:** Dardai (74.). **Rote Karten:** keine

Unterhaching – Hansa Rostock 1:1 (0:0)
SpVgg Unterhaching: Tremmel – Strehmel – Grassow, Seifert – Haber (90. Garcia), Matth. Zimmermann, Schwarz (58. Cizek), Hirsch – Oberleitner, Bugera (46. Ahanfouf), Breitenreiter
Hansa Rostock: Pieckenhagen – Benken (67. Majak), Jakobsson, Oswald – Lantz – Wibran, Schröder (46. Zallmann) – Rydlewicz, Baumgart (67. Brand) – Arvidsson, Salou
Tore: 1:0 Ahanfouf (53.), 1:1 Majak (75.). **Ecken:** 10:4. **Schiedsrichter:** Steinborn (Sinzig). **Zuschauer:** 10.000. **Gelbe Karten:** Haber, Ahanfouf. **Gelb/Rote Karten:** keine. **Rote Karten:** keine

Hamburger SV – 1. FC Köln 1:1 (0:1)
Hamburger SV: Butt – Ujfalusi, Hoogma (89. Bester), Panadic, Hollerbach – Groth, N. Kovac – Barbarez – Mahdavikia, Heinz, Meijer
1. FC Köln: Pröll – Sichone, Bulajic, Dziwior, Voigt – Springer – Baranek, Lottner (89. Cichon) – Scherz, Kreuz (90. Donkov) – Timm (90. Kurth)
Tore: 0:1 Baranek (20.), 1:1 Barbarez (76.). **Ecken:** 12:3. **Schiedsrichter:** Keßler (Höhenkirchen). **Zuschauer:** 50.029. **Gelbe Karten:** Meijer, Hollerbach, N. Kovac, Barbarez, Heinz – Sichone, Voigt, Pröll, Dziwior, Scherz. **Gelb/Rote Karten:** keine. **Rote Karten:** Baranek (85.)

Balakov steckt am meisten ein!

Wer wird denn von den »Kettenhunden« der Liga am meisten gejagt? Ist es der schmächtige Dortmunder Tomas Rosicky? Der flinke Prager weiß offenbar, wie er heranfliegende Verteidiger austanzen kann. Rosicky kam zur Winterpause. In neun Spielen danach kassierte der Bulgare Krassimir Balakov mit 50 Fouls die meisten. Bis zur Winterpause war er in 18 Spielen (!) 49-mal das Foulopfer. Hier die in neun Spielen nach der Winterpause meist gefoulten Akteure:

1.	Balakov (VfB Stuttgart)	50
2.	Bastürk (VfL Bochum)	48
3.	Iaschwili (SC Freiburg)	43
4.	Agali (FC Hansa Rostock)	41
5.	Pizarro (SV Werder Bremen)	40
	Oberleitner (SpVgg Unterhaching)	40
7.	Nico Kovac (Hamburger SV)	38
	Rosicky (Borussia Dortmund)	38
9.	Breitenreiter (SpVgg Unterhaching)	36
10.	Addo (Borussia Dortmund)	34
	Hollerbach (Hamburger SV)	34

30. Spieltag

20.–22. April

Bor. Dortmund – VfL Bochum 5:0 (2:0)
Borussia Dortmund: Lehmann – Reuter (83. Nijhuis), Kohler – Stevic – Heinrich (83. Metzelder), Dede – Ricken – Rosicky – Addo (55. Nerlinger), Reina, Bobic
VfL Bochum: van Duijnhoven – Sundermann, Schröder, Toplak – Reis – Colding, Schreiber (67. Christiansen) – Schindzielorz (51. Dickhaut) – Bastürk – Freier, Peschel (33. Baluszynski)
Tore: 1:0 Ricken (18.), 2:0 Heinrich (29.), 3:0 Reina (66.), 4:0 Reina (68.), 5:0 Stevic (89., Foulelfmeter). **Ecken:** 3:2. **Schiedsrichter:** Dr. Fleischer (Ulm). **Zuschauer:** 65.500. **Gelbe Karten:** Reuter – Schröder, Sundermann. **Gelb/Rote Karten:** keine. **Rote Karten:** keine

Bayer Leverkusen – Hamburger SV 1:1 (1:1)
Bayer 04 Leverkusen: Juric – Lucio, R. Kovac – Hejduk, Placente – Vranjes – Ballack – Neuville (62. B. Schneider), Zé Roberto – Kirsten, Rink (68. Berbatov)
Hamburger SV: Butt – Hoogma, Panadic, Hertzsch – N. Kovac – Ujfalusi, Groth (79. Fukal), Töfting – Mahdavikia, Präger, Heinz
Tore: 0:1 Töfting (41.), 1:1 Kirsten (44.). **Ecken:** 7:1. **Schiedsrichter:** Wagner (Hofheim). **Zuschauer:** 22.500 (ausverkauft). **Gelbe Karten:** R. Kovac. **Gelb/Rote Karten:** Hejduk (87.). **Rote Karten:** keine

Energie Cottbus – Unterhaching 1:0 (0:0)
Energie Cottbus: Piplica – Vata – Hujdurovic, Matyus – Akrapovic – Latoundji, Reghecampf (80. Kobylanski), Wawrzyczek – Miriuta – Helbig, Franklin (70. Labak)
SpVgg Unterhaching: Tremmel – Strehmel – Grassow, Seifert – Schwarz (82. Novak) – Haber, Matth. Zimmermann (58. Cizek), Hirsch (69. Rraklli) – Oberleitner – Breitenreiter, Bugera
Tore: 1:0 Franklin (57.). **Ecken:** 7:2. **Schiedsrichter:** Dr. Merk (Kaiserslautern). **Zuschauer:** 17.358. **Gelbe Karten:** Helbig, Franklin – Bugera. **Gelb/Rote Karten:** keine. **Rote Karten:** keine

Werder Bremen – VfL Wolfsburg 2:3 (1:2)
SV Werder Bremen: Rost – F. Baumann, Verlaat (61. Lee), Krstajic – Eilts, F. Ernst (46. Banovic) – Frings, Bode (70. Stalteri) – A. Herzog – Ailton, Pizarro
VfL Wolfsburg: Reitmaier – Kryger, Schnoor, Greiner – Akonnor – Hengen – Sebescen, Weiser – Munteanu (71. Maltritz) – Akpoborie (85. Müller), Juskowiak (90. Rische)
Tore: 0:1 Akpoborie (29.), 1:1 Ailton (42.), 1:2 Sebescen (44.), 1:3 Sebescen (68.), 2:3 Pizarro (84.). **Ecken:** 14:4. **Schiedsrichter:** Krug (Gelsenkirchen). **Zuschauer:** 32.107. **Gelbe Karten:** Bode, Frings, F. Baumann – Kryger, Weiser, Akpoborie. **Gelb/Rote Karten:** keine. **Rote Karten:** keine

Eintr. Frankfurt – Bayern München 0:2 (0:1)
Eintracht Frankfurt: Heinen – Bindewald, Berntsen (72. Streit), Kracht – Wimmer (60. Sobotzik), Schur (46. Reichenberger), Preuß, Branco – Heldt – Guié-Mien, Kryszalowicz
FC Bayern München: Kahn – Kuffour, Andersson, Linke – Salihamidzic, Hargreaves, Lizarazu – Scholl – Sergio – Zickler (90. di Salvo), Santa Cruz (82. Tarnat)
Tore: 0:1 Scholl (22.), 0:2 Tarnat (90.). **Ecken:** 4:2. **Schiedsrichter:** Jansen (Essen). **Zuschauer:** 57.000 (ausverkauft). **Gelbe Karten:** Bindewald – Zickler. **Gelb/Rote Karten:** keine. **Rote Karten:** keine

Hansa Rostock – 1. FC Köln 2:1 (1:0)
Hansa Rostock: Pieckenhagen – Jakobsson – Lange, Benken, Schröder – Lantz – Rydlewicz (88. Zallmann), Wibran, Emara – Salou, Majak (80. Arvidsson)
1. FC Köln: Pröll – Bulajic, Sinkala (37. Cichon), Sichone – Springer, Voigt, Keller (68. Arweladse) – Lottner – Timm, Kreuz (27. Scherz), Kurth
Tore: 1:0 Benken (23.), 2:0 Majak (48.), 2:1 Kurth (73.). **Ecken:** 14:9. **Schiedsrichter:** Stark (Ergolding). **Zuschauer:** 15.200. **Gelbe Karten:** Rydlewicz, Lange, Benken, Wibran – Springer, Voigt, Kurth. **Gelb/Rote Karten:** keine. **Rote Karten:** keine

FC Schalke 04 – Hertha BSC 3:1 (0:1)
FC Schalke 04: Reck – Hajto, Nemec – Oude Kamphuis, van Hoogdalem, Büskens (87. Happe) – Möller, Böhme – Asamoah (90. Eigenrauch) – Sand (88. Mulder), Mpenza
Hertha BSC Berlin: Kiraly – Schmidt, van Burik, Sverrisson – Hartmann (67. Simunic) – Rehmer, Konstantinidis – Maas (82. Preetz), Tretschok (82. Daei) – Deisler – Alves
Tore: 0:1 Deisler (34.), 1:1 Böhme (57.), 2:1 van Hoogdalem (79.), 3:1 Mpenza (86.). **Ecken:** 10:0. **Schiedsrichter:** Fandel (Kyllburg). **Zuschauer:** 56.556. **Gelbe Karten:** Böhme, Hajto – Konstantinidis, Simunic. **Gelb/Rote Karten:** keine. **Rote Karten:** keine

TSV München 1860 – VfB Stuttgart 2:1 (1:1)
TSV München 1860: Jentzsch – Kurz, Zelic – T. Hoffmann, Riseth, Mykland (56. Tyce) – Borimirov, Bierofka – Häßler (85. F. Tapalovic) – Schroth (41. Beierle), Max
VfB Stuttgart: Th. Ernst – T. Schneider, Soldo, Bordon – Carnell – Kauf, Todt – Djordjevic (59. Lisztes), Balakov, Seitz (59. Dundee) – Ganea
Tore: 1:0 Max (12.), 1:1 Balakov (28., Foulelfmeter), 2:1 Beierle (56.). **Ecken:** 2:8. **SR:** Weiner (Hildesheim). **Zuschauer:** 24.100. **Gelbe Karten:** Kurz, Zelic, Max, Tyce – Djordjevic, Todt, Balakov, Carnell, Ganea. **Gelb/Rote Karten:** keine. **Rote Karten:** keine

SC Freiburg – FC Kaiserslautern 5:2 (5:0)
SC Freiburg: Golz – Schumann, Diarra – Kehl, A. Zeyer – Willi (72. Ramdane), Baya (83. Kohl), Kobiaschwili – But (78. Tanko) – Iaschwili, Sellimi
Kaiserslautern: G. Koch – Klos, Ramzy, Strasser – Buck, Grammozis (46. Pettersson) – Ratinho (46. Ziehl), Bjelica, Hristov – Djorkaeff, Lokvenc (76. Klose)
Tore: 1:0 But (15.), 2:0 Sellimi (30.), 3:0 Baya (37.), 4:0 But (39.), 5:0 Kobiaschwili (42.), 5:1 Djorkaeff (49.), 5:2 Pettersson (69.). **Ecken:** 7:5. **Schiedsrichter:** Strampe (Handorf). **Zuschauer:** 25.000 (ausverkauft). **Gelbe Karten:** Baya – Hristov, G. Koch, Klos. **Gelb/Rote Karten:** keine. **Rote Karten:** keine

DATEN ZUM SPIELTAG

31. Spieltag

27.–29. April

VfL Wolfsburg – Bor. Dortmund 1:1 (1:1)
VfL Wolfsburg: Reitmaier – Greiner (74. Müller), Schnoor, Ifejiagwa, Weiser – Kryger – Hengen – Munteanu (77. Rische) – Sebescen – Akpoborie (58. T. Maric), Juskowiak
Borussia Dortmund: Lehmann – Reuter, Kohler – Heinrich, Dede – Stevic – Ricken (70. Nerlinger) – Rosicky – Addo, Reina, Bobic
Tore: 1:0 Juskowiak (10.), 1:1 Heinrich (22.). **Ecken:** 8:6. **Schiedsrichter:** Fandel (Kyllburg). **Zuschauer:** 20.400 (ausverkauft). **Gelbe Karten:** Sebescen, Schnoor, Weiser, Ifejiagwa – Stevic. **Gelb/Rote Karten:** keine. **Rote Karten:** keine

FC Bayern München – SC Freiburg 1:0 (0:0)
FC Bayern München: Kahn – Kuffour (63. Sergio), Andersson, Linke – Sagnol, Effenberg, Hargreaves – Salihamidzic – Santa Cruz (77. Elber), Scholl (74. Tarnat), Jancker
SC Freiburg: Golz – Schumann, Diarra – Kehl, Kobiaschwili – Willi (77. Ramdane) – But (63. Tanko), A. Zeyer, Baya (73. Coulibaly) – Sellimi, Iaschwili
Tore: 1:0 Scholl (64.). **Ecken:** 14:9. **Schiedsrichter:** Steinborn (Sinzig). **Zuschauer:** 63.000 (ausverkauft). **Gelbe Karten:** Effenberg. **Gelb/Rote Karten:** keine. **Rote Karten:** keine

VfL Bochum – FC Schalke 04 1:1 (1:0)
VfL Bochum: Van Duijnhoven – Toplak, Reis, Schröder – Meichelbeck (59. Schreiber) – Fahrenhorst, Schindzielorz – Colding, Mandreko (46. Lust) – Bastürk, Freier (84. Bemben)
FC Schalke 04: Reck – Hajto, Waldoch – Nemec – van Hoogdalem (65. Oude Kamphuis), Büskens – Böhme – Möller (83. Mulder) – Asamoah – Mpenza, Sand
Tore: 1:0 Freier (22.), 1:1 Mpenza (70.). **Ecken:** 3:7. **Schiedsrichter:** Berg (Konz). **Zuschauer:** 32.645 (ausverkauft). **Gelbe Karten:** Schindzielorz, Reis – Hajto. **Gelb/Rote Karten:** keine. **Rote Karten:** keine

VfB Stuttgart – Werder Bremen 2:1 (1:0)
VfB Stuttgart: Hildebrand – Marques, Soldo, Bordon – Thiam (65. Kauf), Todt – Hinkel, Wenzel (87. T. Schneider) – Balakov – Dundee, Adhemar (78. Meißner)
SV Werder Bremen: Rost – Barten, Verlaat (41. Wiedener), F. Baumann – Eilts, F. Ernst (46. Ailton) – Frings, Stalteri – Banovic – A. Herzog (72. Maximow), Pizarro
Tore: 1:0 Adhemar (5.), 1:1 Pizarro (48.), 2:1 Adhemar (49.). **Ecken:** 6:4. **Schiedsrichter:** Dr. Merk (Kaiserslautern). **Zuschauer:** 34.000. **Gelbe Karten:** Adhemar, Marques. **Gelb/Rote Karten:** keine. **Rote Karten:** keine

Hertha BSC – Eintracht Frankfurt 3:0 (3:0)
Hertha BSC Berlin: Kiraly – Simunic (70. Maas), van Burik, Sverrisson (75. Dardai) – Schmidt – Rehmer, Tretschok, Hartmann – Deisler (80. Wosz) – Alves, Preetz
Eintracht Frankfurt: Heinen – Schur, Kracht, Bindewald – Mutzel – Jones (46. Heldt), Preuß, Branco – Guié-Mien (57. Sobotzik) – Yang, Kryszalowicz (63. Reichenberger)
Tore: 1:0 Alves (2.), 2:0 Alves (28.), 3:0 Preetz (32.). **Ecken:** 7:2. **Schiedsrichter:** Dr. Fleischer (Ulm). **Zuschauer:** 35.969. **Gelbe Karten:** Sverrisson – Schur. **Gelb/Rote Karten:** keine. **Rote Karten:** keine

Unterhaching – München 1860 3:2 (2:1)
SpVgg Unterhaching: Tremmel – Strehmel – Seifert, H. Herzog – Matth. Zimmermann – Haber, Spizak – Oberleitner (46. Schwarz), Cizek (77. Ahanfouf) – Breitenreiter (67. Grassow), Rraklli
1860: Jentzsch – T. Hoffmann, Riseth, Kurz – Mykland (71. F. Tapalovic), Tyce – Borimirov (65. Agostino), Bierofka – Häßler (83. Ehlers) – Beierle, Schroth
Tore: 1:0 Strehmel (5.), 2:0 Rraklli (34.), 2:1 Häßler (40.), 2:2 Tyce (63.), 3:2 Spizak (89.). **Ecken:** 3:4. **Schiedsrichter:** Aust (Köln). **Zuschauer:** 15.300 (ausverkauft). **Gelbe Karten:** Ahanfouf – Borimirov, Mykland, Riseth. **Gelb/Rote Karten:** keine. **Rote Karten:** keine

1. FC Köln – Energie Cottbus 4:0 (2:0)
1. FC Köln: Pröll – Sichone, Bulajic, Voigt – Cichon – Dziwior – Lottner (78. Arweladse), Springer – Timm, Kreuz (65. Ouedraogo), Kurth (50. Pivaljevic)
Energie Cottbus: Piplica – Vata – Scherbe, Hujdurovic, Matyus (24. Sebök) – Reghecampf, Akrapovic – Miriuta – Latoundji, Kobylanski (49. Labak), Helbig
Tore: 1:0 Lottner (21., Foulelfmeter), 2:0 Lottner (33.), 3:0 Springer (46.), 4:0 Arweladse (81.). **Ecken:** 2:4. **Schiedsrichter:** Krug (Gelsenkirchen). **Zuschauer:** 30.000. **Gelbe Karten:** Pivaljevic – Reghecampf, Kobylanski, Miriuta. **Gelb/Rote Karten:** keine. **Rote Karten:** keine

Kaiserslautern – Bayer Leverkusen 0:1 (0:1)
1. FC Kaiserslautern: G. Koch – Ramzy (63. Buck) – H. Koch, Schjönberg – Grammozis, Strasser – Basler, Hristov, Lokvenc – Djorkaeff, Klose (85. Marschall)
Bayer 04 Leverkusen: Matysek – Lucio, Nowotny, R. Kovac – Placente – Reeb, Ramelow – B. Schneider (77. Vranjes), Zé Roberto – Kirsten (71. Brdaric), Neuville (90. Rink)
Tore: 0:1 Neuville (9.). **Ecken:** 6:4. **Schiedsrichter:** Albrecht (Kaufbeuren). **Zuschauer:** 41.500 (ausverkauft). **Gelbe Karten:** Hristov, Schjönberg, Grammozis, H. Koch, Djorkaeff – Lucio, Ramelow, Placente. **Gelb/Rote Karten:** keine. **Rote Karten:** keine

Hamburger SV – Hansa Rostock 2:1 (0:1)
HSV: Butt – Ujfalusi, Hoogma, Panadic, Hollerbach (79. Bester) – Töfting (82. Fukal), N. Kovac – Heinz – Mahdavikia, Barbarez, Präger (79. Yilmaz)
Hansa Rostock: Pieckenhagen – Jakobsson – Lange, Schröder, Emara – Benken (46. Zallmann) – Wibran (82. Oswald), Lantz – Salou (90. Arvidsson), Majak – Agali
Tore: 0:1 Salou (3.), 1:1 Heinz (46.), 2:1 Bester (90.). **Ecken:** 7:5. **Schiedsrichter:** Heynemann (Magdeburg). **Zuschauer:** 51.551. **Gelbe Karten:** Hollerbach, Präger, Barbarez, Fukal – Benken, Zallmann, Schröder. **Gelb/Rote Karten:** Agali (75.). **Rote Karten:** keine

Direkt geht es am besten

Die schönsten Tore sind die aus Direktschüssen – so wie von Alves (Hertha) beim 1:0 gegen Frankfurt. Diese spektakuläre Art und Weise der Torproduktion ist erstaunlicherweise die vielversprechendste. 40 Prozent aller Tore in dieser Saison wurden mit einem Direkt- oder Volleyschuss erzielt! Bis zum 31. Tag waren Schalkes Sand und Herthas Preetz mit je elf Toren die erfolgreichsten. Nur etwa jedes zehnte Tor fällt nach Standardsituationen. Hier die Prozente:

38 % – Tore aus Volley- und Direktschüssen
20 % – Tore aus Kopfbällen
17 % – Tore nach kurzen Dribblings
11 % – Tore durch Standardsituationen
7 % – Tore nach Dribblings aus mehr als zehn Meter Entfernung
7 % – Tore mit Schüssen nach kontrollierter Ballannahme

32. Spieltag

4.–6. Mai

Borussia Dortmund – VfB Stuttgart 0:0
Borussia Dortmund: Lehmann – Reuter, Kohler – Evanilson, Dede – Stevic – Heinrich – Ricken (75. Addo) – Rosicky, Reina (83. Sörensen), Bobic
VfB Stuttgart: Hildebrand – Hinkel, Marques, Bordon, Wenzel – Thiam (70. Kauf), Soldo, Todt – Balakov – Adhemar (58. Ganea, 86. Tiffert), Dundee
Tore: keine. **Ecken:** 4:3. **Schiedsrichter:** Berg (Konz). **Zuschauer:** 67.500. **Gelbe Karten:** Heinrich – Todt, Thiam. **Gelb/Rote Karten:** keine. **Rote Karten:** keine

FC Schalke 04 – VfL Wolfsburg 2:1 (2:0)
FC Schalke 04: Reck – van Hoogdalem, Waldoch – Nemec – Oude Kamphuis, Büskens – Böhme (90. Mikolajczak) – Möller – Asamoah – Sand, Mpenza (83. Mulder)
VfL Wolfsburg: Reitmaier – Greiner, Schnoor, Kryger – Hengen, Weiser – Sebescen – Kühbauer, Munteanu (73. Müller) – Juskowiak, Rische (60. T. Maric)
Tore: 1:0 Sand (31.), 2:0 Mpenza (33.), 2:1 Juskowiak (89.). **Ecken:** 5:6. **Schiedsrichter:** Dr. Fleischer (Ulm). **Zuschauer:** 58.370. **Gelbe Karten:** Mpenza – Kühbauer, Greiner, Müller. **Gelb/Rote Karten:** keine. **Rote Karten:** keine

Hamburger SV – Kaiserslautern 1:1 (1:0)
Hamburger SV: Butt – Fukal, Hoogma, Panadic, Hollerbach – Töfting (52. Hertzsch), Ujfalusi – Heinz – Mahdavikia (89. Fischer), Präger (81. Yilmaz), Barbarez
1. FC Kaiserslautern: G. Koch – Komljenovic – Ziehl, Schjönberg, Grammozis – H. Koch – Buck (60. Adzic), Hristov (69. Bjelica), Pettersson – Lokvenc, Klose
Tore: 1:0 Präger (21.), 1:1 Adzic (84.). **Ecken:** 4:5. **Schiedsrichter:** Krug (Gelsenkirchen). **Zuschauer:** 52.124. **Gelbe Karten:** Hoogma, Hollerbach, Fukal – Schjönberg, Hristov, Buck, Grammozis, Ziehl. **Gelb/Rote Karten:** keine. **Rote Karten:** Barbarez (17.)

Eintracht Frankfurt – VfL Bochum 3:0 (0:0)
Eintracht Frankfurt: Heinen – Wimmer, Kracht, Bindewald – Mutzel – Guié-Mien, Preuß, Branco – Heldt (66. Streit) – Reichenberger (6. Kryszalowicz), Yang (87. Sobotzik)
VfL Bochum: Van Duijnhoven – Fahrenhorst, Reis, Schröder – Mandreko – Colding – Bemben (46. Covic), Lust (54. M. Maric) – Bastürk – Freier, Christiansen (46. Baluszynski)
Tore: 1:0 Branco (53.), 2:0 Yang (82.), 3:0 Preuß (84.). **Ecken:** 5:7. **Schiedsrichter:** Dr. Merk (Kaiserslautern). **Zuschauer:** 20.600. **Gelbe Karten:** Kracht – Reis, Van Duijnhoven, Schröder. **Gelb/Rote Karten:** Bastürk (80.). **Rote Karten:** Branco (68.)

Leverkusen – Bayern München 0:1 (0:0)
Bayer 04 Leverkusen: Matysek – R. Kovac, Lucio, Nowotny – Reeb (61. Brdaric), Ramelow, Placente – Ballack, Zé Roberto – Neuville, Kirsten
FC Bayern München: Kahn – Kuffour (61. Sforza), Andersson, Linke – Sagnol, Jeremies, Lizarazu – Effenberg – Sergio (23. Santa Cruz), Zickler (61. Salihamidzic) – Jancker
Tore: 0:1 Santa Cruz (87.). **Ecken:** 6:5. **Schiedsrichter:** Heynemann (Magdeburg). **Zuschauer:** 22.500 (ausverkauft). **Gelbe Karten:** Ballack – Jeremies, Linke. **Gelb/Rote Karten:** keine. **Rote Karten:** keine

SC Freiburg – Hertha BSC Berlin 1:0 (0:0)
SC Freiburg: Golz – Schumann, Diarra – Dreyer (66. Zandi) – A. Zeyer – Willi, But (85. Weißhaupt), Coulibaly, Kobiaschwili – Ramdane, Tanko (79. Dorn)
Hertha BSC Berlin: Kiraly – Schmidt (84. Daei), van Burik, Sverrisson – Konstantinidis, Tretschok – Rehmer (84. Dardai), Hartmann – Deisler – Alves, Preetz
Tore: 1:0 Ramdane (80.). **Ecken:** 4:4. **Schiedsrichter:** Aust (Köln). **Zuschauer:** 25.000 (ausverkauft). **Gelbe Karten:** But – Alves, Sverrisson, Tretschok. **Gelb/Rote Karten:** keine. **Rote Karten:** keine

Hansa Rostock – Energie Cottbus 1:0 (1:0)
Hansa Rostock: Pieckenhagen – Schröder, Jakobsson, Oswald – Wibran – Lantz – Rydlewicz (89. Lange), Majak – Brand (68. Baumgart) – Salou, Arvidsson (80. Zallmann)
Energie Cottbus: Piplica – Sebök – Hujdurovic, Vata – Akrapovic (79. Labak) – Latoundji, Wawrzyczek (79. Kobylanski) – Miriuta – Helbig – Ilie (74. Reghecampf), Franklin
Tore: 1:0 Rydlewicz (9.). **Ecken:** 8:8. **Schiedsrichter:** Strampe (Handorf). **Zuschauer:** 22.000 (ausverkauft). **Gelbe Karten:** Majak, Rydlewicz – Sebök. **Gelb/Rote Karten:** keine. **Rote Karten:** keine

TSV München 1860 – 1. FC Köln 3:1 (1:1)
TSV München 1860: Jentzsch – Zelic – Kurz (46. Greilich), T. Hoffmann – Mykland, Riseth – Riedl, Tyce (56. Pürk) – Häßler – Schroth (78. Agostino), Max
1. FC Köln: Pröll – Bulajic, Cichon, Dziwior – Keller – Voigt – Kreuz (46. Scherz) – Lottner, Springer (83. Arweladse) – Timm – Kurth (75. Pivaljevic)
Tore: 0:1 Timm (11.), 1:1 Max (12.), 2:1 Agostino (82.), 3:1 Arweladse (83., Eigentor). **Ecken:** 8:3. **Schiedsrichter:** Meyer (Braunschweig). **Zuschauer:** 26.900. **Gelbe Karten:** Zelic, Max – Kurth, Cichon. **Gelb/Rote Karten:** keine. **Rote Karten:** keine

Werder Bremen – SpVgg Unterhaching 0:0
SV Werder Bremen: Rost – F. Baumann (46. Skripnik), Krstajic – Frings – Stalteri – Eilts – Banovic (77. Dabrowski), F. Ernst (77. Trares) – A. Herzog – Ailton, Pizarro
SpVgg Unterhaching: Tremmel – Strehmel – H. Herzog, Seifert – Haber, Schwarz – Cizek (64. Oberleitner), Matth. Zimmermann – Spizak, Breitenreiter (82. Ahanfouf), Rraklli (89. Bugera)
Tore: keine. **Ecken:** 12:6. **Schiedsrichter:** Fröhlich (Berlin). **Zuschauer:** 29.810. **Gelbe Karten:** Frings, Dabrowski – Breitenreiter. **Gelb/Rote Karten:** keine. **Rote Karten:** keine

Piplica hatte Vorgänger

Der unglückliche Cottbuser Torwart Tomislav Piplica, der mit seinem Elfmeter (zum möglichen 1:1) an Rostocks Torwart Pieckenhagen scheiterte, hatte darin vier Torwart-Vorgänger in der Liga-Geschichte:
1968/69: Petar Radenkovic (1860 München) an Gernot Fraydl (Hertha BSC).
1972/73: Norbert Nigbur (Schalke 04) an Wilfried Woyke (Fortuna Düsseldorf).
1972/73: Fred Bockholt (Kickers Offenbach) an Dietmar Linders (MSV Duisburg).
1998/99: Hans-Jörg Butt (Hamburger SV) an Richard Golz (SC Freiburg).
2000/01: Hans-Jörg Butt (Hamburger SV) an Markus Pröll (1. FC Köln).
Piplica wagte es, weil Wawrzyczek und Miriuta die Verantwortung scheuten. »Das ist bezeichnend für unsere Situation«, urteilte Energie-Trainer Eduard Geyer.

DATEN ZUM SPIELTAG

Wohin mit der Schale?

Das Vorjahrsfinish ist nicht vergessen: Leverkusen sollte in Unterhaching zum Meister gekrönt werden und wenige Kilometer weiter dem Titelverteidiger Bayern gegen Bremen nur der »Vize-«Rang bleiben. Es kam alles ganz anders. Der DFB packte in Unterhaching (das 2:0 siegte) die Meisterschale wieder weg, der FC Bayern aber feierte enthusiastisch mit dem nach München transportierten Duplikat.
So ist alles festgelegt: Die Meisterschale wird am Schlußtag zum Spielort des Tabellenführers gebracht, also nach Hamburg.
Für weitere drei Titelkandidaten hätte der DFB die nötigen Duplikate bereit. Eins geht nach Schalke.
Kämen mehr als vier Mannschaften für den Titel in Frage, würde sich der DFB ein Duplikat ausleihen, das ein vorhergehender Meister als Dauerbesitz bekam, also beim FC Bayern (der genug davon hat), bei Lautern, Dortmund.

33. Spieltag — 12. Mai

FC Hansa Rostock – TSV München 1860 0:0
FC Hansa Rostock: Pieckenhagen – Zallmann (74. Benken), Jakobsson, Oswald – Rydlewicz, Lantz, Emara – Brand – Majak – Arvidsson (71. Baumgart), Agali
TSV München 1860: Jentzsch – Zelic – T. Hoffmann, Kurz – Greilich – Mykland (58. Pfuderer), Riseth (58. Riedl), Tyce – Häßler (75. Ehlers) – Beierle, Max
Tore: keine. **Ecken:** 6:4. **Schiedsrichter:** Dr. Merk (Kaiserslautern). **Zuschauer:** 19.000. **Gelbe Karten:** Riseth, Mykland. **Gelb/Rote Karten:** keine. **Rote Karten:** keine

Bayern München – Kaiserslautern 2:1 (0:1)
FC Bayern München: Kahn – Kuffour, Andersson, Linke – Lizarazu – Salihamidzic (89. Zickler), Effenberg, Sforza, Hargreaves (85. Sagnol) – Jancker, Santa Cruz (67. Elber)
1. FC Kaiserslautern: G. Koch – H. Koch, Komljenovic, Schjönberg – Buck (70. Pettersson), Ramzy, Grammozis, Strasser (77. Bjelica) – Lokvenc – Klose, Djorkaeff
Tore: 0:1 Lokvenc (5.), 1:1 Jancker (56.), 2:1 Zickler (90.) . **Ecken:** 15:1 . **Schiedsrichter:** Wagner (Hofheim). **Zuschauer:** 63.000 (ausverkauft). **Gelbe Karten:** Jancker, Salihamidzic – Strasser, Grammozis. **Gelb/Rote Karten:** keine. **Rote Karten:** keine

Hertha BSC – Bayer Leverkusen 1:1 (1:0)
Hertha BSC Berlin: Kiraly – Sverrisson, van Burik (68. Daei), Schmidt – Konstantinidis, Dardai (89. Tretschok) – Rehmer, Hartmann – Deisler – Alves, Preetz
Bayer 04 Leverkusen: Juric – Lucio, Nowotny, R. Kovac – Ramelow – Zivkovic, Placente – B. Schneider (62. Brdaric), Ballack – Neuville, Kirsten (81. Rink)
Tore: 1:0 Deisler (21.), 1:1 Neuville (62.). **Ecken:** 3:7. **Schiedsrichter:** Fandel (Kyllburg). **Zuschauer:** 53.906 . **Gelbe Karten:** Rehmer, Konstantinidis – B. Schneider, Ballack, Kirsten, Placente, Nowotny. **Gelb/Rote Karten:** keine. **Rote Karten:** keine

VfL Bochum – SC Freiburg 1:3 (0:1)
VfL Bochum: Van Duijnhoven – Toplak, Fahrenhorst, Schröder (46. Covic) – Colding, Mandreko, Reis, Bemben (65. Schreiber) – Christiansen (74. Drincic) – M. Maric, Baluszynski
SC Freiburg: Golz – Schumann, Diarra – Kehl – Coulibaly, Kobiaschwili – Willi (39. Sellimi), But (80. Weißhaupt), A. Zeyer – Ramdane, Tanko (70. Baya)
Tore: 0:1 Tanko (33.), 0:2 Sellimi (47.), 1:2 M. Maric (54., Foulelfmeter), 1:3 Sellimi (90.). **Ecken:** 11:9. **Schiedsrichter:** Sippel (München). **Zuschauer:** 12.332. **Gelbe Karten:** Colding – Willi, Kehl, A. Zeyer. **Gelb/Rote Karten:** Mandreko (57.). **Rote Karten:** keine

VfL Wolfsburg – Eintracht Frankfurt 3:0 (3:0)
VfL Wolfsburg: Reitmaier – Kryger, Schnoor, Greiner – Hengen – Sebescen, Weiser (83. Siegert) – Kühbauer (68. Müller), Munteanu – Rische (64. T. Maric), Juskowiak
Eintracht Frankfurt: Heinen – Bindewald, Kracht, Rada – Wimmer (46. Sobotzik), Mutzel (46. Reichenberger), Preuß, Gemiti – Guié-Mien, Heldt (64. Streit) – Kryszalowicz
Tore: 1:0 Munteanu (12.), 2:0 Greiner (17.), 3:0 Kühbauer (31., Foulelfmeter). **Ecken:** 4:9. **Schiedsrichter:** Krug (Gelsenkirchen). **Zuschauer:** 16.105. **Gelbe Karten:** Wimmer, Bindewald. **Gelb/Rote Karten:** keine. **Rote Karten:** keine

VfB Stuttgart – FC Schalke 04 1:0 (0:0)
VfB Stuttgart: Hildebrand – Hinkel, Marques, Bordon, Wenzel – Meißner, Soldo, Kauf – Balakov – Dundee, Adhemar (80. Ganea)
FC Schalke 04: Reck – Hajto, Waldoch – Nemec – Oude Kamphuis, van Hoogdalem, Büskens – Asamoah, Möller – Sand (90. Mulder), Mpenza
Tore: 1:0 Balakov (90.). **Ecken:** 1:3. **Schiedsrichter:** Heynemann (Magdeburg). **Zuschauer:** 51.000 (ausverkauft). **Gelbe Karten:** Adhemar, Ganea – Sand. **Gelb/Rote Karten:** keine. **Rote Karten:** keine

Unterhaching – Bor. Dortmund 1:4 (0:1)
SpVgg Unterhaching: Tremmel – Strehmel – Grassow (46. Cizek), H. Herzog, Seifert – Haber, Matth. Zimmermann, Schwarz (75. Oberleitner) – Spizak – Breitenreiter (63. Ahanfouf), Rraklli
Dortmund: Lehmann – Reuter, Kohler – Stevic, Nerlinger – Evanilson, Dede – Ricken – Rosicky (78. Metzelder), Reina (90. Bobic) – Addo (90. Sörensen)
Tore: 0:1 Addo (4.), 0:2 Addo (59.), 1:2 Strehmel (66.), 1:3 Ricken (74.), 1:4 Dede (90.). **Ecken:** 9:4. **Schiedsrichter:** Steinborn (Sinzig). **Zuschauer:** 15.300 (ausverkauft). **Gelbe Karten:** Grassow, H. Herzog – Nerlinger, Metzelder. **Gelb/Rote Karten:** keine. **Rote Karten:** keine

1. FC Köln – SV Werder Bremen 1:3 (1:1)
1. FC Köln: Pröll – Scherz (67. Kurth), Cullmann, Dziwior, Keller – Springer – Lottner (75. Wollitz) – Baranek – Timm, Kreuz – Arweladse (46. Sichone)
SV Werder Bremen: Rost – F. Baumann, Krstajic – Tjikuzu, Eilts (86. Dabrowski), Stalteri – Frings, F. Ernst – A. Herzog (79. Banovic) – Ailton (82. Lee), Pizarro
Tore: 0:1 Pizarro (14.), 1:1 Arweladse (20.), 1:2 Ailton (70.), 1:3 Ailton (74.). **Ecken:** 3:6. **Schiedsrichter:** Albrecht (Kaufbeuren). **Zuschauer:** 41.760 (ausverkauft). **Gelbe Karten:** Tjikuzu. **Gelb/Rote Karten:** keine. **Rote Karten:** keine

Energie Cottbus – Hamburger SV 4:2 (2:1)
Energie Cottbus: Piplica – Sebök – Vata (58. Scherbe), Hujdurovic – Reghecampf (83. Wawrzyczek), Akrapovic – Miriuta, Latoundji – Labak, Helbig, Franklin (69. Kobylanski)
HSV: Schober – Fukal (64. Yilmaz), Hoogma, Ujfalusi, Hollerbach – Töfting, N. Kovac (36. Hertzsch) – Heinz – Mahdavikia, Präger (69. Bester), Barbarez
Tore: 1:0 Hujdurovic (1.), 2:0 Labak (23.), 2:1 Barbarez (40.), 3:1 Miriuta (50., Foulelfmeter), 3:2 Barbarez (55.), 4:2 Franklin (62.). **Ecken:** 3:11. **Schiedsrichter:** Jansen (Essen). **Zuschauer:** 19.910. **Gelbe Karten:** Hujdurovic, Latoundji, Franklin – N. Kovac, Hollerbach, Fukal, Töfting. **Gelb/Rote Karten:** keine. **Rote Karten:** keine

Der vierte Titel-Hattrick!

In 38 Jahren Bundesliga gelangen vier Meisterschafts-Hattricks, also drei Titelgewinne in Folge. Der FC Bayern ist daran dreimal beteiligt! Er blieb dabei 1972, 1973 und 1999 ohne Heim-Niederlage, 1987 ohne Auswärts-Niederlage (11 Remis!). Borussia Mönchengladbach unterbot Bayerns diesjährig niedrige Punktquote durch hohe Remiszahlen: 13 (1975/76 und elf 1976/77). Hier die Hattricks auf Drei-Punkt-Siege umgerechnet:

1971/72:	FC Bayern	101:38	79
1972/73:	FC Bayern	92:29	79
1973/74:	FC Bayern	95:53	69
1974/75:	M'Gladbach	86:40	71
1975/76:	M'Gladbach	66:37	61
1976/77:	M'Gladbach	58:34	61
1984/85:	FC Bayern	79:38	71
1985/86:	FC Bayern	82:31	70
1986/87:	FC Bayern	67:31	73
1998/99:	FC Bayern	76:28	78
1999/00:	FC Bayern	72:28	73
2000/01:	FC Bayern	62:37	63

34. Spieltag — 19. Mai

Hamburger SV – Bayern München 1:1 (0:0)
Hamburger SV: Schober – Hoogma – Hertzsch, Ujfalusi, Hollerbach – Töfting, Kientz (77. Bester) – Heinz – Mahdavikia (90. Fischer), Präger (77. Yilmaz) – Barbarez
FC Bayern München: Kahn – Kuffour, Andersson, Linke – Sagnol, Lizarazu – Effenberg, Hargreaves – Jancker (77. Zickler), Scholl (68. Sergio), Elber (88. Santa Cruz)
Tore: 1:0 Barbarez (90.), 1:1 Andersson (90.). **Ecken:** 5:7. **Schiedsrichter:** Dr. Merk (Kaiserslautern). **Zuschauer:** 55.280 (ausverkauft). **Gelbe Karten:** Heinz, Hertzsch, Hollerbach, Töfting – Scholl, Kuffour. **Gelb/Rote Karten:** keine. **Rote Karten:** keine

Werder Bremen – Hansa Rostock 3:0 (2:0)
SV Werder Bremen: Rost – F. Baumann, Verlaat (52. Trares), Krstajic – Frings, Eilts, F. Ernst, Stalteri – A. Herzog – Ailton, Pizarro
FC Hansa Rostock: Pieckenhagen – Benken, Jakobsson, Oswald – Rydlewicz, Lantz, Lange, Baumgart (46. Arvidsson) – Brand (88. Weilandt) – Majak (88. Kovacec), Agali
Tore: 1:0 Ailton (31.), 2:0 Krstajic (43.), 3:0 F. Baumann (87.). **Ecken:** 6:7. **Schiedsrichter:** Kemmling (Kleinburgwedel). **Zuschauer:** 36.000 (ausverkauft). **Gelbe Karten:** Baumgart, Rydlewicz, Agali, Lange, Lantz. **Gelb/Rote Karten:** Pizarro (90.). **Rote Karten:** Benken (90.)

Borussia Dortmund – 1. FC Köln 3:3 (1:2)
Dortmund: Lehmann – Reuter, Kohler – Stevic, Heinrich – Evanilson (64. Sörensen), Dede – Ricken (84. Nerlinger) – Rosicky, Reina – Addo (67. Bobic)
1. FC Köln: Pröll – Cichon – Cullmann, Sichone, Keller (81. Voigt) – Dziwior – Springer – Scherz, Lottner (85. Kurth), Kreuz – Baranek
Tore: 1:0 Stevic (21.), 1:1 Dede (28., Eigentor), 1:2 Kreuz (35.), 2:2 Reina (49.), 2:3 Kreuz (82.), 3:3 Bobic (89.). **Ecken:** 9:3. **SR:** Gagelmann (Bremen). **Zuschauer:** 68.600 (ausverkauft). **Gelbe Karten:** Stevic – Springer, Scherz, Sichone, Dziwior. **Gelb/Rote Karten:** keine. **Rote Karten:** Heinrich (73.)

FC Schalke 04 – Unterhaching 5:3 (2:2)
Schalke: Reck – Hajto, Waldoch (29. O. Kamphuis), van Kerckhoven (68. Büskens) – van Hoogdalem, Nemec (72. Thon) – Asamoah, Böhme – Möller – Sand, Mpenza
SpVgg. Unterhaching: Tremmel – Strehmel – Grassow, Seifert – Schwarz (79. Oberleitner) – Haber, Hirsch – M. Zimmermann, Cizek – Breitenreiter (79. Ahanfouf), Spizak (68. Rraklli)
Tore: 0:1 Breitenreiter (3.), 0:2 Spizak (26.), 1:2 van Kerckhoven (44.), 2:2 Asamoah (45.), 2:3 Seifert (69.), 3:3 Böhme (73.), 4:3 Böhme (74.), 5:3 Sand (89.). **Ecken:** 8:3. **SR:** Strampe (Handorf). **Zuschauer:** 65.000 (ausverk.). **Gelbe Karten:** Böhme, Asamoah – Grassow, Hirsch, Ahanfouf. **Gelb/Rote Karten:** keine. **Rote Karten:** keine

Eintr. Frankfurt – VfB Stuttgart 2:1 (2:0)
Eintracht Frankfurt: Heinen – Wimmer, Berntsen, Kracht – Mutzel – Preuß, Gemiti (70. Lösch) – Guié-Mien, Heldt (60. Streit) – Reichenberger (81. Jones), Kryszalowicz
Stuttgart: Hildebrand – Marques, Bordon – Soldo, Carnell (46. Thiam) – Hinkel – Meißner (75. Tiffert), Wenzel – Balakov – Dundee, Adhemar (46. Ganea)
Tore: 1:0 Kryszalowicz (16.), 2:0 Guié-Mien (45.), 2:1 Dundee (62.). **Ecken:** 2:4. **Schiedsrichter:** Fröhlich (Berlin). **Zuschauer:** 34.000. **Gelbe Karten:** keine. **Gelb/Rote Karten:** keine. **Rote Karten:** keine

SC Freiburg – VfL Wolfsburg 4:1 (2:0)
SC Freiburg: Golz – Schumann, Diarra – Kehl – Willi (59. Kohl), Coulibaly, A. Zeyer, Kobiaschwili (60. Zandi) – But – Ramdane (78. Weißhaupt), Tanko
VfL Wolfsburg: Reitmaier – Kryger, Schnoor, Greiner (46. Ifejiagwa) – Hengen, Munteanu (46. Akonnor) – Kühbauer – Müller – Sebescen – Juskowiak (59. Maltritz), T. Maric
Tore: 1:0 Ramdane (5.), 2:0 Kobiaschwili (36., Foulelf), 3:0 Coulibaly (51.), 4:0 Coulibaly (54.), 4:1 T. Maric (90.). **Ecken:** 3:4. **SR:** Berg (Konz). **Zu.:** 25.000 (ausverkauft). **Gelbe Karten:** Diarra, A. Zeyer – Müller, Kühbauer, Munteanu. **Gelb/Rote Karten:** keine **Rote Karten:** keine

Bayer 04 Leverkusen – VfL Bochum 1:0 (1:0)
Bayer 04 Leverkusen: Juric – Lucio (85. Vranjes), Nowotny, R. Kovac – Zivkovic, Placente – Ramelow – Ballack (80. B. Schneider) – Neuville, Rink (58. Brdaric), Kirsten
VfL Bochum: Van Duijnhoven – Stickroth – Fahrenhorst, Schröder, Toplak – Colding, Schreiber – Mamic (73. Vander), Reis – Baluszynski (63. Lust), Christiansen (63. Drincic)
Tore: 1:0 Neuville (21.). **Ecken:** 5:4. **Schiedsrichter:** Weiner (Hildesheim). **Zuschauer:** 22.500 (ausverkauft). **Gelbe Karten:** Ballack, Ramelow – Schröder, Schreiber. **Gelb/Rote Karten:** keine. **Rote Karten:** van Duijnhoven (72.)

1. FC Kaiserslautern – Hertha BSC 0:1 (0:0)
1. FC Kaiserslautern: G. Koch – Komljenovic – H. Koch, Schjönberg – Ramzy (59. Ratinho), Grammozis, Strasser – Buck, Djorkaeff (73. Bjelica), Lokvenc (79. Pettersson) – Klose
Hertha BSC Berlin: Kiraly – Schmidt, van Burik, Sverrisson – Maas, Dardai, Hartmann – Rehmer – Deisler (88. Tretschok) – Alves (90. Daei), Preetz (79. Konstantinidis)
Tore: 0:1 Alves (47.). **Ecken:** 7:3. **Schiedsrichter:** Heynemann (Magdeburg). **Zuschauer:** 41.500 (ausverkauft). **Gelbe Karten:** Lokvenc, Buck, G. Koch – Deisler, Maas, Hartmann. **Gelb/Rote Karten:** keine **Rote Karten:** keine

München 1860 – Energie Cottbus 0:1 (0:1)
TSV München 1860: M. Hofmann – Votava – T. Hoffmann, Riseth – Borimirov, F. Tapalovic, Tyce, Pürk – Häßler – Winkler, Beierle
Energie Cottbus: Piplica – Sebök – Hujdurovic, Vata – Akrapovic – Reghecampf, Latoundji (31. Rödlund, 70. Scherbe), Miriuta, Kobylanski (69. Matyus) – Labak, Helbig
Tore: 0:1 Labak (25.). **Ecken:** 1:4. **Schiedsrichter:** Fandel (Kyllburg). **Zuschauer:** 28.700. **Gelbe Karten:** Borimirov, F. Tapalovic, Tyce – Vata. **Gelb/Rote Karten:** keine. **Rote Karten:** keine

Ewige Tabelle 1963/64 – 2000/01

	Spieljahre	Sp.	S	U	N	Tore	Punkte
1. FC Bayern München	36	1228	676	293	259	2641:1493	2321
2. Hamburger SV	38	1288	535	351	402	2189:1831	1956
3. 1. FC Köln	36	1220	532	311	377	2198:1752	1907
4. SV Werder Bremen	37	1254	525	323	406	2071:1795	1898
5. VfB Stuttgart	36	1220	508	297	415	2125:1802	1821
6. 1. FC Kaiserslautern	37	1254	500	318	436	2045:1959	1818
7. Borussia M'Gladbach	34	1160	497	309	354	2172:1707	1800
8. Eintracht Frankfurt	36	1220	470	305	445	2043:1890	1713
9. Borussia Dortmund	34	1152	471	297	384	2009:1774	1710
10. FC Schalke 04	33	1118	399	287	432	1625:1736	1484
11. Bayer Leverkusen	22	752	291	233	228	1191:1033	1106
12. VfL Bochum	26	922	284	240	398	1274:1501	1092
13. MSV Duisburg	26	880	283	242	355	1221:1402	1091
14. Fortuna Düsseldorf	22	752	238	206	308	1121:1329	920
15. Hertha BSC Berlin	20	672	247	165	260	991:1080	906
16. 1. FC Nürnberg	21	710	234	182	294	960:1143	884
17. Karlsruher SC	22	744	222	215	307	1025:1301	881
18. Eintracht Braunschweig	20	672	236	170	266	908:1026	878
19. TSV München 1860	17	570	203	148	219	887:893	757
20. KFC Uerdingen	14	476	138	129	209	644:844	543
21. Hannover 96	14	472	136	120	216	683:835	528
22. Arminia Bielefeld	10	340	101	78	161	430:576	381
23. SC Freiburg	7	238	84	57	97	328:340	309
24. FC Hansa Rostock	7	242	77	69	96	306:355	300
25. Waldhof Mannheim	7	238	71	72	95	299:378	285
26. Kickers Offenbach	7	238	77	51	110	368:486	282
27. Rot-Weiß Essen	7	238	61	79	98	346:483	262
28. FC St. Pauli	6	204	46	65	93	224:347	203
29. VfL Wolfsburg	4	136	50	40	46	203:206	190
30. SG Wattenscheid 09	4	140	34	48	58	186:248	150
31. 1. FC Saarbrücken	5	166	32	48	86	202:336	144
32. Dynamo Dresden	4	140	33	45	62	132:211	140
33. Rot-Weiß Oberhausen	4	136	36	31	69	182:281	139
34. Alemannia Aachen	3	102	34	21	47	140:200	123
35. Wuppertaler SV	3	102	25	27	50	136:200	102
36. Borussia Neunkirchen	3	98	25	18	55	109:223	93
37. FC Homburg/Saar	3	102	21	27	54	103:200	90
38. SpVgg Unterhaching	2	68	20	19	29	75:101	79
39. Stuttgarter Kickers	2	72	20	17	35	94:132	77
40. SV Darmstadt 98	2	68	12	18	38	86:157	54
41. Tennis Borussia Berlin	2	68	11	16	41	85:174	49
42. FC Energie Cottbus	1	34	12	3	19	38:52	39
43. SSV Ulm 1846	1	34	9	8	17	36:62	35
44. Fortuna Köln	1	34	8	9	17	46:79	33
45. Preußen Münster	1	30	7	9	14	34:52	30
46. Blau-Weiß 90 Berlin	1	34	3	12	19	36:76	21
47. VfB Leipzig	1	34	3	11	20	32:69	20
48. Tasmania 1900 Berlin	1	34	2	4	28	15:108	10

ANMERKUNGEN

Die Tabelle umfasst die Spieljahre 1963/64 bis 2000/01. Obwohl bis zur Saison 1994/95 die Zwei-Punkte-Regel galt, wurde diese Tabelle nach dem Drei-Punkte-System errechnet, um eine Gleichbehandlung aller Bundesliga-Vereine zu erreichen.
In der Saison 1999/2000 wurden Eintracht Frankfurt wegen Lizenzverstößen zwei Punkte abgezogen.
In der Saison 1994/95 wurden Dynamo Dresden wegen Lizenzvergehens vier Punkte abgezogen.
In der Saison 1971/72 wurden alle Spiele von Arminia Bielefeld nur für den Gegner gewertet (Arminia Bielefeld 34 6 7 21 41:75 19:49).
Der Meidericher SV spielt ab der Saison 1966/67 als MSV Duisburg.
Bayer Uerdingen spielt ab der Saison 1995/96 als KFC Uerdingen.

ALLE TABELLENFÜHRER

447	FC Bayern München
127	Borussia M'Gladbach
95	SV Werder Bremen
89	Hamburger SV
84	1. FC Kaiserslautern
81	1. FC Köln
	Borussia Dortmund
56	Eintracht Frankfurt
38	FC Schalke 04
35	Eintracht Braunschweig
32	1. FC Nürnberg
25	Bayer 04 Leverkusen
18	TSV München 1860
8	Hertha BSC Berlin
7	Bayer 05 Uerdingen
5	Fortuna Düsseldorf
	Kickers Offenbach
	FC Hansa Rostock
4	Hannover 96
	Karlsruher SC
3	MSV Duisburg
2	Arminia Bielefeld
	Rot-Weiß Essen
	Rot-Weiß Oberhausen
1	FC St. Pauli
	SC Freiburg

ZAHLEN ZUR SAISON 2000/2001

Die 38. Saison erfreute die Fans mit 897 Toren (im Schnitt 2,93 pro Spiel). Das waren zwölf mehr als im Vorjahr. Vom Negativrekord der 790 von 1989/90 ist man weit entfernt.

Zum siebenten Male gibt es zwei Torschützenkönige: den Schalker Ebbe Sand und den Hamburger Sergej Barbarez mit je 22 Treffern. Zehn gelangen drei Tore in einem Spiel, Ebbe Sand sogar dreimal.

Die Eigentore nahmen ab: diesmal 20 statt 27 im Vorjahr.

Die Zuschauerzahlen stagnieren auf hohem Niveau. 9 474 962 Fans kamen zu 306 Spielen. Der Schnitt von 30 964 ist der viertbeste Zuspruch in 38 Jahren Bundesliga. Die Höchstmarke sind 10 047 094 von 1998/99. Seit 1963 wurden über 270 Millionen Zuschauer gezählt.

86 Feldverweise - 35 Rote und 51 Gelb-Rote Karten - sind 13 mehr als im Vorjahr (31 Rote, 42 Gelb-Rote).

Die meisten Feldverweise kassierten Hansa und Bochum (je 10), die wenigsten Wolfsburg (1), Cottbus und Schalke (je 2).

Die meisten Gelben Karten kassierten Bayern München, der 1. FC Kaiserslautern (je 88), Leverkusen (86), HSV (84); die wenigsten Unterhaching (48), Stuttgart, Hertha (je 62).

Zum achten Male eroberte der Halbzeitmeister (Schalke 04) nicht den Titel. Noch nie gab es einen Meister mit neun Niederlagen. Und 63 Punkte sind auch das niedrigste seit Einführung der Drei-Punkte-Regel.

Auf eine Erfolgsquote von 79 Prozent kommen die Elfmeterschützen (Vorjahr 70 Prozent). 64 von 81 Strafstößen wurden verwandelt.

Sechs Trainer wurden vorzeitig entlassen, zwei mehr als im Vorjahr. Frankfurt verbrauchte drei Trainer (Magath, Dohmen, Rausch) und stieg ab. Seit 1963 mussten 254 Trainer vorzeitig gehen.

476 Spieler kamen zum Einsatz, davon erzielten 231 auch Tore. Absteiger Frankfurt setzte 35, Vizemeister Schalke nur 23 Spieler ein.

Die meisten Zuschauer hatte Dortmund mit 1 083 400 vor FC Bayern (845 000), Schalke (792 183), HSV (731 190) und Hertha (687 736). Die wenigsten waren in Unterhaching (183 100), Rostock (256 200) und Wolfsburg (263 512).

Keinem Stürmer gelang in dieser Saison ein Hattrick. In der Bundesliga-Geschichte sind 80 registriert.

Nur ein Feldspieler (Jakobssson/ Hansa), aber sechs Torleute versäumten keine Minute, wurden nie ausgewechselt: Kiraly (Hertha), Rost (Bremen), Piplica (Cottbus), Golz (Freiburg), Pieckenhagen (Rostock), Reitmaier (Wolfsburg).

Freiburgs Torwart Richard Golz wurde in 510 Minuten nicht bezwungen. Das ist Rang 8 in der Rekordliste. Die führt Oliver Kahn (Bayern) mit 736 Minuten (1998/99) an.

Ulf Kirsten (Leverkusen) steht mit 170 Toren nun auf Platz 8 der besten Liga-Schützen. Es führt Gerd Müller (FC Bayern) mit 365 Toren.

Bester Torjäger der Ausländer bleibt Chapuisat (Schweiz - Uerdingen / Dortmund) mit 107 Treffern vor Bum Kun Cha (Südkorea - Frankfurt/Leverkusen) 98, Yeboah (Ghana - Frankfurt/HSV) 96, Elber (Brasilien - VfB /Bayern) 94.

Diesmal gab es zwei Spielausfälle wie im Vorjahr. Die schlimmste Saison war 1978/79 mit 46 Ausfällen.

Saison 2000/2001: Ergebnisse im Überblick

	FC Bayern München	Bayer 04 Leverkusen	Hamburger SV	TSV München 1860	1. FC Kaiserslautern	Hertha BSC Berlin	VfL Wolfsburg	VfB Stuttgart	SV Werder Bremen	SpVgg Unterhaching	Borussia Dortmund	SC Freiburg	FC Schalke 04	Eintracht Frankfurt	FC Hansa Rostock	1. FC Köln	VfL Bochum	FC Energie Cottbus
FC Bayern München	■	2:00	2:01	3:01	2:01	4:01	3:01	1:00	2:03	3:01	6:02	1:00	1:03	1:02	0:01	1:01	3:02	2:00
Bayer 04 Leverkusen	0:01	■	1:01	0:00	4:02	4:00	2:00	4:00	3:00	1:00	2:00	1:03	0:03	1:00	1:02	4:01	1:00	1:03
Hamburger SV	1:01	1:03	■	2:02	1:01	1:02	3:02	2:02	2:01	1:01	2:03	5:00	2:00	2:01	1:01	1:01	3:00	2:01
TSV München 1860	0:02	1:00	2:01	■	0:04	0:01	2:02	0:00	0:02	1:00	0:02	3:01	0:02	1:01	3:01	2:04	0:01	
1. FC Kaiserslautern	0:00	0:01	2:01	3:02	■	0:00	0:01	0:00	4:00	1:00	1:04	0:02	3:01	2:01	1:00	0:01	0:01	1:01
Hertha BSC Berlin	1:03	1:01	4:00	3:00	2:04	■	1:03	2:00	1:00	2:00	2:01	2:02	3:00	1:00	4:02	4:00	3:01	
VfL Wolfsburg	1:03	0:00	4:04	0:01	4:00	2:01	■	2:02	1:01	6:02	1:01	1:02	2:00	3:00	2:01	6:00	0:00	1:01
VfB Stuttgart	2:01	4:01	3:03	2:02	6:01	0:01	2:01	■	2:01	2:02	0:00	1:04	4:01	1:00	0:03	1:01	1:01	2:00
SV Werder Bremen	1:01	3:03	3:01	2:00	1:01	3:01	2:03	1:00	■	1:02	3:01	2:01	2:01	1:00	2:00	1:02	1:00	2:03
SpVgg Unterhaching	1:00	1:02	2:01	3:02	1:00	5:02	0:03	3:00	0:00	■	1:04	1:01	0:01	2:00	1:01	1:01	2:00	3:01
Borussia Dortmund	1:01	1:03	4:02	2:03	1:00	2:00	2:00	2:00	3:00	3:00	■	1:00	0:01	6:01	1:00	3:03	5:00	2:00
SC Freiburg	1:01	0:01	0:00	0:03	1:01	4:01	1:00	2:00	1:02	2:02	0:00	■	3:01	5:02	0:00	0:00	5:00	4:01
FC Schalke 04	3:02	0:00	0:01	3:00	2:01	3:00	2:01	2:01	5:03	0:00	0:00	4:00	■	2:00	0:00	2:01	3:01	2:00
Eintracht Frankfurt	0:02	1:03	1:04	4:00	1:00	1:02	3:00	1:00	3:00	3:00	0:00	1:00	4:00	■	1:00	1:05	3:00	1:01
FC Hansa Rostock	3:02	1:00	1:00	0:00	0:02	1:00	5:02	2:02	0:00	0:00	0:00	0:02	0:00	0:02	■	2:01	2:01	1:00
1. FC Köln	1:02	1:01	4:02	4:00	0:01	0:00	1:03	2:00	0:00	0:01	2:01	4:01	5:02	2:00	4:00	■		
VfL Bochum	0:03	3:02	1:01	1:01	1:03	2:01	0:00	1:02	3:00	1:00	1:03	2:01	1:02	2:03	1:00	■		
FC Energie Cottbus	1:00	1:02	4:02	2:03	0:02	3:00	0:00	3:00	3:01	0:00	1:04	0:02	4:01	1:00	0:02	2:00	■	

DFB-Hallen-Pokal 2001

13./14. Januar in Dortmund (Westfalenhalle)
Fettgedruckte Mannschaften qualifiziert für die nächste Runde

Gruppe A

Borussia Mönchengladbach – FSV Mainz 05	2:1
FC Hansa Rostock – SpVgg Greuther Fürth	1:3
FSV Mainz 05 – FC Hansa Rostock	3:1
SpVgg Greuther Fürth – Borussia Mönchengladbach	4:0
Borussia Mönchengladbach – FC Hansa Rostock	1:4
FSV Mainz 05 – SpVgg Greuther Fürth	2:1

Tabelle

1. **SpVgg Greuther Fürth**	8:3	6
2. **FSV Mainz 05**	6:4	6
3. FC Hansa Rostock	6:7	3
4. Borussia Mönchengladbach	3:9	3

Gruppe B

FC Bayern München – VfL Bochum	3:4
VfL Bochum – SpVgg Unterhaching	1:3
FC Bayern München – SpVgg Unterhaching	2:3

Tabelle

1. **SpVgg Unterhaching**	6:3	6
2. **VfL Bochum**	5:6	3
3. FC Bayern München	5:7	0

Gruppe C

SV Werder Bremen – SSV Reutlingen	1:0
SSV Reutlingen – Energie Cottbus	3:3
SV Werder Bremen – Energie Cottbus	2:2

Tabelle

1. **SV Werder Bremen**	3:2	4
2. **Energie Cottbus**	5:5	2
3. SSV Reutlingen	3:4	1

Gruppe D

Borussia Dortmund – 1. FC Köln	1:4
1. FC Köln – FC St. Pauli	4:2
Borussia Dortmund – FC St. Pauli	3:2

Tabelle

1. **1. FC Köln**	8:3	6
2. **Borussia Dortmund**	4:6	3
3. FC St. Pauli	4:7	0

VIERTELFINALE

SpVgg Greuther Fürth – VfL Bochum	3:0
SpVgg Unterhaching – FSV Mainz 05	2:1
SV Weder Bremen – Borussia Dortmund	4:2
1. FC Köln – **Energie Cottbus**	4:5 n.N.

HALBFINALE

SpVgg Greuther Fürth – **SV Werder Bremen**	0:2
SpVgg Unterhaching – Energie Cottbus	5:2

SPIEL UM DEN 3. PLATZ

SpVgg Greuther Fürth – **Energie Cottbus**	2:3 n.N.

ENDSPIEL

SV Werder Bremen – **SpVgg Unterhaching**	5:6 n.N.

BISHERIGE SIEGER

1987*	Hamburger SV
1988	Bayer Uerdingen
1989	1989 SV Werder Bremen
1990	Borussia Dortmund
1991	Borussia Dortmund
1992	Borussia Dortmund
1993	1. FC Köln
1994	Bayer 04 Leverkusen
1995	Karlsruher SC
1996	TSV München 1860
1997	1. FC Kaiserslautern
1998	FC Hansa Rostock
1999	Borussia Dortmund
2000	Borussia Mönchengladbach
2001	SpVgg Unterhaching

* 1987 inoffiziell, seit 1988 unter DFB-Regie

Frauen-Bundesliga

ALLE SPIELTAGE, BEGEGNUNGEN, ERGEBNISSE

1. Spieltag Sonntag, 15.10.00

FFC Heike Rheine – FFC Flaesheim-Hillen	1:1 (1:1)
FSV Frankfurt – FFC Turbine Potsdam	1:3 (0:0)
WSV Wolfsburg-Wendschott – 1. FFC Frankfurt	0:4 (0:0)
FFC Brauweiler Pulheim – 1. FC Saarbrücken	3:0 (1:0)
SC 07 Bad Neuenahr – FCR Duisburg	3:2 (3:1)
FC Bayern München – Sportfreunde Siegen	4:1 (1:1)

2. Spieltag Sonntag, 22.10.2000

FFC Turbine Potsdam – FFC Heike Rheine	2:0 (1:0)
FFC Flaesheim-Hillen – FC Bayern München	1:4 (2:3)
FCR Duisburg – FFC Brauweiler Pulheim	0:7 (0:3)
1. FC Saarbrücken – WSV Wolfsburg-Wendschott	2:1 (0:0)
1. FFC Frankfurt – FSV Frankfurt	3:0 (2:0)
Sportfreunde Siegen – SC 07 Bad Neuenahr	1:2 (0:0)

3. Spieltag Sonntag, 29.10.00

FFC Heike Rheine – 1. FFC Frankfurt	0:4 (0:1)
WSV Wolfsburg-Wendschott – FCR Duisburg	2:3 (1:2)
FFC Brauweiler Pulheim – SC 07 Bad Neuenahr	5:1 (3:0)
Sportfreunde Siegen – FFC Flaesheim-Hillen	2:0 (1:0)
FC Bayern München – FFC Turbine Potsdam	2:1 (1:0)
FSV Frankfurt – 1. FC Saarbrücken	5:1 (3:0)

4. Spieltag Sonntag, 12.11.2000

FC Turbine Potsdam – Sportfreunde Siegen	9:0 (6:0)
FFC Brauweiler Pulheim – WSV Wolfsburg-Wendschott	1:1 (1:1)
FCR Duisburg – FSV Frankfurt	2:1 (2:0)
1. FC Saarbrücken – FFC Heike Rheine	3:1 (2:0)
1. FFC Frankfurt – FC Bayern München	5:0 (4:0)
SC 07 Bad Neuenahr – FFC Flaesheim-Hillen	0:0

5. Spieltag Sonntag, 19.11.00

WSV Wolfsburg-Wendschott – SC 07 Bad Neuenahr	4:1 (3:0)
FFC Flaesheim-Hillen – FFC Turbine Potsdam	0:0
Sportfreunde Siegen – 1. FFC Frankfurt	0:6 (0:3)
FC Bayern München – 1. FC Saarbrücken	2:1 (0:1)
FFC Heike Rheine – FCR Duisburg	1:3 (0:3)
FSV Frankfurt – FFC Brauweiler Pulheim	1:7 (0:3)

6. Spieltag Samstag, 25.11.00

FFC Brauweiler Pulheim – FFC Heike Rheine	6:1 (4:1)
1. FC Saarbrücken – Sportfreunde Siegen	2:3 (1:2)

Sonntag, 26.11.00

SC 07 Bad Neuenahr – FFC Turbine Potsdam	5:2 (3:0)
FCR Duisburg – FC Bayern München	3:1 (0:1)
1. FFC Frankfurt – FFC Flaesheim-Hillen	2:0 (2:0)
WSV Wolfsburg-Wendschott – FSV Frankfurt	0:1 (0:1)

7. Spieltag Sonntag, 03.12.00

FFC Heike Rheine – WSV Wolfsburg-Wendschott	2:5 (0:3)
FFC Turbine Potsdam – 1. FFC Frankfurt	1:1 (0:1)
FFC Flaesheim-Hillen – 1. FC Saarbrücken	3:0 (3:0)
FC Bayern München – FFC Brauweiler Pulheim	3:5 (1:2)
FSV Frankfurt – SC 07 Bad Neuenahr	3:2 (0:1)
Sportfreunde Siegen – FCR Duisburg	0:0

8. Spieltag Sonntag, 10.12.00

FCR Duisburg – FFC Flaesheim-Hillen	2:1 (2:0)
1. FC Saarbrücken – FFC Turbine Potsdam	0:4 (0:2)
WSV Wolfsburg-Wendschott – FC Bayern München	2:3 (0:2)
SC 07 Bad Neuenahr – 1. FFC Frankfurt	1:6 (1:2)
FSV Frankfurt – FFC Heike Rheine	1:3 (1:1)

Sonntag, 04.02.01

FFC Brauweiler Pulheim – Sportfreunde Siegen	2:1 (1:0)

9. Spieltag Sonntag, 17.12.00

FFC Heike Rheine – SC 07 Bad Neuenahr	1:1 (0:0)
1. FFC Frankfurt – 1. FC Saarbrücken	3:0 (0:0)
FFC Turbine Potsdam – FCR Duisburg	1:1 (1:0)
FC Bayern München – FSV Frankfurt	1:2 (1:1)

Sonntag, 11.02.01

FFC Flaesheim-Hillen – FFC Brauweiler Pulheim	1:0 (0:0)
Sportfreunde Siegen – WSV Wolfsburg-Wendschott	2:2 (1:0)

10. Spieltag Sonntag, 18.02.2001

FCR Duisburg – 1. FFC Frankfurt	0:2 (0:1)
FFC Heike Rheine – FC Bayern München	3:2 (1:1)
FFC Brauweiler Pulheim – FFC Turbine Potsdam	0:2 (0:2)
FSV Frankfurt – Sportfreunde Siegen	1:0 (0:0)
WSV Wolfsburg-Wendschott – FFC Flaesheim-Hillen	1:2 (1:1)
SC 07 Bad Neuenahr – 1. FC Saarbrücken	0:0

11. Spieltag Sonntag, 25.02.01

1. FC Saarbrücken – FCR Duisburg	0:3 (0:1)
1. FFC Frankfurt – FFC Brauweiler Pulheim	5:1 (3:0)
FFC Flaesheim-Hillen – FSV Frankfurt	1:1 (0:1)
FC Bayern München – SC 07 Bad Neuenahr	4:2 (1:0)

Sonntag, 25.03.01

FFC Turbine Potsdam – WSV Wolfsburg-Wendschott	5:0 (2:0)

Samstag, 14.04.01

Sportfreunde Siegen – FFC Heike Rheine	2:0 (1:0)

12. Spieltag Sonntag, 11.03.2001

FCR Duisburg – SC 07 Bad Neuenahr	2:2 (1:1)
FFC Flaesheim-Hillen – FFC Heike Rheine	3:0 (0:0)
FFC Turbine Potsdam – FSV Frankfurt	1:1 (0:1)
1. FFC Frankfurt – WSV Wolfsburg-Wendschott	6:0 (3:0)
Sportfreunde Siegen – FC Bayern München	2:3 (2:1)
1. FC Saarbrücken – FFC Brauweiler Pulheim	2:3 (2:0)

13. Spieltag Sonntag, 18.03.01

WSV Wolfsburg-Wendschott – 1. FC Saarbrücken	0:0
FFC Heike Rheine – FFC Turbine Potsdam	1:1 (1:0)
FC Bayern München – FFC Flaesheim-Hillen	1:3 (0:1)
FFC Brauweiler Pulheim – FCR Duisburg	2:3 (0:1)
FSV Frankfurt – 1. FFC Frankfurt	1:3 (0:1)
SC 07 Bad Neuenahr – Sportfreunde Siegen	0:1 (0:1)

14. Spieltag Sonntag, 01.04.01

1. FFC Frankfurt – FFC Heike Rheine	3:1 (1:1)
FCR Duisburg – WSV Wolfsburg-Wendschott	0:0
FFC Flaesheim-Hillen – Sportfreunde Siegen	0:0
FFC Turbine Potsdam – FC Bayern München	4:1 (1:0)
1. FC Saarbrücken – FSV Frankfurt	0:0
SC 07 Bad Neuenahr – FFC Brauweiler Pulheim	1:0 (0:0)

15. Spieltag Montag, 16.04.01

FFC Heike Rheine – 1. FC Saarbrücken	3:2 (3:0)
WSV Wolfsburg-Wendschott – FFC Brauweiler Pulheim	3:2 (2:1)
FSV Frankfurt – FCR Duisburg	0:2 (0:1)
FC Bayern München – 1. FFC Frankfurt	0:5 (0:1)

Dienstag, 01.05.01

FFC Flaesheim-Hillen – SC 07 Bad Neuenahr	0:1 (0:1)
Sportfreunde Siegen – FFC Turbine Potsdam	0:6 (0:5)

16. Spieltag Sonntag, 22.04.01

1. FFC Frankfurt – Sportfreunde Siegen	2:2 (1:0)
1. FC Saarbrücken – FC Bayern München	0:1 (0:1)
FCR Duisburg – FFC Heike Rheine	3:2 (1:1)
FFC Turbine Potsdam – FFC Flaesheim-Hillen	0:1 (0:1)
FFC Brauweiler Pulheim – FSV Frankfurt	0:1 (0:1)
SC 07 Bad Neuenahr – WSV Wolfsburg-Wendschott	1:2 (0:0)

17. Spieltag Sonntag, 29.04.01

FFC Heike Rheine – FFC Brauweiler Pulheim	1:4 (1:2)
Sportfreunde Siegen – 1. FC Saarbrücken	3:0 (2:0)
FFC Turbine Potsdam – SC 07 Bad Neuenahr	7:0 (4:0)
FFC Flaesheim-Hillen – 1. FFC Frankfurt	3:3 (2:1)
FC Bayern München – FCR Duisburg	3:4 (2:2)
FSV Frankfurt – WSV Wolfsburg-Wendschott	1:1 (0:1)

18. Spieltag Sonntag, 06.05.01

FCR Duisburg – Sportfreunde Siegen	1:4 (1:3)
1. FFC Frankfurt – FFC Turbine Potsdam	0:2 (0:1)
1. FC Saarbrücken – FFC Flaesheim-Hillen	2:4 (1:1)
FFC Brauweiler Pulheim – FC Bayern München	0:1 (0:1)
WSV Wolfsburg-Wendschott – FFC Heike Rheine	2:1 (1:0)
SC 07 Bad Neuenahr – FSV Frankfurt	3:1 (1:0)

19. Spieltag Sonntag, 13.05.01

1. FFC Frankfurt – SC 07 Bad Neuenahr	5:0 (2:0)
FFC Flaesheim-Hillen – FCR Duisburg	2:1 (0:1)
FFC Turbine Potsdam – 1. FC Saarbrücken	6:0 (1:0)
FFC Heike Rheine – FSV Frankfurt	1:1 (1:1)
FC Bayern München – WSV Wolfsburg-Wendschot	2:1 (1:0)
Sportfreunde Siegen – FFC Brauweiler Pulheim	0:2 (0:0)

20. Spieltag Sonntag, 20.05.01

1. FC Saarbrücken – 1. FFC Frankfurt	0:7 (0:3)
FCR Duisburg – FFC Turbine Potsdam	1:0 (0:0)
SC 07 Bad Neuenahr – FFC Heike Rheine	1:2 (1:1)
FFC Brauweiler Pulheim – FFC Flaesheim-Hillen	1:0 (0:0)
FSV Frankfurt – FC Bayern München	1:1 (0:1)
WSV Wolfsburg-Wendschott – Sportfreunde Siegen	1:2 (1:0)

21. Spieltag Sonntag, 03.06.01
(Ergebnisse lagen bei Redaktionsschluss noch nicht vor)

Sportfreunde Siegen – FSV Frankfurt	------------
FFC Flaesheim-Hillen – WSV Wolfsburg-Wendschott	------------
1. FC Saarbrücken – SC 07 Bad Neuenahr	------------
1. FFC Frankfurt – FCR Duisburg	------------
FC Bayern München – FFC Heike Rheine	------------
FFC Turbine Potsdam – FFC Brauweiler Pulheim	------------

22. Spieltag Sonntag, 10.06.01
(Ergebnisse lagen bei Redaktionsschluss noch nicht vor)

WSV Wolfsburg-Wendschott – FFC Turbine Potsdam	------------
FSV Frankfurt – FFC Flaesheim-Hillen	------------
FFC Heike Rheine – Sportfreunde Siegen	------------
FCR Duisburg – 1. FC Saarbrücken	------------
FFC Brauweiler Pulheim – 1. FFC Frankfurt	------------
SC 07 Bad Neuenahr – FC Bayern München	------------

Tabelle nach 20. Spieltag

		Sp.	gew.	Remis	Verl.	Tore	Diff.	Pkt.
1	1. FFC Frankfurt	20	16	3	1	75 : 12	63	51
2	FFC Turbine Potsdam	20	11	5	4	57 : 15	42	38
3	FCR Duisburg	20	11	4	5	36 : 34	2	37
4	FFC Brauweiler Pulheim	20	11	1	8	51 : 28	23	34
5	FC Bayern München	20	10	1	9	39 : 46	-7	31
6	FFC Flaesheim-Hillen	20	8	6	6	26 : 22	4	30
7	Sportfreunde Siegen	20	7	4	9	26 : 43	-17	25
8	FSV Frankfurt	20	6	6	8	24 : 35	-11	24
9	SC 07 Bad Neuenahr	20	6	4	10	27 : 48	-21	22
10	Wolfsburg-Wendschott	20	5	5	10	28 : 41	-13	20
11	FFC Heike Rheine	20	4	4	12	25 : 50	-25	16
12	1. FC Saarbrücken	20	2	3	15	15 : 55	-40	9

DFB-Pokal Frauen 2000/2001

Fettgedruckte Mannschaften qualifiziert für die nächste Runde

QUALIFIKATIONSSPIELE
06. und 13. August 2000

DFC Westsachsen Zwickau – **Magdeburg/Wolmirstedt**	2:5
Hamburger SV – TuS Köln rrh.	10:2
SC Freiburg – TSV Crailsheim	4:0

1. HAUPTRUNDE
19./20. August 2000

Fortuna Magdeburg/Wolmirstedt – **FFC Flaesheim-Hillen**	1:6
TSV Pfersee Augsburg – **SC 07 Bad Neuenahr**	0:5
1. FC Nürnberg – **FC Bayern München**	1:5
SpVgg Rehweiler-Matzenbach – **FSV Frankfurt**	0:4
Berliner SV 92 – **1. FFC Turbine Potsdam**	0:16
USV Jena – **FFC Brauweiler Pulheim 2000**	0:7
Hamburger SV – FCR Duisburg	2:1 n.V.
1. FFC Turbine Potsdam II – **SG Essen-Schönebeck**	1:4
DJK FSV Schwarzbach – **1. FC Saarbrücken**	0:2
PSV 90 Neubrandenburg – **WSV Wolfsburg-Wendschott**	1:13
Herforder SV Borussia Friedenstal – Neuenbrook/Rethwisch	5:0
1. FC Saarbrücken II – **1. FFC Frankfurt**	0:7
TuS Niederkirchen – **SC Freiburg**	0:2
SC 07 Bad Neuenahr II – **FC Viktoria Neckarhausen**	1:5
SV Victoria Gersten – **FFC Heike Rheine**	2:5
ATS Buntentor – **Sportfreunde Siegen**	0:5

ACHTELFINALE
5. November 2000

Hamburger SV – **FFC Flaesheim-Hillen**	4:5 n.E.
SG Essen-Schönebeck – **1. FFC Turbine Potsdam**	0:11
FFC Heike Rheine – **FFC Brauweiler Pulheim 2000**	1:2
FC Bayern München – 1. FC Saarbrücken	5:1
1. FFC Frankfurt – Sportfreunde Siegen	10:0
Herforder SV Borussia Friedenstal – **Wolfsburg-Wendschott**	1:5
SC Freiburg – **SC 07 Bad Neuenahr**	4:5 n.E.
FC Viktoria Neckarhausen – **FSV Frankfurt**	0:7

VIERTELFINALE
4. März 2001

FSV Frankfurt – FC Bayern München	3:2
WSV Wolfsburg-Wendschott – **1. FFC Frankfurt**	0:6
SC 07 Bad Neuenahr – **1. FFC Turbine Potsdam**	5:6 n.E.
FFC Flaesheim-Hillen – FFC Brauweiler Pulheim 2000	3:2 n.V.

HALBFINALE
25. März und 15. April 2001

FSV Frankfurt – **1. FFC Frankfurt**	1:2
1. FFC Turbine Potsdam – **FFC Flaesheim-Hillen**	2:4 n.E.

FINALE
26. Mai 2001 in Berlin

1. FFC Frankfurt – FFC Flaesheim-Hillen	2:1 (0:1)

Frankfurt: Wissink – Tina Wunderlich, Nardenbach, Minnert – Jones, Pia Wunderlich, Künzer, Lingor, Affeld (63. Rech) – Jennifer Meier, Prinz
Hillen: Höfkes – Katagiri, Mandrysch, van den Berg – Terberl, Stegemann, Lange, Schmidt, Götte (83. Pohl) – Antje Meier (85. Janßen), Voss (57. Düner)
Schiedsrichterin: Beck (Magstadt)
Tore: 0:1 Antje Meier (44.), 1:1 Prinz (48.), 2:1 Jennifer Meier (78.)
Zuschauer: 25.000
Gelbe Karten: Nardenbach
Gelb/Rote Karten: keine
Rote Karten: keine

DFB-Pokal 2000/2001

Fettgedruckte Mannschaften qualifiziert für die nächste Runde

1. HAUPTRUNDE
Freitag-Montag, 25.-28. August 2000

Bundesliga gegen Zweite Liga

SSV Reutlingen – **Hertha BSC Berlin**	2:3 n.V. (2:2, 0:1)

Amateure gegen Bundesliga

TuS Dassendorf – **SpVgg Unterhaching**	0:5 (0:2)
SV Babelsberg 03 – **VfL Bochum**	1:6 (0:3)
FC Schönberg – **FC Bayern München**	0:4 (0:2)
Tennis Borussia Berlin II – **SV Werder Bremen**	0:2 (0:0)
FC Ismaning – **Borussia Dortmund**	0:4 (0:1)
VfB Stuttgart Amateure – Eintracht Frankfurt	6:1 (2:1)
SV Werder Bremen Amateure – **VfL Wolfsburg**	0:1 (0:0)
Wuppertaler SV – **VfB Stuttgart**	1:3 (0:2)
TSV 1896 Rain am Lech – **FC Schalke 04**	0:7 (0:3)
1. FC Magdeburg – 1. FC Köln	5:2 (2:1)
VfL Hamm – **Energie Cottbus**	0:6 (0:4)
SC Paderborn 07 – **FC Hansa Rostock**	1:2 (1:0)
TSG Pfeddersheim – **TSV München 1860**	0:7 (0:1)
Fortuna Köln – **Bayer 04 Leverkusen**	0:4 (0:2)
SC Pfullendorf – **SC Freiburg**	1:3 (0:0)
Erzgebirge Aue – **Hamburger SV**	0:3 (0:1)
Kick. Offenbach – **1. FC Kaiserslautern**	0:4 (0:2)

Zweite Liga gegen Zweite Liga

VfL Osnabrück – **Hannover 96**	0:1 (0:1)
1. FC Saarbrücken – **SpVgg Greuther Fürth**	0:1 (0:0)
LR Ahlen – **Borussia Mönchengladbach**	1:2 (1:1)

Amateure gegen Zweite Liga

RW Erfurt – **SSV Ulm 1846**	0:2 (0:1)
SC Halberg Brebach – **1. FC Nürnberg**	0:5 (0:2)
Karlsruher SC – Chemnitzer FC	2:1 (2:0)
Bayer 04 Leverkusen Amateure – **FC St. Pauli**	1:2 (0:2)
Kickers Emden – **FSV Mainz 05**	0:1 (0:0)
Tennis Borussia Berlin – **Arminia Bielefeld**	1:3 (0:2)
Karlsruher SC II – **Alemannia Aachen**	0:2 (0:1)

1. FC Union Berlin – RW Oberhausen	2:0 (1:0)
FC Teningen – **MSV Duisburg**	0:3 (0:1)
SV Wehen – Stuttgarter Kickers	2:1 (2:0)
VfB Lübeck – SVW Mannheim	3:2 i.E. (2:2 n.V., 1:1, 1:0)

2. HAUPTRUNDE
Dienstag/Mittwoch, 31. Oktober/1. November 2000

Bundesliga gegen Bundesliga

SC Freiburg – SV Werder Bremen	1:0 (0:0)
SpVgg Unterhaching – **TSV München 1860**	1:2 n.V. (1:1, 1:0)
VfL Wolfsburg – Hertha BSC Berlin	3:1 (2:1)

Bundesliga gegen Zweite Liga

Arminia Bielefeld – **VfL Bochum**	0:4 (0:1)
Alem. Aachen – **Bayer 04 Leverkusen**	1:2 (0:1)
SSV Ulm 1846 – Energie Cottbus	2:0 (0:0)
Hannover 96 – FC Hansa Rostock	2:1 (1:0)
Borussia Mönchengladbach – 1. FC Kaiserslautern	5:1 (3:1)
FC St. Pauli – **FC Schalke 04**	1:3 n.V. (1:1, 0:1)

Amateure gegen Bundesliga

Karlsruher SC – **Hamburger SV**	1:0 (0:0)
SV Wehen – **Borussia Dortmund**	0:1 n.V.
VfB Stuttgart Amateure – **VfB Stuttgart**	0:3 (0:2)
1. FC Magdeburg – FC Bayern München	4:2 i.E. (1:1 n.V., 1:1, 1:0)

Zweite Liga gegen Zweite Liga

1. FC Nürnberg – FSV Mainz 05	4:0 (3:0)

Amateure gegen Zweite Liga

1. FC Union Berlin – SpVgg Greuther Fürth	1:0 (1:0)
VfB Lübeck – **MSV Duisburg**	3:5 i.E. (1:1 n.V., 1:1, 1:0)

ACHTELFINALE
Dienstag/Mittwoch, 28./29. November 2000

Bundesliga gegen Bundesliga

SC Freiburg – Bayer 04 Leverkusen	3:2 (2:1)
TSV München 1860 – **VfL Bochum**	0:5 (0:1)
FC Schalke 04 – Borussia Dortmund	2:1 (2:1)

Bundesliga gegen Zweite Liga

VfL Wolfsburg – **MSV Duisburg**	3:4 (1:1 n.V., 1:1, 0:1)
VfB Stuttgart – Hannover 96	2:1 (1:0)

Zweite Liga gegen Zweite Liga

Bor.ussia Mönchengladbach – **1. FC Nürnberg**	1:0 (0:0)

Amateure gegen Zweite Liga

1. FC Union Berlin – SSV Ulm 1846	4:2 (2:1)

Amateure gegen Amateure

1. FC Magdeburg – Karlsruher SC	5:3 n.V. (3:3, 1:2)

VIERTELFINALE
Mittwoch, 20. Dezember 2000

Bundesliga gegen Bundesliga

VfB Stuttgart – SC Freiburg	2:1 n.V. (1:1, 1:1)

Amateure gegen Bundesliga

1. FC Union Berlin – VfL Bochum	1:0 (0:0)
1. FC Magdeburg – **FC Schalke 04**	0:1 (0:1)

Zweite Liga gegen Zweite Liga

MSV Duisburg – **Borussia Mönchengladbach**	0:1 (0:0)

HALBFINALE
Dienstag/Mittwoch, 6./7. Februar 2001

Bundesliga gegen Bundesliga

VfB Stuttgart – **FC Schalke 04**	0:3 (0:3)

Amateure gegen Zweite Liga

1. FC Union Berlin – Borussia M'gladbach	4:2 i.E. (2:2 n.V., 2:2, 1:0)

FINALE
Samstag, 26.05.01 in Berlin (Olympiastadion)

Amateure gegen Bundesliga

FC Union Berlin – FC Schalke 04 0:2 (0:0)

1. FC Union Berlin: Beuckert – Persich, Tschiedel (82. Tredup), Ernemann (56. Teixeira) – Okeke, Nikol – Koilov, Kremenliev – Menze – Isa (70. Zechner), B. Durkovic – Trainer: Wassilev
FC Schalke 04: Reck – Hajto, Nemec (84. Thon), van Kerckhoven (88. Büskens) – Asamoah (80. Latal), Oude Kamphuis, van Hoogdalem, Böhme – Möller – Mpenza, Sand – Trainer: Stevens
Tore: 0:1 Böhme (53., direkter Freistoß), 0:2 Böhme (58., Foulelfmeter)
Schiedsrichter: Albrecht
Zuschauer: 73 011 (ausverkauft)
Gelbe Karten: Ernemann, Beuckert – Hajto, Asamoah
Gelb/Rote Karten: keine
Rote Karten: keine

DFB-Liga-Pokal

VORRUNDE
24.07.2000 in Lübeck
Hamburger SV – Hertha BSC Berlin 1:3 (1:1)

27.07.2000 in Ludwigshafen
TSV 1860 München – 1. FC Kaiserslautern 0:2 (0:2)

HALBFINALE
29.07.2000 in Dessau
Bayer 04 Leverkusen – Hertha BSC Berlin 4:5 i. E. (1:1, 1:0)

30.07.2000 in Augsburg
Bayern München – 1. FC Kaiserslautern 4:1 (2:1)

ENDSPIEL
01.08.2000 in Leverkusen
Hertha BSC Berlin – FC Bayern München 1:5 (0:0)

LÄNDERSPIELE 2000/2001 – Männer

16. August 2000 in Hannover
Deutschland – Spanien 4:1 (1:0)
Kahn – Rehmer, Nowotny, Heinrich (67. Linke) – Deisler, Ballack (79. Hamann), Ramelow, Bode (46. Beinlich) – Scholl (66. Neuville), Jancker (73. Rink), Zickler.
Tore: 1:0, 2:0 Scholl (24., 51.), 3:0, 4:0 Zickler (57., 62.), 4:1 Raul (70.)
Zuschauer: 45 000
Schiedsrichter: Fisker (Dänemark)

2. September 2000 in Hamburg
Deutschland – Griechenland 2:0 (1:0)
Kahn – Rehmer, Nowotny, Heinrich (46. Linke) – Deisler, Ramelow, Ballack, Bode – Scholl – Zickler (71. Rink), Jancker.
Tore: 1:0 Deisler (17.), 2:0 Ouzunidis (75., Eigentor).
Zuschauer: 48 500
Schiedsrichter: Nieto (Spanien)

7. Oktober 2000 in London
England – Deutschland 0:1 (0:1)
Kahn – Rehmer, Nowotny, Linke – Deisler, Hamann, Ballack, Bode (87. Ziege) – Bierhoff, Scholl
Tor: 0:1 Hamann (14.)
Zuschauer: 76 377
Schiedsrichter: Braschi (Italien)

15. November 2000 in Kopenhagen
Dänemark – Deutschland 2:1 (0:0)
Kahn – Hertzsch, Nowotny, Linke (68. Wosz) – Heinrich (46. Bode), Ramelow, Hamann, Ziege (88. Baumann) – Zickler (83. Neuville), Bierhoff (73. Jancker), Scholl
Tore: 1:0, 2:0 Rommedahl (56., 65.), 2:1 Scholl (82.)
Zuschauer: 17 664
Schiedsrichter: Stuchlik (Österreich)

27. Februar 2001 in Paris
Frankreich – Deutschland 1:0 (1:0)
Kahn – Wörns, Jeremies, Linke – Rehmer (81. Frings), Hamann (46. Neuville), Ramelow, Ballack, Bode (90. Ziege) – Scholl, Jancker (67. Bierhoff)
Tor: 1:0 Zidane (27.)
Zuschauer: 80 000
Schiedsrichter: Trentalange (Italien)

24. März 2001 in Leverkusen
Deutschland – Albanien 2:1 (0:0)
Kahn – Wörns, Nowotny – Deisler, Hamann (46. Rehmer), Jeremies, Bode – Scholl – Neuville (72. Klose), Bierhoff (46. Jancker)
Tore: 1:0 Deisler (50.), 1:1 Kola (65.), 2:1 Klose (88.)
Zuschauer: 22 500
Schiedsrichter: Cesari (Italien)

28. März 2001 in Athen
Griechenland – Deutschland 2:4 (2:2)
Kahn – Wörns, Nowotny, Heinrich, Ziege – Rehmer, Ramelow, Ballack – Deisler – Jancker (78. Bode), Neuville (67. Klose)
Tore: 0:1 Rehmer (6.), 1:1 Charisteas (21.), 1:2 Ballack (25.), 2:2 Georgiadis (43.), 2:3 Klose (82.), 2:4 Bode (90.)
Zuschauer: 40 000
Schiedsrichter: Melo Pereira (Portugal)

LÄNDERSPIELE 2000/2001 – Frauen

16. Juli 2000 in Osnabrück
Deutschland – China 1:3 (1:1)
Rottenberg – Minnert, Jones, Hingst, Stegemann (62. T. Wunderlich) – Wiegmann, Smisek (46. Meinert), Lingor, Hoffmann (79. Gottschlich) – Prinz, Grings
Tore: 0:1 Jin Yang (25.), 1:1 Grings (30.), 1:2, 1:3 Qiu Haiyan (52., 54.)
Zuschauer: 4000
Schiedsrichterin: Christine Frai (Deutschland)

19. Juli 2000 in Göttingen
Deutschland – Norwegen 1:4 (0:0)
Angerer – Gottschlich (53. Minnert), Jones, T. Wunderlich (46. Stegemann), Hingst – Hoffmann (75. P. Wunderlich), Smisek, Wiegmann, Meinert – C. Müller (46. Grings), Prinz
Tore: 1:0 Jones (55.), 1:1 Knudsen (62.), 1:2, 1:3 Haugenes (79., 82.), 1:4 Boe Jensen (90.)
Zuschauer: 4000
Schiedsrichterin: Elke Fielenbach (Deutschland)

22. Juli 2000 in Braunschweig
Deutschland – USA 0:1 (0:0)
Rottenberg – Minnert, Jones (77. Götte), Hingst, Stegemann – Meinert, Wiegmann, Lingor, Hoffmann (74. Smisek) – Prinz, Grings (63. M. Müller).
Tor: 0:1 Foudy (65.)
Zuschauer: 6050
Schiedsrichterin: Antje Wittenweg (Deutschland)

17. August 2000 in Reykjavik
Island – Deutschland 0:6 (0:4)
Rottenberg – T. Wunderlich (46. Hoffmann), Fitschen, Jones, Minnert – Hingst, Wiegmann, Meinert, Lingor (46. Smisek) – Grings (65. C. Müller), Prinz
Tore: 0:1 Jones (3.), 0:2 Hingst (5.), 0:3, 0:4 Prinz (18., 42.), 0:5 Meinert (85.), 0:6 C. Müller (90.)
Zuschauer: 250
Schiedsrichterin: Ingrid Jonsson (Schweden)

27. August 2000 in Aachen
Deutschland – Dänemark 7:0 (5:0)
Rottenberg – Hingst, Jones, Fitschen (46. T. Wunderlich), Minnert – Smisek (70. Stegemann), Wiegmann (70. Götte), Meinert, Lingor – Prinz, Grings
Tore: 1:0, 2:0 Grings (2., 17.), 3:0 Prinz (36.), 4:0 Minnert (44.), 5:0 Wiegmann (45., Foulelfmeter), 6:0, 7:0 Lingor (78., 90.)
Zuschauer: 2000
Schiedsrichterin: Elke Fielenbach (Deutschland)

13. September 2000 in Canberra
Australien – Deutschland 0:3 (0:1)
Rottenberg – Stegemann, Fitschen, Jones, Minnert – Hingst, Wiegmann, Meinert, Lingor – Prinz, Grings
Tore: 0:1 Grings (35.), 0:2 Wiegmann (71.), 0:3 Lingor (90.)
Zuschauer: 25 000
Schiedsrichterin: Bola Elisabeth Abidoye (Nigeria)

16. September 2000 in Canberra
Deutschland – Brasilien 2:1 (2:0)
Rottenberg – Stegemann, Fitschen, Jones, Lingor – Hingst, Wiegmann, Minnert, Meinert – Prinz, Grings
Tore: 1:0, 2:0 Prinz (33., 41.), 2:1 Raquel (73.)
Zuschauer: 18 000
Schiedsrichterin: Martha Toro Pardo (Kolumbien)

19. September 2000 in Melbourne
Deutschland – Schweden 1:0 (0:0)
Rottenberg – T. Wunderlich, Fitschen, Jones, Minnert – Hoffmann (46. Lingor), Hingst, Wiegmann, Meinert (86. Brandebusemeyer) – Prinz, Grings (46. C. Müller)
Tor: 1:0 Hingst (88.)
Zuschauer: 7000
Schiedsrichterin: Wendy Ann Toms (Großbritannien)

24. September 2000 in Sydney
Deutschland – Norwegen 0:1 (0:0)
Rottenberg – T. Wunderlich, Fitschen, Jones, Minnert – Stegemann, Hingst, Meinert, Wiegmann – Prinz, Grings
Tor: 0:1 T. Wunderlich (80., Eigentor)
Zuschauer: 20 000
Schiedsrichterin: Eun-Ju Im (Südkorea)

28. September 2000 in Sydney
Deutschland – Brasilien 2:0 (0:0)
Rottenberg – Stegemann (20. Hoffmann), Fitschen, Jones, Minnert – Lingor, Hingst (54. Gottschlich), Meinert, Wiegmann – Prinz, Grings (90. Götte)
Tore: 1:0 Lingor (64.), 2:0 Prinz (79.)
Zuschauer: 10 000
Schiedsrichterin: Eun-Ju Im (Südkorea)

6. März 2001 in Augsburg
Deutschland – China 1:0 (0:0)
Rottenberg – Stegemann (46. Wimbersky), Jones, Minnert, Götte (70. Angerer) – Hingst (35. M. Müller), Gottschlich, Smisek (66. Bachor), Lingor (66. Günther) – C. Müller, Wunderlich (46. Künzer)
Tor: 1:0 C. Müller (56.)
Zuschauer: 1700
Schiedsrichterin: Elke Güntner (Deutschland)

8. März 2001 in Ulm
Deutschland – China 2:4 (1:2)
Rottenberg – Götte, Minnert, Jones, Künzer (35. Wimbersky) – Smisek (64. M. Müller), P. Wunderlich (90. Gottschlich), Stegemann, Hingst (78. Bachor) – Lingor, Prinz
Tore: 0:1 Zhang Ouying (13.), 1:1 Li Jie (18., Eigentor), 1:2 Xie Caixia (45.), 1:3 Li Jie (52.), 2:3 Prinz (64.), 2:4 Bai Jie (69.)
Zuschauer: 3600
Schiedsrichterin: Elke Fielenbach (Deutschland)

10. Mai 2001 in Troisdorf
Deutschland – Italien 1:0 (0:0)
Rottenberg – Stegemann, Hingst, Künzer, Bresonik – Smisek (46. M. Müller), Omilade, Lingor, Prinz – C. Müller (71. Pohlers), Wunderlich (46. Wimbersky)
Tor: 1:0 M. Müller (83.)
Zuschauer: 1600
Schiedsrichterin: Elke Fielenbach (Deutschland)

17. Mai 2001 in Gera
Deutschland – Russland 1:1 (1:0)
Rottenberg – Minnert, Fitschen, Hingst, Stegemann (46. Künzer) – P. Wunderlich (46. Bresonik), Lingor, Wiegmann, Smisek – Meinert (80. M. Müller), C. Müller (46. Wimbersky)
Tore: 1:0 C. Müller (33.), 1:1 Letiuschowa (82.)
Zuschauer: 1600

Champions League 2000/2001

Fettgedruckte Mannschaften qualifiziert für nächste Runde

1. QUALIFIKATIONSRUNDE
Hinspiele: Mittwoch, 12. Juli 2000
Rückspiele: Mittwoch, 19. Juli 2000

FC Birkirkara – **KR Reykjavik**	1:2 (1:0)	1:4 (0:2)
FC Sloga Jugomagnat – **Shelbourne FC**	0:1 (0:0)	1:1 (0:1)
FC Shirak Giumri – **FC BATE Borisov**	1:1 (1:1)	1:2 (0:1)
FK Chalgiris Kaunas – NK Brotnjo	4:0 (3:0)	0:3 (0:3)
Skonto Riga – **FK Shamkir**	2:1 (0:0)	1:4 n.V. (1:2, 1:1)
SK Tirana – **Zimbru Chisinau**	2:3 (2:2)	2:3 (2:2)
TNS Llansanteffraid – **FC Levadia Maardu**	2:2 (0:0)	0:4 (0:1)
Ki Klaksvik – **Roter Stern Belgrad**	0:3 (0:1)	0:2 (0:2)
Haka Valkeakoski – **FC Linfield**	1:0 (0:0)	1:2 (0:1)
F 91 Düdelingen – **Levski Sofia**	0:4 (0:2)	0:2 (0:1)

2. QUALIFIKATIONSRUNDE
Hinspiele: Mittwoch, 26. Juli 2000
Rückspiele: Mittwoch, 2. August 2000

Bröndby IF – KR Reykjavik	3:1 (1:1)	0:0
Glasgow Rangers – FK Chalgiris Kaunas	4:1 (1:1)	0:0
RSC Anderlecht – Anorthosis Famagusta	4:2 (3:1)	0:0
Schachtjor Donezk – FC Levadia Maardu	4:1 (2:0)	5:1 (2:0)
HNK Hajduk Split – **SE Dunaferr**	0:2 (0:0)	2:2 (2:1)
Sturm Graz – Hapoel Tel Aviv	3:0 (1:0)	2:1 (0:1)
Zimbru Chisinau – NK Maribor	2:0 (0:0)	0:1 (0:0)
Slavia Prag – FK Shamkir	1:0 (1:0)	4:1 (1:0)
Dinamo Bukarest – **Polonia Warschau**	3:4 (2:2)	1:3 (1:0)
Shelbourne FC – **Rosenborg Trondheim**	1:3 (0:2)	1:1 (0:0)
Besiktas Istanbul – Levski Sofia	1:0 (0:0)	1:1 (1:0)
Haka Valkeakoski – Inter Bratislava	0:0	0:1 n.V.
Roter Stern Belgrad – Torpedo Kutaissi	4:0 (3:0)	0:2 (0:1)
Helsingborg IF – **FC BATE Borisov**	0:0	3:0 (2:0)

3. QUALIFIKATIONSRUNDE
Hinspiele: Montag-Mittwoch, 7.-9. August 2000
Rückspiele: Dienstag/Mittwoch, 22./23. August 2000

Inter Bratislava – **Olympique Lyon**	1:2 (0:0)	1:2 (1:0)
Zimbru Chisinau – **Sparta Prag**	0:1 (0:0)	0:1 (0:1)
Bröndby IF – **Hamburger SV**	0:2 (0:0)	0:0
Sturm Graz – Feyenoord Rotterdam	2:1 (1:0)	1:1 (0:0)
Besiktas Istanbul – **Lokomotive Moskau**	3:0 (1:0)	3:1 (1:0)
Schachtjor Donezk – Slavia Prag	0:1 (0:1)	2:0 n.V. (1:0, 0:0)

232

STATISTIK

Dynamo Kiew – Roter Stern Belgrad	0:0	1:1	(1:1)
Polonia Warschau – **Panathinaikos Athen**	2:2 (1:2)	1:2	(0:1)
RSC Anderlecht – FC Porto	1:0 (1:0)	0:0	
Herfölge BK – **Glasgow Rangers**	0:3 (0:2)	0:3	(0:0)
FC St. Gallen – **Galatasaray Istanbul**	1:2 (1:1)	2:2	(1:2)
FC Tirol Innsbruck – **FC Valencia**	0:0	1:4	(0:2)
Helsingborg IF – Inter Mailand	1:0 (0:0)	0:0	
Leeds United – TSV München 1860	2:1 (1:0)	1:0	(0:0)
AC Mailand – NK Dinamo Zagreb	3:1 (1:1)	3:0	(2:0)
SE Dunaferr – **Rosenborg Trondheim**	2:2 (0:0)	1:2	(1:1)

VORRUNDE, Gruppe A

1. Spieltag: Dienstag, 12.09.2000
Spartak Moskau – Bayer 04 Leverkusen 2:0 (0:0)
Sporting Lissabon – Real Madrid 2:2 (2:0)
2. Spieltag: Mittwoch, 20.09.2000
Bayer 04 Leverkusen – Sporting Lissabon 3:2 (0:1)
Real Madrid – Spartak Moskau 1:0 (0:0)
3. Spieltag: Mittwoch, 27.09.2000
Spartak Moskau – Sporting Lissabon 3:1 (1:1)
Bayer 04 Leverkusen – Real Madrid 2:3 (2:1)
4. Spieltag: Dienstag, 17.10.2000
Sporting Lissabon – Spartak Moskau 0:3 (0:1)
Real Madrid – Bayer 04 Leverkusen 5:3 (2:1)
5. Spieltag: Mittwoch, 25.10.2000
Bayer 04 Leverkusen – Spartak Moskau 1:0 (0:0)
Real Madrid – Sporting Lissabon 4:0 (2:0)
6. Spieltag: Dienstag, 07.11.2000
Spartak Moskau – Real Madrid 1:0 (0:0)
Sporting Lissabon – Bayer 04 Leverkusen 0:0

1	**Real Madrid**	6	4	1	1	15:8	13
2	**Spartak Moskau**	6	4	0	2	9:3	12
3	Bayer 04 Leverkusen	6	2	1	3	9:12	7
4	SportingLissabon	6	0	2	4	5:15	2

VORRUNDE, Gruppe B

1. Spieltag: Dienstag, 12.09.2000
Sparta Prag – FC Arsenal 0:1 (0:1)
Schachtjor Donezk – Lazio Rom 0:3 (0:1)
2. Spieltag: Mittwoch, 20.09.2000
FC Arsenal – Schachtjor Donezk 3:2 (1:2)
Lazio Rom – Sparta Prag 3:0 (1:0)
3. Spieltag: Mittwoch, 27.09.2000
Sparta Prag – Schachtjor Donezk 3:2 (0:0)
FC Arsenal – Lazio Rom 2:0 (1:0)
4. Spieltag: Dienstag, 17.10.2000
Schachtjor Donezk – Sparta Prag 2:1 (1:1)
Lazio Rom – FC Arsenal 1:1 (1:0)
5. Spieltag: Mittwoch, 25.10.2000
FC Arsenal – Sparta Prag 4:2 (3:1)
Lazio Rom – Schachtjor Donezk 5:1 (0:1)
6. Spieltag: Dienstag, 07.11.2000
Schachtjor Donezk – FC Arsenal 3:0 (1:0)
Sparta Prag – Lazio Rom 0:1 (0:1)

1	**FC Arsenal**	6	4	1	1	11:8	13
2	**Lazio Rom**	6	4	1	1	13:4	13
3	Schachtjor Donezk	6	2	0	4	10:15	6
4	Sparta Prag	6	1	0	5	6:13	3

VORRUNDE, Gruppe C

1. Spieltag: Denstag, 12.09.2000
Olympique Lyon – SC Heerenveen 3:1 (2:1)
FC Valencia – Olympiakos Piräus 2:1 (2:0)
2. Spieltag: Mittwoch, 20.09.2000
SC Heerenveen – FC Valencia 0:1 (0:1)
Olympiakos Piräus – Olympique Lyon 2:1 (2:0)
3. Spieltag: Mittwoch, 27.09.2000
Olympiakos Piräus – SC Heerenveen 2:0 (0:0)
FC Valencia – Olympique Lyon 1:0 (0:0)
4. Spieltag: Dienstag, 17.10.2000
SC Heerenveen – Olympiakos Piräus 1:0 (0:0)
Olympique Lyon – FC Valencia 1:2 (0:1)
5. Spieltag: Mittwoch,25.10.2000
SC Heerenveen – Olympique Lyon 0:2 (0:0)
Olympiakos Piräus – FC Valencia 1:0 (0:0)
6. Spieltag: Dienstag, 07.11.2000
FC Valencia – SC Heerenveen 1:1 (1:1)
Olympique Lyon – Olympiakos Piräus 1:0 (1:0)

1	**FC Valencia**	6	4	1	1	7:4	13
2	**Olympique Lyon**	6	3	0	3	8:6	9
3	Olympiakos Piräus	6	3	0	3	6:5	9
4	SC Heerenveen	6	1	1	4	3:9	4

VORRUNDE, Gruppe D

1. Spieltag: Dienstag, 12.09.2000
Glasgow Rangers – Sturm Graz 5:0 (3:0)
Galatasaray Istanbul – AS Monaco 3:2 (2:0)
2. Spieltag: Mittwoch, 20.09.2000
Sturm Graz – Galatasaray Istanbul 3:0 (1:0)
AS Monaco – Glasgow Rangers 0:1 (0:1)
3. Spieltag: Mittwoch, 27.09.2000
Galatasaray Istanbul – Glasgow Rangers 3:2 (0:0)
AS Monaco – Sturm Graz 5:0 (3:0)
4. Spieltag: Dienstag, 17.10.2000
Glasgow Rangers – Galatasaray Istanbul 0:0
Sturm Graz – AS Monaco 2:0 (1:0)
5. Spieltag: Mittwoch, 25.10.2000
Sturm Graz – Glasgow Rangers 2:0 (1:0)
AS Monaco – Galatasaray Istanbul 4:2 (4:1)
6. Spieltag: Mittwoch, 07.11.2000
Galatasaray Istanbul – Sturm Graz 2:2 (1:0)
Glasgow Rangers – AS Monaco 2:2 (1:1)

1	**Sturm Graz**	6	3	1	2	9:12	10
2	**Galatasaray Istanbul**	6	2	2	2	10:13	8
3	Glasgow Rangers	6	2	2	2	10:7	8
4	AS Monaco	6	2	1	3	13:10	7

VORRUNDE, Gruppe E

1. Spieltag: Mittwoch, 13.09.2000
Panathinaikos Athen – Deportivo La Coruna 1:1 (1:0)
Hamburger SV – Juventus Turin 4:4 (1:2)
2. Spieltag: Dienstag, 19.09.2000
Deportivo La Coruna – Hamburger SV 2:1 (1:0)
Juventus Turin – Panathinaikos Athen 2:1 (1:1)
3. Spieltag: Dienstag, 26.09.2000
Hamburger SV – Panathinaikos Athen 0:1 (0:1)
Juventus Turin – Deportivo La Coruna 0:0
4. Spieltag: Mittwoch,18.10.2000
Panathinaikos Athen – Hamburger SV 0:0
Deportivo La Coruna – Juventus Turin 1:1 (1:1)
5. Spieltag: Dienstag, 24.10.2000
Deportivo La Coruna – Panathinaikos Athen 1:0 (0:0)
Juventus Turin – Hamburger SV 1:3 (0:1)
6. Spieltag: Mittwoch, 08.11.2000
Hamburger SV – Deportivo La Coruna 1:1 (1:0)
Panathinaikos Athen – Juventus Turin 3:1 (1:1)

1	**Deportivo La Coruna**	6	2	4	0	6:4	10
2	**Panathinaikos Athen**	6	2	2	2	6:5	8
3	Hamburger SV	6	1	3	2	9:9	6
4	Juventus Turin	6	1	3	2	9:12	6

VORRUNDE, Gruppe F

1. Spieltag: Mittwoch, 13.09.2000
Rosenborg Trondheim – Paris Saint-Germain 3:1 (1:1)
Helsingborg IF – FC Bayern München 1:3 (0:1)
2. Spieltag: Dienstag, 19.09.2000
Paris Saint-Germain – Helsingborg IF 4:1 (1:1)
FC Bayern München – Rosenborg Trondheim 3:1 (0:1)
3. Spieltag: Dienstag, 26.09.2000
Rosenborg Trondheim – Helsingborg IF 6:1 (2:0)
Paris Saint-Germain – FC Bayern München 1:0 (0:0)
4. Spieltag: Mittwoch, 18.10.2000
Helsingborg IF – Rosenborg Trondheim 2:0 (1:0)
FC Bayern München – Paris Saint-Germain 2:0 (1:0)
5. Spieltag: Dienstag, 24.10.2000
Paris Saint-Germain – Rosenborg Trondheim 7:2 (4:2)
FC Bayern München – Helsingborg IF 0:0
6. Spieltag: Mittwoch, 08.11.2000
Helsingborg IF – Paris Saint-Germain 1:1 (0:1)
Rosenborg Trondheim – FC Bayern München 1:1 (1:0)

1	**FC Bayern München**	6	3	2	1	9:4	11
2	**Paris Saint-Germain**	6	3	1	2	14:9	10
3	Rosenborg Trondheim	6	2	1	3	13:15	7
4	Helsingborgs IF	6	1	2	3	6:14	5

VORRUNDE, Gruppe G

1. Spieltag: Mittwoch, 13.09.2000
PSV Eindhoven – Dynamo Kiew 2:1 (1:1)
Manchester United – RSC Anderlecht 5:1 (3:0)
2. Spieltag: Dienstag, 19.09.2000
Dynamo Kiew – Manchester United 0:0
RSC Anderlecht – PSV Eindhoven 1:0 (0:0)
3. Spieltag: Mittwoch, 26.09.2000
Dynamo Kiew – RSC Anderlecht 4:0 (0:0)
PSV Eindhoven – Manchester United 3:1 (2:1)
4. Spieltag: Mittwoch, 18.10.2000
RSC Anderlecht – Dynamo Kiew 4:2 (4:1)
Manchester United – PSV Eindhoven 3:1 (1:0)
5. Spieltag: Dienstag, 24.10.2000
Dynamo Kiew – PSV Eindhoven 0:1 (0:1)
RSC Anderlecht – Manchester United 2:1 (2:1)
6. Spieltag: Mittwoch, 08.11.2000
Manchester United – Dynamo Kiew 1:0 (1:0)
PSV Eindhoven – RSC Anderlecht 2:3 (1:2)

1	**RSC Anderlecht**	6	4	0	2	11:14	12
2	**Manchester United**	6	3	1	2	11:7	10
3	PSV Eindhoven	6	3	0	3	9:9	9
4	Dynamo Kiew	6	1	1	4	7:8	4

VORRUNDE, Gruppe H

1. Spieltag: Mittwoch, 13.09.2000
AC Mailand – Besiktas Istanbul 4:1 (3:1)
FC Barcelona – Leeds United 4:0 (2:0)
2. Spieltag: Dienstag, 19.09.2000
Leeds United – AC Mailand 1:0 (0:0)
Besiktas Istanbul – FC Barcelona 3:0 (1:0)
3. Spieltag: Dienstag, 26.09.2000
Leeds United – Besiktas Istanbul 6:0 (3:0)
FC Barcelona – AC Mailand 0:2 (0:1)
4. Spieltag: Mittwoch, 18.10.2000
Besiktas Istanbul – Leeds United 0:0
AC Mailand – FC Barcelona 3:3 (3:2)
5. Spieltag: Dienstag, 24.10.2000
Besiktas Istanbul – AC Mailand 0:2 (0:2)
Leeds United – FC Barcelona 1:1 (1:0)
6. Spieltag: Mittwoch, 08.11.2000
AC Mailand – Leeds United 1:1 (0:1)
FC Barcelona – Besiktas Istanbul 5:0 (2:0)

1	**AC Mailand**	6	3	2	1	12:6	11
2	**Leeds United**	6	2	3	1	9:6	9
3	FC Barcelona	6	2	2	2	13:9	8
4	Besiktas Istanbul	6	1	1	4	4:17	4

ZWISCHENRUNDE, Gruppe A

1. Spieltag: Dienstag, 21.11.2000
Manchester United – Panathinaikos Athen 3:1 (0:0)
FC Valencia – Sturm Graz 2:0 (1:0)
2. Spieltag: Mittwoch, 06.12.2000
Panathinaikos Athen – FC Valencia 0:0
Sturm Graz – Manchester United 0:2 (0:1)
3. Spieltag: Mittwoch, 14.02.2001
FC Valencia – Manchester United 0:0
Sturm Graz – Panathinaikos Athen 2:0 (0:0)
4. Spieltag: Dienstag, 20.02.2001
Manchester United – FC Valencia 1:1 (1:0)
Panathinaikos Athen – Sturm Graz 1:2 (0:2)
5. Spieltag: Mittwoch, 07.03.2001
Panathinaikos Athen – Manchester United 1:1 (1:0)
Sturm Graz – FC Valencia 0:5 (0:1)
6. Spieltag: Dienstag, 13.03.2001
Manchester United – Sturm Graz 3:0 (2:0)
FC Valencia – Panathinaikos Athen 2:1 (1:1)

1	**FC Valencia**	6	3	3	0	10:2	12
2	**Manchester United**	6	3	3	0	10:3	12
3	Sturm Graz	6	2	0	4	4:13	6
4	Panathinaikos Athen	6	0	2	4	4:10	2

ZWISCHENRUNDE, Gruppe B

1. Spieltag: Dienstag, 21.11.2000
AC Mailand – Galatasaray Istanbul 2:2 (0:2)
Paris Saint-Germain – Deportivo La Coruna 1:3 (1:0)
2. Spieltag: Mittwoch, 06.12.2000
Galatasaray Istanbul – Paris Saint-Germain 1:0 (0:0)
Deportivo La Coruna – AC Mailand 0:1 (0:1)

STATISTIK

3. Spieltag: Mittwoch, 14.02.2001

AC Mailand – Paris Saint-Germain	1:1	(1:1)
Galatasaray Istanbul – Deportivo La Coruna	1:0	(1:0)

4. Spieltag: Dienstag, 20.02.2001

Paris Saint-Germain – AC Mailand	1:1	(0:0)
Deportivo La Coruna – Galatasaray Istanbul	2:0	(1:0)

5. Spieltag: Mittwoch, 07.03.2001

Galatasaray Istanbul – AC Mailand	2:0	(1:0)
Deportivo La Coruna – Paris Saint-Germain	4:3	(0:2)

6. Spieltag:Dienstag, 13.03.2001

Paris Saint-Germain – Galatasaray Istanbul	2:0	(2:0)
AC Mailand – Deportivo La Coruna	1:1	(0:0)

1	**Deportivo de La Coruna**	6	3	1	2	10:7	10
2	**Galatasaray Istanbul**	6	3	1	2	6:6	10
3	AC Mailand	6	1	4	1	6:7	7
4	Paris Saint-Germain	6	1	2	3	8:10	5

ZWISCHENRUNDE, Gruppe C

1. Spieltag: Mittwoch, 22.11.2000

Spartak Moskau – FC Arsenal	4:1	(1:1)
FC Bayern München – Olympique Lyon	1:0	(0:0)

2. Spieltag: Dienstag, 05.12.2000

Olympique Lyon – Spartak Moskau	3:0	(3:0)
FC Arsenal – FC Bayern München	2:2	(1:0)

3. Spieltag: Dienstag, 13.02.2001

Olympique Lyon – FC Arsenal	0:1	(0:0)
FC Bayern München – Spartak Moskau	1:0	(0:0)

4. Spieltag: Mittwoch, 21.02.2001

Spartak Moskau – FC Bayern München	0:3	(0:1)
FC Arsenal – Olympique Lyon	1:1	(1:0)

5. Spieltag: Dienstag, 06.03.2001

Olympique Lyon – FC Bayern München	3:0	(2:0)
FC Arsenal – Spartak Moskau	1:0	(0:0)

6. Spieltag: Mittwoch, 14.03.2001

Spartak Moskau – Olympique Lyon	1:1	(1:0)
FC Bayern München – FC Arsenal	1:0	(1:0)

1	**FC Bayern München**	6	4	1	1	8:5	13
2	**FC Arsenal**	6	2	2	2	6:8	8
3	Olympique Lyon	6	2	2	2	8:4	8
4	Spartak Moskau	6	1	1	4	5:10	4

ZWISCHENRUNDE, Gruppe D

1. Spieltag: Mittwoch, 22.11.2000

Leeds United – Real Madrid	0:2	(0:0)
RSC Anderlecht – Lazio Rom	1:0	(0:0)

2. Spieltag: Dienstag, 05.12.2000

Real Madrid – RSC Anderlecht	4:1	(3:0)
Lazio Rom – Leeds United	0:1	(0:0)

3. Spieltag: Dienstag, 13.02.2001

Real Madrid – Lazio Rom	3:2	(1:1)
Leeds United – RSC Anderlecht	2:1	(0:0)

4. Spieltag:Mittwoch, 21.02.2001

Lazio Rom – Real Madrid	2:2	(1:1)
RSC Anderlecht – Leeds United	1:4	(0:3)

5. Spieltag: Dienstag, 06.03.2001

Real Madrid – Leeds United	3:2	(2:1)
Lazio Rom – RSC Anderlecht	2:1	(1:0)

6. Spieltag: Mittwoch, 14.03.2001

Leeds United – Lazio Rom	3:3	(2:2)
RSC Anderlecht – Real Madrid	2:0	(0:0)

1	**Real Madrid**	6	4	1	1	14:9	13
2	**Leeds United**	6	3	1	2	12:10	10
3	RSC Anderlecht	6	2	0	4	7:12	6
4	Lazio Rom	6	1	2	3	9:11	5

VIERTELFINALE

Hinspiele: Dienstag/Mittwoch, 03./04.04.2001

Manchester United – FC Bayern München	0:1	(0:0)
Galatasaray Istanbul – Real Madrid	3:2	(0:2)
FC Arsenal – FC Valencia	2:1	(0:1)
Leeds United – Deportivo La Coruna	3:0	(1:0)

Rückspiele: Dienstag/Mittwoch, 17./18.04.2001

FC Bayern München – Manchester United	2:1	(2:0)
Real Marid – Galatasaray Istanbul	3:0	(3:0)
FC Valencia – FC Arsenal	1:0	(0:0)
Deportivo La Coruna – Leeds United	2:0	(1:0)

HALBFINALE

Hinspiele: Dienstag/Mittwoch, 01./02.05.2001

Real Madrid – FC Bayern München	0:1	(0:0)
Leeds United – FC Valencia	0:0	

Rückspiele: Dienstag/Mittwoch, 08./09.05.2001

FC Valencia – Leeds United	3:0	(1:0)
FC Bayern München – Real Madrid	2:1	(2:1)

FINALE

Mittwoch, 26.05.2001 in Mailand
FC Bayern München – FC Valencia 5:4 i.E, 1:1 n.V. (1:1, 0:1)

FC Bayern München: Kahn – Kuffour, Andersson, Linke – Sagnol (46. Jancker), Effenberg, Hargreaves, Lizarazu – Salihamidzic, Elber (100. Zickler), Scholl (108. Sergio)
FC Valencia: Canizares – Angloma, Ayala (90. Djukic), Pellegrino, Carboni – Mendieta, Baraja, Gonzalez – Aimar (46. Albelda) – Carew, Sanchez (66. Zahovic)
Tore: 0:1 Mendieta (3., Handelfmeter), 1:1 Effenberg (50., Handelfmeter)
Elfmeterschießen: 0:1 Mendieta, 1:1 Salihamidzic, 1:2 Carew, 2:2 Zickler, 3:2 Effenberg, 3:3 Baraja, 4:3 Lizarazu, 4:4 Kily Gonzalez, 5:4 Linke
Ecken: 10:3
Schiedsrichter: Jol (Niederlande)
Zuschauer: 74.000 (ausverkauft)
Gelbe Karten: Andersson – Carboni, Gonzalez
Gelb/Rote Karten: keine
Rote Karten: keine

UEFA-Pokal 2000/2001

Fettgedruckte Mannschaften qualifiziert für die nächste Runde

Qualifikationsrunde

Hinspiele: 08./10. August 2000
Rückspiele: 23./24. August 2000

Universitatea Craiova – **FK Pobeda**	1:1	0:1
SS Folgore Falciano – **FC Basel**	1:5	0:7
FC Neftchi Baku – **NK Gorica**	1:0	1:3
Rapid Wien – KS Teuta Durres	2:0	4:0
FC Brügge – FC Flora Tallinn	4:1	2:0
IBV Vestmannaeyjar – **Heart of Midlothian**	0:2	0:3
Akademisk BK – B36 Torshavn	8:0	1:0
Coleraine FC – **Örgryte IS**	1:2	0:1
Ararat Yerevan – **FC Kosice**	2:3	1:1
FK Napredak – JK Tulevik Viljandi	5:1	1:1
MTK Budapest – FC Jokerit Helsinki	1:0	4:2
Vorskla Poltava – FK Rabotnicki Skopje	2:0	2:0
IA Akranes – **KAA Gent**	0:3	2:3
Bangor City FC – **Halmstads BK**	0:7	0:4
FK Ventspils – **Vasas SC**	2:1	1:3 n.V.
AS Jeunesse Esch – **Celtic Glasgow**	0:4	0:7
FC Petra Drnovice – NK Buducnost Banovici	3:0	1:0
KS Tomori Berat – **APOEL Nicosia**	2:3	0:2
Rapid Bukarest – Mika Ashtarak	3:0	0:1
Georgia Tiflis – **Beitar Jerusalem**	0:3	1:1
AC Omonia Nicosia – **Neftohimik Burgas**	0:0	1:2
NK Zeljeznicar Sarajevo – **Wisla Krakow**	0:0	1:3
FC Sheriff Tiraspol – **Olimpija Ljubljana**	0:0	0:3
FC Kapaz Ganja – **Antalyaspor**	0:2	0:5
FK Zalgiris Vilnius – **Ruch Chorzow**	2:1	0:6
Aberdeen FC – **Bohemian FC**	1:2	1:0
GI Götu – **IFK Norrköping**	0:2	1:2
FK Metalurgs Liepaja – **Brann Bergen**	1:1	0:1
Slavia Mozyr – **Maccabi Haifa**	1:1	0:0
Slovan Bratislava – Lokomotive Tiflis	2:0	2:0
Sliema Wanderers FC – **Partizan Belgrad**	2:1	1:4
Constructorul-93 Chisinau – **ZSKA Sofia**	2:3	0:8
AIK Solna – FC Gomel	1:0	2:0
HJK Helsinki – CS Grevenmacher	4:1	0:2
Glentoran FC – **Lilleström SK**	0:3	0:1
FK Ekranas Panevezys – **Lierse SK**	0:3	0:4
Boavista Porto – Barry Town AFC	2:0	3:0
Constelacio Esportiva – **Rayo Vallecano**	0:10	0:6
Lausanne Sports – Cork City FC	1:0	1:0
HNK Rijeka – Valletta FC	3:2	5:4 n.V.
Amica Wronki – FC Vaduz	3:0	3:3

1. Spieltag

Hinspiele:Montag, Dienstag, Donnerstag, 11., 12., 14. September 2000
Rückspiele: Dienstag + Donnerstag, 21., 26. + 28. September 2000

Bohemian FC – **1. FC Kaiserslautern**	1:3	(0:0)	1:0	(1:0)
FC Kosice – **Grazer AK**	2:3	(0:0)	0:0	
IFK Norrköping – **FC Slovan Liberec**	2:2	(1:0)	1:2	(0:0)
Rapid Wien – Örgryte IS	3:0	(2:0)	1:1	(0:0)
FC Basel – Brann Bergen	3:2	(1:0)	4:4	(1:4)
KAA Gent – **Ajax Amsterdam**	0:6	(0:2)	0:3	(0:1)
Lierse SK – **Girondins Bordeaux**	0:0		1:5	(0:1)
FC Petra Drnovice – **TSV München 1860**	0:0		0:1	(0:0)
Vasas SC – **AEK Athen**	2:2	(0:0)	0:2	(0:2)
NK Gorica – **AS Rom**	1:4	(1:3)	0:7	(0:5)
Zimbru Chisinau – **Hertha BSC Berlin**	1:2	(1:1)	0:2	(0:2)
Alania Wladikawkas – **Amica Wronki**	0:3	(0:1)	0:2	(0:1)
FK Napredak – **OFI Kreta**	0:0		0:6	(0:5)
Lokomotive Moskau – Neftohimik Burgas	4:2	(2:1)	0:0	
Lilleström SK – Dynamo Moskau	3:1	(2:1)	1:2	(0:2)
Olimpija Ljubljana – **Espanyol Barcelona**	2:1	(2:1)	0:2	(0:2)
Vorskla Poltava – **Boavista Porto**	1:2	(1:0)	1:2	(0:2)
ZSKA Moskau – **Viborg FF**	0:0		0:1 n.V.	
Gueugnon – **Iraklis Saloniki**	0:0		0:1	(0:0)
Slovan Bratislava – **NK Dinamo Zagreb**	0:3	(0:1)	1:1	(1:0)
ZSKA Sofia – **MTK Budapest**	1:2	(1:0)	1:0	(0:0)
Antalyaspor – **SV Werder Bremen**	2:0	(1:0)	0:6	(0:2)
Roda JC Kerkrade – **Inter Bratislava**	0:2	(0:1)	1:2	(0:1)
Lausanne Sports – Torpedo Moskau	3:2	(1:2)	2:0	(1:0)
Polonia Warschau – **Udinese Calcio**	0:1	(0:0)	0:2	(0:1)
AIK Solna – Herfölge BK	0:1	(0:1)	1:1 n.V.	
Vitesse Arnheim – Maccabi Haifa	3:0	(1:0)	1:2	(0:0)
FC Zürich – **RC Genk**	1:2	(0:0)	0:2	(0:1)
Molde FK – **Rayo Vallecano**	0:1	(0:1)	1:1	(0:1)
FC Brügge – APOEL Nicosia	2:0	(1:0)	1:0	(1:0)
Kryvbas Kryvyi Rih – **FC Nantes**	0:1	(0:0)	0:5	(0:3)
PAOK Saloniki – Beitar Jerusalem	3:1	(1:1)	3:3	(2:1)
FK Pobeda – **AC Parma**	0:2	(0:0)	0:4	(0:1)
Halmstads BK – Benfica Lissabon	2:1	(1:1)	2:2	(1:1)
Rapid Bukarest – **FC Liverpool**	0:1	(0:1)	0:0	
Bröndby IF – **NK Osijek**	1:2	(1:1)	0:0	
FC Tirol Innsbruck – AC Florenz	3:1	(2:0)	2:2	(1:1)
CD Alaves – Gaziantepspor	0:0		4:3	(1:2)
VfB Stuttgart – Heart of Midlothian	1:0	(1:0)	2:3	(1:1)
Partizan Belgrad – **FC Porto**	1:1	(1:0)	0:1	(0:0)
Leicester City – **Roter Stern Belgrad**	1:1	(1:1)	1:3	(1:2)
FC Chelsea – **FC St. Gallen**	1:0	(1:0)	0:2	(0:2)
SE Dunaferr – **Feyenoord Rotterdam**	0:1	(0:0)	1:3	(0:1)
Slavia Prag – Akademisk BK	3:0	(1:0)	2:0	(1:0)
Celtic Glasgow – HJK Helsinki	2:0	(2:0)	1:2 n.V.	
Ruch Chorzow – **Inter Mailand**	0:3	(0:0)	1:4	(0:1)
Celta Vigo – HNK Rijeka	0:0		1:0 n.V.	
Real Saragossa – **Wisla Krakow**	4:1	(1:1)	3:4 i.E.	

2. Spieltag

Hinspiele: Montag, Dienstag + Donnerstag, 23., 24. + 26. Oktober 2000
Rückspiele: Dienstag + Donnerstag, 7. + 9. November 2000

Iraklis Saloniki – **1. FC Kaiserslautern**	1:3	(0:2)	3:2	(0:2)
Udinese Calcio – **PAOK Saloniki**	1:0	(0:0)	0:3 n.V.	
NK Osijek – Rapid Wien	2:1	(1:1)	2:0	(1:0)
SV Werder Bremen – RC Genk	4:1	(2:1)	5:2	(3:1)
Wisla Krakow – **FC Porto**	0:0		0:3	(0:1)
FC Tirol Innsbruck – **VfB Stuttgart**	1:0	(0:0)	1:3	(0:3)
Lokomotive Moskau – Inter Bratislava	1:0	(1:0)	2:1	(1:0)
Lilleström SK – **CD Alaves**	1:3	(0:2)	2:2	(1:1)
Hertha BSC Berlin – Amica Wronki	3:1	(1:0)	1:1	(0:0)
FC Nantes – MTK Budapest	2:1	(0:1)	1:0	(0:0)
Lausanne Sports – Ajax Amsterdam	1:0	(1:0)	2:2	(1:1)
AC Parma – NK Dinamo Zagreb	2:0	(0:0)	0:1	(0:1)
AEK Athen – Herfölge BK	5:0	(0:0)	1:2	(1:1)
OFI Kreta – **Slavia Prag**	2:2	(1:1)	1:4	(0:0)
FC Brügge – FC St. Gallen	2:1	(0:1)	1:1	(0:1)
Halmstads BK – **TSV München 1860**	3:2	(2:2)	1:3	(1:2)
Roter Stern Belgrad – **Celta Vigo**	1:0	(0:0)	0:3	
Girondins Bordeaux – Celtic Glasgow	1:1	(1:1)	2:1 n.V.	
Inter Mailand – Vitesse Arnheim	0:0		1:1	(0:1)
Rayo Vallecano – Viborg FF	1:0	(1:0)	1:2	(0:1)
FC Liverpool – FC Slovan Liberec	1:0	(0:0)	3:2	(1:1)
FC Basel – **Feyenoord Rotterdam**	1:2	(0:0)	0:1	(0:1)
Espanyol Barcelona – Grazer AK	4:0	(4:0)	0:1	(0:0)
Boavista Porto – **AS Rom**	0:1	(0:0)	1:1	(0:1)

Teilnehmer am Europapokal 2001/2002

3. Spieltag
Hinspiele: Dienstag + Donnerstag, 21., 23. + 30. November 2000
Rückspiele: Dienstag + Donnerstag, 5. + 7. Dezember 2000

Hertha BSC Berlin – **Inter Mailand**	0:0	1:2 (0:1)
Lokomotive Moskau – **Rayo Vallecano**	0:0	0:2 (0:1)
AC Parma – TSV München 1860	2:2 (2:0)	2:0 (0:0)
NK Osijek – **Slavia Prag**	2:0 (1:0)	1:5 (1:2)
Schachtjor Donezk – **Celta Vigo**	0:0	0:1 (0:1)
FC Nantes – Lausanne Sports	4:3 (2:1)	3:1 (1:0)
Bayer 04 Leverkusen – **AEK Athen**	4:4 (2:1)	0:2 (0:1)
PSV Eindhoven – PAOK Saloniki	3:0 (3:0)	1:0 (0:0)
Feyenoord – **VfB Stuttgart**	2:2 (2:1)	1:2 (0:1)
Olympiakos Piräus – **FC Liverpool**	2:2 (0:1)	0:2 (0:1)
CD Alaves – Rosenborg Trondheim	1:1 (0:0)	3:1 (2:0)
FC Brügge – **FC Barcelona**	0:2 (0:2)	1:1 (1:1)
AS Rom – Hamburger SV	1:0 (1:0)	3:0 (1:0)
Girondins Bordeaux – SV Werder Bremen	4:1 (2:1)	0:0
Espanyol Barcelona – **FC Porto**	0:2 (0:0)	0:0
Glasgow Rangers – **1. FC Kaiserslautern**	1:0 (0:0)	0:3 (0:1)

ACHTELFINALE
Hinspiele: Donnerstag, 15. Februar 2001
Rückspiele: Donnerstag, 22. Februar 2001

Slavia Prag – **1. FC Kaiserslautern**	0:0	0:1 (0:0)
CD Alaves – Inter Mailand	3:3 (1:1)	2:0 (0:0)
PSV Eindhoven – **AC Parma**	2:1 (1:0)	2:3 (2:0)
AEK Athen – **FC Barcelona**	0:1 (0:1)	0:5 (0:2)
VfB Stuttgart – **Celta Vigo**	0:0	1:2 (1:1)
Rayo Vallecano – Girondins Bordeaux	4:1 (1:1)	2:1 (1:1)
AS Rom – **FC Liverpool**	0:2 (0:0)	1:0 (0:0)
FC Porto – FC Nantes	3:1 (1:1)	1:2 (1:0)

VIERTELFINALE
Hinspiele: Donnerstag, 8. März 2001
Rückspiele: Donnerstag, 15. März 2001

1. FC Kaiserslautern – **PSV Eindhoven**	1:0 (1:0)	1:0 (0:0)
FC Barcelona – Celta Vigo	2:1 (0:0)	2:3 (2:1)
CD Alaves – Rayo Vallecano	3:0 (1:0)	1:2 (1:1)
FC Porto – **FC Liverpool**	0:0	0:2 (0:2)

HALBFINALE
Hinspiele: Donnerstag, 5. April 2001
Rückspiele: Donnerstag, 19. April 2001

FC Barcelona – **FC Liverpool**	0:0	0:1 (0:1)
CD Alaves – 1. FC Kaiserslautern	5:1 (3:0)	4:1 (1:1)

FINALE
Mittwoch, 16. Mai 2001 in Dortmund
FC Liverpool – CD Alaves 5:4 (4:4, 3:1) nach Golden Goal

FC Liverpool: Westerveld – Babbel, Henchoz (56. Smicer), Hyypia, Carragher – Gerrard, Hamann, McAllister, Murphy – Heskey (65. Fowler), Owen (79. Berger)
CD Alaves: Herrera – Eggen (23. Alonso), Karmona, Tellez – Geli, Contra – Tomic, Desio, Astudillo (46. Magno) – Cruyff – Moreno (65. Pablo)
Tore: 1:0 Babbel (3.), 2:0 Gerrard (16.), 2:1 Alonso (27.), 3:1 McAllister (41., Foulelfmeter), 3:2 Moreno (48.), 3:3 Moreno (51.), 4:3 Fowler (73.), 4:4 Cruyff (89.), 5:4 Geli (117., Eigentor)
Ecken: 6:6
Schiedsrichter: Veissiere (Frankreich)
Zuschauer: 48.000 (ausverkauft)
Gelbe Karten: Babbel – Astudillo, Herrera, Tellez
Gelb/Rote Karten: Magno (99.), Karmona (116.)
Rote Karten: keine

(Stand: 25. Mai 2001)

CL GS	direkt für Gruppenspiele in der Champions League qualifiziert
CL Qual. 1, 2, 3	Teilnehmer an der Qualifikationsrunde 1, 2 bzw. 3 zur Champions League
UEFA Cup	direkt für die 1. Runde des UEFA Cups qualifiziert
UEFA Cup Qual.	Teilnehmer an der Qualifikation zur 1. Runde im UEFA Cup

Land	Verein	Wettbewerb
Albanien	Vllaznia Skhodra	CL Qual. 1
	Sk Tirana	UEFA Cup Qual.
	KS Teuta	UEFA Cup Qual.
Andorra	UE Sant Julia	UEFA Cup Qual.
Armenien	Araks Ararat	CL Qual. 1
	FC Mika	UEFA Cup Qual.
	Ararat Jerewan	UEFA Cup Qual.
Aserbaidschan	FC Shamkir	CL Qual. 1
	Pokalsieger	UEFA Cup Qual.
	Neftschi Baku	UEFA Cup Qual.
Belgien	RSC Anderlecht	CL Qual. 2
	Pokalsieger	UEFA Cup Qual.
	FC Brügge	UEFA Cup Qual.
	Standard Lüttich	UEFA Cup Qual.
Bosnien-Herzegowina	Zeljeznicar Sarajevo	CL Quali 1
	Pokalsieger	UEFA Cup Qual.
	FK Brotnjo	UEFA Cup Qual.
Bulgarien	Levski Sofia	CL Qual. 1
	Pokalsieger	UEFA Cup Qual.
	ZSKA Sofia	UEFA Cup Qual.
Deutschland	FC Bayern München	CL GS
	FC Schalke 04	CL GS
	Borussia Dortmund	CL Qual. 3
	Bayer 04 Leverkusen	CL Qual. 3
	1. FC Union Berlin	UEFA Cup
	Hertha BSC	UEFA Cup
	SC Freiburg	UEFA Cup
Dänemark	FC Kopenhagen	CL Qual. 2
	Pokalsieger	UEFA Cup Qual.
	Silkeborg IF	UEFA Cup Qual.
	Bröndby IF	UEFA Cup Qual.
England	Manchester United	CL GS
	Arsenal London	CL GS
	FC Liverpool	CL Qual. 3
	Leeds United	UEFA Cup
	Ipswich Town	UEFA Cup
	Chelsea London	UEFA Cup
Estland	Levadia Maardu	CL Qual. 1
	Flora Tallinn	UEFA Cup Qual.
Faröer Inseln	VB Vagur	CL Qual. 1
	GI Göta	UEFA Cup Qual.
	HB Torshavn	UEFA Cup Qual.
Finnland	Haka Valkeakoski	CL Qual. 1
	HJK Helsinki	UEFA Cup Qual.
	FC Jokerit	UEFA Cup Qual.
Frankreich	FC Nantes	CL GS
	Olympique Lyon	CL GS
	OSC Lille	CL Qual. 3
	Pokalsieger	UEFA Cup
	Girondins Bordeaux	UEFA Cup
	CS Sedan	UEFA Cup
Georgien	Torpedo Kutaissi	CL Qual. 1
	Pokalsieger	UEFA Cup Qual.
	Lok Tbilissi	UEFA Cup Qual.
Griechenland	Olympiakos Piräus	CL GS
	Panathinaikos Athen	CL Qual. 3
	PAOK Saloniki	UEFA Cup
	AEK Athen	UEFA Cup Qual.
Irland	Bohemians Dublin	CL Qual. 1
	Longford Town	UEFA Cup Qual.
	FC Shelbourne	UEFA Cup Qual.
Island	KR Reykjavik	CL Qual. 1
	IA Akranes	UEFA Cup Qual.
	Fylkir Reykjavik	UEFA Cup Qual.
Israel	Maccabi Haifa	CL Qual. 2
	Pokalsieger	UEFA Cup Qual.
	Hapoel Tel Aviv	UEFA Cup Qual.
Italien	AS Rom	CL GS
	Lazio Rom	CL GS
	Juventus Turin	CL Qual. 3
	AC Parma	CL Qual. 3
	AC Florenz	UEFA Cup
	AC Mailand	UEFA Cup
	Inter Mailand	UEFA Cup
Jugoslawien	Roter Stern Belgrad	CL Qual. 1
	Partizan Belgrad	UEFA Cup Qual.
	FK Obilic	UEFA Cup Qual.
Kroatien	Hajduk Split	CL Qual. 2
	Pokalsieger	UEFA Cup Qual.
	Dinamo Zagreb	UEFA Cup Qual.
	NK Osijek	UEFA Cup Qual.
Lettland	Skonto Riga	CL Qual. 1
	Pokalsieger	UEFA Cup Qual.
	FK Ventspils	UEFA Cup Qual.
Liechtenstein	FC Vaduz	UEFA Cup Qual.
Litauen	FBK Kaunas	CL Qual. 1
	Pokalsieger	UEFA Cup Qual.
	Shalgiris Vilnius	UEFA Cup Qual.
Luxemburg	F 91 Düdelingen	CL Qual. 1
	Pokalsieger	UEFA Cup Qual.
	CS Grevenmacher	UEFA Cup Qual.
Malta	FC Valetta	CL Qual. 1
	FC Birkirkara	UEFA Cup Qual.
	Sliema Wanderers	UEFA Cup Qual.
Mazedonien	Sloga Jugomagnat	CL Qual. 1
	Pokalsieger	UEFA Cup Qual.
	Vardar Skopje	UEFA Cup Qual.
Moldawien	Sheriff Tiraspol	CL Qual. 1
	Pokalsieger	UEFA Cup Qual.
	Zimbru Chisinau	UEFA Cup Qual.
Niederlande	PSV Eindhoven	CL GS
	Feyenoord Rotterdam	CL GS
	Roda JC Kerkrade	CL Qual. 3
	FC Twente Enschede	UEFA Cup
	Ajax Amsterdam	UEFA Cup
	Vitesse Arnheim	UEFA Cup
Nordirland	FC Linfield	CL Qual. 1
	Glentoran Belfast	UEFA Cup Qual.
	FC Glenavon	UEFA Cup Qual.
Norwegen	Rosenborg Trondheim	CL Qual. 3
	Brann Bergen	CL Qual. 2
	Odds BK	UEFA Cup
	Viking Stavanger	UEFA Cup Qual.
Österreich	FC Tirol Innsbruck	CL Qual. 2
	FC Kärnten	UEFA Cup
	Rapid Wien	UEFA Cup Qual.
	Sturm Graz	UEFA Cup Qual.
Polen	Wisla Krakow	CL Qual. 2
	Pokalsieger	UEFA Cup Qual.
	Legia Warschau	UEFA Cup Qual.
	Pogon Szczecin	UEFA Cup Qual.
Portugal	Boavista Porto	CL Qual. 3
	FC Porto	CL Qual. 2
	Maritimo Funchal	UEFA Cup
	Sporting Lissabon	UEFA Cup Qual.
Rumänien	Steaua Bukarest	CL Qual. 2
	Pokalsieger	UEFA Cup Qual.
	FC Brasov	UEFA Cup Qual.
	Dinamo Bukarest	UEFA Cup Qual.

STATISTIK

Abschlusstabellen 2000/2001 international

(Stand 25. Mai 2001)

Russland	Spartak Moskau	CL GS
	Lok Moskau	CL Qual. 3
	Anschi Machatschkala	UEFA Cup
	Torpedo Moskau	UEFA Cup
	Dynamo Moskau	UEFA Cup
	Tschernomorez Novorossisk	UEFA Cup Qual.
San Marino	SP Cosmos	UEFA Cup Qual.
Schottland	Celtic Glasgow	CL Qual. 3
	Hibernian Edinburgh	UEFA Cup
	FC Kilmarnock	UEFA Cup
Schweden	Halmstad BK	CL Qual. 2
	Pokalsieger	UEFA Cup Qual.
	Helsingborg IF	UEFA Cup Qual.
Schweiz	Grashoppers Zürich	CL Qual. 3
	FC Lugano	CL Qual. 2
	Pokalsieger	UEFA Cup
	FC St. Gallen	UEFA Cup Qual.
Slowakei	Inter Bratislava	CL Qual. 2
	MSK Ruzomberok	UEFA Cup Qual.
	Slovan Bratislava	UEFA Cup Qual.
Slowenien	NK Maribor	CL Qual. 2
	NK Gorica	UEFA Cup Qual.
	Olimpija Ljubljana	UEFA Cup Qual.
Spanien	Real Madrid	CL GS
	Deportivo La Coruna	CL GS
	FC Valencia	CL Qual. 3
	Real Mallorca	CL Qual. 3
	Pokalsieger	UEFA Cup
	FC Barcelona	UEFA Cup
	Celta Vigo	UEFA Cup
Tschechien	Sparta Prag	CL GS
	Sigma Olomouc	CL Qual. 3
	Viktoria Zizkov	UEFA Cup
	Slavia Prag	UEFA Cup
	Dukla Pribram	UEFA Cup
	Slovan Liberec	UEFA Cup Qual.
Türkei	Fenerbahce Istanbul	CL Qual. 3
	Galatasaray Istanbul	CL Qual. 2
	Genclerbirligi	UEFA Cup
	Gaziantepspor	UEFA Cup Qual.
Ukraine	Schachtjor Donezk	CL Qual. 3
	Dynamo Kiew	CL Qual. 2
	Pokalsieger	UEFA Cup
	Dnjepr Dnjepropetrowsk	UEFA Cup Qual.
Ungarn	Ferencvaros Budapest	CL Qual. 2
	Pokalsieger	UEFA Cup Qual.
	FC Dunaferr	UEFA Cup Qual.
Wales	Barry Town	CL Qual. 1
	TNS Llansantffraid	UEFA Cup Qual.
	Cwmbran Town	UEFA Cup Qual.
Weißrussland	Slavia Mozyr	CL Qual. 1
	Belschina Bobruisk	UEFA Cup Qual.
	Bate Borissow	UEFA Cup Qual.
Zypern	Omonia Nikosia	CL Qual. 1
	Apollon Limassol	UEFA Cup Qual.
	Olympiakos Nikosia	UEFA Cup Qual.

ALBANIEN
1. Vllaznia Skhodra	26	51:22	56
2. SK Tirana (M)	26	56:13	54
3. Dinamo Tirana	26	43:21	52

ANDORRA
1. UE Sant Julia	11	38:14	27
2. FC Santa Coloma	11	25:12	26
3. FC Encamp	11	22:21	17

ARMENIEN
1. Araks Ararat (P)	28	65:33	61
2. Ararat Erewan	28	50:23	59
3. Schirak Gjumri (M)	28	64:21	58

ASERBAIDSCHAN
1. Shamkir (M)	20	60:14	51
2. Neftschi Baku	19	51:11	48
3. Vilash Masalli	20	24:11	38

BELGIEN
1. RSC Anderlecht (M)	34	88:25	83
2. FC Brügge	34	83:24	78
3. Standard Lüttich	34	72:42	60
4. SC Lokeren	34	56:42	57
5. AA Gent	34	61:49	57
6. GB Antwerpen	34	62:53	54
7. Excelsior Mouscron	34	63:49	53
8. VC Westerlo	34	61:53	53
9. SC Charleroi	34	51:65	47
10. Lierse SK	34	44:51	43
11. RC Genk (P)	34	45:51	42
12. FC Antwerpen (N)	34	38:45	40
13. VV St. Truiden	34	44:54	35
14. SK Beveren	34	30:64	35
15. AA La Louviere (N)	34	32:56	30
16. Eendracht Aalst	34	33:65	29
17. RC Harelbeke *	34	36:79	28
18. KV Mechelen *	34	40:72	22

BOSNIEN-HERZEGOWINA
1. Zeljeznicar Sarajevo (P)	36	101:32	80
2. Brotnjo Citluk (M)	37	71:25	77
3. FK Sarajevo	37	70:30	75

BULGARIEN
1. Levski Sofia (M, P)	25	62:11	69
2. ZSKA Sofia	25	62:16	59
3. Velbazhd Kjustendil	25	46:28	54

DÄNEMARK
1. FC Kopenhagen	30	50:25	56
2. Silkeborg IF	30	44:31	53
3. Bröndby IF	29	66:36	52

ENGLAND
1. Manchester United (M)	38	79:31	80
2. FC Arsenal London	38	63:38	70
3. FC Liverpool	38	71:39	69
4. Leeds United	38	64:43	68
5. Ipswich Town (N)	38	57:42	66
6. FC Chelsea London (P)	38	68:45	61
7. FC Sunderland	38	46:41	57
8. Aston Villa	38	46:43	54
9. Charlton Athletic (N)	38	50:57	52
10. FC Southampton	38	40:48	52
11. Newcastle United	38	44:50	51
12. Tottenham Hotspur	38	47:54	49
13. Leicester City	38	39:51	48
14. FC Middlesbrough	38	44:44	42
15. West Ham United	38	45:50	42
16. FC Everton	38	45:59	42
17. Derby County	38	37:59	42
18. Manchester City (N) *	38	41:65	34
19. Coventry City *	38	36:63	34
20. Bradford City *	38	30:70	26

ESTLAND
1 Levadia Maardu (M, P)	28	88:20	74
2 Flora Tallinn	28	51:25	55
3 VMK Tallinn	28	54:29	48

FÄRÖER
1 VB Vagur	18	40:22	40
2 HB Torshavn	18	40:21	38
3 B 68 Toftir	18	43:38	31

FINNLAND
1 Haka Valkeakoski (M)	33	56:20	66
2 Jokerit Helsinki (P)	33	56:26	62
3 MyPa Anjalankoski	33	50:34	61

FRANKREICH
1. FC Nantes (P)	34	58:36	68
2. Olympique Lyon	34	57:30	64
3. OSC Lille (N)	34	43:27	59
4. Girondins Bordeaux	34	48:33	57
5. CS Sedan	34	47:40	52
6. Stade Rennes	34	46:39	48
7. AC Troyes	34	45:47	46
8. SC Bastia	34	45:41	45
9. Paris St. Germain	34	44:45	44
10. EA Guingamp (N)	34	40:48	44
11. AS Monaco (M)	34	53:50	43
12. FC Metz	34	37:44	43
13. AJ Auxerre	34	31:41	41
14. RC Lens	34	37:39	40
15. Olympique Marseille	34	31:40	40
16. AS St. Etienne *	34	43:56	37
17. FC Toulouse (N) *	34	34:50	34
18. RC Strassburg *	34	28:61	29

GEORGIEN
1. Torpedo Kutaissi (M)	9	15:6	44
2. Lokomotivi Tbilissi (P)	9	7:9	38
3. Dynamo Tbilissi	9	13:9	37

GRIECHENLAND
1. Olympiakos Piräus (M)	29	82:20	77
2. Panathinaikos Athen	29	57:18	63
3. AEK Athen (P)	29	60:34	58

IRLAND
1. Bohemians Dublin	33	66:35	62
2. FC Shelbourne (M, P)	33	53:37	60
3. Cork City	33	36:29	56

ISLAND
1 KR Reykjavik (M, P)	18	27:14	37
2 Fylkir Reykjavik (N)	18	39:16	35
3 UMF Grindavik	18	25:18	30

ISRAEL
1. Maccabi Haifa	33	61:22	76
2. Hapoel Tel Aviv (M, P)	33	51:25	67
3. Beitar Jerusalem	33	45:27	62

ITALIEN
1. AS Rom	31	62:29	70
2. Lazio Rom (M, P)	31	60:33	65
3. Juventus Turin	31	55:26	64
4. AC Parma	31	47:25	53
5. AC Mailand	31	53:42	47
6. Inter Mailand	31	42:44	44
7. Atalanta Bergamo (N)	31	36:30	43
8. AC Florenz	31	51:46	42
9. AC Bologna	31	42:44	42
10. AC Perugia	31	47:49	41
11. Brescia Calcio (N)	31	38:39	37
12. Udinese Calcio	31	46:56	34
13. Vicenza Calcio (N)	31	33:44	33
14. US Lecce	31	35:49	33
15. SSC Neapel (N)	31	31:48	31
16. US Reggina	31	28:47	30
17. Hellas Verona	31	31:53	28
18. US Bari	31	29:62	20

JUGOSLAWIEN

1. Roter Stern Belgrad (M, P)	30	76:17	76
2. Partizan Belgrad	30	81:28	76
3. Obilic Belgrad	30	45:32	56

KROATIEN

1. Hajduk Split (P)	9	62:21	63
2. Dinamo Zagreb (M)	9	64:34	62
3. NK Osijek	9	59:46	54

LETTLAND

1 Skonto Riga (M)	28	86:10	75
2 FK Ventspils	28	55:20	65
3 Metalurgs Liepaja	28	51:25	55

LITAUEN

1 FBK Kaunas (M)	36	115:24	86
2 Zalgiris Vilniua	36	108:28	83
3 Atlantas Klaipeda	36	70:45	67

LUXEMBURG

1. F 91 Düdelingen (M)	28	57:26	63
2. CS Grevenmacher	28	59:19	59
3. CS Hobscheid	28	53:44	46

MALTA

1. FC Valletta	9	74:56	45
2. Sliema Wanderers (P)	9	94:36	38
3. FC Birkirkara (M)	10	50:27	35

MAZEDONIEN

1. Sloga Jugomagnat Skopje (M, P)	25	61:15	62
2. Vardar Skopje	25	49:14	60
3. Pobeda Prilep	25	64:25	56

MOLDAWIEN

1. Serif Tiraspol	25	48:15	58
2. Zimbru Chisinau (M)	25	38:13	57
3. Tiligul Tiraspol	25	28:29	38

NORDIRLAND

1. Linfield Belfast (M)	36	75:31	75
2. FC Glenavon	36	56:42	62
3. Glentoran Belfast (P)	36	52:37	57

NORWEGEN

1 Rosenborg Trondheim (M, P)	26	61:26	54
2 SK Brann	26	53:40	47
3 Viking Stavanger	26	51:39	45

ÖSTERREICH

1. FC Tirol Innsbruck (M)	35	61:31	65
2. Rapid Wien	35	61:35	59
3. Sturm Graz	35	57:43	54
4. Grazer AK (P)	35	47:39	54
5. Austria Wien	35	47:41	50
6. Austria Salzburg	35	48:43	49
7. SV Ried	35	51:52	47
8. SW Bregenz	35	40:62	38
9. VfB Admira Mödling (N)	35	29:63	35
10. LASK Linz *	35	38:70	30

POLEN

1. Wisla Krakow	27	60:24	56
2. Legia Warschau	27	42:23	50
3. Pogon Szczecin	27	39:25	50

PORTUGAL

1. Boavista Porto	33	63:18	77
2. FC Porto (P)	33	69:27	73
3. Sporting Lissabon (M)	33	55:37	59

RUMÄNIEN

1. Steaua Bukarest	27	44:28	53
2. FC Brasov	27	30:23	46
3. Dinamo Bukarest (M, P)	27	49:39	45

RUSSLAND

1 Spartak Moskau (M)	30	69:30	70
2 Lokomotive Moskau	30	50:20	62
3 Torpedo Moskau	30	42:29	55
4 Anschi Machatschkala (N)	30	44:31	52
5 Dynamo Moskau	30	45:35	50

SAN MARINO

1. S. S. Folgore (M)	22	53:24	48
2. SP Cailungo	22	40:21	46
3. S. S. Virtus	22	47:24	44

SCHOTTLAND

1. Celtic Glasgow	38	90:29	97
2. Glasgow Rangers (M, P)	38	76:36	82
3. Hibernian Edinburgh	38	57:35	66

SCHWEDEN

1 Halmstads BK	26	47:24	52
2 Helsingborgs IF (M)	26	51:30	46
3 AIK Solna (P)	26	38:30	45

SCHWEIZ

1. Grasshoppers Zürich	13	25:14	43
2. FC Lugano	13	23:17	41
3. FC St. Gallen (M)	13	23:24	40
4. Servette Genf	13	25:18	36
5. FC Basel	13	17:15	36
6. Lausanne Sports	13	13:26	30
7. FC Sion (N)	13	14:21	29
8. FC Zürich (P)	13	11:16	28

SLOWAKEI

1. Inter Bratislava (M, P)	33	66:26	74
2. Slovan Bratislava	33	81:44	67
3. SCP Ruzomberok	33	46:42	51

SLOWENIEN

1. NK Maribor (M)	32	60:35	61
2. Olimpija Ljubljana (P)	32	72:45	59
3. Primorje Ajdovscina	32	42:34	53

SPANIEN

1. Real Madrid	35	73:38	73
2. Deportivo La Coruna (M)	35	67:42	67
3. FC Valencia	35	52:29	62
4. Real Mallorca	35	49:39	62
5. FC Barcelona	35	75:52	59
6. Celta Vigo	35	48:48	52
7. FC Villareal (N)	35	52:51	51
8. FC Malaga	35	55:55	50
9. CD Alaves	35	55:48	49
10. Espanyol Barcelona (P)	35	42:36	47
11. Athletic Bilbao	35	42:51	43
12. Uniao Las Palmas (N)	35	39:58	43
13. Real Saragossa	35	52:54	40
14. Rayo Vallecano	35	54:62	40
15. Real Sociedad San Sebastian	35	48:65	39
16. Real Valladolid	35	37:45	38
17. Real Oviedo	35	47:62	37
18. CA Osasuna (N)	35	41:52	36
19. Racing Santander	35	43:59	35
20. CD Numancia	35	35:60	33

TSCHECHIEN

1. Sparta Prag (M)	29	71:30	68
2. Sigma Olomouc	29	46:33	49
3. Slavia Prag	29	44:31	49
4. Dukla Pribram	29	40:26	48
5. Viktoria Zizkov	29	45:40	46

TÜRKEI

1. Fenerbahce Istanbul	33	79:38	73
2. Galatasaray Istanbul (M, P)	33	73:35	70
3. Gaziantepspor	33	65:40	65

UKRAINE

1. Schachtjor Donezk	23	61:20	56
2. Dynamo Kiew (M, P)	23	53:15	55
3. Dnjepr Dnjepropetrowsk	23	32:16	49

UNGARN

1. Ferencvaros Budapest	17	28:12	35
2. FC Dunaferr (M)	17	25:27	34
3. MTK Budapest (P)	17	23:14	32

WALES

1. Barry Town	34	84:30	77
2. Cwmbran Town	34	70:33	74
3. Carmarthen Town	34	68:39	58

WEISSRUSSLAND

1 Slawia Mosyr	30	78:25	74
2 BATE Borissow (M)	30	68:26	64
3 Dynamo Minsk	30	49:21	62

ZYPERN

1. Omonia Nicosia (P)	26	60:27	57
2. Olympiakos Nicosia	26	58:30	54
3. AEL Limassol	26	48:28	52

(* Absteiger)

STATISTIK

Register

Abramczik, Rüdiger 41
Addo, Otto 33, 49, 176
Adhemar 73, 168, 171
Agali, Victor 67, 84, 155, 171
Agostino, Paul 33, 65, 86f., 96, 99, 111, 114, 117, 120, 123, 129, 132
Ahanfouf, Abdalaziz 84
Ailton, Goncalves da Silva 102, 108, 132, 136, 138, 171, 197
Ailton, Rosalie 135
Akonnor, Charles 90, 105, 153
Akpoborie, Jonathan 61, 95
Akrapovic, Bruno 71
Albrecht 138
Allofs, Klaus 57, 138
Alves, Alex 35, 53, 82, 99, 126, 136, 157, 168, 170, 180
Anderbrügge, Ingo 41
Andersson, Patrik 45, 91, 93, 179ff.
Anelka, Nicolas 191
Arvidsson, Magnus 67
Arweladse, Revaz 106
Asamoah, Gerald 33, 100, 114, 172, 178
Asanin, Sladjan 186
Assauer, Rudi 30f., 41, 88, 91, 117, 124, 129, 132, 138, 151, 156, 164ff., 172, 203
Augenthaler, Klaus 17, 184f.
Babbel, Markus 196
Balakov, Krassimir 24f., 73, 85, 91, 105, 123, 126, 132, 135, 143, 162f., 165, 168, 171, 177f., 196
Ballack, Michael 18f., 87, 94, 102, 114, 126, 139, 156, 165, 169, 192, 207
Banovic 57, 159
Baranek, Miroslav 63, 106, 165
Barbarez, Sergej 33, 35, 69, 89, 100, 102, 105, 108, 111, 114, 117, 120, 123, 126, 129, 132, 138, 141, 144ff., 147, 150, 153, 156, 159, 162, 165, 168, 171, 173f., 177, 180f., 193
Baris, Deniz 187
Basic, Zlatko 187
Basler, Mario 24, 59, 82, 87, 102, 111, 138, 150, 157, 163, 165, 195
Bastürk, Yildiray 82, 150, 161, 172, 174
Bauer, Dr. 82
Baumann, Frank 29, 159
Baumgart, Steffen 67
Beck, Kurt 99
Beckenbauer, Franz 11ff., 17, 19, 29, 34, 37, 43, 105, 121, 154, 159, 175, 191f., 209
Beeck, Christian 43, 71, 91
Beierle, Markus 197
Bein 153
Beinlich, Stefan 25, 35, 53, 82, 84, 98, 109, 112, 117, 136, 153
Bemben, Michael 94
Benken, Sven 87, 180
Berg, Bodo 41
Berg, Rainer 109
Berger, Jörg 31
Bertram, Heiner 199
Bester, Marinus 111
Beuchel, Friedhelm 13
Beuckert, Sven 201
Beutel, Stephan 187
Bierhoff, Oliver 14f.
Bierofka, Daniel 65, 102, 165
Biliskov, Marino 135
Bindewald, Uwe 141
Bittcher, Ulrich 41
Bobic, Fredi 49, 135, 143, 166, 174
Bode, Marco 15, 159
Bogdanovic 126, 129
Böhme, Jörg 47, 93, 96, 101, 131, 138, 156, 163, 168, 171f., 180f., 199f.
Bonhof, Rainer 17, 186
Bordon, Marcelo Jose 91, 132, 196
Borimirov 27, 105, 147
Bracht, »Jockel« 41
Branco 174
Brand, Christian 97, 99, 129

Braun, Egidius 43
Breer, Ernst 23
Brehme, Andreas 38f., 59, 99, 102, 105, 108, 111, 114, 117, 122, 127, 130, 132, 139, 142, 147f., 157, 195
Brehme, Bernd 38f.
Breitenreiter, André 96, 180
Breitkreutz, Matthias 24, 93, 97
Breitner, Paul 13
Briegel, Hans-Peter 77
Bruchhagen, Heribert 22
Bruggink 195
Buck, Andreas 195
Buckley, Delron 82
Butt, Jörg 21, 55, 111, 123, 127, 135, 141, 145, 165, 181, 1193
Calmund, Reiner 11ff., 23, 90, 105, 112, 123, 139, 165, 178, 192
Capello 141
Cardoso, Rodolfo 69, 90, 135
Carlos, Roberto 193
Cendic, Slobodan 39
Cerny, Harald 102, 150
Chapuisat, Stephane 29
Christiansen 156
Cichon, Thomas 106, 121
Cizek, Martin 180
Colding, Sören 172
Collins, Roddy 195
Cramm, Gottfried von 43
Cruyff, Johan 29, 141, 196
Cullmann, Bernd 124, 131
Cullmann, Carsten 63, 124, 131
Daei, Ali 82
Dardai, Pal 165
Daum, Christoph 10ff., 17, 19, 51, 94, 100, 102, 105f., 108, 123, 139, 151, 178, 193, 206
Davids, Edgar 193
Dede 96, 135
Deisler, Sebastian 35ff., 53, 82, 94, 102, 112, 117, 129, 136, 153, 168, 186, 207
Demo, Igor 186
Demuth, Dietmar 187
Derwall, Jupp 209
Di Stefano, Alfredo 17
Dickel, Norbert 41
Dickhaut, Mirko 82, 94
Dietrich, Siegfried 203
Dietz, Bernhard 160
Djarra, Boubacar 144
Djorkaeff, Youri 33, 59, 82, 93, 157, 195
Dohmen, Rolf 77, 141, 154
Dörmann, Norbert 41
Dorn, Regis 144
Dougle 193
Dreszer 200
Driller, Martin 184
Drincic, Zdravko 126, 153
Dugarry 197
Dundee, Charlotte 103
Dundee, Sean 103, 196
Durkovic, Bozo 199
Dziwior, Janosch 124
Eberl 201
Effenberg, Stefan 17, 45, 93, 100, 115, 126, 132f., 141, 156, 159, 162, 179, 182, 186, 191f.
Ehrmann, Gerry 127
Eilts, Dieter 159
Elber, Giovane 33, 45, 93, 104, 115, 135, 138, 141, 143f., 156, 159, 177, 192, 200
Emerson, Ferreira da Rosa 33
Endreß, Jochen 85
Engel, Jerzy 83
Enke 186
Erlhoff, Hermann 203
Ernemann, Daniel 201
Ernst, Thomas 111
Etxeberia 19
Evanilson 96, 108, 135, 162
Fahrenhorst 150

Fandel, Herbert 29
Figo, Luis 17ff., 33, 193
Fink, Thorsten 93, 115
Finke, Volker 55, 81, 114, 132, 153, 178
Fischer, Klaus 168
Fitschen, Doris 204
Fjörtoft, Jan-Aage 118, 141, 153
Förster, Karlheinz 73, 196
Franca, Nadja 170
Franklin Bitencourt 169
Freier, Paul 172
Freund, Steffen 41
Freyer 94
Friedrich, Jürgen 99, 178, 195
Frings, Torsten 57
Frontzeck, Michael 186
Fuchs, Henri 163
Fukal 145
Funkel, Friedhelm 67, 93, 96f., 102, 120, 133, 138, 147, 150, 154f.
Ganea, Ioan Viorel 91, 137, 168, 196
Gaudino, Mauricio 197
Geene, Edgar 184
Geli 196
Gemiti 17
Genk 197
Gerber, Fabian 91, 187
Gerets, Eric 195
Gerrard 196
Geyer, Eduard 43, 71, 84, 88, 91, 121, 144, 146, 169, 174, 180
Gil y Gil, Jesus 111
Glöckner, Rudi 43
Golz, Richard 21, 55, 81, 108, 111, 144
Götte, Jeannette 204
Gottschlich, Stefanie 204
Grabowski, Jürgen 153
Grammozis, Dimitrios 93, 102, 157
Grassow, Dennis 141
Grings, Inka 204
Groth, Martin 138
Guie-Mien, Rolf-Christel 87
Haber, Marco 87, 142, 169
Hackmann 87, 138
Hagner 186
Hajto, Tomasz 47, 81, 130, 156, 172
Happe, Markus 102, 156
Hargreaves, Owen 93, 145, 177
Hashemian, Vahid 144
Häßler, Thomas 24f., 27, 65, 114, 123, 129, 138, 144
Hausweiler, Markus 186
Heck, Dieter Thomas 47
Heidrich, Steffen 84
Heinath, Elmar 41
Heinen, Dirk 21, 101, 154
Heinrich, Jörg 96, 111, 135, 180
Helbig, Sebastian 71, 169
Heldt, Horst 96, 184
Henke, Michael 91, 141
Herberger, Sepp 35, 43, 209
Herings, Rolf 20
Herrlich, Heiko 15, 49, 84, 87, 92f., 96, 99, 108, 111, 174, 201
Hertzsch, Ingo 100
Herzog, Andreas 24, 102, 138, 158f.
Herzog, Hendrik 35, 75
Heyduk, Frankie 168
Heynckes, Jupp 12, 17, 100, 186
Heynemann, Bernd 42f.
Hieronymus 138
Hildebrandt, Timo 21, 43, 73, 196
Hingst, Ariane 204
Hink, Willi 205
Hitzfeld, Ottmar 17, 37, 45, 82, 91, 93, 103, 114f., 118, 121, 150, 159, 174f., 177, 191f., 200
Hobsch, Bernd 184
Hoeneß, Dieter 35, 97, 110, 117, 124, 130, 170, 196
Hoeneß, Uli 11ff., 23, 36, 93, 100, 103, 106, 117, 123, 126, 154, 156, 162, 165, 177, 179

Hoffmann, Daniel 21, 27, 65, 109
Hofmann, Michael 21, 65, 109
Höller, Jürgen 178
Hollerbach, Bernd 136
Holzhäuser 23, 105
Horvat, Ivica 31
Houbtchev, Petr 96
Hristov, Marian 102, 163
Iaschwili, Alexander 132
Ikpeba, Victor 96, 174
Illgner, Bodo 20
Isa, Harun 199
Jancker, Carsten 33, 84, 87, 90f., 93, 99, 114, 154, 182
Jarohs, Rainer 129
Jarolim, David 184
Jentzsch, Simon 65, 109
Jeremies, Jens 45, 150, 154, 200, 207
Johansson, Nisse 184f.
Jones, Steffi 204
Jordan, Adalbert 186
Jung, Erich 12f.
Juric, Frank 165
Juskowiak, Andrzej 61, 83f., 114, 174
Kahn 207
Kahn, Oliver 14f., 20f., 29, 93, 115, 117, 127, 132, 148, 150, 154, 163, 174, 181f., 192, 200
Kampa, Darius 185
Kamphuis, Niels Oude 130
Kamps, Uwe 186
Kargus, Rudi 185
Kehl, Sebastian 55, 96, 144, 147
Keller 114
Kemmling, Uwe 124
Ketelaer, Marcel 69, 186, 193
Kiraly, Gabor 21, 90
Kirsten, Ulf 80f., 85, 118f., 126, 129, 135, 150, 168, 174, 192
Kleppinger, Gerhard 41
Klinkert 186
Klos, Stefan 195
Klose, Miroslav 17, 59, 102, 122, 150, 195, 207
Kobiaschwili, Levan 111, 123, 138, 150, 180
Koch, Georg 21, 59, 99, 102, 111, 127, 138, 157, 195
Koch, Harry 82, 122, 141f., 147, 157, 195
Koch, Reenald 187
Kohl, Helmut 12
Kohler, Jürgen 17, 84, 138
Kolinger, Dubravko 187
Komljenovic, Slobodan 111, 147f., 157
Kondé, Oumar 108, 144
Köpke, Andreas 15, 184f.
Köstner, Lorenz 75, 120, 133, 142, 169, 175, 180
Kovac, Nico 33, 35, 100
Kovac, Robert 33, 35, 126, 162, 165
Kraaz, Armin 141
Kracht, Torsten 138
Krein, Dieter 84, 154
Kremers, Helmut 41
Kreuzer, Oliver 29
Krstajic 57
Kryszalowicz 77
Krzynowek, Jacek 185
Kuffour, Samuel 159, 177
Kühbauer, Dietmar 61, 158, 177
Künzer, Nia 202f.
Kurth, Markus 124, 134
Kurz, Marco 165
Kutschera, Alexander 141
Labak, Antun 71, 180
Lapaczinski, Denis 35
Latal, Radoslav 33, 115, 156
Lattek, Udo 12, 49, 186
Lauth, Benjamin 27
Lee, Dong-Gook 136
Lehmann, Jens 21, 41, 111, 127, 162
Leitl, Stefan 185

238

REGISTER

Lejeune, Erich J. 175
Leuthard 103
Libuda, Reinhard 41
Lienen, Ewald 43, 63, 106, 121, 133, 147, 168
Lingor, Renate 204
Linke, Thomas 91
Lisztes, Kristian 91, 120
Littbarski, Pierre 169
Lizarazu, Bixente 33, 45, 93, 162
Lokvenc, Vratislav 59, 148, 195
Lorant, Werner 26f., 65, 102, 104, 109, 120, 133, 168, 197
Lottner, Dirk 24, 63, 90, 99, 106, 113, 124, 133, 141, 153, 171
Lucio 33, 51, 126, 153
Maas, Rob 135f.
Magath, Felix 23, 39, 43, 73, 77, 91, 96, 118, 135, 141, 147, 150, 153f., 163, 168, 171, 178, 196
Maier, Sepp 20f.
Majak, Slawomir 67, 117
Mamic, Zoran 94
Mandreko, Sergej 172, 177
Marcellino 170
Maric, Marijo 79, 93, 94, 128, 174
Maric, Tomislav 94, 128
Marin, Marcus 187
Matthäus, Lothar 13, 28f., 37, 77, 133, 141, 175
Matysek, Adam 20, 126, 128, 165, 197
Matyus 88
Max, Martin 65, 86, 125, 132
Mayer-Vorfelder, Gerhard 13, 73, 106, 198, 202, 206
McAllister 196
Meggle, Thomas 187
Meichelbeck 94
Meier, Antje 203
Meier, Bernd 109
Meier, Michael 23, 41, 108, 145
Meijer, Erik 151
Meinert, Maren 204
Menze, Steffen 199
Meißner, Silvio 196
Merk, Markus 43, 150, 181
Meyer, Hans 186, 201
Micevski, Toni 71
Michalke, Kai 138
Milinovic 132
Minnert, Sandra 204
Miriuta, Vasile 24, 71, 81, 84, 96, 114, 144, 146, 154, 160, 177, 180
Möllemann, Jürgen W. 41
Möller, Andreas 31, 41, 47, 87f., 96, 100, 114f., 117, 135, 139, 151, 156, 166, 200
Moreno 196
Mpenza, Emile 47, 81, 84, 87f., 90, 99, 117, 130, 140, 153, 164, 166, 172, 174, 177, 199
Mulder, Youri 100, 130
Müller-Wohlfahrt, Hans-Wilhelm 29, 37, 177
Munteanu, Dorinel 61
Mykland, Erik 27
Navas 197
Nemec, Jiri 33, 156, 172
Nerlinger, Christian 135
Nerz, Otto 209
Netzer, Günter 13, 39, 100, 130, 136, 186
Neubauer, Jörg 37
Neuendorf, Andreas 35
Neumann, Charly 133
Neururer, Peter 154
Neuville, Oliver 119, 193
Niebaum, Gerd 23, 92, 96, 174
Nielsen, Peter 186
Nieto, Lopez 195
Nikolov, Oka 141
Nowak 94
Nowotny, Jens 15, 85, 118, 126, 165, 207
Oberleitner, Markus 169
Ofoile, Adolphus 200

Oliseh, Sunday 96, 135
Oswald, Kai 129, 144, 163
Pagelsdorf, Frank 89, 95, 100, 114, 120, 138, 145, 147, 151, 173, 193, 197
Panadic, Andrej 84
Papadopoulos, Christos 31
Papin, Jean-Pierre 29
Paßlack, Stephan 27
Peiro, Joaquin 120
Peschel, Peter 79, 82, 90
Pettersson, Jörgen 111, 147f., 186
Pflipsen 186
Piacente 33, 51
Pieckenhagen, Martin 21, 35, 67, 99, 174
Pilz, Dieter 22f.
Pinto, Roberto 91
Piplica, Tomislav 21, 71, 87f., 174
Pivaljevic 63
Pizarro, Claudio 33, 57, 111, 136, 149, 159, 168, 171, 174, 180, 197
Polunin, Andrej 184
Präger, Roy 69, 173, 193
Preetz, Michael 33, 35, 53, 69, 82, 110, 135, 138, 144, 157, 159, 166, 170
Preuß 120
Prinz, Birgit 204
Prinz, Matthias 13
Pröll 63
Puskas, Ferenc 17
Rahn, Christian 187
Ramelow, Carsten 35, 85, 114, 126, 193, 197
Ramzy, Hany 59, 84, 195
Rangnick, Ralf 73, 81, 91, 132, 137, 144, 147, 153, 196
Rath, Marcel 91, 187
Ratinho, E. Rodrigues 157
Raul 193
Rausch, Friedel 43, 77, 162, 174
Reck, Oliver 21, 31, 47, 84, 88, 117, 156, 168, 199
Reghekampf 144
Rehberg 84
Rehhagel, Beate 97
Rehhagel, Otto 18f., 29, 59, 67, 84f., 97, 99f., 102, 108, 111, 147f., 157, 159, 178, 195
Rehmer, Marco 35, 117, 166, 207
Reichenberger, Thomas 77
Reina, Giuseppe 167
Reinke, Andreas 195
Reis, Thomas 160
Reiss 82
Reiter 186
Reitmaier, Claus 21, 123, 165
Ribbeck, Erich 11, 15ff., 29, 209
Ricken, Lars 135, 138, 145, 167
Rink, Paulo 99, 165
Riseth 121, 141
Ristau 94
Rivaldo 33
Röber, Jürgen 35, 37, 53, 82, 97, 99, 109f., 130, 157, 170
Roberto, Zé 165, 174, 192
Rohde, Frank 35
Rojek, Ralf 41
Rosicky, Tomas 49, 135, 145, 157, 163, 174
Rost, Frank 21, 57, 197
Roth, Michael A. 184
Roth, Volker 43
Rottenberg, Silke 204
Rummenigge, Karl-Heinz 11, 36f., 159, 175, 181, 191
Rüßmann, Rolf 36, 41, 73, 139, 196
Rydlewicz, René 35, 67, 96f., 132, 162f., 174
Sacchi 141
Sagnol, Willy 33
Salihamidzic, Hasan 93, 115, 191
Salou, Bachirou 77, 147f.

Sammer, Matthias 49, 87, 93, 96, 108, 111f., 123f., 132f., 135, 138, 145, 150, 165f., 174, 176
Sand, Ebbe 31, 33, 47, 81, 87f., 90, 99,f., 111, 114, 116f., 120, 123, 126, 129, 130, 132, 135, 138, 141, 144, 147, 150, 153, 156, 159, 162ff., 168, 171, 174, 177f., 180ff., 199
Santa Cruz, Roque 33, 84, 174
Sarstedt 81
Scala, Nevio 12
Schaaf, Thomas 57, 136, 171
Schäfer, Raphael 185
Schafstall, Rolf 79, 141, 147, 150, 153, 160, 172
Scheinhardt, Daniel 187
Scherbe 154
Scherer, Fritz 11
Scherz 124
Schewtschenko 33
Schiphorst, Bernd 35, 37
Schjönberg, Michael 157
Schlünz, Juri 67, 87, 93, 97
Schmidt, Horst R. 17
Schnusenberg, Josef 178
Schober, Mathias 180f.
Scholl, Mehmet 15, 18, 25, 28f., 37, 45, 81, 91, 93, 115, 144, 147, 154, 171, 177, 191f., 207
Schön, Helmut 209
Schreiber, Olaf 172
Schröder, Bernd 203
Schröder, Gerhard 169, 198
Schröder, Rajk 129, 138
Schulz, Willi 100
Schumacher, Toni 151
Schur, Alexander 150
Schwab, Jürgen 103
Schwarzenbeck, Georg 17
Schwarzenegger, Arnold 111
Seaman 157
Seifert, Jan 180
Seitz, Jochen 137
Sellimi, Adel 55, 132, 152f.
Sergio, Paulo 33, 93, 181, 192
Sforza, Ciriaco 45, 85, 91, 99, 115, 178
Sichone 111, 153
Skibbe, Michael 17, 101, 105, 206f.
Soldo, Zvonimir 33, 91, 132, 163
Spizak 144, 153, 100
Springer, Christian 107, 124, 153
Staab, Monika 202f.
Stabach, Klaus 129
Stalteri 126, 159
Stark, Wolfgang 43, 168
Steer, Erich 22
Stefes 186
Stein, Uli 153
Steinborn, Edgar 163
Stevens, Huub 30f., 47, 96, 108, 114, 117, 130, 133, 151, 156, 163, 166, 181, 199
Stevic, Miroslav 96, 108, 123, 133, 135, 168, 180
Stickroth, Thomas 94
Stielike, Uli 16f., 27, 186
Storck, Bernd 35
Störzenhofecker, Martin 184
Strampe, Hartmut 162
Stranzl, Martin 81, 102
Straub 23
Strehmel, Alexander 169
Strigel, Eugen 43
Strunz, Thomas 93
Stuhlfauth, Heiner 185
Stumpf, Reinhard 59, 97
Sükür, Hakan 196
Sverrisson, Eyjölfur 105, 108f.
Tanko, Ibrahim 12, 55
Täuber 184
Tavcar, Rajko 186
Teber 17
Theune-Meyer, Tina 204

Thielemann 71
Thom, Andreas 35
Thon, Olaf 31, 47, 88, 96, 199
Thränhardt, Bernd 12
Timm, Christian 63, 107, 124
Todt, Jens 196
Töfting, Stig 193
Toppmöller, Klaus 77, 118, 141
Trapattoni, Giovanni 12, 29, 102
Tremmel, Gerhard 21, 75, 142, 175
Tretschok, René 123, 141, 196
Trulsen 187
Tschiedel, Jens 199
Tyce, Roman 197
Uijfalusi 180f.
Uzunidis 209
Van Burik, Dick 37, 43, 117
Van Duijnhoven, Rein 21, 79, 84, 94, 172, 180
Van Houdt, Peter 186
Van Kerckhoven, Nico 47, 99, 199
Van Lent, Arie 186, 201
Vata 71
Verlaat, Frank 57, 136, 159
Vogel, Eberhard 200
Vogts, Berti 17, 29, 51, 114, 117ff., 124, 126, 133, 139, 141, 151, 153, 165, 168f., 171, 174, 178, 186, 209
Voigt 63, 132
Völler, Rudi 11ff., 15, 17, 23, 29, 33, 36, 51, 94, 99, 105f., 108, 112, 114, 127, 168, 206f., 209
Voss, Gerd 31
Vranjes, Jurica 85, 90
Wabra, Roland 185
Wack, Franz-Xaver 163
Waldoch, Thomas 47, 130, 139, 151, 163, 172, 180, 198
Walter, Fritz 43
Wassilev, Georgi 199
Weber (St. Pauli) 187
Weber, Achim 79∆
Weber, Heinz 187
Wegmann, Jürgen 41
Wehmeyer, Bernd 193
Weidenfeller, Roman 157, 195
Weisener, Heinz 187
Weißhaupt, Marco 144
Weisweiler, Hennes 186, 207
Wenger, Arsène 192
Wessels, Stefan 191
Wiblishauser, Frank 184
Wibran, Peter 67
Wiegmann, Bettina 204
Wiesinger, Michael 93
Wildmoser 65, 168, 197
Willi, Tobias 55, 114
Wilmots, Marc 31
Wimmer 102, 186
Witeczek, Marcel 186
Wörns, Christian 166
Wosz, Dariusz 37, 82, 98, 112, 136, 153
Wunderlich, Tina 204
Yakin, Murat 157
Yang, Chen 77, 138
Yasser, Radwan 102
Yeboah, Anthony 69, 111, 193
Zachhuber, Andreas 67, 84, 87f., 97, 138
Zdrilic, David 121
Zebec, Branko 39
Zepek, Michael 17
Zeyer, Michael 156
Zickler 209
Zickler, Alexander 33, 93, 127, 133, 154, 177
Zidane, Zinedine 193
Ziege, Christian 19
Ziemer 184
Zivkovic, Boris 33, 85, 102, 126, 159, 193
Zoff, Dino 39
Zuberbühler, Pascal 20f., 102, 165, 193
Zumdick, Ralf 79, 82, 94, 141, 160

Ein Teil der Kommentare von Marcel Reif sind der **B.Z.** »Der größten Zeitung Berlins« entnommen. Der Sportverlag Berlin dankt für die freundliche Abdruckerlaubnis.

Impressum

© 2001 by Sportverlag Berlin
in der Econ Ullstein List Verlag GmbH & Co KG,
München
Alle Rechte vorbehalten

Herausgeber: Marcel Reif

Gastautor: Günter Netzer

Mit Beiträgen von
Marcel Reif
Wolfgang Hartwig
Jörg Althoff
Wolfgang Golz
Robin Halle
Raimund Hinko
Jörg Hobusch
Thorsten Jungholt
Thomas Kern
Jan Lacroix
Torsten Rumpf
Michael Schilling
Joachim Schuth
Matthias Sonnenberg

Lektorat und Gesamtredaktion:
Harro Schweizer

Umschlaggestaltung:
Volkmar Schwengle, Buch & Werbung, Berlin
Titelfoto:
dpa Sportreport, Fotoagentur Zentralbild GmbH
Alle übrigen Fotos:
dpa Sportreport, Fotoagentur Zentralbild GmbH
Ein besonderer Dank gilt Lothar Reich
Zusatzfotos: S. 2/3: CAMERA 4, S. 179: WEREK, S. 182 oben:
ONLINE SPORT, S. 183: SNAPS
Redaktionelle Mitarbeit:
Freia Beisser, Andreas Baingo, Michael Horn
Statistische Daten:
Sports data, Berlin

Layout und Herstellung:
Prill Partners | producing, Berlin
Satz:
LVD GmbH, Berlin
Lithos:
lithotronic creative repro gmbh, Frankfurt/M.
Druck und Verarbeitung:
Westermann Druck Zwickau GmbH

Printed in Germany 2001
ISBN 3-328-00899-3

Termine für die Saison 2001/2002

SPIELPLAN

Juni 2001

01.-06.06.	UEFA-Abstellungsperiode
01.06.	Finnland – Deutschland U 21-EM-Qualifikation
02.06.	Finnland – Deutschland WM-Qualifikation
05.06.	Albanien – Deutschland U 21-EM-Qualifikation
06.06.	Albanien – Deutschland WM-Qualifikation
15.-17.06.	B-Juniorinnen Zwischenrunde Dt. Meisterschaft
23.06.-07.07.	Frauen-Nationalmannschaft Endrunde der EM
24.06.	B-Juniorinnen Endspiel Dt. Meisterschaften
29.06.-08.07.	U 17-Frauen Nordic Cup
30.06./01.07.	UI-Cup 2. Runde Hinspiele

Juli 2001

07./08.07.	UI-Cup 2. Runde Rückspiele
11.07.	Liga-Pokal 1. Vorrunde
12.07.	Liga-Pokal 2. Vorrunde
14./15.07.	UI-Cup 3. Runde Hinspiele
15.07.	U 21-Frauen Länderspiel
17.07.	U 21-Frauen Länderspiel
17.07.	Liga-Pokal 1. Halbfinale
18.07.	Liga-Pokal 2. Halbfinale
21.07.	Liga-Pokal Finale
21.07.	UI-Cup 3. Runde Rückspiele
25.07.-01.08.	U 21-Frauen Nordic Cup
25.07.-03.08.	U 18-Frauen EM-Endrunde
25.07.	UI-Cup Halbfinale Hinspiele
27.-29.07.	Bundesliga 1. Spieltag
27.-30.07.	2. Bundesliga 1. Spieltag

August 2001

01.08.	UI-Cup Halbfinale Rückspiele
03.-05.08.	Bundesliga 2. Spieltag
03.-06.08.	2. Bundesliga 2. Spieltag
07.08.	UI-Cup Finale Hinspiele
07./08.08.	Champions League-Qualifikation 3. Runde Hinspiele
10.-12.08.	Bundesliga 3. Spieltag
10.-13.08.	2. Bundesliga 3. Spieltag
11./12.08.	Frauen-Bundesliga Saisoneröffnungsturnier in Frankfurt
14.08.	Norwegen – Deutschland U 21-Länderspiel
15.08.	Ungarn – Deutschland A-Länderspiel
17.-19.08.	Bundesliga 4. Spieltag
17.-20.08.	2. Bundesliga 4. Spieltag
19.08.	Frauen-Bundesliga 1. Spieltag
21.08.	UI-Cup Finale Rückspiele
21./22.08.	Champions League-Qualifikation 3. Runde Rückspiele
24.08.	UEFA-Supercup Finale
24.-26.08.	DFB-Pokal 1. Runde (64)
26.08.	Frauen-Bundesliga 2. Spieltag
28.08-06.09.	UEFA-Abstellungsperiode
31.08.	Deutschland – England U 21-EM-Qualifikation

September 2001

1.09.	Deutschland – England WM-Qualifikation
02.09.	Frauen-Bundesliga 3. Spieltag
03.09.-14.09.	Frauen-Nationalmannschaft Nike-Cup in den USA
07.-09.09.	Bundesliga 5. Spieltag
07.-10.09.	2. Bundesliga 5. Spieltag
09.09.	DFB-Pokal der Frauen Qualifikationsspiele
11./12.09.	Champions League 1. Spieltag Vorrunde
13.09.	UEFA-Cup 1. Runde Hinspiele
14.-16.09.	Bundesliga 6. Spieltag
14.-17.09.	2. Bundesliga 6. Spieltag
16.09.	Frauen-Bundesliga 4. Spieltag
18./19.09.	Champions League 2. Spieltag Vorrunde
21.-23.09.	Bundesliga 7. Spieltag
21.-24.09.	2. Bundesliga 7. Spieltag
23.09.	DFB-Pokal der Frauen 1. Hauptrunde
25./26.09.	Champions League 3. Spieltag Vorrunde
27.09.	Deutschland – England Frauen-WM-Qualifikation
27.09.	UEFA-Cup 1. Runde Rückspiele
28.-30.09.	Bundesliga 8. Spieltag
28.09.-01.10.	2. Bundesliga 8. Spieltag
29.09-03.10.	U 17-Frauen Länderpokal
30.09.	Frauen-Bundesliga 5. Spieltag

Oktober 2001

02.10.-07.10.	UEFA-Abstellungsperiode
05.10.	Deutschland – Finnland U 21-EM-Qualifikation
06.10.	Deutschland – Finnland WM-Qualifikation
07.10.	Frauen-Bundesliga 6. Spieltag
09./10.10.	DFB-Pokal 2. Runde (32)
10.10.	U 18-Frauen Länderspiel
10.10.	U 16-Frauen Länderspiel
12.-14.10.	Bundesliga 9. Spieltag
12.-15.10.	2. Bundesliga 9. Spieltag
14.10.	Frauen-Bundesliga 7. Spieltag
16./17.10.	Champions League 4. Spieltag Vorrunde
18.10.	UEFA-Cup 2. Runde Hinspiele
19.-21.10.	Bundesliga 10. Spieltag
19.-22.10.	2. Bundesliga 10. Spieltag
21.10.	DFB-Pokal der Frauen 2. Hauptrunde
23./24.10.	Champions League 5. Spieltag Vorrunde
25.10.	Deutschland – Portugal Frauen-WM-Qualifikation
26.-28.10.	Bundesliga 11. Spieltag
26.-29.10.	2. Bundesliga 11. Spieltag
28.10.	Frauen-Bundesliga 8. Spieltag
30./31.10.	Champions League 6. Spieltag Vorrunde

November 2001

01.11.	UEFA-Cup 2. Runde Rückspiele
02.-04.11.	Bundesliga 12. Spieltag
02.-05.11.	2. Bundesliga 12. Spieltag
04.11.	Frauen-Bundesliga 9. Spieltag
05.-13.11.	Asien-Reise A-Nationalmannschaft
06.-11.11.	UEFA-Abstellungsperiode
07.11.	evtl. WM-Relegationsspiel A-Nationalmannschaft
11.11.	DFB-Pokal der Frauen Viertelfinale
14.11.	evtl. WM-Relegationsspiel A-Nationalmannschaft
16.-18.11.	Bundesliga 13. Spieltag
16.-19.11.	2. Bundesliga 13. Spieltag
17.11.	Niederlande – Deutschland Frauen-WM-Qualifikation
20.-21.11.	Champions League 1. Spieltag Zwischenrunde
22.11.	UEFA-Cup 3. Runde Hinspiele
23.-25.11.	Bundesliga 14. Spieltag
23.-26.11.	2. Bundesliga 14. Spieltag
25.11.	Frauen-Bundesliga 10. Spieltag
26./27.11.	Frauen-Nationalmannschaft Testlehrgang
27./28.11.	DFB-Pokal 3. Runde (16)
27.11.	Weltpokal Finale
30.11-02.12.	Bundesliga 15. Spieltag
30.11-03.12.	2. Bundesliga 15. Spieltag

Dezember 2001

02.12.	Frauen-Bundesliga 11. Spieltag
04./05.12.	Champions League 2. Spieltag Zwischenrunde
06.12.	UEFA-Cup 3. Runde Rückspiele
07.-09.12.	Bundesliga 16. Spieltag
07.-10.12.	2. Bundesliga 16. Spieltag
09.12.	Frauen-Bundesliga Nachholspieltag
11./12.12.	DFB-Pokal Viertelfinale (8)
14.-16.12.	Bundesliga 17. Spieltag
14.-17.12.	2. Bundesliga 17. Spieltag
16.12.	Frauen-Bundesliga Nachholspieltag
18./19.12.	Bundesliga 18. Spieltag
18./19.12.	2. Bundesliga 18. Spieltag

Januar 2002

04.-13.01.	DFB-Hallenpokal
19.01.	DFB-Hallenpokal Frauen
21.01.-30.01.	Frauen-Nationalmannschaft u. U. China-Reise
25.-27.01.	Bundesliga 19. Spieltag
25.-28.01.	2. Bundesliga 19. Spieltag

Februar 2002

01.-03.02.	Bundesliga 20. Spieltag
01.-03.02.	2. Bundesliga 20. Spieltag
05./06.02.	Bundesliga 21. Spieltag
05./06.02.	2. Bundesliga 21. Spieltag
08.-10.02.	Bundesliga 22. Spieltag
08.-11.02.	2. Bundesliga 22. Spieltag
12./13.02.	A-Nationalmannschaft Freundschafts-Länderspiele
15.-17.02.	Bundesliga 23. Spieltag
15.-18.02.	2. Bundesliga 23. Spieltag
17.02.	Frauen-Bundesliga Nachholspieltag
17.-20.02.	UEFA-Abstellungsperiode
19./20.02.	Champions League 3. Spieltag Zwischenrunde
21.02.	UEFA-Cup Achtelfinale Hinspiele
22.-24.02.	Bundesliga 24. Spieltag
22.-25.02.	2. Bundesliga 24. Spieltag
24.02.	Frauen-Bundesliga 12. Spieltag
26./27.02.	Champions League 4. Spieltag Zwischenrunde
28.02.	UEFA-Cup Achtelfinale Rückspiele

März 2002

01.-03.03.	Bundesliga 25. Spieltag
01.-04.03.	2. Bundesliga 25. Spieltag
03.03.	Frauen-Bundesliga 13. Spieltag
05./06.03.	DFB-Pokal Halbfinale
08.-10.03.	Bundesliga 26. Spieltag
08.-11.03.	2. Bundesliga 26. Spieltag
10.03.	DFB-Pokal der Frauen Halbfinale
12./13.03.	Champions League 5. Spieltag Zwischenrunde
14.03.	UEFA-Cup Viertelfinale Hinspiele
15.-17.03.	Bundesliga 27. Spieltag
15.-18.03.	2. Bundesliga 27. Spieltag
17.03.	Frauen-Bundesliga 14. Spieltag
19./20.03.	Champions League 6. Spieltag Zwischenrunde
21.03.	Frauen-Nationalmannschaft Freundschaftsspiel
21.03.	UEFA-Cup Viertelfinale Rückspiele
22.-24.03.	Bundesliga 28. Spieltag
22.-25.03.	2. Bundesliga 28. Spieltag
24.03.	Frauen-Bundesliga 15. Spieltag
24.-27.03.	UEFA-Abstellungsperiode
30./31.03.	Bundesliga 29.Spieltag
30.03.	Frauen-Bundesliga Nachholspieltag
30.03.-01.04.	2. Bundesliga 29. Spieltag

April 2002

1.04.	Frauen-Bundesliga Nachholspieltag
02./03.04.	Champions League Viertelfinale Hinspiele
03.04.-07.04.	U 20-Frauen Länderpokal
04.04.	UEFA-Cup Halbfinale Hinspiele
05.-07.04.	Bundesliga 30. Spieltag
05.-08.04.	2. Bundesliga 30. Spieltag
09./10.04.	Champions League Viertelfinale Rückspiele
11.04.	UEFA-Cup Halbfinale Rückspiele
12.04.-14.04.	Bundesliga 31. Spieltag
12.04.-15.04.	2. Bundesliga 31. Spieltag
13.04.	Portugal – Deutschland Frauen-WM Qualifikation
14.04.-17.04.	UEFA-Abstellungsperiode
18.04.	Deutschland – Niederlande Frauen-WM Qualifikation
18.04.-24.04.	U 18-Frauen EM-Qualifikationsturnier
19.04.-21.04.	Bundesliga 32. Spieltag
19.04.-22.04.	2. Bundesliga 32. Spieltag
21.04.	Frauen-Bundesliga 16. Spieltag
23./24.04.	Champions League Halbfinale Hinspiele
27.04.	Bundesliga 33. Spieltag
28.04.	Frauen-Bundesliga 17. Spieltag
28.04.	2. Bundesliga 33.Spieltag
30.04/01.05.	Champions League Halbfinale Rückspiele

Mai 2002

01.05.	Frauen-Bundesliga Nachholspieltag
04.05.	Bundesliga 34. Spieltag
05.05.	Frauen-Bundesliga 18. Spieltag
05.05.	2. Bundesliga 34. Spieltag
08.05.	U 16-Frauen Länderpokal
08.05.	UEFA-Cup Endspiel
11.05.	DFB-Pokal Endspiel Männer und Frauen
12.05.	Frauen-Bundesliga Nachholspieltag
15.05.	Champions League Finale
17.-26.05.	EM-Finalturnier U 21
18.05.	England – Deutschland Frauen-WM Qualifikation
26.05.	Frauen-Bundesliga 19. Spieltag
26.05.	Frauen-Bundesliga 1. Spieltag der Qualifikationsrunde
30.05.	Frauen-Bundesliga Nachholspieltag
31.05.	Beginn WM 2002

Juni 2002

02.06.	Frauen-Bundesliga 20. Spieltag
02.06.	Frauen-Bundesliga 2. Spieltag der Qualifikationsrunde
09.06.	Frauen-Bundesliga 21. Spieltag
09.06.	Frauen-Bundesliga 3. Spieltag der Qualifikationsrunde
16.06.	Frauen-Bundesliga 22. Spieltag
16.06.	Frauen-Bundesliga 4. Spieltag der Qualifikationsrunde
23.06.	Frauen-Bundesliga 5. Spieltag der Qualifikationsrunde
30.06.	Finale WM 2002

Juli 2002

17.07.-02.08.	U 19-Frauen EM-Endrunde

Quelle: DFB
Stand: 03.04.2001

Tschüss